中 国 数 量 经 济 学 会

数量经济学

Quantitative Economics in the 21st Century

第 13 卷

◎ 主　编　李　平　何伦志

◎ 副主编　李富强　宋香荣

社会科学文献出版社
SOCIAL SCIENCES ACADEMIC PRESS (CHINA)

编审组名单

主　　编　李　平　　何伦志

副 主 编　李富强　　宋香荣

编审组长　李　平

成　　员　李富强　彭　战　陈星星　王喜峰　郭博文

前　言

本书是《21 世纪数量经济学》丛书的第 13 卷。

中国数量经济学会 2012 年年会于 2012 年 7 月 27 日至 29 日在新疆乌鲁木齐举行，会议由中国数量经济学会主办，新疆大学和新疆财经大学承办，新疆维吾尔自治区博士后联谊会协办。来自政府部门、研究机构、大专院校和企业的 420 多位数量经济学专家、学者参加了本次年会，会议共收到学术论文 356 篇。

年会上，1996 年诺贝尔经济学奖得主詹姆斯·莫里斯教授、英国南安普敦大学当代中国研究中心主任陆懋祖教授、新疆大学何伦志教授分别作了主旨讲演。

名家讲坛上，日本九州大学大佳圭介教授、日本香川大学姚峰教授、北京航空航天大学韩立岩教授、新疆大学鲍敦全教授、新疆财经大学王建军教授分别讲授了内生经济增长和扩展的社会开销资本、时间序列因果分析的新进展、国际资产配置模型、略论新疆经济的后发优势、新疆多维贫困县识别模型与影响因素研究等前沿性学术问题。会议分成数量经济理论与方法、宏观经济增长与运行、货币银行、资本市场与金融危机、财政税收、投资贸易、区域经济与协调发展、企业与产业经济、实验经济学及其他新疆经济社会发展等小组进行了专题讨论，100 多位学者在小组学术交流会上介绍了自己的最新研究成果，会议收到了良好的效果。

本书是由本次年会提交的论文中遴选出来的优秀论文集结成册的，共 36 篇，分为 5 个部分：数量经济学理论与方法，宏观经济，金融、资本市场，企业、产业经济，区域经济、协调发展。入选的这些论文均有较高的学术水平，具有一定的理论意义或实践意义。

囿于编者的能力和水平，本书一定存在不足和疏漏，欢迎广大读者批评指正。

编　者

2012 年 11 月

目　录

1. 数量经济学理论与方法

2. 宏观经济

3. 金融　资本市场

4. 企业　产业经济

5. 区域经济　协调发展

1. 数量经济学理论与方法

1.1 指数平滑模型的时间延迟及矫正

贾雨文　武义青①

摘　要： 本文讨论了指数平滑模型的时间延迟值的计算，讨论了布朗多项式平滑预测模型产生的时间波动问题，证明了在平稳状态下多项式模型的时间波动可以自行消除，建立了预测步长矫正值的计算方法。

关键词： 指数平滑模型　时间延迟　多项式模型

1.1.1 时间序列数据处理中的时间延迟问题

随手打开一幅股票或期货交易的图表，马上可以看到一些数日均值的曲线，在时间上明显落后于实际交易数据的连线，而且平均日数越长，时间延迟量越大。这种经济数据在时间上不同步的现象非常不利于现实的经济活动分析，更不利于深入的理论研究。

对于平均日数确定的平均值的计算，它的时间延迟量也是确定的，比较容易处理。例如，对一个五日平均的经济量

$$\hat{X}_n = \frac{X_n + X_{n-1} + \cdots + X_{n-4}}{5}$$

---

① 贾雨文（1938.1~），男，河北科技大学教授；武义青（1962.9~），男，博士，河北经贸大学校长助理，研究员，中国数量经济学会常务理事。

若 X_n 发生的时刻为 t_n，则 $\hat{X}_n$ 对应的时刻值应为

$$\hat{t}_n = \frac{t_n + t_{n-1} + \cdots + t_{n-4}}{5}$$

特别地，若时间间隔等距离，不妨设 $t_n = n$，则可简化为

$$\hat{t}_n = \frac{n + (n-1) + \cdots + (n-4)}{5} = n - 2$$

即 $\hat{X}_n$ 对应的时刻比 X_n 延迟了两个时间单位。

有了 $\hat{X}_n$ 对应的时刻值 $\hat{t}_n$，就可以用平行位移或多项式插值一类方法计算出在真实时刻 t_n 上的 $\hat{X}_n$ 对应值。这样，相关的经济数据在时间上就是同步的，便于分析研究。

指数平滑与预测方法，是时间序列经济活动分析中应用很广的一种定量分析方法。它的时间延迟值的计算和矫正就比较烦琐，本文就讨论并解决这一问题。

1.1.2   指数平滑公式

设在时刻 $t_1, t_2, \cdots, t_n, \cdots$ 上定义一族经济量 $X_1, X_2, \cdots, X_n, \cdots$。通常 t_n 间可以不等距，但要求 $t_n < t_{n+1}$。取定常数 α，$0 < \alpha < 1$，称为平滑系数，人们称下式为指数平滑公式。

$$\hat{X}_n = \alpha X_n + (1 - \alpha)\hat{X}_{n-1} \qquad (n \geq 2) \qquad (1)$$

进而若记 $s_n^{(0)} = x_n$，对 $p \geq 1$，则有 p 阶指数平滑公式

$$s_n^p = \alpha s_n^{(p-1)} + (1 - \alpha)s_{n-1}^{(p)} \qquad (n \geq 2, p \geq 1) \qquad (2)$$

直接用（1）（2）式去平滑处理数据，发现它们存在明显的时间延迟现象。以下，我们讨论这种时间延迟值的计算和矫正方法。

1.1.3   指数平滑公式时间延迟后的时间值的计算

容易看出，（1）式中 $\hat{x}_n$ 对应的时刻不再是 t_n，而是

$$\hat{t}_n = \alpha t_n + (1 - \alpha)\hat{t}_{n-1}$$

类似地，$s_n^{(p)}$ 对应的时刻应为

$$\hat{t}_n^{(p)} = \alpha \hat{t}_n^{(p-1)} + (1 - \alpha) \hat{t}_{n-1}^{(p)} \tag{3}$$

其中，$\hat{t}_n^{(0)} = t_n$。称 $\hat{t}_n$ 和 $\hat{t}_n^{(p)}$ 为平滑延迟后的时间值。

特别地，若 t_n 是等间距的，不妨简记为 $t_n = n$，即用时间序号表示时刻值，则反复使用母函数方法，可以得到

$$\hat{t}_n^{(1)} = n - \frac{\beta}{\alpha}(1 - \beta^{n-1})$$

$$\hat{t}_n^{(2)} = n - \frac{2\beta}{\alpha}(1 - \beta^{n-1}) + (n - 1)\beta^n \tag{4}$$

$$\hat{t}_n^{(3)} = n - \frac{3\beta}{\alpha}(1 - \beta^{n-1}) + \frac{(n-1)(n+4)}{2}\beta^n - \frac{n(n-1)}{2}\beta^{n+1}$$

$$\hat{t}_n^{(4)} = n - \frac{4\beta}{\alpha}(1 - \beta^{n-1}) + \frac{(n-1)(n^2+7n+18)}{6}\beta^n - \frac{n(n-1)(n+4)}{3}\beta^{n+1}$$

$$\quad + \frac{n(n-1)(n+1)}{6}\beta^{n+2}$$

式中，$\beta = 1 - \alpha$。

计算 $\hat{t}_n^{(p)}$ 是一件很烦琐的工作，我们计算到 $p = 4$，已能满足大部分经济分析的需要。下面研究一般的 $\hat{t}_n^{(p)}$ 的基本性质，以利于理论的研究。若记 $\Delta t_n^{(p)} = n - \hat{t}_n^{(p)}$，$\lim\limits_{n \to \infty} \Delta t_n^{(p)} = \Delta t_\infty^{(p)}$，我们有如下的结论：

定理 1：$\Delta t_\infty^{(p)} = \dfrac{p\beta}{\alpha}$

证明：使用数学归纳法。由公式（4）知，当 $p = 1，2，3，4$ 时，定理成立。现设 $p = m - 1$ 时，定理成立，往证 $p = m$ 时定理也成立。

$$
\begin{aligned}
\Delta t_n^{(m)} &= n - \hat{t}_n^{(m)} \\
&= n - [\alpha \hat{t}_n^{(m-1)} + \beta \hat{t}_{n-1}^{(m)}] \\
&= \alpha[n - \hat{t}_n^{(m-1)}] + \beta[n - \hat{t}_{n-1}^{(m)}] \\
&= \alpha \Delta t_n^{(m-1)} + \beta + \beta[n - 1 - \hat{t}_{n-1}^{(m)}] \\
&= \alpha \Delta t_n^{(m-1)} + \beta + \beta \Delta \hat{t}_{n-1}^{(m)}
\end{aligned}
$$

令 $n \to \infty$，即得

$$\Delta t_\infty^{(m)} = \alpha \times \frac{(m-1)\beta}{\alpha} + \beta + \beta \Delta t_\infty^{(m)}$$

$$(1 - \beta)\Delta t_\infty^{(m)} = m\beta$$

$$\Delta t_\infty^{(m)} = \frac{m\beta}{\alpha}$$

即 $p = m$ 时，定理也成立，由数学归纳法法则，定理得证。

定理 1 表明在 n 充分大时，$\hat{t}_n^{(p)}$ 接近于 $n - \dfrac{p\beta}{\alpha}$，即 p 阶指数平滑公式的时间延迟值接近于 $\dfrac{p\beta}{\alpha}$。在 n 充分大时，可以近似使用这一结果。我们以后的重点转向 n 取值不太大时，时间延迟值的计算和矫正。

1.1.4 公式（4）的检验

定理 2：（4）式中的 4 个式子满足（3）式的条件。

证明：我们是由时间等距，且取 $t_n = n$ 时，推导出（4）式的。即有

$$\hat{t}_n^{(0)} = t_n^{(0)} = n$$

$p = 1$ 时

$$
\begin{aligned}
\alpha \hat{t}_n^{(0)} + \beta \hat{t}_{n-1}^{(1)} &= n\alpha + \beta\Big[n - 1 - \frac{\beta}{\alpha}(1 - \beta^{n-2}) \Big] \\
&= n - \beta - \frac{\beta^2}{\alpha}(1 - \beta^{n-2}) \\
&= n - \beta - \frac{\beta^2}{\alpha} + \frac{\beta^n}{\alpha} \\
&= n - \beta - \frac{\beta}{\alpha}(1 - \alpha) + \frac{\beta^n}{\alpha} \\
&= n - \frac{\beta}{\alpha}(1 - \beta^{n-1}) \\
&= \hat{t}_n^{(1)}
\end{aligned}
$$

（3）式成立

$p = 2$ 时

$$
\begin{aligned}
\alpha \hat{t}_n^{(1)} + \beta \hat{t}_{n-1}^{(2)} &= \alpha\Big[n - \frac{\beta}{\alpha}(1 - \beta^{n-1}) \Big] + \beta\Big[n - 1 - \frac{2\beta}{\alpha}(1 - \beta^{n-2}) + (n-2)\beta^{n-1} \Big] \\
&= n - \beta(1 - \beta^{n-1}) - \beta - \frac{2\beta^2}{\alpha}(1 - \beta^{n-2}) + (n-2)\beta^n \\
&= n - 2\beta + \beta^n - \frac{2\beta^2}{\alpha} + \frac{2\beta^n}{\alpha} + (n-2)\beta^n
\end{aligned}
$$

$$= n - 2\beta + (n-1)\beta^n - \frac{2(1-\alpha)\beta}{\alpha} + \frac{2\beta^n}{\alpha}$$

$$= n - \frac{2\beta}{\alpha} + \frac{2\beta^n}{\alpha} + (n-1)\beta^n$$

$$= n - \frac{2\beta}{\alpha}(1 - \beta^{n-1}) + (n-1)\beta^n$$

$$= \hat{t}_n^{(2)}$$

（3）式成立

$p = 3$ 时

$$\alpha\hat{t}_n^{(2)} + \beta\hat{t}_{n-1}^{(3)} = \alpha\left[n - \frac{2\beta}{\alpha}(1 - \beta^{n-1}) + (n-1)\beta^n \right]$$

$$+ \beta\left[n - 1 - \frac{3\beta}{\alpha}(1 - \beta^{n-2}) + \frac{(n-2)(n+3)}{2}\beta^{n-1} - \frac{(n-1)(n-2)}{2}\beta^n \right]$$

$$= n - 2\beta(1 - \beta^{n-1}) + (n-1)\alpha\beta^n - \beta - \frac{3\beta^2}{\alpha}(1 - \beta^{n-2})$$

$$+ \frac{(n-2)(n+3)}{2}\beta^n - \frac{(n-1)(n-2)}{2}\beta^{n+1}$$

$$= n - 3\beta + 2\beta^n + (n-1)(1-\beta)\beta^n - \frac{3\beta^2}{\alpha} + \frac{3\beta^n}{\alpha}$$

$$+ \frac{n^2 + n - 6}{2}\beta^n - \frac{n^2 - 3n + 2}{2}\beta^{n+1}$$

$$= n - 3\beta - \frac{3(1-\alpha)\beta}{\alpha} + (n+1)\beta^n - (n-1)\beta^{n+1} + \frac{3\beta^n}{\alpha}$$

$$+ \frac{n^2 + n - 6}{2}\beta^n - \frac{n^2 - 3n + 2}{2}\beta^{n+1}$$

$$= n - \frac{3\beta}{\alpha} + \frac{3\beta^n}{\alpha} + \frac{n^2 + 3n - 4}{2}\beta^n + \frac{n^2 - n}{2}\beta^{n+1}$$

$$= n - \frac{3\beta}{\alpha}(1 - \beta^{n-1}) + \frac{(n-1)(n+4)}{2}\beta^n - \frac{n(n-1)}{2}\beta^{n+1}$$

$$= \hat{t}_n^{(3)}$$

（3）式成立

$p = 4$ 时

$$\alpha\hat{t}_n^{(3)} + \beta\hat{t}_{n-1}^{(4)} = \alpha\left[n - \frac{3\beta}{\alpha}(1 - \beta^{n-1}) + \frac{(n-1)(n+4)}{2}\beta^n - \frac{n(n-1)}{2}\beta^{n+1} \right]$$

$$+ \beta\left[n - 1 - \frac{4\beta}{\alpha}(1 - \beta^{n-2}) + \frac{(n-2)[(n-1)^2 + 7(n-1) + 18]}{6}\beta^{n-1} \right.$$

$$\left. - \frac{(n-1)(n-2)(n+3)}{3}\beta^n + \frac{(n-2)(n-1)n}{6}\beta^{n+1} \right]$$

$$
\begin{aligned}
&= n - 3\beta(1 - \beta^{n-1}) + \frac{(n-1)(n+4)}{2}(1-\beta)\beta^n - \frac{n(n-1)}{2}(1-\beta)\beta^{n+1} - \beta \\
&\quad - \frac{4\beta^2}{\alpha}(1 - \beta^{n-2}) + \frac{(n-2)(n^2 - 2n + 1 + 7n - 7 + 18)}{6}\beta^n \\
&\quad - \frac{(n+3)(n^2 - 3n + 2)}{3}\beta^{n+1} + \frac{n(n^2 - 3n + 2)}{6}\beta^{n+2}
\end{aligned}
$$

$$
\begin{aligned}
&= n - 4\beta + 3\beta^n + \frac{n^2 + 3n - 4}{2}\beta^n - \frac{n^2 + 3n - 4}{2}\beta^{n+1} \\
&\quad - \frac{n^2 - n}{2}\beta^{n+1} + \frac{n^2 - n}{2}\beta^{n+2} - \frac{4(1-\alpha)\beta}{\alpha} + \frac{4\beta^n}{\alpha} + \frac{(n-2)(n^2 + 5n + 12)}{6}\beta^n \\
&\quad - \frac{n^3 - 3n^2 + 2n + 3n^2 - 9n + 6}{2}\beta^{n+1} + \frac{n^3 - 3n^2 + 2n}{6}\beta^{n+2}
\end{aligned}
$$

$$
\begin{aligned}
&= n - \frac{4\beta}{\alpha} + \frac{4\beta^n}{\alpha} + \frac{n^2 + 3n + 2}{2}\beta^n + \frac{n^3 + 5n^2 + 12n - 2n^2 - 10n - 24}{6}\beta^n \\
&\quad - \frac{2n^2 + 2n - 4}{2}\beta^{n+1} - \frac{n^3 - 7n + 6}{3}\beta^{n+1} + \frac{n^3 - n}{6}\beta^{n+2}
\end{aligned}
$$

$$
\begin{aligned}
&= n - \frac{4\beta}{\alpha}(1 - \beta^{n-1}) + \frac{n^3 + 6n^2 + 11n - 18}{6}\beta^n \\
&\quad - \frac{2n^3 + 6n^2 - 8n}{6}\beta^{n+1} + \frac{n(n^2 - 1)}{6}\beta^{n+2}
\end{aligned}
$$

$$
\begin{aligned}
&= n - \frac{4\beta}{\alpha}(1 - \beta^{n-1}) + \frac{(n-1)(n^2 + 7n + 18)}{6}\beta^n \\
&\quad - \frac{n(n-1)(n+4)}{3}\beta^{n+1} + \frac{n(n-1)(n+1)}{6}\beta^{n+2}
\end{aligned}
$$

$$
= \hat{t}_n^{(4)}
$$

（3）式成立

定理证毕。定理表明（4）式中的 4 个 $\hat{t}_n^{(p)}$ 的表达式是正确的，可以放手使用。

1.1.5　多项式预测模型

指数平滑预测模型计算出的 $s_n^{(p)}$ 对应的时间值是 $\hat{t}_n^{(p)}$，$\hat{t}_n^{(p)}$ 在 n 很大时也不能消除时间延迟值，所以直接用 $s_n^{(p)}$ 作预测分析很不方便。一般情况下，人们采用下述的布朗多项式进行平滑和预测计算。

$$
\hat{X}_{n+\tau}^{(k)} = \hat{X}_n^{(0)} + \hat{X}_n^{(1)}\tau + \frac{1}{2}\hat{X}_n^{(2)}\tau^2 + \cdots + \frac{1}{k!}\hat{X}_n^{(k)}\tau^k \tag{5}
$$

其中 τ 为预测的步长，$\tau = 0$ 时，（5）式退化为平滑公式。

（5）式中的 $\hat{X}_n^{(m)}$ 和（2）式中的 $s_n^{(p)}$ 的互换关系，由下述重要的基本定理所确定。[①]

定理 3：（2）式定义的 $s_n^{(p)}$ 和（5）式定义的 k 阶多项式各系数 $\hat{X}_n^{(m)}$（$0 \leqslant m \leqslant k$）之间有关系

$$s_n^{(p)} = \sum_{m=0}^{k} (-1)^m \frac{\hat{X}_n^{(m)}}{m!} \frac{\alpha^p}{(p-1)!} \sum_{j=0}^{\infty} j^m \beta^j \frac{(p-1+j)!}{j!} \tag{6}$$

其中，$p = 1, 2, \cdots, k+1$，$\beta = 1 - \alpha$。

由（6）式的 $k+1$ 个方程联立求解，就可以把（5）式中的 $k+1$ 个 $\hat{X}_n^{(m)}$（$m = 0, 1, 2, \cdots, k$）解出来。我们可以用前 4 个 $s_n^{(p)}$，解出 4 组 $\hat{X}_n^{(m)}$ 来，可以建立 3 个预测公式，1 个平滑公式。在各预测公式中，取 $\tau = 0$，也可以当平滑公式使用。公式阶数越高，平滑和预测精度越高。

$k = 0$ 时，

$$\hat{X}_n^{(0)} = s_n^{(1)} \qquad \text{平滑公式}$$

$k = 1$ 时，

$$\hat{X}_{n+\tau}^{(1)} = \hat{X}_n^{(0)} + \hat{X}_n^{(1)} \tau$$

$$\hat{X}_n^{(0)} = 2s_n^{(1)} - s_n^{(2)}$$

$$\hat{X}_n^{(1)} = \frac{\alpha}{\beta}(s_n^{(1)} - s_n^{(2)})$$

$k = 2$ 时，

$$\hat{X}_{n+\tau}^{(2)} = \hat{X}_n^{(0)} + \hat{X}_n^{(1)} \tau + \frac{1}{2} \hat{X}_n^{(2)} \tau^2$$

$$\hat{X}_n^{(0)} = 3s_n^{(1)} - 3s_n^{(2)} + s_n^{(3)}$$

$$\hat{X}_n^{(1)} = \frac{\alpha}{2\beta^2}[(1+5\beta)s_n^{(1)} - 2(1+4\beta)s_n^{(2)} + (1+3\beta)s_n^{(3)}]$$

$$\hat{X}_n^{(2)} = \frac{\alpha^2}{\beta^2}[s_n^{(1)} - 2s_n^{(2)} + s_n^{(3)}]$$

$k = 3$ 时，

$$\hat{X}_{n+\tau}^{(3)} = \hat{X}_n^{(0)} + \hat{X}_n^{(1)} \tau + \frac{1}{2} \hat{X}_n^{(2)} \tau^2 + \frac{1}{6} \hat{X}_n^{(3)} \tau^3$$

---

① 邓志刚，汪星明（1994）。

$$\hat{X}_n^{(0)} = 4s_n^{(1)} - 6s_n^{(2)} + 4s_n^{(3)} - s_n^{(4)}$$

$$\hat{X}_n^{(1)} = \frac{\alpha}{\beta^3}\Big[\frac{1+4\beta+13\beta^2}{3}s_n^{(1)} - \frac{2+7\beta+19\beta^2}{2}s_n^{(2)} + (1+3\beta+7\beta^2)s_n^{(3)} - \frac{2+5\beta+11\beta^2}{6}s_n^{(4)}\Big]$$

$$\hat{X}_n^{(2)} = \frac{\alpha^2}{\beta^3}\big[(1+3\beta)s_n^{(1)} - (3+8\beta)s_n^{(2)} + (3+7\beta)s_n^{(3)} - (1+2\beta)s_n^{(4)}\big]$$

$$\hat{X}_n^{(3)} = \frac{\alpha^3}{\beta^3}\big[s_n^{(1)} - 3s_n^{(2)} + 3s_n^{(3)} - s_n^{(4)}\big]$$

1.1.6　多项式预测模型的时间问题

在 $k = 0$ 平滑模型中，$\hat{X}_n^{(0)} = s_n^{(1)}$，前面已算出它对应的时刻值是 $\hat{t}_n^{(1)} = n - \dfrac{\beta}{\alpha}(1 - \beta^{n-1})$。在 $k \geq 1$ 的预测模型中，各个 $s_n^{(p)}$ 对应的时刻值是 $\hat{t}_n^{(p)}$，所以把各个 $\hat{X}_n^{(m)}$ 表达式中的 $s_n^{(p)}$ 换成 $\hat{t}_n^{(p)}$，就可以导出 $\hat{X}_{n+\tau}^{(k)}$ 对应的时刻值 $\hat{T}_{n+\tau}^{(k)}$。例如，在 $k = 1$ 时，有

$$T_{n+\tau}^{(1)} = T_n^{(0)} + T_n^{(1)}\tau$$

$$T_n^{(0)} = 2\hat{t}_n^{(1)} - \hat{t}_n^{(2)}$$

$$T_n^{(1)} = \frac{\alpha}{\beta}(\hat{t}_n^{(1)} - \hat{t}_n^{(2)})$$

将相应的 $\hat{t}_n^{(p)}$ 的表达式代入，经过整理，可得：

$k = 1$ 时，

$$T_{n+\tau}^{(1)} = n + \tau - \{(n-1)\beta^n + [n\beta^{n-1} - (n-1)\beta^n]\tau\}$$

$$T_n^{(0)} = n - (n-1)\beta^n$$

$$T_n^{(1)} = 1 - n\beta^{n-1} + (n-1)\beta^n$$

$k = 2$ 时，

$$T_{n+\tau}^{(2)} = T_n^{(0)} + T_n^{(1)}\tau + \frac{1}{2}T_n^{(2)}\tau^2$$

$$T_n^{(0)} = n + \frac{(n-1)(n-2)}{2}\beta^n - \frac{n(n-1)}{2}\beta^{n+1}$$

$$T_n^{(1)} = 1 + \frac{n(n-1)}{4}\beta^{n-2} + \frac{n(n-5)}{4}\beta^{n-1} - \frac{(n-1)(5n-4)}{4}\beta^n + \frac{3n(n-1)}{4}\beta^{n+1}$$

$$T_n^{(2)} = \frac{n(n-1)}{2}\big[\beta^{n-2} - 3\beta^{n-1} + 3\beta^n - \beta^{n+1}\big]$$

$k = 3$ 时，

$$T_{n+\tau}^{(3)} = T_n^{(0)} + T_n^{(1)}\tau + \frac{1}{2}T_n^{(2)}\tau^2 + \frac{1}{6}T_n^{(3)}\tau^3$$

$$T_n^{(0)} = n + \frac{n-1}{6}\beta^n\left[(n-2)(n-3) - 2n(n-2)\beta + n(n+1)\beta^2\right]$$

$$T_n^{(1)} = 1 - \beta^{n-1} - \frac{n-1}{36}\alpha\beta^{n-3}$$
$$\times\left[2n(n-2) + n(n-17)\beta + 3(n^2 - 11n + 12)\beta^2 - n(17n - 43)\beta^3 + 11n(n+1)\beta^4\right]$$

$$T_n^{(2)} = \frac{n(n-1)}{6}\alpha^2\beta^{n-3}\left[2 - n + 6\beta + 3(n-2)\beta^2 - 2(n+1)\beta^3\right]$$

$$T_n^{(3)} = \frac{n(n-1)}{6}\alpha^3\beta^{n-3}\left[2 - n + (2n-1)\beta - (n+1)\beta^2\right]$$

容易证明，当 $k = 1,2,3$ 时，有

$$\lim_{n\to\infty}\left[T_{n+\tau}^{(k)} - (n+\tau)\right] = 0 \tag{7}$$

即当时间足够长时，多项式预测模型（5）的时间波动现象会自己消失，这是多项式模型（5）比简单的指数平滑模型（1）和（2）优越之处。

下面，我们将要证明，（7）式的结果可以推广到 k 为任一正整数的情形，即只要时间足够长，任一阶的多项式预测模型（5）的时间波动都会自行消失。这一结果，由下述定理表述。

定理 4：整数 $k \geq 1$ 时，关系式（7）恒成立。

因 $s_n^{(p)}$ 和 $\hat{x}_n^{(m)}$ 之间由关系式（6）相联系，它们各自的时刻值 $\hat{t}_n^{(p)}$ 和 $T_n^{(m)}$ 也应满足类似的关系式

$$\hat{t}_n^{(p)} = \sum_{m=0}^{k}(-1)^m\frac{T_n^{(m)}(k)}{m!}\frac{\alpha^p}{(p-1)!}\sum_{j=0}^{\infty}j^m\beta^j\frac{(p-1+j)!}{j!} \quad p = 1,2,\cdots,k+1 \tag{8}$$

式中 $T_n^{(m)}(k)$ 是 k 阶预测公式中出现的 $T_n^{(m)}$。

由定理 1，当 n 充分大时，$\hat{t}_n^{(p)}$ 可以用 $\left(n - \frac{p\beta}{\alpha}\right)$ 代替。而当 $k \geq 1$ 时，若总有 $T_n^{(0)}(k) \to n$，$T_n^{(1)}(k) \to 1$，对 $l \geq 2$，有 $T_n^{(l)}(k) \to 0$。它们若是（8）式的解，即若下述（9）式成立，定理 4 就证明了。

$$n - \frac{p\beta}{\alpha} = \frac{n\alpha^p}{(p-1)!}\sum_{j=0}^{\infty}\beta^j\frac{(p-1+j)!}{j!} - \frac{\alpha^p}{(p-1)!}\sum_{j=0}^{\infty}j\beta^j\frac{(p-1+j)!}{j!} \tag{9}$$

先证明以下引理。

引理：

$$\sum_{j=0}^{\infty} (j+m)(j+m-1)\cdots(j+1)\beta^{j} = \frac{m!}{\alpha^{m+1}} \tag{10}$$

$$\sum_{j=0}^{\infty} (j+m)(j+m-1)\cdots(j+1)j\beta^{j} = \frac{(m+1)!\beta}{\alpha^{m+2}} \tag{11}$$

证明：可以检验得 $m = 1,2,3$ 时，引理成立。用数学归纳法，不妨设 $m = k$ 时（10）和（11）式成立，只要证明 $m = k+1$ 时两式也成立就可以了。

$$\sum_{j=0}^{\infty} (j+k+1)(j+k)\cdots(j+1)\beta^{j}$$

$$= \sum_{j=0}^{\infty} (j+k)\cdots(j+1)j\beta^{j} + (k+1)\sum_{j=0}^{\infty} (j+k)\cdots(j+1)\beta^{j}$$

$$= \frac{(k+1)!\beta}{\alpha^{k+2}} + \frac{(k+1)k!}{\alpha^{k+1}}$$

$$= \frac{(k+1)!}{\alpha^{k+2}}(\alpha+\beta)$$

$$= \frac{(k+1)!}{\alpha^{k+2}}$$

由数学归纳法知，（10）式已得证。

$$\sum_{j=0}^{\infty} (j+k+1)(j+k)\cdots(j+1)j\beta^{j}$$

$$= \sum_{j=0}^{\infty} (j+k+2)(j+k+1)\cdots(j+1)\beta^{j} - (k+2)\sum_{j=0}^{\infty} (j+k+1)(j+k)\cdots(j+1)\beta^{j}$$

$$= \frac{(k+2)!}{\alpha^{k+3}} - \frac{(k+2)(k+1)!}{\alpha^{k+2}}$$

$$= \frac{(k+2)!}{\alpha^{k+3}}(1-\alpha)$$

$$= \frac{(k+2)!\beta}{\alpha^{k+3}}$$

同样，由数学归纳法，（11）式也得证。引理证毕。

以下再转回定理 4 的证明。把引理的结果用到（9）式右端的表达式中

$$\frac{n\alpha^{p}}{(p-1)!}\sum_{j=0}^{\infty} \beta^{j}\frac{(p-1+j)!}{j!} - \frac{\alpha^{p}}{(p-1)!}\sum_{j=0}^{\infty} \frac{(p-1+j)!j}{j!}\beta^{j}$$

$$= n\frac{\alpha^{p}}{(p-1)!}\frac{(p-1)!}{\alpha^{p}} - \frac{\alpha^{p}}{(p-1)!}\frac{p!\beta}{\alpha^{p+1}} = n - \frac{p\beta}{\alpha}$$

即计算出（9）式左端的结果，（9）式成立。由上面的分析，定理 4 得证。

在 n 比较小时，（7）式的结果不能用，$T_{n+\tau}^{(k)}$ 的值还得仔细计算。

1.1.7　矫正步长的计算

我们上面讲到多项式预测模型（5）计算出的 $\hat{X}_{n+\tau}^{(k)}$ 并不是对应时刻 $n+\tau$ 时的值，而是 $T_{n+\tau}^{(k)}$ 时的值。容易想到，在（5）式中若用一矫正步长 l 代替 τ，则 $\hat{X}_{n+l}^{(k)}$ 可以对应 $n+\tau$ 时的预测值，$l = l(\tau, n, \beta)$。现在讨论 l 的计算。把 l 代入 $T_{n+\tau}^{(k)}$ 表达式应有

$$T_{n+l}^{(k)} = T_n^{(0)} + T_n^{(1)} l + \frac{1}{2} T_n^{(2)} l^2 + \cdots + \frac{1}{k!} T_n^{(k)} l^k = n + \tau$$

由于 n 总含在 $T_n^{(0)}$ 中，记 $T_n^* = T_n^{(0)} - n$，即有

$$T_n^* + T_n^{(1)} l + \frac{1}{2} T_n^{(2)} l^2 + \cdots + \frac{1}{k!} T_n^{(k)} l^k = \tau$$

$$\frac{1}{k!} T_n^{(k)} l^k + \cdots + \frac{1}{2} T_n^{(2)} l^2 + T_n^{(1)} l + T_n^* - \tau = 0 \tag{12}$$

若此 k 次多项式有实数根，则矫正步长 l 就可以由（12）式解出来。

$k = 1$ 时，

$$T_n^{(1)} l + T_n^* - \tau = 0$$

$$l = \frac{(\tau - T_n^*)}{T_n^{(1)}}$$

$k = 2$ 时，

$$\frac{1}{2} T_n^{(2)} l^2 + T_n^{(1)} l + T_n^* - \tau = 0$$

$$l = \frac{\left(-T_n^{(1)} + \sqrt{(T_n^{(2)})^2 + 2 T_n^{(2)} (\tau - T_n^*)} \right)}{T_n^{(2)}}$$

$k = 3$ 时，

$$T_n^{(3)} l^3 + 3 T_n^{(2)} l^2 + 6 T_n^{(1)} l + 6 (T_n^* - \tau) = 0 \tag{13}$$

对一个一般的三次方程

$$a l^3 + b l^2 + c l + d = 0 \tag{14}$$

引入变换 $l = y - \dfrac{b}{3a}$,

可得著名的卡尔丹公式 $y^3 + py + q = 0$

其中

$$p = \frac{c}{a} - \frac{b^2}{3a^2}$$

$$q = \frac{d}{a} - \frac{bc}{3a^2} + \frac{2}{27}\frac{b^3}{a^3}$$

其可能存在的实根为

$$y = \sqrt[3]{-\frac{q}{2} + \sqrt{\left(\frac{q}{2}\right)^2 + \left(\frac{p}{3}\right)^3}} + \sqrt[3]{-\frac{q}{2} - \sqrt{\left(\frac{q}{2}\right)^2 + \left(\frac{p}{3}\right)^3}}$$

对比（13）和（14）式，（13）式对应的 p , q 为

$$p = \frac{6T_n^{(1)}}{T_n^{(3)}} - 3\left(\frac{T_n^{(2)}}{T_n^{(3)}}\right)^2$$

$$q = \frac{6(T_n^* - \tau)}{T_n^{(3)}} - \frac{6T_n^{(1)}T_n^{(2)}}{(T_n^{(3)})^2} + 2\left(\frac{T_n^{(2)}}{T_n^{(3)}}\right)^3$$

    矫正步长 l 可计算的条件是：以上各式的分母不能取 0 值，开平方项不能取负值。

    表 1 列出了 $\beta = 0.5$ 时，$k = 1$ 和 $k = 2$ 对应的矫正步长的值，可窥其取值规律。而 $k = 3$ 时，有负项开平方的现象，无法计算其 l 值。

表 1 $\beta = 0.5$ 时的部分 l 值

k	1				2			$k = 2$, $\tau = 3$ 时的 4 次迭代值
τ	0	1	2	3	1	2	3	
3	0.5	2.5	4.5	6.5				
4	0.272727	1.727273	3.181818	4.636364	0.811474	1.537950	2.201593	2.201563
5	0.153846	1.384615	2.615385	3.846154	0.766995	1.491844	2.163569	2.163561
6	0.087719	1.210526	2.333333	3.456140	0.781636	1.539444	2.250843	2.250841
7	0.050000	1.116667	2.183333	3.250000	0.820290	1.624880	2.389848	2.389847
8	0.028340	1.064777	2.101215	3.137652	0.864430	1.717553	2.538611	2.538610
9	0.159360	1.035875	2.055777	3.075697	0.904279	1.800414	2.672268	2.672268
10	0.008885	1.019743	2.030602	3.041461	0.935840	1.866097	2.779152	2.779152

k	1				2			$k=2, \tau=3$ 时的 4 次迭代值
τ	0	1	2	3	1	2	3	
11	0.004912	1.010806	2.016699	3.022593	0.958718	1.913832	2.857456	2.857456
12	0.002695	1.005878	2.009062	3.012246	0.974274	1.946343	2.911096	2.911096
13	0.001467	1.003179	2.004891	3.006603	0.984364	1.967436	2.946016	2.946016
14	0.000794	1.001711	2.002627	3.003543	0.990682	1.980632	2.967897	2.967897
15	0.000427	1.000920	2.001404	3.001893	0.994535	1.988663	2.981220	2.981220
16	0.000229	1.000488	2.000748	3.001007	0.996835	1.993449	2.989157	2.989157
17	0.000122	1.000259	2.000397	3.000534	0.998187	1.996255	2.993806	2.993806
18	0.000065	1.000137	2.000210	3.000282	0.998971	1.997878	2.996494	2.996494
19	0.000034	1.000072	2.000111	3.000149	0.999420	1.998807	2.998030	2.998030
20	0.000018	1.000038	2.000058	3.000078	0.999676	1.999334	2.998910	2.998910
21	0.000010	1.000020	2.000031	3.000041	0.999820	1.999630	2.999390	2.999390
22	0.000005	1.000010	2.000016	3.000021	0.999900	1.999796	2.999664	2.999664
23	0.000003	1.000005	2.000008	3.000011	0.999945	1.999888	2.999815	2.999815
24	0.000001	1.000003	2.000004	3.000006	0.999970	1.999939	2.999899	2.999899
25	0.000001	1.000001	2.000002	3.000003	0.999984	1.999967	2.999945	2.999945
26	0.0	1.000001	2.000001	3.000002	0.999991	1.999982	2.999970	2.999970
27		1.0	2.000001	3.000001	0.999995	1.999990	2.999984	2.999984
28			2.0	3.0	0.999997	1.999995	2.999991	2.999991
29					0.999999	1.999997	2.999995	2.999995
30					0.999999	1.999998	2.999997	2.999997
31					0.999999	1.999999	2.999999	2.999999
32					1.0	1.999999	2.999999	2.999999
33					1.0	1.999999	2.999999	3.0
34					0.999999	1.999999	2.999999	3.0
35					0.999998	1.999998	2.999998	3.0

1.1.8　矫正步长的迭代计算

上述计算矫正步长 l 的解析表达式，在 $k=1$ 时计算没有困难。在 $k=2$，$k=3$ 时，实际计算则遇到困难：其一是表达式分母在 n 增大时趋于 0，造成计算结果不稳定，在表 1 中可以看到这一情形；其二是可能遇到负项开平方的情况，给实数解求解造成困难，在 $\beta=0.5$，$k=3$ 时就发生了这种情形。

由于在 $n \to \infty$ 时，无论对 $k = 2$ 或 $k = 3$，均有 $T_n^{(1)} \to 1$，$T_n^{(2)} \to 0$，$T_n^{(3)} \to 0$，$T_n^* \to 0$，我们设计了下面的迭代方法，可以得到精确度很高的 l 的近似解。

$k = 2$ 时，取定初值 $l_0 = \dfrac{(\tau - T_n^*)}{T_n^{(1)}}$

$$l_{k+1} = \frac{(\tau - T_n^*)}{\left(T_n^{(1)} + \dfrac{1}{2} T_n^{(2)} l_k\right)} \tag{15}$$

注意迭代时，τ，T_n^*，$T_n^{(1)}$，$T_n^{(2)}$ 都是固定不变的。对给定的误差 $\sigma > 0$，$|l_{k+1} - l_k| < \sigma$ 时，终止迭代。

对 $\beta = 0.5$，$k = 2$，$\tau = 3$ 的情形，用（15）式迭代 4 次，其结果也列在表 1 中。可见到，在 n 较小时能较快的逼近解析表达式的计算结果，在 n 较大时，计算结果稳定。

$k = 3$ 时，初值 $l_0 = \dfrac{(\tau - T_n^*)}{T_n^{(1)}}$

$$l_{k+1} = \frac{(\tau - T_n^*)}{\left(T_n^{(1)} + \dfrac{1}{2} T_n^{(2)} l_k + \dfrac{1}{6} T_n^{(3)} l_k^2\right)} \tag{16}$$

$|l_{k+1} - l_k| < \sigma$ 时，终止迭代。

（15）和（16）式均对迭代收敛，本文不讨论严格的论证。

参考文献

[1] 邓志刚，汪星明．1994．社会经济系统工程．北京：中国人民大学出版社。

1.2 单位根检验中的 Wald 检验量研究：Bootstrap 法 VS 临界值法[①]

江海峰　陶长琪[②]

摘　要：本文首先介绍单位根检验中的 Wald 检验量，并分析其与传统检验量之间的关系；接着给出 Wald 检验量的 Bootstrap 实现方法并证明了其有效性；然后借助蒙特卡洛模拟技术对 Bootstrap 方法和临界值方法检验结果进行比较。结果表明：在无漂移项数据生成过程中，两种方法的实际覆盖率分别为 100% 和 72.9%，精确程度之比为 33∶15；在有漂移项的数据生成过程中，实际覆盖率分别为 94.4% 和 77.8%，精确程度之比为 20∶15；在检验功效方面，Bootstrap 方法较临界值检验具有明显的优势，尤其是在小样本下；另外，由标准正态分布得到的临界值对其他误差分布类型缺乏稳健性。这些结果表明 Bootstrap 方法可以替代临界值方法进行单位根的 Wald 检验。

关键词：单位根　Wald 检验量　Bootstrap 法　蒙特卡洛模拟

---

① 本文得到国家自然基金项目（71073073）资助。
② 江海峰，生于 1976 年 7 月，男，安徽工业大学经济学院副教授，现为江西财经大学信息管理学院管理科学与工程在读博士；陶长琪，生于 1967 年 8 月，男，经济学博士，教授，博士生导师，中国数量经济学会常务理事，现为江西财经大学信息管理学院数量经济学专业首席教授。

1.2.1 引言

自 Dickey（1976，1981）提出单位根 DF 检验理论以来，研究人员从不同的角度对单位根检验理论进行了丰富和拓展。就放松检验条件来说，Said和 Dickey（1984）通过引入变量的滞后期从而假设数据生成为 AR（p）过程来消除扰动项可能存在的自相关性，提出了 ADF 检验；Pillips 和 Perron（1988）则直接假定扰动项服从零均值的弱稳定过程，提出了 PP 检验。这两种检验所使用的检验量经修正后与 DF 检验量有相同的极限分布。就所使用的检验量来说，Dickey 和 Fuller（1981）提出了似然比检验量；Schmidt和 Phillips（1992）、Oya 和 Hiro（1998）分别提出了拉格朗日乘数检验量；张凌翔和张晓峒（2009，以下称为文献 7）提出了 Wald 检验量。由于单位根检验与数据的生成过程严格相对应，因此单位根检验还涉及对漂移项和趋势项的检验，这通过与单位根项进行联合检验来实现，但也可以考虑单独对它们进行检验，如张晓峒和攸频（2006）、肖燕婷和魏峰（2008）对此做了有益的尝试，是对联合检验有益的补充。其他单位根检验量与本文研究无关，不再列举。以上所介绍的与单位根检验有关的检验量有以下共同的特点：首先是所有检验量的极限分布都是非标准的，例如单位根系数检验量的极限分布不服从正态分布；单位根项、漂移项和趋势项的 t 检验量的极限分布不服从特定自由度的 t 分布，而它们的联合检验也不服从 F 分布；基于极大似然估计下的似然比检验量、拉格朗日乘数检验量和 Wald检验量并不服从特定自由度的卡方分布，相反地这些检验量都收敛到维纳过程的泛函。其次，正是由于这些检验量不服从标准分布，因此检验所使用的临界值只能通过蒙特卡洛模拟方法得到，为了得到一般样本下的临界值，Mackinnon（1994）采用响应面技术拓广了 DF 检验的样本适用范围，文献 7 以及张晓峒和攸频（2006）也采用了类似的技术。最后，上述蒙特卡洛模拟都设定扰动项服从标准正态分布，这显然是一个极强的假定，实际上单位根检验中只要求扰动项满足独立同分布即可，笔者也尝试使用其他分布的误差项来进行模拟，与标准正态分布下的临界值相比，存在一定的差异。

由于单位根检验所涉及检验量的分布是以大样本理论为前提，对于实际中较小或中等程度大小的有限样本来说，这种近似程度可能很差，使参数估计出现偏差，导致检验出现较大的水平扭曲和较低的功效。已有的蒙特卡洛模拟结果证实了这点，例如 Diebold 和 Rudebusch（1991）以及 DeJong et al.（1992）等。为了解决这些问题，同时鉴于 Bootstrap 方法在平稳时间序列分析中的优越表现①，研究人员尝试将该方法引入到单位根检验中，Basawa et al.（1991a，1991b）在该领域中起了关键作用，他们研究发现，在使用 Bootstrap 方法进行单位根检验时，不能像处理平稳时间序列方法那样利用未知参数的一致估计量来构造 Bootstrap 检验样本，而必须将单位根这一约束条件施加到 Bootstrap 样本构造中。在此基础上，Ferretti 和 Romo（1996，以下称为文献 17）、Nankervis 和 Savin（1996）使用了 Bootstrap 方法对数据生成过程为 AR（1）模型的单位根进行了检验；Parker（2006）、Richard（2009）分别采用 Stationary Bootstrap、Sieve Bootstrap 方法研究了 AR（p）模型下的单位根检验；Moreno 和 Romo（2011）利用 Bootstrap 方法讨论了单位根中扰动项具有无限方差的 M 检验量。这些研究结果以及与此有关的文献表明：如果运用得当，和使用临界值检验相比，Bootstrap 检验方法得到的实际拒绝概率与名义水平更为接近，同时检验的功效也能得到很好保证。

现有文献使用 Bootstrap 方法仅限于对单位根的系数检验量和 t 检验量进行研究，而对 Wald 检验量的研究尚未涉及，就单位根项检验而言，由于 Wald 检验没有限定备择假设，这与系数和 t 检验指定的左尾检验形成鲜明的对比，因此在检验功效方面，两者有一定的差异。另外，也很少考虑扰动项分布的不同对临界值检验结果的影响。鉴于此，本文将使用 Bootstrap 方法对单位根检验中的 Wald 检验量进行研究，从检验水平和检验功效两个方面考察 Bootstrap 方法相对于临界值方法的优点；同时也分析扰动项的分布形态对检验水平和功效的影响，并考察小样本下两种检验方法结果的差异。由于 Wald 检验量的分布与是否含有差分因变量的滞后期无关，因此本文采用文献 7 的数据生成形式，以文献 17 的无漂移项数据生成 Bootstrap 方法为基础，并推广到数据生成含有漂移项的过程。在接下来的研究中，首先介绍 Wald 检验量并指出与传统单位根检验量的关系，接着介绍 Wald 检验量的 Bootstrap 检验并证明其合理性，然后通过蒙特卡洛模拟方法比较 Bootstrap 检验与临界值检验结果的差异，并以中

---

① 参见 Hall（1992）和 Horowitz（2001）的研究结果。

国人口数据进行实证分析，最后给出分析的结论并指出进一步研究的方向。

1.2.2 单位根检验中的 Wald 统计量

沿用文献 7 中的记号，与 W_1，W_{21}，W_{22}，W_{33}[①]检验量对应的数据生成过程为

$$y_t = y_{t-1} + \varepsilon_t \tag{1}$$

其中 $\varepsilon_t \sim iid(0, \sigma^2)$，而估计的模型分别对应为

$$y_t = \rho y_{t-1} + \varepsilon_t \tag{2}$$

$$y_t = \alpha + \rho y_{t-1} + \varepsilon_t \tag{3}$$

$$y_t = \alpha + \rho y_{t-1} + \delta t + \varepsilon_t \tag{4}$$

在模型（2）检验 H_{01}：$\rho = 1$，在模型（3）中检验 H_{02}：$\rho = 1$，H_{03}：$\rho = 1, \alpha = 0$，在模型（4）中检验 H_{04}：$\rho = 0, \alpha = 0, \delta = 0$，检验量分别对应 W_1，W_{21}，W_{22}，W_{33}。显然与 H_{03} 和 H_{04} 对应的检验量就是 Dickey 和 Fuller（1981）中提到的 Φ_1，Φ_2。与 W_{31}，W_{32}，W_{34}对应的数据生成过程为

$$y_t = \alpha + y_{t-1} + \varepsilon_t \tag{5}$$

估计的模型仍为（4），分别对应的原假设为 H_{05}：$\rho = 1$，H_{06}：$\rho = 1, \delta = 0$，H_{07}：$\rho = 1, \alpha = 0$。其中与 H_{06} 对应的检验量就是 Dickey 和 Fuller（1981）中提到的 Φ_3。以上各个原假设可以统一表示为 $R\beta - r = 0$，则 Wald 检验的一般形式为

$$\text{Wald} = (R\hat{\beta}_T - r)'[s_T^2 R(X'X)^{-1} R']^{-1}(R\hat{\beta}_T - r) \tag{6}$$

其中各个符号的含义参见文献 7 的说明。下面以 H_{01}：$\rho = 1$ 和 H_{03}：$\rho = 1, \alpha = 0$ 为例说明 Wald 检验量与传统检验量之间的关系。由文献 7 中的结论得到：

[①] 在文献 7 中，他们把 W_{33}检验量归入到有漂移项的生成模型中，实际上在其原假设对应下，其数据生成形式并不含有漂移项，因此本文把该统计量归入到无漂移项生成模型中。

$$W_1 = \frac{T^2(\hat{\rho}-1)^2 T^{-2} \sum\limits_{t=1}^{T} y_{t-1}^2}{s_{1T}^2} = \frac{[T(\hat{\rho}-1)]^2}{s_{1T}^2 \left(\dfrac{1}{T^{-2} \sum\limits_{t=1}^{T} y_{t-1}^2} \right)} = t_{\hat{\rho}}^2$$

$$W_{22} = \frac{1}{s_{2T}^2} \begin{bmatrix} \dfrac{1}{T}\sum\limits_{t=1}^{T} \varepsilon_t \\ \dfrac{1}{T}\sum\limits_{t=1}^{T} y_{t-1}\varepsilon_t \end{bmatrix}' \begin{bmatrix} 1 & T^{-3/2}\sum\limits_{t=1}^{T} y_{t-1} \\ T^{-3/2}\sum\limits_{t=1}^{T} y_{t-1} & T^{-2}\sum\limits_{t=1}^{T} y_{t-1}^2 \end{bmatrix}^{-1} \begin{bmatrix} \dfrac{1}{T}\sum\limits_{t=1}^{T} \varepsilon_t \\ \dfrac{1}{T}\sum\limits_{t=1}^{T} y_{t-1}\varepsilon_t \end{bmatrix} = 2\Phi_1$$

类似分析可以得到 $W_{21} = t_{\hat{\rho}}^2$，$W_{31} = t_{\hat{\rho}}^2$，$W_{32} = 2\Phi_3$ 和 $W_{33} = 3\Phi_2$。因此除检验量 W_{34} 以外，Wald 检验量与传统检验量之间存在一一对应关系，因此 Bootstrap 检验相对临界值检验的优势在 Wald 检验量中也应该能够得到保持。然而由于 Wald 检验量只考虑了原假设下参数的约束，并没有考虑到备择假设下参数的取值情况，因此就单参数检验而言，Wald 检验量的功效要低于相应的 $t_{\hat{\rho}}$ 检验量。下面先介绍如何使用 Bootstrap 方法对 Wald 检验量进行研究。

1.2.3 Wald 检验量的 Bootstrap 研究

1.2.3.1 无漂移项数据生成的 Bootstrap 研究

以检验量 W_1 为例说明。对于无漂移项的数据生成过程来说，Bootstrap 样本可以按照如下的方法来生成：首先利用 OLS 估计式（2）得到估计量 $\hat{\rho}$、扰动项方差估计 s_{2T}^2 以及残差估计 $\hat{\varepsilon}_t$，并对 $\hat{\varepsilon}_t$ 作中心化处理记为 $\tilde{\varepsilon}_t$；再以 $\tilde{\varepsilon}_t$ 为总体，采用有放回抽样方式抽取残差，记为 $\tilde{\varepsilon}_{T,t}^*$（$t = 1, 2, \cdots, T$）；在原假设成立时按照下列递归公式

$$y_{T,t}^* = y_{T,t-1}^* + \tilde{\varepsilon}_{T,t}^* \tag{7}$$

生成 Bootstrap 样本 $y_{T,t}^*$（$t = 1, 2, \cdots, T$），取初始值 $y_{T,0}^* = 0$；然后利用 Bootstrap 样本 $y_{T,t}^*$ 分别估计式（2）并完成相应的 Wald 检验，得到检验值记为 W_{1b}^*。重复上述过程共 B 次，从而得到系列检验量 W_{1b}^*（$b = 1, 2, \cdots, B$）；最后按照以下公式计算检验概率

$$P_1 = \frac{\sum_{b=1}^{B} I[\, W_{1b}^* \geqslant W_1 \,]}{B} \tag{8}$$

其中 $I(\cdot)$ 为示性函数，条件成立取 1，否则取 0，W_1 是使用原始样本计算得到的检验值。如果 P_1 大于事先给定的显著性水平 α 就接受原假设，否则就拒绝原假设。

由于检验量 W_{21}，W_{22}，W_{33} 对应的数据生成过程与检验量 W_1 相同，都为式（1），因此 Bootstrap 检验原理相同，实际检验时只需要选择对应的估计式即可。

为了说明 Bootstrap 检验的有效性，就必须从理论上证明基于 Bootstrap 样本下的检验量与原始样本对应的检验量具有相同的极限分布，证明过程中将使用大数定律、中心极限定理、连续映照定理、Bootstrap 不变原理以及 Slutsky 定理。为此首先构造如下的部分和序列

$$S_{T,0}^* = 0, \quad S_{T,k}^* = \sum_{j=1}^{k} \tilde{\varepsilon}_{T,j}^*, \quad (k = 1, 2, \cdots, T)$$

再利用序列 $S_{T,k}^*$ 构造连续时间序列过程 $\{Y_T^*(s) : s \in [0,1]\}$ 如下

$$Y_T^*(s) = \frac{1}{\sqrt{T} s_{2T}} [\, S_{T,\lceil Ts \rceil}^* + (Ts - \lceil Ts \rceil) \tilde{\varepsilon}_{T,\lceil Ts \rceil + 1}^* \,], \quad s \in [0,1] \tag{9}$$

其中 $\lceil Ts \rceil$ 为不超过 Ts 的最大正整数。首先以引理的形式给出 Bootstrap 不变原理，证明过程见文献 17。

引理 1：设 $\hat{\varepsilon}_t$ 为式（2）对应的残差，令 $\tilde{\varepsilon}_t$ 为中心化的残差，$\hat{F}_T$ 为 $\tilde{\varepsilon}_t$ 的经验分布函数，$\tilde{\varepsilon}_{T,t}^*$ 是来自 $\hat{F}_T$ 有放回抽样得到的样本，定义式（9）中的 $\{Y_T^*(s) : s \in [0,1]\}$，则当 $T \to \infty$ 时几乎处处有 $Y_T^*(s) \Rightarrow W(s)$，$s \in [0,1]$。

此外还需要在文献 17 构造 R_{2T}^* [①] 的基础上再引入 R_{1T}^* 与 R_{3T}^*，表达式分别如下

$$R_{1T}^* = \frac{1}{T} \sum_{t=1}^{T} Y_T^* \left(\frac{t}{T} \right) - \int_0^1 Y_T^*(s)\, ds, \quad R_{3T}^* = \frac{1}{T^2} \sum_{t=1}^{T} t Y_T^* \left(\frac{t}{T} \right) - \int_0^1 s Y_T^*(s)\, ds \tag{10}$$

于是有如下的引理 2

---

① 关于 R_{2T}^* 的表达式参见文献 17，引理 2 的证明也参考该文献。

引理 2：在 $(y_1, y_2, \cdots, y_T, \cdots)$ 几乎所有样本路径上，当 $T \to \infty$ 时有 $R_{iT}^* \xrightarrow{P} 0, i = 1, 2, 3$。

下面仅以 W_{33}^* 为代表给出证明，关于 $W_1^*, W_{21}^*, W_{22}^*$ 的证明，可以类似得到。利用 Bootstrap 样本估计与式（4）对应的以下模型：

$$y_{T,t}^* = \alpha + \rho y_{T,t-1}^* + \delta t + \tilde{\varepsilon}_{T,t}^* \tag{11}$$

于是有如下的定理 1。

定理 1：在原假设 H_{01}：$\rho = 1$，H_{02}：$\rho = 1$，H_{03}：$\rho = 1, \alpha = 0$，H_{04}：$\rho = 1, \alpha = 0$ 成立下，按照上述步骤构造的 Bootstrap 样本，在 $(y_1, y_2, \cdots)$ 几乎所有样本路径上，有 $W_1^* \Rightarrow W_1$，$W_{21}^* \Rightarrow W_{21}$，$W_{22}^* \Rightarrow W_{22}$，$W_{33}^* \Rightarrow W_{33}$ 成立。

证明：以 $W_{33}^* \Rightarrow W_3$ 为例。由于 $E^*(\tilde{\varepsilon}_{T,t}^*) = \frac{1}{T} \sum_{t=1}^{T} \tilde{\varepsilon}_t = 0$，$Var^*(\tilde{\varepsilon}_{T,t}^*) = \frac{1}{T} \sum_{t=1}^{T} \tilde{\varepsilon}_{T,t}^2 = s_{2T}^2$，这里 E^* 和 Var^* 表示以原始样本为条件在 Bootstrap 样本空间下计算期望和方差。而 $\tilde{\varepsilon}_{T,t}^*$ 为独立同分布序列，根据 Bootstrap 样本概率空间下中心极限定理和引理 1 得到 $T^{-\frac{1}{2}} \sum_{t=1}^{T} \tilde{\varepsilon}_{T,t}^* \Rightarrow \sigma W(1)$。由于 Bootstrap 样本生成满足式（7），因此有：

$$\sum_{t=1}^{T} y_{T,t-1}^* \tilde{\varepsilon}_{T,t}^* = \frac{1}{2} \left(y_{T,t}^{*2} - \sum_{t=1}^{T} \tilde{\varepsilon}_{T,t}^{*2} \right)$$

根据引理 1、引理 2、连续映照定理和大数定律有

$$T^{-1} y_{T,T}^{*2} = T^{-1} \left(T^{\frac{1}{2}} s_{2T} Y_T^*(1) \right)^2 = s_{2T}^2 Y_T^{*2}(1) \Rightarrow \sigma^2 W^2(1)$$

$$T^{-1} \sum_{t=1}^{T} \tilde{\varepsilon}_{T,t}^{*2} \xrightarrow{P} E^*(\tilde{\varepsilon}_{T,t}^{*2}) = s_{2T}^2 \xrightarrow{P} \sigma^2$$

$$T^{-1} \sum_{t=1}^{T} y_{T,t-1}^* \tilde{\varepsilon}_{T,t}^* \Rightarrow \frac{\sigma^2}{2} (W^2(1) - 1)$$

类似地可以得到

$$T^{-\frac{3}{2}} \sum_{t=1}^{T} y_{T,t-1}^* = T^{-1} s_{2T} \sum_{t=1}^{T-1} Y_T^* \left(\frac{t}{T} \right) \xrightarrow{P} \sigma \int_0^1 Y_T^*(s) ds \Rightarrow \sigma \int_0^1 W(s) ds$$

$$T^{-2} \sum_{t=1}^{T} y_{T,t-1}^{*2} = T^{-1} s_{2T}^2 \sum_{t=1}^{T-1} Y_T^{*2} \left(\frac{t}{T} \right) \xrightarrow{P} \sigma^2 \int_0^1 Y_T^{*2}(s) ds \Rightarrow \sigma^2 \int_0^1 W^2(s) ds$$

$$T^{-\frac{5}{2}} \sum_{t=1}^{T} t y_{T,t-1}^{*} = T^{-2} s_{2T} \sum_{t=1}^{T-1} t Y_T^{*} \left(\frac{t}{T} \right) \Rightarrow \sigma \int_0^1 s W(s) \, ds$$

$$T^{-\frac{3}{2}} \sum_{t=1}^{T} t \tilde{\varepsilon}_{T,t}^{*} = T^{-\frac{1}{2}} \sum_{t=1}^{T} \tilde{\varepsilon}_{T,t}^{*} - T^{-\frac{3}{2}} \sum_{t=1}^{T} y_{T,t-1}^{*} \Rightarrow \sigma \left(W(1) - \int_0^1 W(s) \, ds \right)$$

利用以上相关结论，参考 W_{33} 的构造方法并根据 Bootstrap 样本概率空间下的 Slutsky 定理容易验证 $W_{33}^{*} \Rightarrow W_{33}$ 成立。对于其他几个检验量的证明所需要的分布都在上述结论中，也可类似证明。

1.2.3.2　有漂移项数据生成的 Bootstrap 研究

首先利用式（5）得到参数 α 的估计值为 $\hat{\alpha} = \overline{\Delta y}$；其次，视 ρ、α 未知，利用 OLS 估计式（3），从而得残差估计 $\hat{\varepsilon}_t$ 和扰动项方差估计 s_{3T}^2；再以 $\hat{\varepsilon}_t$ 为总体，采用有放回抽样方式抽取残差，记为 $\tilde{\varepsilon}_{T,t}^{*}(t = 1, 2, \cdots, T)$，在原假设成立下按照下列递归公式

$$y_{T,t}^{*} = \hat{\alpha} + y_{T,t-1}^{*} + \tilde{\varepsilon}_{T,t}^{*} \tag{12}$$

生成 Bootstrap 样本 $y_{T,t}^{*}(t = 1, 2, \cdots, T)$，取初始值 $y_{T,0}^{*} = 0$；根据式（13）[①] 结合相应的原假设分别计算 Bootstrap 样本下的 Wald 检验量，分别记为 W_{31}^{*}，W_{32}^{*}，W_{34}^{*}。

$$y_{T,t}^{*} = \alpha + \rho y_{T,t-1}^{*} + \delta t + \tilde{\varepsilon}_{T,t}^{*} \tag{13}$$

以后的 Bootstrap 检验过程与无漂移项数据生成过程的检验基本相同，不再赘述。

同样，对于有漂移项下的 Wald 的检验，也需要证明基于原始样本下的 Wald 的检验量与 Bootstrap 样本下的 Wald 的检验量有相同的极限分布。下面以定理 2 的形式给出结论。

定理 2：在原假设 H_{05}：$\rho = 1$，H_{06}：$\rho = 1(\delta = 0)$，H_{07}：$\rho = 1(\alpha = 0)$ 成立下，按照式（12）构造的 Bootstrap 样本，在 $(y_1, y_2, \cdots)$ 几乎所有样本路径上有 $W_{3i}^{*} \Rightarrow W_{3i}$，$i = 1, 2, 4$ 成立。

定理 2 的证明与定理 1 类似，需要根据式（12）进行样本变换以便消除共线性，限于篇幅略去证明过程。这样就从理论上证明了 Bootstrap 样本

---

① 实际进行检验时，为了消除共线性，需要对模型作处理，请参考文献 7 中的做法；在 Bootstrap 样本下消除共线性需要使用估计量 $\hat{\alpha}$ 来进行。

下构造的检验量与原始样本下的检验量具有相同的极限分布，因此可以利用 Bootstrap 样本计算的检验量构造分位数来替代临界值，并利用式（8）进行检验。

1.2.4　蒙特卡洛模拟分析

为了进一步验证 Bootstrap 检验的合理性，并和临界值方法进行对比，下面进行蒙特卡洛模拟分析。为了分析误差项分布的不同是否对临界值检验有影响，选取了标准正态分布、均匀分布 $U(0,1)$ 和自由度为 5 的卡方分布，分别记为类型 1、类型 2、类型 3，对于后两种分布的期望需要进行中心化处理；为了考察样本因素，选取了 4 种样本，分别为 15，25，50 和 100，临界值来自文献 7；取显著性水平为 0.05；在式（5）中取 $\alpha = 1$，设定 Bootstrap 样本构造次数 $B = 5000$，蒙特卡洛模拟次数为 10000。为了考察检验的功效设定 ρ 分别取 0.7，0.8，0.9，0.95，0.98 和 1.02，本文不考虑漂移项对检验功效的影响。

首先要评价两种检验方法与显著性水平的吻合程度，由于模拟的随机性，两种检验方法下每个检验的实际显著性水平不可能正好等于名义水平 0.05。根据 Godfrey 和 Orme（2000）提供的实际显著性水平区间估计公式，取概率度为 1.96 得到实际显著性水平的区间估计为（4.573%，5.427%）。表 1 列出了数据生成无漂移项时的模拟结果，其中的 W_{1b} 表示检验量 W_1 的 Bootstrap 检验结果，其他指标的含义类似。数据显示：4 个 Wald 检验量在 Bootstrap 检验方法下的实际显著性水平都很好地落在该区间之内，具有 100% 的覆盖率，而在临界值检验中，有 13 种检验的实际显著性水平落在该区间之外（表 1 中用加粗斜体表示，表 2 也类似），覆盖率为 72.9%，这表明了 Bootstrap 检验更为可靠。其次，这 13 种情况对应的样本分布为 7:5:0:1，这表明在 15 和 25 这类小样本下使用传统的临界值方法进行检验，可能会出现对原假设过渡拒绝或拒绝不足的情况，但随着样本容量的增大，这种情况得到缓解。再考察 13 种情况对应的误差类型分布为 3:5:5，表明不同的误差类型对检验的影响也有差别，这就说明了基于正态分布得到的临界值对误差分布类型缺乏稳健性。最后比较实际显著性水平与 0.05 的接近程度，表 1 中的模拟结果显示在所有 48 种检验中，临界值检验相对于 Bootstrap 检验占优的次数只有 15 次（表 1 中用下划线表示，表 2 也类似），且在 4 种样本中的分布为 3∶2∶4∶6，在 3 种误差类型中的分布为 8∶5∶2，前者表明临界值检验占优主要集中在大样本下，而后者表明这种占优主要集中在误差类型为正态分布中，这再次揭示了临界值方法在小样本下的低精度性和对误差类型缺乏稳健性以及 Bootstrap 方法的优越性。

表 1　无漂移项数据生成模型下的 Wald 检验水平结果

单位：%

样本容量	误差	W_{1b}	W_{21b}	W_{22b}	W_{33b}	W_1	W_{21}	W_{22}	W_{33}
15	类型 1	4.58	5.33	4.94	4.94	4.88	4.80	*4.52*	*4.25*
	类型 2	5.28	4.69	4.64	4.84	5.75	*4.14*	*4.35*	*3.99*
	类型 3	4.81	5.15	5.00	5.40	5.19	*4.47*	4.98	5.16
25	类型 1	4.65	5.11	4.92	4.61	4.75	4.95	4.88	*4.42*
	类型 2	5.03	4.78	4.75	4.92	5.32	*4.57*	4.65	4.62
	类型 3	5.30	4.91	5.00	5.19	*5.71*	*4.53*	5.15	*5.48*
50	类型 1	4.89	4.91	4.78	5.08	4.95	4.89	4.79	5.13
	类型 2	5.00	4.90	4.89	5.28	5.09	4.86	4.90	5.38
	类型 3	5.03	4.85	4.78	5.23	5.34	4.66	4.91	5.51
100	类型 1	5.24	5.34	5.09	4.85	5.28	5.40	5.07	5.00
	类型 2	4.95	5.13	5.15	4.91	4.99	5.07	5.04	4.96
	类型 3	4.98	4.90	5.04	5.23	5.21	4.89	5.10	*5.43*

表 2　有漂移项数据生成模型下的 Wald 检验水平结果

单位：%

样本容量	误差	W_{31b}	W_{32b}	W_{34b}	W_{31}	W_{32}	W_{34}
15	类型 1	5.16	5.21	5.37	4.93	*4.51*	*4.56*
	类型 2	4.96	4.88	4.77	*4.40*	*3.99*	*3.83*
	类型 3	5.19	5.29	5.53	4.87	4.72	5.03
25	类型 1	4.94	5.03	5.05	4.78	4.79	4.82
	类型 2	5.13	5.10	5.16	4.89	4.69	*4.54*
	类型 3	5.04	4.92	5.22	4.88	4.64	5.06
50	类型 1	5.34	5.35	5.25	5.26	5.30	5.22
	类型 2	5.34	5.23	5.03	5.15	5.21	4.94
	类型 3	4.85	5.24	5.15	4.75	5.13	5.13
100	类型 1	5.01	5.29	*5.44*	5.12	5.33	*5.43*
	类型 2	5.05	5.03	5.12	5.08	5.01	5.10
	类型 3	4.71	4.60	4.66	4.67	*4.56*	4.65

表 2 列出了数据生成有漂移项时的模拟结果。从实际显著性水平来看，Bootstrap 方法检验下有 2 种情况落在区间之外，覆盖率为 94.4%；而临界值方法检验下有 8 种情况落在区间之外，覆盖率为 77.8%，对应的样本分布为 5:1:0:2，对应的误差类型分布为 3:4:1。从实际显著性水平与 0.05 的接近程度来比较，临界值方法在所有的 36 种检验中占优次数为 15 次，对应的样本分布为 4:2:7:2，对应的误差类型分布为 4:5:6，这些数据也说明了在有漂移项生成的模型检验中，Bootstrap 检验方法较临界值检验在检验水平上仍具明显的优势，临界值检验方法在小样本下具有较大水平扭曲，误差分布类型对检验也具有明显差异，说明由正态分布得到的临界值的适用性有限。

接下来考察检验的功效，即当 $\rho \neq 1$ 时，两种检验方法下对应的实际拒绝概率如何？表 3 至表 6 给出了无漂移项数据生成过程的模拟检验结果。显然，相对 Bootstrap 检验而言，检验量 W_1 的临界值检验功效具有绝对优势[①]；而检验量 W_{21} 正好相反，Bootstrap 检验的功效具有绝对优势。检验量 W_{22} 在样本直到 50 时，Bootstrap 检验功效仍然明显高于临界值检验结果，当检验样本为 100 时，临界值检验的功效略为占优；检验量 W_{33} 在样本为 15 和 25 这两种情况下，Bootstrap 检验功效明显高于临界值检验结果，但当样本为 50 和 100 时，临界值检验功效明显占优。总体来说，在小样本下，除了检验量 W_1 之外，其他三个检验量使用 Bootstrap 检验所得到的功效要高于临界值检验方法。另外，表 3 至表 6 也反映了这样的事实，检验功效在三种误差类型下分布也不均匀，例如误差类型 3 在 $\rho \leq 0.95$ 时，检验功效总体上低于其他两种误差类型，对于使用临界值检验来说，这表明由正态分布下得到的临界值并不完全适用于其他误差分布类型。

表 7 至表 10 列出了有漂移项生成过程的模拟结果。数据显示：当样本为 15 和 25 时，三种检验检验量的 Bootstrap 检验功效都高于临界值方法的检验功效；当样本为 50 时，检验量 W_{31} 的 Bootstrap 检验功效仍具有绝对优势，而检验量 W_{32}，W_{34} 的 Bootstrap 检验功效仍优于临界值检验。当样本为 100 时，检验量 W_{32} 的 Bootstrap 检验功效总体上仍优于临界值检验，而检验量 W_{31}，W_{34} 对应两种检验方法的功效基本相当。再考察不同误差类型对检验功

---

① 表 3 至表 6 中，用加粗斜体表示 Bootstrap 检验功效高于相应的临界值检验的功效，而表 7 至表 10 中，用加粗斜体表示临界值检验功效高于相应的 Bootstrap 检验的功效。

表 3   生成无漂移项样本容量为 15 的实际拒绝率

单位：%

ρ	误差	W_{1b}	W_{21b}	W_{22b}	W_{33b}	W_1	W_{21}	W_{22}	W_{33}
0.70	类型 1	22.63	**11.01**	**6.00**	**3.13**	23.54	9.96	5.76	2.74
	类型 2	23.01	**11.45**	**6.90**	**3.17**	24.17	10.29	6.35	2.66
	类型 3	19.50	**10.29**	**5.28**	**2.49**	22.67	8.89	5.11	2.44
0.80	类型 1	13.14	**7.81**	**4.47**	**2.88**	13.85	7.13	4.31	2.45
	类型 2	13.30	**8.45**	**5.05**	**2.97**	14.09	7.67	4.64	2.30
	类型 3	11.32	**7.48**	**3.50**	**2.27**	13.01	6.50	3.49	2.17
0.90	类型 1	6.83	**5.95**	**3.76**	**2.82**	7.16	5.40	3.52	2.44
	类型 2	7.62	**6.61**	**3.98**	**2.76**	7.94	5.90	3.65	2.19
	类型 3	6.26	**5.79**	**3.43**	**2.85**	7.05	4.91	3.31	2.80
0.95	类型 1	5.19	**5.82**	**3.84**	**3.26**	5.51	5.26	3.59	2.88
	类型 2	5.59	**5.66**	**3.83**	**3.34**	5.97	4.99	3.54	2.66
	类型 3	4.49	**5.38**	**3.55**	**3.40**	5.00	4.49	3.48	3.24
0.98	类型 1	4.61	**5.65**	**4.25**	**3.98**	4.92	5.15	3.96	3.44
	类型 2	5.18	**5.07**	**3.90**	**3.99**	5.56	4.35	3.74	3.34
	类型 3	4.87	**5.39**	**4.31**	**4.41**	5.43	4.72	4.39	4.29
1.02	类型 1	5.42	**4.86**	**5.89**	**6.21**	5.67	4.45	5.68	5.50
	类型 2	6.09	**4.27**	**5.62**	**6.24**	6.47	3.82	5.21	5.28
	类型 3	6.76	**5.02**	6.84	**7.00**	7.04	4.35	6.91	6.82

表 4   生成无漂移项样本容量为 25 的实际拒绝率

单位：%

ρ	误差	W_{1b}	W_{21b}	W_{22b}	W_{33b}	W_1	W_{21}	W_{22}	W_{33}
0.70	类型 1	49.93	**20.74**	**13.12**	**5.30**	50.76	20.10	13.00	5.13
	类型 2	48.90	**20.70**	**13.63**	**5.54**	50.20	20.13	13.26	5.32
	类型 3	46.53	**21.01**	12.53	**4.46**	50.45	19.67	13.08	4.84
0.80	类型 1	26.41	**11.35**	**7.02**	**3.54**	27.10	11.02	6.95	3.50
	类型 2	26.41	**11.92**	**7.62**	**3.84**	27.31	11.39	7.41	3.60
	类型 3	23.56	**11.99**	6.90	**2.95**	26.41	11.15	7.22	3.19
0.90	类型 1	11.16	**6.71**	**4.22**	**2.83**	11.34	6.45	4.17	2.74
	类型 2	11.12	**7.13**	**4.68**	**3.02**	11.52	6.84	4.57	2.77
	类型 3	9.81	**7.01**	3.97	**2.49**	10.99	6.49	4.00	2.72
0.95	类型 1	6.67	**6.13**	**4.17**	**3.00**	6.87	5.91	3.98	2.92
	类型 2	6.49	**5.85**	**3.96**	**3.14**	6.75	5.61	3.88	2.90
	类型 3	5.59	**5.61**	3.49	**3.31**	6.26	5.12	3.61	3.48
0.98	类型 1	4.86	**5.89**	**4.37**	**3.47**	5.17	5.69	4.44	3.33
	类型 2	4.88	**5.46**	**3.98**	**3.69**	5.07	5.08	3.86	3.49
	类型 3	4.49	**5.12**	3.90	**4.15**	4.89	4.74	4.00	4.45
1.02	类型 1	7.06	**4.05**	**6.89**	**7.43**	7.22	3.94	6.80	7.39
	类型 2	7.47	**4.11**	**7.28**	**8.06**	7.63	3.97	7.15	7.82
	类型 3	7.85	**4.34**	7.64	**8.57**	8.22	4.04	7.79	9.01

表 5 生成无漂移项样本容量为 50 的实际拒绝率

单位：%

ρ	误差	W_{1b}	W_{21b}	W_{22b}	W_{33b}	W_1	W_{21}	W_{22}	W_{33}
0.70	类型 1	95.82	**65.01**	**52.54**	22.01	95.85	64.90	52.41	22.45
	类型 2	95.25	**64.76**	**52.46**	23.24	95.55	64.35	52.35	23.56
	类型 3	94.57	**66.30**	51.81	20.52	95.27	65.42	53.04	22.15
0.80	类型 1	72.15	**31.67**	**22.83**	8.86	72.74	31.60	22.77	9.11
	类型 2	71.22	**32.81**	23.78	9.32	72.03	32.74	23.84	9.39
	类型 3	69.21	**34.04**	22.23	8.01	71.55	33.15	22.92	8.89
0.90	类型 1	27.19	**11.54**	7.66	3.87	27.63	11.51	7.72	3.98
	类型 2	27.60	**12.16**	**8.35**	3.86	28.09	12.11	8.25	3.95
	类型 3	24.72	**11.19**	7.04	3.40	26.56	10.78	7.32	3.71
0.95	类型 1	11.15	7.07	4.73	3.01	11.35	7.09	4.78	3.12
	类型 2	14.86	**7.56**	**5.11**	3.13	12.05	7.50	5.01	3.21
	类型 3	10.79	**7.09**	4.51	2.97	11.64	6.88	4.68	3.16
0.98	类型 1	6.05	**5.80**	**4.45**	3.44	6.10	5.66	4.36	3.55
	类型 2	6.42	**6.12**	**4.54**	3.55	6.59	5.99	4.50	3.61
	类型 3	5.71	**5.49**	3.50	3.33	6.07	5.29	3.68	3.59
1.02	类型 1	16.34	3.31	13.33	15.85	16.34	3.29	13.36	16.17
	类型 2	16.16	3.42	13.38	15.83	16.31	3.39	13.32	15.88
	类型 3	16.77	3.26	13.83	16.12	17.29	3.11	14.17	16.92

表 6 生成无漂移项样本容量为 100 的实际拒绝率

单位：%

ρ	误差	W_{1b}	W_{21b}	W_{22b}	W_{33b}	W_1	W_{21}	W_{22}	W_{33}
0.70	类型 1	100	99.70	99.21	86.38	100	99.72	99.22	86.56
	类型 2	100	99.74	99.24	86.76	100	99.74	99.24	86.86
	类型 3	99.99	**99.60**	98.92	85.83	99.99	99.57	98.95	86.57
0.80	类型 1	99.63	**87.54**	78.65	42.12	99.64	87.50	78.78	42.38
	类型 2	99.64	**86.95**	78.43	41.64	99.69	86.85	78.46	41.73
	类型 3	99.56	**87.51**	78.27	41.47	99.65	87.38	78.82	42.70
0.90	类型 1	71.22	31.20	**22.28**	8.72	71.24	31.36	22.15	8.79
	类型 2	70.14	**31.00**	22.11	8.52	70.64	30.72	22.12	8.67
	类型 3	68.70	31.10	21.53	7.80	70.47	30.65	21.77	8.24
0.95	类型 1	27.72	11.87	7.89	3.53	28.12	11.89	7.98	3.59
	类型 2	26.30	**11.67**	7.45	**3.99**	26.60	11.53	7.49	3.94
	类型 3	26.29	11.58	7.31	3.43	27.21	1.27	7.38	3.62
0.98	类型 1	9.82	**6.93**	**4.87**	**3.14**	9.89	6.83	4.82	3.11
	类型 2	9.56	6.42	4.32	3.11	9.63	6.44	4.33	3.11
	类型 3	9.59	**6.77**	**4.54**	3.01	9.86	6.70	4.52	3.15
1.02	类型 1	51.53	**7.74**	42.66	44.45	51.64	7.73	42.66	44.64
	类型 2	51.93	**7.81**	**43.13**	45.09	52.08	7.79	43.06	45.22
	类型 3	51.18	**8.23**	42.37	44.21	51.49	8.05	42.46	44.66

表 7　生成有漂移项样本容量为 15 的实际拒绝率

单位：%

ρ	误差	W_{31b}	W_{32b}	W_{34b}	W_{31}	W_{32}	W_{34}
	类型 1	8.72	9.26	7.25	8.26	8.04	6.48
0.70	类型 2	24.6	70.26	39.62	23.29	65.45	35.45
	类型 3	8.01	6.14	5.62	7.63	5.53	5.21
	类型 1	6.68	8.20	5.29	6.19	7.17	4.70
0.80	类型 2	11.95	64.87	14.70	11.05	60.15	12.82
	类型 3	6.56	5.72	5.16	6.15	5.13	4.71
	类型 1	5.34	6.91	4.65	5.02	5.98	4.14
0.90	类型 2	4.01	40.51	4.13	3.65	36.90	3.54
	类型 3	5.70	5.84	5.25	5.45	5.27	4.84
	类型 1	4.87	5.47	4.46	4.49	4.78	3.87
0.95	类型 2	2.89	16.77	3.32	2.59	14.54	2.62
	类型 3	5.52	5.70	5.09	5.27	5.14	4.64
	类型 1	5.19	5.28	4.73	4.66	4.48	4.28
0.98	类型 2	4.06	6.57	3.93	3.75	5.36	3.21
	类型 3	5.22	5.33	4.99	4.94	4.73	4.61
	类型 1	4.80	5.24	5.30	4.47	4.42	4.65
1.02	类型 2	3.78	8.18	4.05	3.39	6.86	3.40
	类型 3	4.87	4.98	5.55	4.61	4.43	5.03

表 8　生成有漂移项样本容量为 25 的实际拒绝率

单位：%

ρ	误差	W_{31b}	W_{32b}	W_{34b}	W_{31}	W_{32}	W_{34}
	类型 1	16.46	16.21	19.79	16.01	15.66	18.99
0.70	类型 2	62.11	95.96	99.96	61.03	95.35	99.89
	类型 3	13.03	10.05	9.49	12.37	9.55	9.14
	类型 1	9.87	11.94	10.22	9.51	11.60	9.73
0.80	类型 2	38.84	96.96	88.13	38.02	96.51	86.78
	类型 3	8.58	7.11	6.35	8.20	6.62	5.98
	类型 1	5.77	9.82	5.38	5.65	9.48	5.07
0.90	类型 2	9.58	92.90	15.50	9.23	91.99	14.52
	类型 3	6.38	6.01	5.06	6.00	5.77	4.88
	类型 1	4.86	7.50	4.61	4.77	7.14	4.48
0.95	类型 2	3.06	60.92	3.60	2.91	59.39	3.33
	类型 3	5.41	5.56	4.73	5.19	5.26	4.55
	类型 1	5.22	5.92	5.05	5.06	5.72	4.85
0.98	类型 2	2.73	15.95	3.41	2.59	15.26	3.24
	类型 3	5.20	5.44	4.98	4.97	5.26	4.80
	类型 1	4.14	6.23	4.98	3.95	5.97	4.70
1.02	类型 2	0.81	37.84	1.65	0.75	36.5	1.51
	类型 3	4.64	4.61	5.49	4.38	4.15	5.11

表 9　生成有漂移项样本容量为 50 的实际拒绝率

单位：%

ρ	误差	W_{31b}	W_{32b}	W_{34b}	W_{31}	W_{32}	W_{34}
0.70	类型 1	51.78	48.04	91.69	51.53	**48.22**	91.64
	类型 2	99.05	100	100	99.03	100	100
	类型 3	42.84	35.26	38.95	42.24	34.93	38.76
0.80	类型 1	27.33	28.37	61.72	27.24	28.35	**61.78**
	类型 2	96.34	100	100	96.25	100	100
	类型 3	19.71	15.57	16.93	19.23	15.36	16.75
0.90	类型 1	11.48	19.83	18.92	11.43	19.75	18.75
	类型 2	69.20	100	100	68.95	100	100
	类型 3	9.57	8.33	7.75	9.34	8.18	7.56
0.95	类型 1	5.34	15.61	6.42	5.20	**15.69**	6.26
	类型 2	16.24	100	43.71	16.13	100	43.09
	类型 3	6.29	6.28	5.20	6.24	6.28	**5.24**
0.98	类型 1	4.37	8.85	4.26	4.37	**8.90**	**4.29**
	类型 2	1.73	89.06	2.37	1.67	**89.07**	2.34
	类型 3	5.06	5.39	4.38	5.02	5.35	4.33
1.02	类型 1	0.54	48.79	1.13	0.54	**48.93**	1.12
	类型 2	1.15	100	11.04	1.13	100	10.97
	类型 3	3.26	4.89	4.33	3.18	4.78	4.27

表 10　生成有漂移项样本容量为 100 的实际拒绝率

单位：%

ρ	误差	W_{31b}	W_{32b}	W_{34b}	W_{31}	W_{32}	W_{34}
0.70	类型 1	98.17	97.25	100	**98.22**	97.24	100
	类型 2	100	100	100	100	100	100
	类型 3	96.56	94.24	97.85	96.55	94.19	**97.86**
0.80	类型 1	78.38	76.21	100	**78.54**	**76.47**	100
	类型 2	100	100	100	100	100	100
	类型 3	65.97	58.37	71.60	65.97	58.23	**71.87**
0.90	类型 1	34.44	44.39	95.83	**34.61**	44.35	95.81
	类型 2	99.97	100	100	99.97	100	100
	类型 3	19.80	16.26	21.11	19.73	16.16	21.17
0.95	类型 1	14.30	41.18	41.45	**14.41**	**41.40**	41.74
	类型 2	96.54	100	100	**96.55**	100	100
	类型 3	8.91	8.51	8.12	8.94	8.37	8.19
0.98	类型 1	4.18	30.92	6.00	**4.21**	**31.05**	**6.01**
	类型 2	17.31	100	54.56	**17.39**	100	**54.68**
	类型 3	5.53	6.69	5.09	5.51	6.56	5.05
1.02	类型 1	69.49	100	99.29	69.46	100	99.29
	类型 2	100	100	100	100	100	100
	类型 3	0.40	90.10	1.90	0.39	90.09	**1.94**

效的影响，由表 7 和表 10 可知，当样本容量为 15 且 $\rho \leqslant 0.8$ 时，误差类型 2 在三个检验量下具有最高的检验功效，而误差类型 3 则具有最低的检验功效，随着样本不断增大到 25，50 和 100 时，误差类型 2 的优势和误差类型 3 的劣势对应的系数范围分别扩展到 $\rho \leqslant 0.9$，$\rho \leqslant 0.95$ 和 $\rho \leqslant 1.02$；另外，随着样本的增大，不同误差类型对应的检验功效并没有趋同，相反仍然保持较大的差异，对于使用临界值方法进行检验而言，这表明了基于标准正态分布下得到的临界值并不完全适用于其他误差类型的分布。

1.2.5 实证分析

接下来利用我国 1949 ~ 2011 年的人口对数数据进行实证分析，由于该序列具有明显的上升趋势，为此按照模型（4）估计结果如下：

$$\ln y_t = -0.018 + 1.003\ln y_{t-1} - 0.0002t + 0.725 d\ln y_{t-1} - 0.260 d\ln y_{t-2} \tag{14}$$
$$(-0.10) \quad (59.89) \quad (-0.75) \quad (5.54) \quad (-1.93)$$

$$R^2 = 0.999, DW = 1.958$$

检验 H_{05}：$\rho = 1$，H_{06}：$\rho = 1(\delta = 0)$，H_{07}：$\rho = 1(\alpha = 0)$ 的检验量值分为 $W_{31} = 0.03$，$W_{32} = 8.82$，$W_{34} = 15.32$，对应的临界值[①]分别为 12.128，13.179，13.360，这表明序列具有单位根但趋势项为零而常数项不为零，因此估计带有漂移项的模型结果如下

$$\ln y_t = 0.115 + 0.991\ln y_{t-1} + 0.738 d\ln y_{t-1} - 0.228 d\ln y_{t-2} \tag{15}$$
$$(2.99) \quad (304.08) \quad (5.73) \quad (-1.79)$$

$$R^2 = 0.999, DW = 1.948$$

检验 H_{02}：$\rho = 1$，H_{03}：$\rho = 1(\alpha = 0)$ 得到检验量值 $W_{21} = 8.33$，$W_{22} = 16.0$，实际的临界值分别为 8.463 和 9.604，这表明人口序列为含有漂移项的单位根过程，此时单位根检验应该使用服从正态分布的检验量，根据估计结果得到 t 统计量值为 -2.883，小于临界值 -1.96，此时漂移项在正态分布检验下也显著，因此根据临界值检验方法得到我国人口对数序列为趋势平稳过程。

接下来使用 Bootstrap 方法进行检验，设定检验次数为 5000 次，得到

---

① 所有的实际临界值使用文献 7 中提供的响应面估算得到。

W_{31}, W_{32}, W_{34} 的检验概率分别为 0.9138, 0.0032 和 1, 初步表明中国人口对数序列为有时间趋势而无漂移项的单位根过程, 为此剔除漂移项取差分变量为因变量重新估计为

$$dlny_t = 0.0012lny_{t-1} - 0.00018t + 0.7255dlny_{t-1} - 0.2564dlny_{t-2} \tag{16}$$
$$(3.95) \qquad\quad (-3.10)\quad (5.61) \qquad\quad (-1.99)$$

$$R^2 = 0.899, DW = 1.957$$

由于含有时间项, 因此相关检验量都服从正态分布, 根据式 (16) 中的结果, 表明我国人口对数化后服从有趋势项无漂移项的单位根过程。再对差分后的序列进行单位根检验, 两种方法结果均表明差分后的序列是平稳的。鉴于 Bootstrap 方法相对于临界值方法的优越性, 本文更倾向于接受该结论, 且该结果与张晓峒[①]的结果相似。

1.2.6　结论

本文首先从理论上证明了 Bootstrap 方法可以用于单位根的 Wald 检验。然后通过选取 4 种样本和 3 种误差类型, 在 0.05 的显著性水平下, 针对单位根检验中使用的 7 种 Wald 检验量, 使用蒙特卡洛模拟技术从检验水平和检验功效两个角度比较了 Bootstrap 检验和临界值检验之间的差异, 得出以下几个结论:

(1) 就检验水平的实际覆盖率而言, 与无漂移项数据生成过程有关的 4 种检验量, 在 48 种检验组合中, Bootstrap 方法下的实际检验水平具有 100% 的覆盖率, 而基于临界值下的实际检验水平只有 72.9% 的覆盖率; 当考察有漂移项数据生成过程的三个检验量来说, Bootstrap 方法下的实际检验水平 94.4% 的覆盖率, 相比之下临界值检验只具有 77.8% 的覆盖率。因此 Bootstrap 方法下具有更高的准确度。

(2) 就实际检验水平与名义水平的接近程度而言, 与无漂移项数据生成过程有关的四种检验量, 在 48 种检验组合中, Bootstrap 方法下与临界值方法各自占优的比例为 33:15, 当为有漂移项数据生成过程是, Bootstrap 方

---

①　参见张晓峒的讲稿, 结论是日本人口对数化序列为有漂移项和趋势项的单位根过程。另外本文意在比较 Bootstrap 和临界值两种检验方法, 对于因自然灾害造成的中国人口数据可能存在的结构突变因素没有加以考虑。

法在扣除两个无效区间外与临界值方法各自占优的比例为 20:15，这表明了 Bootstrap 方法在大多数场合下临界值检验方法具有更低的水平扭曲，与有关文献的研究结论相似。

（3）从检验功效的角度来说：当数据的生成过程不含有漂移项时，两个检验方法的所具有的优势与检验指标和样本大小有关，但总体上来说，在小样本下，Bootstrap 方法检验具有更高的检验功效，在大样本下，临界值检验具有一定的优势。当数据的生成过程含有漂移项时，在样本的为 15，25 和 50 时，三种检验量下的 Bootstrap 方法检验相对于临界值检验具有明显的优势，当样本为 100 时，两种检验方法的功效基本相当。

（4）从样本大小和误差类型角度来说：当考察检验水平来说，无论数据生成过程是否含有漂移项，这两者对 Bootstrap 方法检验没有直接影响，但对临界值方法检验影响较大，具体来说就是样本越小，影响越大，误差类型偏离正态分布，影响也越大。当考察检验功效来时，无论数据生成过程是否含有漂移项，小样本对临界值检验功效影响较大，而 Bootstrap 方法则表现出明显的优势。误差类型对两种检验方法的功效都有影响，但由于 Bootstrap 方法的样本构造反映了误差类型的信息，但临界值检验却没有考虑到这点，因此误差类型对临界值方法的检验功效影响更大些。

总结以上几点可以得到，就单位根检验中 Wald 检验量而言，Bootstrap 方法在检验水平方面较临界值方法具有更高的精度和覆盖率，在检验功效方面，Bootstrap 方法也具有明显的优势，即使有个别检验量例外，但 Bootstrap 方法在水平扭曲方面所表现出来的优势也足以弥补在功效方面的损失。因此，在单位根检验使用 Wald 检验量时，Bootstrap 方法可以作为临界值方法进行替代，尤其是在小样本条件下。限于篇幅，本文没有考虑联合检验中漂移项取值的变化对两种检验方法的影响，也没有比较单参数检验下传统检验量与 Wald 检验量在两种检验方法下的差异，这些都有待于进一步研究。

参考文献

[1] Dickey D A, Fuller W A. 1979. Distribution of the estimators for autoregressive time series with a unit root. Journal of the American Statistical Association, 74 (6): 427 – 431.

［2］ Dickey D A, Fuller W A. 1981. Likelihood Ratio Statistics for Autoregressive Time Series with a unit root. Econometirca, 49（4）: 1057 – 1072.

［3］ Said S E, Dickey D A. 1984. Testing for unit root in autoregressive-moving average models of unknown order. Biometrika, 71（3）: 599 – 607.

［4］ Phillips P. C. B., Perron P. 1988. Testing for a unit root in time series regression. Biometrika, 75（2）: 335 – 346.

［5］ Kosuke Oya, Hiro Toda, Dickey Fuller. 1998. Lagrange multiplier and combined tests for a unit root in autoregressive time series. Journal of Time Series Analysis, 19（3）: 325 – 347.

［6］ Schmidt, Phillips. 1992. LM tests for a unit root in the presence of deterministic trends. Ox-Bulletin of Economics and Statistics, 54（3）: 257 – 287.

［7］ 张凌翔, 张晓峒. 单位根检验中的 Wald 统计量研究. 数量经济技术经济研究, 2009, 第 7 期。

［8］ 张晓峒, 攸频. DF 检验式中漂移项和趋势项的 t 统计量研究. 数量经济技术经济研究, 2006, 第 2 期。

［9］ 肖燕婷, 魏峰. 单位根 DF 检验中漂移项、趋势项的分布特征. 重庆工学院学报（自然科学）, 2008, 第 7 期。

［10］ MacKinnon, J G. 1994. Approximate asymptotic distribution functions for unit-root and cointegration tests. Journal of Business and Economic Statistics, 12（3）: 167 – 176.

［11］ Diebold, Francis X, Glenn D Rudebusch. 1991. On the power of Dickey-Fuller tests against fractional alternatives. Economics Letters, 35（2）: 155 – 60.

［12］ David N DeJong, John C Nankervis, Savin N E, Whiteman Charles H. 1992. The power problems of unit root tests in time series with autoregressive errors. Journal of Econometrics, 53（1 – 3）: 323 – 43.

［13］ Hall, P. 1992. The Bootstrap and Edgeworth Expansion. New York: Springer-Verlag.

［14］ Horowitz, J. 2001. The Bootstrap in Handbook of Econometrics. Amsterdam: Elsevier: 3159 – 3228.

［15］ Basawa I V, Mallik A K, McCormick W P, Reeves J H, Taylor R L. 1991a. Bootstrapping unstable first-order autoregressive processes. Annals of Statistics, 19（2）: 1098 – 1101.

［16］ Basawa I V, Mallik A K, McCormick W P, Reeves J H, Taylor R L, 1991b. Bootstrap test of significance and sequential bootstrap estimation for unstable first order autoregressive processes. Communications in Statistics-Theory and Methods, 20,（3）: 1015 – 1026.

［17］ Ferretti, N, Romo J. 1996. Unit root bootstrap tests for AR（1）models. Biometrika, 83（4）: 849 – 860.

［18］ Nankervis J C, Savin N E. 1996. The level and power of the bootstrap-test in the AR（1）model with trend. Journal of Business and Economic Statistics, 14（2）:

161 – 168.

[19] Cameron Parker, Efstathios Paparoditis. 2006. Unit root testing via the stationary bootstrap. Journal of Econometrics, 133 (2): 601 – 638.

[20] Richard, P. 2009. Modified fast double sieve bootstraps for ADF tests. Computational Statistics and Data Analysis, 53 (12): 577 – 594.

[21] Moreno M, Romo J. 2012. *Unit root bootstrap tests under infinite variance*. Journal of Time Series Analysis, 33 (1): 32 – 47.

[22] Godfrey L G, Orme C D. 2000. *Controlling the significance levels of prediction error tests for linear regression models*. Econometrics Journal, 3 (1): 66 – 83.

1.3 改进的 SS 检验及其在固定效应模型和截面相关模型的斜率异质性检验中的应用

徐　凤[①]

摘　要：本文研究了截面相关模型及固定效应模型和截面相关模型的斜率异质性检验。首先，我们对 Sakata2010 年提出的针对多种模型的参数常数性检验（简称为 SS 检验）进行改进，提出了 SS_s 检验，基于数理推导可以看到该检验具有渐近正态性。其次，将 SS_s 检验应用于截面相关模型及固定效应模型。最后，通过 Monte Carlo 实验，SS_s 检验在有限样本下都具有良好的水平和势。相较于 PY 检验（Pesaran 和 Yamagata（2008）），SS_s 检验可用于截面相关模型及固定效应模型，尤其是内条件异方差和截面数 n 远大于时间 T 的情形。

关键词：SS 检验　固定效应　截面相关

1.3.1 导论

在许多面板数据模型的应用研究中，通常假设所关注的斜率系数在各截面间保持相同，即斜率系数的同质性假定。同质性假设非常地便利，使得人

---

①　徐凤，女，1979 年 4 月出生，中国数量经济学学会会员，西南财经大学统计学院在职博士，西南财经大学经济数学学院讲师。

们可以充分地利用联合估计的优势（比如联合估计量的有效性等等）。但是在某些时候同质性的假定并不能被实际数据所支持，比如 Durlauf 和 Quah（1999）在研究经济增长和收敛时，就发现不同截面间的重要参数从经济理论来讲极有可能是不同的。如果不同截面间斜率呈现异质性却仍然做出同质性假定，将会导致错误的估计和无效的推断（Hsiao（2003），Baltagi，Bresson 和 Pirotte（2008））。

关于斜率同质性检验的文章有很多，Pesaran，Smith 和 Im（1996）提出使用 Hausman 检验比较标准的 FE 估计量和组均值估计量。Phillips 和 Sul（2003）在考虑存在截面相关的 AR（1）面板数据的系数的同质性检验时也提出了使用 Hausman 检验。Kapetanios（2003）提出使用已有检验探测部分截面同质性的算法。PY（Pesaran 和 Yamagata（2008））提出对 Swamy 检验统计量进行改进得到 PY 统计量以检验带有固定效应和无条件异方差的面板数据的异质性。Blomquist（2010）提出了 PY 统计量的 bootstrap 形式，并且表明该统计量对一般形式的截面相关和序列相关是稳健的。Sakata（2010）提出了针对多种模型的参数常数性检验（简称为 SS 检验）。Lin（2010）对 SS 检验进行改进提出了针对固定效应一阶差分估计量的方差的线性面板的一种异质性检验方法。Ted Juhl 和 Oleksandr Lugovskyy（2010）提出了基于条件拉格朗日乘数的异质性检验的方法。Jin 和 Su（2011）对带共同因子误差结构的非参数面板模型提出了基于 sieve 估计的异质性检验方法。Liangjun Su 和 Qihui Chen（2011）在拟合优度 R^2 统计量的基础上提出了带有互动式固定效应大维面板数据的异质性检验方法。

综观现有的文献，大部分讨论异质性检验都不能用于截面相关模型。那些已有的涉及截面相关模型异质性检验的文章对 T 都有一定的要求，而对 T 很小特别是 T 远小于截面数 n 的情形探讨不够。另外，组内条件异方差大大地影响斜率异质性检验的水平，因此构造关于组内条件异方差稳健的斜率异质性检验统计量也是一个很重要的问题。

针对以上问题，本文通过改进 SS 检验（Sakata（2010）），构造了 SS_ s 检验。数理推导发现该检验具有渐近正态性。进一步地，我们发现 SS_ s 可用于截面相关模型及固定效应模型的斜率异质性检验。且通过 Monte Carlo 实验，可以看到在 T 远小于截面数 n 和存在组内条件异方差的情形下都具有很好的水平和功效。出于研究的兴趣，我们这里所用的截面相关模型具体的是潜在的共同因子模型。

本文的内容安排如下：第一部分是导论；第二部分是改进的 SS 检验及其定效应模型中的应用；第三部分是 Monte Carlo 实验；第四部分是结论及展望。

1.3.2　线性面板模型的 SS 检验简介及其改进

1.3.2.1　基本的假设和定义

由于统计量所涉及不同截面的分布极有可能是不同的，且考虑了组内条件异方差的存在，为了得到检验统计量的一致性和渐近正态性，类似于 Markov 大数定理和 Liapounov 中心极限定理中对矩的要求。Sakata（2010）提出了 LB（r）可测函数的定义，具体的

定义 1：给定假设 1，设 $f(\cdot,\cdot)$ 为一可测函数，如果满足以下条件：

（a）对 $\theta_0 \in \Theta_0$，$\{|f(X_{i1},\theta_0)|\}_{i \in N}$ 是一致 L_r 有界的。

（b）存在一连续非负实函数 h 和一维的 Borel 可测函数 d。其中，当 $y \to 0$ 时，$h(y) \to 0$，且 $\{d(x_i)\}_{i \in N}$ 是一致 L_r 有界的。对任意的 $\theta_1,\theta_1 \in \Theta_0$ 和 $x \in R^v$，有 $|f(x,\theta_2) - f(x,\theta_1)| \leq d(x)h|\theta_2 - \theta_1|$

则称 f 是 $LB(r)$ 的，其中 $r \in [1,\infty)$。

假设 1：假设每个样本是独立的。且对任意的 $t = 1,\cdots,T$，$u_{it}|X_i^t \sim (0,\sigma_i^2(X_i^t))$，对 $s \neq t$ 有 $E[u_{it}u_{is}|X_i^t] = 0$，其中 $X_i^t = (x_{i1},\cdots,x_{it})$。

假设 2：对某些 $\delta \in (0,\infty)$，$q_{it} = e_{it}^2$，$x'_{it}x_{it}$ 和 $x'_{it}u_{it}$ 分别是 $LB(1 + \delta)$，$LB(2 + 2\delta)$ 和 $LB(4 + 4\delta)$ 的。

1.3.2.2　线性面板模型的 SS 检验

Sakata（2010）提出了检验不同截面间参数为常数的方法——SS 检验，该检验尤其适用于 T 远比 N 小的情形，T 甚至可以小到 2。SS 检验基于截面的平均得分，可适用于不同的模型，只要求在参数为常数的零假设下能够得到准确的 M 估计量，而不必估计每个个体的参数。SS 检验基于零假设下截面的得分均值，且对存在组内条件异方差是稳健的。下面仅以线性面板模型为例介绍 SS 检验[①]。

---

① 我们这里只考虑平衡面板情况，对于非平稳面板该统计量同样适用。

考虑线性面板数据模型

$$y_{it} = x'_{it}\beta_i^0 + u_{it}, \qquad i = 1,\cdots,n, t = 1,\cdots,T \tag{1}$$

假设不存在任何的截面相关性，并设 $N = n \times T$。x_{it} 是 $k \times 1$ 维的回归变量，β_i 是 $k \times 1$ 维的斜率系数。

斜率异质性原假设为

$$H_0 : \beta_i^0 = \beta^*, \forall i = 1,\cdots,n$$

备择假设为

$$H_1 : \beta_i \neq \beta^*, 对某些 i$$

设 $q_{it}(\beta) = -1/2(y_{it} - x'_{it}\beta_i^0)^2$，在零假设 H_0 下，对所有的 i，$\nabla q_{it}(\beta^*) = x_{it}u_{it}$，进而 $E[\nabla q_{it}(\beta^*)] = 0$。另一方面，在备择假设下，对某些 i，$E[\nabla q_{it}(\beta^*)] \neq 0$。而实际的应用中往往只关注部分几个而非所有的系数，为此，令 $s_{it}(\beta^*)$ 表示 $\nabla q_{it}(\beta^*)$ 的前 m 个元素（$0 < m < k$）所构成的向量。在零假设 H_0 下，$E[s_{it}^*] = 0$，其中 $s_{it}^* \equiv s_{it}(\beta^*)$。但基于 $E[s_{it}^*]$ 的检验很难实现，这是由于基于较小的 T 难以得到令人满意的 $E[s_{it}^*]$ 的估计量。另一方面如果考虑使用其平均值 $N^{-1} \sum_{i=1}^{n} TE[s_{it}^*]$ 也没用，因为无论 H_0 是否为真，该平均值也可能为零。为了克服以上的困难，Sakata 使用了 $E[s_{it}^*]$ 二次形式的加权平均 $\alpha_n(\beta,W) \equiv N^{-1} \sum_{i=1}^{n} TE[s_{it}(\beta)]'WE[s_{it}(\beta)]$，其中 W 可以是任意的正定矩阵。在零假设 H_0 下 $\alpha_n(\beta^*,W) = 0$，在备择假设 H_1 下 $\alpha_n(\beta^*,W) > 0$。基于这一事实，检验是否拒绝 H_0 变为检验 $\alpha_n(\beta^*,W)$ 是否大于 0，下面考虑 $\alpha_n(\beta^*,W)$ 的估计。

由于

$$\alpha_n(\beta,W) \equiv tr(WN^{-1} \sum_{i=1}^{n} T_iE[s_{it}(\beta)]E[s_{it}(\beta)]') = tr(W(S_n(\beta) - \Sigma_n(\beta))) \tag{2}$$

其中

$$S_n(\beta) \equiv N^{-1} \sum_{i=1}^{n} T_iE[s_{it}(\beta)s_{it}(\beta)']$$

$$\Sigma_n(\beta) \equiv N^{-1} \sum_{i=1}^{n} T_i\mathrm{var}[s_{it}(\beta)]$$

它们的一致估计量分别为

$$\check{S}_n(\beta) \equiv N^{-1} \sum_{i=1}^{n} \sum_{t=2}^{T_i} s_{it}(\beta) s_{it}(\beta)'$$

$$\check{\Sigma}_n(\beta) = N^{-1} \sum_{i=1}^{n} \left[\frac{T_i}{T_i-1} \sum_{t=2}^{T_i} (s_{it}(\beta) - \bar{s}_i(\beta))(s_{it}(\beta) - \bar{s}_i(\beta))' \right]$$

$$= N^{-1} \sum_{i=1}^{n} \left[\frac{T_i}{T_i-1} \sum_{t=2}^{T_i} s_{it}(\beta) s_{it}(\beta)' - \frac{T_i^2}{T_i-1} \bar{s}_i(\beta) \bar{s}_i(\beta)' \right] \tag{3}$$

其中 $\bar{s}_i(\beta) \equiv T_i^{-1} \sum_{t=2}^{T_i} s_{it}(\beta)$。

代入（2）中，用 $\hat{\beta}_n$ 和 $\hat{W}_n$ 分别代替 β 和和 W 则有 $\alpha_n(\beta^*, W)$ 估计量为

$$\hat{\alpha}_n = \check{\alpha}_n(\hat{\beta}_n, \hat{W}_n)$$

$$= tr(\hat{W}_n(\check{S}_n(\hat{\beta}_n) - \check{\Sigma}_n(\hat{\beta}_n)))$$

$$= \frac{1}{n} \sum_{i=1}^{n} tr\left\{ \hat{W}_n \left[\frac{1}{T-1} \left(-\sum_{t=1}^{T} s_{it}(\hat{\beta}_n) s_{it}(\hat{\beta}_n)' + T^2 \bar{s}_i(\hat{\beta}_n) \bar{s}_i(\hat{\beta}_n)' \right) \right] \right\}$$

其中 $\hat{\beta}_n$ 是回归方程（1）中共同的斜率系数的一致的联合估计量。$\hat{W}_n$ 是依赖数据的权重矩阵，通常用 $\check{S}_n(\hat{\beta}_n)$ 的逆作为权重矩阵，这样的好处是可以消除组内异方差。

进一步地，对 $\hat{\alpha}_n$ 标准化得到斜率异质性检验的统计量

$$\hat{\tau}_n = n^{-1/2} \hat{\alpha}_n / \sqrt{\hat{V}_n}$$

其中，$\hat{V}_n \equiv \dfrac{1}{n} \sum_{i=1}^{n} \hat{\xi}_{ni}^2$ 是 $n^{-1/2} \hat{\alpha}_n$ 方差 V_n 的一致估计量。

而

$$\hat{\xi}_{ni} \equiv \frac{1}{T} \left\{ tr\left[\hat{W}_n \left(-\frac{1}{T-1} \sum_{t=1}^{T_i} s_{it}(\hat{\beta}_n) s_{it}(\hat{\beta}_n)' + \frac{T^2}{T-1} \bar{s}_i(\hat{\beta}_n) \bar{s}_i(\hat{\beta}_n)' \right) \right] \right.$$

$$\left. - TE(s_{it}(\beta^*)' W_n s_{it}(\beta^*)) - \hat{L}_n' \hat{A}_n^+ T^{-1} \sum_{t=1}^{T_i} \nabla q(\hat{\beta}_n) \right\}^{①②}$$

---

① "–" 表示 Moore-Penrose（MP）逆。

② 实际上，这里的 $\nabla q_{it}(\beta) = x_{it} u_{it}$，$\nabla^2 q_{it}(\beta) = x_{it} x'_{it}$，进而有 $\nabla q_{it}(\hat{\beta}_n) = x_{it} \hat{u}_{it}$，$\nabla^2 q_{it}(\hat{\beta}_n) = x_{it} x'_{it}$。

其中，$\widehat{A}_n \equiv A_n(\widehat{\beta}_n) = \dfrac{1}{N} \sum_{i=1}^{n} \sum_{t=1}^{T} \nabla^2 q(\widehat{\beta}_n)$

$$\widehat{L}_n \equiv L_n(\widehat{\beta}_n, \widehat{W}_n) = \frac{2}{N} \sum_{i=1}^{n} \left(-\frac{1}{T-1} \sum_{t=1}^{T} \nabla s_{it}(\widehat{\beta}_n) \widehat{W}_n s_{it}(\widehat{\beta}_n) + \frac{T^2}{T-1} \nabla \bar{s}_i(\widehat{\beta}_n) \widehat{W}_n \bar{s}_i(\widehat{\beta}_n) \right)$$

分别是 $\alpha_n(\beta^*, W)$ 的二阶导

$$A_n^* = A_n(\beta^*) \equiv \frac{1}{N} \sum_{i=1}^{n} TE[\nabla^2 q_{it}(\beta^*)] = \frac{1}{n} \sum_{i=1}^{n} E[x'_{it} x_{it}]$$

和一阶导数

$$L_n^* = L_n(\beta^*, W) \equiv \frac{2}{N} \sum_{i=1}^{n} E\left(-\frac{1}{T-1} \sum_{t=1}^{T} \nabla s_{it}(\beta^*) W s_{it}(\beta^*) + \frac{T^2}{T-1} \nabla \bar{s}_i(\beta^*) W \bar{s}_i(\beta^*) \right)$$

的一致估计量。

在假设 1 和假设 2 下，Sakata（2010）证明了当 $N \to \infty$ 而 T 固定时，零假设下的统计量 $\tau_n \xrightarrow{A} N(0,1)$。

这里值得注意的是（3）式的一致性依赖于 $\nabla s_{it}(\beta^*)$ 没有序列相关的存在。

为了更好地说明这一问题，可以假设 $s \neq t$ 时 $E[s_{it}(\beta) s_{is}(\beta)'] \neq 0$。从而（3）式的第二项变为

$$E\left[\frac{T^2}{T-1} \bar{s}_i(\beta) \bar{s}_i(\beta)' \right] = \frac{T}{T-1} E[s_{it}(\beta) s_{it}(\beta)'] + \frac{1}{T-1} E\left[\sum_{s \neq t} s_{it}(\beta) s_{is}(\beta)' \right]$$

若使用（3）式来估计 $\Sigma_n(\beta)$ 则是有偏的，从而导致整个检验的失效。

1.3.2.3 SS 检验在截面相关模型及固定效应模型中存在的问题[①]

SS 检验可用于截面独立的线性面板数据斜率异质性的检验，于是一个很自然的想法就是对于截面相关模型将截面相关的因素比如共同因子去掉之后再进行斜率系数的异质性检验，但是经过下面的分析我们发现并非如此。同样对于固定效应模型，冗余参数是一个问题，但去掉冗余参数之后 SS 检验也不能直接使用。

（1）截面相关模型

我们这里只考虑带因子误差结构的面板数据模型

---

① 由于这里的 T 小而 N 大，只考虑组内异方差，而组间同方差的形式。

$$y_{it} = x'_{it}\beta_i + e_{it}, \qquad i = 1, \cdots, n, t = 1, \cdots, T \qquad (4)$$

$$e_{it} = \lambda'_i f_t + \nu_{it}, \qquad \nu_{it} \sim iid(0, \sigma_{vt}^2) \qquad (5)$$

x_{it} 有可能与 f_t 相关，因此我们假设

$$x_{it} = \mu_i + \Gamma'_i f_t + \omega_{it}, \omega_{it} \sim iid(0, \sigma_{\omega t}^2) \qquad (6)$$

其中，f_t 是 $r \times 1$ 维向量表示不可观测的共同因子效应，假设 f_t 是宽平稳的，且 $E(\|f_t\|^4) < \infty$，$E(f_t f'_t) = \Sigma_F > 0$。$\lambda'_i$ 与 Γ_i 是因子载荷，假设为非随机的，且 $\|\lambda_i\| < \infty$，$\|\Gamma_i\| < \infty$。ν_{it} 与 f_t，ω_{it} 是相互独立的，且可能具有序列相关和组内异方差。

令 $\nu_i = (\nu_{i1}, \cdots, \nu_{iT})'$，$y_i = (y_{i1}, \cdots, y_{iT})'$，$x_i = (x'_{i1}, \cdots, x'_{iT})'$，$F = (F'_1, \cdots, F'_T)'$，$\nu_i = (\nu_{i1}, \cdots, \nu_{iT})'$。则 （4） 式可以写为

$$y_i = x_i\beta_i + F\lambda_i + \nu_i, \qquad i = 1, \cdots, n \cdots \qquad (7)$$

为了检验斜率异质性，我们考虑先将截面相关消除掉，具体的，设 $M_F = I_T - F(F'F)^{-1}F'$，对 （7） 式两边同时左乘 M_F，由于 $M_F F = 0$，得到

$$\ddot{y}_i = \ddot{x}_i\beta_i + \ddot{\nu}_i, \qquad i = 1, \cdots, n \cdots \qquad (8)$$

其中 $\ddot{y}_i = M_F y_i$，$\ddot{x}_i = M_F x_i$，$\ddot{\nu}_i = M_F \nu_i$。设定 $\ddot{y}_i = (\ddot{y}_{i1}, \cdots, \ddot{y}_{iT})'$，$\ddot{x}_i = (\ddot{x}'_{i1}, \cdots, \ddot{x}'_{iT})'$，$\ddot{\nu}_i = (\ddot{\nu}_{i1}, \cdots, \ddot{\nu}_{iT})'$，则 （8） 式的元素形式为：

$$\ddot{y}_{it} = \ddot{x}'_{it}\beta_i + \ddot{\nu}_{it}, \qquad i = 1, \cdots, n; t = 1, \cdots, T \cdots \qquad (9)$$

对 （7） 式的斜率异质性检验等同于对 （9） 式进行斜率异质性检验。虽然扰动项 $\ddot{\nu}_{it}$ 不具有截面相关，但序列相关是极有可能存在的。为了说明这一点考虑

$$E(\ddot{\nu}_i \ddot{\nu}'_i) = E(M_F \nu_i \nu'_i M_F) = E(E(M_F \nu_i \nu'_i M_F \mid F)) = E(M_F)E(\nu_i \nu')E(M_F)$$

上式的成立使用了 ν_{it} 与 f_t 的独立性。由于 M_F 是非对角的因此 $E(\ddot{\nu}_i \ddot{\nu}'_i)$ 极有可能是非对角阵，即 $s \neq t$ 时 $E[\ddot{\nu}_{it} \ddot{\nu}_{is}] \neq 0$。从而 $\ddot{\nu}_{it}$ 很可能具有序列相关性，如果对 （9） 式构造 SS 检验，对应 $\nabla s_{it}(\beta^*)$ 极有可能存在序列相关的问题，从而会得出错误的结论。

（2） 固定效应模型

2011 年林常青将 SS 检验应用于固定效应的面板数据模型中，为了消除固定效应中的冗余参数而使用一阶差分的方法。然而，在应用在中我们通常

使用 within 算法来计算斜率系数, 而 within 算法的去组均值过程会带来序列相关, 使用 SS 算法来检验斜率异质性必然带来水平的扭曲 (这一点可以通过 Monte Carlo 模拟来验证, 限于篇幅的原因没有将实验的结果附上)。下面考虑固定效应模型

$$y_{it} = \alpha_i + \beta'_i x_{it} + \varepsilon_{it}, i = 1, \cdots, n, t = 1, \cdots, T \tag{10}$$

其中 α_i 是常数, 表示个体的异质性。

首先对 (10) 做去组均值得到

$$\tilde{y}_{it} = \tilde{x}'_{it}\beta_i + \tilde{u}_{it} \cdots \tag{11}$$

其中 $\tilde{y}_{it} = y_{it} - \bar{y}_{i.}$, $\tilde{x}_{it} = x_{it} - \bar{x}_{i.}$, $\tilde{u}_{it} = u_{it} - \bar{u}_{i.}$, $\bar{y}_{i.} = \dfrac{1}{T}\displaystyle\sum_{s=1}^{T} y_{is}$, $\bar{x}_{i.} = \dfrac{1}{T}\displaystyle\sum_{s=1}^{T} x_{is}$, $\bar{u}_{i.} = \dfrac{1}{T}\displaystyle\sum_{s=1}^{T} u_{is}$。

由于

$$E(\tilde{u}_{it}\tilde{u}_{is}) = E\left(\left(u_{it} - \frac{1}{T}\sum_{j=1}^{T} u_{ij}\right)\left(u_{is} - \frac{1}{T}\sum_{r=1}^{T} u_{ir}\right)\right) = -\frac{1}{T}E(u_{it}^2) - \frac{1}{T}E(u_{is}^2) + \frac{1}{T^2}\sum_{j=1}^{T} u_{ij}^2 \neq 0$$

因而也不能不能用 SS 检验 (11) 式的斜率异质性检验。

1.3.2.4　改进的 SS 检验——SS_ s 检验

可见 SS 检验应用于截面相关模型和固定效应模型是不可行的, 需要对其进行改进。之前分析可以看到序列相关的存在会使得 (3) 式是有偏的估计量。为了解决这一问题, 在样本方差的基础上做修正以估计 $\Sigma_n(\beta)$

$$\hat{\Sigma}_n(\beta) \equiv N^{-1}\sum_{i=1}^{n}\left[\frac{T}{T-1}\sum_{t=1}^{T} s_{it}(\beta)s_{it}(\beta)' - \frac{T^2}{T-1}\bar{s}_i(\beta)\bar{s}_i(\beta)' + \frac{1}{T-1}\sum_{s \neq t} s_{it}(\beta)s_{is}(\beta)'\right]$$

进而得到

$$\hat{\alpha}_n^w = \breve{\alpha}_n(\hat{\beta}_n^w, \hat{W}_n)$$

$$= \frac{1}{n}\sum_{i=1}^{n} tr\left\{\hat{W}_n\left[\frac{1}{T-1}\left(-\sum_{t=1}^{T_i} s_{it}(\hat{\beta}_n^w)s_{it}(\hat{\beta}_n^w)' + T^2\bar{s}_i(\hat{\beta}_n^w)\bar{s}_i(\hat{\beta}_n^w)' - \sum_{s \neq t} s_{it}(\hat{\beta}_n^w)s_{is}(\hat{\beta}_n^w)'\right)\right]\right\}$$

$$\cdots\cdots \tag{12}$$

相应的

$$\hat{\xi}_{ni}^{w} \equiv \frac{1}{T}\Big\{ tr\Big[\widehat{W}_{n}\Big(-\frac{1}{T-1}\sum_{t=1}^{T_{i}} s_{it}(\hat{\beta}_{n})\hat{s}_{it}(\hat{\beta}_{n})' + \frac{T^{2}}{T-1}\bar{s}_{i}(\hat{\beta}_{n})\bar{s}_{i}(\hat{\beta}_{n})' - \frac{1}{T-1}\sum_{s\neq t} s_{it}(\beta)s_{is}(\beta)'\Big)\Big] -$$

$$TE(s_{it}(\beta^{*})'W_{n}s_{it}(\beta^{*})) - \hat{L}_{n}'\hat{A}_{n}^{+T-1}\sum_{t=1}^{T_{i}} \nabla q(\hat{\beta}_{n})\Big\}$$

$$\hat{L}_{n} \equiv L_{n}(\hat{\beta}_{n},\widehat{W}_{n}) = \frac{2}{N}\sum_{i=1}^{n}\Big(-\frac{1}{T-1}\sum_{t=1}^{T} \nabla s_{it}(\hat{\beta}_{n})\widehat{W}_{n}s_{it}(\hat{\beta}_{n}) + \frac{T^{2}}{T-1}\nabla\bar{s}_{i}(\hat{\beta}_{n})\widehat{W}_{n}\bar{s}_{i}(\hat{\beta}_{n})\Big) -$$

$$\frac{1}{N}\sum_{i=1}^{n}\frac{1}{T-1}\Big[\sum_{s\neq t}(\nabla s_{it}(\hat{\beta}_{n})\widehat{W}_{n}s_{is}(\hat{\beta}_{n}) + s_{it}(\hat{\beta}_{n})\widehat{W}_{n}\nabla s_{is}(\hat{\beta}_{n}))\Big]$$

$n^{-1/2}\hat{\alpha}_{n}^{w}$ 方差 V_{n}^{w} 的一致估计量为 $\hat{V}_{n}^{w} = \frac{1}{n}\sum_{i=1}^{n}\hat{\xi}_{ni}^{w2}$。

对 $\hat{\alpha}_{n}^{w}$ 标准化可得 SS_ s 检验统计量为

$$\tau_{n}^{w} = n^{-1/2}\hat{\alpha}_{n}^{w}/\sqrt{\hat{V}_{n}^{w}}$$

参照 Sakata（2010）的证明思想可以得到下面的定理。

定理 1：若假设 1 – 2 成立，当 $N \to \infty$ 而 T 固定时，H_0 下的统计量 $\tau_{n}^{w} \xrightarrow{A} N(0,1)$。

1.3.3　Monte Carlo 模拟

我们考虑 3 个回归便量，即 $\beta_{i} = (\beta_{1i},\beta_{2i},\beta_{3i})'$，设定 $\beta_{1i} = \beta_{2i} = \beta_{3i} = (-1)^{i}\bar{\beta}$。在考虑有限样本的水平时设 $\bar{\beta} = 0$，而考虑有限样本的势时设 $\bar{\beta} = \{0.3,0.5\}$。这里我们考虑 $n = (100,200,300)$ 而 $T = (5,8,10,20)$ 的情形（由于样本太大计算机的内存不够因此这里没有采用太大的样本），实验均重复 1000 次。

1.3.3.1　截面相关的斜率异质性检验

对（4）式具体考虑 2 个回归变量和三个共同因子：

$$y_{it} = \alpha_{i} + x_{1,it}\beta_{i1} + x_{2,it}\beta_{i2} + x_{3,it}\beta_{i3} + \lambda_{i1}f_{1t} + \lambda_{i2}f_{2t} + \nu_{it}$$

$$x_{imt} = \mu_{im} + \lambda_{im1}f_{1t} + \lambda_{im3}f_{3t} + \omega_{imt}, \qquad i = 1,\cdots,n, t = 1,\cdots,T, m = 1,2$$

$$x_{i3t} \overset{i.i.d.}{\sim} N(0,1)$$

共同因子 f_{jt} 具有一阶自回归即 AR（1）的形式，具体的

$$f_{jt} = \rho_{fj}f_{jt-1} + v_{fjt}, j = 1,2,3, t = -49, \cdots, 0, \cdots, T$$

其中 $v_{fjt} \overset{i.i.d.}{\sim} (0, 1 - \rho_{fj}^2)$，$\rho_{fj} = 0.5$，$f_{j,-50} = 0$，$j = 1,2,3$。

扰动项 v_{it} 的产生采用如下形式

前面一半的截面由 AR（1）过程产生

$$v_{it} = \rho_{iv}v_{i,t-1} + \sigma_i(1 - \rho_{iv}^2)^{1/2}\zeta_{it}, i = 1,2,\cdots,[N/2]$$

后面一半的截面由 MA（1）过程产生

$$v_{it} = \sigma_i(1 + \theta_{iv}^2)^{-1/2}(\zeta_{it} + \theta_{iv}\zeta_{it-1}), i = [N/2] + 1, \cdots, N$$

其中 $\zeta_{it} \overset{i.i.d.}{\sim} N(0,1)$，$\sigma_i^2 \overset{i.i.d.}{\sim} U[0.5,1.5]$，而 $\rho_{iv} \overset{i.i.d.}{\sim} U[0.05,0.95]$，$\theta_{iv} \overset{i.i.d.}{\sim} U[0,1]$。这样扰动项 v_{it} 既具有序列相关也具有异方差。

而回归变量的扰动项 $\omega_{imt} \overset{i.i.d.}{\sim} N(0,1)$，$m = 1,2$。

常数项 $\alpha_i \overset{i.i.d.}{\sim} N(1,1)$，$\mu_{im} \overset{i.i.d.}{\sim} N(0.5,0.5)$，$i = 1,\cdots,n, m = 1,2$

因子载荷的产生是参照 Pesaran2006 年的文章

$$\begin{pmatrix} \lambda_{i1} \\ \lambda_{i2} \end{pmatrix} \overset{i.i.d.}{\sim} N\left(\begin{pmatrix} 1 \\ 1 \end{pmatrix}, \begin{pmatrix} 0.2 & 0 \\ 0 & 0.2 \end{pmatrix} \right), \begin{pmatrix} \lambda_{i11} \\ \lambda_{i13} \\ \lambda_{i21} \\ \lambda_{i23} \end{pmatrix} \overset{i.i.d.}{\sim} \begin{pmatrix} N(0.5,0.5) \\ N(0,0.5) \\ N(0,0.5) \\ N(0.5,0.5) \end{pmatrix} ①$$

在进行该模型的斜率异质性检验时我们采用的是 Pesaran（2006）提出的截面平均（CA）估计量 $\hat{F}$ 来代替 F。具体的，令 $z_{it} = (y_{it}, x'_{it})$，$\hat{F}_t = \bar{z}_t = \sum_{i=1}^{n} w_i z_{it}$，$t = 1, \cdots, $ T。则 $\hat{F} = \begin{bmatrix} \hat{F}_1 \\ \vdots \\ \hat{F}_1 \end{bmatrix}$。

由于数据产生的复杂性，对于截面相关模型我们没有模拟扰动项存在组内条件异方差的情形，对于这种情形我们会在固定效应模型中考虑这一点。

1.3.3.2 固定效应模型的斜率异质性检验

考虑（10）式的数据产生过程，其中 $x_{it} = (x_{1,it}, x_{2,it}, x_{3,it})'$ 是 3×1 维的

---

① 这样设定因子载荷是为了满足秩的条件,具体可见 Pesaran(2006)。

回归变量,$x_{it} \sim N(0, I_{3 \times 3})$,$\varepsilon_{it} \sim N(0, \sigma(x_{it}))$ 在不同的截面和不同的时间上是独立的。

具体地,我们的模拟基于一下两种设定:

同方差:对所有的 i 和 t,$\alpha_i \sim N(0,1)$,$\sigma(x_{it}) = 1$

异方差:对所有的 i 和 t,$\alpha_i \sim N(0,1)$,$u_{it} = e_{it} x_{1,it}$,$e_{it} \overset{i.i.d.}{\sim} N(0,1)$,$\sigma(x_{it}) = x_{1,it}^2$。

为了比较,我们列出了 Pesaran 和 Yamagata's(PY)检验的结果。

值得注意的是当 N 或 T 充分大时,H_0 下使用 within 算法计算得到的 $\hat{\beta}_n$ 的收敛速为 $\sqrt{nT}$,而 $\hat{L}_n{}' \hat{A}_n^+ T^{-1} \sum_{t=1}^{T_i} \nabla q(\hat{\beta}_n) = O_p \left(\dfrac{1}{\sqrt{nT}} \right)$,因此在这种情况下近似的有

$$\hat{\xi}_{ni}^w \equiv \frac{1}{T} \left\{ tr \left[\hat{W}_n \left(-\frac{1}{T-1} \sum_{t=1}^{T_i} s_{it}(\hat{\beta}_n) \hat{s}_{it}(\hat{\beta}_n)' + \frac{T^2}{T-1} \bar{s}_i(\hat{\beta}_n) \bar{s}_i(\hat{\beta}_n)' - \frac{1}{T-1} \sum_{s \neq t} s_{it}(\beta) s_{is}(\beta)' \right) \right] \right.$$
$$\left. - TE(s_{it}(\beta^*)' W_n s_{it}(\beta^*)) \right.$$

这样做的好处就是可以大大的简化计算,使得检验更加可行。

表 1　截面相关下的斜率异质性检验的水平(名义水平为 5%)

单位:%

(n, T)	SS_s 检验				PY 检验			
	5	8	10	20	5	8	10	20
100	9.50	5.30	5.40	4.90	100	100	100	100
200	12.0	4.70	6.40	5.00	100	100	100	100
300	13.80	6.50	5.40	*	100	100	100	100

注:"*"表示由于计算机内容的限制而导致的数据的缺失,下同。

表 2　截面相关下的 SS_ s 检验的功效(名义水平为 5%)

单位:%

(n, T)	$\bar{\beta} = 0.3$				$\bar{\beta} = 0.5$			
	5	8	10	20	5	8	10	20
100	18.10	65.20	87.20	99.40	36.20	98.50	99.80	100
200	30.60	93.10	98.90	99.90	62.40	99.90	100	100
300	42.30	97.50	99.10	*	79.40	100	100	*

注:截面相关模型下,检验的功效没有与 PY 检验比较是由于我们认为当 PY 检验的水平很差的时候对功效的比较就没有多大的意义了。

表3 同方差下固定效应模型异质性检验的水平（名义水平为 **5%**）

单位：%

(n,T)	SS_s 检验				PY 检验			
	5	8	10	20	5	8	10	20
100	5.60	4.20	5.20	3.70	4.00	5.60	6.20	4.20
200	6.40	4.10	5.20	5.10	5.90	6.10	4.90	3.90
300	5.80	5.00	5.60	5.30	5.70	4.50	5.70	5.80

表4 异方差下固定效应模型异质性检验的水平（名义水平为 **5%**）

单位：%

(n,T)	SS_s 检验				PY 检验			
	5	8	10	20	5	8	10	20
100	7.00	5.40	5.80	5.00	38.0	91.7	98.3	98.3
200	7.40	4.20	4.40	4.40	71.0	99.8	99.8	100
300	6.90	5.30	4.80	4.50	89.6	100	100	100

表5 $\bar{\beta}=0.3$ 同方差下固定效应模型异质性检验的功效（名义水平为 **5%**）

单位：%

(n,T)	SS_s 检验				PY 检验			
	5	8	10	20	5	8	10	20
100	76.20	96.50	99.50	100	25.70	98.50	100	100
200	96.50	100	100	100	50.60	100	100	100
300	99.70	100	100	100	73.20	100	100	100

表6 $\bar{\beta}=0.5$ 时同方差下固定效应模型异质性检验的功效（名义水平为 **5%**）

单位：%

(n,T)	SS_s 检验				PY 检验			
	5	8	10	20	5	8	10	20
100	100	100	100	100	91.20	100	100	100
200	100	100	100	100	99.60	100	100	100
300	95.80	100	100	100	100	100	100	100

表7 $\bar{\beta}=0.3$ 时异方差下固定效应模型异质性检验的功效（名义水平为 **5%**）

单位：%

(n,T)	SS_s 检验				PY 检验			
	5	8	10	20	5	8	10	20
100	60.20	85.80	90.80	98.70	100	100	100	100
200	84.20	95.40	98.60	100	100	100	100	100
300	92.40	99.10	99.60	100	100	100	100	100

表8 $\bar{\beta}=0.5$ 时异方差下固定效应模型异质性检验的功效（名义水平为5%）

单位：%

(n,T)	SS_s 检验				PY 检验			
	5	8	10	20	5	8	10	20
100	96.80	99.40	100	100	100	100	100	100
200	99.60	100	100	100	100	100	100	100
300	100	99.90	100	100	100	100	100	100

实验结果表明：

（1）在同方差中 SS_ s 统计量和 PY 统计量在水平和功效方面的表现一样好。

（2）而存在组内条件异方差时，相对于 PY 统计量，SS_ s 统计量在水平和功效方面的很好。这表明 SS_ s 统计量既能用于固定效应 within 算法的斜率异质性检验，又继承了 SS 检验对于组内条件异方差的稳健性。

（3）对于截面相关下斜率异质性的检验，SS_ s 检验在水平和功效上都均具有较好的表现，因此在实践中具有一定的应用性。

（4）SS_ s 检验基本不受回归变量个数的影响（这一点可以通过实验来验证，由于篇幅的原因这里没有列出），这一点比 PY 检验更具适应性。

（5）SS_ s 检验在 T 远比 n 小的情形下也有很好的水平和功效，具体可见 $T=5$ 和 $T=8$ 是的结果。当然在截面相关模型中 SS_ s 检验在 $T=5$ 的时候表现不是很好，这可能是由于在去掉共同因子的过程所导致的，具体的情况尚需要进一步的研究。

1.3.4   结论与展望

本文基于 SS 检验提出了适用于截面相关模型和固定效应模型的斜率异质性检验。由于原始的 SS 检验在存在有序列相关时会导致检验的失效，因而不能直接用于截面相关模型和固定效应模型的斜率异质性检验。鉴于此我们对 SS 检验进行修正提出了 SS_ s 检验。研究表明 SS_ s 检验在截面相关模型和固定效应模型中具有良好的表现。该检验只需要计算零假设下的参数而不需备择假设下的原假设，基本不受回归变量个数的影响，且适用于 T 远比 n 小的情形。另一方面 SS_ s 检验也继承了 SS 检验对组内条件异方差的稳健性。因此 SS_ s 在检验截面相关模型和固定效应模型的斜率异质性时具有很好的可行性。

当然本文也有一些缺陷，比如限于计算机内存的原因没有考虑更大的样本容量。另外，我们的实验也发现该检验对中等程度及以上的异质性具有较好的功效，而对于较小的异质性的检验功效很低，比如在随机系数模型（RCM）中检验功效非常的低。我们今后的工作就是尽量晚上以上在这方面的问题。

参考文献

［1］ Baltagi B H, G Bresson, and A Pirotte. 2008. To pool or not to pool? In L Mátyás and P Sevestre. eds. The Econometrics of Panel Data, Berlin: Springer-Verlag, 517 – 546.

［2］ Blomquist J. 2010. A panel bootstrap test for slope homogeneity. Working paper, Lund University.

［3］ Jin S, L Su. 2011. A nonparametric poolability test for panel data models with cross section dependence. Working paper, Singapore Management University.

［4］ Joakim Westerlund, Wolfgang Hess. 2007. A new poolability test for cointegrated panels. Working paper, Department of Economics, Lund University, Sweden.

［5］ Liangjun Su, Qihui Chen. 2011. Testing heterogeneity in panel data models with interactive fixed effects. Working paper, School of Economics, Singapore Management University, Singapore.

［6］ Lin C-C. 2010. Testing for slope homogeneity in a linear panel model with fixed effects and conditional heteroskedasticity. Working paper, Institute of Economics, Academia Sinica.

［7］ Mark N C, M Ogaki, D Sul. 2005. Dynamic Seemingly Unrelated Cointegrating Regess-ion. Review of Economic Studies, 72: 797 – 820.

［8］ Moon H R, B Perron. 2004. Effcient estimation of the SUR cointegration regression model and testing for purchasing power parity. Econometric Reviews, 23: 293 – 323.

［9］ Pesaran M H, T, Yamagata. 2008. Testing slope homogeneity in large panels. Journal of Econometrics, 142: 50 – 93.

［10］ Phillips P C B, D, Sul. 2003. Dynamic panel estimation and homogeneity testing under cross section dependence. Econometrics Journal 6: 217 – 259.

［11］ Sakata S. 2010. Testing parameter constancy across many groups, working paper.

［12］ Greenaway-McGrevy R, C Han, D Sul. 2010. Asymptotic distribution of factor augmented estimators for panel regression. Forthcoming in Journal of

Econometrics.

[13] Kapetanios G, M H Pesaran. 2006. Alternative approaches to estimation and inference in large multifactor panels: Small sample results with an application to modelling of asset returns. CESifo Working Paper Series, 1416.

[14] Pesaran M H. 2006. Estimation and inference in large heterogeneous panels with a mul-tifactor error structure. Econometrica, 74: 967 – 1012.

1.4　面板数据动态平滑转移回归模型的间接推断估计及其应用①

宋　涛　刘随随　白仲林②

摘　要：为了避免 GMM 估计中的矩条件选择问题，本文提出了估计含有个体固定效应的面板数据动态平滑转移回归模型的间接推断方法。通过蒙特卡洛模拟实验讨论了这种估计方法的有限样本性质，特别，对于较大的面板数据（时间维度或个体数较大）或者存在外生控制变量时，间接推断估计的精度显著提高。另外，本文通过非线性检验拒绝了我国菲利普斯曲线的线性形式，从而用面板数据动态平滑转移回归模型建立菲利普斯曲线模型，实证分析发现菲利普斯曲线的拐点位于转移变量（即产出缺口）等于 0.016 的位置，并且随着转移变量值的增加，产出缺口对通货膨胀的影响加剧，供给冲击对通货膨胀的影响也从负变为正。

关键词：面板数据　动态平滑转移回归模型　间接推断估计
菲利普斯曲线

---

①　本文获国家自然科学基金项目（70771072）和国家教育部人文社科项目（11YJA790003）的资助。

②　宋涛，男，1987 年生，天津财经大学统计系 2010 级研究生；刘随随，女，1988 年生，天津财经大学统计系 2010 级研究生；白仲林，男，天津财经大学统计系教授，博士生导师，中国数量经济学会理事。

1.4.1 引言

由于政治经济体制变迁、宏观调控政策变更以及金融危机和石油供给冲击等因素的影响，许多经济变量的动态演化过程呈现依某种状态渐变的结构转移（structural transition）特征。为了识别致使经济系统发生这种渐变型结构转移的状态因素及其他对经济变量影响的非对称效应，Teräsvirta 和 Anderson（1992）首先提出了时间序列的平滑转换自回归模型（smooth transition autoregressive model，i. e. STAR model），并且，该模型能够较好地描述多种代表经济周期波动的时间序列，例如，产出和失业率。STAR 模型的非线性准确地刻画了产出对石油价格冲击的响应过程。Granger 和 Teräsvirta（1993）和 Teräsvirta（1994）等文献系统地研究了两类时间序列 STAR 模型（LSTAR、ESTAR 模型）的计量分析方法。之后，时间序列 STAR 模型以及 STAR-ECM 模型等在宏观经济政策分析、微观经济调整分析和金融资产波动性分析等领域得到了广泛应用。例如，Weise（1999）、Senda（2001）、Rothman et al.（2001）、Tsay（1998）和刘金全等（2001），等等。2005 年，在解释变量和转移变量都是外生变量时，González、Teräsvirta 和 van Dijk（2005）率先研究了面板数据平滑转移回归模型（PSTAR 模型）的设定、估计和检验方法。Gørgens、Skeels 和 Würtz（2009）考虑了含个体效应项的面板数据非线性动态模型的计量分析方法，其中重点研究了面板数据动态平滑转移回归模型的 GMM 估计方法。杨继生和王少平（2008）发现了一类新的广义矩条件，并提出了一种估计面板数据非线性动态模型的条件 GMM 估计方法。众所周知，尽管广义矩估计是一致的，但是，对于有限样本，GMM 估计关于矩条件并不具有稳健性，即选择不同的矩条件时，GMM 估计结果可能会有很大的差别。为此，在 Gouriéroux et al.（2010）关于面板数据动态线性回归模型间接推断估计的基础上，本文提出了一种面板数据动态平滑转移回归模型的间接推断估计方法，以避免 GMM 估计的广义矩条件选择问题。并且，讨论了间接推断估计方法的有限样本性质。另外，基于 1978~2010 年中国 29 个省（市、自治区）的样本，建立面板数据动态平滑转移回归模型估计中国的菲利普斯曲线。

本文的结构如下，第一部分回顾了相关研究文献及其研究方法，并且简述了本文的研究动机，第二部分简要介绍了间接推断法的一般估计过程以及本文给出的估计动态面板平滑转移模型间接推断方法的具体步骤；第三部分根据蒙特卡洛模拟试验讨论了间接推断估计方法的有限样本性质；第四部分对中国的菲利普斯曲线进行了再估计；第五部分是本文的主要结论。

1.4.2 动态面板平滑转移回归模型的间接推断估计

间接推断（indirect inference）是一种基于模拟的估计方法，它的基本原理是：首先为难以直接估计的模型选择一个易于估计的辅助模型①，然后寻找由原模型模拟数据与样本数据使辅助模型参数估计量"距离最小"的原模型参数，把该参数称为原模型基于样本数据的间接推断估计。

近年来，间接推断估计方法被广泛应用于含有隐变量模型、有缺失数据模型和非线性动态模型等模型，例如 Monfort（1996）、Monfardini（1998）和 Dridi 和 Renault（2000）分别研究了连续时间序列模型、随机波动模型和半参数模型的间接推断估计；Keane 和 Smith（2003）、Gouriéroux et al.（2010）以及 Davidson（2011）分别提出了离散选择模型、面板数据动态线性回归模型和动态随机一般均衡（DSGE）模型的间接推断估计方法。本文将在面板数据动态线性回归模型间接推断估计（Gouriéroux et al.（2010）的基础上，讨论面板数据动态平滑转移回归模型的间接推断估计与非线性检验。

众所周知，经济体制结构的转移既可能缘于外生性冲击，也可能缘于内生性变化，例如，国家政治体制的更替和石油输出国的战乱等外生冲击不仅导致一国经济体制的结构性演化，而且一些内生经济变量也可能引起经济关系的结构性转移。因此，在讨论面板数据动态平滑转移回归模型的估计与检验时，有必要区分转移变量的内生性。为此，本文将分别讨论外生转移变量和内生转移变量的面板数据动态平滑转移回归模型的间接推断估计。

1.4.2.1 外生转移变量的面板数据动态平滑转移回归模型

对于不含外生控制变量的模型

---

① 一般选择的辅助模型不必完全正确设定。

$$y_{i,t} = \eta_i + \alpha_1 y_{i,t-1} + \alpha_2 y_{i,t-1} \times \frac{1}{1 + e^{-\gamma(q_{i,t-c})}} + u_{i,t} \tag{1}$$

其中，转移变量 $q_{i,t}$ 是外生的，本文给出的具体估计过程如下：

（1）估计参数初始值

利用 González（2005）的估计方法首先估计模型（1），即将模型（1）视为静态的 PSTAR 模型，分别得到 α_1，α_2，γ 和 c 的初始估计 $\hat{\alpha}_1$，$\hat{\alpha}_2$，$\hat{\gamma}$ 和 $\hat{c}$；

（2）参数 α_1 和 α_2 的间接推断估计

首先保持 $\hat{\gamma}$ 和 $\hat{c}$ 固定，记 $g_{i,t} = \dfrac{1}{1 + e^{-\hat{\gamma}(q_{i,t-\hat{c}})}}$，此时模型（1）变为

$$y_{i,t} = \eta_i + \alpha_1 y_{i,t-1} + \alpha_2 y_{i,t-1} g_{i,t} + u_{i,t} \tag{2}$$

并利用间接推断方法估计模型（2）的参数 α_1 和 α_2。由于模型（2）本身比较简单，因此这里选择的辅助模型和原模型相同；具体的间接推断步骤为：

①将真实数据 $y_{i,t}$ 和 $q_{i,t}$ 带入模型（2），并记参数的组内估计为 $\hat{\alpha}_1^T$ 和 $\hat{\alpha}_2^T$，以及残差项的方差 $\hat{\sigma}^2$；

②从 $N(0, \hat{\sigma}^2)$ 抽取 M 组随机样本 $\{\tilde{u}_{i,t}^m\}_{i=1,t=1}^{i=N,t=T}$，从分布 F（正态分布或均匀分布）中抽取个体效应的 M 组样本 $\{\hat{\eta}_i^m\}_{i=1}^{i=N}$，$m = 1, \cdots, M$；并保持这些样本在估计过程中不变；

③从 $[-1, 1]$ 中选取两个参数 $\tilde{\alpha}_1$ 和 $\tilde{\alpha}_2$，并利用步骤②中第 m 次生成的随机误差项和个体效应项，带入模型（1）得到内生变量的模拟样本 $y_{i,t}^{s,m}$；再根据模拟样本 $y_{i,t}^{s,m}$ 和 q_{it} 对模型（2）进行组内估计，记参数的估计为 $\theta_1^{s,m}$ 和 $\theta_2^{s,m}$，$m = 1, \cdots, M$；最后，设

$$\theta_1(\tilde{\alpha}_1, \tilde{\alpha}_2) = \frac{1}{M} \sum_m \theta_1^{s,m}, \theta_2(\tilde{\alpha}_1, \tilde{\alpha}_2) = \frac{1}{M} \sum_m \theta_2^{s,m}$$

④计算点 $(\hat{\alpha}_1^T, \hat{\alpha}_2^T)$ 和 $(\theta_1(\tilde{\alpha}_1, \tilde{\alpha}_2), \theta_2(\tilde{\alpha}_1, \tilde{\alpha}_2))$ 之间的距离；利用格点、退火或 BFGS[①] 等方法选择使点 $(\hat{\alpha}_1^T, \hat{\alpha}_2^T)$ 和 $(\theta_1(\tilde{\alpha}_1, \tilde{\alpha}_2), \theta_2(\tilde{\alpha}_1, \tilde{\alpha}_2))$ 之间距离最小的 $\tilde{\alpha}_1$ 和 $\tilde{\alpha}_2$。并记此时的 $\tilde{\alpha}_1$ 为 $\hat{\alpha}_1^1$、$\tilde{\alpha}_2$ 为 $\hat{\alpha}_2^1$；

（3）搜索参数 γ 和 c。将 $\hat{\alpha}_1^1$ 和 $\hat{\alpha}_2^1$ 带入模型（2），然后对模型（2）

---

① 本文使用 Byrd et al.（1995）提出的 L‑BFGS‑B 方法用于解决有约束的非线性最优化问题。

中每个变量都做向前正交离差变换[17]以消除固定效应项，并保证变换后模型的误差项不存在序列相关性，其中变量 y_{it} 做向前正交离差变换后为

$$y_{it}^* = \sqrt{\frac{T-t}{T-t+1}} \left[y_{it} - \frac{1}{T-t}(y_{i,t+1} + \cdots + y_{i,T}) \right] ;$$ 然后，利用格点、退火或

BFGS 等方法寻找使残差平方和最小的 γ 和 c，记做 γ^1 和 c^1。

（4）重复步骤（2）和（3），得到 $\hat{\alpha}_1^2$，$\hat{\alpha}_2^2$，γ^2 和 c^2，……，$\hat{\alpha}_1^n$，$\hat{\alpha}_2^n$，γ^n 和 c^n，直至满足收敛条件的要求，并称最后一次迭代的参数估计值为模型（1）参数的间接推断估计。

一般地，对于包含外生控制变量的模型（1），如只含一个外生控制变量的模型

$$y_{i,t} = \eta_i + \alpha_1 y_{i,t-1} + \alpha_2 y_{i,t-1} \times \frac{1}{1 + e^{-\gamma(q_{i,t}-c)}} + \beta x_{it} + u_{i,t} \tag{3}$$

本文提出的估计过程如下。

（1）估计参数初始值

利用 González（2005）的估计方法首先估计模型（3），即将模型（3）视为静态的 PSTAR 模型，得到 γ、c 和 β 的初始估计 $\hat{\gamma}$、$\hat{c}$ 和 $\hat{\beta}$ 以及残差项的方差 $\hat{\sigma}^2$。

（2）参数 α_1 和 α_2 的间接推断估计

对于给定的 $\hat{\gamma}$ 和 $\hat{c}$，记 $g_{i,t} = \dfrac{1}{1 + e^{-\hat{\gamma}(q_{i,t}-\hat{c})}}$，得到辅助模型

$$y_{i,t} = \eta_i + \alpha_1 y_{i,t-1} + \alpha_2 y_{i,t-1} g_{i,t} + \hat{\beta} x_{it} + u_{i,t} \tag{4}$$

①对辅助模型（4）的各个变量进行向前正交离差变换（消除固定效应项 η_i），得到新的模型

$$y_{i,t}^* = \alpha_1 y_{i,t-1}^* + \alpha_2 (y_{i,t-1} g_{i,t})^* + \hat{\beta} x_{it}^* + u_{i,t}^* \tag{5}$$

记 $P = I - X(X'X)^{-1}X'$，其中 $X = [x_{11}^*, x_{12}^*, \cdots, x_{1T}^*, \cdots, x_{N1}^*, x_{N2}^*, \cdots, x_{NT}^*]'$，将模型（5）左右两边变量都写成向量形式（按行排列），并左乘矩阵 P，因为 $PX = 0$，则得混合回归模型

$$Py^* = \alpha_1 Py_{-1}^* + \alpha_2 P(yg)^* + Pu^* \tag{6}$$

对于模型（6），可得到参数 α_1 和 α_2 的 OLS 估计值 $\hat{\alpha}_1^T$ 和 $\hat{\alpha}_2^T$；

②模拟生成数据，即给定一组参数 $\tilde{\alpha}_1$ 和 $\tilde{\alpha}_2$，并结合步骤（1）中估计的

$\hat{\beta}$ 和 $\hat{\sigma}^2$，使用原模型（3）生成模拟数据 y^s；

③类似于步骤①，对模拟数据以及 $y^s * g$ 都做向前正交离差变换，然后转换成向量后再左乘矩阵 P，并根据变换后的数据利用 OLS 估计变换后的辅助模型（6），记参数估计值分别为 $\theta_1(\tilde{\alpha}_1, \tilde{\alpha}_2)$ 和 $\theta_2(\tilde{\alpha}_1, \tilde{\alpha}_2)$。

④计算 $(\hat{\alpha}_1^T, \hat{\alpha}_2^T)$ 和 $(\theta_1(\tilde{\alpha}_1, \tilde{\alpha}_2), \theta_2(\tilde{\alpha}_1, \tilde{\alpha}_2))$ 之间的距离，利用 BFGS 等方法选择使距离最小的 $\tilde{\alpha}_1$ 和 $\tilde{\alpha}_2$，并记此时的 $\tilde{\alpha}_1$ 为 $\hat{\alpha}_1^1$、$\tilde{\alpha}_2$ 为 $\hat{\alpha}_2^1$；

（3）估计参数 γ 和 c

给定一组参数 γ 和 c，将 $\hat{\alpha}_1^1$ 和 $\hat{\alpha}_2^1$ 代入模型（6），计算该模型的残差平方和，利用格点、BFGS 或退火等算法寻找使残差平方和最小的 γ 和 c，记做 γ^1 和 c^1；

（4）重复步骤（2）和（3），直至满足收敛条件的要求，并称最后一次迭代的参数估计值为模型（3）参数的间接推断估计。

1.4.2.2　内生转移变量的面板数据动态平滑转移回归模型

对于内生转移变量的平滑转移模型（无论是否具有外生控制变量）的间接推断估计方法与有外生转移变量模型的估计类似，只是为了控制转移变量 $y_{i,t-1}$ 整体水平，在间接推断估计的模拟数据生成过程中，截距项 η_i 直接使用 González（2005）的静态估计值。

1.4.3　蒙特卡洛模拟分析

1.4.3.1　数据生成过程

（1）不含外生控制变量的数据生成过程

$$y_{i,t} = \eta_i + \alpha_1 y_{i,t-1} + \alpha_2 y_{i,t-1} \times \frac{1}{1 + e^{-\gamma(q_{i,t-c})}} + u_{i,t} \qquad (7)$$

其中，$\alpha_1 = 0.8$，$\alpha_2 = -0.4$，$\gamma = 4$，$c = 3$；$\eta_i \sim N(0,1)$，$u_{i,t} \sim N(0,1)$，$i = 1, \cdots, N$，$t = 1, \cdots, T$；并且，为了比较模拟实验的参数估计结果，在模拟过程中，设定 η_i 和 q_{it} 不变，模拟数据的随机性由误差项 $u_{i,t}$ 驱动。

（2）含一个外生控制变量的数据生成过程

$$y_{i,t} = \eta_i + \alpha_1 y_{i,t-1} + \alpha_2 y_{i,t-1} \times \frac{1}{1 + e^{-\gamma(q_{i,t-c})}} + \beta x_{it} + u_{i,t} \qquad (8)$$

其中，$\alpha_1 = 0.8$，$\alpha_2 = -0.4$，$\beta = 0.5$，$\gamma = 4$，$c = 3$；η_i、q_{it} 和 $u_{i,t}$ 的数据生成过程同（1）中的设定。

（3）不含外生控制变量的数据生成过程

$$y_{i,t} = \eta_i + \alpha_1 y_{i,t-1} + \alpha_2 y_{i,t-1} * \frac{1}{1 + e^{-\gamma(y_{i,t-1} - c)}} + u_{i,t} \tag{9}$$

其中，$\alpha_1 = 0.8$，$\alpha_2 = -0.4$，$\gamma = 4$，$c = 2$；$\eta_i \sim U(-1,1)$，$u_{i,t} \sim N(0,1)$，$i = 1, \cdots, N$，$t = 1, \cdots, T$。

（4）含一个外生控制变量的数据生成过程

$$y_{i,t} = \eta_i + \alpha_1 y_{i,t-1} + \alpha_2 y_{i,t-1} * \frac{1}{1 + e^{-\gamma(y_{i,t-1} - c)}} + \beta x_{it} + u_{i,t} \tag{10}$$

其中，$\alpha_1 = 0.8$，$\alpha_2 = -0.4$，$\beta = 0.5$，$\gamma = 4$，$c = 2$；$\eta_i \sim U(-1,1)$，$u_{i,t} \sim N(0,1)$，$i = 1, \cdots, N$，$t = 1, \cdots, T$。

1.4.3.2　蒙特卡洛模拟结果

对于上述四种数据生成过程（7）～（10），按照本文提出的间接推断估计方法分别估计模型；经 300 次重复（$nrep = 300$）后，计算每种模型各系数估计值的平均绝对误差（*MAE*）和平均平方误差（*MSE*），即，计算

$$MAE = \frac{1}{nrep} \sum_{n=1}^{nrep} |\hat{\alpha}_i(n) - \alpha_i|, MSE = \frac{1}{nrep} \sum_{n=1}^{nrep} (\hat{\alpha}_i(n) - \alpha_i)^2 。$$

对于面板数据个体数和时期数的不同选择，模拟结果如表 1～2 所示。

表 1　外生转移变量 PSTAR 模型间接推断估计的模拟结果评价

模型	样本量	$\hat{\alpha}_1$		$\hat{\alpha}_2$		$\hat{\alpha}_1 + \hat{\alpha}_2$		c	
		MAE	*MSE*	*MAE*	*MSE*	*MAE*	*MSE*	*MAE*	*MSE*
试验 1	$N = 30, T = 30$	0.04365	0.003428	0.04863	0.004620	0.02848	0.001304	0.1228	0.02422
试验 1	$N = 20, T = 60$	0.04168	0.003160	0.04517	0.004242	0.02280	0.000931	0.0861	0.01300
试验 1	$N = 30, T = 60$	0.02710	0.001213	0.02801	0.001347	0.02005	0.000594	0.0660	0.00722
试验 2	$N = 30, T = 30$	0.03214	0.001762	0.03484	0.001975	0.02152	0.000735	0.0810	0.01075
试验 2	$N = 20, T = 60$	0.03033	0.001528	0.02809	0.001471	0.01772	0.000487	0.0698	0.01076
试验 2	$N = 30, T = 60$	0.01988	0.000633	0.02193	0.000765	0.01598	0.000414	0.0533	0.00468

表2   内生转移变量 PSTAR 模型间接推断估计的模拟结果评价

试验	样本量	$\hat{\alpha}_1$		$\hat{\alpha}_2$		$\hat{\alpha}_1 + \hat{\alpha}_2$		c	
		MAE	*MSE*	*MAE*	*MSE*	*MAE*	*MSE*	*MAE*	*MSE*
试验3	$N=30, T=30$	0.02881	0.001277	0.05398	0.004424	0.04661	0.003532	0.2964	0.17802
试验3	$N=20, T=60$	0.02302	0.001266	0.05194	0.004287	0.04897	0.004029	0.1690	0.05787
试验3	$N=30, T=60$	0.01855	0.000511	0.04112	0.004710	0.03773	0.004323	0.1392	0.03207
试验4	$N=30, T=30$	0.03610	0.001956	0.04712	0.004971	0.02925	0.002825	0.1644	0.04953
试验4	$N=20, T=60$	0.02211	0.000783	0.03868	0.002415	0.03241	0.001674	0.1400	0.03769
试验4	$N=30, T=60$	0.01934	0.000543	0.03033	0.001408	0.02275	0.000786	0.1121	0.02261

从表1和表2的模拟结果可得出以下结果:

（1）随着样本容量的增加，参数的间接推断估计精度将提高。

例如，在试验1中，对于相同的个体数 $N=30$，随着时期数的增加（从 $T=30$ 增加到 $T=60$）参数估计的 *MAE* 和 *MSE* 变小；同样，对于相同的时期数 $T=60$，随着个体数的增加（从 $N=20$ 增加到 $N=30$）参数估计的 *MAE* 和 *MSE* 也变小。

（2）模型中包含外生控制变量比不含时参数的间接推断估计更精确。

例如，在 $N=30$、$T=60$ 的试验中，试验2的 *MAE* 和 *MSE* 比试验1的更小。

（3）$\hat{\alpha}_1 + \hat{\alpha}_2$ 的估计比单独估计 $\hat{\alpha}_1$ 或者 $\hat{\alpha}_2$ 精度更高。

除表2中 $\hat{\alpha}_1$ 的估计比 $\hat{\alpha}_1 + \hat{\alpha}_2$ 的更准确外，其他的都是 $\hat{\alpha}_1 + \hat{\alpha}_2$ 估计的 *MAE* 和 *MSE* 比单独估计 $\hat{\alpha}_1$ 或者 $\hat{\alpha}_2$ 时的小。

（4）转移变量是外生变量时的估计比是内生变量时估计的更准确。

例如，对于 $N=30$，$T=60$ 的试验，试验4估计转移变量临界值 c 的相对误差为 $0.1121/2=5.61\%$，而试验2估计 c 的相对误差仅为 $0.0533/3=1.78\%$。

1.4.4   应用：菲利普斯曲线的再检验

20世纪60年代以来，由于简单菲利普斯曲线与现实的偏离，Friendman 将预期和自然失业率引入到菲利普斯曲线中，并根据奥肯定律得到 Friedman 的菲利普斯曲线模型

$$\pi_t = \pi_t^e + \beta(Y_t - Y_t^*) + \varepsilon_t。$$

之后，菲利普斯曲线又逐渐演化成前向预期、后向预期及其混合的新凯恩斯

菲利普斯曲线。Gordon（1998）指出随着全球经济一体化的发展影响菲利普斯曲线的供给冲击因素似乎变得越来越重要。另外，关于菲利普斯曲线的实证研究，越来越多的学者关注非线性模型和面板数据的使用。例如 Clark，Laxton 和 Rose（1996），Dolado，Maria-Dolores 和 Naveria（2005），Akerlof 和 Yellen（2006），Kim，Osborn 和 Sensier（2007）和 Derek Stimel（2010）等文献建立了不同的非线模型检验菲利普斯曲线的非线性特征。近年来，国内对通货膨胀率的非线性特征也进行了深入研究，例如，王少平、彭方平（2006）运用 ESTAR 模型对通货膨胀率进行建模；胡日东、苏梽芳（2008）借助 Hamilton 随机场回归模型发现通货膨胀不确定性与通货膨胀存在非线性关系。刘金全等（2006）首先通过状态空间模型把通货膨胀预期分离出来，然后再运用 Markov 区制转移模型来检验不同的通货膨胀率预期状态，从而用来描述不同阶段菲利普斯曲线的种类和特征；欧阳志刚和韩士专（2007）运用门限协整模型来刻画菲利普斯曲线，并且使用逻辑函数来描述这种非线性特征。许冰和章上峰（2008）利用半参数模型识别中国的非线性菲利普斯曲线，并认为这种非线性性用三次多项式函数可以很好的拟合。同时，国内也有一些文献基于面板数据研究菲利普斯曲线，例如，章上峰和许冰（2009）从经济背景、模型设定和统计数据角度分析，并认为中国不存在时间序列意义上的菲利普斯曲线，利用 1978～2006 年的省级面板数据建立混合面板数据模型对菲利普斯曲线进行了再估计。吕岳和盛斌（2011）采用 2001～2009 年中国各省的季度数据分别使用前向、后向和混合菲利普斯曲线对开放条件下产出缺口型的菲利普斯曲线进行了再验证，认为混合型菲利普斯曲线能更好地解释中国的价格波动。赖小琼和黄智淋（2011）根据中国 1978～2008 年 31 个省区市的年度数据，采用分地区、分产业、分时段的动态面板数据模型检验菲利普斯曲线。

1.4.4.1　菲利普斯曲线模型设定

本文将菲利普斯曲线实证检验文献中的"非线性"和"面板数据"两方面的计量技术相结合，在适应性预期[①]的条件下，利用面板数据动态平滑转移回归模型对菲利普斯曲线进行再检验。另外，考虑到供给冲击、需求冲击以及我国各区域的经济资源禀赋、宗教信仰和教育水平等不可观测的非时

---

① 使用滞后两期通货膨胀率的加权表示对通货膨胀率的适应性预期。

变地缘经济因素的差异，本文设定的计量经济模型是

$$\pi_{it} = \eta_i + \alpha_1 \pi_{i,t-1} + \alpha_2 \pi_{i,t-2} + \beta_1 z1_{i,t} + \beta_2 gap_{i,t} +$$

$$(\alpha_3 \pi_{i,t-1} + \alpha_4 \pi_{i,t-2} + \beta_3 z1_{i,t} + \beta_4 gap_{i,t}) * \frac{1}{1 + e^{-\gamma(q_{i,t-c})}} + u_{it} \tag{11}$$

其中，$z1$ 表示供给冲击，产出缺口 gap 表示需求冲击。

1.4.4.2 数据来源和变量选取

本文中 1978～2010 年 29 个省（市、自治区）[①] 的 GDP、CPI 以及进出口数据来源于《新中国六十年统计资料汇编》《中国统计年鉴 2010》《中国统计年鉴 2011》，CRB 指数来自于 WIND 数据库。通货膨胀率、需求冲击和供给冲击的计算公式如下：

$$\text{通货膨胀率}: \pi_{i,t} = \frac{(\text{CPI}_{i,t} - \text{CPI}_{i,t-1})}{\text{CPI}_{i,t-1}}$$

$$\text{需求冲击（产出缺口）}: gap_{i,t} = \frac{(\text{GDP}_{i,t} - \text{GDP}_{i,t}^*)}{\text{GDP}_{i,t}^*}$$

$$\text{供给冲击}: z1_{i,t} = \text{CRB}_{i,t-1} * \left(\frac{\text{各省进出口总额}}{\text{当年 GDP}} \right)_{i,t} \text{的变化率}$$

其中，本文采用 GDP 中 HP 滤波后的趋势部分[②]表示潜在产出 $\text{GDP}_{i,t}^*$；对于供给冲击，本文使用了吕越和盛斌（2011）的定义，即首先将 CRB 指数的滞后一期与各省市的外贸依存度（进出口总额/GDP）相乘得到外部冲击指数，再将该指数的变化率作为供给冲击变量。

1.4.4.3 非线性性检验

为了说明菲利普斯曲线模型设定的合理性，须首先对非线性零假设

$$H_0: \gamma = 0, \text{或 } H_0': \beta_1 = 0$$

进行统计检验。

由于在原假设下存在不可识别的冗余参数，借鉴 González（2005）的方法把转移函数 g 用其关于 γ 的一阶泰勒展开近似，即等价于检验辅助模型

$$\pi_{i,t} = \eta_i + \varphi'_0 x_{i,t} + \varphi'_1 x_{i,t} * q_{i,t} + \cdots + \varphi'_m x_{i,t} * q_{i,t}^m + u_{i,t}$$

[①] 不包括海南省和西藏自治区。

[②] HP 滤波的参数 λ 取 100。

其中 $x_{i,t} = (\pi_{i,t-1}, \pi_{i,t-2}, z1_{i,t}, gap_{i,t})^{\mathrm{T}}$

于是，线性性检验的零假设等价于假设

$$H_0 : \varphi'_1 = \varphi'_2 = \cdots = \varphi'_m = 0$$

特别，当 $m = 1$ 时，得到零假设和备择假设下的模型分别是

$$\pi_{i,t} = \eta_i + \alpha_1 \pi_{i,t-1} + \alpha_2 \pi_{i,t-2} + \beta_1 z1_{i,t} + \beta_2 gap_{i,t} + u_{i,t} \tag{12}$$

和

$$\begin{aligned} \pi_{i,t} = \eta_i &+ (\theta_1 \pi_{i,t-1} + \theta_2 \pi_{i,t-2} + \delta_1 z1_{i,t} + \delta_2 gap_{i,t}) + \\ &(\theta_3 \pi_{i,t-1} + \theta_4 \pi_{i,t-2} + \delta_3 z1_{i,t} + \delta_4 gap_{i,t}) * q_{i,t} + u_{i,t} \end{aligned} \tag{13}$$

检验统计量为似然比统计量

$$LM = (S_0 - S_1)/\hat{\sigma}^2$$

其中，S_0 为模型（12）的残差平方和，S_1 和 $\hat{\sigma}^2$ 为模型（13）的残差平方和以及残差项方差。

并且，采用间接推断方法①估计模型（12）和（13）。由于此时模型存在内生性，得到的 *LM* 统计量不具有标准分布，因此本文参照 Hansen（1999）的方法通过 Boostrap 方法得到 *LM* 统计量的临界值。当选择内生转移变量 $gap_{i,t-1}$ 时，*LM* 统计量的检验结果见表 3。

表 3　线性性检验结果

转移变量	*LM* 值	95% 临界值	99% 临界值
$gap_{i,t-1}$	129.372	79.725	91.516

从表 3 的检验结果可见，*LM* 检验统计量大于临界值，所以拒绝零假设，因此建立非线性模型是恰当的。

1.4.4.4　模型估计

如果用间接推断方法估计线性模型，得到的结果

$$\hat{\pi}_{it} = \hat{\eta}_i + 0.7775 \pi_{i,t-1} - 0.3384 \pi_{i,t-2} - 0.000558 z1_{i,t} + 0.3396 gap_{i,t} \tag{14}$$

---

① 线性模型的间接推断算法见文献 Gouriéroux et al.（2010）。

而使用第二部分的间接推断方法估计模型（11）得

$$\hat{\pi}_{it} = \hat{\eta}_i + 0.3747\pi_{i,t-1} - 0.1219\pi_{i,t-2} - 0.001485z1_{i,t} + 0.1442gap_{i,t} +$$

$$\quad\quad (0.09953)\quad\quad (0.04414)\quad\quad (0.001273)\quad\quad (0.0384)$$

$$(0.5207\pi_{i,t-1} - 0.2447\pi_{i,t-2} + 0.06244z1_{i,t} + 0.2647gap_{i,t}) * \frac{1}{1 + e^{-112.66(gap_{i,t-1}-0.016)}}$$

$$\quad (0.1306)\quad\quad (0.07681)\quad\quad (0.009401)\quad\quad (0.06587)\quad\quad\quad\quad (0.009561)$$

$$\tag{15}$$

其中，括号内为参数的标准差，并且外生变量 $z1$ 和 gap 的标准差来自于模型初始估计的标准差，$\pi_{i,t-1}$，$\pi_{i,t-2}$ 和 c 的标准差是使用 Bootstrap 的方法计算而得，具体过程如下：

（1）对所有面板数据变量（时间长度为 T，个体维度为 N）的个体维度进行容量为 N 的放回抽样，得到各变量的自举样本，分别记为 π^*，$z1^*$ 和 gap^*；

（2）用自举样本估计模型参数 $\hat{\alpha}'$；

（3）以上步骤（2）–（3）独立重复 B 次，得到 $\hat{\alpha}'_1, \hat{\alpha}'_2, \cdots, \hat{\alpha}'_B$；

（4）基于得到的 B 个参数的估计值计算参数的标准差，其计算式为

$$s^2_{\alpha, Boot} = \frac{1}{B-1}\sum_{b=1}^{B}(\hat{\alpha}'_b - \overline{\hat{\alpha}'})^2$$

其中，$\overline{\hat{\alpha}'} = \frac{1}{B}\sum_{b=1}^{B}\hat{\alpha}'_b$。

从模型的估计结果（14）～（15）可以看出，线性模型的参数都在非线性模型参数的变化范围之间。例如线性模型中变量 $\pi_{i,t-1}$ 前面的系数为 0.7775，而在非线性模型中 $\pi_{i,t-1}$ 前面的系数变化从 0.3747 到 0.8954（ = 0.3747 + 0.5207），因此，线性模型只是非线性模型的一个特例，用非线性模型比线性模型更能反映实际情况。

另外，从模型（14）的估计结果（15）也可以得到通货膨胀的适应性预期

$$\pi^e_t = 0.3747\pi_{t-1} - 0.1219\pi_{t-2} + (0.5207\pi_{t-1} - 0.2447\pi_{t-2}) * \frac{1}{1 + e^{-112.66(gap_{i,t-1}-0.016)}}$$

特别，对于两种极端的转移函数 $g = 0$ 和 $g = 1$ 情况，通货膨胀的适应性预期分别为

$$\pi^e_t = 0.3747\pi_{t-1} - 0.1219\pi_{t-2}$$

和

$$\pi_t^e = 0.8954\pi_{t-1} - 0.3666\pi_{t-2}$$

显然，膨胀率预期和通货膨胀
率随着产出缺口的变化而变化，
当其他变量保持不变时，转移
变量产出缺口 $gap_{i,t-1}$ 增加时，
通货膨胀率 π_{it} 增加，产出缺口
$gap_{i,t}$ 对通货膨胀率的影响也在
增加，供给冲击 $z1$ 对通货膨胀
的影响由减少通货膨胀变为增
加通货膨胀。

　　转移函数的拐点为 $gap_{i,t-1} =$
0.016，当 $gap_{i,t-1} < 0.016$ 时，
转移函数值增加的速度很快，

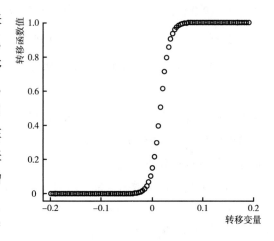

图 1　转移函数

当 $gap_{i,t-1} > 0.016$ 时，转移函数值增加的速度逐渐变慢，如图 1 所示。

1.4.5　主要结论

　　本文提出了含有不可观测个体效应的面板数据动态平滑转移回归模型的
间接推断估计方法，从而避免了广义矩条件的选取。通过蒙特卡洛模拟实验
讨论了这种估计方法的可行性，特别，对于较大的面板数据（时间维度或
个体数较大）、或者存在外生控制变量时，间接推断估计的精度显著提高。
另外，本文通过非线性检验拒绝了菲利普斯曲线的线性形式，从而用面板数
据动态平滑转移回归模型建模，实证分析发现菲利普斯曲线的拐点位于转移
变量（即产出缺口）等于 0.016 的位置，并且随着转移变量值的增加，产出
缺口对通货膨胀的影响在增加，供给冲击对通货膨胀的影响也从负变为正。

参考文献

　　[1] Gonzalez A，T Teräsvirta，D van Dijk 2005. Panel Smooth Transition Regression

Model. SSE/PEFI Working Paper Series in Economics and Finance No. 604. http：//www. qfrc. uts. edu. au/research/research_ papers /rp165. pdf.

[2] Gørgens T，Skeels C L，Würtz A H. 2009. Efficient estimation of non-linear dynamic panel data models with application to smooth transition models. The Australian National University，Working Paper，http：//people. anu. edu. au/tue. gorgens/ papers/dpstar_ 09_ 10_ 30. pdf.

[3] 杨继生，王少平. 2008. 非线性动态面板模型的条件 GMM 估计. 数量经济技术经济研究，12：149 ~ 156。

[4] Arellano M，Bond S R. 1991. Some tests of specification for panel data：monte carlo evidence and an application to employment equations. Review of Economic Studies，(2)：277 – 297.

[5] Ahn S C and P Schmidt. 1995. Efficient estimation of models for dynamic panel data. Journal of Econometrics，(7)：5 – 27.

[6] Gouriéroux C，Peter C B，Phillips Jun Yug. 2010. Indirect inference for dynamic panel models. Journal of Econometrics，(7)：68 – 77.

[7] 王少平，彭方平. 2006. 我国通货膨胀与通货紧缩的非线性转换. 经济研究，8：35 ~ 44。

[8] 胡日东，苏梽芳. 2008. 中国通货膨胀与通货膨胀不确定性的非线性关系. 数量经济技术经济研究，2：28 ~ 36。

[9] 刘金全，金春雨，郑挺国. 2006. 中国菲利普斯曲线的动态性与通货膨胀率预期的轨迹. 世界经济. 6：3 ~ 12。

[10] 欧阳志刚，韩士专. 2007. 我国经济周期中菲利普斯曲线机制转移的阈值协整研究. 数量经济技术经济研究，11：27 ~ 36。

[11] 许冰，章上峰. 2008. 经济转型时期中国的非线性菲利普斯曲线. 中国管理科学，5：37 ~ 41。

[12] 章上峰，许冰. 2000. 基于面板数据的中国菲利普斯曲线再估计. 南方经济，6：44 ~ 50。

[13] 吕岳，盛斌. 2011. 开放条件下产出缺口型菲利普斯曲线的再验证. 金融研究. 10：47 ~ 60。

[14] 赖小琼，黄智淋. 2011. 基于动态面板数据的中国菲利普斯曲线稳健性分析. 当代财经，3：12 ~ 21。

[15] Smith，Anthony A. Jr. indirect inference. The New Palgrave Dictionary of Economics. Second Edition. Steven N Durlauf and Lawrence E Blume. eds. Palgrave Macmillan，2008. http：//www. econ. yale. edu/smith/palgrave7. pdf.

[16] Gouriéroux C，A Monfort. 1997. Simulation-Based Econometric Methods Oxfond：Oxford University Press，61 – 76.

[17] Kremer S，A Bick，D Nautz. Inflation and growth：New evidence from a dynamic panel threshold analysis [EB /OL]. http：//edoc. hu-berlin. de/series /sfb – 649 – papers/2009 – 36/PDF/36. pdf.

1.5 小样本高维宏观经济统计数据 VAR 诊断模型及其估计方法 性质比较研究①

周 建 龚玉婷②

摘 要：本文建立了小样本高维宏观经济统计数据的 VAR 联立诊断模型，通过动态随机优化网格法对具有代表性的 13917 组平稳数据生成过程样本数据采用各 20000 次分块自举法和蒙特卡洛模拟研究了单方程和联立方程诊断功效以及四种重要估计方法的性质，研究结论表明：（1）在有异常点情况下，VAR 联立模型估计所得拟合优度和诊断功效显著高于单方程模型。因此，小样本数据 VAR 模型诊断优于单方程。（2）各方法参数估计量分布非对称性特征明显且呈现出左偏趋势，它们普遍低估了模型真实参数。LIML 和 OLS 估计在方差上的差异并不明显，3SLS 的方差在所有参数估计中都小于其他 3 种方法，性质最优。（3）联立模型误差项为 t 分布且数据中无异常值时，2SLS、3SLS、LIML 各自的三类损失函数（MSE、MAE、RMSE）和有异常点的正态分布的情况相比均有所增加，而 OLS 则降低；在误差项正态分布下，2SLS 和 OLS 对异常数据十分敏感，其损失函数远大于 3SLS 和 LIML，3SLS 受

① 基金项目：国家自然科学基金（71071092、70801040）；2011 年度教育部"新世纪优秀人才支持计划（NCET-11-0680）"；上海市浦江人才计划资助（11PJC065）。

② 周建（1976~），男，汉族，四川人，教授，博士生导师，经济学博士。主要研究方向：宏观经济管理与政策，计量经济学方法及应用；龚玉婷（1985~），女，汉族，福建人，数量经济学博士生。主要研究方向：理论计量经济学、经济系统仿真。

到异常数据的影响最小，各类损失函数最低。在此基础上，进一步对出口序列进行了单方程和基于 3SLS 的 VAR 模型诊断对比分析，证明基于 3SLS 的 VAR 模型诊断具有更高功效。

关键词：宏观经济管理　异常点　VAR 诊断模型　小样本分块自举法

1.5.1　引言

宏观经济统计数据不仅是应用宏观计量经济学进行分析的前提和基础，也是政府经济政策管理的重要依据。许多宏观经济时间序列数据由于受多种因素的影响，例如非重复性突发事件、经济或者政治结构突变以及自然灾害、地震等，会产生各种不同的异常性、波动性、强影响性等特征。因此，建立宏观经济变量的数据特征诊断模型和方法已经成为国际上理论计量经济学的最新和重要前沿研究领域[1]，基于数据诊断前提条件下所得到的应用计量实证分析结论更会为准确的宏观经济分析、有效的政府管理、前瞻性的政策制定等提供重要科学依据。宏观经济数据诊断分为单方程和联立方程诊断。由于联立方程诊断比单方程更适用于反映动态宏观经济系统的内生演变机制和相互作用机理，分析过程更具有系统性和整体性，所得诊断结论更加准确，因此，联立模型诊断具有更为重要的理论研究价值和应用价值[2]。

从已有文献来看，国内外对宏观经济统计数据诊断的主要集中于单方程诊断。在理论研究方面，一般使用"均值漂移模型"和"数据删除模型"来诊断异常点，Furnival 和 Wilson（1974）[3]进一步提出了数据诊断的"方差扰动模型"。Kianifard 和 Swallow（1989）[4]用学生化残差或 Cook 距离对各点排序得到基本集，在此基础上按递推残差对基本集以外各点进行异常检验。Hadi 和 Simonoff（1993）[5]提出以"校正残差"各点排序得到基本集，以学生化残差和标准化预测误差对各点作诊断检验。国内有关异常点（包括突变点、渐变点）等问题的理论研究近年有快速发展。韦博成等（1991）[6]对单方程统计诊断统计量做了系统介绍。马阳明和韦博成（1993）[7]对带约束非线性回归模型及其数据点进行影响分析，推导出度量影响的诊断统计量及曲率。缪柏其（1993）[8]基于 Wilcoxon 样本统计量采用非参数方法检验位置参数异常点。李国英 (2002)[9]对高维统计诊断理论做了总结性回顾和评价。缪柏其等 (2003)[10]利用滑窗方法研究分布序列参数异常点的假设检验和估计问题。赵媛媛 (2005)[11]将不等式约束转化为等式约束对残差分析进行异常点诊断。周建 (2005)[12]对于宏观经济数据的单方程诊断进行了系统研究。谭常春等 (2007，2008)[13,14]对异常点参数分布进行了统计推断，杨婷等 (2007)[15]提出了在椭球约束下的数据删除模型和均值漂移模型。叶五一等 (2007)[16]基于分位数回归法对异常点进行检验。Wang (2008)[17]研究一阶自回归模型中的异常点问题，分别讨论了突变点和渐变点的诊断统计量及影响分析。在数据单方程诊断模型的实证应用方面，Rawski (2001)[18]通过对比 GDP 和能源数据对中国 1997~2000 年经济增长数据提出了质疑。Lardy (2002)[19]通过进口额、财政收入等对中国经济增速可信度也进行了验证。Klein 等 (2003)[20]和阙里、钟笑寒 (2005)[21]选取了能源、交通、通讯、农业、贸易等 15 个变量来解释中国 GDP 增速并对其可信度进行判断。

由于联立诊断方程理论和方法研究的复杂性和艰巨性，与单方程相比其研究成果要少得多，考虑到方便性和适用性，已有文献中联立诊断方程普遍是基于 VAR 模型（向量自回归模型）展开分析的。Kroner 和 Engle (1995)[22]提出在不考虑异方差的条件下，用 2SLS 和 3SLS 估计联立诊断模型的参数。Guido 等 (2002)[23]研究了当不存在具有可加性随机误差时，非参数方法识别三角联立模型的问题。Anselin 等 (2004)[24]概述了联立模型统计推断和估计方法的已有成果。Iglesias 等 (2005)[25]对异方差情况下联立诊断模型的 2SLS 估计性质进行了理论分析。Guan 等 (2007)[26]采用分块自举法对空间计量模型进行了诊断分析。

从以上可以看出，国内外已有相关研究往往都局限于单方程，对 VAR 联立诊断方程进行研究才刚处于起步阶段，最新文献还没有从理论和方法角度深入研究异常点对于 VAR 联立诊断模型各种估计方法的影响，由此许多实证研究往往得到了不准确甚至是错误的结论。宏观经济数据系统的小样本和高维特征往往使单方程诊断模型无法得到有效结论，所谓"小样本"特征包括两方面的含义：（1）样本观测值数量较少。（2）虽然样本数据观测值不少，但相对于高维的宏观经济系统分析变量而言，样本则不充分。事实上，我国的各种宏观数据大都是改革开放以后才有，呈现出明显的小样本特征，而且国内外环境日新月异，这些数据极大可能存在异常值、波动性等重要数据特征，同时我国宏观时序的小样本特征在世界其他国家也都普遍存在。因此，对于小样本高维宏观经济统计数据 VAR 联立诊断模型估计方法进行深入研究就显得尤为迫切和重要，所得研究结论不仅在计量经济学理论上具有极其重要的学术价值，而且基于此所进行的政策实证研究对于加强政府宏观管理的准确性、有效性及其针对性都具有十分重要的现实意义。本文主要的创新性工作表现为采用小样本研究方法——自举法和蒙特卡洛模拟对比分析了在异常数据出现时单方程和联立方程诊断的检测功效，在建立宏观数据 VAR 联立诊断模型基础上，对于最重要的四种估计方法 OLS、2SLS、3SLS、LIML 在受到异常点和误差项非正态分布影响情况下参数估计特征及其性质进行了比较分析和深入研究，这些均是已有成果中尚未深入讨论的重要计量经济学理论问题，在此基础上，本文进一步对我国出口序列进行了诊断实证分析，得到了有价值的研究结论和启示。

1.5.2　VAR 诊断模型设定及其估计方法性质比较

1.5.2.1　宏观经济统计数据 VAR 诊断模型的形式设定及其性质研究

（1）宏观经济统计数据 VAR 诊断模型的形式设定。

设向量 Y_{t+1} 的条件分布满足均值为 μ_{t+1}、方差为 Ω 的独立同分布，则 VAR 模型的结构式 VAR（p）表述为：$Y_t = dB_0 + Y_t D + Y_{t-1} B_1 + Y_{t-2} B_2 + \cdots + Y_{t-p} B_p + U_t, t = 1, 2, \cdots, T, t \geq p$。

其中，Y_t 和随机误差项 U_t 均为 G 维行向量，$B_j, j = 0, 1, 2, \cdots, p$ 及 D 均是 $G \times G$ 阶参数矩阵，d 为 $1 \times G$ 阶行向量，所有元素均为 1，将等式左右两边第 t 期向量合并，可得 VAR 模型简化式为 $Y_t = d\Pi_0 + Y_{t-1} \Pi_1 + Y_{t-2} \Pi_2 + \cdots + Y_{t-p} \Pi_p + V_t, t = 1, 2, \cdots, T$。$B_j (I_G - D)^{-1} = \Pi_j, j = 0, 1, \cdots, p$。

（2）宏观经济统计数据 VAR 诊断模型的平稳性条件。

用 L 表示滞后算子，有 $Y_{t-j} = Y_t L^j$。滞后 p 期的向量自回归模型 VAR（p）可表示为 $Y_t (I_G - L\Pi_1 - L^2 \Pi_2 - \cdots - L^p \Pi_p) = V_t$。记 $\pi(L) = L\Pi_1 + L^2 \Pi_2 + \cdots + L^p \Pi_p$ 为关于 L 的 p 阶多项式，Y_t 平稳性条件满足 $|Z^p I_G - Z^{p-1} \Pi_1 - \cdots - Z^1 \Pi_{p-1} - \Pi_p| = 0$ 的 p 个根均在单位圆内，实际应用中一般采用 Jury 准则进行分析[12]。当满足平稳性条件时，VAR（p）就可

表示为 $VMA(\infty)$ 的形式，对任意的 VAR（p）都可以写成如下的 VAR（1）形式 $Y = \Pi Y_{-1} + V$，即

$$
\begin{bmatrix} Y'_t \\ Y'_{t-1} \\ Y'_{t-2} \\ \vdots \\ Y'_{t-p+2} \\ Y'_{t-p+1} \end{bmatrix} = \begin{bmatrix} \Pi'_0 & \Pi'_1 & \Pi'_2 & \cdots & \Pi'_{p-2} & \Pi'_{p-1} & \Pi'_p \\ I_G & 0 & 0 & \cdots & 0 & 0 & 0 \\ 0 & I_G & 0 & \cdots & 0 & 0 & 0 \\ \cdots & \cdots & \cdots & \cdots & \cdots & \cdots & \cdots \\ 0 & 0 & 0 & \cdots & I_G & 0 & 0 \\ 0 & 0 & 0 & \cdots & 0 & I_G & 0 \end{bmatrix} \begin{bmatrix} Y'_{t-1} \\ Y'_{t-2} \\ Y'_{t-3} \\ \vdots \\ Y'_{t-p+1} \\ Y'_{t-p} \end{bmatrix} + \begin{bmatrix} V'_t \\ 0 \\ 0 \\ \vdots \\ 0 \\ 0 \end{bmatrix} \tag{1}
$$

其中，$Y_s, s = 1, 2, \cdots, t$ 为 $1 \times G$ 阶行向量，Y 为 $pG \times 1$ 阶列向量，Y_{-1} 为 $pG \times 1$ 阶列向量，$V = [V_t \quad 0' \quad 0' \quad \cdots \quad 0']'_{pG \times 1}$ 为 $pG \times 1$ 阶列向量，第 1 行以外的元素均为 0，Π 为上式中 $pG \times pG$ 阶的分块系数阵。由于 Y_{-1} 是 Y 的滞后一期变量，因此可将上述形式的 VAR（p）模型通过矩阵变换写成有 VAR（1）的等价形式，因此，VAR（1）能够代表所有的高阶平稳自回归模型的一般性和普遍性，研究 VAR（p）的有关性质可从 VAR（1）入手分析。

1.5.2.2 小样本数据 VAR 诊断模型参数估计方法性质比较研究

由于小样本问题不能通过理论推导进行分析，国际上最常用的小样本研究方法是采用自举抽样（Bootstrapping）和蒙特卡洛模拟方法来进行分析，本文也采用这样的思路来研究小样本宏观经济统计数据 VAR 联立诊断模型的有关性质，使用软件为 Matlab7.6。自举[26]，即采用从总体中反复抽取样本的方法计算统计量的值，从独立同分布总体 X 中确定 T 个随机变量 $\{x_1, x_2, \cdots, x_T\}$ 并随机得到 N 个自举样本，$X_1 = \{x_{11}, x_{12}, \cdots, x_{1T}\}$；$X_2 = \{x_{21}, x_{212}, \cdots, x_{2T}\}$；$\cdots X_N = \{x_{N1}, x_{N2}, \cdots, x_{NT}\}$，对于关心的统计量 $\hat{\theta}(X)$，那么用 N 个自举样本可以得到一个容量为 N 的 $\hat{\theta}(X)$ 的估计值序列 $\{\hat{\theta}(X_1), \hat{\theta}(X_2), \cdots, \hat{\theta}(X_N)\}$，通过这个序列，可以研究 $\hat{\theta}(X)$ 的分布特征、$\hat{\theta}(X)$ 的特征数、百分位数、$\hat{\theta}(X)$ 的平均数与真值 θ 的差别等等。

（1）小样本 VAR 诊断模型的平稳数据生成过程及其仿真思路。

为使研究结论具有普遍意义，本文选取了能够代表所有 VAR 模型的典型性四种数据生成过程（DGP）加以模拟研究，具体为三种 VAR（1）模型（包括 2 元、3 元、4 元内生变量，表示内生变量或联立方程个数由少到多）和一种 2 元 VAR（2）模型（VAR（2）作为高阶滞后模型的代表），选取 3

种 VAR（1）的原因是 VAR（1）具有代表性，任意一个平稳性 VAR（p）模型都能转化为 VAR（1）的形式。以 2 元 VAR（1）为例，运用动态随机网格法搜索在全部待估参数组合 20000 种 DGP 中，基于平稳性判断的 Jury 准则，发现其中只有 13917 种是平稳性 DGP（剩余的 6083 种不平稳 DGP 舍去），然后采用蒙特卡洛模拟法分别生成时间跨度为 100 的 13917 组样本数据，对每组样本数据再自举抽样 20000 次，以保证基于抽样数据的统计量达到收敛。同时为研究不同样本区间带来的影响，上述数据生成过程可按 30、50、70、100 分为 4 种样本区间；为讨论异常数据可能产生的问题，还需要在不同区间的基础上进一步加入一定数目的异常点。相关研究思路参见图 1 和以下详细步骤：

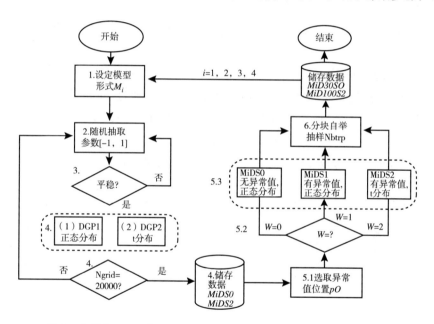

图 1 小样本 VAR 联立诊断模型的平稳数据生成过程及其仿真思路

步骤 1：设定模型形式。本文模拟研究了 4 种形式向量自回归过程，分别用 M_i。$i=1，2，3，4$ 表示。不失一般性，不考虑常数项，对有截距项的模型可进行标准化处理后得到不存在截距项的形式，而不影响其他参数估计的性质。

M_1:2 元 $VAR(1)$ $\quad Y_t = A_1 Y_{t-1} + E_t \qquad\qquad M_2$:2 元 $VAR(2)$ $\quad Y_t = A_1 Y_{t-1} + A_2 Y_{t-2} + E_t$

$$\begin{pmatrix} y_{1t} \\ y_{2t} \end{pmatrix} = \begin{pmatrix} a_{11} & a_{12} \\ a_{21} & a_{22} \end{pmatrix} \begin{pmatrix} y_{1t-1} \\ y_{2t-1} \end{pmatrix} + \begin{pmatrix} \varepsilon_{1t} \\ \varepsilon_{2t} \end{pmatrix} \qquad \begin{pmatrix} y_{1t} \\ y_{2t} \end{pmatrix} = \begin{pmatrix} a_{11} & a_{12} \\ a_{21} & a_{22} \end{pmatrix} \begin{pmatrix} y_{1t-1} \\ y_{2t-1} \end{pmatrix} + \begin{pmatrix} b_{11} & b_{12} \\ b_{21} & b_{22} \end{pmatrix} \begin{pmatrix} y_{1t-2} \\ y_{2t-2} \end{pmatrix} + \begin{pmatrix} \varepsilon_{1t} \\ \varepsilon_{2t} \end{pmatrix}$$

$M_3:3 \text{ 元 } VAR(1) \quad Y_t = B_1 Y_{t-1} + E_t$ 　　　　　　$M_4:4 \text{ 元 } VAR(1) \quad Y_t = C_1 Y_{t-1} + E_t$

$$\begin{pmatrix} y_{1t} \\ y_{2t} \\ y_{3t} \end{pmatrix} = \begin{pmatrix} a_{11} & a_{12} & a_{13} \\ a_{21} & a_{22} & a_{23} \\ a_{31} & a_{32} & a_{33} \end{pmatrix} \begin{pmatrix} y_{1t-1} \\ y_{2t-1} \\ y_{3t-1} \end{pmatrix} + \begin{pmatrix} \varepsilon_{1t} \\ \varepsilon_{2t} \\ \varepsilon_{3t} \end{pmatrix}$$
$$\begin{pmatrix} y_{1t} \\ y_{2t} \\ y_{3t} \\ y_{4t} \end{pmatrix} = \begin{pmatrix} a_{11} & a_{12} & a_{13} & a_{14} \\ a_{21} & a_{22} & a_{23} & a_{24} \\ a_{31} & a_{32} & a_{33} & a_{34} \\ a_{41} & a_{42} & a_{43} & a_{44} \end{pmatrix} \begin{pmatrix} y_{1t-1} \\ y_{2t-1} \\ y_{3t-1} \\ y_{4t-1} \end{pmatrix} + \begin{pmatrix} \varepsilon_{1t} \\ \varepsilon_{2t} \\ \varepsilon_{3t} \\ \varepsilon_{4t} \end{pmatrix}$$

步骤 2：随机生成模型参数。以 2 元 VAR（1）为例，另外 3 种向量自回归过程同理。不失一般性，令 a_{11} 取值区间为 $(0,1]$，用网格法抽取 4 个参数，网格法的步长为 0.02，将区间平均分为 16 个子区间进行随机抽样的次数记为 Ngrid（Ngrid = 20000）。

步骤 3：根据 Jury 准则，判断以 $\begin{pmatrix} a_{11} & a_{12} \\ a_{21} & a_{22} \end{pmatrix}$ 为参数矩阵的一阶自回归过程是否平稳。如果不平稳，则重新进行步骤 2 中的抽样；如果平稳，则储存这组参数，作为 2 元 VAR（1）的一个模拟模型，通过 Ngrid 次随机抽样共得到 Nmc（13917）种参数矩阵可生成平稳的 VAR（1）。

步骤 4：对每个参数矩阵，赋予 y_{10}, y_{20} 初始值均为 0，模拟生成 Nleng（100）期的样本数据，随机误差项的方差协方差阵按逆威夏特 IW 分布（自由度为 Nmc - 2）随机抽取，$E\left(\begin{bmatrix} \varepsilon'_{1t} & \varepsilon'_{2t} \end{bmatrix} \begin{bmatrix} \varepsilon_{1t} \\ \varepsilon_{2t} \end{bmatrix} \right) = \begin{pmatrix} \sigma_1^2 & \rho \\ \rho & \sigma_2^2 \end{pmatrix}, \rho = 0.3, \sigma_1^2 =$

$1, \sigma_2^2 = 1$，分别选取该数据链前 $Np = 30, 50, 70, 100$ 期的样本数据作为不同样本容量的研究对象。将 Nmc 组跨度为 Np 期的数据保存，记为 $M1DS0$（其一般表述为 $MiDS0$，i = 1，2，3，4 表示 4 种形式向量自回归过程）。为保证数据生成过程收敛，每次实际生成 Nomit + Nleng（1000 + 100 = 1100）期样本数据，去掉前面的 Nomit 期数据，将剩余的 Nleng 数据作为研究对象。类似地，另一个数据生成过程 DGP2，仅把模型中的随机误差项变为 2 元 t 分布，它和正态分布相比具备一定的尖峰厚尾性，同样生成 Nomit + Nleng 期样本数据，但只截取后 Nleng 期进行研究，保存为数据库 M1DS2。

步骤 5：增加异常数据。如图 1 所示，先随机选取 $M1DS0$ 第 p_0 期的数据（步骤 5.1），将其设定为异常数据真实位置。然后将对数据集合 $M1DS0$、$M1DS2$ 进行不同形式的处理，分别对应着随机变量 $w = 0，1，2$（步骤 5.2）。在步骤 5.3 中，若 $w = 0$，则 $M1DS0$ 无需处理，直接进入步骤 6 的自举抽样过程。若 $w = 2$，则 $M1DS2$ 无需处理直接进入步骤 6 的自举抽样过程。若 $w = 1$，将 p_0 处的数据 $y_{1N_{p0}}$ 替换为 $y^*_{1N_{p0}}$，$y^*_{1N_{p0}}$ 相当于 $y_{1N_{p0}}$ 水平漂移了 10 倍的标准差，即 $y^*_{1N_{p0}} = \begin{cases} y_{1N_{p0}} + 10\sigma_1, & y > 0 \\ y_{1N_{p0}} - 10\sigma_1, & y \leqslant 0 \end{cases}$，生成有 1 个异常数据点的样本数据。将 Nmc 组跨度为 Nleng 期的数据及其相应真实异常数据点的位置保存，记为 $M1DS1$。

步骤 6：分块自举抽样。对 $M1DS0$、$M1DS1$、$M1DS2$ 中每组数据均进行分块自举抽样，每组次数为 Nbtrp（20000），数据时间跨度与 Np 相同，反复自举抽样 Nbtrp 次直至达到收敛。对 $M1DS0$、$M1DS1$、$M1DS2$，分别将各自 $4 \times$ Nmc 类自举抽样数据（因为 Np 有 4 个取值），每类自举 Nbtrp 组，时间跨度为 Np，分别保存为 12 个数据库文件①。

分块自举法（block bootstrapping）是众多自举方法中比较常见的一种。它是指在重抽样时保证某一整"块"的数据放在同一个单元中被抽取。由于统计数据在很多情况下并不能满足独立同分布的性质，而是存在一定的相依结构[26]。分块自助法通过块状整体地抽取样本数据，保持了数据内部的相依性，其基本原理可参见图 2。

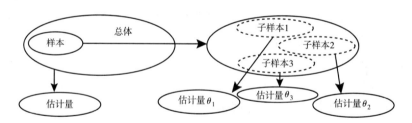

图 2 小样本数据分块自举抽样参数估计方法示意

步骤 7：估计模型参数。对上述 12 个数据库中的数据，分别用单方程（SINGLE）、联立方程估计方法（OLS、2SLS、3SLS、LIML）对参数 $\begin{pmatrix} a_{11} & a_{12} \\ a_{21} & a_{22} \end{pmatrix}$ 进行估计，将参数矩阵写成列向量形式 $\theta = (a_{11} \quad a_{12} \quad a_{21} \quad a_{22})^T$。对生成的小样本数据，选取的诊断模型有单变量自回归模型（SINGLE）和

---

① 数据库文件（.mdb）为 $M1D30S0$，$M1D50S0$，$M1D70S0$，$M1D100S0$，$M1D30S1$，$M1D50S1$，$M1D70S1$，$M1D100S1$，$M1D30S2$，$M1D50S2$，$M1D70S2$，$M1D100S2$。

向量自回归模型。联立方程估计方法包括 OLS、2SLS、3SLS、LIML，依次用 θ_{OLS}、θ_{2SLS}、θ_{3SLS}、θ_{LIML} 表示。首先比较单方程和 VAR 联立方程对样本数据的拟合情况，然后再针对 VAR 模型，对于其 4 种估计方法的小样本性质进行比较研究。

（2）小样本数据 VAR 诊断模型参数估计方法性质比较研究。

①小样本数据单方程及 VAR 诊断模型估计的拟合优度比较。

为了比较单方程和联立方程的诊断功效，本文不仅对样本容量分别为 30、50、70、100 四种具有异常点的小样本 VAR 联立方程进行 OLS、2SLS、3SLS、LIML 估计，也用单方程（SINGLE）拟合各内生变量的自回归模型，并计算出不同模型和方法对真实 DDP 模拟生成的小样本数据的拟合优度。表 1 列出了 *M1D30S1* 数据库中 2 元 VAR（1）各方程的可调整拟合优度 adjusted $R^2 = 1 - \dfrac{RSS/(T - K - 1)}{TSS/(T - 1)}$（其中 $K = 2$ 是每个方程解释变量个数，$T = 30$ 是样本容量，RSS 是被估计方程的残差平方和，TSS 是样本的总体回归平方和。篇幅所限，此处只列出了样本容量为 30 的 *M1D30S1* 的拟合优度，其余所有具有异常点的数据库 *MiD30S1*、*MiD50S1*、*MiD70S1*、*MiD100S1*（$i = 1$，2，3，4）情况类似，此处略去）。从表 1 中不难看出，2 元 VAR（1）联立方程估计所得拟合优度除了 OLS 以外，其余的各种方法所得模型的拟合效果都比单方程要好得多。单方程关于 y_1 的可调整拟合优度仅为 0.0597，相当于 3SLS 的 1/10。而基于 2SLS、3SLS 估计的残差均非常小，特别是 y_2，拟合优度高达 0.9784 和 0.9438。LIML 是通过极大化似然函数，同时估计出模型结构参数和方差矩阵，因此两个变量同时求得的拟合优度相等均为 0.1149，此时较低的拟合优度原因是由于样本容量仅为 30 的小样本数据随机误差项分布和此处采用 LIML 估计所假定的大样本正态分布存在较大的差异。

以上分析表明，在有异常点和小样本数据情况下单方程诊断拟合效果和功效远远低于 VAR 联立方程，联立方程在性质上优于单方程。

**表 1　单方程（SINGLE）和 2 元 VAR（1）联立方程四种
估计方法的可调整拟合优度**

	SINGLE	OLS	2SLS	3SLS	LIML
y_1	0.0597	0.0539	0.5201	0.5659	0.1149
y_2	0.0650	0.0624	0.9784	0.9438	0.1149

②四种方法分块自举样本各参数估计量的统计分布特征。

为分析异常点对于 VAR 联立诊断模型各种估计方法的影响，现采用 OLS、2SLS、3SLS、LIML 四种方法对于所有 13917 组平稳 DGP 分块自举进行参数估计，得到参数估计的统计特征如表 2 所示（篇幅所限，表 2 只列出了 $M1D30S1$ 的结果，对于所有具有异常点的 $MiD30S1$、$MiD50S1$、$MiD70S1$、$MiD100S1$（$i=1$，2，3，4）情况类似，此处略去），可以发现：

（a）各种方法所得参数估计普遍低估了真实模型结构参数，其偏度、均值均小于 0，在异常点和小样本等多种数据特征影响情况下，各种方法都或多或少不满足无偏性。四种方法估计出 a_{12} 的 J-B（即 Jarque-Bera）统计量 p 值均为 0，即全部拒绝该参数服从正态分布的原假设，其余 3 个估计参数 p 值都在 10% 以上，都可接受服从正态分布的原假设。

表 2　2 元 VAR（1）联立诊断模型自举样本各参数估计的基本统计量特征

a_{11}	Nbtrp	最小值	最大值	均值	标准差	方差	偏度	峰度	J－B p 值
OLS	20000	－0.61191	0.47167	－0.0001	0.12168	0.01481	－0.01139	0.00101	0.8976
2SLS	20000	－0.46886	0.46032	－0.00043	0.12276	0.01507	0.02003	0.03557	0.55505
3SLS	20000	－0.54082	0.42775	－0.00069	0.12102	0.01465	－0.04092	0.04031	0.17854
LIML	20000	－0.53505	0.40769	－0.00043	0.12162	0.01479	－0.02461	0.06887	0.2289
a_{12}	Nbtrp	最小值	最大值	均值	标准差	方差	偏度	峰度	J－B p 值
OLS	20000	－0.38943	0.44542	－0.02962	0.07351	0.0054	－0.53907	1.80131	0
2SLS	20000	－0.36511	0.4689	－0.02911	0.0744	0.00553	－0.48823	2.00638	0
3SLS	20000	－0.37934	0.38034	－0.02859	0.07258	0.00527	－0.41075	1.80904	0
LIML	20000	－0.32594	0.43425	－0.02919	0.07318	0.00536	0.49141	1.86189	0
a_{21}	Nbtrp	最小值	最大值	均值	标准差	方差	偏度	峰度	J－B p 值
OLS	20000	－0.4654	0.52452	－0.05312	0.12929	0.01671	－0.01434	0.03589	0.65022
2SLS	20000	－0.41136	0.58643	－0.05376	0.13053	0.01704	－0.01199	0.01631	0.84275
3SLS	20000	－0.49296	0.49333	－0.05357	0.12839	0.01648	－0.04565	－0.00995	0.17212
LIML	20000	－0.44334	0.52659	－0.05395	0.12859	0.01653	－0.03387	0.04219	0.26833
a_{22}	Nbtrp	最小值	最大值	均值	标准差	方差	偏度	峰度	J－B p 值
OLS	20000	－0.50198	0.50009	－0.04913	0.1216	0.01479	－0.0242	－0.02173	0.55339
2SLS	20000	－0.42629	0.56714	－0.04859	0.12274	0.01507	－0.00535	0.03161	0.79925
3SLS	20000	－0.45951	0.48751	－0.04814	0.12044	0.0145	－0.02168	0.03342	0.54015
LIML	20000	－0.40797	0.51352	－0.04924	0.12146	0.01475	－0.0012	0.02543	0.87851

注：J－B（即 Jarque-Bera 统计量）表示接受原假设（待估参数服从正态分布）的 p 值。

（b）从方差角度比较，3SLS 的方差（a_{11}、a_{12}、a_{21}、a_{22} 的方差分别为 0.01465、0.00527、0.01648、0.0145）都小于其他 3 种估计方法相对应参数的方差，2SLS 方差最大（a_{11}、a_{12}、a_{21}、a_{22} 的方差分别为 0.01507、0.00553、0.01704、0.01507）且具有较大的峰度，说明 2SLS 估计参数密度曲线比其他三种方法呈现出更强的尖峰厚尾性特点，其参数估计以较大的概率出现在模拟密度曲线中心位置。LIML 和 OLS 估计在方差上的差异并不明显，比较接近。

图 3 给出了 2 元 VAR（1）中 4 个待估参数用分块自举法所得到的模拟概率密度函数，使用的库文件是 M1D30S1。在 16 个频率图中，左上方的 4 个图表示参数 a_{11} 的 4 种估计方法结果，右上方 4 个图表示 a_{12}，左下方 4 个图表示 a_{21}，右下方 4 个图表示 a_{22}。每一个图中对比分析了各参数使用不同估计方法所得到的模拟密度曲线（用黑体柱状曲线表示）和真实密度曲线。所有方法参数估计偏度均小于 0，说明各方法估计参数分布非对称性特征明显且呈现出左偏趋势。图 3 中各参数估计的密度曲线均已经过中心化处理，即各估计参数减去其均值后再除以其标准差。因此，相关方法如果能较好地估计模型参数的话，那么其模拟概率密度就应与真实的标准正态分布 N（0，1）密度曲线相吻合，图中发现四种方法所得估计参数都与中心位置 0 相比明显左偏，即它们都低估了模型的真实参数。以 a_{11} 为例进行说明，从图 3 中很容易看出，各种方法均低估了真实参数 a_{11}，而且 2SLS 所得估计呈现出明显的尖峰性特征，显著地异于其他方法，绝大部分估计值集中于模拟平均值，θ_{2SLS} 落在真实分布拒绝域的概率大于 θ_{LIML} 且小于 θ_{OLS} 落在真实分布拒绝域的概率，在在有异常点和小样本影响下，θ_{LIML} 分布尾部较厚，落在真实分布拒绝域的概率大于 θ_{3SLS} 且小于 θ_{OLS} 落在真实分布拒绝域的概率，因此，4 种方法中估计参数偏离真实值的概率从高到低依次为：OLS、2SLS、LIML、3SLS，且偏离程度因各参数而异。

③小样本数据 VAR 诊断模型各参数估计方法性质比较。

为了比较异常点和随机误差项分布对于小样本数据 VAR 联立方程各种参数估计方法的影响程度，现对所有动态随机优化网格法生成的 Nmc 种平稳 DGP 进行分析。仍以 2 元 VAR（1）模型为例（Nmc = 13917），采用的库文件是 M1D30S1（有异常点，误差项服从正态分布）和 *M1D30S2*（无异常点，误差项服从 t 分布），采用四种方法通过分块自举估计参数，计算出所有 13917 种 DGP 各参数对应的三种损失函数：$MSE = \sum_{j=1}^{Nmc} \sum_{i=1}^{Nbtrp}$

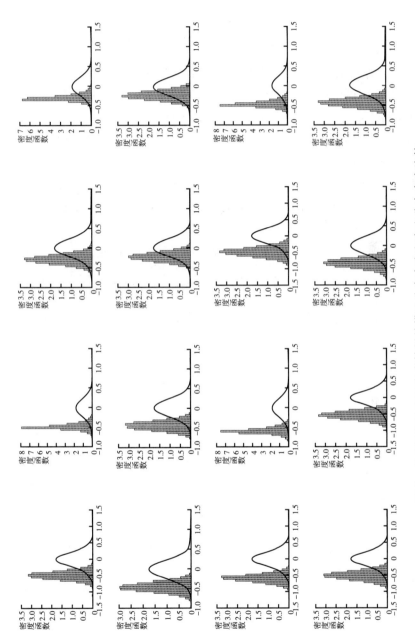

图 3　各参数估计方法自举抽样的模拟分布密度和真实分布密度比较

$$\frac{(\hat{\theta}_{ij} - \theta_j)^2}{(Nmc * Nbtrp)}, MAE = \sum_{j=1}^{Nmc} \sum_{i=1}^{Nbtrp} \frac{|\hat{\theta}_{ij} - \theta_j|}{(Nmc * Nbtrp)}, RMSE = \sum_{j=1}^{Nmc} \sum_{i=1}^{Nbtrp}$$

$$\frac{\left(\frac{(\hat{\theta}_{ij} - \theta_j)}{\theta_j}\right)^2}{(Nmc * Nbtrp)}$$ （$\hat{\theta}_{ij}$ 为各种方法对第 j 种 DGP 第 i 次自举参数估计值，θ_j 为第 j 种 DGP 各真实参数值），模拟结果如表 3 所示。这些指标都从绝对量（MSE、MAE）和相对量（RMSE）的角度反映出不同参数估计方法对 VAR 联立方程的诊断精度，对比这些指标发现以下性质：

（a）3SLS、LIML、2SLS 三种方法在有异常点且随机误差项服从正态分布的估计精度均高于无异常点且误差项服从 t 分布的估计精度，t 分布下的

表 3　2 元 VAR（1）联立诊断模型自举样本各参数估计损失函数

误差项正态分布（有异常点）		OLS	2SLS	3SLS	LIML
MSE	a_{11}	29.77	21.06	18.18	20.88
	a_{12}	13.62	7.41	6.38	7.37
	a_{21}	40.91	30.85	27.31	30.08
	a_{22}	29.93	21.1	18.35	20.94
MAE	a_{11}	50.45	44.14	39.9	41.16
	a_{12}	31.82	24.83	21.56	24.16
	a_{21}	60.3	54.02	50	50.76
	a_{22}	50.49	44.13	40.1	41.14
RMSE	a_{11}	1.191	0.842	0.727	0.835
	a_{12}	1.513	0.824	0.709	0.803
	a_{21}	1.137	0.857	0.759	0.836
	a_{22}	1.197	0.844	0.734	0.838
误差项 t 分布（无异常点）		OLS	2SLS	3SLS	LIML
MSE	a_{11}	26.49	22.67	21.64	21.81
	a_{12}	10.53	7.89	7.77	7.83
	a_{21}	37.55	33.18	31.51	31.91
	a_{22}	26.44	22.7	21.55	21.79
MAE	a_{11}	50.01	47.04	44.69	45.09
	a_{12}	30.11	27.11	24.93	25.33
	a_{21}	60.07	57.14	54.64	55.19
	a_{22}	49.96	47.08	44.61	45.08
RMSE	a_{11}	1.060	0.907	0.866	0.872
	a_{12}	1.170	0.877	0.863	0.870
	a_{21}	1.043	0.922	0.875	0.886
	a_{22}	1.057	0.908	0.862	0.872

三类损失函数 MSE、MAE、RMSE 均比正态分布下显著增大。以 3SLS 为例，对比误差项为正态分布和 t 分布的 MSE 有：a_{11} 为 18.18（正态分布）< 21.64（t 分布）；a_{12} 为 6.38（正态分布）< 7.77（t 分布）；a_{21} 为 27.31（正态分布）< 31.51（t 分布）；a_{22} 为 18.35（正态分布）< 21.55（t 分布）。对比误差项为正态分布和 t 分布的 MAE 有：a_{11} 为 39.9（正态分布）< 44.69（t 分布）；a_{12} 为 21.56（正态分布）< 24.93（t 分布）；a_{21} 为 50（正态分布）< 54.64（t 分布）；a_{22} 为 40.1（正态分布）< 44.61（t 分布）。对比误差项为正态分布和 t 分布的 RMSE 有：a_{11} 为 0.727（正态分布）< 0.866（t 分布）；a_{12} 为 0.709（正态分布）< 0.863（t 分布）；a_{21} 为 0.759（正态分布）< 0.875（t 分布）；a_{22} 为 0.734（正态分布）< 0.862（t 分布）。LIML、2SLS 也存在以上类似规律。这说明 3SLS、LIML、2SLS 估计精度均会受到异常点和误差项分布的影响，且误差项分布的影响更大。

（b）OLS 在无异常点且随机误差项服从 t 分布下的估计精度高于有异常点且误差项服从正态分布下的估计精度，其变化规律与其他三种方法恰好相反。对比分析 OLS 下误差项为正态分布和 t 分布的 MSE 有：a_{11} 为 29.77（正态分布）> 26.49（t 分布）；a_{12} 为 13.62（正态分布）> 10.53（t 分布）；a_{21} 为 40.91（正态分布）> 37.55（t 分布）；a_{22} 为 29.93（正态分布）> 26.44（t 分布）。对比误差项为正态分布和 t 分布的 MAE 有：a_{11} 为 50.45（正态分布）> 50.01（t 分布）；a_{12} 为 31.82（正态分布）> 30.11（t 分布）；a_{21} 为 60.3（正态分布）> 60.07（t 分布）；a_{22} 为 50.49（正态分布）> 49.96（t 分布）。对比误差项为正态分布和 t 分布的 RMSE 有：a_{11} 为 1.191（正态分布）> 1.060（t 分布）；a_{12} 为 1.513（正态分布）> 1.170（t 分布）；a_{21} 为 1.137（正态分布）> 1.043（t 分布）；a_{22} 为 1.197（正态分布）> 1.057（t 分布）。OLS 之所以出现以上与其他三种方法不同的变化趋势可能是由于联立方程中 OLS 估计的有偏性导致其模拟密度曲线显著向左偏离于其真实密度，进而以较大概率落入了真实密度曲线的拒绝域，从而加大了异常值对于参数估计的影响。

（c）当有异常点且随机误差项服从正态分布时，3SLS 和 LIML 各项损失函数均比较低，特别是 3SLS，由于 3SLS 综合利用了方程间的有用信息，MSE、MAE 和 RMSE 均在 4 种估计方法中处于最低。以正态分布下的 MSE 为例进行分析，a_{11} 的 MSE 由小到大为：18.18（3SLS）< 20.88（LIML）< 21.06（2SLS）< 29.77（OLS）；a_{12} 的 MSE 由小到大为：6.38（3SLS）< 7.37

（LIML）＜7.41（2SLS）＜13.62（OLS）；a_{21} 的 MSE 由小到大为：27.31（3SLS）＜30.08（LIML）＜30.85（2SLS）＜40.91（OLS）；a_{22} 的 MSE 由小到大为：18.35（3SLS）＜20.94（LIML）＜21.1（2SLS）＜29.93（OLS）。其余 MAE 和 RMSE 存在着类似规律。因此，从三种损失函数来看，4 种估计方法的优劣排序为：3SLS、LIML 最优，2SLS 次之，OLS 最差。

（d）当无异常点且误差项服从 t 分布时，3SLS 和 LIML 的三类损失函数 MSE、MAE、RMSE 均显著低于其他两种方法同类指标。为说明一般性，此处随机以 t 分布下的 RMSE 为例进行分析，a_{11} 的 RMSE 由小到大为：0.866（3SLS）＜0.872（LIML）＜0.907（2SLS）＜1.060（OLS）；a_{12} 的 RMSE 由小到大为：0.863（3SLS）＜0.870（LIML）＜0.877（2SLS）＜1.170（OLS）；a_{21} 的 RMSE 由小到大为：0.875（3SLS）＜0.886（LIML）＜0.922（2SLS）＜1.043（OLS）；a_{22} 的 RMSE 由小到大为：0.862（3SLS）＜0.872（LIML）＜0.908（2SLS）＜1.057（OLS）。其余 MSE 和 MAE 存在着类似规律。因此，在误差项服从 t 分布且无异常点下从三种损失函数来看，4 种估计方法的优劣排序为：3SLS、LIML 最优，2SLS 次之，OLS 最差。

综合以上，从参数估计损失函数来看，无论是在有异常点的正态分布下，还是无异常点的 t 分布下，小样本联立方程各类参数估计方法均以 3SLS 为最好，LIML、2SLS 次之，OLS 估计最差。以上方法优劣排序不随误差项分布的变化或异常点的出现而变化，其分析结果具有稳健性，因此，小样本数据 VAR 模型中 3SLS 估计诊断优于其他方法。

1.5.3　实证分析

为研究我国出口序列的长期趋势和演变特征，并依此为政府制订有效的贸易政策提供科学依据，现分别运用单方程和基于 3SLS 的 VAR 模型（前文已经证明该方法具有优于其他方法的良好性质）对其进行异常点诊断并进行比较分析。样本区间为 1996 年 1 月至 2008 年 12 月，以 2000 年作为基期并采用美国商务部和人口普查局使用的 X－12 对出口序列进行价格指数调整和季节调整。对出口量（EX）、人民币实际有效汇率（r）分别取对数后进行 ADF 单位根检验，发现 lnEX 是存在截距项和时间趋势的一阶单整序列，lnr 是存在截距项的一阶单整序列。经 ACF 和 PACF 检验，出口增速 dlnEX 平稳且为 AR（1）（d 表示差分）。

1.5.3.1 出口序列异常点的单方程诊断

表4 出口增速序列（dlnEX）单方程 AR（1）异常点诊断

时间	残差诊断统计量 t_i
2000 年 2 月	3.24
2002 年 1 月	1.64
2006 年 3 月	− 4.08

对出口额增速（dlnEX）单独建立 AR（1）模型进行数据质量诊断，在样本点不是异常点的原假设下，残差诊断统计量——学生化残差 $t_i = e_i/(s_{(i)} \sqrt{1-h_i}) \sim t(N-k-1)$，其中 $s_{(i)}^2$ 为删除第 i 个样本后所有剩余的样本方差，h_i 为矩阵 $P = X(X'X)^{-1}X'$ 第 i 个对角线元素，X 为解释变量矩阵，e_i 为估计残差。本文将 t 值大于 1.5 的点作为异常点。其结果为原序列有 3 个异常点，时间分别在 2000 年 2 月、2002 年 1 月、2006 年 3 月，其残差诊断如图 4 和表 4（图 4 左上方是残差正态性检验，左下方是频率图，右上方是残差大小图，右下方是异常点检验）。

1.5.3.2 出口序列异常点的 VAR 联立模型诊断

由于出口和汇率密切相关，为了得到更多的有用信息帮助判断出口序列的变化特征，此处将基于 lnEX 与 lnr 组成的二元 VAR 模型进行异常点诊断。根据信息准则确定 VAR 模型滞后阶数为 3，采用 3SLS 估计参数矩阵如（2）式所示（系数下的中括号中数值为 t 值）。

$$
\begin{aligned}
\ln EX_t &= 03701 + 0.3364\ln EX_{t-1} + 0.2957\ln EX_{t-2} + 0.3639\ln EX_{t-3} \\
&\quad [3.45282][4.46386] \quad [3.86928] \quad [4.77815] \\
&\quad - 0.0623\ln R_{t-1} - 1.2280\ln R_{t-2} + 1.0028\ln R_{t-3} + \varepsilon_{1t} \\
&\quad [-0.17452] \quad [-2.16044] \quad [2.76468]
\end{aligned}
$$

$$
\begin{aligned}
\ln r_t &= 0.1006 - 0.0137\ln EX_{t-1} - 0.0237\ln EX_{t-2} + 0.0109\ln EX_{t-3} + \\
&\quad [1.08748][0.77933] \quad [-1.32788] \quad [0.61167] \\
&\quad 1.2646\ln R_{t-1} - 0.3368\ln R_{t-2} - 0.0493\ln R_{t-3} + \varepsilon_{2t} \\
&\quad [15.0793] \quad [-2.54223] \quad [0.58460]
\end{aligned}
\tag{2}
$$

$$
F_{\ln EX} = 4150.844 \qquad \widehat{\text{cov}}\begin{pmatrix} \varepsilon_1 \\ \varepsilon_2 \end{pmatrix} = \begin{bmatrix} 0.002596 & -0.000124 \\ -0.000124 & 0.000141 \end{bmatrix}
$$

$$
F_{\ln r} = 490.4861
$$

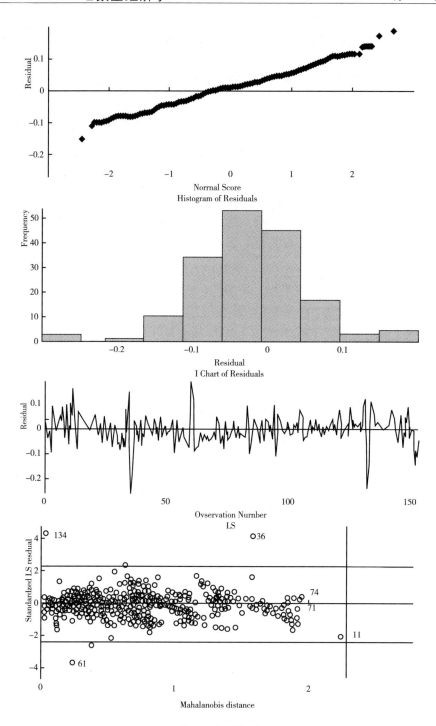

图 4 残差诊断

在 VAR（3）所得参数估计的基础上进行数据质量诊断，所得残差诊断如图 5 和表 5 所示。VAR（3）诊断模型中发现出口序列存在 6 个异常值，对应的时间分别是 1996 年 1 月、1998 年 1 月、1998 年 2 月、2000 年 3 月、2006 年 4 月、2007 年 12 月。1995 年我国大规模降低了出口退税税率，导致出口迅速下降，诊断结果发现 1996 年 1 月出现了异常点。1997 年东南亚金融危机使我国出口显著下降，于是在 1998 年出现异常点，2006 年以来美国次贷危机对我国出口造成了巨大的冲击，在 2006、2007 年均出现了异常点，以上异常点出现的时间均符合我国经济运行事实，可以看出出口序列异常点与我国外贸体制改革、外部冲击等事件均密切相关，而前面单方程诊断出的异常点主要发生在 2000、2002、2006 年等，而在我国应当显著发生异常点的 1996、1998 年却没有诊断出，说明单方程诊断出现了严重的偏误。

对比单方程和 VAR 联立模型诊断所得的结果可以发现，二者诊断出的我国出口序列发生异常点的时间和大小均不相同，单方程由于没有考虑经济系统其他变量之间的有用相关性信息且由于自身样本点之间互相干扰，导致异常点诊断出的结果发生错位且不完全，因此，基于 3SLS 的 VAR 模型诊断功效远远高于单方程和其他方法。

表 5 VAR（3）联立模型异常点诊断

时间	残差诊断统计量 t_i	时间	残差诊断统计量 t_i
1996 年 1 月	2.83	2000 年 3 月	3.47
1998 年 1 月	2.75	2006 年 4 月	4.32
1998 年 2 月	4.22	2007 年 12 月	2.97

从以上研究结论可以看出，本文设定的小样本高维宏观经济统计数据 VAR 联立诊断模型不仅可以显著克服单方程诊断存在的不足，而且在联立方程中发现基于 3SLS 的诊断功效高于其他常用方法且具有良好的适用性，因此小样本 VAR 联立诊断方程不仅在管理科学理论上具有重要学术价值和理论价值，而且基于此所进行的宏观经济变量的实证研究和政策分析对于加强和提高政府宏观管理的准确性、有效性及其前瞻性都具有十分重要的现实意义。

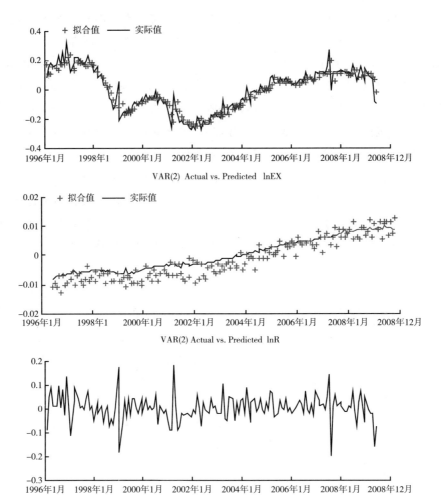

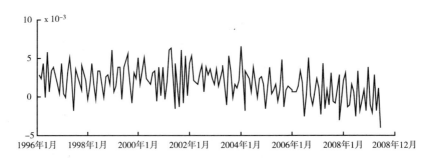

图5 VAR（3）中 lnEX、lnR 异常点诊断（上两图为拟合值和
样本值，下两图为残差）

参考文献

［1］ Richard Huggins. 2006. Understanding nonparametric estimation for clustered data. Biometrika, （6）: 486 – 489.

［2］ Eric J Tchetgen, Brent A Coull. 2006. A diagnostic test for the mixing distribution in a generalized linear mixed model. Biometrika, （12）: 1003 – 1010.

［3］ Furnival George M, Robert W Wilson. 1974. Regressions by leaps and bounds. American Statistical Association and American Society for Quality. Springer 16 （4）: 499 – 511.

［4］ Kianifard, Farid, William H Swallow. 1989. Using recursive residuals, calculated on adaptively-ordered observations to identify outliers in linear regression. International Biometric Society, （45）: 571 – 585.

［5］ Hadi Ali S, Jeffrey S Simonoff. 1993. Procedures for the identification of multiple outliers in linear models. American Statistical Association, 88 （424）: 1264 – 1272.

［6］ 韦博成，鲁国斌，史建清. 1991. 统计诊断引论. 南京: 东南大学出版社。

［7］ 马阳明，韦博成. 1993. 带约束非线性回归模型的影响分析. 东南大学学报, 3: 57 – 62。

［8］ 缪柏其. 1993. 关于只有一个变点模型的非参数的推断. 系统科学与数学, 2: 132 – 140。

［9］ 李国英. 2002. 关于高维、相依的不完全数据的统计分析. 数学进展, 3: 3 – 9。

［10］ 缪柏其，赵林城. 2003. 变点个数及位置的检测和估计. 应用数学学报, 1: 26 – 39。

［11］ 赵媛媛. 2005. 含有不等式约束的回归问题的影响分析. 应用数学学报, 1: 20 – 27。

［12］ 周建. 2005. 宏观经济统计数据诊断理论方法及其应用. 北京: 清华大学出版社。

［13］ 谭常春，赵林城. 2007. 至多一个变点的统计推断及应用. 系统科学与数学, 1: 2 – 10。

［14］ 谭常春，缪柏其. 2008. 分部参数变点的非参数统计推断. 中国科学技术大学学报, 2: 149 – 156。

［15］ 杨婷，杨虎. 2007. 椭球约束下线性模型的强影响分析. 工程数学学报, 1: 61 – 64。

［16］ 叶五一，缪柏其. 2007. 基于分位点变点检验的金融传染分析. 数量经济技术经济研究, 10: 151 – 160。

［17］ Wang LM. 2008. Estimating for change point of the first-order autoregressive time series models. Chinese Journal of Applied Probability and Statistics, （1）: 29 – 36.

[18] Rawski, Thomas G. 2001. What's happening to China's GDP? China Economic Review, 298 – 302.

[19] Lardy, Nicholas R. China Will Keep On Growing [J]. Asian Wall Street Journal, 2002, (6): 2 – 9.

[20] Klein L R, S Ozmucur. 2003. Estimate of the economic growth rate of China. Journal of Economic and Social Measurement, (4): 187 – 202.

[21] 阙里, 钟笑寒. 2005. 中国地区 GDP 增长真实性检验. 数量经济技术经济研究, 4: 7 – 12。

[22] Kroner K, R F Engle. 1995. Multivariate simultaneous ARCH. Econometric Theory, (11): 122 – 150.

[23] Guido, Imbens W, Whitney K Newey. 2002. Identification and estimation of triangular simultaneous equations models without additivity. SSRN, T0285.

[24] Luc Anselin, G M Florax, Sergio J Rey. 2004. Econometrics for spatial models: Recent advances. In Advances in Spatial Econometrics, Methodology, Tools and Applications, Springer, 1 – 25.

[25] M Iglesias, Emma, Garry, Phillips. 2005. Simultaneous equations and the validity of instrumental variables under conditionally heteroskedastic disturbance ESWC. London.

[26] Guan, Yongtao, Loh, Ji Meng. 2007. A thinned block bootstrap variance estimation procedure for inhomogeneous spatial point patterns. Journal of the American Statistical Association, (12): 1377 – 1386.

1.6 初始实力非对称对实验者博弈策略选择的影响

李爽 石磊[①]

摘　要： 解释合作行为的演化以及合作系统稳定性维持机制一直是生物学家和社会、经济学家试图解决的重要问题之一。现有的很多研究合作演化的实验设计都是基于对称的思想来进行的，其实验者的初始实力都是相同的。然而在现实中，很多现象是基于非对称思想发展的。因此，本文在 Dreber et al. （2008）、Wu et al. （2009）研究的基础上，增加了初始实力的非对称条件进行实验。研究发现，初始实力的非对称性不仅促使人们更倾向于明哲保身，还增加了参与者的理性惩罚行为。而在非对称系统内部，初始实力弱者倾向于合作且疏于惩罚，从而使自己获得了相对较高的收益。

关键词： 初始实力非对称　合作　惩罚

1.6.1 前言

因徒困境（prisoner's dilemma）模型经常被用来研究合作行为。在囚徒困境中，博弈双方都有合作和不合作两种策略可以选择。当双方都选择合作

---

① 李爽，女，1986 年生，在读博士，首都经济贸易大学，中国数量经济学会会员；石磊，男，1965 年生，博士，统计与数学学院院长，教授，博士生导师，云南财经大学，中国数量经济学会常务理事。

时，他们的总收益是高于双方都选择不合作时的总收益的。但是，当一方选择不合作而另一方选择合作时，不合作的一方会获得博弈中出现的最高收益，合作的一方则会得到最低收益（参见表1）。[①] 在这种情况下，通常博弈双方都会选择不合作作为自己的最优策略。

表 1 策略含义及支付矩阵

	你的收益	对手的收益
合 作	$-c$	$+b$
不合作	$+d$	$-d$

（1）

	合 作	不合作
合 作	$b-c$	$-d-c$
不合作	$b+d$	0

（2）

（1）说明当选择合作策略时，己方损失 c 单位而对方获得 b 单位的收益，当选择不合作策略时，己方获得 d 单位的收益而对手损失 d 单位。其中 b，c，d 都为正数，且 $b > c$。（2）说明当博弈双方选择不同策略时，己方可能获得的收益，是单方的收益矩阵。同时，要求 $b+d > b-c > -d-c > 0$ 且 $b-c > \dfrac{(b+d)+(-d-c)}{2}$。

然而，单次发生的囚徒困境和多次重复的囚徒困境结果会不一样。重复的囚徒困境（iterated prisoner's dilemma）中，博弈被反复地进行，因而每个参与者都有可能从合作策略中获得较高的收益，当然也会有投机者在博弈过程中选择不合作而给自己带来更高的收益[1]。在这种博弈中，参与者都有机会去"惩罚"另一个参与者前一回合的不合作行为。而当博弈的次数是无限次，即参与者不知道博弈什么时候结束时，合作可能会作为均衡的结果出现。欺骗的动机这时可能被受到惩罚的威胁所克服，从而可能导向一个较好的、合作的结果。

Dreber et al.（2008）设计了一种重复性囚徒困境博弈实验。他们在经

---

① "囚徒困境"游戏在1950年由 Merrill Flood 和 Melvin Dresher 始创，此后由顾问 Albert Tucker 以囚徒方式阐述而由此得名。

典囚徒困境理论的基础上，增加了一种"花费性"的惩罚策略供双方选择，从而研究这种惩罚策略对合作行为的影响[2]。Wu et al.（2009）在 Dreber et al.（2008）的研究基础上，组织北京高校学生进行了相似的实验，以探究文化差异对博弈策略的影响[3]。

笔者发现，在 Dreber et al.（2008）和 Wu et al.（2009）的研究中，实验参与者的初始成本都相同，即是建立在初始实力对称的基础之上的。然而，他们都没有考虑到初始实力的非对称性对实验参与者策略选择的影响，即合作系统建立在非对称的基础之上的情况。不难了解，在现实经济生活中，进行合作的双方的实力往往是不相同的，甚至是悬殊的。不仅如此，很多学者都意识到合作系统中合作双方可能是非对称性地相互作用的，现实的合作系统极可能是一个非对称的系统。他们设计并进行了一系列的实验来对比实力的非对称对于博弈双方策略选择的影响[4-10]。但是，这些研究都没有考虑到初始实力的非对称对于博弈策略的影响，而且也没有考虑到惩罚策略存在的情况。

因此本文以此为切入点，引入初始实力的非对称，从而探究在此条件下博弈双方策略选择将会如何演化。

1.6.2　实验设计

我们在云南财经大学统计与数学学院实验室对 102 位参与者进行了二人重复型囚徒困境博弈实验。在这个实验中，随机配对的参与者通过计算机屏幕进行匿名的博弈游戏，他们并不知道每一轮的实验要进行多久，但是知道和该对手再次进行决策交互的可能性是 75%。在每一个特定的轮次中，参与者同时在可供选择的策略中进行决策选择。每回合的实验结束之后，双方在本回合的策略选择、收益以及自己当前的总收益都会在屏幕上显示。在该轮实验结束后，参与者会匿名、随机地和其他人重新配对进行下一轮的决策交互过程。在所有的实验轮数结束后，根据参与者的最终收益，我们将支付他们相应的报酬。

我们设计了两种处理性实验 T1 和 T2（其中，T1 实验是与 Dreber et al.（2008）的 T1 实验设计完全相同的）。在这两种实验中，参与者在每一回合中都有三种策略可以选择，即合作、不合作和惩罚。合作（C）被定义为参与者付出一单位的成本而使对方得到两单位的收益；不合作（D）被定义为参与者自己获得一单位收益而使对方失去一单位；惩罚（P）被定义为参与者付出一单位的成本作为代价而使对方失去四单位（我们采取 4∶1 的惩罚系数，是因为该系数已被证明是提高合作水平最有效的参数设置[11]）。实验的支付矩阵参见表 2。在 T1 实验中，所有参与者的初始成本都为 50 单位。在 T2 实验中，我们随机的选择一半的参与者初始成本为 50 单位，而另一半参与者的初始成本为 100 单位。

表 2   实验策略含义及支付矩阵

你的策略选择		你的收益	对方的收益
	C	−1	+2
	D	+1	−1
	P	−1	−4

（1）

	C	D	P
C	1	−2	−5
D	3	0	−3
P	1	−2	−5

（2）

（1）矩阵表示单边策略时的支付，参与者共有三种策略，即合作（C）、不合作（D）和惩罚（P）。合作的含义是指付出 1 单位的成本是对方获得 2 单位的收益。不合作的含义是指自己获得 1 单位的收益，而对方失去 1 单位。惩罚的含义是指自己付出 1 单位的成本而使对方损失 4 单位。（2）矩阵表示当双方都作出策略选择时，自己可能得到的收益或损失的支付矩阵。

本文进行了四次实验（其中，T1 实验 2 次，T2 实验 2 次），共有 102 名平均年龄为 21.7 岁的大学生参与实验，将其分为四组，每组 26 人左右，每名参与者只能参与一组实验，不能重复进行。根据所收集到的数据的特点及其初步分析的结果（参见附录），我们将同类型的各组实验分别合并进行分析。

1.6.3   结果分析

首先，从非对称性实验（T2）内部的行为分析可以得出，初始实力较弱者的合作使用率为 12.2%，而初始实力较强者的合作使用率为 9.7%；初

始实力较弱者的惩罚使用率为 7.0%，初始实力较强者的惩罚使用率为
13.2%；初始实力较弱者的不合作率为 80.8%，初始实力较强者的不合作
率为 77.1%（参见表 3）。同时，通过分析发现，初始实力较弱者的平均收
益（ - 0.35）是高于初始实力较强者的平均收益（ - 0.45）的，由此可见，
当初始实力存在差异时，初始实力较弱者反而可能会获得相对高的收益。

表 3 非对称实验参与者策略选择情况

单位：%

初始实力＼策略	合作	不合作	惩罚
50 单位	12.2	80.8	7.0
100 单位	9.7	77.1	13.2

注：表中数据为策略使用率。

在对比两个处理性实验 T1 和 T2 时，发现初始实力的非对称性使合作率
下降，在 T1 中，16.6% 的决策是合作的，而在 T2 中，合作策略的使用比重
下降到 10.9%。同时，初始实力的非对称性并没有使惩罚的使用率上升，
惩罚的使用率从 T1 中的 11.6% 下降到 T2 中的 10.1%。T2 实验的不合作使
用率（78.9%）高于 T1 实验（71.8%）（参见表 4）。经过统计检验发现，两
种实验的不合作策略的选择是有着显著差异的（Mann-Whitney U 检验：$p =$
0.021，$z = - 2.307$）。在比较两种实验参与者的平均收益时发现，初始实力
的非对称并没有降低平均收益，二者是基本保持稳定的（T1 参与者的平均
收益为 - 0.42，T2 参与者的平均收益为 - 0.40）。

表 4 两种处理性实验参与者策略选择情况

单位：%

实验类型＼策略	合作	不合作	惩罚
T1	16.6	71.8	11.6
T2	10.9	78.9	10.1

注：表中数据为策略使用频率，T1 实验参与者初始实力相同，T2 实验参与者初始实力不同。

从实验参与者个体的角度分析其行为时，发现 T1 实验的平均收益与合
作使用没有显著的相关性（Kendall's $\tau = - 0.088$，$p = 0.354$），但是在 T2 实
验中二者存在着显著的负相关性（Kendall's $\tau = - 0.354$，$p = 0.001$）。同时

可以了解到，在 T1 和 T2 实验中平均收益和不合作策略的使用数均存在显著的正相关性，而平均收益和惩罚策略的采用均存在显著负相关性（T1：Kendall's $\tau = 0.351$，$p = 0.000$；T2：Kendall's $\tau = 0.671$，$p = 0.000$）（参见图 1）。需要注意的是，虽然在进行相关系数的检验时，渐进双尾检验的 p 值都拒绝了相关系数为 0 这一零假设，但是其相关系数的值都不是非常接近 -1 或者 1，所以虽然我们从图中可以看出一定的趋势，但是并不能说明二者之间必然存在相关性。

通过数据分析可知，在两种实验中，收益越少的参与者却相对强烈倾向于做出惩罚行为，这与 Dreber et al. （2008）的分析"赢者明哲保身"相一致。但是在 T2 实验中，收益排名在后面的参与者并没有做出过惩罚的策略，这就说明"明哲保身者未必赢"。

为了进一步了解在实验中参与者采取惩罚行为的动机，因此本文还对实验中使用惩罚策略的前提条件进行了分析。T2 实验的参与者以惩罚回应对方上一回合的不合作（P to D）的比重高于对称性实验（T1）；同时，T2 实验参与者的回合开始即使用惩罚（first P）的比重和 T1 相比基本持平；而 T2 实验参与者以惩罚回应对方上一回合的惩罚（P to P）以及在对方上一回合采取合作时，自己在本回合采取惩罚策略（P to C）的比重均低于对称实验（T1）（参见图 2）。

1.6.4　结论与讨论

1.6.4.1　非对称性对合作存在消极影响

从前面的分析可以得到，对合作行为而言，初始实力非对称实验中的参与者与初始实力对称实验中参与者在合作策略的使用上存在显著的差异。这说明，初始实力的非对称性使得参与者的合作行为是显著地减少的。这一结论与 Lave （1965）、McKeown et al. （1967）、Sheposh 和 Gallo （1973）、Talley （1974）以及 Martin et al. （2007）等人实验的结论是一致的，他们的研究也发现非对称性导致了合作率的降低。

1.6.4.2　非对称性促使明哲保身

根据实验设定的条件知，不合作策略的含义是自己获得一定的收益而使

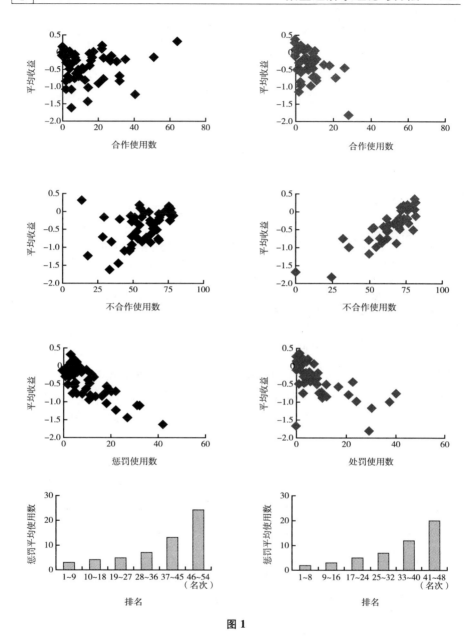

图 1

注：左边 4 张图表示 T1 实验（参与者初始成本都为 50 单位），右边 4 张图表示 T2 实验（参与者初始成本实力非对称，为 50 或 100 单位）。前 6 张图显示：T1 实验中，每一回合的平均收益与合作策略的选用没有显著相关性，但是在 T2 实验中，平均收益与合作的选用存在显著负相关。在这两个实验中，每一回合的平均收益与不合作以及惩罚策略的采用都存在显著的相关性。最下面的两张图显示，从整体来看，最终收益排名越靠前的参与者所采用的惩罚策略的平均数总是少于排名靠后的参与者。

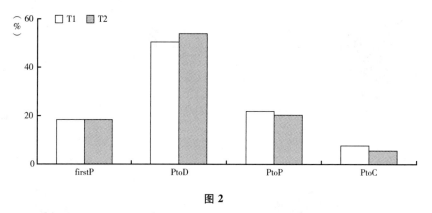

图 2

注：T1 和 T2 实验参与者惩罚策略（P）使用前提条件。first P 表示参与者在一轮实验中，第一回合就采取 P（惩罚）策略的比重。P to D 表示参与者在实验中，当对手在上一回合选取 D（不合作）策略时，采取 P（惩罚）策略进行回应的比重。P to P 表示实验者在一轮实验中，当对手在上一回合选取 P（惩罚）策略时，采取 P（惩罚）策略进行回应的比重。P to C 表示实验者在一轮实验中，当对手在上一回合选取 C（合作）策略时，采取 P（惩罚）策略进行回应的比重。

对方受到一定的损失，因此我们将不合作策略看作是一种"自保"行为，因为它可以为参与者提供固定的收益。相对地，合作策略的含义是指自己付出一定的成本而给对方带来收益，惩罚策略的含义是指自己付出一定的成本使对方遭受损失，那么从自己获得高收益的角度出发，可以将合作以及惩罚行为均理解为"冒险"行为。

从前面的分析可以看出，初始实力非对称的实验比对称性实验的合作率和惩罚率都有所下降，相应地不合作率上升，而且可以通过统计方法检验出这两种实验的不合作使用是存在显著的差异的，由此可知初始实力的非对称性使得参与者更加显著地倾向于选择"自保"策略，达到"明哲保身"的目的。

此外需要引起注意的是，初始实力的非对称性并没有大幅度提高平均收益，也就是说，虽然 T2 实验的参与者更加"明哲保身"，但是这并没有给他们带来显著的高收益，因此参与者很可能需要在谨慎的同时适当的选择一些"冒险"行为来博取高收益。

1.6.4.3 非对称性增加理性惩罚

从整体看，T1 和 T2 实验都存在着一个现象：参与者收益排名越靠前，其采取的惩罚策略越少，这也就是 Dreber et al.（2008）所说的"赢者明哲保身"。而在我们的研究中还发现,即使参与者并不做出惩罚的行为,但是也未必一定会获得高收益,即"明哲保身者未必赢"。

从惩罚策略使用的目的来分析,研究惩罚策略使用时是出于何种前提条件,我们将惩罚行为分为四类,分别是:理性惩罚行为(指参与者以惩罚行为来回应对方在上一回合所采取的不合作行为)、"下马威"行为(指参与者在新一轮博弈开始时即采取惩罚策略)、"以牙还牙"行为(指参与者以惩罚策略来回应对方在上一回合所采取的惩罚行为)和"非理性"惩罚行为(指参与者以惩罚策略来回应对方在上一回合所采取的合作策略)。

在这一分类的基础上,研究发现:初始实力非对称会在一定程度上增进理性惩罚行为;T2 实验参与者的"下马威"行为(first P)和 T1 相比基本持平;而 T2 实验参与者的"以牙还牙"行为(P to P)以及"非理性"惩罚行为(P to C)均低于对称实验(T1)。显然由此可以看出,初始实力的非对称性会提升实验参与者在选择惩罚策略时的理性。

1.6.4.4 初始实力弱者倾向于合作而疏于惩罚

通过对 T2 实验进行分析,我们发现初始实力较弱的参与者更倾向于合作,这说明初始实力弱者期望通过合作来向对方示好,从而争取达到相互合作,为双方都带来收益。但是,在 McKeown et al.(1967)、Sheposh 和 Gallo (1973)、Talley(1974)以及 Martin et al.(2007)等人的研究中都发现,非对称导致的低合作率是来自于弱者的,这显然与本文的结论完全相反。这应该是由于在本研究中,每名实验参与者除了有合作和不合作策略可以选择之外,还有冲突性更强的惩罚策略的存在。在这样对于弱者相对不利的情形下,弱者则倾向于合作,在此时,初始实力较弱者所关注的将不再是传统研究中所认为的收益均等性,而是更加关注双方的共同利益。初始实力弱者低于初始实力占优势者的惩罚使用率也可以看出,前者更为理性,以图尽量减少或避免矛盾的发生。而正可能是由于初始实力较弱者更加倾向于合作策略以"示好"的行为和"明哲保身"的不合作策略,使得其在博弈中的纯平均收益高于初始实力较强者,为自己赢得了高于在博弈初始占有优势一方的收益。

从初始实力较强者的角度来看,他们的行为表现得更为倾向于惩罚,而导致他们这样表现的原因很可能正是在刚开始时,他们获得了较弱者两倍的收益，使其处于优势位置，这种优势不单是在物质上，更是在心理上的。这种优越感，使得他们在做出自己的策略选择时，并不一定会考虑到后果。所以，一旦他们遇到对方的不合作行为，就会更倾向于选择惩罚策略而不是相对"保守"的不合作策略以显示自己的优势。

此外，导致本文结论与其他学者结论有出入的原因也可能是由于东西方的文化差异，从Wu et al.（2009）的研究可以看出，在惩罚策略存在的情形下，中国实验参与者的行为与美国实验参与者的行为有着较为明显的差异。

综上所述，我们有理由认为：在本文的研究前提下，初始实力较弱的一方更倾向于合作并避免冲突；而实力较强者则可能更多地发起或者陷入冲突。

参考文献

［1］阿克塞尔罗德 R. 2007. 合作的进化. 中译本. 上海：上海人民出版社。

［2］Anna D, David G R, Drew F, Martin A N. 2008. Winners don't punish. Nature, 452.

［3］Wu J J, Zhang B Y, Zhou Z X, He Q Q, Zheng X D, Cressman R Tao Y. 2009. Costly punishment does not always increase cooperation. Proceedings of The National Academy of Sciences of The United States of America, 106（41）：17448.

［4］Schellenberg J A. 1964. Distributive justice and collaboration in non-zero-sum games. Journal of Conflict Resolution, 8（2）：147 – 150.

［5］Sheposh J P Gallo P S. 1973. Asymmetry of payoff structure and cooperative behavior in the prisoner's dilemma game. Journal of Conflict Resolution, 17：321 – 333.

［6］Talley M B. 1974. Effects of asymmetry of payoff and asymmetry of information in a prisoner's dilemma game. PhD thesis. Arlington：University of Texas.

［7］Croson R T A. 1999. The disjunction effect and reason-based choice in games. Organizational Behavior and Human Decision Processes, 80：118 – 133.

［8］Lave L B. 1965. Factors affecting co-operation in the prisoner's dilemma, Behavioral Science, 10：26 – 38.

［9］Martin B, Heike H S, Frank P M R. 2007. Cooperation in symmetric and asymmetric prisoner's dilemma games. Discussion paper. Max Planck Society, Bonn.

［10］Pruitt D G. 1981. Negotiation Behavior. Academic Press.

附录： 数据预处理与初步检验

将收集到的四次实验数据进行预处理，得到每位实验参与者在实验过程中策略选择和最终收益情况。由于同一类型的实验来自于同一总体分布，因此将同一实验类型的两组实验合并进行分析。在初步分析中，主要涉及以下五个指标：

（1）合作使用率（fc），是指每名实验参与者在所参加的实验中，合作策略的使用次数与自己所做策略总数之比。需要说明的是，从实验的设计原理来看，每名实验参与者的策略总数与实验的回合数是相等的。

（2）不合作使用率（fd），是指每名实验参与者在所参加的实验中，不合作策略的使用次数与自己所做策略总数之比。

（3）惩罚使用率（fp），是指每名实验参与者在所参加的实验中，惩罚策略的使用次数与自己所做策略总数之比。

（4）平均收益（at），是指每名实验参与者在所参加的实验中，最终收益与实验回合总数之比。其中，实验参与者的最终收益是其最终分数与其初始分数做差后得到的。

（5）年龄（age），是指实验参与者的年龄（周岁）。

在得到相应的指标值后，对所得到的数据进行 Shapiro-Wilk 正态性检验，表 5 展示了两组实验中策略选择、平均收益以及年龄的正态性检验结果。结果表明，本文中所得到的数据经检验均拒绝了总体为正态分布的零假设（按照显著性水平为 0.05 的标准）。因此，本文将不使用传统的假定总体服从正态分布的方法分析，而是采用非参数方法和更符合实验本身的方法对

表 5　两种实验相关变量的 Shapiro-Wilk 检验

	T1			T2		
	统计量	df	Sig.	统计量	df	Sig.
合作使用率	0.843	54	0	0.534	48	0
不合作使用率	0.937	54	0.007	0.808	48	0
惩罚使用率	0.814	54	0	0.751	48	0
平均收益	0.938	54	0.008	0.936	48	0.011
年龄	0.865	54	0	0.915	48	0.002

问题进行研究。

　　对分属于 T1 和 T2 实验内部的两组实验分别进行 Mann-Whitney U 检验，结果发现，内部的实验在策略选择、平均收益以及年龄上均无显著差异，由此在下文中，作者将对称性的两组实验以及非对称性的两组实验分别合并进行分析。

1.7 互惠单独失效条件下声誉效应的实验经济学研究

马 博 王国成[①]

摘 要：互惠是社会偏好中最重要的一种，互惠行为的加入能够使得经济行为的分析更加接近现实实际状态，当声誉机制和互惠行为相互作用时，能使得在委托－代理机制下，合同执行更有效率，但是在互惠行为单独失效的情况，是否伴随着声誉效应的消失，同时互惠行为的产生与声誉效应之间有什么关系？我们通过设计一个三条件的模拟风险投资市场的实验，发现在缺乏互惠条件且不存在法定支付机制的情况下，声誉机制很难建立，从而导致市场崩溃，不过如果存在第三方清算机构作为支付执行方，声誉机制的形成能够减少市场中的道德风险，提高市场交易效率。

关键词：互惠 声誉机制 风险投资市场 委托人 代理人

1.7.1 导论

经济学往往被称为沉闷的学科，原因在于经济学把人们的行为的动机简单归结为自利假说，而忽视了其他重要的因素，在这些因素中，社会偏好无

---

① 马博，生于1986年1月12日，男，数量经济学博士研究生，中国社会科学院研究生院，中国数量经济学学会会员；王国成，生于1956年，男，中国社会科学院数量经济与技术经济研究所研究员，中国数量经济学学会会员。

疑是最重要的，因为它充分表明了行为人的异质性，并且将社会道德和社会规范纳入了经济学分析的范畴之中。

事实上，如果经济学家一味坚持自利性假设而忽视了个人在社会偏好方面的异质性的话，其实就不能正确理解经济学的各种核心问题，原因在于两点：（1）过去的十年中，实验经济学家已经找到了充足的证据来系统性推翻自利性假设，同时实验结果也暗示相当一部分人群表现出了社会偏好，尤其互惠性公平偏好。（2）证据表明人们对于自利性假设的系统性偏离会对经济学的核心问题产生重大影响。

在众多实验中，市场实验系统地对社会偏好进行了系统研究，其中互惠行为最为重要，且初具成果。另外，激励也是市场研究的重点，根据 Fehr 等人的研究，声誉、奖励和惩罚是非常重要的激励手段。在 Fehr 和 Fischbacher（2001）的文章中，定义了四种类型的社会偏好：互惠或者互惠性公平、不平等厌恶、纯粹利他、愤恨与嫉妒。互惠，又称互惠性公平，是社会偏好中最重要的一种，互惠指的是用善意的行为来回报善意的行为，用恶意的行为来回报恶意的行为，一种行为是恶意还是善意，主要是看这种行为的动机是公平还是不公平，动机是否公平，主要衡量的标准是这种行为导致的最终收益分布情况公平与否。互惠并不是由未来的物质预期决定的，因此，互惠和重复交易中的合作性行为以及报复性行为有着本质区别，合作性行为和报复性行为的主要动机是对于未来物质性收益的预期，而互惠行为是对善意或者恶意行为的回应，即行为人不能从这种行为中获取任何物质收益，Rabin（1993），Levine（1998），Falk 和 Fischbacher（1999），Dufwenberg 和 Kirchsteiger（1999），Segal 和 Sobel（1999），Charness 和 Rabin（2000）都曾研究过相关的互惠模型。

尽管研究证明了社会偏好的存在性，但要注意的是并不是每个人都呈现出某种社会偏好，相反，研究表明相当一部分人群呈现出纯粹自私的行为特征。因此，问题的关键在于如何用简单易行的模型来刻画各种行为动机及其之间的相互作用。在经济学研究中，尤其是实验经济学研究中，我们主要关注互惠和自私两种类型的行为人。原因其实很简单，主要有以下两点：（1）在收益减少和惩罚性行为等领域，尽管不平等厌恶、嫉妒等社会偏好也起一定作用，但毫无疑问负互惠是所有这些因素中最重要的（Falk，Fehr and Fischbacher（2000a，2000b）；Kagel 和 Wolfe（2000））。（2）在帮助行为和奖励行为等领域，尽管正互惠不是决定性因素，但是扮演着非常重要的角色（Cox（2000）；Charness 和 Rabin（2000）；Falk，Fehr 和 Fischbacher（2000b））上面提到的人们对于自利性假设的系统性偏离会对经济学的核心问题产生重大影响，从互惠实验中就能窥见一二。

在现实中，我们很难从复杂的经济现象中单独分离出互惠这种社会偏好，但借助实验室条件，我们可以轻易地实现这一点，互惠分为负互惠和正互惠两种，与之相联系的分别是最后通牒实验（UG）和礼物交换实验（GEG），UG 博弈最早是 Guth，Schimittberger 和 Schwarze（1982）引入经济学研究中。在 UG 实验中，一对被试者必须对固定数额的货币进行分配，A 作为提议人，可以提出一套分配方案。B 作为回应人，可以选择接受或者拒绝这套方案。如果 B 拒绝，那么双方的收益均为 0；如果 B 接受，方案执行。UG 实验的标准假设是：（1）提议人和回应人都应该是理性的，他们关心的仅仅是自己的收益。（2）提议人知道回应人是理性且自私的，因此博弈的均衡预测是回应人应该会接受任何数额为正的钱，提议人只给回应人最小数额的钱 ε，而自己则占有余下的部分。大量实验表明，在 UG 实验中，当回应人得到的收益少于总剩余的 20% 时，分配方案被拒绝的概率介于 0.4 ~ 0.6 之间。除此之外，随着回应人获得的剩余比重的上升，拒绝率呈现递减的趋势，很显然，许多回应人并不呈现完全自利的特征。实验还表明，提议人事先预测到了这些特征，会有意提高回应人所得的份额，其实从独裁者博弈（DG）和 UG 博弈的对比中就可以看出这一点，在 DG 博弈中，回应人无法拒绝分配方案，也就是说回应人必须接受独裁者提出的任何分配方案，Forsythe 等人（2004）第一个将 UG 博弈和 DG 博弈加以对比，发现 UG 实验中回应人得到的收益份额显著高于 DG 实验。这表明了互惠行为在人类社会行为中是普遍存在的。

同时我们经常会分析一些市场失灵的情况，比如道德风险问题和逆向选择问题。在理论上这些市场失灵的情况会导致市场的崩溃，但是从经验数据来看，我们并不常见到市场崩溃行为的存在，我们有理由相信互惠等社会偏好的存在使得市场运行更平滑。

事实上道德风险问题在劳动力市场和信用市场以及产品市场中广泛存在，而声誉激励机制在这些市场中扮演着重要的角色（Macleod（2007）），但是围绕这方面展开的经验研究不多，在很多情况下，重复博弈是广泛存在的，尤其是当委托人可以了解代理人过去的行为时，多期合作的现象就更加频繁，因此我们试图通过实验研究声誉的形成是如何作用于委托人和代理人的雇佣关系。当一个市场中既存在自私个体又存在互惠个体时，声誉机制就会和互惠行为发生相互作用，在作者看来，声誉机制大大增加了互惠行为对于合同执行产生的积极作用，主要是自私的代理人同样有激励去表现得具有互惠倾向，通过模仿互惠行为，自私的代理人试图让委托人相信他们是互惠的，这一声誉对于自私的代理人十分重要，因为委托人只会将非竞争性租金给那些被认为是不自私的个体，因此，声誉激励意味着一小部分只要具有互惠倾向的个体就足以大大提升效率。

在存在道德风险问题的真实市场中，市场参与者往往选择重复交易的策略，如果委托人了解代理人过去的工作表现，就可以基于这些信息拟定当期的合同，这种机制会激励代理人付出更多努力，目的是获得未来更具吸引力的合同，大量的理论文献告诉我们，即使交易双方都是完全自私的，这种声誉机制也可以解决道德风险（Klein C 和 Alchian（1978）；Klein 和 Leffler（1981）；Shapiro 和 Stiglitz（1984）；Bull（1987）；Macleod 和 Malcomson（1989）；Baker，Gibbons 和 Murphy（1994，2002））

但是从大量的实验室实验和现场实验中我们已经得知并非所有的代理人都是自私的，因此，对于声誉激励的经验评价必须考虑到互惠和声誉的关系，而要考察这种关系，就必须升级一个具有有限时间框架的实验室实验。在许多案例中，有限时间框架是对真实世界现象的经验型现实假设。举个简单例子，在许多国家存在一个强制性的退休年龄，因此雇佣关系的终止点完全是可见到的。但在我们的实验中，设定有限期博弈的目的是为了甄别自私的个体，从而更好地研究互惠与声誉的关系，原因在于自私的个人从来不会在最后一期中提供最小努力程度以上的努力水平。Kreps，Milgrom，Robert 和 Wilson（1982）曾指出，在一个有限期限的囚徒困境重复博弈中，存在互惠代理人的信念可以使得合作行为维持很长一段时间，当存在互惠型代理人时，如果委托人能够善待自私的代理人，他们同样有激励去提供高的努力水平，原因就是这种行为会让委托人相信这些代理人是互惠的，声誉对于自私的代理人是非常重要的，因为在有限期重复博弈中，委托人只会把有吸引力的合同提供给那些被认为是非自私的代理人，一旦和自私的代理人签约，那么他必然会在最后一期发生道德风险问题，因此，自私的代理人会千方百计地隐藏自己的类型并模仿互惠代理人的行为，从而获得租金，这种激励无形中增加了双方交易的所得和交易的次数，从而大大减少了道德风险问题的发生。

Brown，Falk 和 Fehr（2004）在实验市场的环境中检验了礼物交换博弈（GEG）。在这个市场中，参与人可以自由选择他们的交易对象。实验中共有 7 个委托人和 10 个代理人。每个市场参与人在每期中最多签订一份合同，因此存在代理人过剩供给的问题。委托人和代理人的配对主要采取单边拍卖的形式，委托人在每期中可以制定任意多的合同，并约定代理人的薪酬的合意的努力程度，委托人可以选择将合同市场公开，因此所有的市场参与者都可以看到，所有的代理人也都可以接受这份合同，相反地，委托人也可以私下将合同提供给某个代理人，在这种情况下，只有这个代理人可以看到并接受这份合同。在代理人签订一份合同后，就必须选择自己的实际努力程度，这个实验的主要情境是固定身份的不完全合同实验局（ICF），在这个实验局中，合同不能由第三方执行，也就是说，代理人可以自由选择自己的努力程度，而不用管委托人在合同中要求怎样的努力程度，委托人和代理人在整个实验中有固定的号码来识别身份，这个特征可以使委托人和代理人形成长期合作的关系，处于这种关系的委托人可以根据代理人过去的表现来制定合同，因此存在内生的声誉效应。作者同时设置了一个控制组实验局，这个控制组实验中，被试者每期的号码都是随机制定的，其他都和ICF 实验局完全相同，我们称之为 ICR 实验局，因此在 ICR 实验局中，并不存在关系合同和声誉效应，互惠是合同执行的唯一机制，第二个控制组被称为完全合同实验局（C），在这个实验局中，合同是可以被第三方执行的，代理人必须完全按照合同的要求来提供努力，所有市场参与人的身份号码是固定的，因此长期合作关系是可能但不是必要的，作者将这三组实验进行了分析对比。

图 1 中显示，声誉机制使得代理人的平均努力水平有了很大的提升，这一点可以从 ICF 何 ICR 实验局的对比中看出，除此以外，声誉效应在第一期和第二期就已经非常明显，这说明代理人很快就理解了声誉激励机制的内在逻辑，图中显示，声誉激励的确约束了自私的代理人。

图 2 中显示了每个代理人在第 1～14 期和第 15 期的平均表现，自私的代理人会在最后一期中选择最小的努力程度，但是在前 14 期他们选择了非常高的努力程度，这也就是说明声誉激励的约束作用，与此相对应，互惠的代理人即使在最后一期中也选择了高的努力程度。在第 1～14 期中，委托人利用相机更新策略来约束代理人行为，如果一个代理人在第 t 期有好的表现，委托人会在第 $t+1$ 期提供一份新的合同，这份合同规定

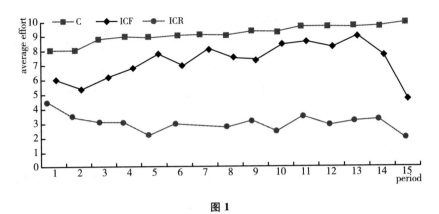

图 1

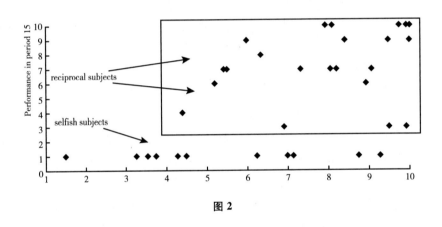

图 2

了高的薪酬，这意味着代理人可以获得一笔可观的租金，如果一个代理人在第 t 期表现很糟糕，委托人就很有可能在第 $t+1$ 期不再提供合同给这个代理人，因此只要委托人的相机更新政策使得市场双边重复交易行为频繁发生，委托人往往更愿意把私人合同提供给在职者。在 ICF 实验局中，44% 的合同有这样的性质，而在完全合同实验局中，这种合同只占到 10%，这种差距在实际交易中甚至更为明显，ICF 中 52% 的实际交易是同上一期的代理人继续签订的相机更新合同，与此形成对照的是，C 实验局中只有 8% 的实际交易是相机更新合同，76% 的合同是原始合同，因此，ICF 实验局中与代理人表现相关的相机更新策略促进了长期合作关系的形成，

图中 3 说明了这一点，C 实验局中 90% 的交易只维持了一期或者两期，而 ICF 实验局中持续期限在四期以上的交易站到了 51%。

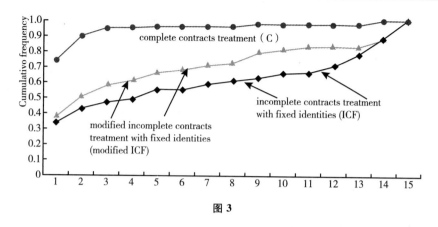

图 3

上面的实验表明，声誉激励的出现可以从根本上改变市场交易的类型，如果有第三方保证合同的执行，一次性交易会更加普遍，在职者也不会得到特殊待遇，但是当道德风险问题出现时，关于过去代理人过去表现的信息就会变得非常重要，因此市场的交易类型也会由竞争型变为双边交易型，事实上，大量现场实验都表明，现实中市场双边交易类型是非常普遍的，例如长期雇佣关系（Hall（1982）；Auer 和 Cazes（2000）），银行与小型交易商之间的借贷关系（Berger 和 Udell（1995）），经验产品供给者和消费者之间的长期交易关系（Kollock（1994）），但是不幸的是，这些现场实验都没有解释重复交易的出现是否与道德风险问题以及声誉激励有关，其实，在可用的现场实验数据中，很难将声誉激励效应和其他因素分开。

但是在 Brown，Falk 和 Fehr（2004）的实验中，代理人只能从与其进行交易的那个委托人处获得声誉，这可能是导致双边交易行为的原因，委托人只能知道自己代理人过去的表现，而不知道其他代理人的情况，因此缺乏公共声誉机制，虽然在现实劳动力市场和服务市场中，公共声誉机制很少存在，但是在某些特殊领域中，代理人是可以获得公共声誉的，这种公共声誉机制可能是制度化的，例如信用市场中的信用管理方，也可能是非正式的，比如劳动力市场中的推荐信制度，当存在公共声誉机制时，双边市场交易行为是否会消失或者减少呢？

Falk，Fehr 和 Zehnder（2004）通过在 ICF 实验局中加入一个公共声誉形成机制的方法解决了这个问题。在修正的 ICF 实验局中，每个委托人都可以看到所有代理人过去一切的工资和努力水平，他们发现公共声誉机制的确在某种程度上减少了双边交易行为的发生，但是作用不大，许多交易仍然以双边长期的形式存在，当修正的 ICF 实验局中大约有 40% 的交易持续 4 期或者更长，C 实验局中几乎所有的交易都只持续 1 期或者 2 期，当在 ICF 实验局中引入公共声誉机制以后，代理人表现得更为努力，这使得接近有效率的水平，特别当委托人给出的薪酬水平很低时，公共声誉机制显著提高了代理人的努力水平，从而使得委托人更少程度依赖互惠这项合同执行机制。

1.7.2 实验设计

前面的两个实验中，两个重要的特征方便了合同执行：（1）实验的参数是精心选择的，在比例上占有的互惠型被试者使得一期型交易可实现，因此，即使没有声誉激励，可行的交易仍然会发生，那么这就提出一个问题，即如果在单独的互惠行为太弱而不足以支撑整个交易的情况下，声誉机制是否能够支撑整个交易的进行？（2）在前面的实验中，委托人可以明确知道代理人过去的努力程度，因此如果一个代理人提供较低的努力程度，委托人可以轻易下结论，代理人不想提供高的努力程度，这也就是精确定位了代理人的类型，但是在现实中，低产出也有可能是由于外生的随机事件引发的，如果委托人只能观察到代理人的产出而非实际努力程度的话，那么产出并不是代理人努力程度的良好指标，低产出可能意味着差运气，当然也有可能意味着低的努力程度，抑或二者兼备，这样这种环境其实会减少相机更新策略的作用，因为未来的奖励只能基于这种随机产出的指标上。

从理论上讲，当互惠单独不能撑起交易时，即委托人不能准确知道代理人的实际表现，高努力程度的声誉性均衡依然可以维持（Kreps 和 Wilson（1982）；Camerer 和 Weigelt（1988）；Diamond（1989）；Brown 和 Zehnder（2007）），但是在经验研究中，很少有人能说明在这样一个不利的环境中声誉激励对于合同形式和交易频率的影响。

事实上，风险资本投资市场很符合互惠单独失效条件下的假设，故我们模拟风险投资市场设计一个实验，在这个实验中，同时存在两种道德风险的因素，首先就是委托人不能观察到代理人的项目，那么代理人有可能选择高风险无效率的项目，其次缺少法定还款的执行机制，因此代理人有可能选择成功完成项目后扣留款项。

在实验中，我们共设计了三个实验局。

第一个实验局：在这个实验局下，市场中存在上述所说的各种道德风险因素，既不存在关系合同，也不存在法定还款的执行机制，也就是说如果不存在法定还款机制，代理人也没必要遵守法定还款机制。同时，每一期中被试者的号码是随机制定的，这也就是意味着在这个实验局中既不存在关系合同，也不存在声誉效应，同时也缺乏互惠基础。我们称这个实验局为随机身份的无互惠不完全合同实验局（NICR）。

第二个实验局：在这个实验局下，条件和 NICR 实验局的大部分条件是一致的，只是在这个实验局中的实验过程中，被试者的号码是固定的，这样委托方可以重复地提供资金给同一个代理方，如果代理方接受了这个提供，那么一个长期的关系合同就建立了，也就意味着这个实验局中不存在声誉效应，同时也缺乏互惠基础，但是存在关系合同。我们称这个实验局为固定身份的无互惠不完全合同实验局（NICF）。

第三个实验局：在这个实验局中，大部分条件和 NICF 实验局的条件类似，即在实验过程中，被试者的号码是固定的。不过我们将引入第三方力量，我们称之为第三方清算，即如果代理人破产而不能按照合同还款时，第三方清算将会对代理人的资产进行清算，如果清算出剩余资产，将偿付给委托方，我们称之为 NICP，为了简化实验，一旦清算过程被激活，这个清算过程将由计算机自动完成。事实上，我们引入第三方清算就解决了使得道德风险存在的一个因素，即加入了法定还款的执行机制，但是这并不能解决另一个因素，即委托人对于代理人的观察问题。

所有的实验过程都通过计算机进行，我们将通过 z – tree 软件实现所有实验程序。

在每一个实验局中，都有 18 个被试者参与，其中我们随机选定 8 名扮演委托人，另外 10 人扮演借方，每个实验局共进行 20 期，在每一期中，代理人都只能选择两个项目中的一个：有效率低风险项目 A 和缺乏效率高风险项目 B，代理人没有初始禀赋，所有投资的股本都必须向委托人借款才能执行项目，其中 $E(R \mid p = A) > E(R \mid p = B)$，但是 $Ra < Rb$，R 表示收益率，如果该投资项目失败，那么这个项目的收益为 0。每个项目的投资需求额为 32 单位。如果代理人没有和委托人签订合同，那么代理人在期末将会有 10 单位的支付。

委托人在每一期开始有初始禀赋 32 单位，同时委托人有两个选择来处置这个初始禀赋：一是投资到禀赋保管项目中，期末将会归还禀赋而没有利息收入；二是将禀赋借贷给代理人，从中可以赚取利息。委托人在单边一期拍卖机制下，可以制定任意多的合同，一份合同包括两个内容：合意的项目以及项目成功过后合意的还款额。提供合同的方式可以是公共的（所有代理人都可以接受），也可以使私人的（只有特定的代理人可以接受），每一期中，每一个委托人和代理人最多只能签订一份合同。

得到投资的代理人可以在两个项目中任意选一个进行实际操作，项目成果与否取决于我们设定的某项随机机制，这种选择以及选择后的回报只有该代理人清楚，一旦项目失败，代理人收益为 0，委托人得不到还款，一旦成功，代理人可以还款给委托人，还款的上限是该项目的收益。

每一期期末收益：

委托人	payment（r）	如果委托人有投资行为
	32	如果委托人无投资行为
代理人	$R - r$	如果代理人得到投资
	10	如果代理人没有得到投资

在实验准备阶段，实验者将宣读实验导语，被试者被告知参加一个经济学实验，在其中他们会做出一些经济学决策，这些决策也将决定他们的收益，同时被试者将参加两期的模拟实验，以确保被试者理解实验流程和实验做法。

囿于条件限制，该实验并没有实际进行。

1.7.3   实验结果预测

事实上，我们前面已经指出这个问题了，就是人类的行为不完全由自利性动机所驱使（Fehr 和 Gächter（2000），Camerer（2003），Sobel（2005）），同时一部分人群还会呈现出社会偏好，包括互惠、不平等厌恶、利他主义以及愤恨嫉妒。那么，对于个人行为的分析就不能仅仅着眼于自利性动机，还要考虑人们的互惠行为以及不平等厌恶等（Rabin（1993），Dufwenberg 和 Kirchsteiger（2004），Falk 和 Fischbacher（2006））。

在我们的分析中，如果代理人认为委托人提供的还款条件比较公平的话，代理人一般会遵守合同规定而不发生道德违约事件，我们称这种代理人为值得信赖代理人，在随机身份无互惠的不完全合同实验局中，只有所有的代理人都是值得信赖代理人时候，委托人才会放心和代理人进行交易，在

NICR 实验局中根据在现有文献（Fehr 和 Gächter（2000），Camerer（2003））我们发现由于缺乏声誉形成的机会，代理人不愿意还款，从而导致委托人不愿意投资，使得整个风险投资市场崩溃。

而对于 NICF 实验局中，由于代理人可以获得私人声誉，使得代理人的类型可以被甄别，我们认为有可能会存在稳定的投资交易市场。

而在 NICP 实验局中，由于代理人可以获得私人声誉，同时代理人在还款的环节中相对于委托人而言是信息完全的，这样在长期也是有可能存在稳定的投资交易市场的。

参考文献

［1］Brown Martin, Armin Falk, and Ernst Fehr. 2004. Relational contracts and the nature of market interactions. Econometrica, 72（3）: 747 – 80.

［2］Camerer Colin. 2003. Behavioral Game Theory: Experiments in Strategic Interaction. Princeton: Princeton University Press.

［3］Charness Gary, and Matthew Rabin. 2002. Understanding social preferences with simple tests. Quarterly Journal of Economics, 117（3）: 817 – 69.

［4］Cox J. 2000. Trust and Reciprocity: Implication of Game Triads and Social Contexts. Mimeo: University of Arizona at Tucson.

［5］Baker George, Robert Gibbions, and Kevin J Murphy. 1994. Subjective performance measures in optimal incentive contracts. Quarterly Journal of Economics, 109（6）: 1125 – 1156.

［6］Dufwenberg M, and Kirchsteiger G. 2000. A theory of sequential reciprocity. Discussion Paper. CentER: Tilburg University.

［7］David K Levine. 1998. Modeling altruism and spitefulness in experiment. Review of Economic Dynamics, Elsevier for the Society for Economic Dynamics, 1（3）: 593 – 622.

［8］Falk A, Fehr E, and Fischbacher U, 2000a, On the nature of fair behaviour. Economic Inquiry.

［9］Falk A, Fehr E, and Fischbacher U, 2000b, Testing theories of fairness. Institute of Empirical Research in Economics. University of Zurich, Working Paper No. 63.

［10］Fehr E, Fischbancher. 2001. Why Social Preferences Matter—The Impact of Non-Selfish Motives on Competition, Cooperationg and Incentives, Frank Hahn Lecture. Annual Conference of the Royal Economic Society.

［11］Forsythe R L, Joel H and Martin Sefton. 1994. Fairness in Simple Bargaining Games, Game and Economic Behavior issue, 6: 347 – 369.

[12] Kagel J and Wolfe K. 2000. Tests of Difference Aversion to Explain Anomalies in Simple Bargaining Games. Mimeo Ohio State University.

[13] Kreps David M, Paul R Milgrom, John Roberts, and Robert Wilson. 1982. Rational Cooperation in the Finitely Repeated Prisoners' Dilemma. Journal of Economic Theory, 27 (2): 245 – 52.

[14] MacLeod W B and Malcolmson J M. 1989. Implicit contracts, incentive compatibility, and involuntary unemployment. Econometrica 57 (2): 447 – 480.

[15] MacLeod. 2007. Reption, relationships and the enforcement of incomplete contracts. Journal of Economic Literature, 145 (2): 595 – 628.

[15] Rabin and Matthew. 1993. Incorporating fairness into game theory and economics. American Economic Review, 83 (5): 1281 – 1302.

[16] Segal, Uzi and Sobel J. 1999. Tit for tat: Foundation of preferences for reciprocity in strategic setting. Mimeo: University of California at San Diego.

[17] Stiglitz, Joseph E, and Andrew Weiss. 1981. Credit rationing in markets with imperfect information. American Economic Review, 71 (3): 393 – 410.

1.8 主成分分析评估指数的构造条件和案例[①]

林海明　杜子芳[②]

摘　要：主成分分析评估指数的应用较普遍，但有时其结果是错的，故主成分分析评估指数的构造条件有待深入，这里应用一个经验的行为原理，参照因子分析能取代变量的条件等，得出了主成分分析评估指数的构造条件：变量与主成分的相关阵达到更好的简单结构，主成分与变量显著相关，主成分是正向的。改进了主成分个数的确定方法，给出了主成分正向化的方法，一个改进的主成分分析综合评价步骤和案例。

关键词：主成分分析　评估指数　构造条件　案例

1.8.1 引言

在经济、管理、生态、社会、体育等领域的多指标体系中，主成分分析

① 本文获得以下基金资助：教育部人文社会科学研究规划基金项目，项目号：2009YJA910002；教育部人文社会科学重点研究基地重大项目，项目号：2009JJD910001；广东省普通高校人文社科研究项目，项目号：10WYXM 020；广东商学院科学研究重点项目，项目号：08ZD11001；广东商学院华商学院院级重点项目，项目号：HS2011047。

② 林海明，男，53 岁，广东商学院经济贸易与统计学院教授，中国人民大学应用统计科学研究中心兼职研究员，硕士生导师，现从事多元统计模型与应用等研究，在《数量经济技术经济研究》《统计研究》《数理统计与管理》等期刊上发表论文 60 余篇，主持和参加国家级、省部级、厅级课题 9 项；杜子芳，中国人民大学应用统计科学研究中心教授。

评估指数常应用于综合评价，该方法近期步骤如见林海明（2007），具体如下：

（1）数据的预处理：为了指标（变量）方向的一致、消除指标量纲不同的影响，对原始指标进行正向化、标准化，记为 $X = (x_1, \cdots, x_p)'$；

（2）指标可降维的判断：如果 $x_1, \cdots, x_p$ 之间存在相关性，则指标 X 可降维；

（3）主成分分析适用性的判断（方法能应用得好是有条件的）：如果变量 X 与主成分的相关阵 B^0 中每行系数绝对值往 0、1 靠近较多，则用主成分分析法；

（4）主成分个数及其主成分的确定：如果 B^0 每行有一个元素绝对值足够大（≥ 0.5），则确定 B^0 的列数 k 为主成分个数；第 i 个主成分记为 y_i，其方差记为 λ_i；

（5）主成分命名：将 B^0 的第 i 列 b_i^0 中绝对值足够大（≥ 0.5）系数的对应变量归为 y_i 一类，由这些变量与主成分 y_i 的相关关系对主成分 y_i 进行命名；

（6）构造评估指数：以主成分 y_i 的方差贡献率（信息比重）$\alpha_i = \lambda_i / p$ 为权数，有：

$$Y_{综} = \alpha_1 y_1 + \alpha_2 y_2 + \cdots + \alpha_k y_k$$

（7）样品值及其排序：给出 $y_1, \cdots, y_k$ 的样品值、评估指数 $Y_{综}$ 的样品值及其排序；

（8）样品分类：用主成分 $y_1, \cdots, y_k$ 的样品值做聚类分析，给出样品的分类结果。

（9）评价与建议：结合样品分类结果，$y_1, \cdots, y_k$，$Y_{综}$ 的样品值和排序，$y_1, \cdots, y_k$，$Y_{综}$ 与原始变量的对应关系，进行样品优势、不足、潜力状况和原因等的综合评价，给出决策相关性建议。

何平（2005）认为："主成分分析中主成分的具体涵义是什么？许多评价没有给予解释或给予较为清楚的解释，结果往往是由于不好解释而一带而过。从而影响到评价结果的可信度。"王学民（2007）认为："评估指数 $Y_{综}$ 到底具有什么样的实际含义，应用者都没有解释或作不出解释，只是笼统地理解为所谓的'综合'指标，用这种不知其具体含义的指标来对所有样品进行排序说明不了什么问题。"胡永宏（2012）有："$Y_{综}$ 含义很不清楚，难以解释，因而评价结果没有说服力。"故有：

  问题 1：何为主成分分析评估指数 $Y_{综}$ 的构造条件、意义和作用？

  M Saporta 在 *Analyses dcs Donnees* 一书中认为："如果想以一个综合变量来取代原始变量 $\boldsymbol{X}$，则最好的选择便是第一主成分 y_1。"[6] 于秀林（2011）有："如果第一主成分 y_1 某一变量 x_i 的系数较小或约等于 0，使用 y_1 作评估指数会遗漏变量 x_i 的重要信息。"上述 [1] 方法步骤（3）、（4）中，"$\boldsymbol{B}^0$ 中每行系数绝对值往 0、1 靠近较多""$\boldsymbol{B}^0$ 达到每行中至少有一个系数绝对值足够大（$\geqslant 0.5$）"是模糊的，故有：

  问题 2：如何明确地给出：多少个主成分取代原始变量 $\boldsymbol{X}$ 是更好的？

  白雪梅，赵松山（1995）有："指标体系是有多个指标构成的系统，而每个指标游离系统之外和纳入系统之内，其作用会有量的增减变化，系统内的每个指标是在与其他指标的相互关联中发挥其协同效应的，如果关联不存在，这种协同效应就消失了。因此，即使是主成分中的正指标也可能出现负系数。"即主成分变量系数中部分是正号、部分是负号是常见的现象。王惠文（1996）认为："主成分 y_1，…，y_k 中存在无序变量（主成分变量系数部分是正号、部分是负号）时，评估指数 $Y_{综}$ 会导致错误的结论，因此在使用中必须格外谨慎。"阎慈琳（1998）认为："若主成分系数绝对值较大者都为负值，此时应把主成分系数改向，使主成分成为 $-y_i$，再与其他主成分综合。"胡永宏认为："主成分较多系数为负时，是否反向没有公认的准则，在此情况下与第一主成分进行综合就更显得荒谬。"故有：

  问题 3：主成分存在无序变量时，怎样使得评估指数 $Y_{综}$ 的结果不出错？

  这里应用一个经验的行为原理，参照因子分析能取代所有变量的条件等，得出了主成分分析评估指数的构造条件，改进了主成分个数的确定方法，给出了主成分无序时正向化的方法，一个改进的主成分分析综合评价步骤和案例。

1.8.2 主要结果

  问题 1 解答：众所周知，学校中学生的语文、数学、外语课的考试成绩分别记为 x_1，x_2，x_3 时，有评估指数：$Y_{综} = \alpha_1 x_1 + \alpha_2 x_2 + \alpha_3 x_3$，这里 α_i 是变量 x_i 的权数，课程考试同等重要时，$\alpha_i = 1/3$，$Y_{综}$ 反映了学生三门课考试成绩的评估结果及其程度。因为 x_1，x_2，x_3 正向（越大越好），量纲制相同，不相关。从统计上讲，$Y_综$ 是三个正向、量纲制相同、不相关变量的评估指数。参照此做法（评估指数构造原理是一种经验的行为原理），k 个变量评估指数的构造条件：k 个变量正向、量纲制相同、不相关。满足这三个条件时，评估指数样品值能反映样品的综合评估结果及其程度。

多数情况下，p 个原始变量 x_1，$\cdots$，x_p 之间是有相关性的，从而需要将原始变量 $X = (x_1, \cdots, x_p)^{\mathrm{T}}$ 用少数几个（如 k 个）不相关的综合变量（如主成分）取代，主成分分析便是其中的方法之一，参照上述经验的行为原理，主成分分析评估指数的构造条件是：主成分 y_1，$\cdots$，y_k 能取代 X、正向、量纲制相同、不相关。因为假定原始变量 X 是标准化的，主成分变量系数平方和是 $1^{[7]}$，这消除了量纲的影响，变量系数是单位化的，即量纲制相同；因为主成分 y_1，$\cdots$，y_k 不相关[7]，故有：

结论 1：主成分分析评估指数的构造条件是：主成分 y_1，$\cdots$，y_k 能取代 X，正向。其构造原理是一种经验行为原理，其样品值能反映样品的综合评估结果及其程度。

主成分是否能能取代 X，是如下问题 2 的解答；主成分的正向化，是如下问题 3 的解答。

问题 2 解答：降维的方法还有主成分法下的因子分析，Johnson，R A，Wichern，D W（2007）认为："为了载荷（变量与因子的相关系数）的解释，我们将乐于看到一个载荷达到简单结构（或称结构简化）的模式，它使各变量在某单个因子上有高额载荷。" 即因子载荷阵（变量 X 与因子的相关阵）每行有元素最大绝对值较靠近 1，此时，因子能取代（解释）X。因为变量 X 与主成分的相关阵 B^0 是初始因子载荷阵，参照此做法，主成分能取代（解释）X，要求 B^0 达到简单结构，此时，主成分解释 X 的相关性较高，主成分能取代变量 X，故与旋转后因子比较有：

结论 2：主成分法下，多个不同列旋转后因子载荷阵中选出达到简单结构的，记为 $B^0\Gamma$（设为 m 列），B^0 与 $B^0\Gamma$ 比较，如果初始因子载荷阵 B^0 达到更好的简单结构（见注 1）或 B^0、$B^0\Gamma$ 都是差异不大的简单结构，则主成分能取代并能解释变量 X。

注 1：旋转后因子载荷阵 $B^0\Gamma$ 是逐次对初始因子载荷阵 B^0 每两列元素进行方差最大化正交旋转的结果，B^0 是列元素平方和（因子方差贡献）降序排列达到最大化的结果（见张尧庭，方开泰（1982）），即 B^0、$B^0\Gamma$ 的最大化方向不同，故一般情况下 $\boldsymbol{B}^0$、$\boldsymbol{B}^0\boldsymbol{\Gamma}$ 的结果是不同的，故比较中 $\boldsymbol{B}^0$、$\boldsymbol{B}^0\boldsymbol{\Gamma}$ 中会有更好的简单结构。

因为主成分分析是用主成分解释变量，故选取的主成分取代变量 $\boldsymbol{X}$ 时，主成分应该与变量有显著相关性（大样本时或达到中度相关），于是有：

结论 3：主成分能取代变量 $\boldsymbol{X}$ 时，若 p 列的初始因子载荷阵 $\boldsymbol{B}_p^0$ 前 k 列，有元素绝对值大于显著相关的临界值（大样本时或取 0.5），则主成分个数确定为 k，此时，前 k 个主成分取代原始变量 $\boldsymbol{X}$ 是更好的。

前 k 列初始因子载荷阵记为 $\boldsymbol{B}_k^0$，主成分仍记为 y_1，$\cdots$，y_k。

问题 3 解答：由结论 1，主成分有无序变量时，对主成分 y_1，$\cdots$，y_k 中的无序变量进行正向化，随之构造的评估指数 $Y_{综}$ 的结果是正确的。

正向化作法：初始因子载荷阵 $\boldsymbol{B}_k^0$ 的第 j 列 $\boldsymbol{b}_j$ 是变量 $\boldsymbol{X}$ 与主成分 y_j 的相关系数列，$\boldsymbol{b}_j$ 中元素绝对值大于显著相关临界值（大样本时或取 0.5）的对应变量与主成分 y_j 相关性较高，将这些变量归为主成分 y_j 一组，由这组变量内在关系的协同效应对主成分 y_j 进行正向化：如果这组变量内在关系的协同效应是越大越好，则主成分 y_j 取正号，否则，主成分取负号成为 $-y_j$。

推论：如果 $\boldsymbol{B}_1^0$ 每个元素绝对值较靠近 1，且主成分中只有 y_1 与变量显著相关（大样本时或中度相关），y_1 是正向的，则用第一主成分 y_1 作评估指数是更好的。

根据上述结论等，对 ［2］ 中步骤 （2）－（5）、（8）－（9） 进行深入，给出一个改进的主成分分析综合评价步骤：

（1）数据的预处理：对原始指标进行正向化、标准化，记为 $\boldsymbol{X} = (x_1, \cdots, x_p)'$；

（2）指标可降维的判定：如果变量 x_1，$\cdots$，x_p 间有高度相关性，则指标 $\boldsymbol{X}$ 可降维；

（3）选出简单结构的旋转后因子载荷阵：主成分法下，从多个不同列旋转后因子载荷阵中选出简单结构的记为 $\boldsymbol{B}^0\boldsymbol{\Gamma}$（$m$ 列）：即 $\boldsymbol{B}^0\boldsymbol{\Gamma}$ 每行元素有最大绝对值较靠近 1；

（4）主成分能取代变量 $\boldsymbol{X}$ 的判定：$\boldsymbol{B}^0$、$\boldsymbol{B}^0\boldsymbol{\Gamma}$ 比较，若 $\boldsymbol{B}^0$ 达到更好的简单结构或 $\boldsymbol{B}^0$、$\boldsymbol{B}^0\boldsymbol{\Gamma}$ 都是差异不大的简单结构，则主成分能取代变量 $\boldsymbol{X}$（结论 2）；

（5）确定主成分个数：对 p 列的初始因子载荷阵 $\boldsymbol{B}_p^0$，若其前 k 列元素绝对值大于显著相关的临界值（大样本时或取 0.5），则主成分个数为 k

（结论 3），相应的初始因子载荷阵记为 $\boldsymbol{B}_k^0$；

（6）主成分的正向化、命名和主成分的确定：在 $\boldsymbol{B}_k^0$ 的第 j 列 $\boldsymbol{b}_j$ 的元素中，选出绝对值大于显著相关临界值（大样本时或取 0.5）的对应变量，归为主成分 y_j 一组，如果这组变量内在关系的协同效应是越大越好，则主成分 y_j 取正号，否则，主成分取负号成为 $-y_j$；之后由归为 y_j 一组变量内在关系的协同效应对主成分 y_j 进行命名。正向化后的主成分仍记为 $\boldsymbol{Y} = (y_1, \cdots, y_k)^T$。

（7）构造评估指数：以主成分 y_i 的方差贡献率（信息比重）$\alpha_i = \lambda_i / p$ 为权数，有：

$$Y_{\text{综}} = \alpha_1 y_1 + \alpha_2 y_2 + \cdots + \alpha_k y_k$$

（8）样品值及其排序：给出 $y_1, \cdots, y_k$ 的样品值、评估指数 $Y_{\text{综}}$ 的样品值及其排序；

（9）样品分类：主成分 $y_1, \cdots, y_k$ 样品值进行标准化[7]后，做系统聚类分析，按评估指数 $Y_{\text{综}}$ 样品值排序给出样品相应的分类结果；

（10）评价与建议：结合样品分类结果，主成分 $y_1, \cdots, y_k$，评估指数 $Y_{\text{综}}$ 样品值和排序，$y_1, \cdots, y_k$，$Y_{\text{综}}$ 与原始变量的对应关系，每个主成分中变量内在关系的协同效应，进行优势、不足、潜力和原因等的综合评价，给出较客观、可靠的决策相关性建议。

注 2：上述改进的步骤（3）用到了旋转后因子载荷阵 $\boldsymbol{B}^0\boldsymbol{\Gamma}$，是为了与旋转后因子取代 $\boldsymbol{X}$ 进行比较；上述改进的步骤（4）～（6）用到了初始因子载荷阵 $\boldsymbol{B}^0$，是为了判断主成分能否取代和解释 $\boldsymbol{X}$、确定主成分个数、对主成分进行正向化和命名。即改进的步骤（3）～（6）是借鉴主成分法因子分析的理论，并没有混淆主成分分析和因子分析。关于主成分分析和因子分析的异同，见林海明，张文霖（2005）。

1.8.3　案例

为验证上述改进的主成分分析综合评价步骤的有效性，这里用 2010 年广东省各市对外贸易国际竞争力指标体系的数据（见表 4）进行综合评价。指标为：X_1 – 地区生产总值（亿元），X_2 – 从业人员年均人数（万人），X_3 – 从业人员的平均劳动报酬（元），X_4 – 国际市场占有率（‰），X_5 – 城镇居民人均可支配收入（元），X_6 - 工业企业新产品出口（万美元），X_7 - 工业企业 R&D 活动人员（人），X_8 - 净出口量（万美元），X_9 - 对外贸易依存度（%），X_{10} - 实际利用外资（万美元），X_{11} - 合同外资额（万美元），X_{12} - 金融机构储蓄存款（百亿元），X_{13} - 社会固定资产投资额（百亿元），X_{14} - 第三产业增加值（百亿元），样本容量 $n = 21$。

（1）数据的预处理：指标都是正向的，对正向化变量 x_1 - x_{14} 进行标准化。

（2）指标可降维的判定：用 SPSS 软件计算变量相关阵 **R** 得，x_1 与 x_{11}，x_{12}，x_{13}，x_{14} 的相关系数分别为 0.951，0.993，0.946，0.986 等，即变量之间有高度相关性，故变量可降维。

表 1   因子载荷阵

变量	B^0（初始）		$B^0 \Gamma$（旋转后）	
	1	2	1	2
x_1	0.959 *	− 0.238	0.904	0.400
x_2	0.910 *	− 0.227	0.858	0.378
x_3	0.908 *	− 0.208	0.845	0.392
x_4	0.914 *	0.397	0.479	0.874
x_5	0.842 *	− 0.126	0.743	0.417
x_6	0.809 *	0.550 *	0.303	0.931
x_7	0.931 *	0.348	0.523	0.846
x_8	0.732 *	0.653 *	0.178	0.965
x_9	0.931 *	0.345	0.524	0.843
x_{10}	0.969 *	− 0.133	0.847	0.489
x_{11}	0.976 *	− 0.102	0.834	0.518
x_{12}	0.932 *	− 0.325	0.935	0.314
x_{13}	0.861 *	− 0.458 *	0.961	0.165
x_{14}	0.934 *	− 0.295	0.919	0.339

* 表示显著水平 5% 下相关显著。

表 2   因子载荷阵每行元素最大绝对值靠近 1 对比表

因子载荷区间	频数	
	初始	旋转后
0.9 以上	10	6
0.8 ~ 0.9	3	7
0.7 ~ 0.8	1	1
合 计	14	14

（3）选出简单结构的旋转后因子载荷阵：多个不同列的旋转后因子载荷阵中挑选得，$m = 2$ 时，旋转后因子载荷阵 $\boldsymbol{B}^0\boldsymbol{\Gamma}$ 达到简单结构（见表1）。

（4）主成分能取代变量 $\boldsymbol{X}$ 的判定：变量与主成分的相关阵 $\boldsymbol{B}^0$（初始因子载荷阵，见表1）同 $\boldsymbol{B}^0\boldsymbol{\Gamma}$ 比较：由表1得表2，表2表明，$\boldsymbol{B}^0$ 达到更好的简单结构，故主成分能取代变量 $\boldsymbol{X}$。

（5）确定主成分个数：前 2 个主成分，变量正态分布下，取显著水平为 5%，显著相关的临界值是 $r(19) = 0.443^{[12]}$，由 $\boldsymbol{B}^0$ 和 $r(19)$ 判断，前 2 个主成分与变量显著相关，其余主成分与变量没有显著相关，故主成分个数 $k = 2$，主成分的累计方差贡献率为 93.97%。

（6）主成分正向化与命名：由 $\boldsymbol{B}^0$ 和 $r(19)$ 判断，主成分 y_1 与全部指标 $x_1 - x_{14}$ 显著正相关，y_1 中 $x_1 - x_{14}$ 内在关系的协同效应是越大越好，故 y_1 是正向的，y_1 称为外贸国际竞争力水平成分；主成分 y_2 与 x_6 - 工业企业新产品出口，x_8 - 净出口量显著正相关，与 x_{13} - 社会固定资产投资额显著负相关，这反映了出口与社会投资的内在关系：社会固定资产投资对出口有一些负影响，原因是国内的社会固定资产投资主要是内需拉动的，但从总体上讲，参与出口及其竞争是经济全球化、坚持对外开放、有利于国内发展的是一个方向，故 y_2 是正向的，y_2 称为出口与社会投资对比成分。y_1、y_2 如下：

$$y_1 = 0.284x_1 + 0.269x_2 + 0.269x_3 + 0.271x_4 + 0.249x_5 + 0.239x_6 + 0.276x_7 + 0.217x_8 + 0.276x_9 + 0.287x_{10} + 0.289x_{11} + 0.276x_{12} + 0.255x_{13} + 0.276x_{14}$$

$$y_2 = -0.181x_1 - 0.173x_2 - 0.158x_3 + 0.302x_4 - 0.096x_5 + 0.419x_6 + 0.265x_7 + 0.497x_8 + 0.263x_9 - 0.101x_{10} - 0.078x_{11} - 0.247x_{12} - 0.349x_{13} - 0.225x_{14}$$

（7）构造评估指数：主成分方差 $\lambda_1 = 11.416$、$\lambda_2 = 1.725$，以主成分方差贡献率 λ_i/p 为权数构造评估指数（x_i 是 X_i 标准化变量）：

$$Y_{综} = (11.424y_1 + 1.732y_2)/14 = 0.258x_4 + 0.257x_7 + 0.257x_9 + 0.247x_6 + 0.238x_8 + 0.226x_{11} + 0.221x_{10} + 0.209x_1 + 0.2x_3 + 0.198x_2 + 0.198x_{14} + 0.194x_{12} + 0.191x_5 + 0.165x_{13}$$

$Y_{综}$ 的意义和作用：$Y_{综}$ 按系数大小对变量排序是 x_4、x_7、x_9、x_6、x_8、x_{11}、x_{10}、x_1、x_3、x_2、x_{14}、x_{12}、x_5、x_{13}，该评价指数前 7 个指标注重 x_4 - 国际市场占有率、x_7 - 工业企业 R&D 活动人员、x_9 - 对外贸易依存度、x_6 - 工业企业新产品出口、x_8 - 净出口量、x_{11} - 合同外资额、x_{10} - 实际利用外资，

故 $Y_综$ 的评估与广东省对外贸易国际竞争力的目标相符（按 y_1 变量系数大小对变量排序是 x_{11}、x_{10}、x_1、x_7、x_9、x_{12}、x_{14}、x_4、x_2、x_3、x_{13}、x_5、x_6、x_8，y_1 前 7 个指标与 $Y_综$ 前 7 个指标共同注重的有 x_{11} - 合同外资额、x_{10} - 实际利用外资、x_7 - 工业企业 R&D 活动人员、x_9 - 对外贸易依存度，但 y_1 前 7 个指标不注重 x_4 - 国际市场占有率、x_6 - 工业企业新产品出口、x_8 - 净出口量的状况，故第一主成分 y_1 的评估与广东省对外贸易国际竞争力的目标和条理性，似乎意义不充足）。

（8）样品排序：主成分 y_1、y_2、评估指数 $Y_综$ 样品值及排序见表 3。

表 3　主成分、评估指数样品值及排序

城市	y_1	序	y_2	序	$Y_综$	序
2. 深圳	10.789	1	3.577	1	9.238	1
1. 广州	7.068	2	- 4.483	21	5.211	2
11. 东莞	3.473	3	- 0.292	18	2.796	3
5. 佛山	2.645	4	- 0.742	20	2.065	4
……	……	……	……	……	……	……

（9）样品分类：用表 3 中 y_1、y_2 样品值的标准化值进行系统聚类分析，选取离差平方和法，欧氏距离，分类阈值取为 0.5 时，分成 6 类，结合 $Y_综$ 样品值排名顺序给出相应共性分类结果如下：

第一类：深圳；第二类：广州；第三类：东莞、佛山；第四类：中山、惠州、珠海、江门；第六类至第八类此略。

（10）评价：以第二类的广州为例，$Y_综$ 值（5.211）排第 2，远高于平均水平，优势明显。其中外贸国际竞争力水平成分 y_1 值（7.068）排第 2，远高于平均水平，优势明显；出口与社会投资对比成分 y_2 值（- 4.483）倒数第 1。即广州是外贸国际竞争力水平优势明显，出口与社会投资有待协调的城市。原因及问题：由表 4，优势方面，外贸国际竞争力水平成分 y_1 中 x_1，x_2，x_3，x_{12}，x_{13}，x_{14} 排序均为 1，x_7，x_{10}，x_{11} 排序均为 2；不足方面，外贸国际竞争力水平成分 y_1 中 x_4，x_5，x_6，x_8，x_9 排序分别为 3，3，4，21（倒数第 1），3。

建议：广州市在继续保持外贸国际竞争力水平成分 y_1 中 x_1 - 地区生产总值、x_2 - 从业人员年末人数、x_3 - 从业人员的平均劳动报酬、x_{12} - 金融机构储蓄存款、x_{13} - 社会固定资产投资额（如亚运会场馆、配套城市建设等）

表 4   广东省各市对外贸易国际竞争力指标体系原始数据与排序

地区	X_1	序	X_2	序	X_3	序	X_4	序	X_5	序	X_6	序	X_7	序
1. 广州	10748	1	763.91	1	54091	1	0.0032	3	30658	3	2415465	4	47296	2
2. 深圳	9581	2	698.83	2	51513	2	0.0135	1	32380	2	32326553	1	160148	1
……														
5. 佛山	5651	3	381.13	4	36850	5	0.0022	4	27244	4	4753672	2	40890	3
……														
11. 东莞	4246	4	433.79	3	46250	3	0.0046	1	35690	1	1988713	5	36064	4

地区	X_8	序	X_9	序	X_{10}	序	X_{11}	序	X_{12}	序	X_{13}	序	X_{14}	序
1. 广州	−70.05	21	0.0026	3	397858	2	496820	2	9013.15	1	3263.57	1	6557.45	1
2. 深圳	615.97	1	0.0086	1	429734	1	565206	1	6717.05	2	1944.70	2	5051.67	2
……														
5. 佛山	144.17	3	0.0013	4	196754	4	218952	4	4406.34	3	1719.63	3	2003.63	4
……														
11. 东莞	176.40	2	0.0030	2	273171	3	259740	3	3384.45	4	1114.98	4	2069.07	3

数据来源:《广东统计年鉴 2011》和《中国统计年鉴 2011》。

排序均为 1，x_7 - 工业企业 *R&D* 活动人员、x_{10} - 实际利用外资、x_{11} - 合同外资额排序均为 2 明显优势的前提下，促进 x_4 - 国际市场占有率、x_5 - 城镇居民人均可支配收入、x_9 - 对外贸易依存度的关联性发展；从出口与社会投资协调关系上，发挥好外贸国际竞争力水平成分 y_1 中 x_{13} - 社会固定资产投资额的优势、协调促进 x_6 - 工业企业新产品出口、x_8 - 净出口量的增加，必然会有更高水平的外贸国际竞争力。

其他类各样品的评价与建议类似，此略。

以上评价与建议，找到了研究对象的共性、优势、不足、潜力和原因等，用具有可控性的原始指标给出了较可靠的决策相关性建议，验证了改进的主成分分析综合评价步骤是有效的。

1.8.4   结论

这里给出了主成分分析评估指数的构造条件：变量与主成分的相关阵 B^0（初始因子载荷阵）达到更好的简单结构，主成分与变量显著相关，主成分是正向的。

用初始因子载荷阵 $\boldsymbol{B}^0$ 与达到简单结构的旋转后因子载荷阵 $\boldsymbol{B}^0\boldsymbol{\Gamma}$，给出了 $\boldsymbol{B}^0$ 达到更好简单结构的比较方法；用 $\boldsymbol{B}^0$ 的元素与显著相关临界值（大样本时或取 0.5）的比较，给出了主成分与变量显著相关的判断，改进了主成分个数的确定方法；用与主成分显著相关变量内在关系的协同效应是否越大越好，给出了主成分正向化的方法，改进了主成分命名的方法；给出了一个改进的主成分分析综合评价步骤和案例。

如果变量与主成分的相关阵 $\boldsymbol{B}^0$ 不能达到更好的简单结构，主成分分析评估指数可能得不到较满意的结果，建议用主成分法的因子分析评估指数解决问题[13]。

参考文献

[1] Johnson R A, Wichern D W, 2007. Applied Multivariate Statistical Analysis 6th ed. Pearson Educatin, Inc, publishing as Prentice Hall, Copyritght. 430 – 538. 中译本：实用多元统计分析. 陆璇等译. 清华大学出版社，2001。

[2] 林海明. 2007. 对主成分分析法运用中十个问题的解析. 统计与决策，8：16 – 18。

[3] 何平：2005. 我国综合评价活动发展述评. [EB/OL], http://www.sts.org.cn/fxyj/zbtx/documents/zhps.htm。

[4] 王学民. 2007. 对主成分分析中综合得分方法的质疑. 统计与决策，4：31 – 32。

[5] 胡永宏. 2012. 对统计综合评价中几个问题的认识与探讨. 统计研究，1：26 – 30。

[6] 王惠文. 1996. 用主成分分析法建立系统评估指数的限制条件浅析. 系统工程理论与实践，9：25 – 28。

[7] 任雪松，于秀林. 2011. 多元统计分析. 北京：中国统计出版社，184 – 231。

[8] 白雪梅，赵松山. 1995. 对主成分分析综合评价方法若干问题的探讨. 统计研究. 6：47 – 51。

[9] 阎慈琳.《关于用主成分分析做综合评价的若干问题》，《数理统计与管理》1998 年第 2 期，第 22 – 25 页。

[10] 张尧庭、方开泰著《多元统计分析引论》[M]，北京：科学出版社，1982。

[11] 林海明、张文霖：《主成分分析与因子分析的异同和 SPSS 软件——兼与刘玉玫、卢纹岱等同志商榷》[J]，《统计研究》2005 年第 3 期，第 65～69 页。

[12] 峁诗松等编著《概率论与数理统计》[M]，北京：中国统计出版社，2000，第 106、420 页。

[13] 林海明：《因子分析模型的改进与应用》[J]，《数理统计与管理》2009 年第 28（6）期，第 998～1012 页。

1.9 恰好识别方程两种估计方法的一个误区

李景华　　朱尚伟[①]

（山西财经大学统计学院　山西财经大学数学学院）

摘　要：本文探讨经济计量学联立方程模型关于恰好识别类方程的两种估计方法。文中给出的例证，就"恰好识别方程的 ILS 估计与 TSLS 估计是同一估计量"的观点提供了一个反例；文中所建立的一般性结论，则给出了两种方法为同一估计量的一个充分性条件。

关键词：结构式　简约式　恰好识别　工具变量

经济计量学联立方程模型较常见的估计方法是间接最小二乘法（ILS）与两阶段最小二乘法（TSLS）。对于模型中的恰好识别类方程，学术界普遍认为 ILS 与 TSLS 两种方法所给出的是同一估计量（李子奈，2000；Gujarati，2003；Pindyck，1998；Johnston，1994；因特里格特，2004；A. Koutsoyiannis，1977）。但是笔者的工作却发现，按照现在通行的 TSLS 方法，一个恰好识别方程的 TSLS 估计是不同于它的 ILS 估计的。这一问题在本质上关系到两个基本概念：联立方程模型关于简约式方程的概念以及 TSLS 方法关于工具变量的概念。

---

① 李景华，女，汉族，山西，山西财经大学，理学学士、经济学硕士，教授，数量经济方法与应用，太原市山西财经大学统计学院；朱尚伟，男，汉族，山西，山西财经大学，理学博士、教授，控制理论、数量经济方法，太原市山西财经大学数学学院。

1.9.1　ILS 估计与 TSLS 估计

1.9.1.1　基本概念

考虑联立方程模型

$$BY = \Gamma X + U \tag{1}$$

其中：

$$Y' = (Y_1, \cdots, Y_g), X' = (X_1, \cdots, X_k), U' = (U_1, \cdots, U_g)$$

分别为当期内生变量向量、前定变量向量与随机误差向量；$B = (b_{ij})_{g \times g}$，$\Gamma = (\gamma_{ij})_{g \times k}$ 为模型的结构式参数矩阵；B 可逆，$b_{ii} \neq 0$，$i = 1, \cdots, g$。（1）式称为联立方程模型的结构式。记

$$\Pi = B^{-1} \Gamma \tag{2}$$

$V = B^{-1} U$，由（1）式可得

$$Y = \Pi X + V \tag{3}$$

（3）式称为联立方程模型（1）的简约式，$\Pi = (\pi_{ij})_{g \times k}$ 称为模型的简约式参数矩阵。（2）式（或 $B\Pi = \Gamma$）被虚拟为关于结构式参数的方程组系统。

1.9.1.2　结构式方程的 TSLS 估计

为了克服当期内生解释变量对普通最小二乘估计的不良影响，TSLS 方法代之以各个当期内生解释变量的特定工具变量完成结构式参数的估计。其步骤如下：

（a）以待估结构式方程中的每一个当期内生解释变量 Y_i 为被解释变量，模型中的全体前定变量作为解释变量，按照普通最小二乘法，求得各 Y_i 的工具变量 $\hat{Y_i}$；

（b）以各 $\hat{Y_i}$ 取代相应的 Y_i，对结构式方程进行普通最小二乘估计，完成其结构式参数的估计。

在关于联立方程模型的通常假定下，TSLS 估计是一致估计量。

1.9.1.3　恰好识别方程的 ILS 估计

ILS 方法是专门针对恰好识别方程的估计方法。它利用模型简约式方程

的最小二乘估计值，通过解线性代数方程组完成结构式参数的估计。其步骤如下：

（a）对模型的简约式方程

$$Y_i = \sum_{s \in Q(i)} \pi_{is} X_s + V_i, \quad i = 1, \cdots, g$$

进行普通最小二乘估计，求得 $\hat{\pi}_{is}$，其中 $Q(i)$ 为 Y_i 的简约式方程中出现的前定变量脚标集。

（b）以待估结构式方程的参数向量 b、γ 与简约式参数估计值矩阵 $\hat{\Pi} = (\hat{\pi}_{is})_{g \times k}$ 形成方程组

$$b \hat{\Pi} = \gamma$$

以 b、γ 中非零元素为未知数，解方程组获得结构式方程的间接最小二乘估计。

在关于联立方程模型的通常假定下，间接最小二乘估计是一致估计量。

（4）问题的提出

TSLS 方法与 ILS 方法的（a）款都包含有关于待估结构式方程中当期内生解释变量的回归过程。但 ILS 的（a）款是对模型简约式方程的回归。容易理解由结构式（1）所派生的简约式（3）中的一个个别的简约式方程，完全有可能仅仅包含部分前定变量，而非全部前定变量（李景华，2005）。而 TSLS 的（a）款则旨在获取 Y_i 的工具变量，它的回归元按照现在通行的 TSLS 方法，被要求是模型中的全部前定变量。可以理解这种关于工具变量的回归方程式完全有可能并不是一个真实的简约式方程。

由此所产生的问题是，如果一个需要被替代的当期内生解释变量，在模型的关于它自己的简约式方程中，仅仅以部分而非全部前定变量为解释变量，那么按照 TSLS 与 ILS 两种方法，两次（a）款的回归是两个不同的回归过程，不同的回归最终将引致结构式方程参数的不同估计结果。

1.9.2　一个例证的启示

1.9.2.1　一个恰好识别方程的例证

以下是笔者构建的一个示例模型

$$C_t = \alpha_0 + \alpha_1 y_{t-1} + U_{Ct}$$

$$I_t = \beta_0 + \beta_1 C_t + \beta_2 C_{t-1} + U_{It}$$

$$y_t = I_t + C_t$$

其中 C 表示消费，I 表示诱发投资，y 表示国民收入。记：

$$Y = (C_t, I_t, y_t)', X = (1, y_{t-1}, C_{t-1})', U = (U_{Ct}, U_{It}, 0)'$$

分别是模型的当期内生变量向量、前定变量向量、误差向量。模型的结构式
参数矩阵即为

$$B = \begin{pmatrix} 1 & 0 & 0 \\ -\beta_1 & 1 & 0 \\ -1 & -1 & 1 \end{pmatrix}, \quad \Gamma = \begin{pmatrix} \alpha_0 & \alpha_1 & 0 \\ \beta_0 & 0 & \beta_2 \\ 0 & 0 & 0 \end{pmatrix}$$

容易验证

$$B^{-1} = \begin{pmatrix} 1 & 0 & 0 \\ \beta_1 & 1 & 0 \\ 1+\beta_1 & 1 & 1 \end{pmatrix}, \quad \Pi = B^{-1}\Gamma = \begin{pmatrix} \alpha_0 & \alpha_1 & 0 \\ \alpha_0\beta_1 + \beta_0 & \alpha_1\beta_1 & \beta_2 \\ \alpha_0(1+\beta_1) + \beta_0 & \alpha_1(1+\beta_1) & \beta_2 \end{pmatrix} \tag{4}$$

消费方程、投资方程可识别性的秩条件判别矩阵分别为

$$S_C = \begin{pmatrix} 1 & 0 & \beta_2 \\ -1 & 1 & 0 \end{pmatrix}, S_I = \begin{pmatrix} 0 & \alpha_1 \\ 1 & 0 \end{pmatrix}$$

所以模型可以识别，且其消费方程过度识别，投资方程恰好识别。

笔者借用文 [1] 第 4 章第 5 节的数据，对上述投资方程分别进行了
TSLS 估计与 ILS 估计。

投资方程只包含一个当期内生变量 C_t，按照 TSLS 方法，求得其工具变
量

$$\hat{C}_t = 662.7019211 + 0.9641368729 y_{t-1} - 0.8675939766 C_{t-1} \tag{5}$$

以 $\hat{C}_t$ 取代 C_t 可完成投资方程的 TSLS 估计如下：

$$I_t(\text{TSLS}) = -545.0272127 + 1.415233419 C_t - 0.6747422831 C_{t-1} \tag{6}$$

投资方程中包含第一、第二个当期内生变量 C_t、I_t。根据模型简约式参
数矩阵形式 (4)，简约式参数存在零约束 $\pi_{13} = 0$，变量 C_t 的简约式方程将
不包含前定变量 C_{t-1}。求得模型第一、第二个简约式方程的最小二乘估计：

$$\hat{C}_t = 252.4175243 + 0.5693837196y_{t-1}$$

$$\hat{I}_t = 392.8506926 + 1.364478723y_{t-1} - 1.902590273C_{t-1} \tag{7}$$

按照参数方程组系统（2），由以上简约式系数的估计值构建代数方程组

$$(-\hat{\beta}_1 \quad 1)\begin{pmatrix} 0.5693837196 \\ 1.364478723 \end{pmatrix} = 0$$

$$(-\hat{\beta}_1 \quad 1)\begin{pmatrix} 252.4175243 & 0 \\ 392.8506926 & -1.902590273 \end{pmatrix} = (\hat{\beta}_0 \quad \hat{\beta}_2)$$

解方程组即得到投资方程的 ILS 估计

$$I_t(\text{ILS}) = -212.045781079 + 2.396413307C_t - 1.902590273C_{t-1} \tag{8}$$

比较（6）、（8）两式，可见对于恰好识别的投资方程，其 TSLS 估计不同于其与 ILS 估计。

1.9.2.2　示例模型的启示

在示例模型中对投资方程中的当期内生解释变量 C_t，如果修改 TSLS 方法中"以全体前定变量为回归元构建工具变量"的规则，为"按照 C_t 的简约式方程构建工具变量"，取（7）式之 $\hat{C}_t$ 为工具变量，完成投资方程第二阶段的最小二乘估计，可有：

$$\hat{I}_t = -212.045781079 + 2.396413307\hat{C}_t - 1.902590273C_{t-1}$$

由此可见投资方程的这一"TSLS"估计结果与以上 ILS 估计结果相同，这里的"TSLS"以示其与通行 TSLS 的区别。

关于示例模型以上结果的理论探讨，最终将笔者引向关于这一问题的一个一般性结论。

1.9.3　一般性结论

命题：若恰好识别方程中被解释变量的简约式方程包含全体前定变量，并且恰好识别方程中的每一个当期内生解释变量都按照各自的简约式方程构建工具变量，则恰好识别方程的两阶段最小二乘估计等同于其间接最小二乘估计。

证明：为简洁起见以下过程中变量与变量的数据向量采用同一符号，其

寓意的区别可由上下文判断。为叙述确定起见，不妨设所考虑的恰好识别方程是模型的第一个方程，并且不失一般性将方程明确为

$$Y_1 = -b_{12}Y_2 - \cdots - b_{1g_1}Y_{g_1} + \gamma_{11}X_1 + \cdots + \gamma_{1k_1}X_{k_1} + U_1 \qquad (9)$$

配合以上约定，对简约式参数矩阵 Π 进行分块

$$\Pi = \begin{pmatrix} \Pi_{11} & \Pi_{12} \\ \Pi_{21} & \Pi_{22} \\ \Pi_{31} & \Pi_{32} \end{pmatrix}$$

其中

$$\Pi_{11} = (\pi_{11} \quad \cdots \quad \pi_{1k_1}) \qquad \Pi_{12} = (\pi_{1k_1+1} \quad \cdots \quad \pi_{1k})$$

$$\Pi_{21} = \begin{pmatrix} \pi_{21} & \cdots & \pi_{2k_1} \\ \cdots & \cdots & \cdots \\ \pi_{g_11} & \cdots & \pi_{g_1k_1} \end{pmatrix} \qquad \Pi_{22} = \begin{pmatrix} \pi_{2k_1+1} & \cdots & \pi_{2k} \\ \cdots & \cdots & \cdots \\ \pi_{g_1k_1+1} & \cdots & \pi_{g_1k} \end{pmatrix}$$

对方程中出现的 $g_1 - 1$ 个当期内生解释变量 $Y_2, \cdots, Y_{g_1}$，按照它们各自的简约式方程的估计结果构建工具变量

$$\hat{Y}_i = \sum_{s \in \mathbf{Q}(i)} \hat{\pi}_{is} X_s \qquad i = 2, \cdots, g_1$$

其中 $Q(i)$ 为 Y_i 的简约式方程中出现的前定变量脚标集。

约定矩阵 $\hat{Y} = (\hat{Y}_2, \cdots, \hat{Y}_{g_1})$，$Z_1 = (X_1, \cdots, X_{k_1})$，$Z_2 = (X_{k_1+1}, \cdots, X_k)$，以上工具变量的数据向量等式为

$$\hat{Y} = Z_1 \hat{\Pi}'_{21} + Z_2 \hat{\Pi}'_{22}$$

其中，$\hat{\Pi}'_{21}, \hat{\Pi}'_{22}$ 中可能由于简约式参数的零约束而设定有零元素。

结构式方程（9）第二阶段的回归方程为

$$Y_1 = -b_{12}\hat{Y}_2 \cdots - b_{1g_1}\hat{Y}_{g_1} + \gamma_{11}X_1 + \cdots + \gamma_{1k_1}X_{k_1} + W_1 \qquad (10)$$

其中 $W_1 = U_1 - b_{12}\varepsilon_2 \cdots - b_{1g_1}\varepsilon_{g_1}$，$\varepsilon_i$ 是 Y_i 的简约式方程的最小二乘估计残差，$i = 2, \cdots, g_1$。

记 $-\hat{b} = (-\hat{b}_{12}, \cdots, -\hat{b}_{1g_1})$，$\hat{\gamma} = (\hat{\gamma}_{11}, \cdots, \hat{\gamma}_{1k_1})$ 为（10）式中参数的最小二乘估计，则此次回归的实际值向量、估计值向量、残差向量成立

$$Y_1 = \hat{Y}_1 + e = (\hat{Y}Z_1)(-\hat{b} \quad \hat{\gamma})' + e \tag{11}$$

由（10）式最小二乘估计的驻点条件

$$(\hat{Y}Z_1)'(\hat{Y}Z_1)(-\hat{b} \quad \hat{\gamma})' = (\hat{Y}Z_1)'Y_1$$

可有

$$(\hat{Y}Z_1)'e = 0$$

也即

$$\hat{Y}'e = 0 \qquad Z_1'e = 0$$

于是有

$$\hat{Y}'e = \hat{\Pi}_{21}Z_1'e + \hat{\Pi}_{22}Z_2'e = \hat{\Pi}_{22}Z_2'e = 0 \tag{12}$$

可以说明对可识方程有 $r(\Pi_{22}) = g_1 - 1$。考虑 $Y_2, \cdots, Y_{g_1}$ 的简约式方程组

$$\begin{pmatrix} Y_2 \\ \vdots \\ Y_{g_1} \end{pmatrix} = \begin{pmatrix} \pi_{21} & \cdots & \pi_{2k_1} \\ \vdots & \cdots & \vdots \\ \pi_{g_1 1} & \cdots & \pi_{g_1 k_1} \end{pmatrix} \begin{pmatrix} X_1 \\ \vdots \\ X_{k_1} \end{pmatrix} + \begin{pmatrix} \pi_{2k_1+1} & \cdots & \pi_{2k} \\ \vdots & \cdots & \vdots \\ \pi_{g_1 k_1 + 1} & \cdots & \pi_{g_1 k} \end{pmatrix} \begin{pmatrix} X_{k_1+1} \\ \vdots \\ X_k \end{pmatrix} + \begin{pmatrix} V_2 \\ \vdots \\ V_{g_1} \end{pmatrix}$$

如若 $r(\Pi_{22}) < g_1 - 1$，Π_{22} 的行向量组将线性相关，从而存在不全为零的常数 $\lambda_2, \cdots, \lambda_{g_1}$，使得

$$(\lambda_2, \cdots, \lambda_{g_1}) \begin{pmatrix} Y_2 \\ \vdots \\ Y_{g_1} \end{pmatrix} = (\lambda_2, \cdots, \lambda_{g_1}) \begin{pmatrix} \pi_{21} & \cdots & \pi_{2k_1} \\ \vdots & \cdots & \vdots \\ \pi_{g_1 1} & \cdots & \pi_{g_1 k_1} \end{pmatrix} \begin{pmatrix} X_1 \\ \vdots \\ X_{k_1} \end{pmatrix} + (\lambda_2, \cdots, \lambda_{g_1}) \begin{pmatrix} V_2 \\ \vdots \\ V_{g_1} \end{pmatrix}$$

此组合方程的变量都出现于第一个方程中且不包含 Y_1，这与所设第一个方程可识别矛盾。

又对于恰好识别方程，有 $k - k_1 = g_1 - 1$，从而 Π_{22} 是 $(g_1 - 1) \times (g_1 - 1)$ 满秩方阵。$\hat{\Pi}_{22}$ 由 $g_1 - 1$ 次独立的最小二乘估计所得的 $g_1 - 1$ 个 $g_1 - 1$ 维行向量形成，$\hat{\Pi}_{22}$ 行满秩是事实上的概率 1 事件，从而（12）式表明：

$$Z_2'e = 0$$

记 $Z = (Z_1 Z_2)$ 为前定变量数据阵，即成立

$$Z'e = 0$$

于（11）式左乘 Z'，即可有：

$$Z'Y_1 = Z'(\hat{Y}Z_1)(-\hat{b} \quad \hat{\gamma})' \tag{13}$$

由所设 Y_1 的简约式方程包含模型的全部前定变量，从而 Y_1 简约式方程的最小二乘估计的驻点条件式为：

$$Z'Y_1 = Z'Z(\hat{\Pi}_{11} \quad \hat{\Pi}_{12})' \tag{14}$$

又由于

$$(\hat{Y}Z_1) = (Z_1 Z_2)\begin{pmatrix} \hat{\Pi}'_{21} & I_{k_1} \\ \hat{\Pi}'_{22} & 0 \end{pmatrix} \tag{15}$$

式（14）、（15）一并代入（13），有

$$Z'Z\begin{pmatrix} \hat{\Pi}'_{11} \\ \hat{\Pi}'_{12} \end{pmatrix} = Z'Z\begin{pmatrix} \hat{\Pi}'_{21} & I_{k_1} \\ \hat{\Pi}'_{22} & 0 \end{pmatrix}(-\hat{b} \quad \hat{\gamma})'$$

注意到 $Z'Z$ 可逆，即有

$$\begin{pmatrix} \hat{\Pi}'_{11} \\ \hat{\Pi}'_{12} \end{pmatrix} = \begin{pmatrix} \hat{\Pi}'_{21} & I_{k_1} \\ \hat{\Pi}'_{22} & 0 \end{pmatrix}(-\hat{b} \quad \hat{\gamma})'$$

整理可得

$$(1 \quad b)\begin{pmatrix} \hat{\Pi}_{12} \\ \hat{\Pi}_{22} \end{pmatrix} = 0$$

$$(1 \quad b)\begin{pmatrix} \hat{\Pi}_{11} \\ \hat{\Pi}_{21} \end{pmatrix} = \gamma$$

而这正是 ILS 方法中（b）款所解的关于第一个方程的参数方程组。

推论：若模型的简约式参数矩阵没有零约束，则恰好识别方程的两阶段最小二乘估计等同于其间接最小二乘估计。

1.9.4　两点评注

（1）学术界存在一种关于简约式方程的"全员前定变量"观点（A. Koutsoyiannis，1977；李子奈，2000）："将联立方程模型的每个内生变量表示成所有前定变量和随机误差项的函数，即用所有前定变量作为每个内生变量的解释变量，所形成的模型称为简约式模型。"这一简约式观点的错误之一是导致联立方程模型关于两类参数的恒等式

$$\Pi = B^{-1}\Gamma$$

不再成立。在本文的示例模型中，按照 $\Pi = B^{-1}\Gamma$ 所派生的简约式参数矩阵存在元素的"零约束"，而按照"全员前定变量"观点的简约式参数矩阵没有零元素。错误之二是混淆了恰好识别方程的两种不同的估计方法，它使得本不相同的工具变量回归与简约式方程回归混为一谈，从而导致恰好识别方程的 TSLS 估计错误地等同于其 ILS 估计。

（2）现在通行的 TSLS 估计的工具变量，是当期内生解释变量对全部前定变量的回归。而当模型的当期内生解释变量的简约式方程并不包含全部前定变量时，当期内生解释变量的简约式回归便是一种不同的，但却同样符合工具变量要求的工具变量方法。因此，采用哪一种工具变量形式是一个学术界值得商榷的问题。前者由于包含更多的解释变量而具有更佳的拟合效果，但它却有违模型结构式所蕴含的对简约式的规定；后者则恰好相反。笔者的观点是模型的数理逻辑应该优先，结构式方程所约定的因而简约式方程被蕴含的经济学意义应该优先，因此笔者认为按照简约式方程构建工具变量才是正确的选择。

参考文献

［1］李子奈 . 2000. 计量经济学 . 北京：高等教育出版社。

［2］〔美〕古扎拉蒂 . 基础计量经济学，林少宫译 . 北京：中国人民大学出版社，2003。

［3］Robert S, Pindyck, Daniel L Rubinfeld. 1998. Econometric Models and Economic Forecasts . New Yook：McGraw-Hill.

［4］Johnston J. 1984. Econometric Methods, New York：McGraw-Hill.

［5］William H Greene. 1993. Econometric Analysis. Prentice-Hall, Inc.

［6］〔美〕因特里格特，博德金，萧政 . 经济计量模型、技术与应用 . 李双杰等译。

北京：中国社会科学出版社，2004。

［7］A Koutsoyiannis. 1977. Theory of Econometrics—An Introductory Exposition of Econometric Method, 2nd. London and Basingstoke：The Macmillan Press Ltd.

［8］李景华. 2002. 经济计量学. 北京：中国商业出版社。

［9］李景华. 2006. 两种简约式概念辨析. 数量经济与技术经济研究，7。

1.10 基于农户主体的微观模拟平台及其在粮食安全问题研究中的应用①

万相昱 张涛②
（中国社会科学院数量经济与技术经济研究所）

摘 要：本文研制了一个基于主体的微观模拟平台，用于对农户模型提供从模型建立到运行管理再到实证分析的全方位支持。它由复杂适应系统出发，采用现代经济学有限理性、复杂性和非均衡等假设，通过基于规则的仿真方式对真实经济世界进行抽象，从而完成对经济系统的动态性、涌现性和进化性的量化研究，并为领域专家实现了便捷的农户建模工具和模拟运行环境。在该平台框架下，根据我国经济现实和相关数据，本文建立了一个针对我国粮食安全问题研究的农户模型，该模型的模拟运行及实证应用验证了该平台作为复杂适应系统研究平台和经济模型综合集成仿真工具的便捷性和有效性。

关键词：农户模型 微观模拟平台 基于主体 粮食安全

1.10.1 文献回顾

农业，既是提供居民衣食等必需生活品的重要产业，又是国民经济的重

---

① 本文获得基金项目：国家科技部专项经费（国科发财 2009 - 411）、国家教育部人文社会科学研究青年基金项目（10YJC790243）的支持。
② 万相昱（1978～），男，经济学博士，中国社会科学院数量与技术经济研究所助理研究员，硕士生导师；张涛（1973～），男，经济学博士，中国社会科学院数量与技术经济研究所研究员，博士生导师。

要组成部分，因此，农业经济问题是长期以来是宏观经济学研究的重点、热点。而另一方面，占据世界人口的四分之一以上的农户群体也是世界贫困人口的主体，是发展经济学和福利经济学研究的主要对象。对于多数发展中国家而言，关心农民、支持农业、发展农村，不仅是一个现实问题，也是战略问题；不仅是一个经济问题，也是政治问题。

农业经济现象的内在动因来自于农户的微观状态与行为，农户通过行为决策来调整其状态以适应经济环境，而微观状态的累积构成宏观经济现象，事实上，深入研究某一农业经济问题的本质往往就是去理解微观农户的行为与状态。传统的农业经济问题研究，往往基于宏观的和经验的数据，应用典型个体或总量分析模式对农户经济状态和行为进行抽象、分析和应用。而事实上，处在半市场化、半封闭化经济条件下的农户群体，由于其地理分布的多样性、禀赋状态的异质性以及行为决策的进化适应性，直接导致农业问题研究的复杂性，而脱离微观经济基础传统研究方法往往缺乏分析这种复杂性的能力，因此，基于农户个体视角的分析必须被纳入农业经济研究的范畴，建立从微观状态和行为入手分析农业问题的研究模式，这就形成了所谓的"农业户模型"（agricultural household model）（张林秀，1996a，1996b）。

作为一种新兴的农业经济建模技术，农户模型是被用来描述农户内部各种关系的一种与一般均衡经济理论原理相一致的经济模型，是将农户的生产、消费和劳动力供给等决策有机联系到一起的一种微观经济模型（陈和午（2004）；翁贞林（2008））。传统的农户模型最早可以追溯到 Chayanov（1925）和 Nakajima（1957）的相关研究，他们是最早认为应该在农户 - 公司框架中分析农户行为的研究者。在其建模理论的基础上，农户模型得到不断地发展完善，先后形成所谓单一模型（unitary model）、集合模型（collective model）和议价模型（bargaining model）等一系列农户经济学模型，它们尝试从微观农户的行为和状态入手解析农业经济学理论和现实，相关研究可参见 Manser 和 Brown（1980），Becker（1981），Lopez（1986），de Brauw 等人（2002），Chiappori 和 Ekeland（2003，2005）以及 Blundell（2007），等等。到目前为止，研究农户行为经济理论主要有三种：农户利润最大化、农户效用最大化和农户风险规避理论。在这些经济理论基础上建立的模型以微观农户数据为基础进行模型解析，从而获得对农户行为进行模拟的依据，并以"自下而上"的方式解决宏观经济问题。尽管它们在相对稳态的经济体统中表现出良好的分析和预测能力（Huffman（1991），Barnum（1979）），但目前的农户模型仍然在以下三个方面存在缺陷：

1.10.1.1 微观归属问题

在农户建模中，单纯地将农户的特征进行典型化或总量化的方法，显然丧失了对不同经济主体在经济冲击下独立反应的研究能力，精确的研究目标必然要求我们将具体农户的异质经济属性与行为纳入分析的范畴，即从微观层面入手进行归属分析，模拟外生经济条件和冲击对微观农户的行为和特征的影响，通过微观行为和属性的累积来反映宏观经济效应，从而最终提取目标信息。

Orcutt（1957，1960）提出微观模拟（microsimulation）方法，它以微观个体作为描述和处理的对象，应用计算机仿真现实经济系统运行，从而将研究视角引入异质假设下的微观层面，进而通过模拟个体以及相应宏观总体的经济特征、行为以及相互作用来实现对经济现实的实验分析。这种集先进性、科学性和精确性于一身的技术，一经提出便在公共政策评价领域迅速发展起来，大量模型被研制并具体应用于实证分析中（Citro 和 Hanushek（1991），Bourguigon 等（2006））。随着半个多世纪的发展完善，该技术业已获得广泛的支持与采纳，成为政府部门公共政策分析的有力工具（参见 Gupta 和 Kapur（2000），Harding 和 Gupta（2007）等）。自1993年起的五次大型"微观模拟与公共政策分析国际会议"表明该技术的研究与应用已成为经济学热点问题。

1.10.1.2 复杂适应系统

现代经济学认为经济是一个复杂的自适应系统（Arthur，1994a，1994b），其复杂性导致经济主体行为的有限理性，而主体的适应性导致经济系统的进化性，经济政策的效应在不可尽述的网络环境下交互传导，"涌现"和"自组织"是该系统的持续特征，这种复杂的进化机制是经济建模的最大难题。而与其他复杂系统不同，经济系统的这种复杂性具体表现在四个方面：属性异质导致的经济复杂性、行为异质导致的经济复杂性、交互网络导致的经济复杂性以及动态适应导致的经济复杂性。对于属性和行为各异、市场参与不完全、经济预期近视的农户主体以及环境变化剧烈、突发性不可预期的农业经济而言，复杂系统研究的现实意义尤为显著，亟需研制全新的经济模型，以满足现实经济问题的分析预测以及经济理论方法更新的双重需要。

基于主体计算经济学（agent-based computational economics，ACE）为该问题提供了一个新的经济学研究方法论，使得经济学者可以在更深的层次和更广的范围研究经济问题。Tesfatsion（2001）将其定义为："经济学的一个计算研究途径，它把经济模型化成由一系列相互作用主体构成的进化系统"，在此基础上构建的微观模拟模型被称为基于主体的经济模型，它是智能化微观模拟模型，把经济看成是由自主相互作用主体组成的进化系统，通过强有力的计算方法（人工智能）和计算工具（面向对象编程），编程实现具有适应能力、交流能力、学习能力和自治能力的经济智能主体（agent），并通过模拟现实经济网络来有机地构建主体间的联系，而宏观经济的动态则由微观个体相互作用结果的累积得以表现（赵东奎，张世伟，2003）。基于主体的微观模拟方法很好地体现了经济系统的复杂适应性，且满足农户模型基于微观经济行为与状态、自下而上的建模研究方式，被 *Nature* 杂志高度评价为真实存在的经济模型（Farmer et. al. 2009），因此能够成为改进农户模型的有效尝试。

1.10.1.3　平台化和集成化

农户建模的现实应用过程是研究中的另一大障碍：为了解决微观归属和复杂适应性问题，计算机和人工智能技术成为必要手段，然而，要求领域专家在没有较强的计算机程序设计能力的前提下就能够很好地完成并有效地应用农户模型，这几乎是不可能的。事实上，农户模型难于推广的本质原因就是知识体系形成的壁垒。因此，更为系统而有效的研究必须突破传统社会科学研究关于自我定义的局限，实现一种平台化工具，而这种平台的本质目标是促进领域专家应用、参与并指导农户模型的设计与实现，并将综合各方面的研究成果、数据或模型，形成微观 – 宏观一体化的、高效集成化的研究手段。因此，我们认为更为有效的设计，必须具备以下特征：（1）提供一种较完备的、规则的、可学习的、能够相对便捷地被领域专家所掌握经济学语言，作为农户建模基础语言；（2）采用面向接口的程序设计方法（Gamma et. al.，1995），预留模型对外的信息传导通道，以确保平台能够与外界数据或模型实现对接和集成；（3）加强模块化设计，提高平台的可重用性、共享性和建设性（Bruder 和 Maiers，1997）；（4）沿用用户图形界面（UGI），提供模型部件构建器和模型编辑器 (Iba, 2001a, 2001b, 2002); (5) 专家支持和人机交互等模型开发和控制工具, 从而使平台能够给予从目标世界的分析到模拟执行的全面支持, 最可能地满足使用者的需求, 但同时最大限度地降低对使用者的编程技术要求。

正是基于以上理解, 我们尝试应用面向对象的语言 (C/C++) 建立一个基于主体的经济模拟平台 (agent_ based modeling platform, 以下简称 ABM 平台), 用以为上述研究背景下的农户模型提供研发环境。它是一种独立的、便于使用的计算机平台, 核心采用基于主体的微观模拟技术, 目标为基于农户的模型体系, 同时为相关领域研究提供共享的、有效的支撑体系。下面的章节, 我们将深入探讨其构造和建模机制, 及其在现实粮食安全问题研究中的应用。

1.10.2　基于农户建模的模拟平台

1.10.2.1　ABM 平台的建模特征

我们研制的 ABM 平台包括建模的基本块 (building blocks) 和基本经济逻辑, 即我们的研究是基于经济主体 (agent) 和经济规则的, 前者用以定义承担经济角色的单位, 后者用以搭建经济体系内的行为及其交互。通过农业问题研究者 (农户模型建模者, 或平台使用者) 各自独立设计的模拟方案, 两者实现统一并最终完成对目标经济现象的模拟。也就是说, 研究者在这样的框架下可以自主地选择基本块, 并在基本规则的基础上完善其假定的经济规则, 从而搭建满足其各自需求的人工世界。这与传统的基于数学解析模型的研究以及通常基于微观模拟技术的专属模型都有着本质上的区别, 其主要特征可以概括包括如下:

①基于农户的状态与行为;

②刻画复杂系统"涌现"和"自组织";

③经济主体博弈与经济系统演化;

④一种建立在计算机技术基础上的经济学语言;

⑤基于规则和定义的建模模式;

⑥建模和研究的平台框架;

⑦扩展性、建设性和交互性的工具。

1. 10. 2. 2　ABM 平台的主体描述

ABM 平台的基本块中所涉及的主体将主要由"类（class）"实现，我们将其称为模型类，它既是程序的软件划分，也是农户模型中经济主体的职能划分。图 1 给出了 ABM 平台的主体结构树。图中可以看到，ABM 平台中具体包括两大模型类——个体和社会团体，另外模型还包括一组外生信号集。其中个体依据职能被划分为农村居民户和城镇居民户，而社会团体则包括企业、政府和市场等经济主体。它们代表模型的基本主体（模型类），处于经济网络类别结构的最低端，当然使用者完全可以根据其不同的研究目标在具体建模过程中对以上主体类进行派生，从而形成其他新型的经济单位，同时，ABM 平台也并非要求每次建模都必须囊括以上所有的模型类及其派生子类，类的选择和派生完全由建模者根据研究目标自主设定。具体而言：

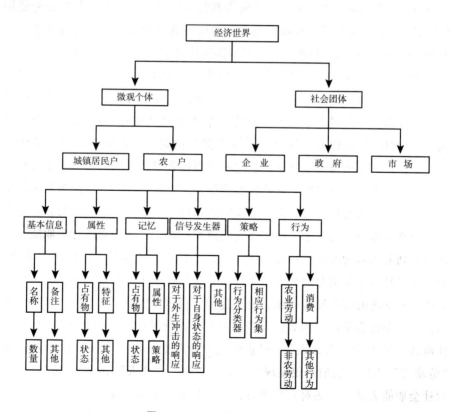

图 1　ABM 平台的主体结构树

（1）个体。个体作为模型的微观主体层面出现在 ABM 平台中，它既可以指个人，也可以定义为家庭或居民户。无论是一般意义的微观模拟技术，还是我们采用的基于主体的微观模拟技术，它们都是建立在对微观主体的属性与行为进行刻画的框架基础上的，在自下而上的模拟体系中，微观主体是模型的核心部分。总体框架上，为了充分符合基于农户建模的研究目标，ABM 平台中将微观个体划分为农村居民户（即农户）以及城镇居民户两部分，用以完备整个的有机经济体系。微观个体通常包括若干独立的经济属性与行为，它们具体可以划分为基本信息、属性项、记忆、策略、信号发生器、行为等一系列子类（或称属性特征项），而这些属性特征项的初始设定是完全开放和自主的，即"每类主体具体包含哪些属性和行为"完全由建模者（平台使用者）自主定义和选择，例如，建模者甲的模型中，农户包括年龄、货币、耕地等属性，具有耕种、出售等农业行为；而在建模者乙的模型中，农户则可能被其定义为具有劳动力、教育、耕地等属性，同时完成农业劳动和非农劳动两种行为决策。事实上，这种属性和行为的开放设计为平台的普遍适用性提供了条件，而在模型模拟阶段中这些属性和行为又会随运行过程进行系统内生的调整和改变，以此完成微观经济演化系统，并形成宏观累积效应。

通过对相同或相近的属性与行为的聚类，ABM 平台形成的模型就可以对主体进行先验的类别划分。不同类别、不同属性和行为的微观个体能够独立地与外界经济环境发生交互，而所有个体通过"虚拟"的树状结构链接成经济网络的类别体系。这里需求重点强度的是，所谓虚拟的树状结构是指，平台的数据结构中，所有微观主体类以链表形式建立链接，而非按照真实经济世界中的类别层次建立树状存储结构。之所以如此，是因为在编程实现以及建模应用的过程中，主体间类别的形成事实上是动态演变的，它完全基于微观个体的行为职能，即主体完成何种与现实经济相对的行为职能，主体就被划分为何种类别。这种"把主体特征化为一个具有多种职能的对象"的方式是具有十分重要的现实意义的，它与那些把主体当做最小的、不可分的单位来处理的传统模型相比，更具优势，具体体现在该方法使一个主体能够担当多个社会角色。例如，大多数个人在购物时担当"消费者"，而在工作赚钱时又担当"劳动者"。问题的关键是我们没有所谓的"消费者"或"劳动者"主体，它们仅仅是现实社会中的同一"个人"在不同经济条件下的社会职能表征。再如对农户而言，主要从事农业劳动时，农户担当农业生产者的社会角色，而 ABM 平台并不限定使用者对农户角色的定义，当农户外出务工，可能完全转变为农民工，从事非农生产时，可能转变为乡镇个体经营业主，平台允许微观主体的通过行为职能而转变类别，这大大增强其适用性和分析能力。在整个 ABM 平台中，我们始终基于这一思想来创建主体，无论是微观或宏观，例如，对于平台中的社会团体而言，一个社团如果购买生产资料和雇用劳动力，并生产汽车和销售汽车以获取利润，那么我们就认为它是汽车生产企业，如果一个社团从农户手中收取粮食作物，进行储备，并进一步根据决策向市场或其他社会团体分销，那我们就可以将其定义为粮食作物收储企业，其设定过程基于动态规则，而不是预先把社团圈定在过分具体的框架内。概括地说，利用 ABM 平台来创建经济行为人模型，就是去建模经济行为人所具有的职能，"以规则为依据，以职能为划分"，这样就为模型主体建立了一个开放性的适应空间，平台使用者仅需要根据研究目标确定各类主体的属性与行为，定义主体的名称和属性，形成经济的逻辑体系，并建模时完备主体的行为职能，则依据职能的不同，经济主体将被 ABM 平台自动地划分和实时地演化。

（2）社会团体。社会团体是 ABM 平台中与微观个体相对应的经济主体，它通常具有集体结构属性，表现组织行为特征。ABM 平台中的社会团体原则上包括企业、政府和市场等经济主体，但这些主体同样以行为职能划分类别，不同类别通常包括若干个体，每个个体具有相近但独立的属性与行为，类别可以向下派生，例如，企业可以派生粮食作物收储企业和工业企业等，银行可以派生为商业银行和中央银行，等等。

（3）系统变量与系统信号。系统变量是那些独立于平台经济主体之外的变量，即系统参数，它们在建模初期设定，在模拟过程中随经济环境发生变化，并可能最终作为模拟研究的输出结果。从与经济主体的相互关系来看，系统变量分为外生指定变量和内生统计变量，前者由平台使用者独立设定，其参数值由外生算法给出，如环境变量、天气变量、周期变量，等等，而后者来自于对系统内的经济主体的属性（或行为）所进行统计计算，如农户平均生产率、粮食总产量、市场平均价格等等。按照变量值是否作为模拟输出，系统变量又可以分为操作变量和输出变量两类，前者是系统模拟运行的重要参数，而后者则可以作为模拟的输出而提供给使用者。

1.10.2.3　利用 ABM 平台的建模过程

事实上，利用 ABM 平台建立基于农户的模拟模型的过程可以具体划分为"如何使用平台建立模型"和"如何使用平台运行模型"两部分。借鉴国外相关研究的成功经验，我们将平台分为两大部件：模型部件构建器和模型编辑器（Iba，1999）。它们分别用于实现对模型部件的创建、设定和初始化，以及对模拟运行的编排、控制和管理。它们把模型的设计和建立过程与模型的运行和控制过程从本质上区分为两大模块，这使得模型共享、协作开发以及模拟高效运行成为可能。

（1）模型部件构建器，是一个通过利用用户图形界面制作状态表格和设置模型来产生程序代码的工具，用于对模型部件的创建、设定和初始化，它是实现模块化主要方式，是提高模型共享性和重用性的重要工具。它主要包括对对象实例的创建，模型元素逻辑关系的设定以及对象数据初始化。而在初始化完成后，建模过程从此有了完备的主体内容、明确的相互关系以及可能的行为职能，模型的基本运行部件都已经构建完毕，建模过程转由模型编辑器完成。

（2）模型编辑器，是通过透明的内部机理和用户图形界面来组合和设置模型的平台模块，它使平台能够对动态因素进行编辑和控制，其主要功能包括：组合已经建立的模块实体，动态编排模型的运行事件，以及管理控制模型的运行和输出。另外需要强调的是，模型编辑器的控制的方式不是被动的，它对于采取系统级别的线程方式来执行模拟过程，这样既保证了模型运行的效率又增强了使用者对模型的同步控制。使用者可以自主选择观察模型的实时运行结果，并自主中断运行以检查系统的各种参量情况，甚至修改之，为使用者提供更大可控性研究空间。

除了模型部件构建器和模型编辑器这两大部件外，其他的一些功能模块，如模型的输入/输出系统，也是非常必要的。首先，单个使用者可以将设计好的或尚在设计的模型导出，以便未来对其进行修改或完善，进而实现平台的重用；其次，不同的使用者可以独立地开发自己的模型或模型部件，然后通过导入他人的模型或部件来组合完成特定的研究目的，进而实现了平台的共享和重用。另外，对于一个良好的软件系统帮助文本也是必需的。

总结起来，建模者只需按照上述的要求，依次地使用模型部件构建器、模型编辑器和其他的模块，那么模拟模型就会相应轻松地建立起来。尽管这些模块的引入使编写所需的程序大量增加，但模拟建立过程的却大为简化，使用者只需要有基本的编程概念（如统一建模语言，UML）。另外，模型单元可以被共享和重复使用，这使得分工和渐进式的模型设计成为可能，毕竟基于规则的建模者不太可能一次性地将复杂的经济形态完全抽象，同时这种方式也为研究提供了方便，不断地调整模型参数从而输出比较分析结果，能大大提高模型的适用能力。ABM 平台的设计始终秉持了为领域专家与先进定量技术间搭建工具桥梁的实用性原则。

1.10.3 ABM 平台的应用及实证评价

如前所述，农户模型的本质是提供基于微观的定量分析方法，那么，在 ABM 平台建立后的首要任务是完成实证分析，以此对 ABM 平台实用性和有效性进行检测。基于此，我们尝试参照中国农业经济现实进行模拟抽象，针对我国粮食安全问题在 ABM 平台体系下完成建模，并做出实证分析。我们姑且将这种初步建立起来的模型称为测试模型（test model，TM）。

1.10.3.1 TM 模型的建模结构

TM 研究的核心问题将集中在对模型的有效设计和构建上，以尽最大可能（尽管只能在一定程度上）还原经济现实。因此，即使是测试模型，我们对于其基本设计和构造也是苛刻的：TM 的设计是在农业专家指导下，依据我国经济现实和相关数据，经过反复论证，最终抽象得出。尽管初期模型相对简化，但我们尽可能地拓展其适用半径，已达到有效 VVA 和实证应用目标。

（1）模型假设。如前所述，平台建模的有效性直接取决于使用者对经济现实的抽象程度，因此，TM 首要目标是对经济体系及其运行环境所做出合理假设，它是赖以构建人工经济世界的基础：

（a）从产业结构看，经济世界由农业和工业两个部门组成，从地理结构看，经济世界分为城镇和农村两部分；

（b）经济系统闭合，其内部主体通过行为交互构成有机的人工经济网络；

（c）宏观经济总量由微观个体的异质信息累积而成，而宏观经济信息和外生冲击反过来直接影响微观主体的经济行为和特征，以此实现宏观－微观的综合；

（d）通过微观层面经济主体的异质行为决策和进化机制来完成整个经济系统的自适应，而这种行为的产生与进化过程均采用基于规则的分类器求解方式，而非简单的数学解析；

（e）就经济主体而言，我们假设经济由农村居民户、城镇居民户、企业

（若干粮食作物收储企业、若干经济作物收储企业、若干工业企业）、政府以及市场主体（用于劳动力雇佣的劳动力市场和商品买卖的产品市场）组成；

（f）经济中存在一种粮食作物、一种经济作物、一种工业产品以及货币等，生产过程中需要投入生产要素有劳动力、资本、技术或耕地、农机、化肥等；

（g）模拟输出量为特定环境下的某些宏观经济指标，包括粮食作物产量、收储价格和市场销售价格，以及农村劳动力流动状况等，这些指标由微观经济现实累积而成。

（2）数据来源。由于已经着手具体农业经济问题，TM 对于可靠性的要求较为严格，而初始数据则是模型真实可靠的重要保证，因此，TM 中微观个体的异质分布来自于中国社会科学院农村发展研究所跟踪调研的微观数据，而宏观数据来自于相关统计年鉴，经过抽象和校验以贴近我国经济现实。

（3）研究目标。"是否能够对社会重点关注的问题做出有效的评价"是模型适用性的判断标准，结合我国具体农业经济现实、研究的焦点热点以及模拟的优势领域，我们将中国粮食安全问题作为评价目标，具体设计了一个突发冲击下的农业经济问题研究——自然环境冲击（气象或地震灾害）对粮食安全的影响。

（4）模拟规则。基于以上假设和定义，微观经济主体被有机地联系起来。TM 采用 Monte-Carlo 模拟，事件的随机模式导致不同主体的行为和状态存在异质，处于不同状态下的微观个体通过与周围主体的动态博弈和自身的行为进化来适应经济和政策环境，而伴生的宏观经济体系随着这种多主体的协同进化而发展演变。也正是在这样的建模规则下，复杂适应系统的"涌现"和"自组织"才能够得以实现。经济中的宏观总体指标由各微观主体相互作用直接产生，并通过微观量值的累积得以统计计算，如粮食作物价格指数和总产量、耕地的总体分配状况以及农业劳动力的流动状况，等等。附录给出模型中各主体每一周期所发生的主要事件。

1.10.3.2 TM 模型实证结果及评价

根据以上的设计结构，我们在 ABM 平台上实现了测试模型，模型依据主体的状态和行为模式自动向前运行，模型运行是一个经济内生增长的过程。为确保模拟进入稳态，模拟冲击通常状态下发生在模拟运行的第 1000个周期开始时。将每项冲击的模拟反复运行 10 次并对模拟参数进行算术平均以降低方差，最终得出该模型的模拟实验结果。

图 2 至图 6 给出了未施加任何经济冲击条件下 TM 模型模拟输出的几个重要指标，用以检验 ABM 平台的模拟有效性，以此作为后续实证分析的比较基准。其中，图 2 给出的是粮食作为产量的动态趋势，我们以基期粮食产量作为单位 1，对输出量进行了标准化处理，以平衡真实经济体与模拟规模间的偏差。图 2 中，尽管粮食产量存在波动，但就总体趋势而言，农户种植粮食积极性不高，且由于土地等限制因素，农户也很难完全转变土地用途，因此在这样的经济结构下粮食产量相对稳定。我们看到，在模拟运行后期，随粮食作物收储价格的上涨（见图 3），农户种粮积极性有显著提高，但经济体系向下演化的过程，这种价格带动的粮食增产会很快平复，也就是说在一个自适应的经济体中，粮食作物不可能占据长期的相对价格优势，尽管在产量和价格（剔除通胀因素）存在波动，但总体趋势上能够自然平稳。图 4 反映了粮食作物平均销售价格的动态趋势[①]，由于中间商行为的存在，模拟前期粮食作物市场销售价格与粮食作物收储价格之间落差加大，而随经济的不断发展，粮食企业的博弈结果使得企业整体利润率趋于稳定，可以认为，脱离市场的粮食价格上涨通常只能是短期行为，粮食作物的供求领域具有市场理性。由于土地分配的可选择性，TM 模型允许农户根据自身和环境等因素选择粮食作物与经济作物的种植比例，图 5 反映了标准化后经济作物的产量，它在运行周期上与粮食作物的产量具有一定的替代性，表明了农户土地分配的状况。图 6 是农户参与非农劳动的比例，它与农业生产具有相互替代性，表明了农户在劳动分配上的状况。

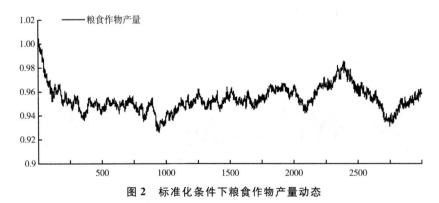

图 2 标准化条件下粮食作物产量动态

---

① 价格的标准化过程，我们采用了相同的基准，即图 4 和图 3 是在相同的价格体系内，之间可以比较，下同。

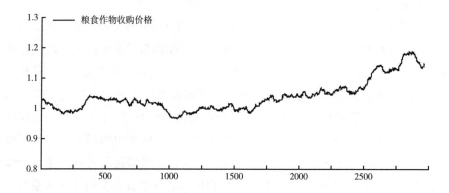

图 3　标准化条件下粮食作物平均收购价格动态

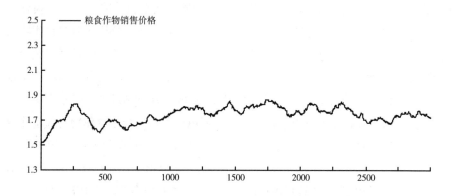

图 4　标准化条件下粮食作物平均销售价格动态

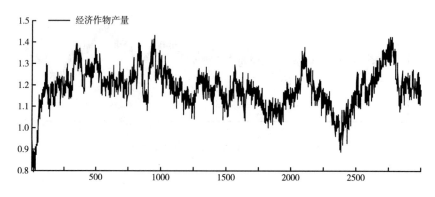

图 5　标准化条件下经济作物产量动态

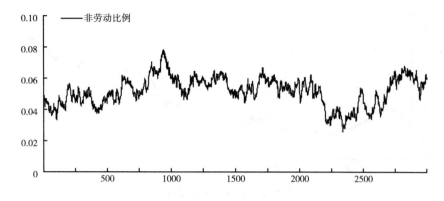

图 6   标准化条件下非农劳动比例动态

图 7 至图 11 反映的实验是我们对全新问题的一次尝试，我们在模拟运行的第 1000 期对粮食某一主产区施加了自然灾害冲击，导致粮食大幅减产。粮食减产的经济影响首先销售市场（见图 9），粮食中间商首先大幅提高粮食作物市场销售价格，以赚取投机利润，而粮食作物收储价格增长相对缓慢，随动态博弈的发展，粮食企业才逐步调整经营策略，提高收购价格，回复销售价格，因此，在发生粮食供给障碍时，应首先关注粮食销售市场，谨防投机行为，而对于受损农户应该给予适当补贴以鼓励其积极性，不要过分依赖于市场价格对供给方的补偿，因为市场垄断的存在直接导致收购价格上涨时缓慢的进程。另外图 10 和图 11 表明，自然灾害导致粮食作物种植的投入向其他方向大量流失。

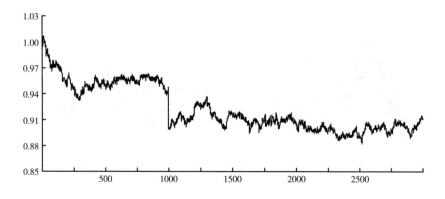

图 7   自然环境冲击下粮食作物产量动态

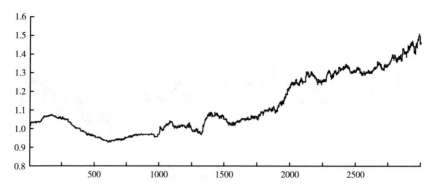

图 8 自然环境冲击下粮食作物平均收购价格动态

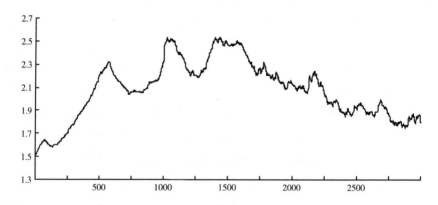

图 9 自然环境冲击下粮食作物平均销售价格动态

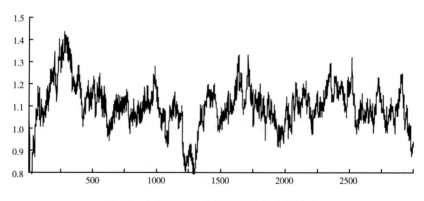

图 10 自然环境冲击下经济作物产量动态

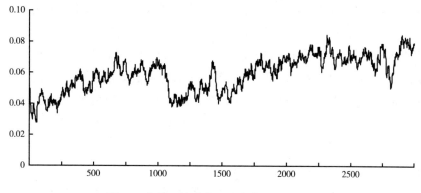

图 11　自然环境冲击下非农劳动比例动态

1.10.4　结论

　　本文针对以往农户模型研究过程中存在的问题，编程实现了一个基于主体的微观模拟平台（ABM 平台）。该平台以基于主体的微观模拟技术为理论支撑和技术体系，采用现代经济学有限理性、复杂性和非均衡等一系列假设，通过对真实经济世界进行抽象的基于规则的建模方式，为定量刻画经济系统的动态性、涌现性和进化性提供了可行性工具。建模者在掌握其基本设计规则的条件下，可以便捷地将各自提出的农户模型在 ABM 平台上构建实现并模拟运行。平台将农业经济领域专家与 ACE 的先进模拟工具相衔接，尝试突破领域专家在技术条件方面的限制，由此提高了基于农户模拟的适用度，也为相关农业问题的科学定量提供了有效的工具。同时，ABM 平台提供的渐近式建模途径，即保证了建模者能够通过不断完善模型而提高研究有效性，又使得领域专家能够采用自然科学的实验方式通过调整参量对问题进行灵敏度分析。事实上，ABM 平台也是融合计算机技术与社会科学的又一次尝试，在继承和细化现有理论和技术同时，创造性地开发了许多全新的机制，以便尽可能地把那些有碍于相关领域专家学者参与并指导基于主体的农户模型研究的因素去除掉，使该类微观模拟模型得到最为广泛的应用与推广。

　　在 ABM 平台框架下，我们根据我国经济现实和相关数据，抽象设计了一个农户模型——TM，以此作为平台有效性测试工具，并着手尝试对具体的实证问题进行分析。模拟实验的结果表明：TM 有效地验证了平台对于农户模型的建模能力和控制能力，及其对开放性、共享性、可重用性以及建设性建模途径的支持；TM 能够较好地再现现实农业经济体系的演化，其体现的动态性是很多传统研究工具无法刻画的；TM 具备了分析农业经济问题的能力，对于我们设计的经济冲击都能够有效响应，并给出发展趋势；TM 具有较强的适应能力，对于缺乏经验信息的经济冲击能够做出反应，并寻求解决途径，如重大自然灾害下的农业经济发展趋势，这是一般意义上的模型所不具有的能力，它为研究复杂系统的涌现现象提供的工具；TM 能够符合集成体系的微观建模要求，实现微观 - 宏观建模的一体化过程。当然，由于资金、时间和建模能力等方面的限制，本项研究不可避免存在诸多简化、疏漏与不足，这从另一个角度讲，也是我们未来开展后续研究工作的方向和动力所在，而且尽管如此，我们依然坚信，ABM 平台及其相关研究工作能够为农业经济领域专家提供建设性支持，能够为农户模型的改进和应用，甚至整个社会科学领域的集成研究工作提供有益借鉴。

参考文献

［1］陈和午 . 2004. 农户模型的发展与应用：文献综述 . 农业技术经济，3。

［2］翁贞林 . 2008. 农户理论与应用研究进展与述评 . 农业经济问题，8：93 ~ 100。

［3］赵东奎，张世伟 . 2003. 基于主体计算经济学初探 . 吉林大学社会科学学报，5：32 ~ 38。

［4］张林秀 . 1996a. 农户经济学基本理论概述 . 农业技术经济，3。

［5］张林秀 . 1996b. 农户生产在不同政策环境下行为的研究——农户系统模型的应用 . 农业技术经济，4。

［6］Arthur W B. 1994a. The End of Certainty in Economics. In D Aerts. Einstein Meets Magritte. Dordrecht：Kluwer Academic Publishers.

［7］Arthur W B. 1994b. Inductive Reasoning and Bounded Rationality, American Economic Review, 84：406 - 411.

［8］Barnum H N, Squire L. 1979. An Econometric Application of the Theory of the Farm-household. Journal of Development Economics, 6（1）：79 - 102.

［9］Becker G S. 1981. A Treatise on the Family. Cambridge, MA：Harvard University Press.

［10］Blundell R Stoker T M. 2007. Models of aggregate economic relationships that account for heterogeneity. In Handbook of Macroeconomics. Vol 6A. J Heckman, E Leamer. Amsterdam, The Netherlands：Elsevier.

［11］ Bourguigon F. 2003. The Impact of Economic Policies on Poverty and Income Distribution: Evaluation Techniques and Tools. Washington D C. : World Bank.

［12］ Bourguignon F. Spadaro A. 2006. Microsimulation as a Tool for Evaluating Redistribution Policies. Journal of Economic Inequality, 4 (1): 77 – 106.

［13］ Bruderer E, Maiers M. 1997. From the margin to the mainstream: An agenda for computer simulation in the social In sciences. Simulating Social Phenomena. R Conte, R Hegselmann, P Terna. Springer-Verlag.

［14］ Citro C Hanushek E. 1991. Improving Information for Social Policy Decision—The Uses of Microsimulation Modeling. Washington D C: National Academy.

［15］ Chayanov A V. 1986. The Theory of Peasant Economy. Madison: University of Wisconsin Press.

［16］ Chiappori P - A, Ekeland I. 2003. The Micro economics of group behavior: Identification. Working Paper. Chicago: University of Chicago.

［17］ Chiappori P - A, Ekeland, I. 2005. Characterizing Group Behavior. Working Paper. New York: Columbia University.

［18］ de Brauw A J, Taylor E, Rozelle, S. 2002. Migration and incomes in source communities: A new economic of migration perspective from China. Davis working paper. University of California.

［19］ Gamma E, Helm R, Johnson R, Vlissides J. 1995. Design Patterns-Elements of Reusable Object-Oriented Software. Reading, MA: Addison Wesley Publishing Company.

［20］ Gupta A, Kapur V. 2000. Microsimulation in Government Policy and Forecasting. Elsevier Science.

［21］ Harding A, Gupta A. 2007. Modelling our future: population ageing, social security and taxation. International Symposia in Economic Theory and Econometrics. North Holland, Amsterdam.

［22］ Holland J H. 1986. Escaping brittleness: The possibilities of general-purpose learning algorithms applied to parallel rule-based systems. In Machine Learning. R S Michalski, J G Carbonell, T M Mitchell. Volume II. Los Altos, Morgan Kaufmann: 593 – 623.

［23］ Huffman E. 1991. Agricultural household models: Survey and critique. In Multiple Job-Holding Among Farm Families in North America. Milton Hallberg, et al. ed. Iowa State University Press: 79 – 111.

［24］ Iba T, et al. 1999. Exploratory model building: Toward agent-based economics. Forth Anneal Conference of the Japan Association for Evolutionary Economics.

［25］ Iba T et al. , 2000. Boxed economy model: Fundamental concepts and Perspectives. First International Workshop on Computational Intelligence in Economics and Finance.

［26］ Iba T, et al. 2001a. Boxed Economy Simulation Platform and Foundation Model. http: //www. boxed-economu. org/.

[27] Iba T, et al. 2001b. Boxed Economy Simulation Platform for Agent-Based Economic and Social Modeling. http：//www. boxed-economu. org/.

[28] Iba T, et al. 2002. Boxed Economy Foundation Model：Toward Simulation Platform for Agent-Based Economic Simulations. http：//www. boxed-economu. org/.

[29] Lopez R E. 1986. Structural models of the farm household that allow for interdependent utility and profit-maximization decisions. In Agricultural Household Models：Extensions, Applications, and Policy. I Singh, L Squire, J Strauss. eds. Baltimore：Johns Hopkins University Press.

[30] Manser M, M, Brown. 1980. Marriage and household decision-making：A bargaining approach. International Economic Review, 21, 1：31 – 44.

[31] Nakajima C. 1957. Over-occupied and the theory of the family farm. Osaka Daigaku Keizaigaku, 6.

[32] Orcutt G. 1957. A new type of socio-economic system. Review of Economic and Statistics, 39（2）：116 – 123.

[33] Orcutt G. 1960. Simulation of economic systems. American Economic Review, Vol L, December：893 – 907.

[34] Tesfatsion L. 2001. Introduction to the special issue on agent-based computational economics. Journal of Economic Dynamics and Control, 25：281 – 293.

[35] Tesfatsion L. 2003. Agent-based computational economics. ISU Economics Working Paper, No. 1.

[36] Tesfatsion L, Judd K. 2006. Handbook of Computational Economics, Volume 2. Agent-Based Computational Economics.

附表　TM 模型中主体的周期事件

序号	周期事件内容	备注
1	人工发出宏观经济冲击： 人机交互机制,适时设计宏观冲击。	主要包括:气候、环境、政策、技术,等等。
2	农村居民制定种植计划： 确定耕地在粮食作物与经济作物间的配比； 确定农业生产的其他投入,如技术、资金、劳动力、水利,等等。	对于影响种植计划的确定性因素,我们采用逻辑分类的方式进行模拟,它主要包括气候、政策、粮食作物与经济作物的收购价格、作物供需关系、农户历史收益状况、农户间比较收益状况； 对于影响种植计划的非确定性因素,采用 GA 分类器模拟； 农户的其他生产投入,依据初始状况和经验计算； 不同地区、不同行为偏好有不同的决策反应。
3	农村居民完成农业种植:按计划投入生产要素(非耐用投入要扣除或折旧),最终计算作物产量 Y,并将其累积到相应的属性中去。	农业生产函数： $Y = A \cdot K^{\alpha} \cdot L^{\beta} \cdot N^{\gamma}$ 需要依据经验数据对不同地区的参数进行估计。

序号	周期事件内容	备注
4	城镇居民制定劳动计划： 居民确定当前劳动供给量； 居民确定劳动供给对象。	劳动供给方程可采用经验数据对离散选择模型或简单的行为分类器进行估计； 居民将根据各个企业提供的工资确定其就职概率： $P = \dfrac{q_i{}^{\alpha}}{\sum q_i{}^{\alpha}}$，其中需要对 α 进行估计。
5	城镇居民完成劳动供给(企业雇佣劳动力)： 居民进入劳动力市场,完成劳动力出售,企业相应获得劳动供给。	可以考虑为农户制定非农劳动供给决策,以实现对农村劳动力流动的模拟。
6	农业企业制定收储价格： 经济作物收储企业； 粮食作物收储企业。	对于影响种植计划的确定性因素,采用逻辑分类的方式进行模拟,它主要包括政策、作物产量态势、作物供需关系、作物的收储价格走势、作物的销售价格走势、企业历史收益状况、企业间比较收益状况、企业间的价格比较状况； 对于影响种植计划的非确定性因素,采用 GA 分类器的方式。
7	农业企业完成作物收储(农户售出作物)： 按照约定价格,企业支出相应收储成本,完成收购； 按照约定价格,农户售出作物存量,获取收益。	收储市场的分配根据企业报价确定： $P = \dfrac{q_i{}^{\alpha}}{\sum q_i{}^{\alpha}}$，其中需要对 α 进行估计； 农户与企业应及时准确地记录和更新交易、支出或收益信息,以作为主体进行行为决策制定和进化的依据。
8	农业企业制定销售价格： 经济作物收储企业； 粮食作物收储企业。	对于影响种植计划的确定性因素,采用逻辑分类的方式进行模拟,它主要包括政策、作物供需关系、作物的销售价格走势、企业历史收益状况、企业间比较收益状况、企业间的价格比较状况； 对于影响种植计划的非确定性因素,采用 GA 分类器的方式模拟。
9	工业企业制订生产计划： 工业企业确定资金与技术投入。	可以采用分类器的方式,依据企业状况进行决策。
10	工业企业生产产品： 按计划投入生产要素(非耐用投入要素扣除或折旧),最终计算作物产量 Y,并将其累积到相应的属性中去。	工业生产函数： $Y = A \cdot K^{\alpha} \cdot L^{\beta}$ 需要依据经验数据对参数进行估计。
11	工业企业制定销售价格。	对于影响种植计划的确定性因素,采用逻辑分类的方式进行模拟,它主要包括政策、工业产品供需关系、销售价格走势、企业历史收益状况、企业间比较收益状况、企业间的价格比较状况(市场份额)； 对于影响种植计划的非确定性因素,采用 GA 分类器的方式。

续附表

序号	周期事件内容	备注
12	居民上缴所得税： 根据政府相关税率计算课税额。	
13	居民制定消费计划： 按照净收入分配投资与消费比例； 计算粮食作物需求量； 计算经济作物需求量； 计算工业产品需求量。	可以采用线性需求函数，或分层的需求函数； 对于投资于消费的分配可以先验给出，或根据实际需求的满足状况将剩余作为投资。
14	居民完成消费（企业销售产品）： 居民消费产品，支付成本； 效应售出商品，获取收益。	企业根据提供的销售价格确定其市场份额： $P = \dfrac{q_i{}^{\alpha}}{\sum q_i{}^{\alpha}}$，其中需要对 α 进行估计； 需要企业和个人及时记录支付、销售和收益信息。
15	企业上缴所得税： 根据政府相关税率计算课税额。	
16	企业制定下期生产投入（工资）： 根据收入状况制定下期资金投入和工资水平。	
17	政府制定宏观政策和雇用劳动力： 政府制定税收政策； 政府制定补贴政策； 政府雇用少量雇员。	
18	随时提取宏观经济信息： 依据研究需求适时提取宏观信息，如粮食作物产量、粮食作物价格、农户收入状况、经济总量——GDP，等等。	经济信息的提取不一定循序完成，根据模型运行适时提取或统计。

2. 宏观经济

2.1 内生经济增长框架下政府 R&D 资助方式的探讨[①]

沈坤荣　郑　安[②]

摘　要： 本文在一般均衡框架和 Aghion & Howitt 垂直创新的理论基础上，引入政府部门，建立了含政府 R&D 资助行为的内生增长模型，通过参数校准和数值模拟得到：在政府不干预经济的情况下，单纯依靠私人研发部门的技术进步获得的经济增长会遇到"瓶颈"问题，而简单地通过政府干预也并不一定能有效地解决这一问题，它还跟政府资助的方式有关。只有税收优惠的方式才能较好地突破增长的瓶颈，而在研发补贴方式中，政府的研发支出可能会挤出企业的创新投入，并不能获得很好的政策效果。

关键词： 垂直创新　政府 R&D 资助方式　内生经济增长　一般均衡

2.1.1 引言

自 20 世纪 80 年代中期，以 Lucas 和 Romer 为代表的经济学家将技术作

① 本文得到国家自然科学基金（项目编号：71073076）、国家社科基金重大招标项目（项目编号：07&ZD009）资助。

② 沈坤荣，男，南京大学经济学院院长、教授、博导，邮政编码：210093，电子信箱：shenkr @ nju. edu. cn；郑安，女，南京审计学院经济学院讲师，南京大学经济学院博士生。邮政编码：210093，电子信箱：zjzza@ yahoo. com. cn。

为内生变量引入增长模型，技术进步与资本、劳动投入成为影响经济增长的重要变量。同时，发达国家和新兴工业化国家的经济发展也表明，技术进步越来越成为一国经济增长的核心源泉。但是，由于 R&D 活动具有正的外溢性和高风险的特点，完全由市场配置时难以达到最优的社会投入量，即产生"市场失灵"（Arrow（1962）），所以需要政府的支持和干预。政府常见的支持技术创新的公共政策有直接支持和间接支持两种，间接支持表现为知识产权制度、政府采购和贸易政策、金融信贷支持政策等，而对企业创新活动的税收优惠及研发补贴是直接支持的常见途径（Martin 和 Scott（2000））。

本文中的研发补贴是政府对从事研发活动的企业所提供的直接的财政补助和津贴，在我国主要集中于各类科技计划上，比如：星火计划、火炬计划、国家重点新产品计划等。从图 1 中可以看出，我国的 R&D 总经费占 GDP 的比重呈逐年上升的趋势，但是与发达国家相比仍然较低。从图 2 中可以看出，自 2003 年以来，我国 R&D 经费来源以企业自有资金为主，占到 60% 以上，呈逐年上升趋势；政府资金在 30% 以下，呈逐年下降趋势。截止到 2009 年，政府财政科技拨款 3224.9 亿元，占财政总支出 4.2%，占 R&D 总经费来源 23.4%[①]。

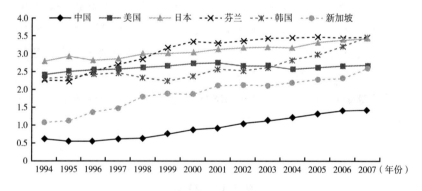

图 1 各国 R&D 经费占 GDP 的比重

本文中的 R&D 税收优惠是政府对从事研发活动的企业给予的税收激励和照顾措施，实质上是降低了企业研发的成本，包括税收递延、税收抵免、税前扣除等形式（见表 1）。

---

① 数据来源：《中国科技统计年鉴 2010》。

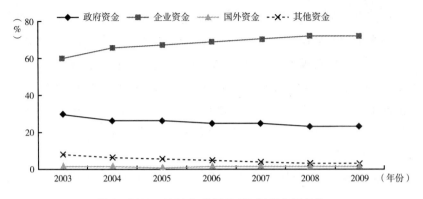

图 2　2003 ~ 2009 年我国 R&D 经费来源结构

表 1　我国现行企业技术创新税收优惠政策一览

税收递延	企业由于技术进步,产品更新换代较快的固定资产和常年处于强震动、高腐蚀状态的固定资产,可以采取缩短折旧年限或者采取加速折旧的方法。采取缩短折旧年限方法的,最低折旧年限不得低于规定折旧年限的 60%;采取加速折旧方法的,可以采取双倍余额递减法或者年数总和法。
税收抵免	一个纳税年度内,居民企业技术转让所得不超过 500 万元的部分,免征企业所得税;超过 500 万元的部分,减半征收企业所得税。
	国家需要重点扶持的高新技术企业,减按 15% 的税率征收企业所得税。
	对单位和个人(包括外商投资企业、外商投资设立的研究开发中心、外国企业和外籍个人)从事技术转让、技术开发业务和与之相关的技术咨询、技术服务业务取得的收入,免征营业税。
	对经国家批准的转制科研机构,从转制之日起或注册之日起 5 年内免征科研开发自用土地、房产的城镇土地使用税、房产税;5 年期满后,经审定可延长 2 年。地方转制科研机构可参照上述优惠政策。
税前扣除	创业投资企业采取股权投资方式投资于未上市的中小高新技术企业 2 年以上的(含 2 年),凡符合条件的,可按其对中小高新技术企业投资额的 70% 在股权持有满 2 年的当年抵扣该创业投资企业的应纳税所得额。当年不足抵扣的,可在以后纳税年度结转抵扣。
	企业为开发新技术、新产品、新工艺发生的研究开发费用,未形成无形资产计入当期损益的,在按照规定据实扣除的基础上,按照研究开发费用的 50% 加计扣除;形成无形资产的,按照无形资产成本的 150% 摊销。
	对企事业单位、社会团体和个人等社会力量通过公益性的社会团体和国家机关向科技部科技型中小企业技术创新基金管理中心用于科技型中小企业技术创新基金的捐赠,企业在年度利润总额 12% 以内的部分,个人在申报个人所得税应纳税所得额 30% 以内的部分,准予在计算缴纳所得税税前扣除。

政府研发补贴和 R&D 税收优惠是通过不同渠道来影响技术创新的。研发补贴相当于政府强制性地从社会总产品中拿出一部分来进行 R&D 活动，这可以弥补企业创新投入的不足，降低企业创新的风险。但是这种政府配置是不是一定优于市场配置呢？会不会挤出企业自身的 R&D 投资呢？税收优惠是降低企业的研发成本，仍然由企业来进行投资决策。但是由于 R&D 活动的外溢性，能否真正有效地促进企业增加创新投入呢？跟完全的市场配置相比较，政府 R&D 资助行为能否通过支持技术创新来促进经济显著地增长？哪一种资助方式政策更有效？这是正是本文所要研究的主要问题。本文的贡献主要体现在以下几个方面：

（1）现有的文献多侧重于对单个 R&D 政策工具的创新绩效的分析，比较税收优惠和研发补贴两者政策效果的文献不多，而且多侧重于实证分析，本文在一般均衡框架下，引入政府部门，建立了含政府 R&D 资助行为的内生增长模型，从理论的角度进行了分析。

（2）现有的文献多侧重于分析税收优惠和研发补贴对企业 R&D 投入是否存在挤出效应，本文着眼于长期经济增长的角度，在 Aghion & Howitt 垂直创新的理论基础上，分别建立了税收优惠和研发补贴两种不同的政府 R&D 资助方式下的经济增长模型。

（3）用 matlab 软件分别求解政府不干预技术创新以及两种不同资助方式的均衡状态下的非线性系统，并用数值模拟的方法比较了三种情况下的经济增长率及其他经济变量的均衡值。

本文的内容安排如下：第二部分对 R&D 税收优惠和研发补贴两类政策工具及其创新绩效的相关文献进行了梳理；第三部分是本文的重点，在一般均衡框架和 Aghion & Howitt 垂直创新的理论基础上，分别建立了税收优惠和研发补贴两种不同的政府 R&D 资助方式下的经济增长模型；第四部分用参数校准和数值模拟的方法比较了政府不干预技术创新以及两种不同资助方式下经济增长率及其他经济变量的均衡值；第五部分是对本模型的评价和解释其政策意义。

2.1.2　文献综述

2.1.2.1　财政政策与内生经济增长研究

从 20 世纪 80 年代中期开始，内生经济增长理论的研究浪潮逐渐兴起，这些理论力图将新古典经济增长理论中视为外生的技术进步内生化。关于技术进步内生化的研究大致分成三个方向：一是把技术进步视为某些生产和投资行为的副产品，从而以生产或投资等行为的外部性来解释技术的进步，例如 Romer（1986）；二是把技术进步归结为人力资本的增加，从而建立人力资本的生产函数，来说明生产率的增加，例如 Lucas（1988）；三是把技术进步视为专门的研究和开发活动的成果，以研究和开发部门的生产活动来解释技术进步，例如 Romer（1990），Aghion 和 Howitt（1992）。其中，第三个方向是近年来内生经济增长理论较为活跃的研究领域。这方面的理论主要将 R&D 理论与不完全竞争结合引入增长理论框架，基本上采用 Dixit-Stigliz（1977）的产品多样化理论，将经济划分为最终产品生产部门，中间产品生产部门和研究部门，技术的进步表现为出现新的中间产品。按照新旧中间产品的替代关系不同，这一理论又分为水平创新模型（Romer，1990），和垂直创新模型（Aghion 和 Howitt，1992），在垂直创新模型中，Aghion 和 Howitt 引入了熊彼特的"创造性破坏"的思想，即每一次创新都会出现质量更高的新的中间产品，从而替代现有的中间产品，同时，对应的研发成功的厂商也因此获得了垄断利润，但是这些垄断利润是暂时的，现在的质量领先者会被更新一代的质量领先者所替代。所以创新是一个创造性破坏过程，它使得一部分人获得了垄断利润，又破坏了另一部分人的垄断利润。

与此同时，内生经济增长理论也致力于将财政政策内生化，财政政策对于长期经济增长的作用引起了经济学界的重视。关于这方面的研究主要分为三个方向：一是分析财政支出与长期经济增长的关系，例如 Lucas（1988），Aschauer（1989），Barro（1990），Bloom et al.（2001），Devarajan et al.（1996）；二是从财政收入的角度分析税收政策与经济增长的关系。例如 Romer（1986），Milesi-Feretti 和 Roubini（1998），Turnovsky（1996）。三是考察国债与经济增长的关系。例如 Zagler（1999）。国内学者多是从事财政政策对经济增长影响的实证研究（如财政支出、税收政策等），理论研究较少，如严成樑（2010）、金戈（2010）等。本文正是基于垂直创新的内生增长模型，从理论的角度分析政府 R&D 资助方式与长期经济增长的关系。

2.1.2.2　政府研发补贴与创新绩效研究

该领域多是从实证的角度研究政府研发补贴是否对企业的研发投入有挤出效应，进而影响创新的产出以及经济增长，因此争议较大。Holemans

（1988）采用比利时数据、Antonelli（1989）采用意大利数据、Duguet（2003）采用法国数据、Leyden 和 Link（1991）、Mamuneas 和 Nadiri（1996）采用美国数据、Czarnitzki 和 Hussinger（2004）采用德国数据、Gonzalez 和 Pazo（2008）采用西班牙数据、Guellec 和 Pottelsberghe（2000）采用 OECD 成员国数据证实了政府研发补贴与企业的研发投入是互补关系；Goolsbee（1998）、Wallsten（2000）采用美国数据，Gorg 和 Strobl（2008）采用爱尔兰数据证实了政府研发补贴对企业的研发投入存在替代效应；González（2008）采用西班牙数据发现不存在政府研发补贴的挤出效应，同时政府资金对企业研发投入的激励作用也不明显。

我国的学者樊琦（2011）基于 28 个省域面板数据的实证分析得到：我国政府 R&D 补贴投入政策对提高国家及区域自主创新产出有十分显著的影响。另外我国政府 R&D 补贴投入对经济相对发达地区和科研基础较好地区自主创新产出影响绩效要高于经济相对落后地区。白俊红（2011）采用 1998～2007 年中国大中型工业企业分行业数据发现，中国政府的 R&D 资助（研发补贴）显著地促进了企业的技术创新，而且企业自身的知识存量、企业规模、行业技术水平及产权类型等因素均会对资助效果产生不同程度的影响。

另外，还有部分文献侧重于对政府 R&D 补贴目标企业的选择研究。Bizan（2003）认为政府 R&D 补贴的对象往往倾向于规模较大的企业；Tsai 和 Wang（2004）认为高技术行业更易于获得政府的 R&D 补贴；吴延兵（2007）认为国有企业相比更易于获得政府的 R&D 资助；安同良（2009）针对企业常常发送虚假的"创新类型"信号以获取政府 R&D 补贴，导致财政激励效果不明显的问题，通过博弈论的方法证明了政府的最优补贴策略是提高原始创新的专用性人力资本价格。

2.1.2.3 R&D 税收优惠与创新绩效研究

近年来的文献中多是采用价格弹性法来比较政府因为 R&D 税收优惠所导致的税收损失额与企业 R&D 支出增加额的大小，进而评价 R&D 税收优惠政策对创新激励的效果。其基本思想是将企业 R&D 支出对其价格（包括税收优惠的度量）的反应程度看做是价格弹性。税收优惠的度量有的是以企业实际获得的税额减免（Hall 和 Reenen，2000），有的是以税后 R&D 使用成本、B 指数和 METC 作为替代变量（Bloom et al.，2002），Koga 和 Tadahisa，2003）。众多学者得出了结论是比较一致的，即价格弹性为负，所以税收优惠促进了企业 R&D 支出。但是，Berger（1993）、Hines（1994）采用美国的数据、Hall 和 Reenen（2000）采用 OECD 成员国数据发现价格弹性的绝对值大于 1，也就是说，企业 R&D 支出增加百分比大于政府税收损失的百分比；Mansfield 和 Switzer（1985a，b）、Mansfield（1986）采用加拿大的数据、Baily 和 Lawrence（1992）采用美国行业层面数据发现价格弹性的绝对值小于 1，也就是说，R&D 税收优惠存在一定的挤出效应。

2.1.2.4　两类政策工具的比较和搭配研究

大多数文献比较注重政府单个的 R&D 政策工具的有效性研究，只有 Guellec 和 Van Pottelsberghe（1999）采用 17 个 OECD 国家 1981～1996 年的数据，将 R&D 补贴和税收优惠进行了比较，认为两者都会刺激企业 R&D 投入，但是从长期来看 R&D 补贴政策更有效，同时它的针对性比较强，但是公平性方面不及税收优惠。另外还通过检验它们之间的交互关系发现，他们之间存在替代关系。我国学者朱平芳（2003）运用面板数据模型实证研究了上海市政府的科技激励政策对大中型工业企业自筹的 R&D 投入及其专利产出的影响。结果表明政府的科技拨款资助和税收减免这两个政策工具对大中型工业企业增加自筹的 R&D 投入都具有积极效果，并且两者互为补充，提高一个的强度也会增加另一个的效果，但这个效应以政府税收减免为主。郑绪涛（2008）通过构造企业和政府的三阶段微观博弈模型从理论上得出：如果政府能对企业从事的 R&D 活动进行事前补贴和事后补贴，就可以消除 R&D 活动在研究阶段以及开发阶段的市场失灵，从而引导企业从事社会所期望的 R&D 活动。戴晨（2008）通过实证分析发现，在我国税收优惠比财政补贴对企业 R&D 投资具有更强的激励作用，但财政补贴针对性强，反应迅速快捷的特征是税收优惠不具备的。

2.1.3　模型的构造

2.1.3.1　经济环境的描述

我们考虑一个类似于 Robinson Crusoe 的封闭的经济体，由消费者，最终产品生产部门，中间产品生产部门，研发部门和政府部门组成。为了简化模型，假设劳动力是外生的，每个消费者固定提供 1 单位的劳动，经济体中

有 L 个消费者，且不考虑人口的增长，所以劳动力的总量为 L。最终产品生产部门用中间产品和劳动力只生产一种最终产品，最终产品市场是完全竞争的，所以厂商利润为 0。中间产品生产部门由一系列连续的总的测度为 1 的厂商组成，每个厂商从资本市场租赁最终产品作为资本，垄断生产一种中间产品，可以获得垄断利润，所以中间产品也是连续的总的测度为 1。每个中间产品对应一个研发部门，所以研发部门也是连续的总的测度为 1。研发部门根据套利条件直接用最终产品生产技术水平，利润为 0。政府部门通过征收统一的收入税为其支出融资，这里我们只考虑政府的研发性支出，不考虑消费性和生产性支出。消费者既提供劳动和资本，又拥有企业，所以其总收入为工资收入，资本收入和中间产品生产部门的垄断利润，同时扣除被政府征去的税收；其总支出为用于消费，通过资本市场向中间产品生产部门的投资和直接用于研发部门生产技术水平。具体关系见图 3。

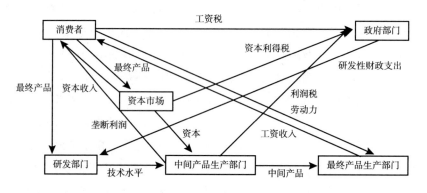

图 3　多部门经济关系

2.1.3.2　消费者

假设代表性的具有无限寿命的消费者的决策是最大化其终生效用

$$\max \quad U = \int_0^{+\infty} u(C_t) e^{-\rho t} dt$$

其中 C_t 为人均 t 时刻的消费，$u(C_t)$ 为即时效用函数，我们使用 Barro（1990）的方法，设为等弹性效用函数，即 $u(C_t) = \dfrac{C_t^{1-\theta} - 1}{1 - \theta}$，其中 $\theta > 0$ 为边际效用的弹性，$\rho \geqslant 0$ 是外生的效用贴现率，所以目标函数可写为

$$\max \quad U = \int_0^{+\infty} \frac{C_t^{1-\theta} - 1}{1 - \theta} e^{-\rho t} dt$$

整个社会面临的资源约束为

$$\dot{K}_t = (1 - \tau)(w_t L + r_t K_t + \int_0^1 \pi_{it} di) - C_t L - N_t \tag{1}$$

其中 K_t 是为 t 时刻资本市场中的总资本，τ 是政府征收的收入税的税率，w_t 表示人均工资收入，L 是劳动力也即消费者的数量，r_t 为利率，π_{it} 是中间产品生产部门厂商 i 所获得的垄断利润，N_t 为研发部门的总投入。这里我们假设政府征收的是统一的收入税，而 Barro（1990）使用的是总量税，但是因为我们是在一般均衡的框架下，所以得到的最终结果是一致的。构造哈密尔顿函数，求解上述动态最优化问题

$$H = \frac{C_t^{1-\theta} - 1}{1 - \theta} e^{-\rho t} + \lambda_t \left[(1 - \tau)(w_t L + r_t K_t + \int_0^1 \pi_{it} di) - C_t L - N_t \right]$$

$$\Rightarrow \begin{cases} C_t^{-\theta} e^{-\rho t} = \lambda_t L \\ \dot{\lambda}_t = - r_t (1 - \tau) \lambda_t \end{cases}$$

$$\Rightarrow \frac{\dot{\lambda}_t}{\lambda_t} = - r_t (1 - \tau) = \frac{- \theta C_t^{-\theta-1} \dot{C}_t e^{-\rho t} - \rho C_t^{-\theta} e^{-\rho t}}{C_t^{-\theta} e^{-\rho t}}$$

$$\Rightarrow \frac{\dot{C}_t}{C_t} = \frac{r_t (1 - \tau) - \rho}{\theta}$$

同时，横截条件为

$$\lim_{t \to +\infty} K_t \exp\left(- \int_0^t r_i (1 - \tau) di \right) = 0$$

定义每单位有效劳动的消费 $c_t = \dfrac{C_t}{A_t}$，A_t 为 t 时刻平均社会生产力水平，且 $\dfrac{\dot{A}_t}{A_t} = g_t$，则

$$\frac{\dot{c}_t}{c_t} = \frac{\dot{C}_t}{C_t} - \frac{\dot{A}_t}{A_t} = \frac{r_t (1 - \tau) - \rho}{\theta} - g_t \tag{2}$$

这就是我们常见的欧拉方程，但是考虑了政府收税的问题，所以多了 $(1 - \tau)$ 部分。

2.1.3.3 最终产品生产部门

假设市场上只有一种最终产品，且是完全竞争的，价格标准化为 1，我们采用 Dixit-Stigliz（1977）的产品多样化理论，即假设存在一系列中间产品 m_i，$i \in [0,1]$，最终产品生产厂商用中间产品 m_i 和 L 生产，生产函数为 $Y_t = L^{1-\alpha} \int_0^1 A_{it} m_{it}^{\alpha} di$，其中 L 代表总劳动力，A_i 为中间产品 m_i 对应的生产力水平，$p(m_i)$ 为中间产品 m_i 对应的价格，因此厂商最大化利润为

$$\max \quad L^{1-\alpha} \int_0^1 A_{it} m_{it}^{\alpha} di - \int_0^1 p(m_{it}) m_{it}^{\alpha} di - w_t L$$

对 m_{it} 求导，$p(m_{it}) = \alpha L^{1-\alpha} A_{it} m_{it}^{\alpha-1}$，也即得到中间产品的价格 (3)

对 w_t 求导，$w_t = (1-\alpha) L^{-\alpha} \int_0^1 A_{it} m_{it}^{\alpha} di$，也即得到劳动力的价格 (4)

2.1.3.4 中间产品生产部门

t 时刻中间产品生产厂商 i 通过资本市场从消费者那里租借作为资本的最终产品 K_{it} 生产中间产品 m_{it}，生产函数为 $m_{it} = \dfrac{K_{it}}{A_{it}}$，这表示中间产品的生产力水平越高，即 A_i 越大，越是需要投入更多的资本来生产该中间产品，以上生产函数又可化为 $K_{it} = m_{it} A_{it}$，定义为 t 时刻资本市场的总资本为 $K_t = \int_0^1 K_{it} di = \int_0^1 m_{it} A_{it} di$，$\zeta_t$ 为资本 K_t 的价格，则中间产品 i 的厂商的利润函数为 $\pi_{it} = p(m_{it}) m_{it} - \zeta_t K_{it}$，根据（3）式中间产品的价格和中间产品的生产函数，中间产品 i 的厂商的利润最大化问题为

$$\max \quad \pi_{it} = \alpha L^{1-\alpha} A_{it} m_{it}^{\alpha} - A_{it} m_{it} \zeta_t$$

对 m_{it} 求导，$m_{it} = L\left(\dfrac{\alpha^2}{\zeta_t}\right)^{\frac{1}{1-\alpha}}$，可见不同部门生产的 m_{it} 都相同，所以

$$m_{it} = m_t = L\left(\frac{\alpha^2}{\zeta_t}\right)^{\frac{1}{1-\alpha}} \tag{5}$$

$$\zeta_t = \left(\frac{m_t}{L}\right)^{\alpha-1} \alpha^2 \tag{6}$$

将（5）代入目标函数中，可得到

$$\pi_{it} = \alpha(1 - \alpha)A_{it}L\left(\frac{\alpha^2}{\zeta_t}\right)^{\frac{\alpha}{1-\alpha}} \tag{7}$$

定义单位有效劳动的资本 $k_{it} = \dfrac{K_{it}}{A_{it}L} = \dfrac{m_{it}}{L} = \dfrac{m_t}{L} = k_t$，则（5），（6），（7）式可改写为

$$k_t = \left(\frac{\alpha^2}{\zeta_t}\right)^{\frac{1}{1-\alpha}} \tag{8}$$

$$\zeta_t = k_t^{\alpha-1}\alpha^2 \tag{9}$$

$$\pi_{it} = \alpha(1 - \alpha)A_{it}Lk_t^{\alpha} \tag{10}$$

定义 $A_t = \displaystyle\int_0^1 A_{it}di$ 为 t 时刻平均社会生产力水平，则

$$K_t = \int_0^1 K_{it}di = \int_0^1 m_{it}A_{it}di = m_t\int_0^1 A_{it}di = m_tA_t \Rightarrow k_t = \frac{K_t}{A_tL} \tag{11}$$

最终产品的生产函数也可以简化为

$$Y_t = L^{1-\alpha}\int_0^1 A_{it}m_{it}^{\alpha}di = L^{1-\alpha}A_tm_t^{\alpha} \Rightarrow \frac{Y_t}{A_tL} = y_t = k_t^{\alpha} \tag{12}$$

其中 y_t 为定义的单位有效劳动的产出。至此，我们可以把资本的价格 ζ_t，中间产品厂商的垄断利润 π_{it}，单位有效劳动的产出 y_t 都表示为单位有效劳动的资本 k_t 的函数。

2.1.3.5 研发部门

（1）研发部门的套利条件

在我们的模型中，中间产品生产部门中不同的厂商所对应不同的生产力水平 A_{it} 来源于对应的研发部门的研发活动。假设每个研发部门 i 的技术创新以一个泊松抵达率 ϕ_{it} 随机出现，且

$$\phi_{it} = \lambda\frac{N_{it}}{A_t^{\max}} = \lambda n_{it}$$

其中，λ 表示研发技术生产力的参数，N_{it} 表示研发部门 i 使用最终产品进行研发的部分，则社会总的研发投入为 $N_t = \displaystyle\int_0^1 N_{it}di$，$A_t^{\max} \equiv \max\{A_{it} \mid i \in [0,$

1]}，代表 t 时刻前沿社会生产力水平，n_{it} 表示经过 A_t^{max} 调整的研发投入，因为随着社会生产力水平的进步，获得更先进技术所要求的研发投入成本也不断上升。从 ϕ_{it} 的表达式也可以看出，本文中我们假设研发部门只使用最终产品作为研发投入，而没有使用劳动力。

根据熊彼特的"创造性毁灭"理论，在时间 t 进行创新成功的研发部门，从 t 开始，它的生产力水平 A_{it} 将等于 A_t^{max}，直到它被该部门下一个创新者所代替。所以该部门进行创新成功的价值为

$$V_{it} = \int_t^{+\infty} e^{-\int_t^\tau (r_s + \phi_{is}) ds} \alpha(1 - \alpha) L k_\tau^\alpha A_t^{max} d\tau$$

其中，$e^{-\int_t^\tau r_s ds}$ 表示从时间 t 到时间 τ 的贴现率，$e^{-\int_t^\tau \phi_{is} ds}$ 表示从时间 t 到时间 τ 处于技术领先的部门未被替代的概率，这是因为泊松过程中事件发生的时间间隔序列服从指数分布。$\alpha(1 - \alpha) L k_\tau^\alpha A_t^{max}$ 是（10）式中算出来的处于技术领先的部门获得的垄断利润。

结论 1：研发部门的套利条件为 $1 = \lambda \dfrac{\alpha(1 - \alpha) L k_t^\alpha}{r_t + \phi_{it}}$

假设 N_{it} 为研发部门进行技术创新投入的成本，$\phi_{it} V_{it}$ 为其预期的贴现回报率，所以套利条件可写为 $N_{it} = \phi_{it} V_{it} = \phi_{it} \int_t^{+\infty} e^{-\int_t^\tau (r_s + \phi_{is}) ds} \alpha(1 - \alpha) L k_\tau^\alpha A_t^{max} d\tau$。

定义 $\varphi(t, \tau) = e^{-\int_t^\tau (r_s + \phi_{is}) ds}$，则 $\dfrac{\partial \varphi(t, \tau)}{\partial t} = \varphi(t, \tau)(r_t + \phi_{it})$，且 $\varphi(t, t) = 1$

由 $N_{it} = \phi_{it} V_{it} \Rightarrow 1 = \lambda \int_t^{+\infty} e^{-\int_t^\tau (r_s + \phi_{is}) ds} \alpha(1 - \alpha) L k_\tau^\alpha d\tau = \lambda \int_t^{+\infty} \varphi(t, \tau) \alpha(1 - \alpha) L k_\tau^\alpha d\tau$

两边对 t 求导，可推出

$$0 = \lambda \left(\int_t^{+\infty} \frac{\partial \varphi(t, \tau)}{\partial t} \alpha(1 - \alpha) L k_\tau^\alpha d\tau + \varphi(t, t) \alpha(1 - \alpha) L k_t^\alpha \right)$$

$$\Rightarrow \int_t^{+\infty} \frac{\partial \varphi(t, \tau)}{\partial t} \alpha(1 - \alpha) k_\tau^\alpha d\tau = \varphi(t, t) \alpha(1 - \alpha) k_t^\alpha$$

$$\Rightarrow \int_t^{+\infty} \varphi(t, \tau)(r_t + \phi_{it}) \alpha(1 - \alpha) k_\tau^\alpha d\tau = \alpha(1 - \alpha) k_t^\alpha$$

$$\Rightarrow \int_t^{+\infty} \varphi(t, \tau) \alpha(1 - \alpha) k_\tau^\alpha d\tau = \frac{\alpha(1 - \alpha) k_t^\alpha}{(r_t + \phi_{it})}$$

将结果再代入到套利条件中，即得到命题 1：研发部门的套利条件为

$$1 = \lambda \frac{\alpha(1 - \alpha) L k_t^\alpha}{r_t + \phi_{it}} \tag{13}$$

同时从（13）式也可以看出，各研发部门的 ϕ_{it} 相同，所以对应的 N_{it}，n_{it} 也相同。所以各研发部门的泊松抵达率也可以写作

$$\phi_t = \lambda \frac{N_t}{A_t^{\max}} = \lambda n_t \tag{14}$$

（2）前沿社会生产力水平增长率 $\dfrac{\dot{A_t^{\max}}}{A_t^{\max}}$ 的确定

结论 2：前沿社会生产力水平增长率 $g_t = \dfrac{\dot{A_t^{\max}}}{A_t^{\max}} = \phi_t \ln\gamma$，其中 t 为时间序列。

假设 $A_{i+1}^{\max} = \gamma A_i^{\max}$，其中 i 为创新序列，则 $\ln A_{i+1}^{\max} = \ln\gamma + \ln A_i^{\max}$。

可以推出 $\ln A_{t+1}^{\max} = \ln A_t^{\max} + \varepsilon(t)\ln\gamma$，其中 $\varepsilon(t)$ 为时间 $(t, t+1]$ 内发生的创新数目。

由于创新以一个泊松抵达率 ϕ_t 随机出现，且泊松过程是独立、平稳、增量过程，即单位时间内创新发生的平均个数为 ϕ_t。所以 $E[\ln A_{t+1}^{\max} - \ln A_t^{\max}] = \phi_t \ln\gamma$，即得到命题 2：前沿社会生产力水平增长率为

$$g_t = \frac{\dot{A_t^{\max}}}{A_t^{\max}} = \phi_t \ln\gamma \tag{15}$$

（3）平均社会生产力水平增长率 $\dfrac{\dot{A_t}}{A_t}$ 的确定

结论 3：当时间 $t \to +\infty$ 时，$\dfrac{A_t^{\max}}{A_t}$ 渐进趋向于常数 $1 + \ln\gamma$。

因为前沿社会生产力水平 $A_t^{\max}$ 以一个泊松抵达率 ϕ_t 随机出现在某个中间产品生产部门，取代其生产力水平 A_{it}，同时由于技术的外溢性，在任何部门，时间 t 的每一个创新都允许创新者在最开始使用最先进的技术来进行生产，导致平均社会生产力水平 $A_t = \int_0^1 A_{it} di$ 上升为 $A_t^{\max}$，所以 $\dfrac{dA_t}{dt} = \phi_t(A_t^{\max} - A_t)$，同时，我们定义 $\Omega_t = \dfrac{A_t^{\max}}{A_t}$。

$$\Rightarrow \frac{1}{\Omega_t}\frac{d\Omega_t}{dt} = \frac{A_t}{A_t^{\max}} \times \frac{\dot{A_t^{\max}} A_t - A_t^{\max} \dot{A_t}}{A_t^2} = \frac{\dot{A_t^{\max}}}{A_t^{\max}} - \frac{\dot{A_t}}{A_t}$$

将 $g_t = \dfrac{\dot{A}_t^{\ max}}{A_t^{\ max}} = \phi_t \ln\gamma$ 和 $\dfrac{dA_t}{dt} = \phi_t(A_t^{\ max} - A_t)$ 代入上式中，得到

$$\frac{1}{\Omega_t}\frac{d\Omega_t}{dt} = \phi_t\ln\gamma - \phi_t\Big(\frac{A_t^{\ max}}{A_t} - 1\Big) = \phi_t\ln\gamma - \phi_t(\Omega_t - 1)$$

解此微分方程，

$$\Rightarrow \frac{d\Omega_t}{\Omega_t(1 + \ln\gamma - \Omega_t)} = \phi_t dt \Rightarrow \frac{1}{1 + \ln\gamma}\Big(\frac{d\Omega_t}{\Omega_t} + \frac{d\Omega_t}{1 + \ln\gamma - \Omega_t}\Big) = \phi_t dt$$

$$\Rightarrow \ln\frac{\Omega_t}{1 + \ln\gamma - \Omega_t} = (1 + \ln\gamma)\int_0^t \phi_i di \Rightarrow \Omega_t = \frac{(1 + \ln\gamma)\Theta_t}{1 + \Theta_t}$$

其中 $\Theta_t = \exp\big[(1 + \ln\gamma)\int_0^t \phi_i di\big]$。当 $t \to +\infty$ 时，ϕ_i 为大于 0 的数，$\Theta_t \to +\infty$，所以得到结论 3：

$$\Omega_t = \frac{A_t^{\ max}}{A_t} \to 1 + \ln\gamma \tag{16}$$

由结论 3 可知，$\dfrac{A_t^{\ max}}{A_t}$ 渐进趋向于常数 $1 + \ln\gamma$，所以，此时平均社会生产力水

平增长率 $\dfrac{\dot{A}_t}{A_t}$ 等于前沿社会生产力水平增长率 $g_t = \dfrac{\dot{A}_t^{\ max}}{A_t^{\ max}} = \phi_t\ln\gamma$，也即

$$\frac{\dot{A}_t}{A_t} = g_t = \phi_t\ln\gamma \tag{17}$$

2.1.3.6 政府部门

我们这里主要考虑两种政府 R&D 资助方式：税收优惠和研发补贴。不同的资助方式会导致研发部门套利条件的变化，进而做出不同的研发决策。

方式 1：税收优惠。

因为我们的假设中，研发部门的利润为 0，所以税收优惠体现不出来，但是考虑到税收优惠降低了企业的研发成本，其实质与政府对研发部门成本进行补贴的作用是一致的[①]，所以我们假设研发部门每投入 1 单位的成本，成本补贴为 β，则政府总的成本补贴为 βN_{it}，企业研发的套利条件变为（1 −

---

① 在实证中，税收优惠强度的度量指标（B 指数、R&D 使用成本等）也常常使用到一单位 R&D 投入的实际成本。成本越高，相关指标值越大，反映的税收优惠强度越低。

β) $N_{it} = \phi_{it} V_{it}$，通过类似结论 1 的证明，我们可以得到，在该情况下，企业的套利条件为

$$1 - \beta = \lambda \frac{\alpha(1-\alpha)Lk_t^{\ \alpha}}{r_t + \phi_t} \qquad (18)$$

方式 2：研发补贴。

政府研发补贴增加了研发部门的投入，使技术创新的泊松抵达率提高。假设研发补贴为 $G_t^{\ n}$，根据独立泊松过程的可加性，则第 i 研发部门的泊松抵达率变为 $\lambda\left(\dfrac{N_{it}}{A_t^{\ \max}} + \dfrac{G_t^{\ n}}{A_t^{\ \max}}\right)$，定义 $\dfrac{G_t^{\ n}}{A_t^{\ \max}} = g_t^{\ n}$，则该部门泊松抵达率变为 $\lambda n_{it} + \lambda g_t^{\ n}$。对应的该部门进行创新成功的价值变为 $V_{it} = \int_t^{+\infty} e^{-\int_t^\tau (r_s + \varphi_{is} + \lambda g_t^n)\,ds} \alpha(1-\alpha)Lk_\tau^\alpha A_t^{\ \max} d\tau$，即降低了从时间 t 到时间 τ 处于技术领先的部门未被替代的概率，创新成功的价值降低了。再通过类似命题 1 的证明，我们可以得到，在该情况下，企业的套利条件为

$$1 = \lambda \frac{\alpha(1-\alpha)Lk_t^{\ \alpha}}{r_t + \phi_t + \lambda g_t^{\ n}} \qquad (19)$$

2.1.3.7 平衡增长状态

（1）在平衡增长路径上，单位有效劳动的消费 c_t 的增长率为 0，由（2）式，即

$$\frac{\dot{c_t}}{c_t} = \frac{r(1-\tau) - \rho}{\theta} - g = 0 \Rightarrow r(1-\tau) = \rho + g\theta \qquad (20)$$

（2）在平衡增长路径上，单位有效劳动的资本 k_t 的增长率为 0，即

$$k_t = \frac{K_t}{A_t L} \Rightarrow \dot{k_t} = \frac{\dot{K_t}}{A_t L} - \frac{\dot{A_t}}{A_t}\frac{K_t}{A_t L} = \frac{(1-\tau)Y_t - C_t - N_t}{A_t L} - g_t k_t$$

将（12）式代入，$\dot{k_t} = (1-\tau)k_t^\alpha - c_t - \dfrac{N_t}{A_t L} - g_t k_t = 0$

其中 $\dfrac{N_t}{A_t L} = \dfrac{\int_0^1 N_{it} di}{A_t^{\ \max}} \dfrac{A_t^{\ \max}}{A_t L} = \int_0^1 n_{it} di \dfrac{1 + \ln\gamma}{L} = n_t \dfrac{1 + \ln\gamma}{L}$，所以

$$(1 - \tau)k^{\alpha} - c - n\frac{1 + \ln\gamma}{L} - gk = 0 \tag{21}$$

（3）在平衡增长路径上，当 c_t 的增长率和 k_t 的增长率均为 0 时，由（12）式可知，y_t 的增长率也为 0，由于不考虑劳动力 L 的增长，所以在均衡增长路径上，人均消费、人均资本和人均产出的增长率等于平均社会生产力水平增长率 $\frac{\dot{A_t}}{A_t} = g$。

（a）在税收优惠方式中，即

$$g = \lambda n\ln\gamma \tag{22}$$

（b）在研发补贴方式中，由于有研发补贴参与创新活动，所以

$$g = \lambda(n + g^n)\ln\gamma \tag{23}$$

（4）资本市场均衡：假设不考虑资本折旧的问题，利率即是资本的价格，同时结合（9）

$$r = \zeta = k^{\alpha-1}\alpha^2 \tag{24}$$

（5）政府部门的预算平衡：本模型建立在一般均衡框架下，所以政府的 R&D 资助通过收入税 τY_t 融资，假设政府即不会出现负债，也不会出现盈余，执行了预算平衡政策。

（a）在税收优惠方式中 $\beta N = \tau Y \Rightarrow \frac{\beta N}{AL} = \tau y = \beta n\frac{1 + \ln\gamma}{L} = \tau k^{\alpha}$

求解出 $\beta = \frac{L\tau k^{\alpha}}{(1 + \ln\gamma)n}$，代入研发部门的套利条件（18）式中，则 λ

$\frac{\alpha(1 - \alpha)Lk^{\alpha}}{r + \lambda n} = 1 - \frac{L\tau k^{\alpha}}{(1 + \ln\gamma)n}$，化简可得

$$\lambda\alpha(1 - \alpha)Lk^{\alpha}(1 + \ln\gamma)n = \left[(1 + \ln\gamma)n - L\tau k^{\alpha}\right](r + \lambda n) \tag{25}$$

（b）在研发补贴方式中 $G^n = \tau Y \Rightarrow \frac{G^n}{AL} = \tau y = g^n\frac{1 + \ln\gamma}{L} = \tau k^{\alpha}$

求解出 $g^n = \frac{L\tau k^{\alpha}}{(1 + \ln\gamma)}$，代入研发部门的套利条件（19）式中，则 λ

$\frac{L\alpha(1 - \alpha)k^{\alpha}}{r + \lambda n + \dfrac{\lambda L\tau k^{\alpha}}{(1 + \ln\gamma)}} = 1$，化简可得

$$\lambda L\alpha(1-\alpha)k^{\alpha} = r + \lambda n + \frac{\lambda L\tau k^{\alpha}}{(1+\ln\gamma)} \qquad (26)$$

（6）产品市场出清

将（4），（24），（10），（12）代入国民总收入 $w_t L + r_t K_t + \int_0^1 \pi_{it} di$ 中，可得到

$$
\begin{aligned}
w_t L + r_t K_t + \int_0^1 \pi_{it} di &= (1-\alpha)L^{1-\alpha}A_t m_t{}^{\alpha} + k_t{}^{\alpha}\alpha^2 A_t L + \alpha(1-\alpha)A_t L k_t{}^{\alpha} \\
&= (1-\alpha)LA_t k_t{}^{\alpha} + k_t{}^{\alpha}\alpha^2 A_t L + \alpha(1-\alpha)A_t L k_t{}^{\alpha} \\
&= LA_t k_t{}^{\alpha} = Y_t
\end{aligned}
$$

即国民总收入等于总产出。从这里我们也可以看出，政府征收统一的收入税与征收总量税的结果是一致的。

（7）平衡增长状态的求解

（a）综合以上（20），（21），（22），（24），（13），在政府不干预的基准状态下（ $\tau = 0$ ），平衡增长状态为以下的非线性系统，其中 r, g, k, c, n 为内生变量，$\rho, \theta, \lambda, \alpha, \gamma, L$ 为外生的参数。

$$
\begin{cases}
r = \rho + g\theta \\
k^{\alpha} - c - n\dfrac{1+\ln\gamma}{L} - gk = 0 \\
g = \lambda n\ln\gamma \\
r = k^{\alpha-1}\alpha^2 \\
\lambda L\alpha(1-\alpha)k^{\alpha} = r + \lambda n
\end{cases}
$$

（b）综合以上（20），（21），（22），（24），（25），在税收优惠方式中，平衡增长状态为以下的非线性系统，其中 r, g, k, c, n 为内生变量，τ，$\rho, \theta, \lambda, \alpha, \gamma, L$ 为外生的参数。

$$
\begin{cases}
r(1-\tau) = \rho + g\theta \\
(1-\tau)k^{\alpha} - c - n\dfrac{1+\ln\gamma}{L} - gk = 0 \\
g = \lambda n\ln\gamma \\
r = k^{\alpha-1}\alpha^2 \\
\lambda\alpha(1-\alpha)Lk^{\alpha}(1+\ln\gamma)n = \left[(1+\ln\gamma)n - L\tau k^{\alpha}\right](r+\lambda n)
\end{cases}
$$

（c）综合以上（20），（21），（23），（24），（26），在研发补贴方式中，

平衡增长状态为以下的非线性系统，其中 r, g, k, c, n 为内生变量，$\tau, \rho, \theta,$ $\lambda, \alpha, \gamma, L$ 为外生的参数。

$$
\begin{cases}
r(1 - \tau) = \rho + g\theta \\[2mm]
(1 - \tau)k^{\alpha} - c - n\dfrac{1 + \ln\gamma}{L} - gk = 0 \\[2mm]
g = \lambda(n + g^{n})\ln\gamma = \lambda\left(n + \dfrac{L\tau k^{\alpha}}{(1 + \ln\gamma)}\right)\ln\gamma \\[2mm]
r = k^{\alpha - 1}\alpha^{2} \\[2mm]
\lambda L\alpha(1 - \alpha)k^{\alpha} = r + \lambda n + \dfrac{\lambda L\tau k^{\alpha}}{(1 + \ln\gamma)}
\end{cases}
$$

2.1.4 参数校准及数值模拟

求解以上三个非线性系统的显示解非常困难，为了比较分析两种不同创新模式对平衡增长路径上经济增长率和其他指标的影响，我们采用数值模拟的方法，对三种情况下的外生参数 $\rho, \theta, \lambda, \alpha, \gamma, L$ 赋相同的值，首先分析政府不干预的基准状态时（即 $\tau = 0$），平衡增长路径上经济增长率和其他指标的值，然后同时统一调整 τ 的变化，即观察研发性政府支出变动相同的情况下，在两种创新模式中分别会产生怎样的影响。

为了简化模型，我们令社会的劳动力的总量 L 为 1，根据杜清源（2005）的估计，资本产出弹性 α 为 0.42，但是程序计算速度较慢，所以本文近似取值 0.5。根据 Lucas（1990）的研究，我们取主观贴现率 ρ 为 0.02，边际效用对消费的弹性 θ 为 2。参考严成樑（2010）的取值，我们令研发技术生产力的参数 λ 为 1.274。根据我们前面的定义，因为 γ 衡量的是两个相邻的创新序列 A_{i+1}^{max} 和 A_{i}^{max} 之间的关系，所以 $\ln\gamma$ 实际上为创新程度，又因为下一创新序列 A_{i+1}^{max} 至少大于现有的 A_{i}^{max}，也即 $\gamma > 1$，所以 $\ln\gamma > 0$，我们假设暂时为 0.5，则模型的参数校准值为表 2

表 2   模型的参数校准值

ρ	θ	λ	α	$\ln\gamma$	L
0.02	2	1.274	0.5	0.5	1

2.1.4.1 基准状态（无政府干预，$\tau = 0$）

表3列出了政府不进行干预时，平衡增长路径上内生变量的值，说明该模型在稳定状态时，在我们的参数假设下（无人口增长），此时经济的增长率为9.23%，研发部门的技术进步成为推动经济增长的主要动力，这也正是内生经济增长理论所要表达的观点。

表3　基准状态下平衡增长路径上内生变量的值

c	g	k	n	r
0.8668	0.0923	1.4931	0.1449	0.2046

那么是不是不断地创新突破就一定会带来经济增长率持续地上升呢？下面我们令创新程度 $\ln\gamma$ 在区间 [0.1，10] 进行变动，得到其对平衡增长路径上内生变量的影响，见图4。首先，我们可以看见经济的增长率 g 并没有我们所期望的那样一直呈快速上升趋势，而是先以较快速度上升，然后趋缓，处于"瓶颈"状态。从 $g = \lambda n \ln\gamma$ 的表达式可以看出，其受到创新的泊松抵达率和创新程度的影响，随着技术的发展，由于 A_t^{max} 的不断增加，创新的难度越来越大，创新的泊松抵达率越来越低，这一点可以从图4中"经调整的研发总投入 n"的下降趋势可以看出，从而抵消了创新程度 $\ln\gamma$ 的增长。其次，每单位有效劳动的消费 c 和资本存量 k 都是先快速下降，然后趋缓。这是因为创新伊始，创新的泊松抵达率较高，社会将较多的最终产品投入到创新部门，从而导致用于消费和资本投资的部分减少，同时平均社会生产力水平 A_t 的增加，两者共同导致 c 和 k 的快速下降。随着创新的难度越来越大，创新的泊松抵达率越来越低，研发部门创新的动力也随之减弱，用于研发的最终产品减少，用于消费和资本投资的部分有所增加，抵消了平均社会生产力水平 A_t 的增加，从而下降速度趋缓。

2.1.4.2 政府干预情况（$\tau \neq 0$）

我们将创新程度 $\ln\gamma$ 固定在0.5[①]，分析税率 τ 对平衡增长路径上内生变

[①] 从图4中可以看出，$\ln\gamma$ 取不同值表示不同的技术发展水平，在 $\ln\gamma$ 取值较小的"技术发展初期"，市场配置仍然可以保证经济较快地增长，而在 $\ln\gamma$ 取值较大的"技术发展后期"，市场配置遭遇"增长陷阱"，为了避免两种情况下的政府干预行为可能会有不同的效果，我们还计算了 $\ln\gamma = 10$ 的平衡增长路径，但其与 $\ln\gamma = 0.5$ 的趋势基本一致，所以在此略去。

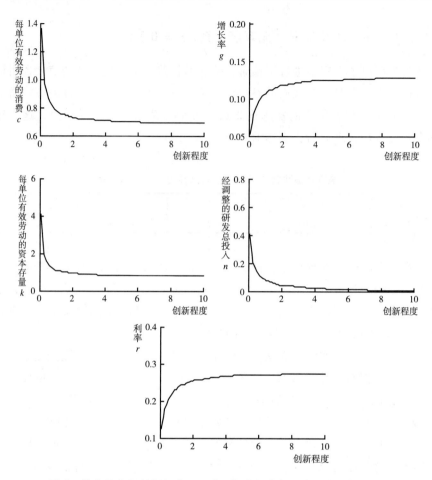

图 4 基准状态下创新程度 lnγ 对平衡增长路径上内生变量的影响

量的影响，见图 5。因为在我们的模型中，政府的研发性支出完全靠税收融资，所以税率 τ 也即反映了研发性支出的总量。考虑到研发性支出实际上只占政府财政支出一部分[①]，同时要保证平衡增长路径上内生变量的值都大于 0，所以 τ 的取值不宜过大，它的区间为 [0.01，0.16]。从图 5 和 6 可以看出，两种政府 R&D 资助方式下的内生变量曲线在 τ = 0 时相交，这一点即表 3 中基准状态的值。

在税收优惠方式中，经济增长率 g 高于基准状态，并且随着优惠幅度的增加 g 也增加。这是因为 R&D 的税收优惠降低了企业的研发成本，根据套

---

① 以 2009 年为例，我国政府财政科技拨款占财政总支出 4.2%，占 GDP 的 1%。

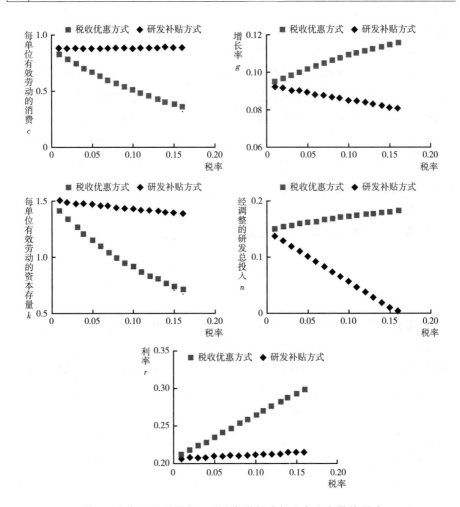

图5　政府干预下税率 τ 对平衡增长路径上内生变量的影响

利条件，刺激了企业的将更多的最终产品用于研发，所以尽管 A_t^{max} 增加，创新的难度越来越大，但是"经调整的研发总投入 n"仍然呈上升趋势，这点从图5中也可以看出，n 的增加导致了 g 的增加。另外值得注意的是每单位有效劳动的消费 c 和资本存量 k 都显著下降，这是因为受到政府研发补贴的激励，企业自觉地将更多的最终产品用于研发，但是由于平均社会生产力水平 A_t 增加显著，所以社会总消费和总资本存量下降得并没有那么快。

在研发补贴方式中，平衡增长路径上经济的增长率 g 低于基准状态，这主要是因为技术创新的外溢性所导致的。虽然政府研发补贴提高了创新的泊松抵达率，但是同时也加速了社会的技术更迭，导致企业参与研发的预期的垄断利润减少，企业的 R&D 投入被挤出，同时前沿社会生产力水平 $A_t^{\,max}$ 增加，共同导致企业"经调整的研发总投入 n"呈下降趋势，这点从图 5 中可以看出。但是这里的 g 不仅跟企业的研发投入有关，还与政府的研发补贴有关，而随着政府研发补贴的增加，抵消了一部分企业的研发投入的下降，所以从图 5 可以看出经济的增长率 g 下降得比 n 较为平缓。另外我们还可以观察到每单位有效劳动的消费 c 和资本存量 k 与基准状态相比，c 小幅上升，k 小幅下降，所以判断社会总消费和资本存量是下降的。这是因为，研发补贴相当于强制性地从最终产品中拿出部分用于研发部门，同时经济的增长率 g 低于基准状态，导致最终产品数量也是低于基准状态的。所以从总体来说研发补贴方式在提高经济增长率方面不及税收优惠方式。

2.1.5　结语

　　本文在一般均衡框架和 Aghion & Howitt 垂直创新的理论基础上，引入政府部门，建立了含政府 R&D 资助行为的内生增长模型，通过参数校准和数值模拟得到：在政府不干预经济的情况下，单纯依靠私人研发部门的技术进步获得的经济增长会遇到"瓶颈"问题，而简单地通过政府干预也并不一定能有效地解决这一问题，它还跟政府资助的方式有关。只有税收优惠的方式才能较好地突破增长的瓶颈，而在研发补贴方式中，政府的研发支出可能会挤出企业的创新投入，并不能获得很好的政策效果。另外，在选择补贴对象的时候还可能存在和逆向选择和道德风险（安同良，2009），以及寻租行为，这都会导致"政府失灵"。但是，为什么研发补贴方式也被各国广泛使用呢？因为相对于税收优惠，研发补贴更直接、更迅速，对于目标企业和目标行业能起到立竿见影的效果。同时，税收优惠的执行也会产生相应的成本，比如税收的立法成本、税务机关的行政成本、纳税人的申报成本等。另外，虽然对有税收优惠行业的 R&D 投入会有促进作用，但是会挤出其他行业的 R&D 投入，即产生负的外溢性，所以对总体的企业的 R&D 活动也有一定的挤出效应（Mamuneas 和 Nadiri，1996）。因此，实际操作中也要考虑到税收优惠带来的这些效率损失。

　　值得注意的是，本文的结论建立在垂直创新模型的基础上，即主要针对成熟技术领域的垂直创新，此时，新的中间产品的出现会完全替代现有的中间产品，同时由于 R&D 活动的巨大外溢性，降低了企业从事研发所带来的垄断利润，导致企业的研发性投入被挤出，所以不能取得良好的政策效果。但是如果基于水平创新模型，比如在新兴技术领域的水平创新，此时，技术进步表现为中间产品的种类的增加，新旧中间产品之间不存在替代关系，则本文的结论不一定成立。所以这也是可以进一步研究的方向。另外，本文假设研发部门中各企业可以共享现有的技术水平，完全公平地进行研发竞争，没有进入的壁垒，获得研发成功的企业即可取代上一个企业获得垄断利润。最后本文从简化模型的角度出发，只考虑了研发性财政支出，还可以结合政府的消费性支出和生产性支出，分析财政支出结构对经济增长的综合影响。

通过本文的模型，我们得到的政策启示有：（1）在现阶段我国经济增长方式转型时期，政府有必要通过对企业的 R&D 补贴、税收优惠、信贷支持等措施降低企业的研发成本和研发风险，引导企业加大研发投入，促进经济增长；（2）对于一些成熟技术领域（比如一些传统产业），技术外溢性比较大的行业，由于其技术创新主要集中在挖掘、改善与提升现有技术水平的垂直创新，R&D 税收优惠的政策效果更好；（3）在我们的模型中可以看出，有效的知识产权保护制度和产权交易市场可以保证拥有新技术和新工艺的企业在一定时间内可以获得一定的垄断利润，从而促进他们更积极地从事自主创新，所以政府应该进一步完善相关的知识产权制度，完善包括技术市场、人才市场、信息市场、产权交易市场等在内的生产要素市场体系。

参考文献

［1］艾冰，陈晓红．2008．政府采购与自主创新的关系．管理世界，3：169－170。

［2］安同良，周绍东，皮建才．2009．R&D 补贴对中国企业自主创新的激励效应．经济研究，10：87－98。

［3］白俊红．2011．中国的政府 R&D 资助有效吗——来自大中型工业企业的经验证据．经济学（季刊），4：1375－1400。

［4］戴晨，刘怡．2008．税收优惠与财政补贴对企业 R&D 影响的比较分析．经济科学，3：58－71。

［5］董雪兵，王争．2007．R&D 风险、创新环境与软件最优专利期限研究．经济研究，9：112－120。

［6］杜清源，龚六堂．2005．带"金融加速器"的 RBC 模型．金融研究，4：16－30。

［7］樊琦，韩民春．2011．政府 R&D 补贴对国家及区域自主创新产出影响绩效研

究.管理工程学报，3：183 - 188。

［8］ 范红忠.2007. 有效需求规模假说、研发投入与国家自主创新能力. 经济研究，3：34 - 44。

［9］ 李平，崔喜君，刘建.2007. 中国自主创新中研发资本投入产出绩效分析. 中国社会科学.2：32 - 42。

［10］ 金戈.2010. 多种类型公共支出与经济增长. 经济研究，7：43 - 56。

［11］ 潘士远：2005. 最优专利制度研究，经济研究，12：113 - 118。

［12］ 吴延兵.2007. 市场结构产权结构与R&D——中国制造业的实证分析. 统计研究，7：67 - 75。

［13］ 吴延兵.2006. R&D 存量、知识函数与生产效率. 经济学（季刊），4：1129 - 1156。

［14］ 严成樑，王弟海，龚六堂.2010. 政府财政政策对经济增长的影响——基于一个资本积累与创新相互作用模型的分析，南开经济研究，1：51 - 65。

［15］ 朱平芳，徐伟民.2003. 政府的科技激励政策对大中型工业企业 R&D 投入及其专利产出的影响——上海市的实证研究. 经济研究，6：45 - 53。

［16］ 郑绪涛.2008. 促进 R&D 活动的税收和补贴政策工具的有效搭配. 产业经济研究，1：26 - 36。

［17］ Arrow K. 1962. The economic implications of learning by doing. Review of Economic Studies, 29（2）：155 - 173.

［18］ Aghion P, Howitt P. 1992. A model of growth through creative destruction. Econometrica, 60：323 - 351.

［19］ Aghion P, Howitt P. 1998. Endogenous Growth Theory. Cambridge, MA：MIT Press.

［20］ Antonelli Ch. 1989. A failure inducement model of research and development expenditure：Italian evidence from early 1980s. Journal of Economic Behavior and Organization, 12（2）：159 - 180.

［21］ Baily M N, Lawrence R Z. 1992. Tax incentives for R&D：what do the data tell us? Study Commissioned by the Council on Research and Technology, Washington D C.

［22］ Barro R J. 1990. Government spending in a simple model of endogenous growth. Journal of Political Economy, 98（5）.

［23］ Barro R J, Sala-I- Martin. 1992. Public finance in models of economic growth. Review of Economics Studies, 59：645 - 661.

［24］ Berger, P. 1993. Explicit and implicit effects of the R&D tax credit. Journal of Accounting Research, 31：131 - 171.

［25］ Bizan O. 2003. The determinants of success of R&D projects：Evidence from American-Israeli research alliances. Research Policy, 32（9）：1619 - 1640.

［26］ Bloom D E, Canning D, Sevilla J. 2001. The effect of health on economic growth：Theory and evidence. NBER, Working Paper no：8587.

［27］ Bloom N, Griffith R, Reenen John Van. 2002. Do R&D tax credits work?

Evidence from a panel of countries 1979 – 1997. Journal of Public Economics, 85:
1 – 31.

[28] Caballero R J, Jaffe A B. 1993. How high are the giants' shoulders: An empirical
assessment of knowledge spillovers and creative destruction in a model of economic
growth. NBER Macroeconomic Annals, 15 – 74.

[29] Capron H, B Van Pottelsberghe de la Potterie. 1997. Public support to business
R&D: A survey and some new quantitative evidence, in OECD. Policy Evaluation
in Innovation and Technology-Towards best practices, 171 – 188.

[30] Czarnitzki D, K Hussinger. 2004. The link between R&D subsidies, R&D spending
and technological performance. ZEW Discussion Paper, 04256.

[31] David P A, Hall B H, Toole A A. 2000. Is public R&D a complement or a
substitute for private R&D? A Review of the Econometric Evidence, NBER,
Working Paper, 7373.

[32] Devarajan, Shantayanan, Vinaya Swaroop, Heng-fu Zou. 1996. The composition
of public expenditure and economic growth. Journal of Monetary Economics, 37
(2): 313 – 344.

[33] Duguet E. 2003. Are subsidies a substitute or a complement to privately funded
R&D? Evidence from France Using Propensity Score Methods for Nonexperiment
Data. Working Paper, 75, University de Pair I.

[34] Dxit Avinash K, Joseph E Stilgitz. 1977. Monopolistic competition and optimum
product diversity. American Economic Review, 67 (3): 297 – 308.

[35] Futagami Koichi, Morita Yuichi, Shibata Akihisa. 1993. Dynamic analysis of an
endogenous growth model with public capital. Scandinavian Journal of Economics, 95
(4): 607 – 625.

[36] González X, Pazó C. 2008. Do public subsidies stimulate private R&D spending?
Research Policy, 37: 371 – 389.

[37] Goolsbee A. 1998. Does government R&D policy mainly benefit scientists and
engineers. American Economic Review, 88 (2): 298 – 302.

[38] Gorg H, E Strobl. 2007. The effect of R&D subsidies on private R&D, Economica,
74 (294): 215 – 234.

[39] Leyden D, A Link. 1991. Why are governmental R&D and private R&D
complements? Applied Economics, 23 (10): 1673 – 1681.

[40] Grossman G M Helpman E. 1991. Quality ladders in the theory of growth. Review
of Economic Studies, 58: 43 – 61.

[41] Guellec D, B Van Pottelsberghe de la Potterie. 1999. Does government support
stimulate private R&D? OECD Economic Studies, 29: 95 – 12.

[42] Guellec D, B Van Pottelsberghe de la Potterie. 2000. The effect of public
expenditure to business R&D. OECD STI Working Paper, 4, Paris.

[43] Hall B, Reenen John Van. 2000. How effective are fiscal incentives for R&D? A
review of the evidence. Research Policy, 29: 449 – 469.

[44] Ham R, D Mowery. 1998. Improving the effectiveness of public-private R&D collaboration: Case studies at a US weapons Laboratory. Research Policy, 26: 661 – 675.

[45] Hines J. 1994. No place like home: Tax credit and the location of R&D by American multinationals. Tax Policy and the Economy, 8: 65 – 104.

[46] Holemans B, L Sleuwaegen. 1988. Innovation expenditures and the role of government in Belgium. Research Policy, 17: 375 – 379.

[47] Howitt P, Aghion P. 1998. Capital accumulation and innovation as complementary factors in long-run growth. Journal of Economic Growth, 3: 111 – 130.

[48] Jones C. 1995. R&D-based models of economic growth. Journal of Political Economy, 103: 759 – 784.

[49] Lucas R E Jr. 1988. On the mechanics of economic development, Journal of Monetary Economics, 22 (7): 3 – 42.

[50] Lucas R E Jr. 1990. Supply-side economics: An analytical review. Oxford Economic Papers, 42: 293 – 316.

[51] Klette T, J Moen. 1999. From growth theory to technology policy: Coordination problems in theory and practice. Nordic Journal of Political Economy, 25: 53 – 47.

[52] Koga Tadahisa. 2003. Firm size and R&D tax incentives. Technovation, 23: 643 – 648.

[53] Mamuneas T. 1999. Spillovers from publicly financed R&D capital in high-tech industries. International Journal of Industrial Organization, 17: 215 – 239.

[54] Mamuneas T, M Nadiri. 1996. Public R&D policies and cost behavior of the US manufacturing industries. Journal of Public Economics, 63: 57 – 81.

[55] Mansfield E, Switzer L. 1985a. The effects of R&D tax credit and allowances in Canada. Research Policy, 14: 97 – 107.

[56] Mansfield E, Switzer L. 1985b. How effective are Canada's direct tax incentives for R&D? Canadian Public Policy, 11: 241 – 246.

[57] Mansfield E. 1986. The R&D tax credit and other technology policy issues. AEA Papers and Proceedings, 76: 190 – 194.

[58] Mansfield E 1995. Academic research underlying industrial innovations: Sources, characteristics and financing. The Review of Economics and Statistics, 77: 55 – 65.

[59] Martin S, Scott J T. 2000. The nature of innovation market failure and the design of public support for private innovation. Research Policy, 29: 437 – 47.

[60] Milesi-Ferretti G M, Roubini N. 1998. Growth effects of income and consumption taxes. Journal of Money, Credit and Banking, 30 (4).

[61] Morales F. 2004. Research policy and endogenous growth. Spanish Economic Review, 6 (10): 179 – 209.

[62] Narin F, Hamilton K S, Olivastro D. 1997. The increasing linkage between US technology and public science. Research Policy, 26 (3): 317 – 330.

[63] Romer P M. 1990. Endogenous technological change. Journal of Political

Economy, 98 (5): 71 - 102.

[64] Romer P M. 1986. Increasing returns and long run growth. Journal of Political Economy, 94: 1002 - 1037.

[65] Tsai K, J Wang. 2004. R&D productivity and the spillover effects of high-tech industry on the traditional manufacturing sector: The case of Taiwan. The World Economy, 27 (10): 1555 - 1570.

[66] Turnovsky S J. 1996. Optimal tax, dept and expenditures policies in a growing economy. Journal of Public Economics, 60: 21 - 44.

[67] Turnovsky S J. 2000. Fiscal policy, elastic labor supply, and endogenous growth. Journal of Monetary Economics, 45: 185 - 210.

[68] Wallsten S. 2000. The effects of government-industry R&D programs on private R&D: The case of the small business innovation research program. RAND Journal of Economics, 31 (1): 82 - 100.

2.2 我国的经济波动来自供给
冲击还是需求冲击？

——对我国 GDP 波动持久性的度量

孙晓涛　王少平[①]

（华中科技大学经济学院）

摘　要： 本文针对经济波动来自供给冲击还是需求冲击的争论，应用两个被广泛接受的度量指标对我国经济波动的持久性进行了度量。研究中结合时域和频域两种方法，从而弥补了各自方法的不足，最终给出这两个度量指标的更可靠的估计结果。结果表明，我国经济波动具有很强的持久性，从而支持真实经济周期理论学派的观点，即供给方面的冲击是造成经济波动的主要原因。同时本文这一经验研究结论与我国实行改革开放，从而经济结构和社会结构发生了巨大变革的经济现实相吻合。

关键词： 持久性　方差比　经济波动　随机冲击

2.2.1 引言

改革开放三十多年来，我国成功实现了从高度集中的计划经济体制到市

---

① 孙晓涛，男，1981 年 11 月生，华中科技大学数量经济学博士研究生在读，中国数量经济学会会员。通讯地址：湖北省武汉市华中科技大学经济学院 515 室，邮政编码：430074，联系电话：15072438163，电子信箱：sunxt@ sjp. buaa. edu. cn；王少平，男，1956 年 4 月生，博士学位，华中科技大学经济学院教授、博士生导师，中国数量经济学会会员。通讯地址：湖北省武汉市华中科技大学经济学院，邮政编码：430074，电子邮箱：wangspi@ sina. com。

场经济体制的转折，从封闭半封闭到全方位开放的转折，使得经济结构和社会结构发生了巨大的变化。在如此剧烈的变革过程中，我国经济也经历了大起大落，从实际国内生产总值（GDP）增长率来看，从 1981 年 5.2% 的低位迅速上升到 1984 年的 15.2%，接着又滑落到 1990 年最低的 3.8%，快速上升到 1992 年的 14.2% 后，又经历了 1999 年 7.6% 的低位和 2007 年 14.2% 的高位。经济的这种剧烈波动的原因是什么？这种波动多大程度上来自经济结构和社会结构的变革？在西方经济学框架内，经济波动及其所形成的经济周期一直是一个最重要的研究领域，其中争论的焦点在于：经济波动来自供给冲击还是需求冲击？

在理论研究方面，凯恩斯主义学派认为经济波动的主要原因是有效需求不足，货币主义学派认为其来自于货币的扩张与收缩。这两个学派的共同之处在于都是从需求角度对经济波动进行解释，都认为经济的运行存在着一个确定性的线性趋势，由需求冲击所造成的经济波动都是瞬时性的。与之对立的是真实经济周期（real business cycle，RBC）理论学派，他们认为供给冲击（如技术进步等）是造成经济周期波动的主要原因，同时供给冲击所造成的经济波动是持久性的。

在经验研究方面，RBC 理论是随着非平稳时间序列理论的建立而发展起来的。Nelson 和 Plosser（1982）研究发现包括 GDP 在内的大部分宏观经济时间序列都表现出非平稳性。基于此，随机冲击将对 GDP 序列有持久性的影响，从而对传统的凯恩斯主义学派和货币主义学派提出了挑战。Kydland 和 Prescott（1982）、Long 和 Plosser（1983）建立随机均衡模型来说明经济波动具有持久性。King 等（1987，1991）则通过在经典的周期理论模型中，对技术冲击引入随机游走过程，从而使经济波动具有持久性。那么经济波动到底来自供给冲击还是需求冲击？计量经济学利用 GDP 序列，以冲击的持久性和瞬时性为切入点，对此争论进行了大量的经验研究工作，主要可以分为两类：趋势周期分解方法和波动持久性度量方法。

在趋势周期分解方法中，趋势成分是对序列有持久性影响的部分，周期成分是对序列有瞬时性影响的部分，那么当趋势成分的波动更大时就说明经济波动主要来自于供给冲击，反之则来自于需求冲击。目前广泛应用的两种趋势周期分解方法给出的结论则是对立的，Beveridge 和 Nelson（1981）提出的 BN 分解的结果显示经济波动主要来自供给冲击，而以 Clark（1987）为代表的不可观测成分（unobserved components，UC）模型分解的结果显示经济波动主要来自于需求冲击。

波动持久性度量方法则是通过建立度量指标对经济波动的持久性进行定量的度量，其中两个被广泛接受的度量指标是：Campbell 和 Mankiw（1987a）通过脉冲响应函数方法给出的指标和 Cochrane（1988）提出的方差比（variance ratio，VR）指标。对于以上两个指标的估计则即可以通过时域方法又可以通过频域方法。利用时域方法进行估计时，首先要对序列建立 ARMA（p，q）模型。虽然已经有很多关于 ARMA 建模的研究工作，但目前仍然没有一个广为接受的选择滞后阶数 p 和 q 的方法。通过自相关图和偏自相关图来选择的主观性太大，通过信息准则来选取的方式也受到了一些批评。但 ARMA（p，q）模型中滞后阶数的选取，对两个指标的估计结果影响很大。利用频域方法进行估计时，需要用非参数方法估计谱函数，其中涉及窗宽（bandwidth）的选择问题，选择不同的窗宽会对估计结果造成很大的影响，但目前对于窗宽的选择同样没有一个广泛接受的方法。所以无论时域方法还是频域方法都存在一定的局限性，正如 Granger 和 Engle（1983）所指出的，频域方法不应该成为时域方法的竞争者，两者应该是互补的。由此，结合时域方法和频域方法给出的估计结果将更为可靠。

对于我国 GDP 序列，已经有许多应用趋势周期分解方法进行的研究工作。与对国外 GDP 序列所作的研究结果类似，BN 分解的结果显示经济波动主要来自供给冲击，UC 模型分解的结果显示经济波动主要来自需求冲击。[①]但应用波动持久性度量方法的研究工作还相对很少。利用 Campbell 和 Mankiw（1987a）给出的指标对持久性进行度量的研究工作包括：黄赜琳和刘社建（2004）、吕光明（2007），其中前者通过自相关图和偏自相关图来选择序列 ARMA 模型中的滞后阶数，后者在事先给定最大滞后阶数为 3 阶的情况下，采用拟合优度和信息准则来选择滞后阶数。如前所述，如此得到的滞后阶数的可靠性并不高。利用 VR 指标对持久性进行度量的研究工作是：王少平，胡进（2009），他们采用 Cochrane（1988）提出的一个经验方法，但这种经验方法的精确度受到样本量的很大限制，而且估计量的方差也过大（Campbell 和 Mankiw，1987b，1989）。

---

① BN 分解方法所得到的周期成分通常表现为短周期，即一个周期所经历的时间跨度较短，同时周期成分的波动幅度较小，而 UC 模型分解方法所得到的周期成分通常表现为长周期，即一个周期所经历的时间跨度较长，同时周期成分的波动幅度较大（王少平，胡进，2009）；李庆华（2008），第 3.4 节等）。

针对波动持久性度量方法在我国研究较少的现状，同时也为了进一步探讨上述已有研究中没有得到很好解决的问题，本文结合时域和频域两种方法，对以上两个常用指标进行估计，以期给出相对可靠的估计结果，进而分析我国经济波动究竟来自供给冲击还是需求冲击。本文的结构安排如下：2.2.1节对序列波动持久性的两个度量指标进行介绍；2.2.2节结合时域和频域两种方法对我国 GDP 波动持久性度量指标进行估计。2.2.3节为结论。

2.2.2　序列波动持久性的两个度量指标

在波动持久性度量方法中，被广泛接受的序列波动持久性的两个度量指标是：Campbell 和 Mankiw（1987a）通过脉冲响应函数方法给出的指标和 Cochrane（1988）提出的方差比（variance ratio）指标，下面分别介绍。

2.2.2.1　$\psi(1)$ 指标——通过脉冲响应函数方法

脉冲响应是当时间序列在某一时刻受到一个冲击后，此冲击在未来的时间里对序列影响的一种度量。假设所需研究的序列 y_t 为一阶单位根过程，即 I（1）过程，则其一阶差分 Δy_t 为平稳过程。由 Wold 表述可知 Δy_t 可以表示成如下的 MA（∞）模型，为方便说明问题，Δy_t 为剔除其样本均值后的序列

$$\Delta y_t = \psi_0 \varepsilon_t + \psi_1 \varepsilon_{t-1} + \psi_2 \varepsilon_{t-2} + \cdots \tag{1}$$

其中 $\varepsilon_t \sim IID(0, \sigma_\varepsilon^2)$，$\psi_0 = 1$，$\psi(1) = \sum_{j=0}^{\infty} \psi_j$；同时系数 ψ_j 需满足平方可加性（square summable），即 $\sum_{j=0}^{\infty} \psi_j^2 < \infty$，由此便有 $\psi_\infty = 0$。上述 MA（∞）模型中的系数 ψ_j 就是 Δy_t 的第 j 期脉冲响应。由 $\psi_\infty = 0$ 说明对于平稳的时间序列 Δy_t，冲击最终将衰减为零，即长期内对序列 Δy_t 没有影响。

下面由 Δy_t 的脉冲响应来考察序列 y_t 的脉冲响应。由于序列 y_t 可由 Δy_t 累加产生，即 $y_t = \sum_{j=0}^{\infty} \Delta y_{t-j}$，则由公式（1）可得

$$y_t = \psi_0 \varepsilon_t + (\psi_0 + \psi_1) \varepsilon_{t-1} + (\psi_0 + \psi_1 + \psi_2) \varepsilon_{t-2} + \cdots \tag{2}$$

由此式可以看出，Δy_t 的第 j 期累积脉冲响应 $\sum_{k=0}^{j} \psi_k$ 就是 y_t 的第 j 期脉冲响应，其中 y_t 的无穷期脉冲响应为 $\psi(1)$。由于 y_t 是非平稳序列，其系数不满足平方可加性，所以其无穷远期脉冲响应 $\psi(1)$ 不为零。这说明对非平稳的时间序列 y_t，

冲击最终将不会衰减为零，长期内仍然对序列 y_t 存在影响。具体来讲，当序列 y_t 受到 1 个单位的冲击后，经过无穷远期仍然还有 $\psi(1)$ 留在序列 y_t 中没有消失，所以 Campbell 和 Mankiw （1987a） 就用 $\psi(1)$ 作为序列 y_t 波动的持久性度量指标。由于 $\psi_0 = 1$，同时 Δy_t 的脉冲响应 ψ_j 通常会随 j 的增大而逐渐衰减，所以对于大多数序列 $\psi(1)$ 大于零。通常认为 $\psi(1) > 1$ 的序列波动具有强持久性。

2.2.2.2 方差比指标

在引言中提到，计量经济学为研究经济波动到底来自供给冲击还是需求冲击提出了两类方法，即趋势周期分解方法和波动持久性度量方法。作为波动持久性度量方法中最常用指标之一的方差比，是根据趋势周期分解方法推导出来的。下面以 BN 分解为例推导方差比指标，由此所得到的结论同样可以通过 UC 模型分解来得到。

BN 分解是 Beveridge 和 Nelson （1981） 针对 I （1） 变量所提出的一种趋势周期分解方法。记 y_t 为拟进行趋势周期分解的 I （1） 过程变量，BN 分解对趋势成分做了一个合理的设定，即剔除预测区间内的平均增长后，对变量的无穷远期的预测，由此趋势成分 τ_t 可以表示为 $\tau_t = \lim_{h\to\infty}(y_{t+h|t} - \mu h)$，其中 μ 为 Δy_t 的期望值[1]。在此基础上，周期成分定义为对长期趋势的偏离，即 $c_t = y_t - \tau_t$。由于 Δy_t 为平稳过程，由 Wold 表述可知 Δy_t 可以表示成 MA （∞） 模型 （1），根据趋势成分的定义，经过推导 BN 分解可以表示为[2]：

$$y_t = \psi(1) \sum_{j=0}^{\infty} \varepsilon_{t-j} + \sum_{j=0}^{\infty} \tilde{\psi}_j \varepsilon_{t-j} \tag{3}$$

其中长期趋势成分为 $\tau_t = \psi(1) \sum_{j=0}^{\infty} \varepsilon_{t-j}$，周期成分为 $c_t = \sum_{j=0}^{\infty} \tilde{\psi}_j \varepsilon_{t-j}$，系数 $\tilde{\psi}_j = -\sum_{i=j+1}^{\infty} \psi_i$。从以上趋势周期分解结果可以看出，趋势成分是一个非平稳的随机游走过程，所以它完全是由随机扰动项中的持久性冲击所构成的。周期成分是一个平稳过程[3]，所以它是由随机扰动项中的瞬时性冲击所

---

[1] 对于趋势成分的定义和由此得到的表达式，Beveridge 和 Nelson （1981） 中给出了详细的解释和说明。由于对 BN 分解的介绍并非本文的重点，所以此处的论述从略。

[2] 此处的具体推导过程可参见 Beveridge 和 Nelson （1981）。王少平和胡进 （2009） 对 BN 分解进行了深入的研究，其中也包括了具体的推导过程。

[3] 此处给出周期成分为平稳过程的一个简略证明：由公式 （1） 可知 $\psi_\infty = 0$，根据公式 （3） 可知 $\tilde{\psi}_\infty = -(\psi_{\infty+1} + \psi_{\infty+2} + \cdots)$，所以 $\tilde{\psi}_\infty = 0$。根据对公式 （1） 的论述可知公式 （3） 所给出的周期成分 c_t 是个平稳过程。

构成的，经过若干期后这些瞬时性冲击就将消失。

由于 BN 分解中的趋势成分 τ_t 是一个随机游走过程，则 $\Delta\tau_t$ 为白噪声过程，即 $\Delta\tau_t$ 本身便为一个信息（innovation），所以 $\Delta\tau_t$ 的方差就可以用来代表趋势成分波动的大小。同时 Δy_t 的方差可以代表序列本身波动的大小，基于此 Cochrane（1988）定义方差比指标为

$$VR = \frac{\mathrm{var}(\Delta\tau_t)}{\mathrm{var}(\Delta y_t)} = \frac{\sigma_{\Delta\tau}^2}{\sigma_{\Delta y}^2} \qquad (4)$$

通过公式（3）可知趋势成分的一阶差分为 $\Delta\tau_t = \psi(1)\varepsilon_t$，从而

$$\sigma_{\Delta\tau}^2 = \psi(1)^2\sigma_\varepsilon^2 \qquad (5)$$

同时通过公式（1）可知 $\mathrm{var}(\Delta y_t) = (\sum_{i=0}^{\infty}\psi_i^2)\sigma_\varepsilon^2$，所以

$$VR = \frac{\psi(1)^2}{\sum_{i=0}^{\infty}\psi_i^2} \qquad (6)$$

通过此式可以看出，方差比 VR 是一个正数，并且可能大于 1。与 $\psi(1)$ 指标类似，通常认为 $VR > 1$ 的序列波动具有强持久性。由公式（6）还可以得到 VR 指标和 $\psi(1)$ 指标之间的关系。由于 $\sum_{i=0}^{\infty}\psi_i^2 \geq 1$，所以 $\psi(1)^2 \geq VR$，这说明当 $VR \geq 1$ 时 $\psi(1)^2 \geq 1$，但反过来并不一定成立。当 Δy_t 为白噪声过程时 $\sum_{i=0}^{\infty}\psi_i^2 = 1$，此时 VR 指标和 $\psi(1)$ 指标均为 1，即随机游走过程的两个度量指标都为 1。

2.2.3 对我国 GDP 波动持久性的度量

上一部分对波动持久性度量方法中两个被广泛接受的度量指标进行了介绍，从中可知，只要序列为非平稳过程，那么冲击中便会有一部分对序列存在持久性的影响，从而使得序列波动存在持久性，$\psi(1)$ 指标和 VR 指标正是对这种持久性的相对大小进行度量。如引言所述，结合时域和频域两种方法来给出指标的估计结果将更为可靠，所以接下来将利用这两个度量指标，通过时域和频域两种方法对我国 GDP 序列波动的持久性进行度量。

2.2.3.1 数据处理

为了得到实际 GDP 序列，本文选择实际 GDP 累计同比增长率数据和经

过 CPI 平减的 2005 年 GDP 数据[①]，具体处理过程如下。首先用 2005 年季度 CPI 定基比数据平减 2005 年名义季度 GDP 数据，得到以 2005 年一季度为基的实际季度 GDP 数据，并将其转换成累计数据。然后通过 1992 年一季度至 2011 年二季度的实际 GDP 累计同比增长率数据，得到 1991 年一季度至 2011 年二季度的实际 GDP 累计数据，再处理成当季实际 GDP 数据。利用 X12 方法对上述数据进行季节调整。最后对实际 GDP 数据取对数再乘以 100[②]，作为本文研究所用数据，用变量 *gdp* 表示。以上原始数据来自中经网统计数据库。

如前所述，以上持久性度量指标都是针对非平稳时间序列的，为了检验序列 gdp_t 的平稳性，本文采用了 ADF 检验和 PP 检验两种单位根检验方法。检验结果显示序列 gdp_t 为 I（1）过程[③]，即变量本身是非平稳过程，其一阶差分为平稳过程。

2.2.3.2 度量指标的时域估计方法

分别用序列 gdp_t 和 Δgdp_t 代替第一部分中的序列 y_t 和 Δy_t，由公式（1）和公式（6）可知，序列 gdp_t 波动的持久性度量指标 $\psi(1)$ 和 *VR* 都为 Δgdp_t 的 MA（∞）模型中系数的函数，所以只要能够得到 MA（∞）模型中系数的估计量就可以得到以上两个度量指标的估计量。一个通常的做法是，建立序列 Δgdp_t 的 ARMA（*p*，*q*）模型来最大限度的近似 MA（∞）模型，再由 ARMA（*p*，*q*）模型系的估计量推算出 MA（∞）模型系数的估计量，从而得到度量指标 $\psi(1)$ 和 VR 的估计量。以上这种估计方法即为时域方法。

虽然目前已经有很多关于 ARMA 建模的研究工作，但仍然没有一个广为接受的选择滞后阶数 *p* 和 *q* 的方法。通过自相关图和偏自相关图来选择的主观性太大，通过信息准则来选取的方式也受到了一些批评。所以本文采取对多个模型进行建模，再对各评价指标进行对比来选择相对合适的模型。对

---

① 此处之所以选择 2005 年 GDP 数据，是因为 2005 年我国价格水平变化比较平稳，以 2005 年季度 CPI 数据代替季度 GDP 平减指数误差不大。CPI 季度定基比数据可由此季度内月度的定基比数据的平均值来代替，月度定基比数据可由月度环比数据推算。何新华（2006）对以月度价格指数合成季度价格指数的方法进行了详细的介绍。

② 本文之所以将数据取对数后再乘以 100，是为了使后续的方差估计在数值上不会过小，从而方便处理，这样做不会改变数据的性质，具体细节可参见 Hamilton（1994）。

③ 对序列 gdp_t 水平值的包含截距项和趋势项的 ADF 和 PP 检验的 *p* 值分别为：48.91% 和 47.61%；对序列 gdp_t 一阶差分的包含截距项的 ADF 和 PP 检验的 *p* 值均为 0%。

序列 Δgdp_t，建立 p 和 q 分别取 1 至 4 阶时的 ARMA (p, q) 模型（共有 16 个模型），并对各模型的残差进行 Ljung-Box Q 白噪声检验，按通常做法此检验的自由度取为样本数的自然对数或平方根，由于一阶差分后样本数量为 81，所以本文将自由度分别取为 5 和 9，检验结果如表 1 所示。① 在表 1 中还同时给出了模型的信息准则 AIC 和 BIC。

表 1　各 ARMA (p, q) 模型的评价指标和持久性度量指标的估计值

	LBQ 检验的 p 值(5)	LBQ 检验的 p 值(9)	AIC	BIC	$\psi(1)$	VR
ARMA(1,1)	5.5811	9.2532	2.5996	2.6883 *	2.4221	5.4129
ARMA(1,2)	4.0823	6.2704	2.6133	2.7315 *	2.5786	6.0062
ARMA(1,3)	41.9381	47.4868	2.5931	2.7409 *	2.4644	5.3111
ARMA(1,4)	97.6221 *	88.4726 *	2.5715 *	2.7488	1.8020	2.8081
ARMA(2,1)	2.3110	4.2563	2.6680	2.7863	1.2000	1.3952
ARMA(2,2)	2.9064	6.0782	2.6762	2.8240	1.1440	1.2341
ARMA(2,3)	2.8505	5.9934	2.7008	2.8782	1.1388	1.2231
ARMA(2,4)	92.5440 *	71.6482	2.6013	2.8082	1.3897	1.6438
ARMA(3,1)	2.4768	4.7857	2.6892	2.8370	1.1316	1.2315
ARMA(3,2)	3.8124	3.3642	2.6709	2.8482	1.1239	1.1359
ARMA(3,3)	0.7588	0.8458	2.6534	2.8603	1.0373	0.8598
ARMA(3,4)	55.8115	46.1488	2.6254	2.8619	1.3639	1.4875
ARMA(4,1)	74.2573	95.0916 *	2.5117 *	2.6891 *	2.7169	5.5474
ARMA(4,2)	78.7194 *	95.7427 *	2.5339 *	2.7408 *	2.4945	4.6609
ARMA(4,3)	94.5395 *	94.0803 *	2.5483 *	2.7848	2.8884	5.8822
ARMA(4,4)	80.1360 *	91.2705 *	2.5622 *	2.8282	2.9683	6.0728

注：LBQ 检验的自由度在其项目名称的括号内给出，LBQ 检验结果的单位是%。选择每个评价指标最支持的 5 个模型，在其所对应的数值旁加 * 号。

将各 ARMA (p, q) 模型转换成 MA (∞) 模型，本文用 1000 来近似代替无穷大。根据公式（1）和公式（6）计算出各模型的持久性度量指标

① 本文利用精确极大似然估计（exact maximum likelihood estimation，EMLE）方法对 ARMA (p, q) 模型中的系数进行估计。首先采用 Harvey（1993）中的方法将 ARMA (p, q) 模型写成状态空间模型形式，再利用 Kalman 滤波方法构造极大似然函数，优化后得到参数的估计结果。条件极大似然估计（conditional maximum likelihood estimation，CMLE）方法需要预先给定若干个残差的初值为零，才能通过迭代产生极大似然函数，本文所采用的精确极大似然估计方法避免了这个问题，同时产生的残差的样本量与原序列样本量相等。以上模型的估计是在 S – PLUS 8.0 软件上实现的。

$\psi(1)$ 和 VR 的估计值，如表 1 所示。从以上两个持久性度量指标值来看，大部分模型的结果都显示序列 gdp_t 的波动具有很强的持久性，即 $\psi(1)$ 指标和 VR 指标的值大于 1。同时根据不同 ARMA（p，q）模型所估计出的持久性度量指标之间存在很大差异，其中根据 ARMA（3，3）模型所估计出的 $\psi(1)$ 指标和 VR 指标分别只有 1.04 和 0.86，而根据 ARMA（4，4）模型所估计出的两个指标则高达 2.97 和 6.07。

依据模型残差的 Ljung-Box Q 白噪声检验的结果，即使取 10% 的显著性水平，仍将有一半的模型被接受，所以仅利用 Ljung-Box Q 检验没有办法确定 ARMA（p，q）模型的设定形式。表 1 中选取 Ljung-Box Q 检验 p 值最大的 5 个模型用 * 号标示出，同时也将根据 AIC 和 BIC 所最可能接受的 5 个模型用 * 号标示出，由此得到 9 个最可能被接受的模型。总体上看，以上 9 个模型都支持 $\psi(1)$ 指标和 VR 指标取比较大的值，$\psi(1)$ 指标的范围在 1.8 至 3.0 之间，VR 指标的范围在 2.8 至 6.0 之间。

2.2.3.3　度量指标的频域估计方法

通过公式（4）可知，只要能够得到 $\sigma^2_{\Delta\tau}$ 和 $\sigma^2_{\Delta gdp}$ 的估计量，就可以计算出 VR 指标，其中的 $\sigma^2_{\Delta gdp}$ 可以用序列 Δgdp_t 的样本方差作为估计量。再由公式（5）可知，只要估计出 $\sigma^2_{\Delta\tau}$ 和 σ^2_{ε} 就可以计算出 $\psi(1)$ 指标。综上，只要能够得到 $\sigma^2_{\Delta\tau}$ 和 σ^2_{ε} 的估计量就可以利用公式（4）和公式（5）得到序列 gdp_t 波动持久性的度量指标 $\psi(1)$ 和 VR 的估计量。对 $\sigma^2_{\Delta\tau}$ 和 σ^2_{ε} 的估计则可以通过以下频域方法进行。

频域方法和时域方法是从不同的角度来考察变量的数据特征，时域方法是考察变量的大小随时间的变化，频域方法则是考察变量的大小随频率的变化。频域方法通常针对平稳时间序列进行研究，以变量 Δgdp 为例，时域方法的思想可以表示为 $\Delta gdp = f_{\Delta gdp}(t)$，即变量 Δgdp 为时间 t 的函数。频域方法的思想可以表示为 $\Delta gdp = S_{\Delta gdp}(\omega)$，即变量 Δgdp 为频率 ω 的函数，其中函数 $S_{\Delta gdp}$ 被称为变量 Δgdp 的谱函数（spectrum）。

（1）对趋势成分 τ_t 一阶差分的方差 $\sigma^2_{\Delta\tau}$ 的估计。此处的估计方法就是建立 $\sigma^2_{\Delta\tau}$ 与变量 Δgdp 的谱函数 $S_{\Delta gdp}$ 之间的关系，而谱函数 $S_{\Delta gdp}$ 则可以由非参数估计方法得到。具体过程如下：对于平稳过程 Δgdp_t，根据 Fourier 变换，其谱函数可以表示为

$$S_{\Delta gdp}(\omega) = (1/2\pi) \sum_{j=-\infty}^{\infty} \gamma_j e^{-ij\omega} \tag{7}$$

其中 $i = \sqrt{-1}$；ω 代表频率，由于此函数是一个关于纵坐标轴对称的周期函数，所以频率取 $[0,\pi]$ 即可；$S_{\Delta gdp}(\omega)$ 代表不同频率下的谱，谱正是对频率 ω 下变量 Δgdp 大小的一种度量；γ_j 是序列 Δgdp_t 第 j 阶的自协方差。Δgdp_t 的各阶自协方差可以直接通过自协方差生成函数（autocovariance generating function，简称 ACGF）表示出来。建立序列 Δgdp_t 的 MA（∞）模型，如公式（1）所示，则 Δgdp_t 的 ACGF 可以表示为

$$\gamma(L) = \sigma_\varepsilon^2 \psi(L) \psi(L^{-1}) \tag{8}$$

其中 L 表示滞后算子，$\psi(L) = \sum_{k=0}^{\infty} \psi_k L^k$，$\psi_k$ 为公式（1）中的系数。可以看出序列 Δgdp_t 的 ACGF 为滞后算子 L 的多项式，即 $\gamma(L) = \sum_{j=-\infty}^{\infty} \gamma_j L^j$。

令公式（8）中的 $L = 1$，可得 $\gamma(1) = \sum_{j=-\infty}^{\infty} \gamma_j = \psi(1)^2 \sigma_\varepsilon^2$，将公式（5）代入后有 $\gamma(1) = \sigma_{\Delta\tau}^2$ 成立。令公式（7）中变量 Δgdp 的谱函数的 $\omega = 0$，可得零频率下的谱函数为 $S_{\Delta gdp}(0) = (1/2\pi) \sum_{j=-\infty}^{\infty} \gamma_j = (1/2\pi)\gamma(1)$。对比以上两个结果可以得到如下等式

$$\sigma_{\Delta\tau}^2 = 2\pi S_{\Delta gdp}(0) \tag{9}$$

此式表明序列 gdp_t 中趋势成分一阶差分的方差等于 2π 倍的变量 Δgdp 零频率下的谱函数。所以只要能够得到 $2\pi S_{\Delta gdp}(0)$ 的估计量就可以得到 $\sigma_{\Delta\tau}^2$ 的估计量。

对于 $2\pi S_{\Delta gdp}(0)$，可以利用 Andrews（1991）所提出的非参数方法进行估计，根据公式（7）所示的形式，非参数估计可以表示为

$$2\pi S_{\Delta gdp}(0) = [T/(T-1)] \sum_{j=-T+1}^{T-1} \kappa(j/S_T) \hat{\gamma}_j \tag{10}$$

其中 $\hat{\gamma}_j = T^{-1} \sum_{t=1}^{T-|j|} (\Delta gdp_t - \hat{\mu})(\Delta gdp_{t+|j|} - \hat{\mu})$，$\hat{\mu} = T^{-1} \sum_{t=1}^{T} \Delta gdp_t$；$\kappa(\cdot)$ 是核函数，通常采用 Bartlett 核函数，其形式为

$$\kappa(x) = \begin{cases} 1 - |x|, & |x| \leqslant 1 \\ 0, & \text{其他} \end{cases} \tag{11}$$

S_T 为窗宽，对于非参数估计方法，窗宽 S_T 的选择很重要，但对于此问题目

前还没有选择窗宽的确定性方法。本文按 Andrews（1991）和 Nagakura 和 Zivot（2007）给出的一个经验公式取窗宽为 $1.1447 \times (0.6254 \times T)^g$，其中 g 取 1/3 至 1 之间，当 g 值取不同值时，窗宽 S_T 的大小如图 1 所示。将序列 Δgdp_t 代入公式（10）便可以得到 $2\pi S_{\Delta gdp}(0)$ 的非参数估计值，由公式（9）此估计值就为 $\sigma^2_{\Delta\tau}$ 的估计值，不同窗宽水平下 $\sigma^2_{\Delta\tau}$ 的估计值如图 2 所示。

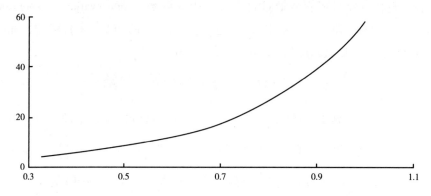

图 1　g 取不同值时窗宽 S_T 的大小

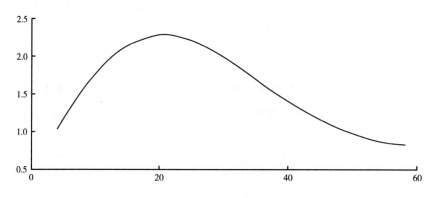

图 2　不同窗宽下的 $\sigma^2_{\Delta\tau}$ 的估计值

（2）对随机扰动项 ε_t 的方差 σ^2_ε 的估计。由 Kolmogorov 公式，公式（1）中随机扰动项的方差可以由变量 Δgdp 的谱函数的积分表示出来[①]

$$\sigma^2_\varepsilon = \exp\left[\frac{1}{\pi}\int_0^\pi \log 2\pi S_{\Delta gdp}(\omega)\,d\omega\right] \tag{12}$$

---

① 关于此公式的细节可以参考 Hannan（1970）。

利用 Davis 和 Jones（1968）的方法，可以通过周期图（Periodogram）来代替公式（12）中的谱函数 $S_{\Delta gdp}(\omega)$，从而对 σ_ε^2 进行估计

$$\hat{\sigma}_\varepsilon^2 = \exp\left[(1/M)\sum_{k=1}^{M}\log I_k + \alpha\right] \tag{13}$$

其中当 T 为偶数时 M 取 $T/2 - 1$，当 T 为奇数时 M 取 $(T-1)/2$；I_k 为周期图，可以通过公式 $I_k = (1/T)\left[\left(\sum_{t=1}^{T}\Delta y_t \cos 2\pi kt/T\right)^2 + \left(\sum_{t=1}^{T}\Delta y_t \sin 2\pi kt/T\right)^2\right]$ 来计算；$\alpha \approx 0.57721$ 是用来修正小样本的常数。将序列 Δgdp_t 代入公式（13），最终得到的 σ_ε^2 的估计值为 0.7211。

（3）频域方法对度量指标 $\psi(1)$ 和 VR 的估计值。根据通过频域方法给出的 $\sigma_{\Delta\tau}^2$ 和 σ_ε^2 的估计结果，利用公式（5）可以得出 $\psi(1)$ 指标的估计值，其中 $\psi(1)$ 为 $\psi(1)^2$ 的正值平方根，图 3 给出了不同窗宽水平下 $\psi(1)$ 的估计值。用序列 Δgdp_t 的样本方差作为 $\sigma_{\Delta gdp}^2$ 的估计量，其值为 0.7943，再利用公式（4）由 $\sigma_{\Delta\tau}^2$ 的估计值可以计算出 VR 指标的估计值，图 4 给出了不同窗宽水平下 VR 的估计值。

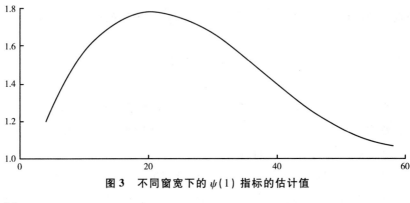

图 3   不同窗宽下的 $\psi(1)$ 指标的估计值

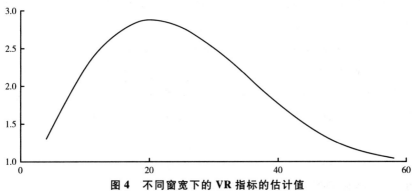

图 4   不同窗宽下的 VR 指标的估计值

从图 1 至图 4 给出的结果可以看出,当 g 由 0.33 增加时,窗宽 S_T 一直增大,$\sigma_{\Delta_T}^2$ 的估计值先增大再减少,从而导致两个持久性度量指标 $\psi(1)$ 和 VR 的估计值都是先增大再减小。与参数估计的结果相一致(参见表 1),持久性度量指标 $\psi(1)$ 和 VR 的估计值都大于 1,表明序列 gdp_t 具有很强的持久性。两个指标大约在窗宽取 20 时达到最大,其估计值分别为 1.78 和 2.87。

2.2.3.4 结合时域和频域方法给出的度量指标的估计结果

时域方法和频域方法都显示我国序列 gdp_t 的波动具有很强的持久性。从时域方法来看,模型残差 Ljung-Box Q 白噪声检验,AIC 和 BIC 等评价指标所支持的模型显示,持久性度量指标 $\psi(1)$ 和 VR 的取值范围分别为 (1.8,3.0) 和 (2.8,6.0)。从频域方法给出的估计结果来看,持久性度量指标 $\psi(1)$ 和 VR 的取值范围分别为 (1.1,1.8) 和 (1.0,2.9)。综合考虑以上两种方法的估计结果,本文认为我国 LGDP 序列波动的持久性度量指标 $\psi(1)$ 和 VR 的取值分别约为 1.8 和 2.8。本文同时认为 ARMA(1,4)模型可以很好地吻合我国对数季度实际 GDP 一阶差分后的数据特征,即序列 Δgdp_t 的数据特征,此结论与王少平和胡进(2009)所采用的模型是一致的。

2.2.4 结论

本文对我国 GDP 序列波动的持久性进行了度量,结合时域和频域两种方法,给出的 $\psi(1)$ 和 VR 两个度量指标的估计结果分别为 1.8 和 2.8,表明我国经济的波动具有很强的持久性。由此,本文的经验研究结论更支持 RBC 理论学派,即经济波动主要来自对经济具有持久性影响的供给冲击。

与美国经济波动的持久性进行对比。对于美国对数季度 GDP 序列的一阶差分,ARMA(2,2)是被广泛接受的模型(Oh 等,2008)[1]。利用美国 1947 年一季度至 1987 年四季度的对数 GDP 序列,Campbell 和 Mankiw(1987a)给出的通过 ARMA(2,2)模型所得的 $\psi(1)$ 指标的估计结果为 1.517。由此可知我国经济波动的持久性更强,这与我国实行改革开放,从而经济结构和社会结构发生了巨大变革的经济现实相吻合。

---

① 通过本文的研究结果可知,ARMA(2,2)模型并不适合我国的数据。

参考文献

［1］ Andrews Donald W K. 1991. Heteroskedasticity and autocorrelation consistent covariance matrix estimation. Econometrica, 59: 817 – 858.

［2］ Beveridge Stephen, Nelson Charles R. 1981. A new approach to decomposition of economic time series into permanent and transitory components with particular attention to measurement of the 'business cycle'. Journal of Monetary Economics, 7: 151 – 174.

［3］ Campbell John Y, Mankiw N Gregory. 1987a. Are output fluctuations transitory? The Quarterly Journal of Economics, 102: 857 – 880.

［4］ Campbell John Y, Mankiw N. Gregory. 1987b. Permanent and transitory components in macroeconomic fluctuations. The American Economic Review, 77: 111 – 117.

［5］ Campbell John Y, Mankiw N Gregory. 1989. International Evidence on the Persistence of Economic Fluctuations. Journal of Monetary Economics, 23: 319 – 333.

［6］ Clark Peter K. 1987. The cyclical component of U. S. economic activity. The Quarterly Journal of Economics, 102: 797 – 814.

［7］ Cochrane John H. 1988. How big is the random walk in GDP? The Journal of Political Economy, 96: 893 – 920.

［8］ Davis Herbert T, Jones Richard H. 1968. Estimation of the innovation variance of a stationary time series. Journal of the American Statistical Association, 63: 141 – 149.

［9］ Granger C W J Engle Robert. 1983. Applications of spectral analysis in econometrics. In Handbook of Statistics. D. R. Brillinger and P. R. Krishnaiah. eds. Amsterdam: Elsevier Science Publishers, 3, 93 – 109.

［10］ Hamilton D J. 1994. Time Series Analysis. Princeton, NJ: Princeton University Press.

［11］ Hannan E J. 1970. Multiple Time Series. New York: John Wiley and Sons, Inc.

［12］ Harvey A C 1993. Time Series Models. Hemel Hempstead: Harvester Wheatsheaf.

［13］ King R G, Plosser C I, Stock J H, Watson M W. 1987. Stochastic trends and economic fluctuations. NBER Discussion Paper, 2229.

［14］ King R G, Plosser C I, Stock J H, Watson M W. 1991. Stochastic trends and economic fluctuations. The American Economic Review, 81: 819 – 840.

［15］ Kydland F E, Prescott E C. 1982. Time to build and aggregate fluctuations. Econometrica, 50: 1345 – 1270.

［16］ Long J B Jr, Plosser C I. 1983. Real business cycles. Journal of Political Economy, 91: 39 – 69.

[17] Nagakura Daisuke, Zivot Eric. 2007. Implications of two measures of persistence for correlation between permanent and transitory shocks in U. S. real GDP. Working Paper, January.

[18] Nelson Charles R, Plosser Charles R. 1982. Trends and random walks in macroeconomic time series: Some evidence and implications. Journal of Monetary Economics, 10: 139 – 162.

[19] Oh Kum Hwa, Zivot Eric, Creal Drew. 2008. The relationship between the beveridge-nelson decomposition and other permanent-transitory decompositions that are popular in economics. Journal of Economics, 146: 207 – 219.

[20] 何新华. 2006. 中国价格指数间的关系研究. 世界经济, 4。

[21] 黄赜琳, 刘社建. 2004. 实际冲击与中国产出持久性影响的实证分析, 统计研究, 10。

[22] 李庆华. 2008. 我国经济周期阶段性和波动性的动态计量研究. 吉林大学博士学位论文, 77 – 80。

[23] 吕光明. 2007. 中国产出冲击持久性影响的实证研究. 财经问题研究, 5。

[24] 王少平, 胡进. 2009. 中国 GDP 的趋势周期分解与随机冲击的持久效应. 经济研究, 4。

2.3 价格波动会影响通货膨胀吗？CUKIERMAN 假说的中国经验验证[①]

张焕明[②]

摘 要： 目前的文献并不认为 Cukierman 假说在中国成立，即认为价格波动不会推动通货膨胀。本文指出其原因在于，文献所使用的数据与方法不尽合理。本文根据中国近二十年的月度同比消费价格指数与近十年的月度环比消费价格指数，推算了整个样本期的月度环比价格指数，并根据中国的节假日等因素进行了季节调整。利用季节调整后的月度环比消费价格指数，主要建立了随机波动均值模型，计量了价格波动与通货膨胀间的影响关系，主要结论是价格波动对通货膨胀有显著的正向影响作用，这与文献所显示的结论不同。本文认为从中国通货膨胀的动态变动过程看，符合 Cukierman 假说。

关键词： 价格波动 通货膨胀 SVM 模型

---

① 本文获得国家社科基金项目"中国经济短期波动对长期增长影响机制的实证研究"（10CTJ008）、教育部人文社科研究项目"农民工市民化、贫困代际传递与分化：基于典型抽样的统计分析"（10YJC910012）和安徽省自然科学基金项目"时滞微分系统脉冲控制策略及经济混动控制中的应用"（090416222）的资助。作者感谢安徽财经大学卢二坡博士、李小胜博士及夏万军博士的有益建议。

② 张焕明（1973~），男，湖北蕲春人。安徽财经大学统计与应用数学学院教授、副院长；安徽省蚌埠市统计局副局长。在《统计研究》、《数量经济技术经济研究》、《经济学季刊》、《经济科学》等期刊上发表论文十余篇。研究方向：宏观经济数量分析。

2.3.1 引言

平抑价格波动或通货膨胀是一国政府或中央银行制定货币政策的主要目标。人们普遍认为，合理的货币政策应该是货币供应量或利率能够及时地反映价格和实际产出的变化，能够有效地抑制价格过度上涨或下降，从而有利于促进宏观经济的健康稳定增长。但从长期来看，价格波动是由市场供求关系所决定的，货币工具只能是在短期内通过影响有效需求来平抑价格波动，而货币工具本身存在时滞效应，政府或央行平抑价格波动的措施可能会适得其反，货币政策调节的结果可能会是更大幅度的价格波动。同时，政府往往倾向于相信温和的通货膨胀有助于促进经济增长，对于价格的小幅上涨持容忍态度，因此一国的价格变动趋势从长期看是波动上升的。Levin（2004）、何启志（2011）等将价格波动上涨的过程定义为通货膨胀的惯性，并且认为惯性机制与理性预期及价格波动相关。在通货膨胀理性预期方面，国内外已有较多的文献，代表性的有 Milani（2005a，2005b）、陈彦斌（2008）、杨继生（2009）等。结论也较为一致，即在央行的宏观调控政策目标非单一的国家，即存在促进增长或就业以及稳定物价或币值等多目标，理性预期是通货膨胀的主要来源；而对于央行调控行为较为独立的国家，理性预期不会影响到通货膨胀。而对于价格波动对通货膨胀惯性的影响作用，研究结论则差异较大。Friedman（1977）较早研究了通货膨胀与价格波动间的关系，认为在政府货币政策的干预下，高通货膨胀率会导致未来价格波动的不确定性，即波动幅度加大。Cukierman（1992）、Berument（2005）认为价格波动加大反过来也会推动通货膨胀率的提高。Brunner 和 Hess（1993）、Grier 和 Perry（2000）的实证研究发现通货膨胀与价格波动间存在显著的正相关关系。但也有研究表明，通货膨胀与价格波动间并非总是正相关关系，Holland（1995）认为价格波动加大有助于通货膨胀率的降低，原因在于：在价格波动较大时，政府为抵御社会财富缩水的风险会采取谨慎的货币政策，将货币政策调控目标确定为低通货膨胀率。与此相关的疑问是，假定政府的谨慎货币政策有效，一定时期内的低通货膨胀率意味着较小的价格波动水平，那么政府的谨慎货币政策又能持续多久呢？近期的研究更多地表明，价格波动是通货膨胀的格兰杰原因，前者对后者存在显著的正效应（Berument（2010））。Berument（2010）的研究为 Cukierman（1992）的研究提供了进一步的证明。Cukierman

（1992）对价格波动对通货膨胀存在正的影响的解释是，一国央行的货币政策目标除了稳定物价很难不考虑到经济增长等其他目标，这样在实施货币调控政策时会有较大的不一致性，公众也无法预期央行的选择，央行也利用公众对调控的不确定性而采用通货膨胀政策以刺激经济增长。

中国在最近二十年市场经济改革与发展时期，除少数年份外，大多数年份的居民消费价格环比指数（CPI）高过100%，1994年的CPI指数更高达124.1%（与1993年相比），其后逐渐下降到1999年的98.6%，1999年以后CPI指数呈缓慢上升态势；从CPI指数的波动幅度来看，前十年波动幅度较大，后十年波动幅度较小。总体上，中国的通货膨胀率和价格波动幅度均表现为前高后低的特征，说明中国政府或央行对价格波动或通货膨胀调控的能力不断提高，甚至有人借用教材式的解释是：这也是央行将货币政策调控由稳定币值、促经济增长的双目标调整为稳定币值的单目标的结果。2008年全球金融危机爆发，中国政府或央行迅速采取了系列有针对性的应对措施，在2009年上、下半年分别采取了偏紧和偏松的货币政策，其结果是2009年CPI指数走低为99.3%，而2010年又上升为103.3%。2011年上半年，月度CPI同比指数持续走高，多年不见的通货膨胀的压力重现。央行于是又采取偏紧的货币政策，连续上调商业银行的存款准备金率及银行存、贷款利率至近年新高。通胀的压力与对调控可能会引发的价格波动的担忧，近期成为学术界讨论的一个热点。那么国内价格波动和通货膨胀间的相互影响机制有何特征呢？代表性研究给出的答案有：周宏山（2006）基于GARCH - TGARCH模型，选择中国1993～2004年间的月度通货膨胀率数据，检验结果表明高通货膨胀率易导致价格波动幅度加大，但价格波动幅度大并不会导致高通货膨胀率。刘金全（2007）运用ARFIMA-FIGARCH模型对中国1983年1月～2005年10月间通货膨胀率的动态过程进行了检验，发现通货膨胀率和价格波动均表现出长期记忆性行为，但通货膨胀率与价格波动间不存在Granger影响关系。翁东东（2010）利用GARCH-ARCH - M模型，对中国1983年1月～2010年4月间的通货膨胀率与价格波动间的关系进行计量，结果表明通货膨胀率是价格波动的Granger原因，且通货膨胀率对价格波动性存在正的单向影响关系。张屹山（2008）利用TVAR模型计量研究了中国1983年1月～2008年3月间通货膨胀率的波动路径，发现中国通货膨胀率是一个具有局部单位根的门限自回归过程，即它包括加速通胀状态（波动幅度大）和减速通胀状态（波动幅度小）。在减速通胀状态，通货膨胀率是一个平稳自回归过程；而在加速通胀状态下，通货膨胀率是一个具有单位根的自回归过程。同时发现，中国通货膨胀率在两个状态下都具有高持久性，并且加速通胀阶段的持久性更高。龙如银（2005）利用 Markov 区制转移模型对中国通货膨胀波动路径的计量研究结论与张屹山的结论类似。此外，还有一些实证研究采用年度数据来分析通货膨胀率与价格波动间的相关性（周惠彬，2009）。以上研究的基本结论是：中国的通货膨胀率具有惯性，且通货膨胀对价格波动有显著的影响关系，但价格波动对通货膨胀的影响不明显。这些研究结论与 Friedman（1977）的通货膨胀导致价格波动的假说相一致，而与 Cukierman（1992）的价格波动是通货膨胀惯性的重要影响因素的理论假说不一致。

综观目前对中国通货膨胀与价格波动间相关性的实证研究文献，主要的问题有：一是少数研究是利用年度数据进行动态计量，数据容量过小，不适宜做时间序列分析，且年度数据易掩盖通货膨胀的实际变化特征。二是利用月度数据进行计量时，绝大多数学者如何启志（2011）等，是采用同比数据。这样对比基期不一致，同时也未剔除季节因素的影响，计量结果不具有明确的经济含义。比如，上年各月（基期）同比 CPI 数据是一个线性增长过程，本年各月同比 CPI 为相同的正的常数。那么同比数据显示的本年月度通货膨胀水平不变，而事实上本年各月的通货膨胀呈不断上升的过程（从环比或定基数据可知）。另外，价格（如 CPI）的动态变化过程多具有周期性，其月度数据受季节因素影响较大。短期内价格的上涨或下降，可能仅是周期性或循环性的变化。如果不剔除季节因素的影响，难以看出其真实的变动特征或长期趋势。三是多采用 GARCH 类计量模型，不能真正反映价格波动对通货膨胀的影响作用，而更多的是反映通货膨胀对价格波动的影响，而 SVM 模型则能克服这一缺点（Franses，2008）。因此，本文拟采用经季节调整后的居民消费价格指数月度环比数据 SCPI（Seasonally Adjusted CPI）来表示通货膨胀率，并利用 SVM 等模型来计量价格波动对通货膨胀的影响作用。本文使用的数据与计量模型能够有效解决上述文献中所存在的问题，对价格波动是否会影响通货膨胀，即 Cukierman 假说给出新的回答。

2.3.2 通货膨胀率的测算

目前国内对通货膨胀率的度量主要有两种方法：一种是用消费价格指数

CPI，另一种是用商品零售价格指数 RPI。两者最主要的区别是消费价格指数中包含了服务价格。由于消费价格指数比商品零售价格指数更能全面地反映物价水平的变动，因此研究者大多选用消费价格指数月度环比数据作为衡量通货膨胀率的指标。一些研究还应用 GDP 平减指数来表示通货膨胀率，其优点在于考虑到了消费、投资及进出口等多种商品价格的变动，缺点是计算较为复杂、系统性误差较大，另外消费品的价格是以生产成本为基础，已经包括了生产过程中资本价格因素，因此实证研究中学者较少用 GDP 平减指数来表示通货膨胀。根据对比基期的不同，价格指数可以分为环比指数、同比指数和定基指数三类。以月度指标为例，环比指数是以上月为对比基期的价格指数，主要反映短期内的价格变动，用于判断价格变动趋势是否发生了变化。环比指数易被一些突发性事件、季节性和节假日等非市场性因素干扰。因此，在观察环比指数变化时，一定要剔除非市场性因素的影响，不能直接根据某些月份环比指数的变化对价格形势进行判断。同比指数是以上年同月为对比基期的价格指数，基本上不受季节性因素的影响，可以较好地反映年度价格变动。但同比指数会受到上年基数的影响，它同时包含了"翘尾因素"和"新涨价因素"两部分。所谓"翘尾因素"是指上年价格上涨而自然转移到当年价格指数的部分，与当年的经济运行情况无关。定基指数是指以某一特定年份作为固定的对比基期的价格指数。三种指数之间，由定基指数可以准确计算出环比指数和同比指数，也可以实现从环比指数到同比指数的转换，但无法实现从同比指数到环比指数或定基指数的转换（何新华，2006）。国家统计局通常只公布月同比、累计月同比和年同比价格指数。从 2001 年起，采用国际通用做法，逐月试编制并公布居民消费价格定基和环比指数，其中 2001～2005 年的定基价格指数以 2000 年为基期，2006～2010 年的定基价格指数以 2005 年为基期。

2.3.2.1　样本及数据来源

本文拟主要采用时间序列模型（如 SVM 模型）来分析价格波动对通货膨胀的影响，因此样本容量要足够大。本文确定的样本期间为 1991 年 1 月～2010 年 12 月，这就需要将前十年的居民消费价格月度同比指数转化为环比指数。栾惠德（2007）、董雅秀（2008）、张鸣芳（2009）等提出的转化方法是：将所选样本的前一年设定为基期，并令基期各月的价格指数为100%，然后根据月度同比数据计算出样本期各月定基价格指数，最后再根据定基价格指数计算出月度环比指数。这种转化方法实际是将基期（1990年各月）的月度环比价格指数假定为100%，这显然会影响到估算出的样本期各月环比价格指数的可靠性。本文拟采用2001年各月的同比与环比价格指数逐年推算出前十年的各月环比数据，计算公式如下：

$$y_t^c = y_{t+12}^c \frac{y_{t+11}^s}{y_{t+12}^s} \tag{1}$$

式（1）中，右边为某年已知（或已推算出）的月环比或同比消费价格指数，左边为前一年待推算的月环比数据；y^c 为月度环比价格指数，y^s 为月度同比价格指数，t 为第 t 月。利用式（1）也可以检验2001年以后各年月同比数据与环比数据间的匹配性。

2.3.2.2 季节调整与通货膨胀率

上文所给出（或推算）的中国1991年1月～2010年12月的月度环比价格指数只是反映相邻两个月的消费价格"数据"变动情况，并没有考虑到日历天数、交易日、工作日、移动节假日、固定季节因素等影响，导致不同月度之间不可比。因此要计算"实际"环比指数或通货膨胀率，必须进行季节调整。只有剔除了季节性等外在因素的作用，只反映价格内在变动趋势，消费价格环比指数才能正确地反映经济内在运行的基本走势以及宏观调控政策的实际效果，并能及时捕捉到经济运行中可能出现的拐点和变动趋势，便于政府决策者抓住经济调整的最佳时机，提高宏观调控的水平和质量。

在时间序列季节波动成分分解中，根据影响季度或月度时间序列变动的因素不同，可将其分解成趋势成分 T、周期性成分 C、季节成分 S 和不规则成分 I 四个部分，有乘法模型和加法模型两种形式：

$$Y_t = T_t \times C_t \times S_t \times I_t, \quad A_t = T_t \times C_t \times I_t$$
$$Y_t = T_t + C_t + S_t + I_t, \quad A_t = T_t + C_t + I_t \tag{2}$$

式（2）中，Y_t 表示原始序列，A_t 表示经季节调整后的序列。在国际货币基金组织《季度国民账户手册》中，将趋势成分和周期性成分合并为趋势－周期成分，并用 T_t 来表示。一般说来，若季节因素的影响程度基本保持不变，不随原始序列水平而变化，就使用加法模型；若季节因素的影响程度随着原始序列水平成比例变化，则使用乘法模型。目前对式（2）的季节调整处理方法主要有两种：X – 12 – ARIMA 和 TRAMO/SEATS。二者对于趋势 – 周期因素的处理均采用 ARIMA 模型，基本形式如下：

$$\varphi(B)\Phi(B^s)(1-B)^d(1-B^s)^D\left(Y_t - \sum \beta_i x_{it}\right) = \theta(B)\Theta(B^s)\varepsilon_t \qquad (3)$$

其中 B 为滞后算子，d、D 分别为规则性差分和季节差分的阶数，$\sum \beta_i x_{it}$ 表示原序列 Y_t 的回归效应。X – 12 – ARIMA 和 TRAMO/SEATS 两种处理方法的主要区别在于：前者对移动节假日的调整，主要针对美国的传统节假日（如复活节等）；而后者则可自定义节假日。在对中国的消费价格指数进行季节调整时，要特别考虑到春节因素的影响。按照中国的传统习惯，居民消费在春节前后有一段持续的时间，假定时长为 n。在建立 ARIMA 模型时，可以建立一个虚拟变量 $H(n,t)$ 来表示春节的影响。用 n_t 表示 t 月中受春节影响的天数，因此春节效应虚拟变量 $H(n,t)$ 可以表示为

$$H(n,t) = \frac{n_t}{n} \qquad (4)$$

张鸣芳（2009）、栾惠德（2007）比较了若干不同 n 值的 ARIMA 模型的拟合结果，认为 n 为 20 天且春节前取值为 10 天时拟合结果最优。本文也采用其做法，得到 1991 ~ 2010 年 1、2 月的虚拟变量值如表 1 所示（其他各月取值为 0）。

表 1   春节影响的虚拟变量 $H(n,t)$ 的值

年份	1 月	2 月	年份	1 月	2 月	年份	1 月	2 月	年份	1 月	2 月
1991	0	1	1996	0	1	2001	0.9	0.1	2006	0.65	0.35
1992	0.35	0.65	1997	0.2	0.8	2002	0	1	2007	0	1
1993	0.95	0.05	1998	0.7	0.3	2003	0.5	0.5	2008	0.2	0.8
1994	0.05	0.95	1999	0	1	2004	1	0	2009	0.8	0.2
1995	0.55	0.45	2000	0.3	0.7	2005	0.1	0.9	2010	0	1

以 1990 年为基期，根据月度环比价格指数计算出 1991 年 1 月 ~ 2010 年 12 月的各月定基价格指数，应用 Demetra2.2 软件[①]中的 TRAMO/SEATS 程序，对定基价格指数序列进行季节调整，最终选择的 ARIMA 模型形式为

---

① 下载地址：http://circa. europa. eu/irc/dsis/eurosam/info/data/demetra. htm。

（2，2，1）（0，1，1）。模型中春节效应显著，而日历天数、交易日、工作日及固定假日（国庆节及劳动节）的影响不显著。季节调整后残差序列的 Ljung-Box 检验值为 17.33，Box－Pierce 检验值为 0.21，异常值比重为 0.42%，均通过了 5% 的显著性水平的统计检验。得到剔除季节因素影响的月度定基消费价格指数曲线如图 1 所示。同理对环比价格指数序列进行季节调整，最终选择的 ARIMA 模型形式为（3，1，1）（0，1，1）。残差序列的 Ljung-Box 检验值为 13.05，Box-Pierce 检验值为 0.18，异常值比重为 2.08%，均通过了 5% 的显著性水平的统计检验。得到相应的经季节调整后的月度环比消费价格指数曲线如图 2 所示。

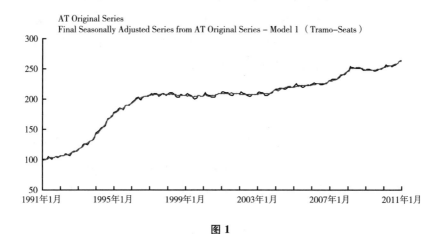

图 1

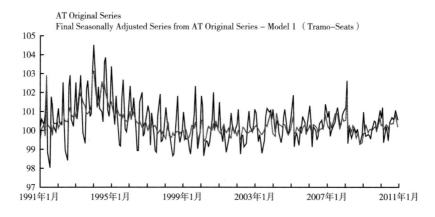

图 2

将本文所测算的消费价格定基指数（见图 1）与文献中的数据进行比较，前期差异较大，而后期的趋势逐渐接近。其原因在于文献中基期各月假定相等的环比价格指数，随时间的推移对报告期的定基价格指数的影响逐渐减小。因此，文献中用月同比数据来推算月环比数据时，如果选择的时期足够长，并且舍弃前期数据而只用后期数据来进行分析，也是可取的。但目前的文献均没有考虑到这一点。根据图 1 中调整后的定基消费价格指数，可以计算出剔除季节因素影响的月度环比消费价格指数。将其与图 2 中调整后的月度环比消费价格指数进行比较，相关系数为 0.972，伴随概率为 0.000。这说明本文对消费价格指数的季节调整结果是稳健可靠的。经季节调整后的月度环比消费价格指数（SCPI）真实反映了消费价格的内在变化（或波动）规律，本文定义其为实际通货膨胀率。从图 2 中易知，SCPI 指数 1993 年以前呈波动上升过程，随后到 1996 年前呈波动下降过程，以后时期则是几近平稳的波动过程。

2.3.3 价格波动对通货膨胀的影响分析

用来计算价格波动的方法主要有两种：一是通货膨胀率的方差；二是通货膨胀率的条件方差。一些学者也用方差其他的变换形式如标准差或标准差系数等来表示（卢二坡，2008）。考虑到计算的简便性与易于理解，本文拟采用方差和条件方差来表示价格波动。计算通货膨胀率的方差时主要应考虑怎样选择合适的时间间隔。时间间隔长度一旦确定，方差序列就确定了。因此，用通货膨胀率的方差序列来表示价格波动，也可以理解为价格波动确定性或可预期性的变化过程。时间间隔长度通常可采用货币政策的滞后期来确定，具体到本文所采用的样本，时间间隔长度可定为 6 个月（张焕明，2003）。而表示价格波动的条件方差通常可通过通货膨胀率的自回归过程中的残差序列求得。如前所述，GARCH 模型和 SV 模型可以用来计量价格波动与通货膨胀的相关性。前者将价格波动性看作关于信息集的条件方差，即 t 时刻的方差序列由滞后的残差平方观测值和过去的方差函数所决定；而后者则认为价格波动性由潜在的随机过程产生的随机变量所决定。对照 Cukierman（1992）所言的价格波动是央行政策的动态不一致性所导致的价格的不确定性，显然 SV 模型中的条件方差定义更符合这种含义。GARCH 模型和 SV 模型均包括均值方程与波动方程，如果在均值方程中加入条件方差变量，则扩展为 GARCH-M 模型与 SVM 模型。对 SVM 模型均值方程的残差序列分布形式通常可假定为正态分布或 t 分布，这样将其分为 SVMN 模型和 SVMT 模型。

2.3.3.1 模型形式

（1）GARCH-M 模型。

GARCH-M 模型是 GARCH 模型的基础上，为描述波动与预期观测值的相关关系，在均值方程中引入波动项作为观测值的一个影响因素，其模型形式如下

$$y_t = b_0 + \sum_{i=1}^m b_i y_{t-i} + d\sigma_t^2 + \varepsilon_t$$

$$\sigma_t^2 = \alpha_0 + \sum_{i=1}^p \alpha_i \varepsilon_{t-i}^2 + \sum_{i=1}^q \beta_i \sigma_{t-i}^2 \tag{5}$$

其中 y_t 为经季节调整后的月度环比消费价格指数或实际通货膨胀率 SCPI。σ_t^2 为价格波动水平，ε_t 为白噪声序列，$\varepsilon_t \sim NID(0,1)$。$i$ 为滞后期，由 AIC 或 SC 准则确定。a_0、b_0 为常数项。b_i、d、α_i、β_i 为待估参数。当 $d=0$ 时，式（5）即为 GARCH 模型；且当 $q=0$ 时，式（5）即为 ARCH 模型。Franses（2008）认为 GARCH 类计量模型不能真正反映价格波动对通货膨胀的影响作用，而更多的是反映通货膨胀对价格波动的影响。其原因在于式（5）波动方程中残差平方项 ε_t^2 可由均值方程中 y_t 的自回归过程求得，因此波动方程可以理解为通货膨胀率 y_t 对价格波动 σ_t^2 的影响关系式。

（2）SVM 模型。

在 SVM 模型中，价格波动被定义为随机过程，且 $\sigma_t = \sigma^* \exp(0.5h_t)$。其模型形式为

$$y_t = b_0 + \sum_{i=1}^m b_i y_{t-i} + d\sigma_t^2 + \sigma_t \varepsilon_t = b_0 + \sum_{i=1}^m b_i y_{t-i} + d\exp(h_t) + \exp(0.5h_t)\varepsilon_t$$

$$h_t = \alpha_0 + \sum_{i=1}^p \alpha_i h_{t-i} + \eta_t \tag{6}$$

其中 σ^*、σ_η 分别反映价格波动的平均水平及 η_t 的波动水平，均为常数。h_t 为波动水平的对数形式。η_t 为残差序列，$\eta_t \sim NID(0,\tau^2)$。$\varepsilon_t$ 为鞅差分序列，服从标准正态分布或自由度为 ω 的 t 分布，即 $\varepsilon_t \sim NID(0,1)$ 或 $\varepsilon_t \sim t(0,1,\omega)$，由此将 SVM 模型区分为 SVMN 模型和 SVMT 模型。当 $d=0$ 时，且

$\varepsilon_t \sim NID(0,1)$ 时，式（6）即为 SV 模型。GARCH-M 模型及 SVM 模型的计量方法可分为两类：一类是矩估计方法，如广义矩估计（general moments method，GMM）、伪最大似然估计（quasi-maximum likelihood，QML）等；另一类是模拟估计方法，如模拟最大似然估计（simulated maximum likelihood，SML）、马尔可夫链蒙特卡洛模拟（Markov chain monte carlo，MCMC）、有效矩方法（efficient moments method，EMM）等（Shephard，2005）。本文拟采用最大似然估计法来估计 GARCH 类模型，使用的软件为 EVIEWS6.0 及 OxMetrics6.01；SV 类模型用 MCMC 方法来估计，使用的软件为 WinBUGS1.4.3。

2.3.3.2 价格波动对通货膨胀影响的计量

（1）数据的描述性分析和平稳性检验

本文采用的通货膨胀率序列 y_t 为 1991 年 1 月～2010 年 12 月调整后的月度环比消费价格指数（见图 2），样本容量为 240。如上所述，取时间间隔为 6 个月，计算 y_t 的方差 σ_t^2。对 y_t、σ_t^2 进行描述性分析，结果如表 2 所示。

表 2　通货膨胀率及其方差序列的描述性分析结果

变量	容量	均值	偏态	峰度	JB 统计量	偏差的 LB 统计量
y_t	240	100.3347	1.6842	6.6518	246.8196	950.88
σ_t^2	235	0.120228	3.9271	19.8253	3375.975	316.12

变量	偏差平方的 LB 统计量	LM 统计量	KPSS 检验		PP 检验	
			检验值	临界值	检验值	临界值
y_t	272.84	75.7736	0.6829	0.4630	−5.9868	−2.8734
σ_t^2	260.80	157.5096	0.5859	0.4630	−6.4531	−2.8737

注：表中的临界值对应的显著性水平为 5%。

由表 2 可知，y_t 的偏态系数为 1.6842，峰度系数为 6.6518，Jarque-Bera 统计量为 246.8196，说明 y_t 不服从正态分布。对 y_t 均值的偏差序列以及偏差的平方序列计算 Ljung-Box 统计量，滞后 11 阶的 Q − Stat 值分别为 950.88 和 272.84，说明 y_t 具有高阶自相关性与异方差性；而 Lagrange Multiplier

（LM）统计量的值为 75.7736，也说明偏差序列显著存在 ARCH 效应，即具有条件异方差性。σ_t^2 的偏态系数为 3.9271，峰度系数为 19.8253，Jarque-Bera 统计量为 3375.975，说明 σ_t^2 不服从正态分布。对 σ_t^2 均值的偏差序列以及偏差的平方序列计算 Ljung-Box 统计量，滞后 6 阶的 Q – Stat 值分别为 316.12 和 260.80，说明 σ_t^2 具有高阶自相关性与异方差性；而 Lagrange Multiplier（LM）统计量的值为 157.5096，也说明偏差序列显著存在 ARCH 效应，即具有条件异方差性。对于方差不平稳且存在自相关性的变量序列的均值平稳性检验可采用 KPSS 检验与 PP 检验法，前者的原假设为原序列平稳，后者的原假设为原序列不平稳。对 y_t、σ_t^2 的平稳性的检验结果如表 2 所示，结论是在 5% 的显著性水平下，两序列均为平稳序列。而常用的 ADF 检验在对方差不平稳且存在高阶自相关性序列的均值的平稳性检验时，较容易犯取伪错误（第二类错误），即易将平稳序列界定为不平稳序列。本文如仍沿用 ADF 检验法对 y_t 进行平稳性检验，其检验值为 – 1.9663，而显著性水平为 5% 时的临界值为 – 2.8737，就没有足够的理由拒绝 y_t 为不平稳序列的原假设。

（2）基于一般线性回归的计量分析

通常对两单整序列的线性回归前应先检验其协整性，以避免伪回归的问题。而对两平稳序列的线性计量模型可以直接回归。y_t 和 σ_t^2 均为平稳序列，利用软件 EVIEWS6.0 可得到 y_t 对 σ_t^2 的回归结果为 $y_t = 100.2137 + 1.186706$ σ_t^2 + ［AR（1） = 0.767169］，式中各参数均通过了 1% 显著性水平的检验，调整后的可决系数为 0.6505，整体拟合优度较高。价格波动 σ_t^2 的系数为 1.1867，其经济含义是价格波动对同期通货膨胀率有正的影响作用；残差序列滞后一期 AR（1）的值为 0.767169，说明 y_t 存在自相关性，其经济含义是通货膨胀具有惯性。上述回归结果反映了 y_t 与 σ_t^2 间同期的影响关系。为了更好地了解 y_t 与 σ_t^2 间的滞后期影响作用，现对二者进行 VAR 回归（VAR 滞后期选择二期，外生的解释变量选择截距项），可得到二者间的脉冲响应曲线如下图所示：

图 3 中 SIGMA 表示价格波动，SCPI 表示通货膨胀率，实线为响应曲线，虚线为置信度为 95% 的边界值（下同）。从图 3 可以看出，通货膨胀率 y_t 与价格波动 σ_t^2 对自身的滞后影响作用显著为正（见图 3 中的 A、D），价格波动对通货膨胀的冲击响应显著为正（见图 3 中的 C），而通货膨胀对于

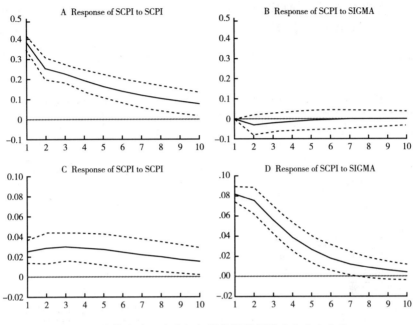

图3 价格波动（方差）与通货膨胀间的冲击响应曲线

价格波动冲击的滞后响应为负（不显著）或不响应（见图3中的B），上述各过程的响应值均随着滞后期的延长而逐渐减小。图3的结论与文献中对中国通货膨胀的动态特征的研究结论一致。总结图3的结论与y_t对σ_t^2的线性回归结果，不难得到如下结论：价格波动σ_t^2仅对当期通货膨胀水平有正的影响，但对后期通货膨胀的影响为负或不存在影响作用。这种结论几乎难以理解，但在以前的文献曾多次出现过。另外，文献中也多直接用同比数据或用同比数据推算环比数据来表示价格变动情况。一个简单的解释是：假设计算价格波动σ_t^2的方法是可靠并且稳健的，由本文选择的间隔6个月时的σ_t^2对y_t的影响为正，那么选择间隔为5个月或7月的σ_t^2对y_t的影响同理为正，即间隔6个月时的σ_t^2对滞后一期y_t的影响也应该为正。但是图3的结果显示σ_t^2对滞后一期y_t的影响为负或不存在影响。这说明文献中用固定间隔时长来计算价格波动水平的方法，其解释能力不足。

（3）基于SVM模型的计量分析。

式（5）、（6）中右边包含y_t的滞后项，其作用在于将不平稳的序列通过自回归过程转化为平稳序列。而由上文的单位根检验可知，y_t为平稳序列。本文在计量时直接用引入截距项，而省略y_t对其滞后项的自回归过程，在简化模型形式的同时并不影响 d、α_i、β_i 的回归结果。现利用 OxMetrics6.01 及 WinBUGS1.4.3 等软件进行编程[①]，得到各模型的计量结果如表 3 所示。

表 3　1991 年 1 月~2010 年 12 月价格波动对通货膨胀影响的计量结果

	GARCH	GARCH – M	SV	SVMN	SVMT
d		0.2876 (0.2077,0.3676)		1.3850 (1.0220,1.7400)	0.2124 (0.0830,0.3776)
α_1	0.9816 (0.7531,1.2101)	0.1196 (0.0653,0.1739)	0.6619 (0.3415,0.9698)	0.9676 (0.9247,0.9957)	0.9477 (0.8735,0.9931)
α_2			0.3195 (0.0056,0.6372)		
β_1	-0.0139 (-0.0184,-0.0093)	0.8540 (0.8016,0.9065)			
τ^2			8.095 (3.595,14.560)	14.630 (7.859,28.550)	120.500 (57.320,260.500)
ω					17.49 (9.025,30.500)

注：括号为区间估计结果，置信度为95%。

由表 3 可知，各模型中系数 α_1、α_2 及参数 τ^2、ω 均显著为正，模型 GARCH 的系数 β_1 显著为负，模型 GARCH-M 的系数 β_1 显著为正。对于系数 d，模型 GARCH-M、SVMN 及 SVMT 均显著为正，说明价格波动 σ_t^2 对当期通货膨胀率 y_t 有正的影响。比较模型 GARCH 与 GARCH-M，σ_t^2 对滞后一期的自回归系数 β_1 均显著，但符号相反；且 σ_t^2 对滞后一期的残差平方项的系数 α_1 均显著为正，但差距较大，说明 GARCH 类模型的计量结果不稳健。而模型 SV、SVMN 及 SVMT 中系数 α_1、参数 τ^2 均显著为正；模型 SV 中的系数 α_1、α_2 之和与模型 SVMN、SVMT 中系数 α_1 较为接近；模型 SVMT 中的参数 ω 显著为正，与初始值较为一致，符合 MCMC 估计的理论假定，说明 SV 类模型的计量结果是稳健的。系数 d 只是反映了同期价格波动与通货膨胀间的边际影响，但是没有反映两者间的动态相互影响关系。模型 SVMT 对价格波

[①] 下载地址：http://www.doornik.com/products.html 和 http://www.mrc-bsu.cam.ac.uk/bugs。数据、自编程序及使用方法可向作者索取。

动 σ_t^2 的解释更符合其经济含义（下文的稳健性检验的结果也支持这一结论），其均值方程的残差项 ε_t 服从 t 分布（由 ω 值可知），因此本文根据模型 SVMT 的拟合结果给出价格波动与通货膨胀间的冲击响应曲线，从中可以更好地解释价格波动对通货膨胀的影响作用，如图 4 所示。

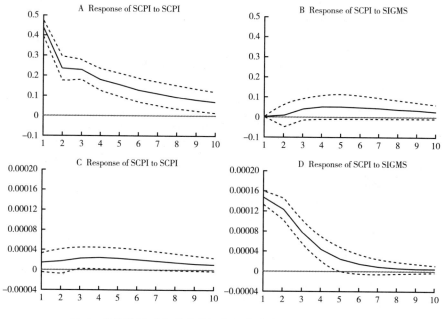

图 4　价格波动（条件方差）与通货膨胀间的冲击响应曲线

图 4 中 SIGMS 表示价格波动（下同）。从图 4 可以看出，价格波动及通货膨胀对自身的依赖性较大（见图 4 中 A、D），表现二者对自身的冲击响应值均显著为正，但随着时期的延长，响应值逐渐减小。而通货膨胀对价格波动的影响显著为正（见图 4 中 C），价格波动对通货膨胀的冲击作用显著为正（见图 4 中 B，置信度为 90% 时），响应值较小但持续时间较长，这与表 2 中 GARCH-M、SVMN 与 SVMT 模型的系数 d 为正相一致。与上文基于固定时间间隔计算的价格波动与通货膨胀的计量结果相比，SVMT 模型的计量结果更符合理论假设。

如上文所述，在计算月度环比价格指数时，基期月度价格环比指数的假定会直接影响到报告期价格环比指数的合理性。本文选择的样本期间为 1991 年 1 月~2010 年 12 月，其中 1991 年 1 月~1996 年 12 月间的通货膨胀水平经历了快速增长及下降的过程，在计量中通常将其记为异常值。为了验证本文计量结果的可靠性，现取 1997 年 1 月 ~ 2010 年 12 月的样本数据，再次估计 GARCH-M 模型与 SVM 模型，作为对整个样本估计结果的稳健性检验。另外，为了比较 GARCH-M 模型与 SVM 模型估计结果的显著性，对 GARCH-M 模型中均值方程中残差项 ε_t 的分布形式进行了更加详细的定义，估计了其服从 t 分布时的 GARCH-MT 模型与服从 GED 分布时的 GARCH-MGED 模型，计量结果如表 4 所示。

表 4　1997 年 1 月 ~ 2010 年 12 月价格波动对通货膨胀影响的计量结果

	GARCH-M	GARCH-MT	GARCH-MGED	SVMN	SVMT
d	0. 1006 (− 0. 7570, 0. 9582)	0. 1723 (− 0. 8680, 1. 2125)	0. 1377 (− 0. 7541, 1. 0295)	0. 6076 (0. 1266, 1. 1000)	1. 075 (0. 4266, 1. 796)
α_1	0. 5229 (0. 2981, 0. 7477)	0. 4030 (0. 0449, 0. 7610)	0. 4279 (0. 0537, 0. 8021)	0. 9050 (0. 7996, 0. 9758)	0. 8488 (0. 6546, 0. 9660)
β_1	0. 0471 (− 0. 2952, 0. 3918)	0. 1196 (− 0. 4467, 0. 6859)	0. 2155 (− 0. 3814, 0. 8124)		
τ^2				10. 77 (5. 266, 22. 520)	14. 91 (3. 760, 12. 580)
ω		7. 066 (− 0. 4047, 14. 537)			9. 989 (4. 659, 19. 81)

注：括号为区间估计结果，置信度为 95% 。

由表 4 可知，各模型中价格波动 σ_t^2 的影响系数 d 均正值，但三种 GARCH 类模型的系数均不显著，表现为其区间估计值的下界为负，而上界为正；SVMN、SVMT 中系数 d 均显著为正，表现为系数 d 的点估计值及区间估计下、上界值均为正数。各模型中的系数 α_1 的估计值均显著为正；三类 GARCH 模型中系数 β_1 的估计值为正，但不显著，且差距较大。而模型 SVMN、SVMT 中的参数 τ^2、ω 的估计值显著为正，符合 MCMC 法估计时的理论假设。比较表 4 中 GARCH 类模型与 SVM 类模型的估计结果，不难发现两类 SVM 模型的估计结果更为显著。现根据表 4 中 SVMT 模型的计量结果得到价格波动 σ_t^2 与通货膨胀率 y_t 间的冲击响应曲线如图 5 所示。

从图 5 中可以看出，在该时期内通货膨胀受价格波动冲击的响应值为正，且随着时间的推移，响应逐渐减小；而价格波动对通货膨胀的冲击响应值也显著为正。这与表 4 中的计量结果相一致。综上，通过多种计量模

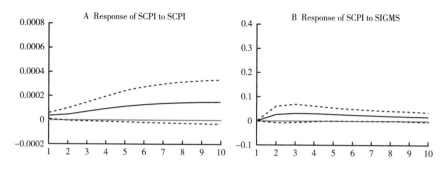

图 5   1997 年 1 月 ~ 2010 年 12 月价格波动与通货膨胀间的冲击响应曲线

型比较及稳健性检验，说明中国的通货膨胀的动态变化过程符合 Cukierman 假说，即价格波动对通货膨胀有推动作用。Cukierman 解释这种推动作用在于央行货币政策的动态不一致性。具体到中国，这种动态不一致性既表现为货币政策目标的不确定性，也表现为货币政策实践与目标的偏离。在 1986 年的《中华人民共和国银行管理暂行条例》中规定"中央银行应以发展经济、稳定货币、提高社会经济效益为目标"。1995 年《中华人民共和国中国人民银行法》中规定"货币政策目标是保持货币币值的稳定，并以此促进经济增长"（2003 年修订后目标仍如此）。这说明中国在相当长的时间内并不以货币稳定为单一目标或首要目标。中国的货币政策目标始终与经济增长目标相联系，张焕明（2010）将其解释为"财政分权体制下政治晋升机制"使然。另外，从中国货币政策的实践经验来看，力度与节奏不尽合理，陷入稳定物价或促进经济增长的两难，实施效果难以尽如人意。具体表现在：①调整的节奏没有针对性。1991 ~ 1996 年物价波动幅度较大，央行共调整基准利率 5 次，年均不到 1 次；2006 ~ 2010 年物价波动幅度相对较小，央行调整基准利率 13 次，年均 2.6 次。在前一时期，利率由期初的 7.56% 调整到最高点的 10.98%，后又调整到期末的 7.47%，每次调整的幅度较大。在后一时期，利率由期初的 2.52% 调整到最高点的 4.14%，后又调整到期末的 2.75%，每次调整的幅度较小。这种差别的调整方法带来的结果有较大的不同，在前一个时期结束时，CPI 由两位数迅速回复到正常水平，1997 年末 CPI 同比增长率为 0.4%；而在后一时期结束时，CPI 保持在较高的水平，到目前为止仍保持了继续上升的趋势，2011 年 7 月 CPI 同比增长率为 6.5%。②调整方向与速度直接相关，反映出多目标性。在 2006 ~ 2010 年间，利率调高与调低的速度有较大的差别，2006年8月~2008年10月，利率由2.52%上升到3.87%，上调1.35个百分点用了26个月；2008年10月~2008年12月，利率由3.87%下降到2.25%，下调1.62个百分点仅用了3个月；2008年12月~2011年7月，利率由2.25%上升到2011年的3.50%，上调1.25个百分点用了31个月。利率调整的特点是：上调利率速度缓慢而下调利率则快速，利率调整受经济增长目标牵制较多。③多目标下货币政策的效果不明显。简单回顾一下1997年、2008年两次金融危机前后中国金融机构一年期存款基准利率的变化：①1996年中国物价高企，8月一年期存款基准利率高达7.47%；1997年中国物价下降到正常水平，同年7月泰国宣布放弃固定汇率制，东南亚金融危机爆发；1997年10月，中国央行将利率调整为4.14%，此后一路调低至2002年2月的1.98%，以刺激经济增长。但是货币政策促进经济增长的效果并不明显，居民储蓄存款仍然保持较快的增长率，投资需求和消费需求未能被有效激活。②2002~2006年物价仍保持在正常水平，央行却在2002年2月后将利率连续调高至2007年12月的4.14%。其结果人民币对美元汇率由2002年8.28元/美元升值到2007年的7.60元/美元，CPI月同比指数也由2002年1月的99.7%上升到2007年12月的106.51%。③2007年8月，美国次贷危机全面爆发。而中国央行的高利率政策却不做任何调整，维持到2008年10月。2008年9月，美国政府接管"房利美"和"房地美"，次贷危机演变为全球金融危机。中国央行在2008年10~12月三个月内将利率连续下调至2.25%，以应对危机、刺激经济增长。2009~2011年CPI指数逐渐升高，央行多次调高利率，2011年7月CPI月同比指数为106.5%，利率为3.50%；而2011年上半年GDP增长速度为9.6%，增速明显放缓。总之，将1991年1月~2010年12月间的CPI走势与利率的变动趋势进行对比，二者的相关系数为0.81，高度正相关，说明利率调整并未取得反向调节物价这一首要目标应有的效果（如果政策有效的话，从理论上讲二者应该是负相关）。另外，中国央行选择利率调整的时间、幅度也多与公众的预期不一致。综上所述，从中国货币政策目标的转变与实施来看，虽然名义目标经历了从"发展经济、稳定币值"的双重目标到"保持货币币值的稳定，并以此促进经济增长"的单一目标的转变，但货币政策一直受到来自中央政府的多目标的约束，在实践中也始终在追求经济增长、币值稳定、增加就业、经济结构均衡、国际收支平衡等多重目标。只是各目标的相对重要性、具体内涵以及中央银行实现目标的方式和难度，在经济转轨前期和中后期不尽相同。特别是在经济增长和治理通货膨胀上难以协调，这也是我国近十年来宏观经济政策变动频繁、货币政策调控效果不佳的因素之一。

2.3.4　结论

本文的主要结论为：中国价格波动对通货膨胀有显著的正的影响作用，并且持续时间较长，符合 Cukierman 假说。这反映了中国央行货币政策的动态不一致性，即采取反向的宏观调控政策的力度、时间点不尽合理，货币政策受到了其他宏观经济目标，如经济增长等的影响，目前中国的货币调控政策目标还不能真正做到稳定物价的单一目标。近期中国央行针对连月高企的通货膨胀率，连续上调商业银行存款准备金率及基准利率，对通货膨胀的持续走高起到了一定的抑制作用，但是由于物价上涨本身所具有的翘尾特征及金融工具（准备金率及利率等）存在时滞效应，这种小幅连续的调整方式预计不会有明显的成效，物价继续上涨的趋势将会持续较长一段时间。因此本文建议中国央行仍应将本国货币政策的主要目标重新定位于保持本币币值稳定上，货币调控政策的实施应更加稳健与透明。

参考文献

[1] 陈彦斌.2008.中国新凯恩斯菲利普斯曲线研究.经济研究，12。

[2] 董雅秀，沈赟，董莉娟.2008.CPI 月度环比指数季节调整及 CPI 折年率方法研究.统计研究，2。

[3] 何启志，范从来.2011.中国通货膨胀的动态特征研究.经济研究，7。

[4] 何新华.2006 中国价格指数间的关系研究.世界经济，4。

[5] 龙如银，郑挺国，云航.2005，Markov 区制转移模型与我国通货膨胀波动路径的动态特征.数量经济技术经济研究，10。

[6] 栾惠德.2007.居民消费价格指数的实时监测——基于季节调整的方法.经济科学，2。

[7] 刘金全，郑挺国，隋建利.2007.我国通货膨胀率均值过程和波动过程中的双长记忆性度量与统计检验.管理世界，7。

[8] 卢二坡，曾五一. 2008. 转型期中国经济短期波动对长期增长影响的实证研究. 管理世界，11。

[9] 翁东东. 2010. 中国通货膨胀及其波动性关系的实证研究. 技术经济，8。

[10] 杨继生. 2009. 通胀预期、流动性过剩与中国通货膨胀的动态性质. 经济研究，1。

[11] 张焕明. 2010. 经济分权、人口迁徙与大国之路. 2010年中国统计学年会，11。

[12] 张焕明. 2003. 我国赤字财政可持续性的实证分析. 财经研究，3。

[13] 张鸣芳. 2009. 经济指数时间序列季度调整与 Demetra 软件的应用. 上海：上海财经大学出版社。

[14] 张屹山，张代强. 2008. 我国通货膨胀率波动路径的非线性状态转换——基于通货膨胀持久性视角的实证检验. 管理世界，12。

[15] 周宏山，李琪. 2006. 中国通货膨胀率及其波动关系分析. 经济问题，12。

[16] 周惠彬，任栋. 2009. 中国通货膨胀率路径的波动性测度. 统计与决策，7。

[17] Berument M H, Yalcin Y, Yildirim J O. 2010. The Inflation and Inflation Uncertainty Relationship for Turkey: A Dynamic Framework. Empirical Economics, DOI 10. 1007/s00181 – 010 – 0377 – 4.

[18] Berument H, Kilinc Z, Ozlale U. 2005. The Missing Link between Inflation Uncertainty and Interest Rates. Scottish Journal of Political Economics, 52: 2 – 241.

[19] Brunner A D, Hess G. 1993. Are Higher Levels of Inflation Less Predictable? A State-Dependent Conditional Heteroskedasticity Approach. Journal of Business and Economic Statistics, 11: 187 – 197.

[20] Cukierman A. 1992. Central Bank Strategy, Credibility and Independence: Theory and Evidence. Cambridge: MIT Press.

[21] Franses Ph H, van der Leij MJ, Paap R. 2008. A Simple Test for GARCH against A Stochastic Volatility Model. Journal of Finance and Economics, 6 (3): 291 – 306.

[22] Friedman M. 1977. Nobel Lecture: Inflation and Unemployment. Journal of Political Economics, 85: 451 – 472.

[23] Grier K, Perry MJ. 2000. The Effects of Real and Nominal Uncertainty on Inflation and Output Growth: Some GARCH-M Evidence. Journal of Applied Economics, 15 (1): 445 – 458.

[24] Holland S. 1995. Inflation and Uncertainty: Tests for Temporal Ordering. Journal of Money, Credit and Banking, 27: 827 – 837.

[25] Levin A T, Piger J M. 2004. Is Inflation Persistence Intrinsic in Industrial Economies? Eurosystem Central Bank Working Paper Series, 334.

[26] Milani F. 2005a. Adaptive Learning and Inflation Persistence. University of California-Irvine Working Paper, 50607.

[27] Milani F. 2005b. Expectaions, Learning and Macroeconomic Persistence. University of California-Irvine Working Paper, 50608.

[28] Shephard N, M K Pitt. 1997. Likelihood Analysis of Non-Gaussian Measurement Time Series. Biometrika, 84: 653 – 667.

2.4 二元财政、城乡差距与地区经济增长

——基于面板向量自回归模型的实证分析

田 柳 赵 军①

摘 要：本文基于地区发展视角，通过构建面板向量自回归模型，实证检验了二元财政、城乡差距与经济增长之间的关系效应，结合脉冲响应分析、方差分解结果以及 Granger 因果关系检验，揭示了三者的稳定性特征与互动影响效应。本文的主要结论为：二元财政的改善，也即增大非农投入的比重会阻滞经济增长，同时引致GDP 的负向波动；城乡差距的增大会促进地区经济增长，同时也是影响 GDP 波动的重要因素，而经济增长会抑制城乡差距的扩大，这是"库兹涅茨曲线"形成的重要机理，不过我国尚未到达"拐点"；二元财政与城乡差距间有着很强的因果关系，而且是单向的从二元财政传导到城乡差距。

关键词：二元财政 城乡差距 经济增长 面板向量自回归

2.4.1 引言

财政政策是宏观调控体系的重要构成和力量基础，自凯恩斯以来，无论

---

① 田柳（1987~），新疆大学经济与管理学院硕士研究生；赵军（1961~），新疆大学经济与管理学院教授。

是经济理论界还是政府的决策，都非常重视对财政政策的研究与运用。"十一五"以来，我国经济和社会发展取得了巨大成就，而财政的发展与改革始终贯穿其中，为扩大内需、保增长、调结构、推改革、惠民生、促和谐等国家重大方针政策做出了积极贡献。"十二五"规划中明确指出以加快转变经济发展方式为主线是推动科学发展的必由之路，同时强调坚持把保障和改善民生作为加快经济发展方式的根本出发点和落脚点，而财政正是理顺收入分配关系、助推经济发展方式转变的关键所在。财政支出是政府经济活动的重要方面，这不仅是因为财政对社会经济的影响主要表现在财政支出上，而且政府干预、调节经济的职能也主要是通过财政支出来实现，因此针对财政支出的研究应该是未来中国经济研究中的重要领域。

自 2003 年的新农村建设战略实施以来，中国逐渐将发展的目光转向"三农"问题，这也标志着"以工促农、以城带乡、统筹城乡发展"新阶段的到来。尽管中国的快速发展令世界瞩目，然而城乡之间出现的巨大鸿沟也为进一步的发展埋下了隐患，从其他国家的发展经验来看，一旦收入分配不公问题愈发凸显，社会矛盾的激化便在所难免，这会加剧经济的动荡并引发危机。尤其我国正处于跨越"中等收入陷阱"的关键时期，可以说能否解决好收入分配尤其是城乡间收入分配公平性问题，将会直接影响未来中国经济发展的成功与否。与城乡二元体制紧密契合的便是二元财政体制，新中国成立以来，由于物质、资金以及国际环境等多方面的限制，迫使中国选择了一条重工业、城市优先发展的道路，这种有偏向性的政策虽然违背了公平发展的原则，但限于历史条件我们默认了这种发展模式。不过时至今日，中国的工业化已达到相当规模，城市的发展以及城市居民收入的大幅增加应该促使我们重新审视既有的发展模式与城乡格局，二元财政的变化究竟对社会福利与经济增长带来了怎样的影响，这需要理论工作者给予适当的关注。

2.4.2　文献综述

财政支出与经济增长之间的关系一直都是宏观经济研究中的重要内容，由于市场失灵存在，客观上需要政府财政支出进行调节，尤其是公共物品的提供。当然政府的规模并非可以无限制地扩大，巴罗（1990）在这方面做了开创性工作，他在内生增长理论的框架下，基于现代公共财政理论，提供了一个衡量最优支出的标准——巴罗法则。之后不同学者通过理论以及实证的方法对财政支出与经济增长间的关系做了大量研究，比较新的进展是发现政府规模与经济增长间存在着"正负转换"的非线性关系（Chen，Lee，2005；杨子晖，2011）。另外有学者认为不应该仅仅关注政府规模与经济增长，财政支出结构也会对经济增长产生不同影响。早期的研究主要将财政支出区分为生产性支出和非生产性支出，以分别研究其对经济增长的不同影响（Grier，Tullock，1989；Devarajan，Swaroop，Zou，1996；郭庆旺等，2003）。不过由于生产性支出和非生产性支出间并没有一个很明确的界定，因此有学者从具体的财政职能角度来进行研究，比如教育支出、国防支出、农业支出和行政管理支出等等。

关于财政支出与经济增长关系的研究成果非常的丰富，然而这些研究的理论和现实背景多源自对西方发达国家经济发展历程的考察，因此是从一元经济结构的假设下进行模型的构建与研究。中国是一个二元经济特征非常明显的国家，财政支出方面的典型表现则是"二元财政"。有关二元财政概念的界定和测度方法可参见秦海林（2007）、陈宗胜等（2008），它是指在二元经济中，一国的财政收入与支出可以划分为农业和非农业两大部分，而且这两大部分在结构上具有明显的二元经济色彩。我国二元财政的形成和长期以来的城市偏向型发展政策有着密切的关系，这也是发展中国家实现工业化的进程中比较容易出现的问题（程开明，2008）。因此对我国财政与经济增长关系的研究应关注二元财政的变化，然而这方面的研究还未引起足够的重视，不过还是有学者进行了相关研究，秦海林（2007）通过实证分析发现，二元财政状况的改善可以正向促进经济增长。另外，伴随着经济的发展，二元财政本身也在逐渐发生变化。田柳等（2011）通过 VECM 模型预测，从国家层面看，二元歧视性财政政策将趋于消除，财政对农业的支出甚至会超过非农。另外有学者还注意到二元财政政策也会影响城乡差距，秦海林等（2011）使用中国 1957～2005 年间的时间序列数据进行协整分析，发现二元财政的改善反而会拉大城乡收入差距。

由上可见，对财政支出与经济增长关系的研究仍在不断发展，而针对我国的研究应该更加关注二元财政转换问题，因为"十二五"时期将迎来新一轮财税体制改革，理顺收入分配关系将是新阶段财税体制改革的战略目标（迟福林，2011），其中城乡收入差距是需要重点关注的问题，因为它是导致整体收入差距的主要原因。缩小城乡差距，首先需要消除二元歧视性财政政策，加大农业投入在财政支出中的比重。另外，财政作为资源配置手段，对推动经济发展方式转变有着重要的作用（王保安，2011），二元财政机制的转换会影响到我国的宏观经济运行，这会成为经济发展方式转变的助推器。因此，考虑到二元财政、城乡差距与经济增长间存在着内在关联机制，本文将这三者纳入到同一分析框架来进行研究，以扩展现有的研究思路，另外我们还在研究方法上进行创新：首先，现有的研究基本上都是使用时间序列数据，这忽略了不同省份间的异质性，不同地区的发展模式与发展现状存在着很大的不同，仅就国家层面进行研究可能导致很大的偏误，因此本文使用了面板数据进行实证分析；其次，考虑到变量间可能存在着互动关系或交互影响效应，需要控制计量方程的内生性问题，而在分析变量间关系时尽量去除其他变量的干扰，面板向量自回归模型方法可以很好地解决上述问题。

2.4.3 数据来源与实证方法

2.4.3.1 变量和数据

本文使用 1999 ~ 2010 年 31 个省、自治区以及直辖市的面板数据进行计量分析，变量中涉及的数据均来自《新中国六十年统计资料汇编》、各年的《中国统计年鉴》以及国研网数据库。

（1）二元财政对比度

二元财政对比度是指农业部门与非农业部门的财政投入力度之比（陈宗胜（2008）），具体的计算公式表示如下：

$$Dual = A/N = \frac{g_1/AG}{g_2/NG}$$

Dual 表示二元财政对比度，A 和 N 分别指农业部门与非农业部门的财政投入力度，而农业财政投入力度是指政府对农业部门的财政支出与农业产值比率，g_1 为政府对农业部门的财政支出，g_2 为政府对非农业部门的财政支出，AG 为农业产值，NG 为非农业产值。

（2）城乡收入差距

尽管现有文献中，国内学者常用城乡收入比来度量城乡收入差距，但这一度量方法没有反映城乡人口所占的比重，因此本文将使用城乡收入差距的基尼系数，计算方法如下：

$$Gini = \frac{P_u P_r (Y_u \cdot - Y_r)}{P_r Y_r + P_u Y_u}$$

其中 *Gini* 表示城乡收入的基尼系数，*Pu*、*Pr* 分别表示城镇和农村的人口占全国人口的比重，*Yu*、*Yr* 分别是城镇居民和农村居民的平均收入。

（3）地区经济增长

我们用人均 GDP 来表示地区经济增长，现有统计资料得到的人均 GDP 为名义值，为了扣除物价变动因素，可以使用 GDP 平减指数（deflator）进行处理，并取自然对数形式。

2.4.3.2   计量模型与方法

向量自回归模型（VAR）已经在时间序列分析中得到了广泛应用，Holtz-Eakin，Newey，Rosen（1988）最先将该方法扩展至面板数据，并经过（Arellano，Bond，1991）、（Arellano，Bover，1995）、（Blundell，Bond，1998）的发展，目前已经在经济分析中流行起来。由于多数面板数据都具有"大截面、短时序"的特征，因此要克服截面间的异质性问题，而且面板数据时间跨度较短又使得估计 VAR 模型的方法通常无法直接应用到 PVAR 模型中，不过动态面板数据模型方法的发展已经在很大程度上解决了上面的问题。本文的实证模型如下：

$$y_{it} = \beta_0 + \beta_1 y_{it-1} + \eta_i + \gamma_t + \mu_{it}$$

其中，y_{it} 是一个包含三个变量 $\{GDP，Dual，Gini\}$ 的向量，η_i 和 γ_t 分别表示个体效果和时间效果，μ_{it} 为干扰项并假设它服从正态分布。

2.4.4   实证分析

2.4.4.1   滞后阶数的选择

首先要确定 PVAR 模型的滞后阶数，目前常用的三种方法是 AIC、BIC 和 HQIC，检验结果见表 1，大多数准则表明应该选择滞后 1 阶（打星号者）。

表 1　滞后阶数选择

滞后阶数	FPE	AIC	HQIC	SBIC
1	− 43. 87	− 10. 852 *	− 7. 11115 *	− 9. 36866 *
2	− 46. 8771	− 9. 71319	− 5. 496	− 8. 04981
3	− 51. 4304	− 8. 58473	− 3. 80413	− 6. 71056
4	− 51. 9601 *	− 5. 5178	− 0. 058004	− 3. 39274

2.4.4.2　面板 VAR 的估计

很多文献在正式估计 PVAR 模型之前还要进行变量的平稳性检验，以避免面板数据模型估计中出现"虚假回归问题"，确保估计结果的有效性，而所选用的方法是面板单位根检验。面板单位根检验可以克服传统单个时序单位根检验的小样本偏误，还可以利用面板数据从一定程度上控制不可观测的个体效应和截面相关性，然而尽管理论上不断有新的成果出现，目前该领域仍然存在诸多争议，比如由于面板中包含多个时序，各自的平稳性不同，因此在拒绝原假设的情况下，并不能得出所有序列均平稳的结论。另外不同的检验方法往往存在各自的优势与局限性，这导致不同结果间差别往往较大（对于本文的三个变量，单位根检验的结果显示，只有 Gini 的检验结果较为一致，即为平稳序列，而另外两个变量的分析结果存在着分歧，即便是同一分析方法，不同滞后阶数的选择也会出现不同的结果），莫衷一是。因此本文将主要考虑 Granger 因果关系检验，尽管该方法并非绝对逻辑意义上的因果关系检验，但可以发现某一变量滞后项对另一变量的联合影响，即通过数据找出变量之间可能存在的内在联动关系。将 PVAR 模型的估计结果与 Granger 因果关系检验结果相比较，可以进一步分析变量间的关联程度，从一定程度上避免出现"虚假回归问题"。

首先估计一阶 PVAR 模型，由于模型 1 中存在着不随时间改变的个体效应，而解释变量中还包含了被解释变量的滞后项，所以是一个包含固定效果的动态面板数据，所以本文首先使用"组内均值差分法"去除时间效果，继而采用"前向均值差分法"（Arellano，Bover，1995）去除固定效应，并采用 GMM 方法获得参数的一致估计量，结果见表 2。

表2　面板 VAR 模型的 GMM 估计

	h_GDP		h_Dual		h_Gini	
	β	Se	β	Se	β	Se
Lh_GDP	0. 8503 ***	0. 0159	0. 0234	0. 0833	− 0. 0067 ***	0. 0021
Lh_Dual	− 0. 0181 *	0. 0101	0. 8240 ***	0. 077	0. 0013	0. 0010
Lh_Gini	2. 5107 ***	0. 4643	8. 5313 **	3. 3727	0. 7077 ***	0. 0660

注：***、**、* 分别表示在1%、5%、10% 的水平下显著，h_ ·表示变量已经过"前向均值差分"，L· 表示滞后一阶，β 为估计系数，Se 为标准误差。

从表2的估计结果可以看出，GDP、Dual、Gini 的滞后一期对 GDP 的影响分别在1%、10%和1%的显著水平下显著，其中 Dual 滞后一期对 GDP 具有负向作用，因此二元财政状况的改善在一定程度上阻碍地方经济增长，这与通过时间序列数据得出的结论刚好相反，因为目前地方经济的增长主要还是靠非农产业，尤其是依靠第二产业的发展来拉动，增加农业投入比重必然降低对其他产业的投入，从而抑制人均 GDP 的增加。另外，Gini 的滞后一期对 GDP 的影响是正向的，这说明城乡收入差距的扩大会促进地区 GDP 的增长。综合上面的实证结果不难理解为何近年来中国的经济在高速增长，城乡间的收入差距却在不断加大，地方政府通过城乡有别的财政投入机制，尽量压缩对农业的投入规模，当大量的资金投入非农产业后，便换来地方经济的高速增长，而当城乡差距逐渐拉大时，地方政府也没有动力去缩小城乡差距，因为这会限制人均 GDP 的继续增长。

GDP 的滞后一期对 Dual 的影响是正的，但并不显著。而对 Gini 的影响是负的且高度显著，因此尽管城乡差距的扩大会促进经济增长，但经济增长又会反向抑制城乡差距进一步增大，这可以解释"库兹涅茨倒 U 型曲线"的形成原因。当人均收入水平较低时，政府倾向于采取重工业优先发展战略，同时限制对农业的投入，这一阶段城乡差距拉大，经济增长。尽管经济增长也会负向影响城乡差距的扩大，但受限于经济规模较小与二元财政政策选择的路径依赖等问题，尚不能逆转城乡差距增大的趋势，但增长速度可能会随着经济的发展而越来越慢。一旦经济发展到一定规模，而政府又开始注重对农业的投入时，"拐点"就会出现，伴随着经济增长，城乡差距开始下降，不过由于二元财政的转换又会对经济增长产生阻滞作用，会带来经济增长的放缓，这就需要经济增长方式转变、产业结构升级以及农业现代化等政策来改善这种不利影响。

Gini 的滞后一期对 Dual 的影响是正的，然而 Dual 对 Gini 没有明显影响。正是城乡差距的逐年拉大使得政府开始关注对农村的投入，然而这种政策的转换并未带来城乡差距的显著变化，因为财政的投入不仅仅要注重规模的变化，还要考虑支出结构以及支出效率。

2.4.4.3　脉冲响应分析

脉冲响应函数是用来描述一个变量对系统中另一变量扰动的反应，同时保持其他扰动为零，所以可以比较直观地刻画变量之间的动态影响。为了分析脉冲响应函数，需要估计相应的置信区间，本文利用蒙特卡洛 500 次模拟给出脉冲响应函 5% 的置信区间，具体的脉冲响应函数如图 3，其中横轴代表冲击反应的响应期数为 10，纵轴表示内生变量对于冲击的响应程度。

首先，给 Dual 一个标准差的冲击会对 GDP 产生一个负向影响并在第 4 期达到最大，这说明各地区二元财政的变动会对经济增长产生负向冲击，因此地方政府在关注农村发展、增加"三农"投入时，也要注意整体的经济波动情况，积极转变增长方式、促进产业升级以抵消这种负向波动效应。而给 Gini 一个标准差的冲击会对 GDP 产生一个比较明显的正向影响，第 4 期后开始衰减，这说明合理调整城乡收入分配格局、统筹城乡经济发展有利于地区经济增长。通过比较还可以发现城乡差距变动对经济增长的影响要更大，所以理论界对收入分配与经济增长间的关系比较感兴趣。

其次，给 GDP 和 Gini 一个标准差的冲击均会对 Dual 产生比较剧烈的正向作用，但两者的影响轨迹并不太一样，前者使得 Dual 的反应在第一期达到最大并逐渐下降，而后者则使得 Dual 的反应先逐渐增大，第 4 期后才开始下降。经济增长的变动以及城乡差距的波动都会显著影响二元财政的稳定性，而且是正向的，这说明随着我国经济的持续增长、城乡分配越来越不公平，使得政府较多地致力于改善"城乡二元经济结构"，而加大对农业的投入是其中比较重要的方式之一。

最后，给 GDP 一个标准差的冲击会对 Gini 产生一个微弱的负向冲击并逐渐减小，到第 6 期就趋于消失，这说明现阶段我国的人均收入尚未达到较高的水平，尽管经济增长的变化可以促进城乡差距的缩小，但这种影响力还很微弱，可以推测我国的"库兹涅茨曲线拐点"尚未出现，不过城乡差距继续扩大的态势会得到一定遏制。二元财政的波动对城乡差距的影响仍然是正向的，尽管比较微弱，这说明目前二元财政转换所带来的福利改善效应并不大，其缩小城乡差距的目的并未实现，因此地方政府在增大对农村发展的支持力度的同时，还要关注其投入产出效率，加大对农业产业化、科技化、规模化方面的投入，优化资源配置。

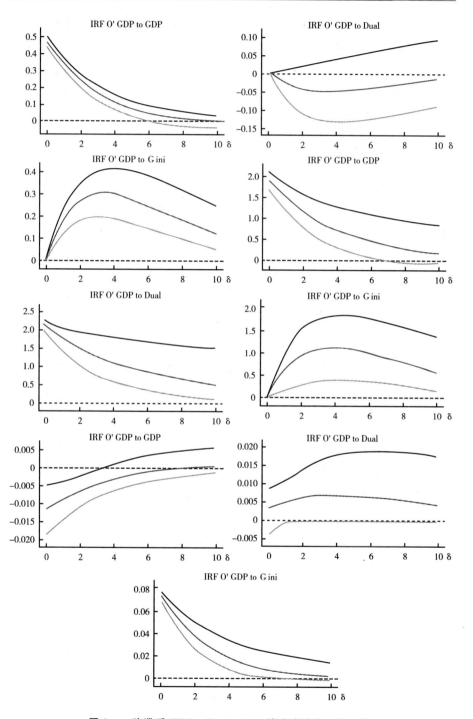

图1   一阶滞后 GDP、Dual、Gini 的脉冲响应反应函数

总体来看，二元财政转换所带来的经济与福利的改善效应并不明显，未来几年内还不能预见城乡差距会有较大的下降趋势，而且在现有发展模式下，提高农业投入势必影响到经济的继续增长，因此对于二元财政、城乡差距与地区经济增长间的动态互动关系应该进行长期的关注，要破解城乡收入差距难题，仍需要加大改革的力度。

2.4.4.4 方差分解

方差分解可以呈现一定期间内，一个变量方差变动的百分比可以在多大程度上被另一个变量的冲击所解释，表3报告了第20个预测期的方差分析结果，因为更长的区间范围给出了同样的结果。

表3 方差分解结果

	s	GDP	Dual	Gini
GDP	20	0.43304852	0.01442699	0.55252449
Dual	20	0.26629044	0.48861888	0.24509068
Gini	20	0.02615648	0.04009568	0.93374784

从表3的结果可以看出，地区经济增长的稳定性受自身和Gini的影响较大，Dual的方差贡献率基本可以忽略，而且Gini对GDP波动的解释程度高达55.3%，已经超过GDP对其自身的影响；Dual主要还是受自身的影响，而GDP与Gini的方差贡献率相差不大，均为25%左右，毕竟财政投入的变化主要受地方政府政策所影响，受其他宏观经济变量的冲击较小；Gini与前两者有着很大的不同，自身对其解释程度达到了93%，所以城乡差距呈现较强的稳健性，其原因是城乡差距的形成主要源自我国长期以来的"城乡分治"的管理模式，制度性因素起着主导作用，所以尽管近年来中央政府一直加大支农力度，实施了新农村建设、统筹城乡发展等一系列重大举措，但城乡差距并没有得到根本性改善，因为不从根本上消除"城乡二元管理模式"，仅仅从经济单方面着眼是很难有大的突破的。

2.4.4.5 Granger因果关系检验

为了验证上述实证结果的有效性和避免"伪回归"的出现，还需要对本文的方程和变量进行Granger因果关系检验。具体的结果见表4。

表 4　变量间 Granger 因果关系检验结果

Equation	Excluded	chi2	Prob > chi2
GDP	Dual	992.45	0.000 ***
GDP	Gini	9.4977	0.002 ***
GDP	All	1191.9	0.000 ***
Dual	GDP	1.0833	0.298
Dual	Gini	0.0978	0.754
Dual	All	1.2518	0.535
Gini	GDP	0.50506	0.477
Gini	Dual	109.07	0.000 ***
Gini	All	133.73	0.000 ***

注：***、**、* 分别表示在 1%、5%、10% 的水平下显著。

从表 4 可以看出，以 GDP、Gini 为因变量的方程是高度显著的，以 Dual 为因变量的方程则不显著，而从三个变量间的两两因果关系检验来看，Dual、Gini 均为 GDP 的因，Dual 又为 Gini 的因。综合以上结果，本文所建立的 PVAR 模型中至少有两个方程的合理性可以得到 Granger 因果关系检验的证明，因此如果建立单一方程会产生严重的内生性问题，而且三个变量间存在着显著的单向因果关系，虽然并未发现双向影响，但任两个变量结合可能影响第三个变量，所以使用脉冲响应分析排除其他扰动的方法也是必要的。当然 Granger 因果关系检验结果与 PVAR 模型得到的结果也有不一致的地方，比如 Dual 和 Gini 之间关系，格兰杰因果关系检验并非绝对意义上的因果关系，只能作为本文结论的一个参考标准，在对 PVAR 模型结果的解释上，我们还更多地借鉴了既有经济理论以及中国的现实经济运行情况，可以发现 PVAR 模型较好地揭示了二元财政、城乡差距以及地区经济增长间的互动关系。

2.4.5　结论及启示

本文使用 1999~2010 年的省级面板数据，应用 PVAR 模型方法进行估计，深入研究了二元财政、城乡差距与地区经济增长间的关系效应，从地区发展的视角揭示了二元财政政策的转换和波动对宏观经济的影响，研究表明地区在关注经济增长的同时应该建立起对三者关系的长期观察机制，以推动地区经济发展方式转变，同时实现经济发展与社会稳定的重要目标。另外我们还得到一系列有益的结论：首先，在既有的经济发展模式下，二元财政的改善，也即增大非农投入的比重会阻滞经济增长，同时导致 GDP 的负向波动，尽管这种效应还并不太明显，但地方政府应该积极应对这种负面影响，调整经济结构并注重资金的投入效益；其次，城乡差距的增大会促进地区经济增长，而且是影响 GDP 波动的重要因素，因此中国的二元经济发展模式推动了经济增长，当然经济增长反过来会抑制城乡差距的进一步扩大，这也是"库兹涅茨曲线"形成的重要原因，不过我国的经济增长尚未到达"拐点"；最后，二元财政与城乡差距间有着很强的因果关系，而且是单向的从二元财政传导到城乡差距，然而由于城乡差距显示出极大的稳健型，较少受到外部冲击的影响，这说明体制性因素才是决定城乡差距的关键，所以破解收入分配难题，一方面要加快转变经济发展方式和调整经济结构，另一方面还要深化财政改革，强化财政对收入分配的调节作用。

综上所述，研究中国的经济问题，仅仅关注国家层面的宏观经济变量发展趋势是远远不够的，通过面板数据以及 PVAR 方法可以揭示变量间更复杂的内在关联机制与变化规律，尽管国家大力改善二元财政现状，也收到了一定成效，但地区层面的数据所显示的效果则十分微弱，这说明地区间发展的不平衡会显著影响宏观时序数据的研究效率，因此未来国家在部署经济政策的同时应考虑到省际存在的差距，综合考察宏观变量之间的动态关系与波动，这对于政策的评价与经济发展的评估是至关重要的。

参考文献

[1] Barro R J. 1990. Government Spending in a Simple Model of Endogenous Growth. Journal of Political Economy，5.

[2] Chen S T, Lee C C. 2005. Government Size and Economic Growth in Taiwan：A Threshold Regression Approach. *Journal of Policy Modeling*，27.

[3] 杨子晖. 2011. 政府规模、政府支出增长与经济增长关系的非线性研究. 数量经济技术经济研究，6。

[4] Grief K, Tullock G. 1989. An empirical analysis of cross-national economic growth：1951–1980. Journal of Monetary Economics，32.

[5] Devarajan S, V Swaroop, Heng Fu Zou. 1996. The Composition of Public Expenditure and Economic Growth. Journal of Monetary Economics，2.

[6] 郭庆旺，吕冰洋，张德勇. 2003. 财政支出结构与经济增长. 经济理论与经济管

理，11。

［7］秦海林.2007.二元经济中的二元财政测度与分解研究.中央财经大学学报，1。

［8］陈宗胜，钟茂初，周云波.2008.中国二元经济结构与农村经济增长和发展.北京：经济科学出版社。

［9］程开明.2008.从城市偏向到城乡统筹发展——城市偏向政策影响城乡差距的Panel Data证据.经济学家，3。

［10］秦海林.2007.二元财政转换与二元经济增长.经济学家，5。

［11］田柳，姚卫坤，师博.2011.收入差距、农村居民消费与二元财政——基于VECM模型的实证分析.西部经济管理论坛，12。

［12］秦海林，李志勇.2011.二元财政政策影响城乡差距的实证分析.中央财经大学学报，9。

［13］迟福林.2011.破题收入分配改革.北京：中国经济出版社。

［14］王保安.2011.在全国财政科研工作会议上的讲话.财政研究，4。

［15］Holtz-Eakin，Newey，Rosen. 1998. Estimating vector autoregressions with panel data. Econometrica，6.

［16］Arellano，Bond. 1991. Some tests of specification for panel data：Monte Carlo evidence and an application to employment equations. Review of Economic Studies，2.

［17］Arellano，Bover. 1995. Another look at the instrumental variable estimation of error-components models. Journal of Econometrics，7.

［18］Blundell，Bond. 1998. Initial conditions and moment restrictions in dynamic panel data models. Journal of Econometrics，11.

2.5 热钱对 CPI 的传导路径分析

——以中国股市、楼市、大宗商品市场为路径

杨海青　黎　实[①]

摘　要： 本文采用相关分析、路径分析、脉冲响应、方差分解等多种数量分析手段，以 2001 年 1 月～2010 年 12 月为样本区间，在对热钱进行测度的基础上，研究了热钱通过中国股市、楼市、大宗商品价格对 CPI 的影响路径、作用大小与方向。实证结果显示，人民币汇率预期的增强是热钱不断流入中国的主要因素，热钱主要是通过股市和大宗商品价格路径影响 CPI，并没有通过楼市路径影响 CPI。进而在某种意义上，对已有的理论进行了数量分析方面的诠释。

关键词： 热钱　通胀　路径分析　VEC　Granger 因果关系脉冲响应　方差分解

2.5.1 引言

美国的次贷危机引发全球金融危机之后，中国已经成为了国外资本追逐

---

① 杨海青，1986 年 3 月，硕士研究生，西南财经大学；黎实，1955 年 6 月，经济学博士、博士生导师，西南财经大学统计学院教授，研究方向为计量经济理论与应用、金融数量分析，中国数量经济学会会员。

的重要场所。热钱问题成为了学界和业界关注的重要问题之一。

关于热钱流入的问题的讨论，始于 2002 年。在经济金融全球化背景下，近年来中国经济的波动现象较为异常：2008 年有学者测算的热钱量竟然超过了当时的外汇储备额，2009 年中国的外汇储备增加额连续大大地超过贸易顺差额与 FDI；2006 年 10 月中国的上证综指是 1838 点，一年之后飙升到 5954 点，又一年之后下跌到 1820 点；国际大宗商品价格亦是狂涨狂跌，中国买什么，什么就涨，卖什么，什么就跌；从 2007 年起，中国 70 个大中城市的房屋售价开始狂涨，2008 年的房地产价格表现得比较平稳，但是 2009 年 3 月以来，又开始了新一轮的上涨行情，2010 年，尽管"国四条"、"国十一条"、"新国四条"等遏制房价政策不断，但是国家统计局的报告显示一线城市的楼市更是火爆异常，房价狂飙不止。在中国的股市、楼市，国际大宗商品市场波动异常的情形下，中国的物价水平也呈现出一轮又一轮的高低起伏。针对这样的现实情况，中国股市、楼市，国际大宗商品市场波动异常成因中，热钱究竟起到了何种作用？到底有多少钱流入了中国，流入中国的热钱是否影响了中国的物价水平？其影响路径是什么？股市、楼市，还是大宗商品市场？

从现有研究成果看，在理论方面，热钱冲击 CPI 主要有两种观点。

一种观点认为，热钱冲击了资本市场，但是并没有冲击 CPI，CPI 的上涨是由于超额的货币供应量。这方面主要以范建军（2009）、巴曙松（2011）和兰纪平（2011）等人的研究为主要代表。其基本观点是，中国的资本项目并未对外开放，因此没有真实的贸易往来和投资背景的境外资本是无法自由汇兑的。因此，尽管国际市场确实有着数额巨大、反应灵敏的热钱，但这样的热钱基本上进不来。而中国股市、楼市波动异常和 CPI 上涨的主要原因是货币量超发。

另外一种观点认为，热钱是 CPI 上涨必须应该考虑的因素。持这种观点主要有王健和黄健（2008），庄健（2009），中国人民银行研究局（2011），其基本观点是，中国的通货膨胀，热钱有不可推卸的责任。热钱对通货膨胀的影响路径为，人民币升值预期导致国际热钱蜂拥而入，引发外汇储备增加进而导致外汇占款增加，在有管理的浮动汇率下，国内货币供给会被动增加，当货币供给大于货币需求时，通货膨胀将会发生；与此同时，国际热钱的蜂拥而入又进一步增加了人民币升值的压力，当人民币升值成为现实时将会有更多的国际热钱加速流入，外汇储备又会迅速增长，外汇占款也随之迅猛增加，而货币供给也会进一步增加，在这种周而复始的循环中，将会发生恶性通货膨胀。同时，输入性的通货膨胀和成本上升两大因素也会影响通胀。

基于此，本文试图从影响路径分析的角度出发，定量地分析热钱、股市、楼市、大宗商品以及物价水平之间的传导关系，以期达到验证理论之目的。

本文剩余部分的结构安排如下：2.5.2 节是理论分析，2.5.3 节是变量的来源与描述性统计分析，2.5.4 节是实证研究，2.5.5 节是结论与解释。

2.5.2 理论分析

热钱与股市、楼市、大宗商品市场以及物价水平之间的传导路径，在理论上主要有以下两种分析结论。

2.5.2.1 热钱通过股市和楼市影响通货膨胀的传导路径

随着人民币不断升值和升值预期的不断增强，越来越多的热钱流入中国，在结售汇制度下，中国的基础货币增多，在相对宽松的货币政策下，中国的货币流动性增强，超过商品交易速度的那部分货币一部分冲击了中国的资本市场，另一部分就是抬高了国际大宗商品价格，进而使得中国的通胀进一步加剧。

同时，由于最近几年中国股市楼市的异常火爆，在流动性效应、预期效应和信贷扩张效应的作用下，大量的国际游资通过正当途径和隐蔽的非正当途径进入了中国的股市、楼市，而股市和楼市的波动通过托宾 Q 效应、财富效应和金融加速器等效应影响社会总需求，进而影响物价。

2.5.2.2 热钱通过大宗商品市场对通胀的传导途径

大宗商品价格影响通货膨胀的主要方式是通过国际贸易和国际金融两个渠道进行传导。从国际贸易方面来讲，中国是世界上最大的原材料进口国之一，国际资本（热钱等）涌入大宗商品市场，当某种（些）商品被炒高之后，由于大宗商品市场价格往往存在"多米诺骨牌效应"，将会使得其他互补商品或替代商品的价格随之上涨，一旦涨价的大宗商品被进口到国内，也将会导致国内相关原材料商品价格和中下游产品价格上涨。国内企业会采用销售价格的上涨来弥补生产成本上升所带来的损失，这将会传导至最终消费品，进而引起一般物价水平的上涨。国际大宗商品价格波动在国内传导主要有五个渠道：直接渠道、生产渠道、预期渠道、联动渠道和扩散渠道。

从国际金融方面来讲，大宗商品价格的提高，还会通过股市来进而影响中国国内的物价水平。国际大宗商品价格的提高，一方面，将使得依靠进口原材料的企业生产成本提高，企业的现金流下降，该企业的股票的估值将会下降；另一方面，大宗商品价格的上涨，将会提高人们对通胀的预期，进而导致预期贴现率的上升，这样债券的替代效应将会上升。这两方面的作用都会导致股票价格下跌，进而降低股票持有者的消费水平，进而影响物价。

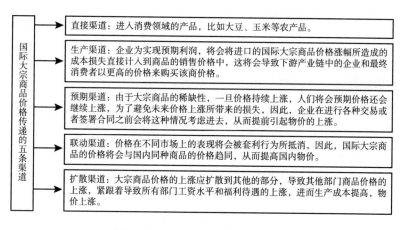

图 1   国际大宗商品价格传递渠道

上述结论的基本观点是人民币汇率预是期热钱流入的主要原因，热钱是通过股市、楼市和大宗商品市场对物价水平产生影响的。但是，问题在于，这种理论观点是否可得到实证分析结果的支撑呢？若得不到实证结果的支撑，这种理论观点的正确性则会受到质疑。为此，本文将采用多种量化分析手段，试图进行理论验证的探索。

2.5.3   变量的选取与描述性统计分析

2.5.3.1   变量的选取及来源

本文界定的样本区间为 2001 年 1 月 ~ 2010 年 12 月。选取了热钱

（hm），上证综指（sp），房地产价格指数（hp），人民币汇率预期（NDF），大宗商品价格指数（CRB）和居民消费者价格指数（CPI）等 6 个变量进行理论验证研究。

首先，热钱测度问题是不可避免的问题。本文关于热钱测度的思路是，对现有的多种热钱测度方法，采取借鉴思路，保留其合理的测算思想，对自以为不合理的部分进行修正。基于此种思路，本文提出的热钱测算方法是：

$$月度热钱 = 外汇占款增加额 - 外债的增加额 - FDI - 贸易顺差 + 净出口中的热钱 + FDI 中的热钱$$

其中，（1）净出口中热钱的测算借鉴胡海峰和胡吉亚（2010）的算法。基本思想是：考虑到 2003 年之前的净出口额序列比较平稳，因此，以 2001～2003 年的净出口数据为样本，采用时间序列方法进行拟合，实际的净出口数据与其拟合值之差，被认为是净出口中的热钱；（2）FDI 中热钱的测算是借鉴陆静、罗伟卿（2010）和李庆云的算法。其基本思想是，FDI 中含有热钱的流入，不同年度 FDI 中热钱所占的权重有所不同。于是，本文不同权重的界定如下：以 2005 年为界，2005 年前后分别按 18% 和 50% 的权重进行热钱的测算①。

其次，由于中国目前尚无公认描述中国的大宗商品市场行情的指标，因此本文选取路透/Jefferies 商品研究局指数（Reuters/Jefferies CRB Index）简称 RJ/CRB 作为大宗商品价格指数，数据来源：http://www.crbtrader.com/。

最后，人民币无本金交割远期常被用于衡量国外市场对人民币升值的预期。本文采用的是一年期的人民币无本金交割远期（NDF），数据来源：http://www.bloomberg.com/。

其他指标的数据均来自中经网。

2.5.3.2 统计描述分析

（1）图形分析

热钱（HM）与物价水平（CPI）的时序图如图 2 所示。

---

① 2005 年后以 50% 的权重进行测算的原因有三：首先，2003 年 7 月人民币 QFII 的推出和之后的港股 ETF 的推出，一方面降低了热钱进入成本，另一方面还为热钱的流出提供了合法的途径；其次，自 2005 年开始，外汇管理局统计的 FDI 数据一直大于商务部统计的 FDI 数据，2005 年差近 200 亿美元，2007 年差近 600 亿美元；最后的考虑来源于通过地下钱庄流入的热钱是无法统计的，因此在计算 FDI 中的热钱时给予较高权重。

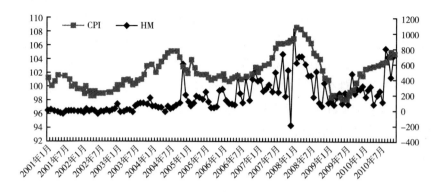

图2　热钱 HM 与 CPI 的趋势

从图2可以看出，在样本区间内，热钱（HM）与通货膨胀 CPI 的趋势是较为相似的，尤其从2005年开始，CPI 高涨之前或者之后，热钱都有一个较大的波动。

热钱与上证综指、房地产价格指数和大宗商品价格间的时序图如图3所示。

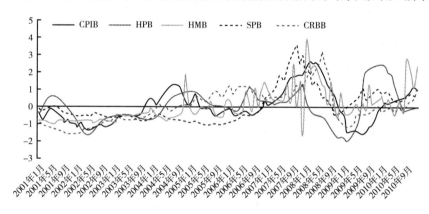

图3　热钱 HM 与上证综指、房地产价格指数、RJ∕CRB 和 CPI 的趋势

从图3可以看出，在样本期内，标准化后的热钱、房地产价格指数、上证综指、大宗商品价格和 CPI 的数据从整体上是有趋同性的。但在不同时间段内，不同指标的变化情形不尽相同。

上述图形分析结果表明，热钱与股市、楼市、大宗商品以及物价水平之间的确存在某种数量方面的传导关系。

（2）相关性分析

首先分析热钱与通胀 CPI 之间的相关关系，然后在给出房地产价格指数、上证综指和大宗商品价格的基础上给出条件相关系数，对无条件相关系数与条件相关系数进行比较，若两者相差不大，则说明热钱与 CPI 之间的关系和条件变量（出房地产价格指数、上证综指或大宗商品价格）是近乎独立的，就是该条件变量（出房地产价格指数、上证综指或大宗商品价格）并不是热钱影响 CPI 的传导途径；反之，如果两者相差较大，则说明该条件变量（出房地产价格指数、上证综指或大宗商品价格）是热钱影响 CPI 的传导途径。相关分析结果如表 1 所示。

表 1　条件相关系数

变量	简单相关系数	变量	简单相关系数	变量	简单相关系数
HM,CPI	0.5569	HM(−1),CPI	0.5713	HM(−2),CPI	0.5271
变量（条件）	条件相关系数	变量（条件）	条件相关系数	变量（条件）	条件相关系数
HM, CPI(SP)	0.3888	HM(−1), CPI(SP(−12))	0.5379	HM(−2), CPI(SP(−5))	0.2539
HM, CPI(HP(−11))	0.4919	HM(−1), CPI(HP(−1))	0.5493	HM(−2), CPI(HP(−10))	0.4617
HM, CPI(CRB)	0.20517	HM(−1), CPI(CRB(−14))	0.5636	HM(−2), CPI(CRB(−2))	0.1885

注：括号内的变量为条件变量。

从表 1 的简单相关系数可以看出，热钱与通胀 CPI 的相关系数为 0.55 左右，属于中度相关。进一步来看条件相关系数表可以看出，在大宗商品价格给定的条件下，热钱与 CPI 的相关系数的变化范围为 0.1885 ~ 0.5636，在上证综指给定的条件下，热钱与 CPI 的相关系数的变化范围较大，为 0.2539 ~ 0.5379，而在房地产价格指数给定的条件下，热钱与 CPI 的相关关系的变化系数并没有太大变化，无论是当期变量间，还是加入滞后变量，数值大小都围绕着 0.5 变化（0.4617 ~ 0.5493）。

对比简单相关系数表和条件相关系数表，可以认为热钱通过股市（上证综指）和大宗商品价格冲击了通胀 CPI，而热钱并没有通过房地产价格指数来影响 CPI。至于冲击是正还是负，冲击有多大，我们并不能从简单相关系数和条件相关系数来得出结论。

为此，为了更为深入地探究热钱与股市、楼市、大宗商品市场以及物价水平之间的数量传导关系，笔者将在剩余部分中分别采用路径分析和 VAR 分析技术进行验证理论的研究。

2.5.4　实证研究

2.5.4.1　基于路径分析的角度分析热钱对 CPI 的影响

（1）路径分析图

针对 2002 年以来中国股市、楼市、大宗商品市场以及人民币汇率预期
等因素的实际情形，笔者设计了热钱流入中国的理论路径图，如图 5 所示。

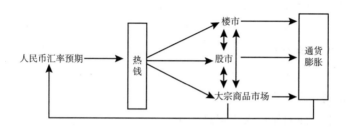

图 5　理论上的路径分析

通过对模型的拟合度检验、变量显著性等统计指标以及在不同模型设定
识别等之间的反复多次比较，所得到的路径分析最终模型如图 6 所示[①]。

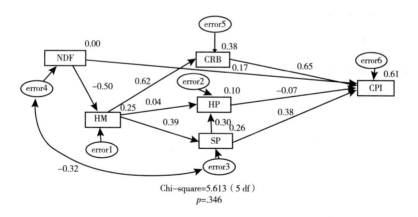

图 6　路径分析

注：该路径图中的系数为标准系数，消除了量纲的影响。

---

① 篇幅限制，本文没有给出模型识别部分的内容。

其中，NFI = 0.979，RFI = 0.938，CFI = 0.998，均平方误差 RMSEA = 0.032（<0.05），AIC = 37.61，BIC = 82.21。卡方检验统计量所相应的 *p* 值 0.346 > 0.05。上述数据表明，所得模型的拟合程度较好，模型设定正确。稳定系数（stability index）为 0.103，位于 −1 至 1 之间，模型平稳。

从图 6 有以下结论：

（1）人民币汇率预期对热钱的路径系数为 −0.5，这说明在其他因素保持不变的条件下，人民币汇率预期升值一个标准差，则热钱的流入将会增加 0.5 个标准差。

（2）热钱对大宗商品价格指数、上证综指和房地产价格指数的直接作用分别为 0.62、0.39 和 0.04，且大宗商品价格指数、上证综指和房地产价格指数对 CPI 的直接作用分别为 0.64、0.38 和 −0.07，表明热钱是通过股市和大宗商品市场的传导对 CPI 产生了冲击，且大宗商品市场的效应大于股市。而通过楼市对 CPI 产生的影响较小且方向相反，表明热钱通过楼市对 CPI 的影响中，抑制作用大于促进作用。

（3）人民币汇率预期解释了热钱波动的 25%；由于热钱的冲击，大宗商品价格指数、上证综指和房地产价格指数的波动分别增加了 38%、26% 和 10%；人民币汇率预期、大宗商品价格指数、上证综指和房地产价格指数的变动对 CPI 波动的贡献度为 61%。

（2）回归权重表（regression weights）

表 3　回归权重

	估计的路径系数	标准差	估计值与标准差之比（C. R）	相应的 *p* 值	标准化的路径系数
HM←NDF	− 173.727	27.631	− 6.287	***	− 0.499
SP←HM	1.801	0.403	4.465	***	0.387
HP←HM	0.001	0.002	0.363	0.716	0.037
CRB←HM	0.158	0.018	8.58	***	0.618
HP←SP	0.001	0.000	2.918	0.004	0.298
CPI←CRB	0.028	0.003	10.226	***	0.65
CPI←SP	0.001	0.000	5.49	***	0.381
CPI←HP	− 0.038	0.035	− 1.087	0.277	− 0.066

注：该表中的估计系数是用原始数据估计出来的，并没有进行标准化处理。标准化估计系数是路径图上标注的系数。*** 代表在 0.001 的显著性水平下，变量间的影响是显著的。标准化路径系数与路径图中的系数一致。

从回归权重表可以看出，在5%的显著性水平下，人民币汇率预期升值一个单位，则热钱的流入平均将会增加173.727亿美元；热钱流入增加1个单位，则上证综指从平均意义上来说将会增加1.801个点；热钱对房地产价格指数的影响在统计上是不显著的，但热钱对大宗商品价格指数的影响是非常显著的，热钱变动一个单位，则RJ/CRB将会增加0.158个点；大宗商品价格指数和股市的变动对CPI都有非常显著的影响，但是房地产价格指数对CPI的影响并不显著。

（3）标准化效应表

表4　标准化效应

	直接效应	间接效应	总效应
HM→CPI	0.000	0.539	0.539
HM→SP	0.387	0.000	0.387
HM→HP	0.037	0.115	0.152
HM→CRB	0.618	0.000	0.618
SP→CPI	0.381	− 0.020	0.361
HP→CPI	− 0.066	0.000	− 0.066
CRB→CPI	0.650	0.000	0.650
SP→HP	0.298	0.000	0.298
NDF→HM	− 0.499	0.000	− 0.499

从标准化效应表可以看出，热钱对CPI没有直接的影响效应，间接效应较大为0.539，因此，总效应为0.539，可见热钱对于通胀的影响是较大的。

热钱对大宗商品市场的冲击较大为0.618，其次是对上证综指的总效应为0.387，而对房地产价格指数的冲击较小，仅为0.152。热钱对大宗商品市场和股市的效应主要是直接效应，而对房地产价格指数的效应主要表现在间接效应。

（4）路径分析结论

从路径分析图可以看出，热钱经资本市场和大宗商品市场对通胀的传导路径有两条较为明显：

①人民币汇率预期→热钱→大宗商品市场→CPI；

②人民币汇率预期→热钱→上证综指→CPI。

为此，路径分析我们得到的结论：①热钱的流入影响了中国通胀的发生；②驱使热钱流入中国的主要原因是人民币汇率预期；③热钱流入中国之后，对国际大宗商品价格和股市的影响较大，对楼市的总影响较小；④大宗商品价格的上涨和股价的波动是 CPI 上涨的直接原因。

2.5.4.2　基于 VEC 等角度分析热钱对 CPI 的影响

路径分析的结果只是证实了设想的因果关系的真实性，同时给出了因果关系的强弱，但路径分析对于变量之间是否存在伪回归问题没有做相应的处理。因此，本文试图通过单位根检验、协整分析、向量误差修正模型、Granger 因果关系检验、脉冲响应和方差分解等手段，从另一个方面来证实和反映热钱、股市、楼市、大宗商品市场和 CPI 之间的关系，进而分别描述这些变量间的长期均衡关系和短期波动关系。

（1）变量的平稳性检验

各个变量的单位根检验结果如表 5 所示。结果表明，热钱和房地产价格指数在 5% 的显著性水平下是显著的，人民币汇率预期和大宗商品价格指数在 10% 的显著性水平下是显著的，但是上证综指和通货膨胀 CPI 在 10% 的显著性水平下是不显著的，但其在 5% 的显著性水平下一阶单整。

表 5　单位根检验

变量名	检验类型($C,t,*$)	ADF 统计量	5% 临界值	10% 临界值	DW 值	检验结果
hm	$(C,t,1)$	-3.7091	-3.4487	-3.1495	1.9938	平稳
hp	$(C,0,2)$	-3.5476	-2.8862	-2.5800	2.0097	平稳
sp	$(C,0,2)$	-0.6581	-1.9436	-1.6149	2.0208	不平稳
$\triangle sp$	$(0,0,1)$	-5.5467	-1.9435	-1.6149	2.0162	平稳
cpi	$(C,0,3)$	-2.4138	-2.8865	-2.5801	2.0344	不平稳
$\triangle cpi$	$(0,0,1)$	-5.9903	-1.9435	-1.6149	2.0521	平稳
NDF	$(C,t,4)$	-3.3488	-3.4494	-3.1499	1.9902	平稳 *
Crb	$(C,t,3)$	-3.2654	-3.4494	-3.1499	1.9139	平稳 *

注：检验类型中 C 代表检验方程中包含截距项，t 代表检验方程中含有趋势项，* 代表滞后阶数，0 代表无截距项或趋势项；平稳结果后面有符号 * 的，表示该序列在 5% 的显著性水平下不平稳，但在 10% 的显著性水平下是平稳的。

（2）JJ 协整检验

单位根检验结果表明，变量为非平稳序列，故进行协整分析。其中，本文在协整检验中5种情形的决定性趋势假设中①，选择了情形4的假设。协整检验结果如表6、表7所示。结果表明，我们可得到的两个协整方程分别为：

$$Z1 = -0.0115CPI + 0.0085CRB - 0.0097HM - 0.0677HP + 5.2869NDF +$$
$$0.0012SP + 0.1108@TREND$$

$$Z2 = 0.1347CPI + 0.0263CRB - 0.0161HM + 0.0336HP - 11.4582NDF +$$
$$0.0009SP - 0.1649@TREND$$

其中，$Z1 \sim I(0)$，$Z2 \sim I(0)$。

表6　热钱、人民币汇率预期、房地产价格指数和上证综指特征根迹检验（trace test）

原假设	特征值	Trace 统计量	5% 临界值	概率值**
不存在协整关系 *	0.3314	139.9661	117.7082	0.0010
至多存在一个协整关系 *	0.2767	93.2668	88.8038	0.0229
至多存在两个协整关系	0.2136	55.6920	63.8761	0.2012
至多存在三个协整关系	0.1169	27.8194	42.9153	0.6329
至多存在四个协整关系	0.0790	13.4034	25.8721	0.7063
至多存在五个协整关系	0.0327	3.8534	12.5180	0.7632

注：* 表示在5%的显著性水平下不接受原假设。

表7　热钱、人民币汇率预期、房地产价格指数和上证综指特征根秩检验（rank test）

原假设	特征值	Trace 统计量	5% 临界值	概率值**
不存在协整关系 *	0.3314	46.6993	44.4972	0.0283
至多存在一个协整关系 *	0.2767	37.5748	38.3310	0.0609
至多存在两个协整关系	0.2136	27.8726	32.1183	0.1513
至多存在三个协整关系	0.1169	14.4161	25.8232	0.6864
至多存在四个协整关系	0.0790	9.5499	19.3870	0.6669
至多存在五个协整关系	0.0327	3.8534	12.5180	0.7632

注：* 表示在5%的显著性水平下不接受原假设。

---

① 钟志威，雷钦礼．2008．Johansen 和 Juselius 协整检验应注意的几个问题。

（3）格兰杰因果关系检验（Granger Causality Test）

由于检验结果表明所设定的 VAR 的根在单位园内，为此采用 VAR 的 Granger 因果关系检验[①]。

考虑到 Granger 因果关系对于滞后项的敏感性，本文关于 Granger 因果关系检验中 VAR 模型滞后变量选择，综合了回归系数显著性、AIC、SC 和 HQ 准则的信息进行判断，最终选择的滞后阶数为 3，基于 VAR（3）的 Granger 检验结果如表 8 所示。

表 8　基于 VAR（3）模型的 Granger 非因果检验

	原假设	卡方检验统计量	自由度	P 值
人民币汇率预期方程	HM 不是 NDF 的 Granger 原因	3.8727	3	0.2755
	CRB 不是 NDF 的 Granger 原因	16.0888	3	0.0011 ***
	SP 不是 NDF 的 Granger 原因	3.8397	3	0.2793
	HP 不是 NDF 的 Granger 原因	13.5716	3	0.0036 ***
	CPI 不是 NDF 的 Granger 原因	9.4705	3	0.0236 **
	HM、CRB、SP、HP、CPI 不是 NDF 的 Granger 原因	47.3222	15	0.0000 ***
热钱方程	NDF 不是 HM 的 Granger 原因	7.1736	3	0.0666 *
	CRB 不是 HM 的 Granger 原因	2.0675	3	0.5585
	SP 不是 HM 的 Granger 原因	14.2983	3	0.0025 ***
	HP 不是 HM 的 Granger 原因	10.8253	3	0.0127 **
	CPI 不是 HM 的 Granger 原因	7.7403	3	0.0517 *
	NDF、CRB、SP、HP、CPI 不是 HM 的 Granger 原因	50.9915	15	0.0000 ***
大宗商品方程	NDF 不是 CRB 的 Granger 原因	8.2435	3	0.0162 **
	HM 不是 CRB 的 Granger 原因	6.8821	3	0.0412 **
	SP 不是 CRB 的 Granger 原因	4.8877	3	0.1802
	HP 不是 CRB 的 Granger 原因	0.8756	3	0.8313
	CPI 不是 CRB 的 Granger 原因	4.3654	3	0.2246
	NDF、HM、SP、HP、CPI 不是 CRB 的 Granger 原因	20.4396	15	0.1557
股市方程	NDF 不是 SP 的 Granger 原因	7.1972	3	0.0659 *
	HM 不是 SP 的 Granger 原因	4.5583	3	0.2071
	CRB 不是 SP 的 Granger 原因	6.5520	3	0.0876 *
	HP 不是 SP 的 Granger 原因	5.0137	3	0.1708
	CPI 不是 SP 的 Granger 原因	2.1667	3	0.5385
	NDF、HM、CRB、HP、CPI 不是 SP 的 Granger 原因	23.7333	15	0.0698 *

①　篇幅限制，本文没有给出检验结果。

	原假设	卡方检验统计量	自由度	P 值
楼市方程	NDF 不是 HP 的 Granger 原因	11.3181	3	0.0101 **
	HM 不是 HP 的 Granger 原因	5.2035	3	0.1575
	CRB 不是 HP 的 Granger 原因	3.8054	3	0.2833
	SP 不是 HP 的 Granger 原因	7.7913	3	0.0505 *
	CPI 不是 HP 的 Granger 原因	4.5431	3	0.2085
	NDF、HM、CRB、SP、CPI 不是 HP 的 Granger 原因	39.2720	15	0.0006 ***
CPI方程	NDF 不是 CPI 的 Granger 原因	9.2006	3	0.0267 **
	HM 不是 CPI 的 Granger 原因	9.9300	3	0.0192 **
	CRB 不是 CPI 的 Granger 原因	6.0753	3	0.0935 *
	SP 不是 CPI 的 Granger 原因	8.1025	3	0.0439 **
	HP 是 CPI 的 Granger 原因	2.5196	3	0.4718
	NDF、HM、CRB、SP、HP 不是 CPI 的 Granger 原因	46.4806	15	0.0000 ***

注：在 10% 的显著性水平下、5% 的显著性水平和 1% 的显著性水平下的 *P* 值后带有 * 、 ** 和 *** ，VAR 与 VEC 的 Granger 因果关系的结论是一致的。

从表 8 中的 Granger 因果关系的检验中可以看出：人民币汇率预期是热钱的 Granger 原因，热钱是大宗商品价格的 Granger 原因，大宗商品价格是股价的 Granger 原因，上证综指是房地产价格指数的 Granger 原因，上证综指是通货膨胀的 Granger 原因。这为之后的向量误差修正模型、脉冲响应和方差分解的建模提供了选择变量先后顺序的依据。

（4）向量误差修正模型（VEC）

Granger 因果关系的结果为向量误差修正模型的建立提供了依据。为此，本文在存在协整关系基本事实基础上，得出了向量误差修正模型 VEC，进而进行脉冲响应和方差分解分析，以期得到随着时间的推移各变量对于新息冲击的反应及各新息对模型内生变量的相对重要性。

（5）脉冲响应

脉冲响应分析结果如图 7 所示。其中，实线表示脉冲响应函数，横轴表示滞后期（单位：月），纵轴表示响应数。

结果显示：

①来自各变量的新息对热钱的影响，在前 8 个月波动比较大，之后将会趋于稳定。其中，在前 5 期人民币汇率预期和股市的新息对热钱影响的波动最大，并且 12 个月之后热钱对来自股市的新息的影响将会慢慢地变大，第

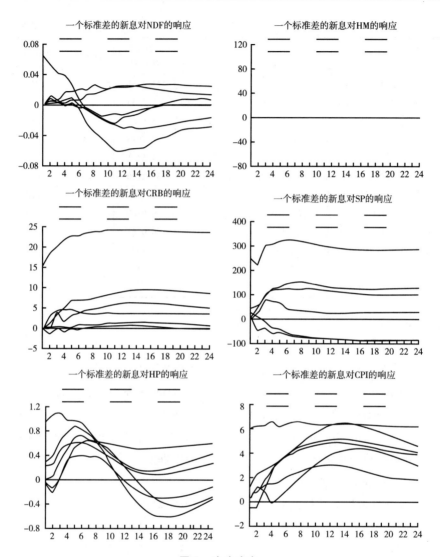

图 7　脉冲响应

18 个月之后趋于平稳。

　　②图 7 上图中，除了热钱的脉冲响应图外，从其他的脉冲响应图可以看出，热钱的新息对大宗商品市场、股市和楼市的影响较大且持续时间较长。其中，给热钱一个标准差的新息，大宗商品在第 12 个月、股市在第 4 个月到达最大之后趋于平稳；房地产价格指数在前 3 个月为负影响，之后由负变正，在第 8 个月的时候达到最大，之后又慢慢下降，在第 20 个月的时候又

达到负的低谷，之后又慢慢上升。究其原因，笔者认为，因为热钱的流入导致了货币供给的增加，房地产价格指数有所回落，但是之后由于投机者为了获取利润，开始冲击需求市场，从而使房地产价格慢慢增加，在房地产价格指数涨到一定程度之后，在房地产政策的打压下，房地产价格指数有所回落；而来自热钱的新息对 CPI 的影响，前两个月 CPI 为负保持不变，第 3 个月，由负转正，且达到一个小峰值，第 4 个月影响为 0，之后又快速上升，第 16 个月达到最大，之后又有所下降。

③图 7 下图中前两个脉冲响应图提示，给楼市一个正标准差的冲击，股市将会下降。笔者以为，这是由于中国的楼市从 2002 年开始已经涨了近 10 年，尽管政策不断打压，但是楼市仍然坚挺，这就使得人们相信，楼市是坚不可摧的，因此，如果楼价有明显的上涨迹象，人们将会从股市中撤出，因此就造成了楼价的上涨股价的下跌；然而给股市一个标准差的新息，楼价将会是先涨后跌，在第 5 个月达到最大，之后又下降，在第 18 个月跌至负向的谷底，这是因为，即使股价上涨，很多人仍处于观望的态度，等确定了才会大量地进入，这就导致了股价上涨并不会使楼市的钱大量地流出，而在一段时间之后才会流出，并且在之后流入股市的钱慢慢流出。

图 7 中最后一个脉冲响应图表明，给股市一个标准差的新息，CPI 的响应先增大，在第 14 个月达到最大，之后慢慢下降。其次是人民币汇率预期，紧接着是大宗商品价格，相对而言，房地产价格指数的新息对 CPI 的响应较小。

（6）方差分解

方差分解分析结果如表 9 所示。

表 9　方差分解

滞后时期	NDF→HM	HP→HM	SP→HM	HM→HP	HM→SP	HM→CRB	HP→CPI	SP→CPI	CRB→CPI	HM→CPI
1	18.85	0.00	0.00	1.32	0.30	0.67	0.41	1.01	3.84	0.84
2	17.73	0.56	0.03	2.88	3.20	1.03	0.98	1.05	7.67	0.69
3	16.51	0.56	9.26	3.23	2.24	2.29	1.97	2.96	9.44	0.95
4	15.92	1.60	9.02	2.56	6.32	2.95	2.38	4.76	10.30	0.66
5	15.73	4.61	9.91	3.23	6.04	5.85	2.55	7.78	11.57	0.53
6	19.53	7.50	9.61	2.77	7.66	8.64	3.11	9.56	12.86	0.56
7	19.40	8.51	9.35	2.83	8.46	11.20	3.51	11.35	13.29	0.92

滞后时期	NDF→HM	HP→HM	SP→HM	HM→HP	HM→SP	HM→CRB	HP→CPI	SP→CPI	CRB→CPI	HM→CPI
8	21.59	9.99	9.13	2.48	9.15	12.36	3.87	13.00	13.82	1.44
9	23.14	11.49	8.86	2.17	10.21	12.95	4.30	14.53	14.28	2.12
10	22.89	12.36	8.68	2.21	10.82	13.04	4.64	16.06	14.55	2.86
11	22.83	12.99	8.53	2.56	11.46	12.95	4.88	17.41	14.75	3.59
12	22.86	13.34	8.45	3.01	11.97	12.78	5.04	18.56	14.86	4.35
13	23.41	13.55	8.53	3.67	12.36	12.74	5.12	19.51	14.88	5.10
14	23.21	13.61	8.89	4.41	12.66	12.87	5.14	20.28	14.86	5.78
15	23.09	13.57	9.59	5.08	12.93	13.15	5.13	20.89	14.81	6.39
16	23.14	13.43	10.61	5.62	13.12	13.53	5.08	21.37	14.76	6.92
17	23.24	13.21	11.91	6.18	13.27	14.01	5.00	21.71	14.70	7.35
18	23.06	12.93	13.44	6.65	13.38	14.54	4.92	21.94	14.65	7.71
19	23.00	12.62	15.08	7.05	13.46	15.07	4.84	22.09	14.61	7.98
20	23.03	12.30	16.72	7.37	13.52	15.61	4.75	22.17	14.57	8.19
21	23.02	12.00	18.27	7.64	13.55	16.14	4.68	22.20	14.55	8.34
22	22.97	11.75	19.68	7.86	13.56	16.64	4.60	22.19	14.53	8.44
23	22.96	11.55	20.92	8.01	13.56	17.10	4.54	22.16	14.53	8.50
24	23.05	11.42	21.98	8.13	13.56	17.51	4.48	22.11	14.53	8.53

结果显示：

①人民币汇率预期对热钱流入的贡献度较大，而且作用的时间较长，从第 13 个月到第 21 个月一直都在 23% 的贡献度，随后有所下降；

②房地产价格指数和上证综指对热钱的冲击，在不同的时间段内新息的冲击不同，前 7 个月，上证综指对热钱的贡献度较大，第 8 个月至第 17 个月，房地产价格指数对上证综指的贡献度较大，之后上证综指对热钱的贡献度就更大，在第 24 个月高达 21.98% 。

③热钱对股市、楼市、大宗商品市场的方差贡献度来看，其持续时间都较长。其中，热钱对股市和大宗商品市场的冲击较大，热钱对大宗商品的贡献度最大，从第 7 期开始贡献度已经达到 11% ，之后开始缓慢增长，两年后的影响已经高达 17.51% ；对上证综指的贡献，从第 9 个月开始，一直保持在 10% 以上的贡献度；但是热钱对楼市的贡献度较小，在前 15 期都比较少，不及 5% ，之后慢慢增加。

④从楼市、股市和大宗商品市场对 CPI 的方差贡献度来看，股市对 CPI

的贡献度较大，在第 21 个月的时候达到最大为 22.20%，大宗商品市场对 CPI 的贡献次之，在第 14 个月达到最大为 14.88%，房地产价格指数对 CPI 的影响较小，最大期的贡献度也就 5.14%。

⑤热钱对 CPI 的贡献度的滞后时间段较长，在第 8 个月的贡献度仅为 1.44%，而在第 24 个月的贡献度变为 8.53%。

综上，脉冲响应和方差分析结果表明，热钱对 CPI 的影响已经出现较大的趋势；人民币汇率预期是热钱流入的主要原因，次要原因是股市、楼市；流入中国的热钱较大程度地冲击了中国的股市和大宗商品市场，对房地产市场的冲击较小；股市波动在很大程度上导致了 CPI 的上涨，其次是大宗商品价格，房地产价格对 CPI 的影响较小。其路径图为：

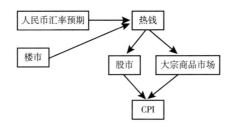

图 8　热钱影响 CPI 的传导路径

2.5.5　结论

（1）路径分析的结果证实了条件相关与简单相关的分析结果。

（2）路径分析结果表明，在样本区间内，热钱对通货膨胀的总效应较大；驱使热钱流入中国的主要动力是人民币汇率预期，进入中国的热钱主要冲击的是股市和大宗商品市场；同时，中国的股市和国际大宗商品市场对 CPI 的影响也较强；在热钱传导至通胀的路径中，房地产价格的高涨反而是抑制了 CPI，这点尚需进一步深入研究。

（3）脉冲响应和方差分解结果表明，在热钱影响通胀的路径中，中国的股市和大宗商品市场的作用较大。此外，从脉冲响应的结果可以看出热钱对大宗商品价格、股价和房地产价格指数的冲击的反应是不一样的，股价对来自房地产价格指数和大宗商品价格的冲击的反应与房地产价格指数对来自股价和大宗商品的冲击的反应的差异也非常大，当房地产价格与大宗商品价格受到正向冲击时，股价会下跌，而且持续较长时间，但是当股价与大宗商品价格受到正向冲击时，房地产价格指数并不会立刻下跌，反而会上涨一段时间，然后才会下跌。

路径分析与脉冲响应和方差分解等都是基于变量之间线性关系对变量进行分析的，虽然两种分析方法所得结论在数值大小上有所差异，但是变量间影响的方向、主要的影响关系并没有改变，两种分析的结果都表明：人民币汇率预期的增强是热钱不断流入中国的主要因素，热钱主要是通过股市和大宗商品市场来影响 CPI，进而在某种意义上，对已有的理论进行了数量分析方面的诠释。

本文实证分析结果表明，热钱是通过股市而没有通过房地产市场影响 CPI 的。这与公认的事实不符。对此笔者试图进行解释，反复查证、多次实验未果，尚无较为满意的解释。初步的思考是，CPI 统计口径对楼市价格没有予以足够的权重。为此，笔者将另文研究此现象。

参考文献

[1] Handa，J. 2000. Monetary Economics. Routledge.

[2] 万光彩，刘莉. 2006. 中国的 "热钱" 规模究竟有多大? 世界经济研究，第 6 期。

[3] 张明，徐以升. 2008. 全口径测算中国当前的热钱规模. 当代亚太，第 4 期。

[4] 海峰，胡吉亚. 2010. 对中国热钱规模的估算与分析. 黑龙江社会科学，第 6 期。

[5] 陆静，罗伟卿. 2010. 中国境内月度热钱规模测算与分析. 统计观察，第 19 期。

[6] 王晓辉，刘崇仪. 2007. 中国外汇储备适度规模研究. 成都：西南财经大学。

[7] 尹宇明，陶海波. 2005. 热钱规模及其影响. 财经科学，第 6 期。

[8] 许涤龙，侯鹏. 2009. 我国 FDI 流入量中热钱规模的估算. 经济问题，第 6 期。

[9] 谢春凌. 2009. 浅析流入我国境内国际热钱规模的估算方法. 宏观经济，第 10 期。

[10] 范建军. 2009 年 8 月 20 日. 权威访谈：当前究竟有多少 "热钱" 涌入我国. 人民日报（海外版），2009 年 8 月 20 日。

[11] 巴曙松. 热钱、汇率、资产和通货膨胀. http://www.0763f.com/weekly/qyloushi/2011/0113/20551.html. 2011。

[12] 兰纪平. 2011 年 5 月 3 日. 通胀的真实原因在哪里? 中国青年日报。

[13] Larry H. Filer. 2004. Large Capital Inflows to Korea: The Traditional Developing Economy Story. Journal of Asian Economics，(15)：99 – 110.

［14］http：//news. qq. com/a/20080626/001454. htm.

［15］王健，黄健. 2008 年 8 月 25 日. 热钱与通胀的棘轮效应及其治理. 中国经济时报。

［16］庄健：2009 年 8 月 5 日. 今年防通缩明年防通胀. 新京报。

［17］孙兆东. 2009 年 11 月 20 日. 热钱急争中国通货膨胀的财富再分配. 华夏时报。

［18］http：//money. 163. com/11/0519/19/74ELDRKD00254MG0. html.

［19］http：//finance. stockstar. com/MS2011041600000091. shtml.

3. 金融　资本市场

3.1 基于 Copula 函数和极值理论的金融传染度量[①]

——测度美国次贷危机对重要经济体的传染效应

郭立甫 高铁梅 姚 坚[②]

摘 要： 本文基于 Copula 函数和极值理论研究美国次贷危机对重要经济体的传染效应，首先根据信息准则来选取 Copula 函数，然后用 Cvm 和 Ks 统计量来检验 Copula 函数的拟合程度，确保选取合适的 Copula 函数，并在此基础上计算一般相关系数和尾部相关系数；实证发现使用尾部相关系数度量金融传染并不可靠，因此基于 Copula 函数和极值理论的 POT 模型，构造了尾部附近相关系数并通过实证分析了其用于金融传染的有效性。结果表明发达国家所受传染较重，中国所受传染较轻。

关键词： 金融传染 Copula 函数 极值理论

3.1.1 引言

随着经济及金融全球化的不断深入，20 世纪 90 年代以来的 6 个主要金

① 资助项目：国家社会科学基金重大项目（项目号：10zd&010）；国家自然科学基金项目（项目号：71173029）；教育部社科规划基金项目（项目号：10YJA790021）；霍英东教育基金会项目（项目编号：131086）；教育部新世纪优秀人才支持计划项目（项目编号 NCET – 11 – 1009）。

② 郭立甫，男，东北财经大学博士研究生，河北经贸大学讲师；高铁梅，东北财经大学教授，博士生导师；姚坚，男，东北财经大学硕士研究生。

融危机（1992 年欧洲货币危机、1994 年墨西哥货币危机、1997 年东南亚金融危机、1998 年俄罗斯债务危机、1999 年巴西金融动荡、2007 年美国次贷危机）显示了同以往危机的不同，这些危机的共同特征是：金融危机出现了区域性甚至更大范围的传染现象。2007 年源于美国的次贷危机几乎影响到了全球，明显的症状之一就是次贷危机期间世界主要经济体的股票市场同美国股票市场之间出现了比较明显的联动走势。欧美、日本等发达经济体是这次危机的重灾区，而新兴市场国家包括中国也受到了金融危机的传染。因此，随着中国经济逐步融入世界经济以及资本市场的逐步开放，对金融传染的研究将会有助于我国金融市场的风险控制、金融监管以及防止灾难性金融事件的发生与蔓延。

有关文献把 20 世纪 90 年代以来的金融传染定义为："某个金融市场在危机时与其他金融市场关联性显著升高"（Forbes，Rigobon，2002[①]），"某个金融市场遭遇冲击导致其他金融市场出现危机的概率增大"（Pericoli，Sbracia，2003[②]）。King 和 Wadhwani（1990）[③] 得出了 1987 年美国股市崩溃时股票收益率相关性增强的证据，Calvo 和 Reinhart（1996）[④] 报告了墨西哥金融危机期间相关性的变化，而 Baig，Goldfajn（1999）[⑤] 研究发现了东亚金融危机期间一些东亚的市场和货币的相关性显著增强。但是 Boyer，Gibson 和 Loretan（1999）[⑥] 指出了相关性变化检验的不足，即没有考虑条件异方差。Forbes，Rigobon（2002）运用 Boyer 等（1999）的思想方法来研究三个主要的危机（1987 年股市崩盘，1994 年墨西哥货币危机，和 1997 年东南亚金融危机），调整异方差之后，没有发现传染的证据。随后非线性方法逐步流行起来：以 GARCH 为框架的多元模型、以 VAR 方法为基础的协整和格兰杰因果检验、极值理论，Copula 方法、马尔科夫转换模型，以及随机金融

① Forbes K, Rigobon R. 2002. No contagion, only interdependence: Measuring stock markets comovements [J]. The Journal of Finance, (57): 2223 - 2261.

② Pericoli M, Sbracia M. 2003. A Primer on Financial Contagion. Journal of Economic Surveys, (17): 571 - 608.

③ King M, Wadhwani S. 1990. Transmission of volatility between stock markets. Review of Financial Studies, (3): 5 - 33.

④ Calvo S, Reinhart C. 1996. Capital flows to Latin America: Is there evidence of contagion effects? The World Bank Policy Research Working Papers, 1619.

⑤ Baig T, Goldfajn I. 1999. Financial Market Contagion in the Asian Crisis. IMF Staff Papers, 02.

⑥ Boyer B, Gibson M, Loretan M. 1999. Pitfalls in tests for changes in correlation. Board of Governors of the Federal Reserve System Working Paper.

网络。

Longin，Solnik（2001）[①] 提出了基于极值理论的模型，该模型通过研究尾部相关性来检验金融传染；极值理论隐含地把模型假设为一种渐进相关结构，可能导致金融风险高估；极值模型的另一个潜在的缺点是，当定义什么是极端观测时，总存在自由裁定。Ang，Bekaert（2002）[②] 研究了马尔科夫转换模型，该模型通过考察方差中的结构突变来检验传染的存在；马尔科夫转换模型不依赖于危机持续时间的长度，能够避免传染性检验过分依赖于危机和非危机区间长度的问题，缺陷在于对高度非线性依赖检验能力不足。

非线性 Copula 函数能够包含一系列随机变量相互依赖的所有信息，能够捕捉到线性结构的相关性检验方法无法捕捉的非线性相依结构，能够结合时变结构去发现异方差模型无法发现的相关性的结构性变化，因此是目前最流行的一种非线性方法。Rodriguez（2007）[③] 构建了依赖转换参数的 Copula 函数来研究金融危机的传染，尾部相关中的结构突变是传染的尺度。Aloui（2011）[④] 使用基于 Copula 函数的下尾相关系数和上尾相关系数来检验美国次贷危机对金砖四国的传染程度。Horta（2008）[⑤] 使用基于 Copula 函数的 Kendall τ、Spearman ρ 和尾部相关系数来检验美国次贷危机对发达国家的传染效应，结果证明 Kendall τ、Spearman ρ 在金融危机期间显著增加，而对于多数国家尾部相关系数在危机期间没有增大反而减小，并因此指出使用尾部相关系数来研究金融传染可能得出不可靠的结论。

国内学者对于 Copula 函数在金融传染的应用进行了大量研究。于建科等（2009）[⑥] 采用 Copula 函数刻画中美金融市场之间的相关性，通过比较

① Longin F, Solnik B. 2001. Extreme correlations of international equity markets. The Journal of Finance，（56）：649 – 676.

② Ang A, Bekaert G. 2002. International asset allocation with regime shifts. Review of Financial Studies, 15（4）：1137 – 1187.

③ Rodriguez J. 2007. Measuring financial contagion：A copula approach. Journal of Empirical Finance，（14）：401 – 423

④ Aloui R, Assa M S B，Nguyen D K. 2011. Golbal financial crisis, extreme interdependences, and contagion effects：The role of economic structure？. Journal of Banking & Finance，35：130 – 141.

⑤ Horta P, Mendes C, Vieira I. 2008. Contagion effects of the US Subprime Crisis on Developed Countris. CEFAGE – UE Working papers, 08.

⑥ 于建科，韩倩. 2009. 次贷危机中国传染效应实证研究 – 基于 Copula 的非参数检验. 未来与发展，（5）：19 – 22.

危机前后金融市场相关性的变化来判断金融危机的传染效应。刘平等 (2011)① 运用 Skew t – GARCH 模型，结合静态和动态 Copula 函数方法，研究了中美两国金融市场间相关结构的变化。叶五一等（2009）② 通过阿基米德 Copula 的变点检测方法来检验传染效应的存在性，并以两个国家收益率的尾部相依指数作为传染程度大小的一种度量。刘湘云等（2010）③ 使用格兰杰因果检验并结合变结构 Copula 模型实证分析金融危机前后中美股市的相关性变化。王永巧等（2011）④ 运用时变 Sjc – Copula 研究了中国股市和国际主要股市间的风险传染问题，结果表明中美股市间存在微弱的下尾相依性。韦艳华等（2008）⑤ 结合 Copula 理论、Bayes 时序诊断以及 Z 检验证明越南与亚洲其他主要国家或地区金融市场之间的相关性较弱。由于 Copula 函数选取范围、选取方法和拟合度检验方法的不同，国内学者还没有得出使用尾部相关系数来研究金融传染可能并不可靠的结论。

　　本文在已有研究的基础上使用 Copula 函数和极值理论相结合的方法来测度美国次贷危机对中国、日本、德国、法国、巴西和英国以及香港的传染效应。主要做了两个方面工作：一方面本文在选择 Copula 函数时，首先根据信息准则来选取 Copula 函数，然后用 Cvm 和 Ks 统计量来检验 Copula 函数的拟合程度，确保选取比较合适的 Copula 函数。另一方面，本文发现使用尾部相关系数度量金融传染并不可靠，因此基于 Copula 函数和极值理论的 POT（peak over threshold）方法，构造了尾部附近相关系数，并用此系数结合 Kendall 秩相关系数 τ、Spearman 秩相关系数 ρ 来度量金融传染效应。本文余下的内容如下：3.1.2 节是基于 Copula 函数的相关系数的理论分析；3.1.3 节是选择 Copula 函数并进行拟合度检验的实证分析；3.1.4 节是选取阈值并基于 Copula 函数计算各个相关系数，用以度量金融传染；3.1.5 节是结论。

① 刘平，杜晓蓉.2011. 对金融危机风险传染效应的比较研究 – 基于静态与动态 Copula 函数的分析. 经济经纬，(3)：132 – 136.

② 叶五一，缪柏其.2009. 基于 Copula 变点检测的美国次级债金融危机传染分析. 中国管理科学，17 (3)：1 – 7.

③ 刘湘云，高明瑞.2010. 基于变结构 Copula 模型的金融危机传染效应实证分析——以中美股票市场为例. 南京邮电大学学报，12 (2)：64 – 101.

④ 王永巧，刘诗文.2011. 基于时变 copula 的金融开放和风险传染. 系统工程理论与实践，31 (4)：778 – 784.

⑤ 韦艳华，齐树天.2008. 亚洲新兴市场金融危机传染问题研究——基于 Copula 理论的检验方法. 国际金融研究，(9)：22 – 29.

3.1.2　基于 Copula 函数的相关系数的理论分析

Forbes 等（2002）[1] 和 Pericoli 等（2003）[2] 对金融传染的定义有两个要点，即危机期间相关性增强和其他金融市场出现危机的概率增大。对于第一个要点，很多文献通过实证得到了一致的结论；而对于第二个要点，文献中往往采用尾部相关系数进行实证，得出的结论不尽相同，Horta（2008）[11] 甚至指出采用尾部相关系数来研究金融传染，有可能得出不可靠的结论。因此，本节从理论上分析了与金融传染有关的基于 Copula 函数的相关系数。

3.1.2.1　Copula 函数和相关性分析[①]

Sklar（1959）[②] 指出 Copula 函数能够把多元分布函数与它们各自的边缘分布函数连接在一起。令 $F(x_1, x_2, \cdots, x_n)$ 为具有边缘分布 $F_1(x_1), \cdots,$ $F_n(x_n)$ 的 n 维联合分布函数，那么存在一个 n 元 Copula 函数 C，对于所有 n 维空间 $\bar{R}^n$ 中的 x 满足：

$$F(x_1, \cdots, x_n) = C(F_1(x_1), \cdots, F_n(x_n)) \tag{1}$$

若 $F_1(x_1), \cdots, F_n(x_n)$ 连续，则 C 唯一确定。假设 $F_i(x_i)$ 是可微的，以及 C 和 F 是 n 阶可微的，那么，由（1）的两边可以派生得到密度函数：

$$\frac{\partial^n F(x_1, \cdots, x_n)}{\partial x_1, \cdots, \partial x_n} = \frac{\partial^n C(F_1(x_1), \cdots, F_n(x_n))}{\partial x_1, \cdots, \partial x_n} \times f_1(x_1) \times \cdots \times f_n(x_n) \tag{2}$$

这就是说，F 的密度函数已经表示为 Copula 密度和边缘密度函数 $f_i(x_i)$ 的乘积。从这个意义上说，Copula 函数具有关于相关结构的所有信息。

基于 Copula 函数的相关性测度反映的是严格单调递增变换下的相关性，比线性相关系数的适用范围宽泛，可以捕获线性相关不能衡量的非线性相关。Kendall 秩相关系数 τ 是随机变量之间一致性的测度，若 $(x_1 - x_2)\cdot$

---

① 韦艳华，张世英. Copula 理论及其在金融分析上的应用. 北京：清华大学出版社，2008，P6 – 14。

② Sklar A. 1959. Fonctions de repartition à n dimensions et leurs marges. Publication de 1'Institut de Statistique de 1'tUniversité de Paris, 8：229 – 231.

$(y_1 - y_2) > 0$，则二维空间 R^2 中的两组观测值 (x_1, y_1)，(x_2, y_2) 是一致的，若 $(x_1 - x_2)(y_1 - y_2) < 0$，则不是一致的。用类似的方法，若概率 P $[(X_1 - X_2)(Y_1 - Y_2) > 0] - P[(X_1 - X_2)(Y_1 - Y_2) < 0] > 0$，则两个随机向量 (X_1, Y_1)，(X_2, Y_2) 是一致的，否则它们就是不一致的。因此，Kendall 秩相关系数 τ 定义为：

$$\tau = P[(X_1 - X_2)(Y_1 - Y_2) > 0] - P[(X_1 - X_2)(Y_1 - Y_2) < 0] \tag{3}$$

就连接随机变量 X_1 与 X_2 的 Copula 函数而言，Kendall 秩相关系数 τ 可以表示为：

$$\tau(X_1, X_2) = 4\int_0^1 \int_0^1 C(u_1, u_2) dC(u_1, u_2) - 1 \tag{4}$$

Spearman 秩相关系数是另一类基于一致性的相关性测度，令 (X_1, Y_1)，(X_2, Y_2) 和 (X_3, Y_3) 为独立同分布的随机向量，定义 Spearman 秩相关系数 ρ_S 为：

$$\rho_S = 3\{P[(X_1 - X_2)(Y_1 - Y_3) > 0] - P[(X_1 - X_2)(Y_1 - Y_3) < 0]\} \tag{5}$$

就连接随机变量 X 与 Y 的 Copula 函数而言，Spearman 秩相关系数 ρ_S 可由相应的 Copula 函数给出：

$$\rho_s = 12\int_0^1 \int_0^1 C(u, v) duv - 3 \tag{6}$$

在金融传染的研究中，很多文献采用尾部相关系数来表示极值相关，用 Copula 函数来表示尾部相关系数非常方便。令 (X, Y) 是具有边缘分布函数为 $F(\cdot)$ 和 $G(\cdot)$ 的连续随机变量的向量和 Copula 函数 $C(\cdot, \cdot)$，分别把上尾相关系数 λ_U 和下尾相关系数 λ_L 定义为：

$$\lambda_U = \lim_{u \to 1} P\{Y > G^{-1}(u) \mid X > F^{-1}(u)\} = \lim_{u \to 1} \frac{1 - 2u + C(u, u)}{1 - u} \tag{7}$$

$$\lambda_L = \lim_{u \to 0} P\{Y < G^{-1}(u) \mid X < F^{-1}(u)\} = \lim_{u \to 0} \frac{C(u, u)}{u} \tag{8}$$

若 λ_U（或 λ_L）存在且在 $(0, 1]$ 内，则随机变量 X、Y 上尾（或下尾）相关，若 λ_U（或 λ_L）等于 0，则随机变量 X、Y 独立。

3.1.2.2　尾部附近相关系数分析

条件概率 $P[X < x \mid Y < y]$ 反映了当 $Y < y$ 时 $X < x$ 的概率，它可

以用来讨论金融市场之间或金融市场中各类资产之间的相关性。当 x 和 y 足够小时，$P\left[X < x \mid Y < y\right]$ 反映了随机变量 X 与 Y 的下尾部附近的相关性，如可以用来讨论股票市场中一支股票价格大幅下跌后，是否会引起其他股票价格的大幅下跌，或一个股票市场的下挫是否会引起其他股票市场的下挫，因此，可以用来研究金融传染。

令随机变量 X 和 Y 的分布函数分别为 $F\left(x\right)$，$G\left(y\right)$，相应的 Copula 函数为 $C\left(u, v\right)$，其中 $u = F\left(x\right)$，$v = G\left(y\right)$，$u, v \in \left[0, 1\right]$，容易证明：

$$P\left[X > x \mid Y > y\right] = P\left[U > u \mid V > v\right] \tag{9}$$

设在金融时间序列 X 和 Y 中存在阈值 x^* 和 y^*，使得超过阈值的序列服从极值分布，则存在与阈值 x^* 和 y^* 的对应的 u^* 和 v^*。如果阈值 x^* 和 y^* 在序列的上尾部分，则 u^* 和 v^* 是接近 1 且小于 1 的数；如果阈值 x^* 和 y^* 在序列的下尾部分，则 u^* 和 v^* 是接近零且大于零的数。定义上尾附近相关系数 $\lambda^U\left(u^*, v^*\right)$ 和下尾附近相关系数 $\lambda^L\left(u^*, v^*\right)$ 为：

$$\lambda^U\left(u^*, v^*\right) \equiv P\left[U > u^* \mid V > v^*\right] = \frac{1 - u^* - v^* + C\left(u^*, v^*\right)}{1 - v^*} \tag{10}$$

$$\lambda^L\left(u^*, v^*\right) \equiv P\left[U < u^* \mid V < v^*\right] = \frac{C\left(u^*, v^*\right)}{v^*} \tag{11}$$

上尾附近相关系数代表了上尾附近的极值相关，而下尾附近相关系数代表了下尾附近的极值相关。因此，使用上尾附近相关系数和下尾附近相关系数度量金融传染的关键是确定合理的阈值，本文将以极值理论的 POT（peaks over threshold）方法为理论基础，用平均剩余寿命图为工具来确定合适的阈值。

3.1.3　Copula 函数的选择和拟合检验的实证分析

本文拟对美国次贷危机所造成的金融传染进行检验和度量，以国际货币基金组织（IMF）2011 年确定的世界上经济总量最大的 6 个国家（美国、中国、日本、德国、法国、英国）以及香港地区的指数收益率为样本，应用 Kendall 秩相关系数 τ、Spearman 秩相关系数 ρ_S、尾部相关系数和尾部附近相关系数对金融传染效应进行检验和度量；而选取合适的 Copula

函数是计算这些相关系数的关键，根据 Copula 函数的相关理论，本文运用两阶段法构建 Copula 模型。首先，确定边缘分布，并检验指定的边缘分布模型能否很好地拟合变量的实际分布；然后，选择 Copula 函数并进行拟合度检验。

3.1.3.1 数据描述

本文采用 MSCI（Morgan Stanley Capital International）指数表示各个国家和地区的股票指数[①]，样本期间 2005 年 1 月 3 日 ~ 2009 年 12 月 2 日（此后危机重心转向欧洲），以 2007 年 7 月 26 日为限（叶五一，2009），分为危机前和危机期。收益率采用对数收益率 $R_{St} = \text{Ln}（P_t/P_{t-1}）$，其中 P_t 表示用美元标价的 MSCI 指数表示的第 t 期日数据的收盘价，统一采用 MSCI 指数的优点是便于客观的对度量的结果进行比较分析。表 1 给出了样本的描述性统计量，从表 1 中可以看出，相对于危机前而言，日收益率标准差均出现一定程度地上升，这表明国际证券市场存在波动溢出效应。从偏度和峰度来看，指数均存在着尖峰、厚尾的特性。从序列的分布检验来看，JB 统计量检验结果拒绝了日收益率序列服从无条件正态分布的原假设。

表 1　收益率 R_{St} 的统计描述

时期	指标	美国	中国	日本	德国	法国	巴西	英国	香港
危机前	均值	0.0003	0.0015	0.0005	0.0008	0.0006	0.0015	0.0005	0.0006
	标准差	0.0066	0.0124	0.0110	0.0099	0.0093	0.0185	0.0082	0.0079
	偏度	-0.3431	-0.3558	-0.1524	-0.2304	-0.2857	-0.5167	-0.2538	-0.5872
	峰度	4.7771	5.4842	4.1575	4.1137	4.3763	4.3132	4.4798	5.0088
	JB 统计量	101.15	186.14	39.94	40.49	61.90	77.84	68.22	150.93
危机期	均值	-0.0005	-0.0001	-0.0007	-0.0005	-0.0005	0.0004	-0.0006	-0.0002
	标准差	0.0210	0.0293	0.0200	0.0231	0.0236	0.0349	0.0234	0.0217
	偏度	-0.1443	0.0791	-0.0014	0.1495	0.1304	-0.2879	0.0286	-0.0514
	峰度	7.9072	5.8430	6.5103	7.4870	7.7655	7.7836	7.7280	6.5417
	JB 统计量	618.19	207.42	315.24	517.36	582.73	593.91	571.98	321.17

[①]　数据来自彭博（Bloomberg）数据库。

3.1.3.2　用 Garch 模型来拟合边缘分布

根据构建 Copula 函数的相关理论，本文首先确定边缘分布，并检验指定的边缘分布模型能否很好地拟合变量的实际分布。

如表 1 所示，样本期内各地区的收益率序列呈现出时变、偏斜、波动集群、高峰、厚尾等特征，因此采用厚尾 GARCH 模型可以很好的描述金融时间序列的波动集群、高峰、厚尾现象。采用 GARCH 模型的另一个原因是，在运用极值理论估计尾部的阈值时，必须假设样本数据服从独立同分布；因此当样本数据服从独立同分布时，则可以直接使用原始数据估计尾部的阈值；然而，当原始数据不服从独立同分布时，尤其金融资产报酬序列已广泛被证明存在自相关、条件异方差以及波动集聚等特性，则此时使用非独立同分布的报酬序列样本，则将不符合极值理论的假设前提而可能会得到不正确的估计值。

本文首先根据 Diebold 等（2000）[①] 提出的概念，先将收益率用 GARCH 模型过滤，得到符合独立同分布的标准化残差后，再以极值理论方法确定阈值以及进行概率积分变换和 Copula 建模等。

对各国或地区的收益率 R_t，样本期间 2005 年 1 月 3 日 ~ 2009 年 12 月 2 日，各国选择的 GARCH 模型略有不同，所有模型的扰动项服从 t 分布，模型的具体设置和参数估计的结果见表 2。

以 2007 年 7 月 26 日为限，将各国或地区 GARCH 模型得到的残差序列标准化后，分为危机前标准化残差序列和危机期标准化残差序列。分别对危机前和危机期的标准化残差序列进行经验概率积分变换，这样就得到独立且服从 [0，1] 均匀分布的边缘分布序列 $\hat{u}$，为简便起见，仍记为 u。

3.1.3.3　Copula 函数的选择以及拟合检验

本文主要通过对比危机前和危机期相关性（一般相关性、尾部相关和尾部附近相关）的改变来研究美国次贷危机对各个国家的传染效应。因此，分别就危机前和危机期建立美国的边缘分布 v 和其他 7 个国家或地区的边缘分布 u 的 Copula 函数，根据所选择的 Copula 函数来计算各个相关系数。

---

① Diebold F, Schuermann T, Stroughair J. 2000. Pitfalls and opportunities in the use of extreme value theory in risk management. Journal of Risk Finance, 1: 30 – 36.

表 2 各国或地区的 Garch 模型设置以及估计结果

各国（地区）	模型设置以及估计结果
中国	$R_t = 0.0015 + 0.025 R_{t-1} + u_t$　　$\sigma_t^2 = 2.7\text{E} - 06 + 0.097 u_{t-1}^2 + 0.90 \sigma_{t-1}^2$ （3.99）*** （0.85）　　　　　　（1.97）** 　（5.53）*** 　（56.49）***
巴西	$R_t = 0.0023 + 0.059 R_{t-1} + u_t$　　$\sigma_t^2 = 1.27\text{E} - 05 + 0.095 u_{t-1}^2 + 0.88 \sigma_{t-1}^2$ （4.13）*** （1.97）** 　　　　　　（2.75）*** 　（5.10）*** 　（43.78）***
德国	$R_t = 0.00049 - 0.015 R_{t-1} + u_t$　　$\sigma_t^2 = 3.47\text{E} + -06 + (-0.10) u_{t-1}^2 + 0.095 u_{t-2}^2 + 0.18 u_{t-2}^2 d_{t-1} + 0.9 \sigma_{t-1}^2$ （1.65）* 　（-0.62）　　　　　　（4.37）*** 　（-3.64）*** 　（3.28）*** 　（6.51）*** 　（51.88）***
香港	$R_t = 0.0006 + 0.028 R_{t-1} + u_t$　　$\sigma_t^2 = 1.7\text{E} - 06 + (-0.046) u_{t-1}^2 + 0.04 u_{t-2}^2 + 0.08 u_{t-3}^2 + 0.11 u_{t-1}^2 d_{t-1} + 0.86 \sigma_{t-1}^2$ （2.17）** 　（1.04）　　　　　　（2.68）*** 　（-1.68）* 　（0.98）　　（2.09）** 　（3.98）*** 　（40.97）***
法国	$R_t = 0.0004 - 0.038 R_{t-1} + u_t$　　$\ln(\sigma_t^2) = -0.23 + 0.98 \ln(\sigma_{t-1}^2) + 0.14 \left\| \dfrac{u_{t-1}}{\sigma_{t-1}} \right\| - 0.11 \dfrac{u_{t-1}}{\sigma_{t-1}}$ （1.36）　（-1.27）　　　　　（-5.22）*** 　（265.92）*** 　（4.95）*** 　　　（-6.04）***
日本	$R_t = -2.51\text{E} - 05 + (-0.11) R_{t-1} + u_t$　　$\ln(\sigma_t^2) = -0.2852 + 0.98 \ln(\sigma_{t-1}^2) + 0.15 \left\| \dfrac{u_{t-1}}{\sigma_{t-1}} \right\| + (-0.08) \dfrac{u_{t-1}}{\sigma_{t-1}}$ （-0.07）　（-3.78）*** 　　　　（-5.03）*** 　（171.23）*** 　（5.60）*** 　　　（-4.86）***
英国	$R_t = 0.0004 + (-0.052) R_{t-1} + u_t$　　$\ln(\sigma_t^2) = -0.23 + 0.98 \ln(\sigma_{t-1}^2) + 0.16 \left\| \dfrac{u_{t-1}}{\sigma_{t-1}} \right\| + (-0.09) \dfrac{u_{t-1}}{\sigma_{t-1}}$ （1.46）（-1.86）* 　　　　　　（-5.73）*** 　（282.56）*** 　（5.9）*** 　　　（-5.34）***
美国	$R_t = 0.0004 + (-0.073) R_{t-1} + u_t$　$\ln(\sigma_t^2) = -0.17 + 0.99 \ln(\sigma_{t-1}^2) + (-0.21) \left\| \dfrac{u_{t-1}}{\sigma_{t-1}} \right\| + 0.31 \left\| \dfrac{u_{t-2}}{\sigma_{t-2}} \right\| + (-0.13) \dfrac{u_{t-1}}{\sigma_{t-1}}$ （2.06）** 　（-3.09）　　　　　　（-5.17）*** 　（350.47）*** 　（-3.18）*** 　（4.71）*** 　（-7.36）***

注释：括号里的数字为 Z 统计量；*、**、***分别代表在 10%、5%、1% 的程度上显著。

由于 Copula 函数选择不同，相同的边际分布和相关系数可以呈现出不同的相关结构。显然，Copula 函数的选择直接影响金融传染程度的度量。选择一个不恰当的相关结构势必只能得到不准确的传染程度的度量。本文采取先用 AIC、BIC 准则来选取 Copula 函数，然后用 Genest（2009）[①] 提出的基于 Carmer von Mises 统计量（CvM）和 Kolmogorov Smirnov 统计量（KS）的 Copula 函数拟合优度检验程序进行检验，确保选择比较合适的 Copula 函数。

（1）选择的 Copula 函数[②]

不同的 Copula 函数表示了随机变量之间不同的相关模式以及不同的尾部相关模式，因此在实际中要根据数据的特点选择合适的 Copula 函数。现将本文使用 AIC、BIC 准则所选取的 Copula 函数做一简要介绍：正态（Gaussian）、Student t 和阿基米德（Archimedean）Copula 函数。

①二元正态 Copula 函数的分布函数为：

$$C(u,v;\rho) = \int_{-\infty}^{\Phi^{-1}(u)} \int_{-\infty}^{\Phi^{-1}(v)} \frac{1}{2\pi\sqrt{1-\rho^2}} \exp\left(\frac{-(r^2+s^2-2\rho rs)}{2(1-\rho^2)}\right) dr ds \quad (12)$$

其中 $\Phi^{-1}(\cdot)$ 是标准一元正态分布函数 $\Phi(\cdot)$ 的逆函数，$\rho \in (-1, 1)$ 为相关系数，它实际上是 $\Phi^{-1}(u)$ 和 $\Phi^{-1}(v)$ 的线性相关系数。

②二元 t – Copula 函数的分布函数为：

$$C(u,v;\rho,v) = \int_{v}^{T^{-1}(u)} \int_{-\infty}^{T^{-1}(v)} \frac{1}{2\pi\sqrt{1-\rho^2}} \left[1 + \frac{t^2+s^2-2\rho st}{v(1-\rho^2)}\right]^{-\frac{v+2}{2}} ds dt \quad (13)$$

其中 $\rho \in (-1, 1)$ 为线性相关系数，$T_v^{-1}(\cdot)$ 为自由度为 v 的一元 t 分布函数 $T_v(\cdot)$ 的逆函数。

常用的二元阿基米德 Copula 函数有 Gumbel、Clayton 和 Frank Copula 函数，除此以外，还有其他常用的双参数的形式。

③BB1（Clayton – Gumbel）Copula 函数的分布函数为：

---

① Genest C, Rémillard B, Beaudoin D. 2009. *Goodness-of-fit tests for copulas: A review and a power study.* Insurance: Mathematics and Economics, 44: 199 – 213.

② 本文利用 R 软件的 CDVINE 软件包选取 Copula 函数，该软件包涵盖了 3 类 Copula 函数：Gaussian copula、t-copula 和 Archimedean Copula，其中 Archimedean Copula 除了包括 Clayton、Gumbel、Frank、Joe Copula 函数外，还包括 BB1、BB6、BB7 以及旋转 90°、180° 和 270° 后的 Copula 函数，共 30 多种。

$$C(u,v;\theta,\delta) = [1 + \{(u^{-\theta} - 1)^{\delta} + (v^{-\theta} - 1)^{\delta}\}^{1/\delta}]^{-1/\theta} \tag{14}$$

其中，参数 $\theta \in (0, \infty)$，$\delta \in [1, \infty)$。

④BB7（Joe – Clayton）Copula 函数的分布函数为：

$$C(u,v;\theta,\delta) = 1 - (1 - [\{1 - (1 - u)^{\theta}\}^{-\delta} + \{1 - (1 - v)^{\theta}\}^{-\delta} - 1]^{-1/\delta})^{1/\theta} \tag{15}$$

其中，参数 $\theta \in [1, \infty)$，$\delta \in (0, \infty)$。

⑤BB8（Frank – Joe）Copula 函数的分布函数为：

$$C(u,v;\theta,\delta) = \frac{1}{\delta}(1 - [1 - \{1 - (1 - \delta)^{\theta}\}^{-1}\{1 - (1 - \delta u)^{\theta}\}\{1 - (1 - \delta v)^{\theta}\}]^{1/\theta}) \tag{16}$$

其中，参数 $\theta \in [1, \infty)$，$\delta \in [0, 1]$。

⑥另外，设关于 Copula 生存函数 $\hat{C}(u,v)$ 定义为：

$$\hat{C}(u,v) = u + v - 1 + C(1 - u, 1 - v) \tag{17}$$

SBB7 是 BB7 的 Copula 生存函数，可以用公式（17）表示，其中的 C $(1 - u, 1 - v)$ 用公式（15）表示即可；SBB8 是 BB8 的 Copula 生存函数，可以用公式（17）表示，其中的 C $(1 - u, 1 - v)$ 用公式（16）表示即可。

（2）Copula 函数的拟合检验

经验 Copula 函数被认为客观地呈现了真实的数据分布形式，Nelsen (1999)[1] 给出了经典的定义。假设 d 维变量观测期为 N 的样本为 $(x_{1,n}, x_{2,n}, \cdots, x_{d,n})$，样本秩统计量为 $(r_{1,n}, r_{2,n}, \cdots, r_{d,n})$，其中 $n \in (1, \cdots, N)$，以第 1 个变量为例，将 $x_{1,1}$，$x_{1,2}$ $\cdots$，$x_{1,N}$ 按照从大到小顺序排序，$x_{1,n}$（$n = 1$，2，$\cdots, N$）在队列中所处的位置即排名 $r_{1,n}$ 称为它的秩，其他变量类似。经验 Copula 函数 $\hat{C}_N$ 的具体形式由下式给出：

$$\hat{C}_N\left(\frac{n_1}{N}, \frac{n_2}{N}, \cdots, \frac{n_d}{N}\right) = \frac{1}{N}\sum_{n=1}^{N}\prod_{i=1}^{d} 1_{r_{i,n} \leq n_i} \tag{18}$$

其中，$n_1, \cdots, n_d \in (1, \cdots, N)$。$1_{r_{i,n} \leq n_i}$ 是示性函数，当 $r_{i,n} \leq n_i$ 成立时，取值为 1；否则取值 0。

正像数据的经验分布是唯一的，数据的经验 Copula 函数也是唯一的。

---

① Nelsen, R. 1999. An Introduction to Copulas. New York: Springer.

由于它是完全非参估计，所以被认为是选择 Copula 函数客观的参照物。因此，大多数的 Copula 函数拟合优度检验原理为：对比参数 Copula 函数和经验 Copula 函数之间距离的大小。基于经验 Copula 函数的拟合优度检验可以用以下形式表示：

$$D_N = \sqrt{N}(\hat{C}_N - \hat{C}_{\theta_N}) \tag{19}$$

其中 $\hat{C}_N$ 是由公式（18）得到的经验 Copula 函数，$\hat{C}_{\theta_N}$ 是上节估计的参数 Copula 函数，θ_N 是估计的 Copula 函数的参数。则 CvM 检验统计量 S_N 和 KS 检验的统计量 T_N 可以表示如下：

$$S_N = \int_{[0,1]^d} D_N(u)^2 dC_N(u) = \sum_{i=1}^{N} (C_N(\hat{U}_i) - C_{\theta_N}(\hat{U}_i))^2 \tag{20}$$

$$T_N = \sup_{u \in [0,1]^d} |D_N(u)|$$

其中，$\hat{U}_i$ 是为伪观测值，$\hat{U}_i = R_i/(N+1)$，$i \in (1, \cdots, d)$，R_i 为变量 X_i 的秩，其中 $R_i = (r_{i1}, r_{i2} \ldots, r_{iN})$，$d$ 为我们观测变量的维度。CvM 检验统计量 S_N 和 KS 检验的统计量 T_N 的 P 值对应的原假设 H_0 为：$C \in C_{\theta_n}$。Genest (2008)[1] 给出了用 Bootstrap 方法求解这个极限近似 P 值的详细过程并且证明了它的有效性。按照以上原则，本文选取的危机前的 Copula 函数和危机期的 Copula 函数分别见表 3 和表 4。

表 3 危机前选取的美国同其他国家（或地区）的 Copula 函数

	Copula 分布函数	参数估计值	KS 统计量及 P 值	CvM 统计量及 P 值
中国	t	$\rho = 0.413$ $v = 6.480$	0.639 (0.68)	0.061 (0.7)
日本	BB7	$\theta = 1.184$ $\delta = 0.417$	0.673 (0.39)	0.076 (0.33)
德国	t	$\rho = 0.467$ $v = 14.138$	0.713 (0.45)	0.071 (0.48)

① Genest C, Rémillard B. 2008. Validity of the parametric bootstrap for goodness-of-fit testing in semiparametric models. Annales de l'Institut Henri Poincaré: Probabilités et Statistiques , 44 : 1096 - 1127.

续表

	Copula 分布函数	参数估计值	KS 统计量及 P 值	CvM 统计量及 P 值
法国	BB1	$\theta = 0.271$ $\delta = 1.275$	0.657 (0.45)	0.066 (0.41)
巴西	t	$\rho = 0.593$ $\upsilon = 7.902$	0.764 (0.28)	0.050 (0.74)
英国	BB1	$\theta = 0.227$ $\delta = 1.224$	0.546 (0.81)	0.056 (0.54)
香港	SBB7	$\theta = 1.307$ $\delta = 0.393$	0.709 (0.33)	0.087 (0.22)

注释：表 3 和表 4 的小括号内是统计量的 P 值。

表 4   危机期选取的美国同其他国家（或地区）的 Copula 函数

	Copula 分布函数	参数估计值	KS 统计量及 P 值	CvM 统计量及 P 值
中国	SBB8	$\theta = 3.739$ $\delta = 0.631$	0.748 (0.14)	0.117 (0.03)
日本	Gauss	$\rho = 0.525$	1.070 (0.02)	0.114 (0.2)
德国	t	$\rho = 0.594$ $\upsilon = 8.631$	0.789 (0.34)	0.064 (0.58)
法国	t	$\rho = 0.599$ $\upsilon = 10.257$	0.539 (0.85)	0.051 (0.73)
巴西	t	$\rho = 0.701$ $\upsilon = 7.189$	0.646 (0.58)	0.094 (0.18)
英国	Gauss	$\rho = 0.560$	0.639 (0.71)	0.049 (0.75)
香港	SBB8	$\theta = 3.562$ $\delta = 0.665$	0.712 (0.13)	0.068 (0.17)

3.1.4   基于相关系数的金融传染实证分析

为了检验美国次贷危机对各个国家和地区的传染效应，本文利用表 3 和表 4 中选取的 Copula 函数分别利用公式（4）和公式（6）计算了 Kendall 秩相关系数 τ、Spearman 秩相关系数 ρ_S，以及结合公式（7）和公式（8）计算尾部相关系数 λ_L 和 λ_U；在利用公式（10）和公式（11）计算尾部附近相关系数 $\lambda^U(u^*, v^*)$ 和 $\lambda^L(u^*, v^*)$ 时，需要确定合理的阈值，本文以极值理论的 POT（peaks over threshold）模型为基础使用平均剩余寿命图为工具来确定此阈值。

3.1.4.1　确定阈值的理论基础

极值理论 POT 模型用于研究随机变量的极端事件的统计规律性，是在金融领域用于测量极端条件下市场风险的一种方法，可以为超阈值的极值建模。POT 模型基本思想如下：设随机变量序列 $\{X_i\}$ 的分布函数为 $F(x)$，定义 $F_{x^*}(z)$ 为随机变量 X 超过阈值 x^* 的条件分布函数，表示为：

$$F_{x^*}(z) = P(X - x^* \leqslant z | X > x^*) = \frac{F(x^* + z) - F(x^*)}{1 - F(x^*)} = \frac{F(x) - F(x^*)}{1 - F(x^*)} \tag{21}$$

这里 $F_{x^*}(z)$ 为随机变量 X 的超过阈值 x^* 的超出量的分布函数，简称超出量分布。

Pickands（1975）[①] 指出：对于一大类分布 F（几乎包括所有的常用分布）超出量分布 $F_{x^*}(z)$，存在一个 $\bar{G}_{\xi,\sigma}(z)$ 使得：

$$F_{x^*}(z) \approx \bar{G}_{\xi,\sigma}(z) = \begin{cases} 1 - (1 + \dfrac{\xi}{\sigma}z)^{-1/\xi} & \xi \neq 0 \\ 1 - e^{-z/\sigma} & \xi = 0 \end{cases} \tag{22}$$

当形状参数 $\xi \geqslant 0$ 时，$z \in [0, \infty)$；当 $\xi < 0$ 时，$z \in [0, -\dfrac{\sigma}{\xi}]$，$\sigma$ 是尺度参数。函数 $\bar{G}_{\xi,\sigma}(z)$ 称广义帕累托分布（generalized pareto distribution，GPD）。

POT 模型一个重要的问题是如何确定阈值 x^*，它是准确估计参数 ξ 和 σ 的前提。如果阈值 x^* 选取得过高，会导致超阈值数据太少，估计出来的参数方差很大；如果阈值 x^* 选取得过低，就不能保证超出量分布的收敛性，致使估计产生大的偏差。确定阈值 x^* 一般有两种方法：根据 Hill 图、平均剩余寿命图（mean residual life plot），本文采用样本的平均剩余寿命图确定阈值 x^*，令 $X_{(1)} > X_{(2)} > \cdots > X_{(n)}$，样本的平均超出量函数定义为：

$$e(x^*) = \frac{\sum_{i=k}^{n}(X_i - x^*)}{n - k - 1} \qquad k = \min\{i | X_i > x^*\} \tag{23}$$

① Pickands J. 1975. Statistical inference using extreme order statistics. Ann. Stat., 3：119 – 131.

平均剩余寿命图为点 $(x^*, e(x^*))$ 构成的曲线，选取充分大的 x^* 作为阈值，使得当 $x \geq x^*$ 时 $e(x)$ 为近似线性函数。这个判断方法是根据 GPD 分布在参数 $\xi < 1$ 时，它的平均超出量函数 $e(x^*)$ 是一个线性函数得到的：

$$e(x^*) = E(X - x^* \mid X > x^*) = \frac{\sigma + \xi x^*}{1 + \xi} \qquad \sigma + \xi x^* > 0 \tag{24}$$

3.1.4.2 选取标准化残差尾部附近的阈值并对应到边缘分布尾部附近的阈值

DuMouchel（1983）[1] 指出在样本个数较大（本文总样本个数 $N = 1281$）以及阈值 x^* 允许的情况下选取 10% 左右的数据作为极值数据组是比较合适的选择，否则可能会出现样本内过度拟合，样本外不适用；另外本文参照 De Melo Mendes（2005）[2] 来设定阈值，使得上尾和下尾各保留 10% 的标准化残差数据。

以中国为例，选择整个样本标准化残差下尾附近的阈值 $x^* = 1.26$（实际上是 -1.26，因为在具体求下尾的阈值时，需要乘以 -1 变为正值）；然后利用 POT 的原理来检验其合理性。首先，观察标准化残差序列的平均剩余寿命图[3]（图1），当选择 x^* 为 1.26，认为在 1.26 之后，平均超出量函数近似为线性。

然后，观察尺度参数 σ 和形状参数 ξ 随阈值的变化，如果基本保持不变，则说明阈值的选取是合适的；在图 2 中发现，在 $x^* > 1.26$ 后，形状参数和尺度参数基本保持不变。最后，对拟合结果进行诊断性检验，对于极值模型，如果拟合情况较好，则诊断图 P - P 图（概率图）、Q - Q 图（分位数图）、重现水平图近似线性，而密度图应该与直方图一致。结果见图 3。从各个子图的结果来看，所选拟合情况较好，下尾附近的阈值 $x^* = -1.26$ 选取比较合理。

最后，将中国的标准化残差序列下尾附近的阈值 $x^* = -1.26$ 分别对应到危机前和危机期的边缘分布，得到危机前边缘分布的下尾附近的阈值

---

[1] DuMouchel W M. 1983. Estimating the stable index _ in order to measure tail thickness: A critique. Annals of Statistics, 11: 1019 - 1031.

[2] De Melo Mendes B V. 2005. Asymmetric extreme interdependence in emerging equity market. Applied Stochastic Models in Business and Industry, 21: 483 - 498.

[3] 计算通过 R 软件中的 Extreme toolkit 软件包实现；限于篇幅，其他国家的图省略。

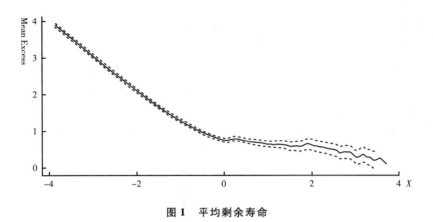

图1　平均剩余寿命

$u^* = 0.087$ 和危机期边缘分布的下尾附近的阈值 $u^* = 0.13$。即危机前和危机期的标准化残差序列取相同的阈值，但其对应的边缘分布的阈值不同。

标准化残差上尾附近阈值的选取方法和下尾附近阈值的选取方法是相同的。对其他的 6 个国家和香港地区分别利用 POT 模型计算出相应的标准化残差上尾部附近和下尾附近的阈值，并且把这些阈值对应到边缘分布，从而可以得到危机前和危机期边缘分布的上尾附近的阈值和下尾附近的阈值。得到这些阈值后，就可以利用公式（10）和公式（11）计算出下尾附近相关系数 $\lambda^L (u^*, v^*)$ 和上尾附近相关系数 $\lambda^U (u^*, v^*)$。

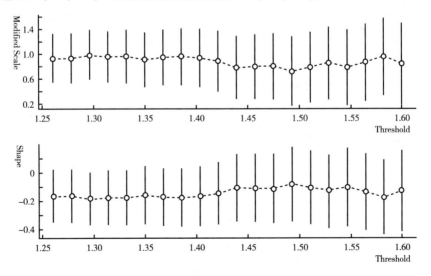

图2　尺度参数（上）和形状参数（下）

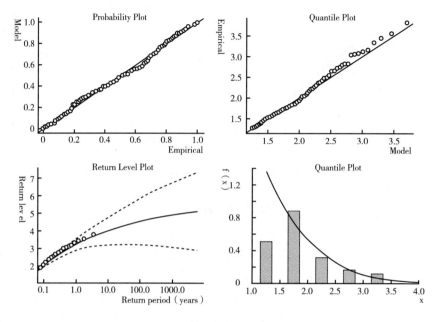

图 3　诊断性检验

3.1.4.3　危机的相关性度量

选取合适的阈值后，就可以利用公式（10）和公式（11）计算上尾部附近相关系数 $\lambda^{U}(u^{*},v^{*})$ 和下尾附近相关系数 $\lambda^{L}(u^{*},v^{*})$。危机前的相关系数计算结果见表 5，危机期间的相关系数计算结果见表 6。

表 5　危机前各国（或地区）和美国的相关性度量

相关性指标	中国	日本	德国	法国	巴西	英国	香港
Kendall τ	0.271	0.237	0.309	0.309	0.404	0.266	0.268
Spearman ρ	0.376	0.315	0.428	0.426	0.553	0.378	0.371
λ_{L}	0.119	0.189	0.033	0.134	0.166	0.083	0.300
λ_{U}	0.119	0.204	0.033	0.278	0.166	0.238	0.171
$\lambda^{L}(u^{*},v^{*})$	0.301	0.306	0.315	0.338	0.404	0.298	0.326
$\lambda^{U}(u^{*},v^{*})$	0.287	0.294	0.337	0.383	0.392	0.333	0.327

表6　危机期各国（或地区）和美国的相关性度量

相关性指标	中国	日本	德国	法国	巴西	英国	香港
Kendall τ	0.306	0.352	0.405	0.409	0.494	0.379	0.314
Spearman ρ	0.437	0.508	0.554	0.565	0.669	0.540	0.443
λ_L	0	0	0.150	0.121	0.263	0	0
λ_U	0	0	0.150	0.121	0.263	0	0
$\lambda^L(u^*,v^*)$	0.361	0.365	0.439	0.428	0.500	0.402	0.356
$\lambda^U(u^*,v^*)$	0.221	0.336	0.388	0.416	0.491	0.374	0.231

首先，从危机前的 Kendall 秩相关系数 τ、Spearman 秩相关系数 ρ_S 来看，巴西、德国和法国与美国的股票市场的相关性较高，英国、日本、中国内地和香港与美国的股票市场相关程度较低；危机期间，除了巴西、德国、法国外，英国和日本与美国股票市场的相关性有较大的增长，中国内地和香港与美国股票市场的相关性增长较小。因此，从一般意义的非线性相关来看，发达国家与美国市场相关性较高，金融传染最为严重；新兴市场国家（或地区）中巴西受传染最为严重，中国内地和香港受传染程度比较微弱。

其次，从危机前和危机期的下尾相关系数 λ_L 和上尾相关系数 λ_U 来看，除德国、巴西下尾相关系数和上尾相关系数有较大增加外，其他国家的下尾相关系数和上尾相关系数不增反降：其中法国的下尾相关系数略有下降，而上尾相关系数下降较大；中国、香港、英国和日本的下尾相关系数和上尾相关系数都下降到了0。从尾部相关系数的含义就可以推断出：除了德国和巴西受到次贷危机的传染外，其他国家都没有受到传染，这显然与实际情况不符。因此，用尾部相关系数来度量金融传染效应可能并不可靠，Horta（2008）也得到了类似的结论。

最后，从危机前的下尾附件相关系数 $\lambda^L(u^*,v^*)$ 来看，巴西最高，法国、香港和德国比其余的国家（或地区）高一些，但差别不大；从危机期的下尾附件相关系数 $\lambda^L(u^*,v^*)$ 来看，各国均有一定程度的增加，但是巴西、德国、法国和英国增加幅度较大，其次是日本、中国内地和香港。从危机前和危机期的上尾附近相关系数 $\lambda^U(u^*,v^*)$ 来看，除了中国内地和香港降低外，其他国家都有一定增加，其中巴西增幅较大。综合分析下尾附近相关系数 $\lambda^L(u^*,v^*)$ 和上尾附近相关系数 $\lambda^U(u^*,v^*)$，可以推出巴西、德国、法国、英国受传染程度较大，日本其次，中国内地和香港受传染程度最低。因此，尾部附近相关系数的实证结果比较符合实际情况，较好地说明了美国次贷危机对各国（或地区）金融传染的程度。

3.1.5 结论

本文采用极值理论和 Copula 函数相结合的方法研究美国次贷危机对世界上主要经济体的金融传染效应，得到了以下几点结论：第一，本文根据股票收益率序列尖峰、厚尾的特点，采用 GARCH 模型过滤得到标准化残差，并把标准化残差经过经验概率积分变化得到独立且服从 [0，1] 均匀分布的边缘分布序列。第二，根据信息准则选取 Copula 函数，并进行 Cvm 和 Ks 检验，确保选取合适的 Copula 函数。第三，从实证结果来看，用尾部相关系数来度量金融传染效应可能并不可靠。第四，利用极值理论的 POT 模型确定阈值 u^*，结合 Copula 函数得到的下尾部附近相关系数 $\lambda^L(u^*, v^*)$ 和上尾附近相关系数 $\lambda^U(u^*, v^*)$ 可较好地解释金融传染效应。

利用尾部附近相关系数、Kendall 秩相关系数 τ 和 Spearman 秩相关系数 ρ_S 较好地说明了美国次贷危机的金融传染效应和传染程度，实证结果表明发达国家如法国、德国、英国以及日本所受传染程度较高，新兴市场国家中巴西所受传染程度较高，中国内地和香港受到了较弱的传染。

3.2 供给因素、结构变化、汇率与我国的双边贸易

黄万阳①

摘　要：基于考虑供给因素、结构变化的出口决定模型，采用两方程方法和单方程方法研究了外国 GDP、中国 GDP、结构变化、汇率与我国 17 个双边贸易之间的关系。研究表明：供给因素、结构变化对我国双边贸易有重要影响，供给因素对我国对美、澳、马、巴、新、泰、加进口与出口的影响存在严重的不对称性，结构变化对我国对德、印、加进口与出口的影响存在严重的不对称性，汇率对中国对 15 个贸易伙伴国出口与进口的影响存在严重的不对称性。采用出口除进口表示贸易收支做法的单方程方法的研究存在严重错误。经济增长模式对双边贸易有重要影响，人民币升值对我国双边贸易不平衡有一定的矫正作用，对改善我国双边贸易不平衡的国别分布有较大的积极作用。

美国财政部长盖特纳 2011 年 2 月 7 日敦促巴西财政部长曼特加游说中国，让人民币进一步升值。印度央行行长苏巴拉奥 2011 年 2 月 8 日也表达了同样意愿。来自美国的单边人民币升值压力会不会演变成来自多国的多边人民币升值压力？会不会形成一个人民币升值压力同盟？2010 年 6 月中国

①　黄万阳，男，1965 年 11 月出生，东北财经大学经济计量分析与预测研究中心，教授，中国数量经济学会会员，经济学博士。

人民银行宣布进一步推进人民币汇率形成机制改革以来，至 2011 年 6 月人民币对美元汇率升值超过 5%，人民币汇率的变化将如何影响我国的双边贸易？本文拟通过对供给因素、结构变化、汇率与我国 17 个双边贸易之间的关系的研究，对上述问题做初步探讨。

3.2.1 文献评述

关于人民币汇率与我国贸易关系的研究可归类如下：按研究对象分为人民币汇率与我国总量贸易、双边贸易、分类商品贸易的关系，按研究方法分为进出口分别研究的两方程方法和进出口合并为贸易收支研究的单方程方法，按研究目标分为检验汇率长期效应的 ML 条件是否成立和检验汇率短期动态效应的"J 曲线"效应是否存在。

卢向前和戴国强（2005）、刘尧成等（2010）研究了人民币汇率与我国总量贸易的关系，这类研究不用考虑人民币汇率对不同双边贸易和不同类别商品贸易影响之间的差异，而一国制定汇率政策往往根据汇率对总量贸易的影响，这类研究的不足在于模型变量实证研究处理中存在需求加总偏误、汇率加总偏误，研究结论不能揭示汇率对不同双边贸易和不同类型商品影响之间的差异。鉴于总量研究中存在的不足，大量学者研究人民币汇率与我国双边贸易的关系。Yin-Wong Cheung 等（2009）、Mann 和 Pluck（2007）、Thorbecke（2006）、王胜等（2007）、李志斌（2009）、黄万阳和王维国（2010）研究了人民币汇率与中美双边贸易的关系，戴世宏（2006）研究了人民币汇率与中日双边贸易的关系，周逢民等（2009）研究了人民币汇率与中俄双边贸易的关系，梁琦等（2005）、叶永刚等（2006）、王中华（2007）对人民币汇率与中美和中日双边贸易之间的关系进行了比较研究，Bahmani-Oskooee 和 Wang（2006）对人民币汇率与中国与澳大利亚、比利时、加拿大、法国、德国、中国香港、意大利、日本、荷兰、新加坡、泰国、英国、美国之间双边贸易的关系进行了比较研究，陈六傅和钱学锋（2007）对人民币汇率与中国与 G7 国家双边贸易之间的关系进行了比较研究，辜岚（2007）对人民币汇率与中国与韩国、马来西亚、加拿大、欧元区国家、日本、英国、美国之间双边贸易的关系进行了比较研究。研究最多的是人民币汇率与中美双边贸易的关系，其次是人民币汇率与中日双边贸易的关系，对人民币汇率与中美、中日之外双边贸易之间的关系研究较少，没有学者对人民币汇率与中印、中巴、中印尼双边贸易之间的关系进行研究。少数学者研究了汇率与分类商品贸易之间的关系。封思贤和吴玮（2008）研究了人民币汇率与我国 SITC 分类商品进出口之间的关系，这类研究能揭示汇率对不同类型商品影响之间的差异，但仍然存在需求加总偏误、汇率加总偏误，针对这种不足，黄万阳和王维国（2010）研究了人民币汇率与中美 HS 分类商品贸易之间的关系。

有些研究采用两方程方法（卢向前和戴国强（2005）；Yin-Wong Cheung 等（2009）；Mann 和 Pluck（2007）；Thorbecke（2006）；黄万阳和王维国（2010）；戴世宏（2006）；封思贤和吴玮（2008））。这类研究能区分汇率对进出口影响的差异，但不足在于对汇率与贸易收支的关系不能直接得到。大量研究采用单方程方法（Bahmani-Oskooee 和 Wang（2006）；陈六傅和钱学锋（2007）；辜岚（2007）；梁琦等（2005）；叶永刚等（2006）；王中华（2007）；王胜等（2007）；李志斌（2009）；周逢民等（2009））。这类研究能够直接得到汇率与贸易收支的关系，但不能区分汇率对进出口影响的差异。实证研究中，为了消除异方差和使解释变量的系数是弹性，都对模型变量取对数，经济学变量一般非负取对数处理没有问题，但贸易收支通常有正有负，取对数处理是个麻烦问题。为了克服这个问题，都采取变通做法，将贸易收支用出口除进口代理，对估计出的系数有的研究干脆不做解释，有的研究仍然解释为贸易收支的各种弹性，显然贸易收支的弹性解释是错误的。没有学者对贸易收支用出口减进口与采取变通做法得出的研究结论进行比较研究，也没有学者在同一个研究中同时采用两方程方法和单方程方法，对采用两种方法得出的研究结论进行比较研究。

关于总量贸易的研究结论差异不大，都倾向于支持 ML 条件成立，J 曲线效应存在（卢向前和戴国强，2005；刘尧成等，2010）。关于双边贸易的研究结论差异较大，Bahmani-Oskooee 和 Wang（2006）研究表明较多双边贸易之间 ML 条件不成立，但中美之间 ML 条件成立，短期"J 曲线"效应不存在。辜岚（2007）研究表明 ML 条件和"J 曲线"效应只在中美和中国与欧元区国家之间成立。陈六傅和钱学锋（2007）研究发现人民币汇率弹性存在国别差异。中美与中日双边贸易的比较研究都发现中美双边贸易的汇率弹性低、收入弹性高（梁琦等，2005；叶永刚等，2006；王中华，2007）。采用两方程方法对中美、中日双边贸易的研究中，较多研究发现汇率对进出口影响的不对称性，这种不对称性表现为进出口汇率弹性的显著性和数值大小的差异（Yin-Wong Cheung 等，2009；Mann 和 Pluck，2007；Thorbecke，2006；戴世宏，2006）。个别研究发现汇率对中美进出口影响的不对称性体现在影响的方向上，人民币对美元升值降低了中国对美出口，而美元对人民币升值促进了美国对中国出口（黄万阳和王维国，2010）。

需要特别指出的是，两方程方法与单方程方法具有共同的理论基础，两者的理论基础都是局部均衡的出口决定模型，因为 A 国从 B 国进口就是 B 国对 A 国的出口，贸易收支是出口减进口。在出口决定因素的选择中，早期研究只考虑需求因素，如外国收入和汇率（Goldstein 和 Khan，1978；Cerra，1999）。后来的研究中，加入供给因素，如生产能力（Yue 和 Hua，2002；岳昌君，2003；Yin-Wong Cheung 等，2009）。在人民币汇率与我国贸易关系的上述研究中，出口决定因素基本上都只考虑需求因素，只有在人民币汇率与中美之间进出口关系的研究中，Yin-Wong Cheung 等（2009）考虑了供给因素，黄万阳和王维国（2010）考虑了 2005 年人民币汇率制度改革结构变化。没有学者在汇率与中美之外的双边贸易关系的研究中考虑供给因素和结构变化。

本文研究供给因素、结构变化、汇率与中美、中日、中韩、中德、中澳、中马、中巴、中印、中新、中荷、中俄、中泰、中英、中意、中法、中印尼、中加双边贸易的关系，在以下几个方面对现有研究进行扩展：第一，在出口与进口决定模型设定中，引入供给因素和结构变化，研究供给因素和结构变化对我国双边贸易的重要影响以及不考虑供给因素或结构变化导致的模型设定偏误。第二，对人民币汇率与中印、中巴、中印尼双边贸易之间的关系进行研究。第三，采用两方程方法和单方程方法对人民币汇率与我国双边贸易收支之间的关系进行研究。第四，利用样本期内中国对美国、荷兰、英国和韩国、澳大利亚、马来西亚对中国都是顺差的特点，贸易收支用出口减进口，就这些双边贸易，研究贸易收支的各种弹性。研究贸易收支采用变通做法的单方程方法得出的研究结论的错误。

3.2.2　双边贸易收支的基本统计分析

本文选取中国与其前 17 大贸易伙伴国之间的双边贸易进行研究。2010 年中国与这 17 大贸易伙伴国之间的进出口总额占中国进出口总额的 59%。表 1 给出了 1995 ~ 2010 年我国的 17 个双边贸易收支状况。美国对华贸易都是逆差,美国一直是我国第一大顺差来源国。美国对华贸易逆差 15 年间只有 2001、2009 年出现下降,13 年保持正增长,1997、2002 年年度增长率分别高达 56%、52%,2006～2009 年年度增长率出现持续回落,但 2010 年增长率出现大幅度回升,年度增长率由 2009 年的 -16% 逆转为 2010 年的 26%,2010 年来自美国的人民币升值压力几度大增与此不无关系。如果按美国的贸易统计数据,1995～2009 年美国对华贸易逆差分别为:338 亿、395 亿、497 亿、569 亿、687 亿、838 亿、831 亿、1031 亿、1241 亿、1623 亿、2023 亿、2341 亿、2585 亿、2680 亿、2269 亿美元,占美国对外贸易逆差总额的比重分别为:19%、21%、25%、23%、20%、19%、20%、22%、23%、24%、26%、28%、31%、32%、45%,即使在全球金融危机期间,也是持续上升的,美国最有动力施压人民币。中日双边贸易在 1995～2001 年间基本上是平衡的,2002 年开始日本对华贸易都是顺差,日本成为中国第二大逆差来源国,值得注意的是日本对华顺差年度增长率由 2009 年的 -5% 逆转为 2010 年的 69%,2009～2010 年日本对华顺差年度增长率与美国对华贸易逆差年度增长率之间似乎有某种关联,日本不仅不应该施压人民币,而且应该反对美国施压人民币。韩国对华贸易都是顺差,韩国一直是中国第一大逆差来源国,韩国对华顺差只有 2001、2008 年出现下降,13 年保持正增长,2010 年年度增长率高达 42%,韩国不会施压人民币。德国对华贸易仅在 1997～1998、2005～2008 年出现小幅度的逆差,其余年份都是小幅度的顺差,德国不会施压人民币。澳大利亚对华贸易都是顺差,2010 年澳对华顺差年度增长率高达 78%,澳大利亚不会施压人民币。中巴双边贸易在 1995～2000 年基本上是平衡的,在 2001～2009 年巴西对华顺差一直保持增长,2010 年出现零增长,巴西当前不应该施压人民币,但将来有可能加入施压人民币的行列。中印双边贸易在 1995～2005 年基本上是平衡的,2006 年印度对华贸易从连续 3 年顺差逆转为较大幅度的逆差,印度对华逆差相对其总贸易和经济规模是较大的,印度有动力施压人民币,而且这种动力有加强趋势。新加坡对华贸易在 2006 年前基本上是平衡的,之后出现较小幅度的逆差,新加坡对华逆差在 2007～2009 年稳定在 120 亿美元水平,2010 年大幅度下降到 77 亿美元,新加坡对人民币施压动力不应很强。荷兰对华贸易都是逆差,一直是中国第二大顺差来源国,一直是中国对欧元区最主要顺差来源国。荷兰对华逆差只有 2009 年出现两位数下降,1998、2000 年出现一位数正增长,其余 12 年保持两位数正增长,荷兰有动力施压人民币。俄罗斯在 1995～2006 年对华贸易是小幅度的顺差，2007～2008 年出现较大幅度逆差，2009 年转为小幅度的顺差，2010 年又转为小幅度的逆差，暂时不会施压人民币。泰国对华贸易只有 1995 年出现小幅度的逆差，其余 14 年保持小幅度的顺差，除 1997、2008 年出现负增长外，泰国对华贸易顺差 12 年保持正增长，泰国不应该施压人民币。英国对华贸易都是逆差，1999 年以来一直是中国第三大顺差来源国。英国对华逆差只有 1999、2009 年出现两位数下降，13 年保持两位数正增长，英国有动力施压人民币。意大利对华贸易在 1995～1997 年保持小幅度的顺差，从 1998 年起一直是逆差，意大利对华贸易逆差总的呈上升趋势，意大利有动力施压人民币。法国对华贸易在 1995～2002 年保持小幅度的顺差，从 2003 年起一直是小幅度的逆差，法国对华贸易逆差呈快速上升趋势，法国有动力施压人民币，这种动力暂时不会很强，但会越来越强。印尼对华贸易在 1995～2006 年保持小幅度的顺差，从 2007 年起一直是小幅度的逆差，印尼不会施压人民币。中加双边贸易在 1995～2004 年基本上是平衡的，2005～2010 年加拿大对华贸易都是小幅度的逆差，加拿大不应该施压人民币。

表 1　我国的 17 个双边贸易收支（1995～2010）

单位：亿美元

		1995	1997	1999	2000	2001	2003	2005	2007	2009	2010
中	美	86	164	225	298	281	586	1142	1629	1434	1813
中	日	−5	28	−14	1	23	−148	−164	−318	−329	−556
中	韩	−36	−57	−94	−119	−109	−231	−418	−479	−489	−696
中	德	−24	3	−6	−11	−39	−69	18	33	−60	−63
中	澳	−10	−12	−9	−16	−19	−10	−51	−78	−186	−331
中	马	−8	−6	−19	−29	−30	−79	−95	−110	−126	−266
中	巴	−5	−4	−1	−4	−10	−37	−52	−70	−135	−136
中	印	4	0	3	2	2	−9	−8	94	160	201
中	新	1	−1	4	7	7	−16	2	122	124	77
中	荷	24	33	44	54	58	116	230	365	316	432
中	俄	−21	−20	−27	−35	−52	−37	−27	89	−36	38
中	泰	1	−5	−13	−21	−22	−50	−62	−107	−115	−134
中	英	8	18	19	27	33	73	135	239	234	275
中	意	−10	−2	2	7	2	16	48	110	92	171
中	法	−8	−9	−8	−2	−4	12	26	70	84	106
中印尼		−6	−8	−13	−13	−10	−13	−1	2	12	12
中	加	−11	−1	1	−6	−7	13	41	84	57	73

　　注：数据来源于中经网统计数据库。

3.2.3 模型设定与数据说明

本文考虑的出口决定因素包括：需求因素、供给因素、结构变化。需求因素采用外国 GDP 和汇率代表这种一般做法。Yin-Wong Cheung 等（2009）用资本存量和中国对美之外贸易伙伴的有效汇率代表供给因素。由于资本存量和有效汇率的测算存在很大的不确定性，这会降低研究结论的可靠性，如果将这一做法用来研究汇率与多个双边贸易之间的关系，测算的不确定性会更大，可靠性会更差，因此本文采用 Yue 和 Hua（2002）的做法，用出口国 GDP 代表供给因素。黄万阳和王维国（2010）用虚拟变量代表 2005 年人民币汇率制度改革及相配套的我国一系列制度性变化引起的结构变化，本文也采用这种做法。建立的出口和进口模型如下：

$$XI_t = a0I + a1I\ GDPI_t + a2I\ GDPCH_t + a3I\ RERI_t + a4I\ D052_t + \varepsilon1I_t \tag{1}$$

$$MI_t = b0I + b1I\ GDPCH_t + b2I\ GDPI_t + b3I\ RERI_t + b4I\ D052_t + \varepsilon2I_t \tag{2}$$

其中，XI、MI 分别表示中国对 I 国出口额、进口额美元值，GDPI、GDPCH 分别表示 I 国、中国实际 GDP，RERI 表示人民币对 I 国货币实际汇率，RERI = NERI × CPII/CPI，NERI 表示直接标价法下人民币对 I 国货币名义汇率，用人民币对美元名义汇率和 I 国货币对美元名义汇率套算得到，CPII、CPI 分别表示 I 国、中国消费物价指数，D052 表示结构变化虚拟变量，2005 年二季度 ~ 2010 年四季度取值为 1，其余为 0，$\varepsilon1I$、$\varepsilon2I$ 分别表示中国对 I 国出口模型（1）、进口模型（2）的随机误差项。a1I、b1I、a2I、b2I 的符号一般为正。a3I 的符号是不确定的，出口富有价格弹性时符号为正，出口缺乏价格弹性时符号为负，出口单位价格弹性时接近 0。b3I 的符号一般为负。a4I 和 b4I 的符号有待检验。为了得到贸易收支的各种弹性，建立如下贸易收支模型：

$$TBI_t = c0I + c1I\ GDPI_t + c2I\ GDPCH_t + c3I\ RERI_t + c4I\ D052_t + \varepsilon3I_t \tag{3}$$

其中，TBI 表示中国对 I 国贸易收支，由于样本期内中国对美国、荷兰、英国都是顺差，对中美、中荷、中英贸易收支用我国出口减进口，韩国、澳大利亚、马来西亚对中国都是顺差，对中韩、中澳、中马贸易收支用我国进口减出口。由于进出口模型中既考虑需求因素又考虑供给因素，一国

GDP 对出口供给的正效应与对进口需求的正效应作用于贸易收支的方向相反，总效应具有不确定性，c1I、c2I 的符号是不确定的。仅考虑需求因素与考虑需求和供给因素的贸易收支方程在形式上是一样的，但在经济解释上存在巨大差异。c3I 的符号一般为正。c4I 的符号有待检验。

由于 1994 年人民币汇率制度出现重大变化，选取样本为 1995 年第一季度 ~ 2010 年第四季度的季度数据。XI、MI、GDPCH 数据来源于《中经网统计数据库》，GDPI、NERI、CPII、CPI 数据来源于《OECD 数据库》和国际货币基金组织的《国际金融统计》。XI、MI、GDPI、GDPCH 数据采用 X12 法进行了季节调整，XI、MI、GDPI、GDPCH、RERI、TBI 值取了自然对数。I 取 US、JP、KR、GM、AU、ML、BZ、ID、SG、HL、RS、TH、UK、IT、FR、IN、CA，分别表示美、日、韩、德、澳、马、巴、印、新、荷、俄、泰、英、意、法、印尼、加。

3.2.4　实证分析

用 ADF 和 PP 检验方法对变量进行单位根检验表明所有变量是单整序列，可以对模型（1）、（2）、（3）进行协整分析。用 E - G 两步法进行协整检验表明所有模型变量之间的协整关系成立。

3.2.4.1　出口模型分析

表 2 给出了出口模型回归结果。所有模型 ADJ - R^2 在 0.82 以上，解释力较强。我国对美、日、德、马、印、新、俄、泰、英、意、加出口的显著决定因素是外国 GDP、中国供给因素、汇率、结构变化，我国对韩、澳、巴、荷、法出口的显著决定因素是外国 GDP、中国供给因素、汇率，我国对印尼出口的显著决定因素是中国供给因素、汇率、结构变化，我国对不同国家出口的显著决定因素有一定差异，用考虑供给因素和结构变化的较一般出口决定模型研究我国对 17 个贸易伙伴国的出口是必要的。如果在出口模型中不考虑供给因素，所有模型 ADJ - R^2 值都变小，我国对马、新、泰出口模型 ADJ - R^2 值分别降为 0.628、0.584、0.618，说明在出口模型中不考虑供给因素将导致遗漏变量的模型设定偏误，我国对马、新、泰出口模型中不考虑供给因素将导致严重的模型设定偏误。如果在出口模型中不考虑结构变化，我国对马、新、泰出口模型 ADJ - R^2 值分别降为 0.399、0.668、

0.562，说明我国对马、新、泰出口模型中不考虑结构变化将导致严重的模型设定偏误，在我国对其他 14 个贸易伙伴国出口模型中不考虑结构变化，模型 $ADJ - R^2$ 值变化很小，说明在我国对其他 14 个贸易伙伴国出口模型中不考虑结构变化，但只要考虑供给因素，导致的模型设定偏误不严重。如果在出口模型中不考虑供给因素和结构变化，所有模型 $ADJ - R^2$ 值都较大幅度变小，我国对马、新、泰、意出口模型 $ADJ - R^2$ 值分别降为 0.346、0.503、0.479、0.735，说明在出口模型中不考虑供给因素和结构变化将导致模型设定偏误，我国对马、新、泰、意出口模型中不考虑供给因素和结构变化将导致严重的模型设定偏误。

表 2　出口模型回归结果（1995 年一季度～2010 年四季度）

	a0I	a1I	a2I	a3I	a4I	$ADJ - R^2$
美　　国	− 10.84 ***	1.25 ***	1.28 ***	1.24 ***	0.17 ***	0.989
日　　本	− 40.23 ***	3.98 ***	0.85 ***	0.46 ***	− 0.10 ***	0.991
韩　　国	− 12.98 ***	1.18 **	1.20 ***	0.73 ***	0.06	0.982
德　　国	− 14.89 ***	2.15 **	1.41 ***	0.86 ***	0.09 *	0.989
澳大利亚	− 11.42 ***	2.72 ***	0.91 ***	0.60 ***	0.06	0.995
马来西亚	19.98 *	− 5.85 ***	5.64 ***	1.20 ***	− 2.76 ***	0.829
巴　　西	− 16.94 ***	2.07 ***	1.58 ***	0.77 ***	− 0.05	0.985
印　　度	− 9.02 ***	− 2.23 **	3.76 ***	1.12 ***	0.36 ***	0.992
新　加　坡	− 3.82	− 5.22 ***	4.33 ***	− 1.45 **	− 1.68 ***	0.867
荷　　兰	− 13.32 ***	3.10 ***	1.11 ***	0.98 ***	0.10	0.988
俄　罗　斯	− 14.61 ***	2.04 ***	0.96 ***	0.53 ***	− 0.23 **	0.982
泰　　国	− 1.57	− 5.87 ***	4.94 ***	1.56 ***	− 2.23 ***	0.861
英　　国	− 9.35 ***	1.23 ***	1.47 ***	0.64 ***	0.08 **	0.996
意　大　利	− 14.76 ***	2.06 ***	1.54 ***	0.50 ***	0.13 ***	0.988
法　　国	− 14.00 ***	1.78 ***	1.53 ***	0.70 ***	− 0.01	0.988
印度尼西亚	− 6.83 ***	0.06	1.96 ***	0.50 ***	− 0.19 ***	0.975
加　拿　大	− 10.92 ***	2.07 ***	1.08 ***	1.13 ***	0.18 ***	0.993

注：*、**、*** 分别表示在10%、5%、1%的显著性水平下是显著的。

中国供给因素是我国对 17 个贸易伙伴国出口的显著决定因素，中国供给因素系数的符号都为正，这与我国出口和投资拉动的经济增长模式是一致的，我国经济增长将增加我国对 17 个贸易伙伴国出口供给，促进我国对 17 个贸易伙伴国出口。出口供给弹性在 0.85～5.64 之间，我国经济增长对 17 个贸易伙伴国出口的促进效应存在较大的国别差异。我国对马、泰、新、印出口供给效应很强，出口供给弹性分别为 5.64、4.94、4.33、3.76。如果在出口模型中不考虑结构变化，中国供给因素对我国对 17 个贸易伙伴国出口的影响仍然显著为正，出口供给弹性在 0.79 ~ 3.85 之间，我国对印、新、马、泰出口供给效应较强，出口供给弹性分别为 3.85、3.20、2.99、2.77。从供给效应的角度看，在出口模型中不考虑结构变化导致的模型设定偏误是不严重的。

结构变化是我国对美、日、德、马、印、新、俄、泰、英、意、印尼、加出口的显著决定因素。结构变化对我国对韩、澳、巴、荷、法出口的影响不显著，对我国对美、德、印、英、意、加出口的影响显著为正，对我国对日、马、新、俄、泰、印尼出口的影响显著为负，我国出口的结构变化效应存在很大的国别差异。如果在出口模型中不考虑供给因素，结构变化对我国对俄、印尼出口的影响由显著变为不显著，对我国对韩、澳、荷、法出口的影响由不显著变为显著为正，对我国对日出口的影响由显著为负变为显著为正，从结构变化效应的角度看，在出口模型中不考虑供给因素导致的模型设定偏误是严重的。

汇率对我国对除新外 16 个贸易伙伴国出口都有显著的正影响，人民币升值将不利于我国对这 16 个贸易伙伴国的出口，这与我国出口主要是技术含量较低的制造业产品具有较高的价格弹性是一致的，出口汇率弹性在 0.46 ~ 1.56 之间。汇率对我国对新出口有显著的负影响，人民币对新元汇率升值 1%，将导致我国对新出口美元额上升 1.45%，说明我国对新出口有特殊性。如果在出口模型中不考虑供给因素，汇率对我国对美、日、马、俄出口的影响由显著为正变为不显著，对我国对泰、英出口的影响由显著为正变为显著为负，从汇率效应的角度看，在出口模型中不考虑供给因素导致的模型设定偏误是严重的。如果在出口模型中不考虑结构变化，汇率对我国对泰出口的影响由显著为正变为不显著，对我国对马出口的影响由显著为正变为显著为负，从汇率效应的角度看，在我国对泰、马出口模型中不考虑供给因素导致的模型设定偏误是严重的。如果在出口模型中不考虑供给因素和结构变化，汇率对我国对日、俄出口的影响由显著为正变为不显著，对我国对美、马、泰、英出口的影响由显著为正变为显著为负，从汇率效应的角度看，在出口模型中不考虑供给因素和结构变化导致的模型设定偏误是严重的。

外国收入因素是我国对除印尼外 16 个贸易伙伴国出口的显著决定因素。外国收入因素对我国对印尼出口的影响不显著，对我国对美、日、韩、德、澳、巴、荷、俄、英、意、法、加出口的影响显著为正，对我国对马、印、新、泰出口的影响显著为负，显著为正的出口外国收入弹性在 1.18 ~ 3.98 之间，显著为负的出口外国收入弹性在 2.23 ~ 5.87 之间，我国出口的外国收入效应存在很大的国别差异。马、印、新、泰收入增长，导致我国对他们的出口下降，不符合一般理论，对此的可能解释是：马、印、新、泰收入增长由对我国出口产品的进口替代部门增长主导，马、印、新、泰收入增长导致进口商品的结构性变化，引起对我国出口产品的需求向其他国家出口产品的转移。如果在出口模型中不考虑供给因素，外国收入对我国对印尼出口的影响由不显著变为显著为正，对我国对马、印、新、泰出口的影响由显著为负变为显著为正，出口外国收入弹性大幅度提高，在 3.41 ~ 10.29 之间，从外国收入效应的角度看，在出口模型中不考虑供给因素导致的模型设定偏误是严重的，估计的出口外国收入弹性是有严重上偏的。如果在出口模型中不考虑结构变化，外国收入对我国对马、印出口的影响由显著为负变为不显著，从外国收入效应的角度看，在我国对马、印出口模型中不考虑结构变化导致的模型设定偏误是严重的。如果在出口模型中不考虑供给因素和结构变化，外国收入对我国对印尼出口的影响由不显著变为显著为正，对我国对马、印、新、泰出口的影响由显著为负变为显著为正，显著为正的出口外国收入弹性大幅度提高，在 3.44 ~ 13.77 之间，从外国收入效应的角度看，在出口模型中不考虑供给因素和结构变化导致的模型设定偏误是严重的。

3.2.4.2　进口模型分析

表 3 给出了进口模型回归结果。所有模型 ADJ – R^2 在 0.79 以上，解释力较强。我国对日、德、马、新、泰、加进口的显著决定因素是中国 GDP、外国供给因素、汇率、结构变化，我国对美、韩、澳、巴、法进口的显著决定因素是中国 GDP、外国供给因素、汇率，我国对荷、意、印尼进口的显著决定因素是中国 GDP、汇率，我国对印进口的显著决定因素是中国 GDP、汇率、结构变化，我国对俄进口的显著决定因素是中国 GDP、俄供给因素、结构变化，我国对英进口的显著决定因素是中国 GDP、英供给因素。我国对不同国家进口的显著决定因素有很大差异，用考虑供给因素和结构变化的较一般进口决定模型研究我国对 17 个贸易伙伴国的进口是必要的。如果在进口模型中不考虑供给因素，我国对印、荷、意、印尼进口模型 ADJ – R^2 值不变，我国对其余 13 个贸易伙伴国进口模型 ADJ – R^2 值都变小，变小的

幅度都不大，说明我国对这 13 个贸易伙伴国进口模型中不考虑供给因素将导致模型设定偏误，这种偏误不严重。如果在进口模型中不考虑结构变化，我国对英、意、法进口模型 ADJ – R^2 值不变，我国对澳、荷进口模型ADJ – R^2 值有非常小幅度的变大，我国对其他 12 个贸易伙伴国进口模型 ADJ – R^2 值都变小，我国对马、新、泰进口模型 ADJ – R^2 值分别降为 0.371、0.698、0.502，说明我国对美、日、韩、德、巴、印、俄、印尼、加进口模型中不考虑结构变化将导致一定程度的模型设定偏误，我国对马、新、泰进口模型中不考虑结构变化将导致严重的模型设定偏误。如果在进口模型中不考虑供给因素和结构变化，我国对印尼进口模型 ADJ – R^2 值不变，我国对荷进口模型 ADJ – R^2 值有非常小幅度的变大，我国对其他 15 个贸易伙伴国进口模型 ADJ – R^2 值都变小，我国对马、新、泰进口模型 ADJ – R^2 值分别降为 0.347、0.595、0.460，说明我国对美、日、韩、德、澳、巴、印、俄、英、意、法、加进口模型中不考虑供给因素和结构变化将导致一定程度的模型设定偏误，我国对马、新、泰进口模型中不考虑供给因素和结构变化将导致严重的模型设定偏误。

表 3 进口模型回归结果（1995 年一季度 ~ 2010 年四季度）

	b0I	b1I	b2I	b3I	b4I	ADJ – R^2
美 国	8.48 ***	1.49 ***	– 1.05 **	0.81 ***	0.04	0.984
日 本	– 51.57 ***	1.17 ***	4.62 ***	0.80 ***	– 0.13 ***	0.988
韩 国	– 15.94 ***	1.21 ***	1.51 ***	0.53 ***	– 0.10	0.982
德 国	– 13.87 ***	1.63 ***	1.62 ***	0.93 ***	– 0.26 **	0.980
澳 大 利 亚	– 0.84	2.73 ***	– 2.52 ***	0.48 ***	– 0.03	0.985
马 来 西 亚	28.20 **	5.92 ***	– 6.81 ***	1.34 ***	– 2.72 ***	0.805
巴 西	– 7.71 *	4.19 ***	– 3.72 **	0.77 ***	– 0.32	0.943
印 度	– 14.76 **	3.82 ***	– 1.94	0.99 ***	– 0.36 **	0.952
新 加 坡	3.99 *	3.47 ***	– 4.85 ***	– 1.98 ***	– 1.02 ***	0.792
荷 兰	– 3.43 **	1.31 ***	0.37	0.52 ***	– 0.01	0.962
俄 罗 斯	– 2.97 **	0.93 ***	0.92 ***	0.06	– 0.22 **	0.943
泰 国	0.81	5.22 ***	– 6.70 ***	1.89 ***	– 2.32 ***	0.822
英 国	– 1.56	0.76 ***	1.39 **	– 0.19	0.10	0.950
意 大 利	4.31	1.04 ***	– 0.48	0.72 ***	0.08	0.952
法 国	– 8.29 **	0.89 ***	2.04 **	0.38 **	0.10	0.929
印 度 尼 西 亚	– 1.40 *	1.53 ***	– 0.06	0.15 **	– 0.10	0.969
加 拿 大	1.72	1.57 ***	– 1.05 *	1.02 ***	– 0.20 **	0.943

外国供给因素是我国对除印、荷、意、印尼外 13 个贸易伙伴国进口的显著决定因素，外国供给因素对我国对印、荷、意、印尼进口的影响不显著，对我国对日、韩、德、俄、英、法进口的影响显著为正，对我国对美、澳、马、巴、新、泰、加进口的影响显著为负，显著为正的进口供给弹性在 0.92～4.62 之间，显著为负的进口供给弹性在 1.05～6.81 之间，我国进口的外国供给效应存在巨大的国别差异。美、澳、马、巴、新、泰、加 GDP 增长，导致他们对我国的出口供给下降，不符合一般理论，对此的可能解释是：美、澳、马、巴、新、泰、加 GDP 增长由国内需求增长主导，他们收入增长导致对国内的供给挤占了对出口的供给。如果在进口模型中不考虑结构变化，外国供给因素对我国对 17 个贸易伙伴国进口的影响的显著性和方向不变，进口供给弹性数值有一定程度的变化，从供给效应的角度看，在进口模型中不考虑结构变化导致的模型设定偏误是不严重的。如果将进口模型与出口模型对比，供给因素对我国对美、澳、马、巴、新、泰、加进口与出口的影响方向相反，存在严重的不对称性，对我国对印、荷、意、印尼进口与出口的影响存在一定程度的不对称性。

结构变化是我国对日、德、马、印、新、俄、泰、加进口的显著决定因素。结构变化对我国对其余 9 个贸易伙伴国进口的影响不显著，结构变化对我国对日、德、马、印、新、俄、泰、加进口的影响显著为负，我国进口的结构变化效应存在较大的国别差异。如果在进口模型中不考虑供给因素，结构变化对我国对日、俄、加进口的影响由显著变为不显著，对我国对韩进口的影响由不显著变为显著为负，从结构变化效应的角度看，在我国对日、俄、加、韩进口模型中不考虑供给因素导致的模型设定偏误是严重的。如果将进口模型与出口模型对比，结构变化对我国对德、印、加进口与出口的影响存在严重的不对称性，对我国对美、英、意、印尼进口与出口的影响存在一定程度的不对称性。

汇率是我国对除俄、英外 15 个贸易伙伴国进口的显著决定因素，汇率对我国对俄、英进口的影响不显著，对我国对新进口的影响显著为负，对我国对除俄、英、新外 14 个贸易伙伴国进口的影响显著为正，显著为正的进口汇率弹性在 0.15～1.89 之间，我国进口的汇率效应存在一定程度的国别差异。人民币升值将不利于我国对除俄、英、新外 14 个贸易伙伴国进口，这与一般理论预期情形相反，对此要从我国进口的结构中寻找原因：我国进口主要是资本品和资源产品，这些产品缺乏价格弹性，FDI 主导的加工贸易在我国贸易中占主导地位（邱斌等，2005），加工贸易特征是为出口而进口，汇率升值一旦影响出口，会影响加工贸易进口。如果在进口模型中不考虑供给因素，汇率对我国对泰进口的影响由显著为正变为不显著，对我国对新进口的影响由显著为负变为不显著，对我国对俄进口的影响由不显著变为显著为正，从汇率效应的角度看，在我国对泰、新、俄进口模型中不考虑供给因素导致的模型设定偏误是严重的。如果在进口模型中不考虑结构变化，汇率对我国对马、泰进口的影响由显著为正变为不显著，从汇率效应的角度看，在我国对马、泰进口模型中不考虑供给因素导致的模型设定偏误是严重的。如果在进口模型中不考虑供给因素和结构变化，汇率对我国对俄进口的影响由不显著变为显著为正，对我国对马、泰进口的影响由显著为正变为显著为负，从汇率效应的角度看，在俄、马、泰进口模型中不考虑供给因素和结构变化导致的模型设定偏误是严重的。如果将进口模型与出口模型对比，汇率因素对我国对除俄、英外 15 个贸易伙伴国进口与出口的影响存在严重的不对称性，对我国对俄、英进口与出口的影响存在一定程度的不对称性。

我国收入因素是我国对 17 个贸易伙伴国进口的显著决定因素。我国收入因素对我国对 17 个贸易伙伴国进口的影响显著为正，进口我国收入弹性在 0.76 ~ 5.92 之间。如果在进口模型中不考虑供给因素、不考虑结构变化、不考虑供给因素和结构变化，我国收入因素对我国对 17 个贸易伙伴国进口的影响仍然显著为正，从我国收入效应的角度看，在进口模型中不考虑供给因素、不考虑结构变化、不考虑供给因素和结构变化导致的模型设定偏误是不严重的。如果将进口模型与出口模型对比，需求收入因素对我国对马、印、新、泰进口与出口的影响存在严重的不对称性，对我国对印尼进口与出口的影响存在一定程度的不对称性。

3.2.4.3　基于两方程方法对汇率与双边贸易收支关系的分析

双边汇率与贸易争端一般源于双边贸易不平衡，研究外国 GDP、中国 GDP、汇率、结构变化与双边贸易收支之间的关系对制定相关政策有较高的参考价值。采用两方程方法，通过比较出口与进口模型，结合双边贸易收支状况可以对这种关系做间接的粗略的推断。

中国对美贸易是大幅度的顺差，中国对美出口对美国 GDP 的弹性是 1.25，中国对美进口对美国 GDP 的弹性是 -1.05，美国 GDP 增长大幅度扩大中国对美顺差；中国对美出口对中国 GDP 的弹性是 1.28，中国对美进口对中国 GDP 的弹性是 1.49，中国 GDP 增长扩大中国对美顺差；中国对美出口对汇率的弹性是 1.24，中国对美进口对汇率的弹性是 0.81，汇率对中国对美进口和对美出口影响的方向是相同的，人民币升值缩小中国对美顺差。结构变化对中国对美出口有正影响，对中国对美进口无显著影响，结构变化扩大中国对美顺差。通过类似分析可以得出：外国 GDP 增长扩大中国对日、韩逆差和中国对新、荷、俄、英、意、法、加顺差，缩小中国对澳、马、巴、泰逆差，对中国对德逆差和对印、印尼顺差无显著影响。中国 GDP 增长扩大中国对日、韩、德、澳、马、巴、泰逆差和中国对新、荷、英、意、法、印尼顺差，对中国对俄、印、加顺差影响不大。人民币升值缩小中国对印、荷、俄、英、意、法、印尼、加顺差和中国对日、德、马、泰逆差，对中国对韩、澳、巴逆差和中国对新顺差影响不大。结构变化扩大中国对印、英、意、印尼、加顺差，缩小中国对日、德、马、泰逆差和中国对新顺差，对中国对韩、澳、巴逆差和中国对荷、俄、法顺差影响不大。

3.2.4.4　贸易收支模型分析

两方程方法尽管能区分一国 GDP 对出口的供给效应与对进口的需求效应、汇率和结构变化对出口与进口的影响，但研究外国 GDP、中国 GDP、汇率、结构变化与双边贸易收支之间的关系只能是间接的、粗略的，不能得到贸易收支的各种弹性。贸易收支单方程方法能克服这一不足。为避免负数取对数问题，已有研究全部采用出口除进口表示贸易收支的变通做法。由于样本期内中国对美、荷、英贸易都是顺差，对中美、中荷、中英贸易收支用我国出口减进口，韩国、澳大利亚、马来西亚对华贸易都是顺差，对中韩、中澳、中马贸易收支用我国进口减出口，采用这种做法就不存在负数取对数问题。

表 4 给出了不采用变通做法的贸易收支模型回归结果。中美、韩中、澳中、马中、中荷、中英贸易收支模型 ADJ－R^2 在 0.84～0.99 之间，解释力较强。中美贸易收支的显著决定因素是美国 GDP、中国 GDP、汇率、结构变化，韩中贸易收支的显著决定因素是韩国 GDP、中国 GDP，澳中贸易收支的显著决定因素是澳大利亚 GDP、中国 GDP，马中贸易收支的显著决定因素是中国 GDP、汇率、结构变化，中荷、中英贸易收支的显著决定因素是外国 GDP、中国 GDP、汇率，贸易收支的显著决定因素存在较大的国别差异。如果不考虑结构变化，马中贸易收支模型 ADJ－R^2 变为 0.89，其他贸易收支模型 ADJ－R^2 变化很小，模型设定偏误不大。

表 4　贸易收支模型回归结果（1995 年一季度～2010 年四季度）

		c0I	c1I	c2I	c3I	c4I	ADJ – R²
中	美	– 35. 19 ***	4. 30 ***	0. 89 ***	0. 97 **	0. 19 **	0. 977
韩	中	– 24. 18 ***	2. 29 **	1. 06 **	0. 28	– 0. 27	0. 921
澳	中	18. 75 ***	– 12. 23 ***	5. 93 ***	0. 21	0. 08	0. 842
马	中	– 23. 27 **	1. 53	2. 24 ***	– 1. 13 ***	– 0. 73 ***	0. 907
中	荷	– 16. 43 ***	3. 80 ***	1. 06 ***	1. 05 ***	0. 10	0. 984
中	英	– 20. 17 ***	2. 09 **	1. 89 ***	1. 06 **	– 0. 02	0. 972

外国 GDP 对中美、韩中、澳中、马中、中荷、中英贸易收支的影响都显著为正，按不考虑供给因素的模型将解释为正的外国需求收入效应，按考虑供给因素的模型的两方程方法应该解释为外国 GDP 对出口需求收入效应和进口供给效应的总效应。美国 GDP 对我国对美出口的需求收入效应为正，对我国对美进口的供给效应为负，两种效应对中美贸易收支的影响都为正，总效应为正。中国 GDP 对韩、澳、马对华出口的需求收入效应和进口的供给效应都为正，对韩中、澳中、马中贸易收支的影响前者为正而后者为负，前者影响大于后者影响，总效应为正。荷兰 GDP 对我国对荷出口的需求收入效应为正，对我国对荷进口的供给效应不显著，对中荷贸易收支的影响前者为正而后者为不显著，总效应为正。英国 GDP 对我国对英出口的需求收入效应和进口的供给效应都为正，对中英贸易收支的影响前者为正而后者为负，前者影响大于后者影响，总效应为正。中美、韩中、澳中、马中、中荷、中英贸易收支的外国 GDP 弹性分别为 4. 30、1. 06、5. 93、2. 24、3. 80、2. 09。如果不考虑结构变化，外国 GDP 对韩中、澳中贸易收支的影响由显著为正变为不显著，从外国 GDP 对贸易收支的影响的角度看，在韩中、澳中贸易收支模型中不考虑结构变化将导致严重的模型设定偏误。

本国 GDP 对中美、韩中、中荷、中英贸易收支的影响都显著为正，对澳中贸易收支的影响显著为负，对马中贸易收支的影响不显著，贸易收支的本国 GDP 效应存在很大的国别差异。本国 GDP 对本国出口的供给效应和进口的需求收入效应都为正，对中美、韩中、中荷、中英贸易收支的影响前者为正而后者为负，前者影响大于后者影响，总效应为正。澳 GDP 对本国出口的供给效应为负和进口的需求收入效应为正，两种效应对澳中贸易收支的影响都为负，总效应为负。马 GDP 对本国出口的供给效应和进口的需求收入效应都为负, 对马中贸易收支的影响前者为负而后者为正, 两者影响接近, 总效应为不显著。中美、韩中、澳中、中荷、中英贸易收支的本国GDP弹性分别为0.89、2.29、12.23、1.06、1.89。如果不考虑结构变化, 本国GDP对贸易收支的影响的显著性和方向不变, 从本国GDP对贸易收支的影响的角度看, 在贸易收支模型中不考虑结构变化因素导致的模型设定偏误不大。

汇率对韩中、澳中贸易收支的影响不显著, 对中美、马中、中荷、中英贸易收支的影响显著, 贸易收支的汇率效应存在一定的国别差异。汇率对韩中、澳中、中美、马中、中荷进口与出口的影响方向相同, 作用于贸易收支的方向相反, 汇率对韩中、澳中进口与出口的影响力度相当, 对贸易收支的影响相互抵消导致总效应不显著, 汇率对中美、马中、中荷进口和出口的影响力度不同, 对贸易收支的影响不能完全相互抵消导致总效应显著, 汇率对我国对英出口有显著影响而对进口影响不显著导致总效应显著。中美、马中、中荷、中英贸易收支的汇率弹性分别为0.97、1.13、1.05、1.06。如果不考虑结构变化, 汇率对贸易收支的影响的显著性和方向不变, 从汇率对贸易收支的影响的角度看, 在贸易收支模型中不考虑结构变化将导致的模型设定偏误不大。

结构变化对韩中、澳中、中荷、中英贸易收支的影响不显著, 对中美、马中贸易收支的影响显著, 贸易收支的结构变化效应存在一定的国别差异。结构变化扩大我国对美顺差和我国对马逆差。

不采用变通做法, 关于外国GDP、本国GDP、汇率、结构变化与中美、韩中、澳中、马中、中荷、中英贸易收支关系的推断与利用两方程方法做出的推断基本一致。如果采用变通方法, 模型的解释力将大幅度下降, 解释变量的显著性、解释变量的系数符号、解释变量的系数数值大小上有很大的差异, 关于外国GDP、本国GDP、汇率、结构变化与双边贸易收支关系的推断与利用两方程方法做出的推断有很大出入, 说明采用变通方法得到的研究结论存在严重错误。

以上研究表明, 对汇率与贸易收支关系的研究, 在样本期内如果贸易收支不改变符号, 应以顺差方的贸易顺差为被解释变量采用单方程方法, 如果贸易收支改变符号, 应采用两方程方法间接推断, 而不应采用变通方法的单方程方法。在人民币汇率与我国17个双边贸易收支关系的研究中, 将两方程方法和单方程方法结合起来进行研究是必要的。

3.2.5 主要结论与政策建议

基于考虑供给因素、结构变化的出口决定模型，采用两方程方法和单方程方法研究了外国 GDP、中国 GDP、结构变化、汇率与我国与 17 个贸易伙伴国之间出口、进口、贸易收支之间的关系，得到以下主要结论：

第一，中国供给因素是我国对 17 个贸易伙伴国出口的重要决定因素，中国供给因素系数的符号都为正，出口供给弹性在 0. 85 ~ 5. 64 之间。外国供给因素对我国对印、荷、意、印尼进口的影响不显著，对我国对日、韩、德、俄、英、法进口的影响显著为正，对我国对美、澳、马、巴、新、泰、加进口的影响显著为负。供给因素对我国对美、澳、马、巴、新、泰、加进口与出口的影响存在严重的不对称性，对我国对印、荷、意、印尼进口与出口的影响存在一定程度的不对称性。

第二，结构变化对我国对美、德、印、英、意、加出口的影响显著为正，对我国对日、马、新、俄、泰、印尼出口的影响显著为负。结构变化对我国对日、德、马、印、新、俄、泰、加进口的影响显著为负。结构变化对我国对德、印、加进口与出口的影响存在严重的不对称性，对我国对美、英、意、印尼进口与出口的影响存在一定程度的不对称性。结构变化扩大中国对美、印、英、意、印尼、加顺差，缩小中国对日、德、马、泰逆差和中国对新顺差，对中国对韩、澳、巴逆差和中国对荷、俄、法顺差影响不大。

第三，汇率对我国对新出口有显著的负影响，对我国对除新外 16 个贸易伙伴国出口都有显著的正影响，出口汇率弹性在 0. 46 ~ 1. 56 之间。汇率对我国对俄、英进口的影响不显著，对我国对新进口的影响显著为负，对我国对除俄、英、新外 14 个贸易伙伴国进口的影响显著为正。汇率对我国对除俄、英外 15 个贸易伙伴国进口与出口的影响存在严重的不对称性，对我国对俄、英进口与出口的影响存在一定程度的不对称性。人民币升值缩小中国对美、印、荷、俄、英、意、法、印尼、加顺差和中国对日、德、马、泰逆差，对中国对韩、澳、巴逆差和中国对新顺差影响不大。

第四，外国收入因素对我国对印尼出口的影响不显著，对我国对美、日、韩、德、澳、巴、荷、俄、英、意、法、加出口的影响显著为正，对我国对马、印、新、泰出口的影响显著为负。我国收入因素对我国对 17 个贸易伙伴国进口的影响显著为正，进口我国收入弹性在 0. 76 ~ 5. 92 之间。需求收入因素对我国对马、印、新、泰进口与出口的影响存在严重的不对称性，对我国对印尼进口与出口的影响存在一定程度的不对称性。外国 GDP 增长扩大中国对日、韩逆差和中国对美、新、荷、俄、英、意、法、加顺差，缩小中国对澳、马、巴、泰逆差，对中国对德逆差和对印、印尼顺差无显著影响。中国 GDP 增长扩大中国对日、韩、德、澳、马、巴、泰逆差和中国对美、新、荷、英、意、法、印尼顺差，对中国对俄、印、加顺差影响不大。

第五，贸易收支采用出口除进口的变通做法的单方程研究结论存在严重错误。采用不变通的做法才能得出正确的贸易收支的各种弹性。中美、韩中、澳中、马中、中荷、中英贸易收支的外国 GDP 弹性分别为 4.30、1.06、5.93、2.24、3.80、2.09。中美、韩中、澳中、中荷、中英贸易收支的本国 GDP 弹性分别为 0.89、2.29、12.23、1.06、1.89。中美、马中、中荷、中英贸易收支的汇率弹性分别为 0.97、1.13、1.05、1.06。

根据研究结论，提出以下政策建议。首先，积极转变我国的经济增长方式。我国双边贸易不平衡的原因是我国过分依赖出口和投资拉动的经济增长方式。只有积极转变我国的经济增长方式，从过分依赖出口和投资拉动的经济增长方式持续地渐进地转向主要依靠内需拉动的经济增长方式，才能从根本上缓解我国双边贸易不平衡，减少双边汇率与贸易争端。如果不积极转变我国的经济增长方式，单独采用汇率来矫正双边贸易不平衡，将会加大所需的人民币升值幅度，对我国的经济增长造成严重不利影响。

其次，长期坚持人民币适度升值。人民币升值对矫正我国双边贸易不平衡总的来看有矫正作用。由于进口的人民币汇率效应具有中国特色，人民币升值对矫正我国双边贸易不平衡的效果有限。人民币升值对双边贸易的影响存在一定程度的国别差异，人民币升值对改善我国双边贸易不平衡的国别分布结构作用效果较大。正是因为人民币汇率对我国双边贸易不平衡矫正功能的特点，人民币升值应该是长期的、适度的，而不应是短期的、大幅度的。

最后，策略性地应对人民币升值的外来压力。人民币升值将不利于我国对 16 个贸易伙伴国的出口，从而有利于与我国出口产品竞争的外国相关利益集团。与我国出口产品竞争的外国相关利益集团有施压人民币升值的强烈动机，外国政府有施压人民币升值的强烈动机。美国将会长期施压人民币升值，印度紧随其后，荷兰、英国、意大利、法国、加拿大、巴西将来可能会加入施压人民币升值的行列，形成人民币升值压力同盟的可能性是存在的。

由于经济增长方式转变对双边贸易不平衡的矫正功能强，我国特殊的进口结构，导致进口的人民币汇率效应具有中国特色，人民币汇率对矫正我国双边贸易不平衡作用有限，而我国经济增长方式和进口结构转变是渐进的，我国将可能长期面临人民币升值的外来压力。应在积极转变我国的经济增长方式、改善贸易结构和长期坚持人民币适度升值的同时，根据人民币升值的外来压力的分布和强度，多采取双边贸易措施。

参考文献

[1] 陈六傅，钱学锋. 2007. 人民币实际汇率弹性的非对称性研究：基于中国与G7各国双边贸易数据的实证分析. 南开经济研究，1：3～18。

[2] 戴世宏. 2006. 人民币汇率与中日贸易收支实证研究. 金融研究，6：150～158。

[3] 封思贤，吴玮. 2008. 汇率变化对不同类商品进出口的影响. 数量经济技术经济研究，7：106～117。

[4] 辜岚. 2006. 人民币双边汇率与我国贸易收支关系的实证研究：1997～2004. 经济科学，1：65～73。

[5] 黄万阳，王维国. 2010. 人民币汇率与中美贸易不平衡问题——基于 HS 分类商品的实证研究. 数量经济技术经济研究，7：76～90。

[6] 梁琦，王洪量，黄瑞玲. 2005. 中美、中日双边贸易收支的影响因素及其比较研究. 管理世界，5：46～54。

[7] 卢向前，戴国强. 2005. 人民币实际汇率波动对我国进出口的影响：1994～2003. 经济研究，5：31～39。

[8] 刘尧成，周继忠，徐晓萍. 2010. 人民币汇率变动对我国贸易差额的动态影响. 经济研究，5：32～40。

[9] 李志斌. 2009. 人民币实际有效汇率调整及其波动率与中美贸易收支. 国际贸易问题，1：107～113。

[10] 邱斌，唐保庆，孙少勤. 2007. FDI、生产非一体化与美中贸易逆差. 世界经济，5：34～43。

[11] 王胜，陈继勇，吴宏. 2007. 中美贸易顺差与人民币汇率关系的实证分析. 国际贸易问题，5：34～40。

[12] 王中华. 2007. 贸易收支与实际汇率——中美、中日比较研究. 经济科学，3：88～96。

[13] 叶永刚，胡利琴，黄斌. 2006. 人民币实际有效汇率和对外贸易收支的关系——中美和中日双边贸易收支的实证研究. 金融研究，4：1～11。

[14] 岳昌君. 2003. 实际汇率与中国双边贸易. 经济学（季刊），2：633～646。

[15] 周逢民，张会元，周海，赵振宁. 2009. 人民币实际有效汇率与中俄贸易收支实证研究. 金融研究，6：60～71。

[16] Bahmani-Oskooee M, Wang. 2006. The J curve: China versus her trading partners. Bulletin of Economic Research, 58 (4): 323 – 43.

[17] Cerra, Valerie, Anuradha Dayal-Gulati. 1999. China's trade flows: change price sensitivities and the reform process. IMF Working Paper, 99/1.

[18] Goldstein M, M S Khan. 1978. The supply and demands for exports: A simultaneous approach. The Review of Economics and Statistics, 60: 275 – 285.

[19] Mann C, Pluck, K. 2007. The US trade deficit: A disaggregated perspective. Clarida R. ed. G7 Current Account Imbalances: Sustainability and Adjustment (U. Chicago Press).

[20] Thorbecke W. 2006. How would an appreciation of the renminbi affect the US trade deficit with China? BE Press Macro Journal 6 (3): Article 3.

[21] Yin-Wong Cheung, Menzie D Chinn, Eiji Fujii. 2009. China's current account and exchange rate. NBER Working Paper, 14673.

[22] Yue Changjun, P Hua. 2002. Does comparative advantage explain export patterns in china? China Economic Riview, 13 (2/3): 276 – 296.

3.3 基于时变 Lévy 过程分析我国股市收益率波动

何诚颖 王占海[①]

摘 要：股票收益率的波动不仅具有连续性特征，也会发生突变的跳跃行为，后者对资产定价、投资组合以及风险管理具有重要的影响。基于泊松跳跃的传统模型只能捕捉幅度较大但数量较少的大幅跳跃行为，而无力刻画那些数量众多但幅度微小的跳跃。本文在连续时间金融框架下，利用时变 Lévy 过程构建了一个具有无限跳跃特征的 SVNIG 模型，这一模型可以同时捕捉大幅跳跃和小幅跳跃，并能刻画波动聚集、杠杆效应等金融市场上常见的现象。鉴于模型本身较为复杂，本文采用基于马尔科夫链蒙特卡洛模拟技术（MCMC）识别模型中的参数和潜变量，特别是对于目标函数较为复杂的参数与潜变量，采用切片抽样方法予以解决。利用沪深 300 指数、香港恒生指数和美国标普 500 指数所做的实证分析表明：（1）三个市场中均存在着大量的小幅跳跃行为，跳跃并非是稀有事件；（2）同是无限活动特征的 Lévy 过程，具有无限变差的 SVNIG 模型较有限变差的 SVVG 模型更适于捕捉市场中的跳跃成分，而二者又都优于泊松跳跃模型；（3）相较于香港和美国股市，A 股市场的跳跃成分

---

① 何诚颖（1963～），男，经济学博士，研究员，浙江财经学院证券市场研究所所长，国信证券发展研究总部总经理，博士后工作站办公室主任；王占海（1980～），男，经济学博士，国信证券博士后工作站在站博士后。

以负向跳跃居多，跳跃幅度也更大，跳跃成分之间不具有相关性。

关键词：跳跃行为　MCMC 估计　切片抽样

3.3.1　前言

暴涨暴跌行为在全球股票市场中均有发生，如 1987 年 10 月 19 日的美国股市的黑色星期一，美国道琼斯工业指数下挫 508 点，跌幅达 23%。我国 A 股市场自诞生以来，暴涨暴跌行为便如影随形，致使市场波动幅度巨大。当欧美等成熟股票市场出现 2%～3% 的涨跌幅时，媒体、公众便惊呼不已，而在我国 A 股市场上，4% 以上的涨跌幅也是寻常见的事情。1992 年 5 月 21 日上海证券交易所取消限幅交易制度实行自由竞价，当日上证 A 股指数涨幅高达 105.27%。对 A 股市场而言，暴涨暴跌与市场缺乏具有长期投资价值的股票以及投资者结构有关。即便是在当前，A 股深受宏观经济政策影响，加之做空机制不健全，只有为数不多做空标的，当市场出现突发利好或利空消息时，容易引发投资者的羊群效应，造成市场暴涨暴跌。

在金融学或计量经济学研究领域，一般将暴涨暴跌称之为跳跃。跳跃的发生对资产定价、投资组合、风险管理具有重要的影响。如在利用期货工具对冲现货市场的风险时，需要确定持有现金头寸的大小，在不考虑市场发生跳跃的风险时，持有现金头寸过低，极有可能引发强制平仓的后果，不仅无法达到规避风险的目的，也会令投资者损失惨重。在进行资产定价时，包括跳跃性波动在内的资产波动率是一个极为关键的变量，仅考虑连续性波动而忽略跳跃性波动，必然导致定价的偏差。因此，构造更为符合实际的波动模型，合理准确的度量跳跃幅度、发生时点的规律，对金融理论研究与金融实务操作，均具有重要意义。

3.3.2　资产价格波动率建模文献回顾

金融资产价格，或说其收益率的波动，具有时变性和聚集性等特征。在刻画波动率的时变性与聚集特征时，较为常用的两类模型是基于离散时间的广义自回归条件异方差模型（GARCH model）和随机波动率模型（stochastic volatility model，SV）。GARCH 和 SV 模型均是通过对条件方差的自回归结构进行建模，从而较好地拟合了波动率随时间变化和和平滑持续性（smooth-persistent changes）的特征。但两类模型本身设定并不是为了解决收益率波动的突发性跳跃行为，因此不能揭示股票价格波动过程中存在的暴涨暴跌风险（Chan，Maheu，2002）。

大幅跳跃最为引人注目，也首先进入到金融研究者的考查范围。由于大幅跳跃的发生属于稀有事件，适合用泊松过程予以刻画。Press（1967）首次将泊松跳跃引入金融研究领域，并提出了经典的复合事件模型（compound events model）；同样是利用泊松过程，Merton（1976）考察了跳跃行为对衍生品定价的影响；Duffie 等人（2001）关注跳跃行为对风险度量与管理产生的影响；Jarrow 和 Rosenfeld（1984）则研究了股票市场存在跳跃行为时如何进行资产配置的问题。

除大幅跳跃外，股市中还存在着数量庞大的小幅跳跃。小幅跳跃的发生机制与大幅跳跃不同。后者多与宏观经济后市场本身的突发性事件相关联，而前者更多与投资者行为特征有关。以我国股票市场为例，一方面，监管比较严格，降低了股市发生大幅跳跃以至于股市崩盘的概率；另一方面，旨在维护我国经济健康平稳发展的宏观经济政策不断推出，使投资者对政策变动形成了一定的预期。投资者会对影响股市的利好或利空消息提前行动，以至于当宏观政策真正颁布时股市的反应并不剧烈，只会产生小幅度的跳跃。因此，我国股票市场的大幅度跳跃数目可能很少，但小幅跳跃却数目众多。在相对成熟的股票市场，由于投资者情绪波动、羊群效应等因素的影响，也会出现大量的小幅度跳跃。

泊松过程只能捕捉大幅跳跃，能对小幅跳跃进行描述的合适工具是Lévy 过程。近几年，由于 Lévy 过程在刻画股价波动时表现优异，在学术研究与实证分析中得到越来越广泛的应用。Li（2009）的实证分析发现，小幅跳跃的幅度介于布朗运动与大幅跳跃之间；Huang 和 Wu（2004）的研究表明，市场中高频率的微小跳跃，无法利用跳跃扩散过程的泊松类跳跃进行刻画。Li 等人（2008）等人通过模拟发现，无法通过加大跳跃扩散模型中跳跃的强度来替代更为一般的 Lévy 过程；Carr 和 Wu（2004）、Li 等（2006）的研究发现，Lévy 过程中的 VG 过程和对数 Stable 过程均能理想的刻画股价的总体波动；Carr 等人（2002）利用 CGMY 过程这一特殊的 Lévy 过程进行期权定价也取得了非常好的效果。

国内学者研究跳跃行为时多采用非参数方法，这一方法是在二次幂变差的分析框架下利用高频数据识别跳跃成分。黄后川和陈浪南（2003）研究了我国股市波动率的不对称性和长期记忆；李胜歌和张世英（2007）讨论了估计波动率时的有效性问题；王春峰等（2008）研究了上证综指已实现波动中的跳跃行为。非参数方法简单易行，但存在着一定的缺陷，如用于检验跳跃存在性的统计量没有考虑杠杆效应、反馈效应等金融现象；识别跳跃的准确性易于受到微噪音的影响（Hansen，2006）；此外，很多时间序列并不存在高频数据，限制了其应用范围。目前，国内利用参数方法研究跳跃行为时主要依赖于泊松过程，如陈浪南和孙坚强（2010）、刘庆富等（2011）；也有学者考虑利用 Lévy 过程研究股票价格的波动，如刘志东和陈晓静（2010），但没有考虑波动聚集、杠杆效应等问题。

本文在连续时间金融的框架下，用具有无限活动、无限变差的时变 Lévy 过程构建了一个全新的 SVNIG 模型，这一模型可以同时刻画股价波动过程中的连续波动、大幅跳跃和小幅跳跃，同时考虑了杠杆效应。采用基于马尔科夫链的蒙特卡洛模拟技术（MCMC）识别参数与潜变量，特别是对于目标函数较为复杂的参数和潜变量应用切片抽样技术予以解决。利用多个市场指数所做的实证分析表明，本文所提出的这一模型较有限变差的时变 Lévy 过程能力更强。

本文后续内容安排如下：3.3.3 节讨论时变 Lévy 过程及其应用，3.3.4 节讨论在连续时间金融框架下进行模型设定，以及模型的离散化处理；3.3.5 节讨论利用 MCMC 估计方法识别所构建的模型；3.3.6 节利用上证 A 股综指、恒生指数和标准普尔 500 指数进行实证分析；3.3.7 节进行简要的结论。

3.3.3　利用时变 Lé vy 过程描述收益率中的跳跃

3.3.3.1　基于 Lévy 过程的跳跃

在给定的概率空间 (Ω,F,P) 中存在一个完备的滤波 $(F_t)_{t\geq0}$，Lévy 过程 X_t 是定义在空间中一个左极限右连续的随机过程，具有独立、稳定的增量，且在 $t=0$ 时满足 $X_0=0$。大多数 Lévy 过程没有显示的概率密度函数，但具有与之一一对应的特征函数 $\varphi_{X_t}(u)$。Lévy 过程的性质能够通过其特征函数得到完美的描述。基于 Lévy-Kintchine 定理，可以得到如下的特征函数的表达式：

$$\varphi_{X_t}(u) = E[e^{iuX_t}] = e^{t\psi_x(u)}, t \geqslant 0,$$

$\psi_x(u)$ 是特征指数，其表达式是：

$$\psi_x(u) \equiv i\mu u - \frac{1}{2}\sigma^2 u^2 + \int_{R_0} (e^{iux} - 1 - iux1_{|x|<1})\pi(dx),$$

　　其中 $(\mu, \sigma, \pi(dx))$ 被称为是 Lévy 三因子，具有 $u \in \mathrm{R}$，$\mu \in \mathrm{R}$，$\sigma \in \mathrm{R}_+$ 等条件。特征三因子与 Lévy 过程也是具有一一对应的关系。$\pi(dx)$ 是定义在 $R_0 = \mathrm{R}/ \{0\}$ 上的 Lévy 测度，用来描述 Lévy 过程中纯跳跃成分的特征：任何跳跃成分的特征均可以通过相应的 Lévy 测度来描述，通过 Lévy 测度可以控制单位时间内发生跳跃的强度以及跳跃的幅度。Sato（1999），Cont, Tankov（2004）对 Lévy-Kintchine 定理有详细的证明。

　　某一 Lévy 过程的 Lévy 测度如果满足下式：

$$\int_{R_0} \pi(dx) = \infty,$$

则表明 Lévy 过程能在单位时间内产生无数的跳跃，满足这一性质的 Lévy 过程被称之为具有无限活动的 Lévy 过程；反之，如果有

$$\int_{R_0} \pi(dx) < \infty,$$

则称其为有限活动的 Lévy 过程，它只能在单位时间内产生有限的跳跃。

　　同样是具有无限活动的 Lévy 过程，如果满足

$$\int_{R_0} (|x| \wedge 1)\pi(x)dx = \infty,$$

则称其具有无限变差[①]；如果存在

$$\int_{R_0} (|x| \wedge 1)\pi(x)dx < \infty,$$

则称其具有限变差。其中 $(|x| \wedge 1)$ 为截断函数（truncated function），表示取 1 和 $|x|$ 中的较小值。VG 过程和 NIG 过程同属于具有无限活动的 Lévy 过程，二者均能在单位时间内产生无数的跳跃，但前者具有有限变差，后者有无限变差。由于股票价格的波动过程中存在很多幅度微小的跳跃，因此适合

---

① 变差用于描述函数路径的特征。函数 $f:[a,b] \rightarrow \mathrm{R}^d$ 的变差定义为：$TV(f) = \sup \sum_{i=1}^{n} |f(t_i) - f(t_{i-1})|$，其中的上确界取值于对区间 $[a,b]$ 的划分 $a = t_0 < t_1 < \ldots < t_{n-1} < t_n = b$。

用无限活动的 Lévy 过程来描述。拥有无限变差则意味着股票价格有趋于无穷的可能性。

Madan 和 Maline（1991）考虑用具有时变特征的布朗运动来构造 VG 过程和 NIG 过程。假定 $B(t;\theta,\sigma_J)$ 是一个带有漂移项的布朗运动，漂移参数为 γ，扩散项的标准差为 σ_J，具体形式为：

$$B(t;\gamma,\sigma_J) = \gamma t + \sigma_J\sqrt{t}W_t,$$

其中的 W_t 是一个具有标准正态分布的随机变量。假定时间 t 的函数 $G(t;1,\nu)$ 具有 Γ 分布的形式，即具有如下的概率密度函：

$$f_G(x) = x^{\frac{t}{\nu}-1}\frac{1}{\left(\frac{t}{\nu}\right)^{\nu}\Gamma\left(\frac{t}{\nu}\right)}e^{-\frac{x}{\nu}}, x > 0,$$

其中的 $\Gamma(x)$ 是伽马函数，则 $X(t;\gamma,\sigma_J,\nu)$ 就是 VG 过程[①]，可以表示为：

$$X(t;\sigma,\nu,\theta) = B(G(t;1,\nu);\theta,\sigma_J)$$
$$= \gamma G(t;1,\nu) + \sigma_J\sqrt{G(t;1,\nu)}W_t,$$

其中的 W_t 是一个服从标准正态分布的随机变量；G 服从均值为 μ 和方差 ν 的 Γ 分布。为方便起见，具体设定 $\mu = 1$，即具有单位的均值。通过如上方式构造的 VG 过程由参数 θ 控制偏度，ν 控制峰度。

如果上述时间 t 的函数 $G(t;1,\nu)$ 具有 IG（inverse Gaussian）分布的形式[②]，即有

$$f_{IG}(x) = \frac{t}{\sqrt{2\pi\nu}}x^{\frac{3}{2}}e^{-\frac{(x-t)^2}{2\nu x}}, x > 0,$$

----

① Γ 分布经常表示为：$f(x;a,b) = \frac{1}{b^a\Gamma(a)}x^{a-1}e^{-\frac{x}{b}}, x > 0$；其均值为 ab，方差为 ab^2。本文的设定形式下有：$a = \frac{t}{\nu}, b = \nu$；在后文对连续时间模型进行离散化时，将时间 t 换为时间间隔 Δt，均值 $ab = \Delta t$，方差 $ab^2 = \nu\cdot\Delta t$。此时 VG 类跳跃成分 J_t 的均值为 $\gamma\Delta t$，方差为 $(\gamma^2\nu + \sigma_J^2)\Delta t$。

② IG 分布经常表示为：$f(x;a,b) = \frac{b^{1/2}}{\sqrt{2\pi}}x^{-\frac{3}{2}}\exp\left(-\frac{b(x-a)^2}{2xa^2}\right), x > 0$，其均值为 a，方差为 $\frac{a^3}{b}$。在本文的设定形式下有：$a = t, b = \frac{t^2}{v}$。将时间 t 换为时间间隔 Δt 时，均值 $a = \Delta t$，方差 $\frac{a^3}{b} = v\cdot\Delta t$。此时 NIG 类跳跃成分 J_t 的均值为 $\gamma\Delta t$，方差为 $(\gamma^2 v + \sigma_J^2)\Delta t$，即同 VG 跳跃的均值和方差具有相同的形式，因此便于比较两类不同跳跃成分的特征。

则 Lévy 过程 $X(t;\gamma,\sigma_J,\nu)$ 就是 NIG 过程。NIG 过程具有无限的变差，而 VG 则具有有限的变差，但二者均属于无限活动的 Lévy 过程。VG 与 NIG 过程的特征指数分别是：

$$\begin{cases} \psi_{VG}(u) = -\dfrac{1}{k}\log\left(1 + \dfrac{u^2\sigma^2 k}{2} - i\theta ku\right), \\ \psi_{NIG}(u) = \dfrac{1}{k} - \dfrac{1}{k}\sqrt{1 + u^2\sigma^2 k - 2i\theta uk}. \end{cases}$$

由此可知，VG 过程和 NIG 过程都是纯粹的跳跃过程，不含有连续波动的成分。

3.3.3.2 利用停时构造时变波动率

在上述的 Lévy 过程中，用于描述连续性波动成分的 Lévy 三因子之一 σ 是一个常数，不符合股票价格的波动具有时变性的特征，这一问题可以通过构造停时的方法予以解决。考虑在完备的概率空间 $(\Omega,F,(F_t)_{t\geqslant 0},P)$ 上定义一个具有左极限右连续特征且总取正值的随机过程 V_t，利用它建立的停时 T_t 为：

$$T_t = \int_0^t V_s d_s, t \leqslant T。$$

T_t 是有界的，也可以称其为从属过程（subordinator），其中的 V_t 一般用来代表瞬时方差率。T_t 可以看作同自然时间 t 相对应的商业时间：如果在时间 t 有较多的信息流入市场，则波动的幅度会较大，相应的 T_t 的取值也会较大；反之如果市场的波动较为平稳，则 T_t 的取值也比较小。实证分析中，经常假定 V_t 符合 CIR 过程（Cox 等，1985），它具有取正值、均值回复等特征，适合对波动率进行建模 Carr，Wu（2004）。CIR 过程的表达式为：

$$dV_t = \kappa(\theta - V_t)d_t + \sigma_v\sqrt{V_t}dW_t,$$

其中 W_t 是一个标准的布朗运动。

假定 X_t 是一个 Lévy 过程，通过停时 T_t 构造的时变 Lévy 过程可以表示为：

$$X_t = X_{T_t} = X(T_t)。$$

Carr 和 Wu（2003，2004）运用时变 Lévy 过程，将股票收益率中的扩散项由时变布朗运动来刻画，从而连续性波动具有了聚集效应。Carr 和 Wu（2008）利用时变 Lévy 过程分析了收益率与波动率之间经由各种途径的相互影响。

3.3.4   利用时变 Lé vy 过程构建参数模型

为能够同时刻画股票价格波动过程中的连续性成分和跳跃成分，在本节利用 CIR 过程描述波动中的连续性成分，用具有不同的无限活动 Lévy 过程刻画跳跃成分。

3.3.4.1   连续时间模型

假定 $(\Omega, F, (F_t)_{t \geqslant 0}, P)$ 是一个完备的随机空间，股票收益率的波动过程由漂移项、扩散项和跳跃成分来刻画，其中的跳跃成分由一般性的 Lévy 过程来描述，它可以具有有限变差，也可以具有无限变差。据此，建立如下的两个模型：SVVG 模型和 SVNIG 模型。前者的跳跃成分由 VG 过程刻画，后者由 NIG 过程刻画。

（1）模型 1：SVMJ。

收益率中的跳跃成分利用 Merton 类跳跃成分进行刻画，可以在连续时间框架下，简历如下的 SVMJ 模型：

$$
\begin{cases}
S_t = S_0 \exp\{\mu t + \sqrt{V_t} W_t^{(1)} + J_t^c\}, \\
dV_t = \kappa(\theta - V_t)dt + \sigma_v \sqrt{V_t} dW_t^{(2)}, \\
J_t^c = {}_{t=1}^{T} N_t \cdot \xi_t, \\
\xi_t \sim N(\mu_J, \sigma_J^2), N_t \sim Bernoulli(\lambda), \\
[dW_t^{(1)} \cdot dW_t^{(2)}] = \rho dt.
\end{cases}
\tag{1}
$$

在上述模型中，μ 是漂移项；$W_t^{(1)}$ 和 $W_t^{(2)}$ 都是标准的布朗运动，二者之间具有一定的相关性，即模型本身存在杠杆效应；V_t 是瞬时方差率，用于刻画股票价格波动过程中的连续性成分，具有持续性；参数 θ 是 V_t 的长期均值；参数 κ 用于度量 V_t 收敛的速度，取值较大则表明 V_t 能够以较快的速度收敛于长期均值 θ，否则反之；参数 σ_v 用于度量 V_t 的波动性，即波动率的波动率；变量 J_t^c 是在连续时间下股票价格波动过程中的跳跃成分的累积值，由度量跳跃发生与否的参数 N_t 在这一模型中服从的是 VG 过程；ε_t 服从标准的正态分布，即有 $\varepsilon_t \sim N$ (0, 1)，它与 $W_t^{(1)}$、$W_t^{(2)}$ 均不具有相关性。模型的参数集合为 $\Theta = \{\mu, \kappa, \theta, \rho, \sigma_v, \gamma, \sigma_J, v\}$，潜变量有三个，即 $\{V_t\}_{t=1}^T$、$\{J_t^c\}_{t=1}^T$，$\{G_t^c\}_{t=1}^T$。

（2）模型2：SVVG。

$$\begin{cases} S_t = S_0 \exp\{\mu t + \sqrt{V_t} W_t^{(1)} + J_t^c\}, \\ dV_t = \kappa(\theta - V_t) dt + \sigma_v \sqrt{V_t} dW_t^{(2)}, \\ J_t^c = \gamma G_t^c + \sigma_J \sqrt{G_t^c} \varepsilon_t, \\ G_t^c \sim \Gamma(\frac{t}{v}, v), \\ [dW_t^{(1)} \cdot dW_t^{(2)}] = \rho dt。 \end{cases} \tag{2}$$

其中的 μ 是漂移项；$W_t^{(1)}$ 和 $W_t^{(2)}$ 都是标准的布朗运动，二者之间具有相关性，即模型本身存在杠杆效应；V_t 是瞬时方差率，用于刻画股票价格波动过程中的连续性成分，具有持续性；参数 θ 是 V_t 的长期均值；参数 κ 用于度量 V_t 收敛的速度，取值较大则表明 V_t 能够以较快的速度收敛于长期均值 θ；参数 σ_v 用于度量 V_t 的波动性，即波动率的波动率；变量 J_t^c 是在连续时间下股票价格波动过程中的跳跃成分的累积值，在这一模型中服从的是 VG 过程；ε_t 服从标准的正态分布，即有 $\varepsilon_t \sim N$ (0, 1)，它与 $W_t^{(1)}$、$W_t^{(2)}$ 均不具有相关性。模型的参数集合为 $\Theta = \{\mu, \kappa, \theta, \rho, \sigma_v, \gamma, \sigma_J, v\}$，潜变量有三个，即 $\{V_t\}_{t=1}^T$、$\{J_t^c\}_{t=1}^T$，$\{G_t^c\}_{t=1}^T$。

（3）模型3：SVNIG。

其他假定不变，仅假定用于构造时变布朗运动的 G_t^c 具有 IG 分布的形式，可以得到 SVNIG 模型，

$$\begin{cases} S_t = S_0 \exp\{\mu t + \sqrt{V_t} W_t^{(1)} + J_t^c\}, \\ dV_t = \kappa(\theta - V_t) dt + \sigma_v \sqrt{V_t} dW_t^{(2)}, \\ J_t^c = \gamma G_t^c + \sigma_J \sqrt{G_t^c} \varepsilon_t, \\ G_t^c \sim IG(\frac{t}{v}, v), \\ [dW_t^{(1)} \cdot dW_t^{(2)}] = \rho dt. \end{cases} \tag{3}$$

SVNIG 模型中参数的意义与 SVVG 模型相同，参数集合为：$\Theta = \{\mu, \kappa, \theta, \rho, \sigma_v, \gamma, \sigma_J, v\}$。模型中的潜变量同样有三个：$\{V_t\}_{t=1}^T$、$\{J_t^c\}_{t=1}^T$ 和 $\{G_t^c\}_{t=1}^T$。与 SVVG 模型的设定在形式上虽然区别不大，模型中所含有的

跳跃成分也均是具有无限活动属性的，但二者所描述的股价路径有着根本的区别：SVVG 模型所描述的价格路径具有有限变差，而 SVNIG 描述的股价有无限变差。

3.3.4.2　离散状态空间模型

上述两个模型是根据时间连续的假定建立的，但现实中的股价具有离散的特征。对 SVVG 和 SVNIG 模型进行估计时必须进行离散化处理。本文采用 Euler 离散化的方法，可以得到与连续事件模型相对应的状态空间模型。假定有 $y_t = \ln S_t$，其中的 $t = 1, \cdots, T$。假定对股票价格进行观测的间隔时间为 Δ，可以得到如下三个离散的状态空间模型。

SVMJ 模型的状态空间模型：

$$\begin{cases} y_{t+1} = y_t + \mu\Delta + \sqrt{V_t\Delta}\varepsilon_{t+1}^y + J_{t+1}, \\ V_{t+1} = V_t + \kappa(\theta - V_t)\Delta + \sigma_v\sqrt{V_t\Delta}\varepsilon_{t+1}^v, \\ J_{t+1} = N_t \cdot \xi_t \\ \xi_t \sim N(\mu_J, \sigma_J^2), N_t \sim Bernoulli(\lambda), \\ corr(\varepsilon_{t+1}^y, \varepsilon_{t+1}^v) = \rho。 \end{cases} \tag{4}$$

模型中的 ε_{t+1}^y、ε_{t+1}^v 和 ε_{t+1}^J 均是服从标准正态分布的扰动项，其中 ε_{t+1}^y 和 ε_{t+1}^v 具有相关性，相关系数为 ρ；ε_{t+1}^J 同其他扰动项均没有相关性。在时点 $t + \Delta$ 产生的跳跃的幅度为：$J_{t+\Delta} = J_{t+\Delta}^c - J_t^c$，离散的潜变量 $G_{t+\Delta} = G_{t+\Delta}^c - G_t^c$。因此，离散化的状态空间模型中三个潜变量为 $X = \{V, G, J\}$。在对 SVNIG 模型的离散化过程中也遵循这一原则。

SVVG 模型的状态空间模型：

$$\begin{cases} y_{t+1} = y_t + \mu\Delta + \sqrt{V_t\Delta}\varepsilon_{t+1}^y + J_{t+1}, \\ V_{t+1} = V_t + \kappa(\theta - V_t)\Delta + \sigma_v\sqrt{V_t\Delta}\varepsilon_{t+1}^v, \\ J_{t+1} = \gamma G_{t+1} + \sigma_J\sqrt{G_{t+1}}\varepsilon_{t+1}^J, \\ G_{t+1} \sim \Gamma(\frac{\Delta}{\nu}, \nu), \\ corr(\varepsilon_{t+1}^y, \varepsilon_{t+1}^v) = \rho。 \end{cases} \tag{5}$$

模型中的 ε_{t+1}^y、ε_{t+1}^v 和 ε_{t+1}^J 均是服从标准正态分布的扰动项，其中 ε_{t+1}^y 和 ε_{t+1}^v 具有相关性，相关系数为 ρ；ε_{t+1}^J 同其他扰动项均没有相关性。在时点 $t + \Delta$ 产生的跳跃的幅度为：$J_{t+\Delta} = J_{t+\Delta}^c - J_t^c$，离散的潜变量 $G_{t+\Delta} = G_{t+\Delta}^c - G_t^c$。

因此，离散化的状态空间模型中三个潜变量为 $X = \{V, G, J\}$。在对 SVNIG 模型的离散化过程中也遵循这一原则。

SVNIG 模型的状态空间模型：

$$
\begin{cases}
y_{t+1} = y_t + \mu\Delta + \sqrt{V_t\Delta}\varepsilon_{t+1}^y + J_{t+1}, \\
V_{t+1} = V_t + \kappa(\theta - V_t)\Delta + \sigma_v \sqrt{V_t\Delta}\varepsilon_{t+1}^v, \\
J_{t+1} = \gamma G_{t+1} + \sigma_J \sqrt{G_{t+1}}\varepsilon_{t+1}^J, \\
G_{t+1} \sim IG(\dfrac{\Delta}{\nu}, \nu), \\
corr(\varepsilon_{t+1}^y, \varepsilon_{t+1}^v) = \rho。
\end{cases} \tag{6}
$$

模型中变量的含义与 SVVG 模型相同。

本文采用 MATLAB 软件对两个模型中的参数和潜变量进行识别，由于软件本身对数据安排的原因，两个模型中可观测的股票对数价格为 $\{y_t\}_{t=1}^T$，连续性波动潜变量为 $\{V_t\}_{t=1}^T$，即二者的时点均是 $t = 1, \cdots, T$；而潜变量 J 和 G 分别为 $\{J_t\}_{t=2}^T$、$\{G_t\}_{t=2}^T$，即二者的时点为 $t = 2, \cdots, T$。参数集合均可以表示为 $\Theta = \{\mu, \kappa, \theta, \rho, \sigma_v, \gamma, \sigma_J, \nu\}$，潜变量集合为 $X = \{\{V_t\}_{t=1}^T, \{G_t\}_{t=2}^T, \{J_t\}_{t=2}^T\}$。

上述两个模型的大部分参数均可以找到标准的后验分布形式，因此可以利用 Gibbs 抽样方法进行抽样后计算后验均值。对于潜变量，可以采用切片抽样的方法进行抽取。如果模型设定正确，残差项 ε_t^y 应该服从标准正态分布，即有：

$$
\varepsilon_t^y = \frac{y_{t+1} - y_t - \mu\Delta - J_{t+1}}{\sqrt{V_t\Delta t}} \sim N(0,1).
$$

可以通过观测残差序列的 QQ 图和进行 Kolmogorov – Smirnov 检验予以验证。

3.3.5 利用 Bayes 方法估计模型

本文采用 MCMC 方法对模型中的参数和潜变量进行估计。鉴于 SVNIG 模型的估计稍显复杂，仅以其为例进行后验分布形式的推导说明。模型 SVNIG 的待估计参数集为 Θ，待估计的潜变量为 V, J, G。根据贝叶斯法则，利用股票对数价格序列 Y 得到所有待估计参数和潜变量的联合后验分布为：

$$p(\Theta, V, J, G \mid Y) \propto p(Y, \Theta, V, J, G) = p(Y, V \mid J)p(J \mid G, \Theta)p(G \mid \Theta)p(\Theta)$$

$$\propto \prod_{t=1}^{T-1} \frac{1}{\sigma_v V_t \Delta \sqrt{1-\rho^2}} \exp\left\{-\frac{1}{2(1-\rho^2)}((\varepsilon_{t+1}^y)^2 - 2\rho\varepsilon_{t+1}^y \varepsilon_{t+1}^v + (\varepsilon_{t+1}^v)^2)\right\}$$

$$\times \prod_{t=1}^{T-1} \frac{1}{\sigma_J \sqrt{G_{t+1}}} \exp\left\{-\frac{(J_{t+1} - \gamma G_{t+1})^2}{2\sigma_J^2 G_{t+1}}\right\}$$

$$\times \prod_{t=1}^{T-1} \frac{\Delta}{\sqrt{\nu}} G_{t+1}^{\frac{3}{2}} \exp\left\{-\frac{(G_{t+1} - \Delta)^2}{2\nu G_{t+1}}\right\}$$

$$\times p(\Theta), \tag{7}$$

其中 $\varepsilon_{t+1}^y = (y_{t+1} - y_t - \mu\Delta - J_{t+1})/\sqrt{V_t\Delta}$，$\varepsilon_{t+1}^y = (V_{t+1} - V_t - \kappa(\theta - V_t)\Delta)/(\sigma_v \sqrt{V_t\Delta})$。之后可以根据（5.10）式结合各个参数具体的先验分布形式得到参数相应的后验分布形式，具体推导可以参考 Li 等（2006）。

3.3.5.1 参数抽样

模型中的大部分参数有着标准的后验分布形式，可以利用 Gibbs 抽样方法对参数进行抽样后计算后验均值。详细的推导过程可见附录，这里仅给出各个参数后验分布的形式，以及求解后验分布时需要考虑的因素。

- 参数 μ 具有正态的先验分布，后验分布也是正态，即有 $\mu \mid \cdot \sim N$；
- 参数 κ 的必须为正才能保证模型可以识别，先假定其具有正态先验分布，相应的后验分布也是正态，之后利用截断正态（TN，Truncated normal distribution）分布进行抽样，即有 $\kappa \mid \cdot \sim TN$；
- 参数 θ 的取值也必须为正，先假定 θ 具有正态的先验分布，相应的后验分布也为正态，之后采用 TN 抽样，即有 $\theta \mid \cdot \sim TN$；
- 参数 ρ 和 σ_v 的目标函数都比较复杂，对二者进行联合抽样却比较便利，采用 Jacquier，Polson 和 Rossi（2004）的方法对两个参数进行抽样，即有 $\rho, \sigma_v^2 \mid \cdot \sim N-IGa$，$N-IGA$ 为正态逆伽马后验分布形式（Normal - Inverse Gamma）；
- 参数 γ 具有正态的先验分布，后验分布也是正态分布，$\gamma \mid \cdot \sim N$；
- 参数 σ_J^2 的后验分布为逆伽马分布，即有 $\sigma_J^2 \mid \cdot \sim IGa$，先抽取 σ_J^2 的值，之后计算 σ_J。

需要关注的是，在进行参数估计时，可设定 $\varpi = \kappa \cdot \theta$，因此参数空间变为如下的形式：$\Theta = \{\mu, \varpi, \kappa, \rho, \sigma_v, \gamma, \sigma_J, \nu\}$。后文进行蒙特卡洛模拟和实证分析时均以此参数空间为准。

3. 3. 5. 2 潜变量抽样

对模型中的三个潜变量 $\{V_t\}_{t=1}^{T}$、$\{J_t\}_{t=2}^{T}$ 和 $\{G_t\}_{t=2}^{T}$ 进行抽样时，由于 $\{J_t\}_{t=2}^{T}$ 在每个时点均有标准正态的后验分布形式，可以方便地采用 Gibbs 抽样的算法予以解决。$\{V_t\}_{t=1}^{T}$ 和 $\{G_t\}_{t=2}^{T}$ 在每个时点的目标函数都不具有标准的后验分布形式，可以采用切片抽样的方法计算每个时点的后验均值。有关切片抽样技术可参考 Neal（2003）。

需要指出的是，SVVG 模型中参数 ν 的目标函数非常复杂，可以利用 Metropolis-Hasting 算法进行抽样，但同样可以利用切片抽样的方法予以解决，后者更为简单易行。因此 SVVG 模型中的参数 ν 采用切片抽样方法计算后验均值。在 SVNIG 模型中，参数 ν 具有逆伽马分布，可以直接利用 Gibbs 抽样方法予以抽样。

3. 3. 5. 3 蒙特卡洛模拟

为检验本节的估计方法是否具有稳健性，需要进行蒙特卡洛模拟予以验证。利用 MATLAB 语言编写程序，分别设定 SVVG 模型和 SVNIG 模型的参数后生成数据，利用本节提出的算法对两个模型分别进行模拟。两个模拟都对参数和潜变量序列进行了 50000 次抽样，舍弃掉前 30000 次作为预烧值（burn in），利用后 20000 次计算参数和潜变量序列的后验均值。蒙特卡洛模拟的结果由表 1 给出。

表 1　蒙特卡罗模拟结果

	SVVG 模型			SVNIG 模型		
	真实值	估计值	标准差	真实值	估计值	标准差
μ	0. 20	0. 2013	0. 0226	0. 30	0. 3007	0. 0914
	3. 00	2. 9773	1. 0023	2. 00	1. 9788	0. 233
κ	0. 20	0. 1996	0. 0377	0. 30	0. 3113	0. 1138
ρ	− 0. 50	− 0. 5004	0. 1166	− 0. 40	− 0. 4219	0. 2001
σ_v	0. 50	0. 3997	0. 1209	0. 40	0. 4478	0. 2036
γ	− 0. 10	− 0. 0967	0. 0338	− 0. 20	− 0. 2103	0. 0102
σ_J	0. 15	0. 1506	0. 0257	0. 20	0. 1925	0. 0473
ν	0. 20	0. 2113	0. 0993	0. 15	0. 16	0. 0327

模拟结果表明，无论是对 SVVG 模型的估计还是对 SVNIG 模型的估计，上述算法都显示出了稳健性，比较可靠。因此可以利用这一算法对真实数据进行实证分析。

3.3.6　数据与实证分析

3.3.6.1　数据

本节利用沪深 300 指数（HS300 指数）、恒生指数（HSI 指数）和标普 500 指数（S&P500 指数）进行实证分析，数据源于国泰安的 CSMAR 数据库。为了便于比较在相同的时间内不同股票市场的跳跃特征，三个时间序列均是从 2005 年 4 月 8 日至 2011 年 12 月 30 日，分别有 1640、1665 和 1697 个观测值。图 1 给出了三个指数的水平序列及其对数收益率的走势图。

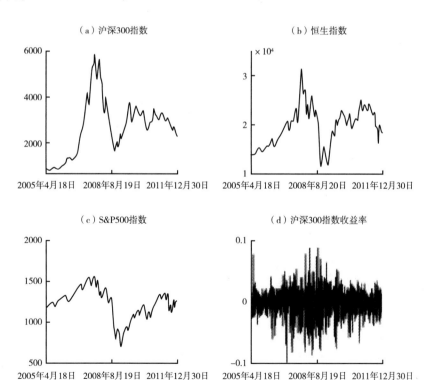

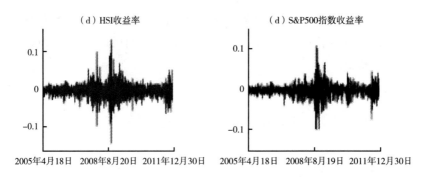

图 1   HS300 与 HSI 指数的水平序列与收益率序列

由图 1 可知，在考察期间内，由于 2007 年金融危机的影响，三个股票市场均经历了大起大落的走势。由收益率序列可知，在 2008 年 10 月份股票市场从低点进行反弹期间，市场的波动尤为剧烈。表 1 给出了三个指数对数收益率的简单统计量。在 5% 的显著性水平上应用 Kolmogorov-Smirnov 检验考察三个收益率的正态分布特征，p 值均为 0，表明收益率分布的非正态性。HS300 和 S&P500 指数具有左偏的性质，而 HSI 指数则具有右偏的性质。

表 2   HS300、HSI 与 SP500 指数收益率简单统计量

	均值	标准差	最小值	最大值	偏度	峰度	J − B
HS300	0.0005	0.0200	− 0.0969	0.0893	− 0.4057	5.4391	0.0000
HSI	0.0001	0.0183	− 0.1358	0.1340	0.0478	10.6128	0.0000
SP500	0.00003	0.0148	− 0.0946	0.10957	− 0.2870	11.7381	0.0000

3.3.6.2   参数估计

本文采用 MATLAB 编写程序估计模型中的参数，在估计过程中，每一模型进行 40000 次抽样，舍弃掉前 20000 次作为预烧值（burnin），利用后 20000 次计算后验均值和后验标准差。在估计两个模型中的参数时，SVNIG 模型中的参数 v 的目标函数较为复杂，采用切片抽样方法予以解决；其他参数都具有标准的后验分布形式，如正态分布和伽马分布等，可以利用 Gibbs 抽样方法进行抽样。

在对三个潜变量进行赋值时，采用如下的策略：利用简单的 GARCH

（1，1）模型估计出每日的波动率，将其转换为年度值后作为 SVMJ、SVVG 和 SVNIG 模型中连续性波动成分 $\{V_t\}_{t=1}^{T}$ 的初始值；对跳跃成分的序列 $\{J_t\}_{t=2}^{T}$ 进行初始化时，如果当日收益率的取值处于平均收益率 2 倍标准差的范围之内，则将当日跳跃成分的值设为 0，在当日收益率超出平均收益率 2 倍标准差范围时，则将超出部分作为当日的跳跃值；潜变量 $\{G_t\}_{t=2}^{T}$ 序列每日的初始值均设定为 Δ 。

表 3　模型参数估计结果

	HS300			HSI			SP500		
	SVMJ	SVVG	SVNIG	SVMJ	SVVG	SVNIG	SVMJ	SVVG	SVNIG
μ	0.1419	0.3972	0.3245	0.2891	0.1348	0.1307	0.0772	0.1073	0.0932
	(0.0771)	(0.1056)	(0.1042)	(0.1061)	(0.0664)	(0.0684)	(0.0560)	(0.0518)	(0.0461)
ϖ	0.0938	0.1144	0.2247	0.0418	0.2098	0.1749	0.0905	0.1669	0.1418
	(0.0384)	(0.0562)	(0.0862)	(0.0537)	(0.0494)	(0.0437)	(0.0251)	(0.0323)	(0.0255)
κ	− 0.89935	1.4817	2.7138	− 0.4706	3.1129	2.8253	− 1.4037	4.0158	3.5762
	(0.8454)	(0.8155)	(1.2511)	(0.7546)	(0.9350)	(0.8087)	(0.9372)	(0.9286)	(0.8168)
ρ	− 0.3956	− 0.0618	− 0.1418	− 0.0244	− 0.5954	− 0.6609	− 0.5981	− 0.7869	− 0.7708
	(0.0873)	(0.1265)	(0.1213)	(0.1192)	(0.0704)	(0.0728)	(0.0645)	(0.0525)	(0.0555)
σ_v	0.4730	0.2972	0.4634	0.3656	0.5405	0.4738	0.4711	0.5161	0.4757
	(0.0563)	(0.0707)	(0.0750)	(0.0660)	(0.0548)	(0.0471)	(0.0433)	(0.0449)	(0.0370)
$\gamma(\mu J)$	0.0042	− 0.2713	− 0.5829	− 0.0225	− 0.0396	− 0.1944	− 0.0011	− 0.1128	− 0.5103
	(0.0721)	(0.1010)	(0.4274)	(0.0136)	(0.0754)	(0.3920)	(0.0385)	(0.0741)	(0.5623)
σJ	0.0641	0.1616	0.3713	0.0486	0.1186	0.3359	0.0635	0.1073	0.3364
	(0.0159)	(0.0174)	(0.0489)	(0.0082)	(0.0123)	(0.0336)	(0.0133)	(0.0112)	(0.0313)
$\gamma(\lambda)$	0.6789	0.1142	1.8409	5.5443	0.1283	2.7226	0.7868	0.1203	7.6605
	(0.5296)	(0.0039)	(0.6131)	(2.5656)	(0.0052)	(0.4872)	(0.4768)	(0.0065)	(2.6897)

注：括号中为后验标准差。

利用三个指数分别估计 SVMJ、SVVG 和 SVNIG 模型得到如表 2 所示的 9 个模型的估计结果，模型中的大部分参数均有显著性。Merton 类跳跃有时会出现估计误差，Jacquier，Polson 和 Rossi（2004）的论文中曾经指出了这一点。因此，此处的分析仅以其作为参考，重点分析 SVVG 和 SVNIG 模型的估计结果。杠杆效应 ρ 在 A 股市场并不显著，而在另外两个市场则具有高度的显著性。这一结果表明在 A 股市场上，收益率取值的正负并不会对未来连续性波动产生明显的影响。在 SVVG 和 SVNIG 模型中，参数 γ 用于度量跳跃成分的均值。估计结果显示，三个指数的估计出的 γ 值均为负，表明三个市场上发生的跳跃行为多为向下的跳跃，也与现实的观测较为相符。特别是对于 A 股市场，在每一类模型中，γ 的绝对值均比较大，表明就平均意义而言，A 股市场较其他两个市场更易于发生向下的跳跃。参数 κ 用于度量波动率均值回复的速度，取值较大的话表明波动概率能够迅速地向均值靠拢。SP500 指数的估计结果在两个模型中较在 HSI 和 SH 指数中的估计结果都要大，这表明美国市场的波动具有向均值回复的更快速度。A 股市场的波动向均值回复的速度是最慢的，较香港市场还要慢，表明 A 股市场的波动性要强于其他两个市场。

这一估计结果能部分的解释 A 股市场"十年零涨幅"的现象。在对 HS300 指数估计的结果中，每类模型的参数明显大于其他两个指数的估计结果，同样可以在平均意义上说，A 股市场收益率过程张的漂移项能给投资者带来较高的回报，而且是远高于其他两个市场。最近，针对 A 股市场"十年零涨幅"讨论不绝于耳，表明现实中 A 股市场并没有给广大的投资者带来相应的回报。这一结果正是由于 A 股市场不断出现负向的跳跃造成的，负向跳跃抵消了漂移项带来的较高正收益。

3.3.6.3 连续性波动与跳跃成分估计结果

连续性波动与跳跃成分是考察的两个核心潜变量。图 2、图 3 和图 4 分别给出了利用三个模型估计三个指数时得到的连续性波动成分和跳跃成分的时间序列。以 HS300 指数连续性波动的三个结果为例，三个模型所估计出的结果虽然不尽相同，但它们有着相同的走势，在取值范围内相差不大。这一现象表明，前文所设定的 SVMJ、SVVG 和 SVNIG 模型虽然在捕捉跳跃成分时存在一定的差异，在捕捉连续性波动成分时却具有高度的一致性。波动率虽然具有不可观测的性质，但作为一种股票价格波动时体现出的真实特征，是可以对其进行刻画的。

SVMJ 模型中将跳跃视为稀有事件，因此所捕捉到的跳跃成分均是幅度较大的向上或向下的跳跃，这些跳跃一般与重要的宏观经济变化有关，数量也较为稀少。在 SVVG 和 SVNIG 模型中跳跃被视为是普通事件，在股票市场的波动过程中大量存在，不仅包含数量较少的大幅跳跃，也包含数目众多的微小跳跃。对比图 2 ~ 图 4 可以发现模型特征得以验证。

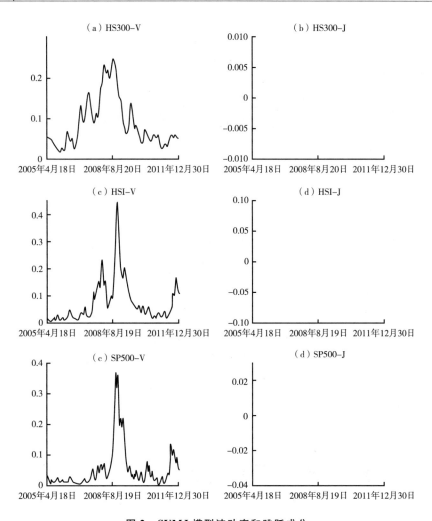

图 2　SVMJ 模型波动率和跳跃成分

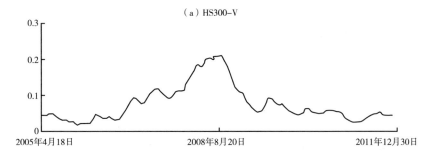

（b）HS300–J

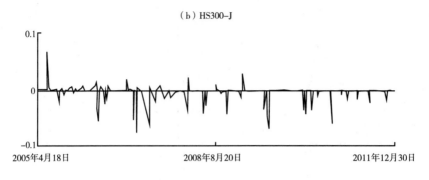

（c）HSI–V

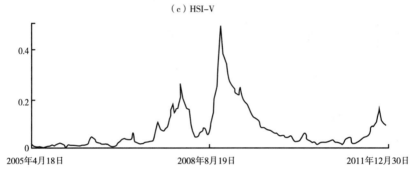

（d）HSI–J

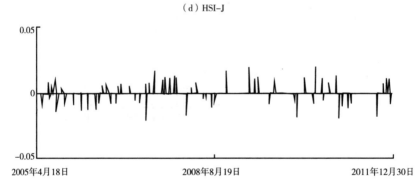

（c）SP500–V

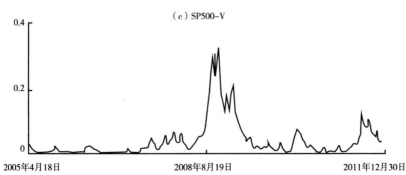

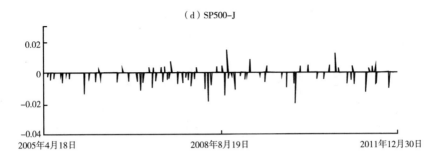

图 3 SVVG 模型波动率和跳跃成分

图 3 和图 4 分别给出了估计 HS300 – SVVG、HS300 – SVNIG 模型时得到的三个潜变量的时间序列值。对潜变量 $\{V_t\}$ 的估计采用单步法，切片抽样的结果表明，在每个时点的抽样均具有较快的收敛速度。两个模型的估计结果表明，波动连续性成分的时间序列的取值虽然在三个模型中各不相同，但处于合理的区间，而且具有极为相似的形状，表明本文的模型设定具有一定的合理性。

由图 3 可以观察到，当收益率的波动较为剧烈的时候，连续性波动成分 V_t 的相应取值也比较大；当收益率的取值较为异常时，在 J_t 序列中通常会有加大幅度的跳跃发生。这两个特征在图 4 中也很明显。在 SVVG 和 SVNIG 模型估计出的跳跃成分的时间序列中，除了少数幅度较大的跳跃外，同样存在着数量众多的微小跳跃。对比图 2 可以发现，利用泊松过程捕捉跳跃行为时，这些微小跳跃并不能被有效的识别出来。因此，刻画股票价格波动过程中的跳跃成分时，Lévy 过程能够较为充分的识别出各类的跳跃成分。

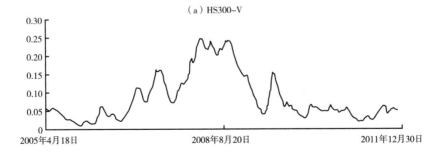

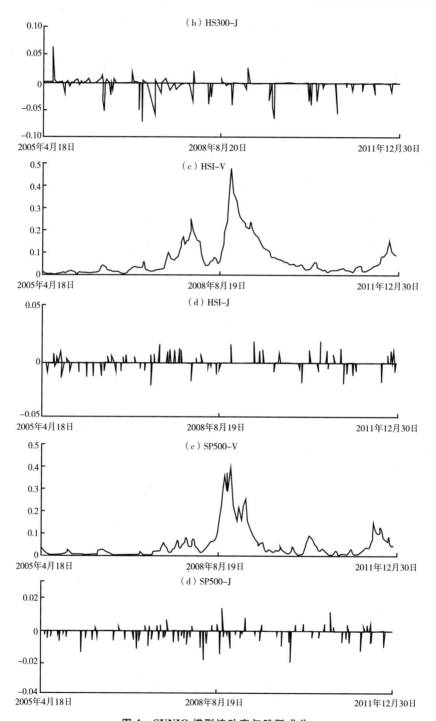

图 4　SVNIG 模型波动率与跳跃成分

图 3 和图 4 分别给出了利用利用 SVVG、SVNIG 模型估计三个指数得到的潜变量时间序列。由估计结果可知，发生较大幅度跳跃的时点比较稀少，与 SVMJ 模型估计的结果相类似。较大幅度的跳跃以负向为主，但同 HS300 指数的股结果相比较，发生正向跳跃的时间比较多。此外，两个 Lévy 过程模型估计出的大幅跳跃以负向跳跃居多，这同对参数 γ 的估计结果具有一致性。在模型中对参数 γ 的估计值均为负值，这表明在两个市场中倾向于发生负向的跳跃。分别比较两个指数对 SVVG 和 SVNIG 模型的估计值，γ 的绝对值在 HS300 指数中要比 HSI 指数中的绝对值大得多，这意味着平均而言，A 股市场发生负向跳跃的幅度会比香港市场的负向跳跃的幅度大很多。

3.3.6.4 模型检验

当模型设定无误时，模型（10）中的残差序列 $\{\varepsilon_t^y\}_{t=2}^T$ 应该服从标准正态分布，即具有 $\varepsilon_t^y \sim N(0,1)$ 的性质。检验残差序列是否为正态分布，较为直观的方法是绘制 QQ 图。在统计上具有多个统计变量对残差进行正态性检验，本文利用利用 Kolmogorov-Smirnov 检验考察不同模型在估计不同的指数时得到残差的正态性，相应的 P 值由表 3 给出。通过比较可以发现，采用 Lévy 过程可以提高对数据的拟合程度，SVMJ 模型、SVVG 模型和 SVNIG 模型残差分布逐步向正态性分布靠拢，对三个指数的估计结果均有所体现。特别是 SVNIG 模型得到的三个 p 值分别为 0.0959、0.0652 和 0.0510，这表明沪深 300 指数、恒生指数和标普 500 指数的残差均能在 5% 的显著性水平上接受标准正态分布的零假设，模型拟合效果良好。

表 3 残差正态性检验

	HS300	HSI	SP500
SVMJ	0.0067	0.0157	0.0043
SVVG	0.0087	0.0251	0.0100
SVNIG	0.0959	0.0652	0.0510

图 5 给出了利用 SVNIG 模型估计沪深 300 指数、恒生指数和标普 500 指数后得到的残差序列的 QQ 图。

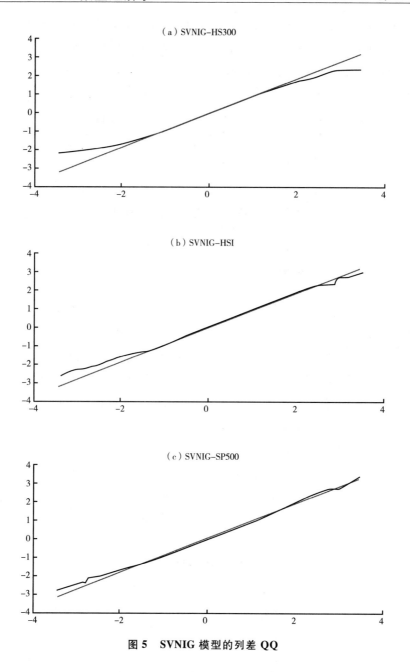

图 5 SVNIG 模型的列差 QQ

基本一致的结论是，在刻画收益率波动中的跳跃行为时，具有无限活动的 Lévy 过程比有限活动的泊松过程更具有优势；同样，具有无限变差与无限活动的 Lévy 过程比有限活动有限变差的 Lévy 更具有优势。

3.3.7 结论

股票价格的波动大致由三类成分构成：连续性波动、大幅度跳跃和小幅度跳跃，每一类波动对应着不同的市场风险。在进行资产定价、投资组合与风险管理时，任何一类波动的影响均不可忽视。本文在连续时间金融的框架下考虑如何捕捉这三类不同的市场波动成分：利用 SV 模型捕捉连续性波动成分，对波动聚集、杠杆效应均能有效刻画；利用时变 Lévy 过程同时捕捉价格波动中的大幅跳跃和小幅跳跃。小幅跳跃由于数目庞大，可以将其认为具有无限活动的特征，本文采用的两个 Lévy 过程，即 VG 过程和 NIG 过程，均具有无限活动的特征，但区别在于：前者具有有限变差，而后者具有无限变差。

本文对于模型的估计采用 MCMC 方法，特别是对于目标函数较为复杂的参数和潜变量，采用切片抽样的技术进行抽样。利用 HS300 指数、HSI 指数和标普 500 指数所做的分析表明：在捕捉股票价格的跳跃行为时，Lévy 过程能更为充分的捕捉各种类型的跳跃，比传统的泊松跳跃类模型更具有优势，在三个市场中除了存在少数大幅跳跃外，的确存在着为数众多的小幅跳跃；同是具有无限活动特征的 Lévy 过程，具有无限变差特征的 NIG 过程比具有有限变差的 VG 过程更适于捕捉市场中的跳跃成分；相较于香港和美国股市，A 股市场的跳跃成分以负向跳跃居多，跳跃的幅度也更大，跳跃成分之间不具有相关性。

本文所提出的模型具有较高的理论价值与应用价值。在实证分析中，本文采用的是日度数据，模型同样适用于周、月度等低频数据，也适用以分为单位的高频数据，因此建模范围较为广泛，可以用来考察不同频率周期金融数据的波动特征。利用这一模型，可以进而分析市场风险定价、衍生品估值以及 VaR 计算等诸多问题，因此在金融实务操作中具有较高的应用价值。在后续的研究中，将对这些问题予以分析。

参考文献

[1] Carr P, H Geman, D Madan, M Yor. 2002. The fine structure of asset returns：An

empirical investigation. Journal of Business, 75: 305 – 332.

[2] Carr P, Wu L. 2004. Time-changed Levy processes and option pricing. Journal of Financial Economics, 71: 113 – 141.

[3] Chan W H, Maheu J M. 2002. Conditional jump dynamics in stock market returns. Journal of Business and Economic Statistics, 20 (3): 377 – 389.

[4] Cox J C, Ingersoll J E, Ross S A. 1985. A Theory of the term structure of interest rates. Econometrica, 53: 385 – 408.

[5] Duffie D, Pan J. 2001. Analytical value-at-risk with jumps and credit risk. Finance and Stochastic, 5: 155 – 180.

[6] Eraker B, Johannes M, Polson N. 2003. The impact of jumps in volatility and returns. Journal of Finance, 58 (3): 1540 – 6261.

[7] Heston S L. 1993. A closed-form solution for options with stochastic volatility with applications to bond and currency options. Review of Financial Studies, 6 (2): 327 – 343.

[8] Jarrow R A, Rosenfeld E R. 1984. Jump risks and the intertemporal capital asset pricing model. Journal of Business, 57: 337 – 351.

[9] Jacquier E, Polson N G, Rossi P E. 2002. Bayesian analysis of stochastic volatility models. Journal of Business and Economic Statistics, 20 (1): 69 – 87.

[10] Jacquier E, Polson N, Rossi P E. 2004. Bayesian analysis of stochastic volatility models with fat-tails and correlated errors. Journal of Econometrics, 122 (1): 185 – 212.

[11] Johannes M, Polson N G. 2003. MCMC methods for continuous-time financial econometrics. Handbook of Financial Econometrics, Amsterdam: Ait-Sahalia Y, Hansen LP.

[12] Li H, M T Wells, C L Yu. 2006. A Bayesian analysis of return dynamics with Levy jumps. Review of Financial Studies, 21: 2345 – 2378.

[13] Li J, C Favero, F Ortu. 2009. Spectral iterative estimation of tempered stable stochastic volatility models and option pricing. Working Paper.

[14] Madan D, Carr P, Chang E. 1998. The variance gamma process and option pricing. European Finance Review, 2: 79 – 105.

[15] Merton R. 1976. The impact on option pricing of specification error in the underlying stock price returns. The Journal of Finance, 31: 333 – 350.

[16] Neal R M. 2003. Slice sampling. The Annals of Statistics, 31 (3): 705 – 741.

[17] Press S J. 1967. A compound events model for security prices. Journal of Business, 40: 317 – 335.

[18] Sato, K. L. 1999. Levy processes and infinitely divisible distributions. Cambridge: Cambridge University Press.

[19] 陈浪南, 孙建强. 2010. 股票市场资产收益率的跳跃行为研究. 经济研究, 4: 54 – 66.

[20] 黄后川, 陈浪南. 2003. 中国股票市场波动率的高频估计与特性分析. 经济研

究，2：75 – 82.

［21］李胜歌，张世英．2007．已实现双幂次变差与多幂次变差的有效性分析．系统工程学报，6：280 – 286.

［22］刘庆富，朱迪华，周思泓．2011．恒生指数期货与现货市场之间的跳跃溢出行为研究．管理工程学报，25（1）：115 – 120.

［23］刘志东，陈晓静．2010．无限活动纯跳跃 Levy 金融资产价格模型及其 CF – CGMY 参数估计与应用．系统管理学报，8：428 – 450.

［24］王春峰，李晔，房振明．2010．中国银行间债券市场回购交易动态行为研究——基于已实现跳跃风险的分析．系统学报，7：1097 – 1101.

3.4 基差变化与沪深 300 指数和股指期货的波动性

——基于马可夫状态转换模型的考察

卢宗辉 蓝海平 龚映清[①]

（国信证券博士后工作站）

摘　要： 随着 A 股市场在全球资本市场中地位的上升，沪深 300 股指期货作为避险与套利工具的需求也日益激增。我们将利用两状态 MS – AR（1）模型考察分析沪深 300（CSI300）基差的波动率状态变化，以及相对应的现货、期货收益率波动性对基差的影响与关联，并对比分析沪深 300 与新华富时 A50（FTSE A50）的差异。实证结果表明：（1）CSI300 指数基差存在着高、低波动状态的两状态 Markov 过程，并大多数时间处于负基差状态；（2）CSI300 指数与股指期货波动性对基差具有相当的影响作用；（3）CSI300 指数基差在低波动状态具有较长的持续时间与持续概率；（4）较之 CSI300 指数基差，新华富时 A50 现货、期货波动性对基差有更强的影响。本文研究补充了现有理论关于沪深 300 股指期货基差及其报酬率对基差的影响研究的不足，本文的实证结果对于利用沪深 300 作为避险或套利工具也具有重要操作指导意义。

关键词： 基差　波动性　马可夫状态转换

---

① 卢宗辉（1966 ~ ），男，经济学博士，副研究员，国信证券博士后工作站研究总监；蓝海平（1981 ~ ），男，经济学博士，国信证券博士后工作站在站博士后；龚映清（1983 ~ ），女，经济学博士，国信证券博士后工作站在站博士后。

3.4.1 引言

股指期货对于股市的风险管理、波动降低、不对称信息降低等方面有着举足轻重的作用，而其相对于现货市场的高流动性和低操作成本更是使其成为投资者的一种重要避险策略、指数套利甚至投机操作工具，也正因为如此，现货与期货之间的基差及其与报酬率波动性方面的关系等问题也吸引了理论与实践领域的研究热潮。所谓基差（basis），一般而言指的是现货价格与期货价格之间的价差。期货价格高于现货价格时为负基差，这时的市场称之为正向市场；反之，则为正基差，这时的市场为逆向市场。基差会随着现货价格的相对波动而产生变化，基差的变化会影响期货的避险效果，也即基差风险。基差风险的存在会使避险者的部位变好或变坏，因此，研究基差及其与波动性的关系对于风险规避、指数套利都具有重要意义。

Fama（1984）指出，基差包含未来现货价格变动的信息或者期货合约到期时的风险溢价信息，Figlewski（1984）也认为报酬和风险都是基于基差的行为。大部分研究结果显示，基差具有均值回归（mean reversion）的特征。Sarno 与 Valente（2000）利用区间转换向量平衡修正模型（regime switching vector equilibrium correction model）探讨 S&P 500 与 FTSE 100 指数现货与期货的关系时发现基差行为显示出非线性动态过程，且具有强烈的均值回归现象；Monoyios 与 Sarno（2002）进一步详细考察了基差这一特征。关于基差与股市收益波动性的关系，Fama 和 French（1987）研究美国 15 种商品市场价格行为时发现，滞后的基差对于现货价格变动具有预测能力；Alizadeh 和 Nomikos（2004）使用滞后基差变化作为现货价格收益的时变方差的解释变量时，发现其影响显著。国内学者也对基差进行了一定的探讨与分析，如管玉亚（2004）分析了基差稳定性、波动性与趋零性等特征以及对套期保值、投机的影响；石玉洲（2006）则分析不同期货品种基差的构成以及正负基差对应的内涵；易蓉等（2008）研究了沪铜期货基差的非线性动态调整特性；张龙斌等（2010）则从基差对高阶矩的影响分析市场的风险与度量。

在研究方法上，Hamilton（1989）利用间断状态移动马可夫转换回归发现两状态移动的模型具有描述周期性变化的能力。Engel 与 Hamilton（1989）应用 Hamilton（1989）发展出的马可夫转换模型（Markov-switching model）预测汇率，发现其优于随机模型。Bollen 等（2001）比较 GARCH、ARIMA

及马可夫转换模型三种模型对汇率预测的能力，实证发现马可夫模型预测值与实际值的三种误差较小，能有效掌握汇率的区间，减少决策错误几率，降低投资风险。Smith 与 Layton（2007）则考察了马可夫转换模型在商业周期预测上的应用，指出马可夫转换模型能够有效提高预测的统计显著性。关于马可夫转换模型在股市波动性的应用，比如有，Cai（1994）结合 Engle（1982）的 ARCH 模型与 Hamilton（1989）的马可夫转换模型检验了美国 3 个月国库券超额报酬率波动持续性问题；Liu 等（2012）用两阶段模型对股市收益的波动性进行了研究；Marcucci（2005）结合马可夫状态转换模型与 GARCH 模型，系统地考察了不同波动性模型在股市波动性预测的能力，实证研究表明马可夫转换模型与 GARCH 模型的结合能够显著提高对股市波动性的预测等等。

具体到沪深 300 股指期货市场的基差及其与收益波动性关系的研究，国内外学者也进行了一些探索。但是，总的来说，关于沪深 300 现货与期货的基差，及其与收益率波动性之间关系的研究还较少，而马可夫转换模型可以有效区分波动性高低，基于此考虑，本文利用两状态的 MS – AR（1）模型对沪深 300 股指期货与现货市场之间基差的波动状态，以及现货与期货报酬率波动性对基差的影响进行实证分析，同时，为了更好地说明沪深 300 股指期货基差特征，本文进一步加入了新加坡交易所的新华富时 A50 指数基差作为对比。因交易市场、指数成分与期货合约规格的差异，两者之间存在着不完全相同的行为表现。

我们将利用两状态 MS – AR（1）模型考察分析 CSI300、FTSE A50 基差的波动率状态变化，以及相对应的现货、期货收益率波动性对基差的影响与关联。本文将在 3.4.2 建立模型与方法，3.4.3 介绍数据来源与变量选取，3.4.4 分析实证结果，3.4.5 给出结论和建议。

3.4.2 模型与方法

Markov 转换模型（Markov regime switching models）能够灵活有效地处理多种不同状态过程的转换，因而在 GDP 增长率、汇率变化、股市波动等研究分析中受到广泛的应用与探讨。Markov 转换模型对不同状态的过程与特性分别处理，并认为不同状态间的转换遵从 Markov 过程。

具体地，某状态转换过程在 S_t 状态下，其变量遵循过程，

$$y_t = a + \mu s_t + \varepsilon_t \tag{1}$$

其中 $S_t = 1$，$\cdots$，k，$\varepsilon_t \sim N$（0，$\sigma_{s_t}^2$）则为一均值为 0，方差为 $\sigma_{s_t}^2$ 的正态分布即意味着若整个过程有 k 状态，μ 和 σ 对应即有 k 个值。在简单的两状态模型中，状态变量 S_t 即对应着一个两状态 Markov 链，

$$Pr(S_t = j | S_{t-1} = i, S_{t-2} = g, \cdots,) = Pr(S_t = j | S_{t-1} = i) = p_{ij} \tag{2}$$

其中状态变量 S_t 是不可直接观测的，但可以通过变量 y_t 的特征行为作推测计算。式（2）即假设状态间的转换仅依赖于其最近邻状态的前一时刻值。因此，我们即可通过状态间转换概率 p_{11}、y_t，正态分布参数 σ 以及均值 μ 等参数完全实现对变量 y_t 的描述和推断。而进一步的推断中，两状态相应概率密度函数至为关键，由此我们可以通过条件状态概率做具体的计算和分析。在状态 $S_t = j$ 下，变量 y_t 的概率密度函数即表示为

$$f(y_t | S_t = j; \gamma) = \frac{1}{\sigma_j \sqrt{2\pi}} \exp\left[\frac{-(y_t - \mu_j)^2}{2\sigma_j^2}\right] \tag{3}$$

其中 $j = 1$、2，而 r 则对应为参数 $[\mu_1, \mu_2; \sigma_1, \sigma_2]$ 的向量。依此，对所有可能的状态 j 求和，我们即可得到 y_t 的概率密度函数

$$f(y_t; \gamma) = \sum_{j=1}^{2} \frac{\rho_j}{\sigma_j \sqrt{2\pi}} \exp\left[\frac{-(y_t - \mu_j)^2}{2\sigma_j^2}\right] \tag{4}$$

其中 ρ_j 为 j 对应的非条件概率。在两状态混合的假设下，令 p_{it}^* 为状态 i 的概率，两状态 Markov 状态转换条件概率密度函数即为

$$f(y_t; \gamma) = \frac{p_{1t}}{\sigma_1 \sqrt{2\pi}} \exp\left[\frac{-(y_t - \mu_1)^2}{2\sigma_1^2}\right] + \frac{p_{2t}}{\sigma_2 \sqrt{2\pi}} \exp\left[\frac{-(y_t - \mu_2)^2}{2\sigma_2^2}\right] \tag{5}$$

若考虑本期状态受前期影响，则可以通过 Hamilton 的 Markov 状态转换模型进行考察。该模型即由 Markov 混合模型发展而来，考虑了前期解释变量对均值方程的影响，对应两状态一阶 Markov 状态转换模型（MRS - AR(1)）即

$$y_t - \mu_{S_t} = \upsilon \times (y_{t-1} - \mu_{S_{t-1}}) + \varepsilon_t \tag{6}$$

其中 $\varepsilon_t \sim N$（0，σ^2）。状态变量 S_t 同样遵循 Markov 过程，因而该值依赖于当期与上一期 S_{t-1} 值，相应的概率表示即同于式（2）

$$Pr\{S_t = j | S_{t-1} = i, S_{t-2} = g, \cdots\cdots\} = Pr\{S_t = j | S_{t-1} = i\} = p_{ij}$$

在我们的考察与分析中即假定转移 p_{ij} 不随时间变化，并通过最大似然法求解确定。与式（5）类似，变量 y_t 的概率密度函数相应地表示为

$$f(y_t \mid Y_{t-1}) = \sum_{s_t=1}^{2} \sum_{s_{t-1}=1}^{2} \left(\frac{1}{\sigma_{s_t}\sqrt{2\pi}} exp\left\{ \frac{-\left[(y_t - \mu_{s_t}) - \upsilon(y_{t-1} - \mu_{s_{t-1}})\right]}{2\sigma_{s_t}^2} \right\} \right) \quad (7)$$

其中 $p_r(s_t, s_{t-1}/y_{t-1})$ 对应为状态间的转换概率。本研究中，我们进一步考察了现货波动率 ε_t、期货波动率 η_t 等对基差波动状态的影响，因此式（6）即相应地改写为

$$y_t - \mu_{s,t} - \alpha\zeta_t - \beta\eta_t = \upsilon(y_{t-1} - \mu_{s,t-1} - \alpha\zeta_{t-1} - \beta\eta_{t-1}) + \varepsilon_{s,t} \quad (8)$$

而相关的对数似然估计函数则表示为

$$LL(k) = \sum_{t=1}^{T} logf(y_t \mid Y_{t-1}) \quad (9)$$

我们即可以由最大似然估计法计算其最大似然参数估计值，通过优化迭代计算确定不同状态对应的最佳参数与预期估计概率。具体地，我们利用了 Matlab 统计（statistics）与优化（optimization）模块，并借助 Marcelo Perlin 的 MS-Regress 软件包实现 Markov 状态转换相关参数的估算。

3.4.3　数据来源与变量选取

我们以 A 股沪深 300 指数（CSI300）与新华富时中国 A50 指数（FTSE A50）为研究对象，分别选取每周股价指数及其对应股指期货的收盘价格。其中，CSI300 指数是反映 A 股市场走势的主要指数之一，覆盖了沪深两个证券市场，具有较好的总体市场代表性，与整个市场相关性高达 97%，而对应期货合约于 2010 年 4 月开始在中国金融期货交易所上市交易；而 FTSE A50 则是由新华富时指数有限公司为满足合格境外机构投资者需求而推出的交易指数，选取了 A 股市场市值最大的 50 只股票，以美元计价，在新加坡交易所上市交易，而其对应的期货合约则于 2006 年 9 月在新加坡交易所交易。在本研究中，CSI300 指数取样区间为 2010 年 4 月 16 日至 2012 年 6 月 15 日，而 FTSE A50 指数的时间跨度则对应为 2007 年 1 月 5 日至 2012 年 6 月 15 日。其中，CSI300 指数及其期货数据取自于 Wind 金融资讯，而 FTSE A50 指数及期货价格数据则来自于彭博（Bloomberg）金融终端。

我们以现货对数价格与期货对数价格 $F_{i,t}$ 之差作为现货与期货间基差的定义，即

$$y_{i,t} = ln \frac{I_{i,t}}{F_{i,t}} \times 100 \qquad (10)$$

其中 y_i，t 为资产 i 在 t 时刻的基差，而现货与期货收益率序列则对应为

$$R_{i,t} = (lnP^{i,t} - lnP_{i,t-1}) \times 100 \qquad (11)$$

R_i，t 即对应为资产 i 在 t 时刻的收益率。收益率或基差对应的波动性，我们则通过四周期移动标准差来表征计算，即取四周期的收益率或基差做标准差计算并依次后移一期计算相应的标准差。

我们在表 1 中给出了 CSI300 与 FTSE A50 指数基差的基本统计信息，并同时比较了与 CSI300 同一时期内 FTSE A50 的统计特性（记为 FTSE A50 - I）。虽然指数基差与 A 股市场直接对应，然而不同的成分股、不同的存续时间以及不同的期货合约规格，使得相应统计信息有着显著的差异。如表 1 所示，同时期内，FTSE A50 现货对期货的基差即 FTSE A50 - I 的均值（绝对值）、标准差、偏度（绝对值）、峰度等基本统计量均小于 CSI300。而所有基差均具有较大的峰度系数，呈现出"高狭"分布的特征，即所谓的"厚尾"现象。而对各基差进行正态分布检验，在 5% 显著水平下，我们发现所有基差序列均拒绝正态分布的假设，对应的 Jarque-Bera 统计量如表 1 所示。

表 1　CSI300 与 FTSE A50 指数基差的基本统计量

	均值	标准差	最大值	最小值	偏度系数	峰度系数	Jarque-Bera 统计量
CSI300	− 0.1878	0.5879	1.8110	− 2.5349	− 0.5283	6.8853	75.7
FTSE A50 - I*	− 0.134	0.5131	1.4735	− 1.9989	− 0.4677	4.9827	22.4
FTSE A50	− 0.0017	0.7097	3.5124	− 3.6659	0.8598	12.2835	1032.5

注：* 与 CSI300 同期对应的 FTSE A50 基差。

3.4.4　实证结果与分析

我们首先对各指数基差进行随机游走假设的检验。随机游走假设认为过去所有的信息已完全体现在今日价格上，即下一期的期望值是今日的最佳估计值。而对于两状态 Markov 模型，若当期状态完全独立于上一期的状态即

可认为基差遵循随机游走的假设。而当 $p_{11}=p_{21}$，$p_{12}=p_{22}$ 成立时，前一期状态不会影响当期状态出现的概率，则两状态间不构成 Markov 链。因此在相应的随机游走检验中，原假设 H_0 即为 $p_{11}=p_{21}$，$p_{12}=p_{22}$，备择假设 H_1 则为 $p_{11}\neq p_{21}$ 或 $p_{12}\neq p22$ 或二者皆然。如果检验结果不拒绝原假设，即表示随机游走假设成立，此时状态 s_t 的分布独立于 s_{t-1}。对于原假设 H_0，我们即采用对数似然比率（log-likelihood ratio，LR）检验，估计结果见表2。我们发现基差 CSI300、FTSE A50-I 和 FTSE A50 对应的 MS-AR（1）模型估计的最大似然函数值均大于两状态混合模型的最大似然函数值；同时对数似然比率检验也表明，指数基差均显著地拒绝随机游走的原假设 H_0，因此两状态 MS-AR（1）模型成立。

我们在表2中分别给出了 CSI300、FTSE A50-I 与 FTSE A50 基差对应模型的估计结果。由表2（A）可知，MS-AR（1）模型给出了两状态分布的估计结果 (μ_1,σ_1^2) 与 (μ_2,σ_2^2)：即 CSI300 指数基差在状态1，μ_1、σ_1^2 分别为 -0.2116、0.1194，而状态2时即有 μ_2、σ_2^2 为 -0.2816、1.6885。显然 μ_1 与 μ_2 均为负值，即表明市场中大多数时间是处于正基差的状态。同时结果表明高波动性下，基差均值要小于低波动性状态相应的均值 μ_1。p_{11} 为 0.952 则表明前期波动性低而当期波动性持续为低的概率较大，而 p_{22} 为 0.617 即意味着前期波动性高而当期波动性持续为高的几率并不太高。而 α 和 β 符号各异的估计值则表明现货和期货收益率波动性对基差具有相反的影响：α 为 0.1191 即表示 CSI300 指数现货收益率波动性高时，基差较大且影响显著；而 β 为 -0.0859 则意味着 CSI300 期货收益率波动性对基差的影响是负向的，也就是期货收益率波动性越大基差相应越小。同时，则 $\alpha-\mid\beta\mid$ 表明现货收益率波动性对基差的影响与期货收益率波动性对基差的影响相当。这一结果可以认为是当前沪深300股指期货主要为机构交易者从事套期、保值，所以能够较好反映市场的趋势走向，因此现货、期货收益率的波动对基差具有相当的影响。

而对于新华富时 A50 指数/期货，我们则考察分析了两个时间区段的基差特性，即与 CSI300 同期的基差 FTSE A50-I 和 2007 年年初至 2012 年 6 月的基差 FTSE A50。如表2（B）所示，基差 FTSE A50-I 两状态对应的分布有 μ_1 为 -0.0479，σ_1^2 为 0.1788，而 μ_2、σ_2^2 则分别为 0.5822、0.1504。可见，对应两状态的波动特性相近，并接近于 CSI300 基差低波动状态的波动率，即表明同期内基差 FTSE A50-I 的波动要低于 CSI300 指数；而两状

态的差异主要体现在均值即对应为正负基差的转换，虽然 μ_1 在统计上并不显著。而 p_{11}、p_{22} 分别为 0.95、0.94，显示前期负（正）基差的状态而当期持续为负（正）基差的概率较高。对于 α、β，估计结果则同样显示其对基差有显著影响，并且与 CSI300 指数基差特性相似。α 和 β 同样是符号各异即意味着：现货收益率波动性大时，基差较大；期货收益率波动大时，基差变小。同时 $|\beta| \sim 2\alpha$ 显示期货收益率波动性对基差变化的影响显著强于现货的变化。对此，我们可以认为这一结果是因为现阶段合格境外机构投资者受限于 A 股市场内的套期、保值、对冲操作，而更多地在新加坡交易所进行交易操作，因此期货收益率波动性对基差变化有更强的作用，同时也表明期货具有更强的价格发现能力。

表 2　模型估计结果

Panel A. CSI300					
两状态混合模型			两状态 MS – AR(1)模型		
参数	估计值	标准差	参数	估计值	标准差
μ_1	– 0.2101 **	0.0913	μ_1	– 0.2116 **	0.0924
μ_2	– 0.2748	0.1233	μ_2	– 0.2816	0.1054
			v	0.1233	0.0693
p_{11}	0.941 ***	0.110	p_{11}	0.952 ***	0.110
p_{22}	0.493 *	0.130	p_{22}	0.617 **	0.170
σ_1	0.1165 ***	0.0248	σ_1	0.1194 ***	0.0247
σ_2	1.6734 *	0.1195	σ_2	1.6885 **	0.0979
α	0.1247 **	0.0578	α	0.1191 **	0.0304
β	– 0.0920 *	0.0214	β	– 0.0859 *	0.0154
似然函数值	– 65.2487			– 65.1256	
LR 检验		0.2462 ***			

Panel B. FTSE A50 – I					
两状态混合模型			两状态 MS – AR(1)模型		
参数	估计值	标准差	参数	估计值	标准差
μ_1	– 0.2311 *	0.1385	μ_1	– 0.0479	0.1196
μ_2	0.4174 ***	0.1287		0.5822 ***	0.1407
			v	0.4257 ***	0.0070
p_{11}	0.96 ***	0.15	p_{11}	0.95 ***	0.13
p_{22}	0.96 ***	0.14	p_{22}	0.94 ***	0.15
σ_1	0.1629 ***	0.0267	σ_1	0.1788 ***	0.0301

续表

Panel B. FTSE A50 – I

两状态混合模型			两状态 MS – AR(1)模型		
参数	估计值	标准差	参数	估计值	标准差
σ_2	0.1251 ***	0.0186	σ_2	0.1504 ***	0.0291
α	0.0673	0.0432	α	1.0299 ***	0.3642
β	– 1.1297 ***	0.1314	β	– 2.4336 ***	0.5264
似然函数值	– 68.7845			– 66.9724	
LR 检验				3.8242 ***	

Panel C. FTSE – A50

两状态混合模型			两状态 MS – AR(1)模型		
参数	估计值	标准差	参数	估计值	标准差
μ_1	– 0.0314 *	0.0187	μ_1	0.0434 ***	0.0137
μ_2	0.0438	0.0878	μ_2	0.0427	0.0305
			v	0.2435	0.0990
p_{11}	0.88 ***	0.080	p_{11}	0.87 ***	0.090
p_{22}	0.78 ***	0.080	p_{22}	0.81 ***	0.080
σ_1	0.0112 ***	0.0013	σ_1	0.0065 ***	0.0008
σ_2	0.9771 ***	0.0761	σ_2	0.8974 ***	0.0618
α	0.3098	0.1123	α	0.3441 ***	0.1369
β	– 0.3624 *	0.1357	β	– 0.4949 ***	0.1398
似然函数值	– 160.0998			– 155.4289	
LR 检验				9.3418 ***	

注：CSI300 表示沪深 300 指数估计结果，FTSE – A50 为新华富时 A50 指数估计结果，FTSE A50 – I 为与 CSI300 同期内新华富时 A50 结果。* 、** 和 *** 分别代表 10%、5% 以及 1% 的显著水平。

而对于 FTSE A50 基差特性，如表 2（C）所揭示，对应的两个状态分布分别有 μ_1 为 0.0434，σ_1^2 为 0.0065，而 μ_2、σ_2^2 则为 0.0427 和 0.8974，即表现出高低波动性两个状态区间。显然，与 CSI300 指数基差的一个显著差别是 FTSE A50 在这一时段的基差大部分时间内表现为正，虽然 μ_2 在统计上表现得不够显著。p_{11}、p_{22} 估计值分别为 0.87 和 0.81，也就是说前期高波动性的基差状态在当期持续保持的概率较高，反之亦然。进一步考察 α、β 的估计值，我们发现结果与 CSI300 基差、FTSE A50 – I 基差具有相似的特性，即现货收益率的波动性对基差变化有正向影响，而期货收益率的波动性则为负向影响。同时，$|\beta| > \alpha$ 即表明期货收益率的波动性对基差变化的作用

强于现货。这一特性与前述分析是一致的，即合格境外机构投资者对 A 股期货交易操作上较之现货有较大的限制和约束，因此更倾向在新加坡交易所进行套期、保值、对冲的操作以获利和降低风险，所以相应期货收益率的波动性对基差有更强的影响和作用。

表 3　指数现货 – 期货的基差在不同状态下概率的基本统计

	均值	标准差	最大值	最小值
Prob1$_{HS}$	0.9233	0.1940	0.9953	0.0120
Prob2$_{HS}$	0.0767	0.1940	0.9880	0.0047
Prob1$_{FTI}$	0.5494	0.4074	1.000	0.00
Prob2$_{FTI}$	0.4506	0.4074	0.9994	0.00
Prob1$_{FT}$	0.7758	0.2529	0.9218	0.0000
Prob2$_{FT}$	0.2242	0.2529	1.0000	0.0782

表 3 则列出了各个基差在不同状态下几率的基本信息，其中状态 1 的概率（Prob1）对应为当期状态为 1 而无论前期状态为 1 或 2 的概率，即 Prob1 $= p_{11} + p_{21}$；状态 2 的概率（Prob2）同样有 Prob2 $= p_{12} + p_{22}$。对于 CSI300 指数基差，结果表明该基差处于状态 1 即基差波动性较高状态的几率平均值为 0.9233；而处在状态 2 的概率平均值则为 0.0767。显然，CSI300 基差出现在低波动状态的几率远高于高波动性状态出现的概率。而对于新华富时 A50 指数，与 CSI300 指数同期对应的基差 FTSE A50 – I 在状态 1 的几率均值为 0.5494，处在状态 2 的几率均值则为 0.4506。也就是说，基差 FTSE A50 – I 处于正基差或负基差状态的几率相近，具有较强的均值回归特性。与之对应的，基差 FTSE A50 则表现出高低波动性两个状态，出现在低波动性和高波动性的几率均值为 0.7758 和 0.2242，即该基差出现在低波动性状态的几率远高于出现在高波动性状态的几率。

以上结果表明，无论是与 CSI300 指数基差同期的 FTSE A50 – I 还是较长期的 FTSE A50，均表现出与 CSI300 指数基差不同的特性。这些差别一方面是源于不同的交易所、合约规格、存续时间和成分股；另一方面则可能是因为交易者的差异性以及合格境外机构投资者在 A 股现货、期货上的交易选择或偏好。

我们进一步在图 1 中给出了 CSI300 基差波动性与不同状态概率的对照结果。显然，当处于状态 1 的概率较高时，基差的波动率即四周期移动标准

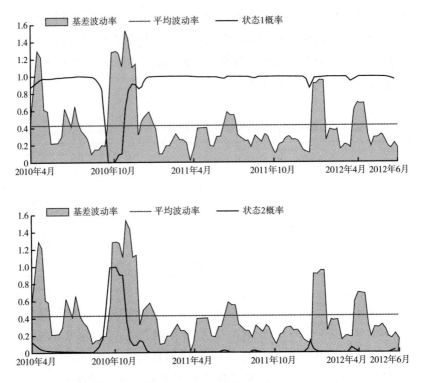

图 1 沪深 300 指数（CSI300）基差波动率与状态 1 及状态 2 对应的概率

差在大部分时间区间内小于其均值；对应地，处于状态 2 的概率较高时，基差的波动率即显著地高于其均值。而在图 2 中，基差 FTSE A50 – I 的波动率在不同状态下都较接近于其波动率的平均值，我们对比分析基差变化发现这一状态转变更显著地表现为正负基差状态间的转换即表现出较明显的均值回复特性，如图 4 中所示。而对长周期基差 FTSE A50 的考察则发现其状态间的转换与 CSI300 基差较为相似，如图 3 所示，即处于状态 1 的概率较高时，基差的波动率显著地低于其均值，而处于状态 2 的概率较高时则对应表现出较高的波动性。这一结果进一步确认我们的研究假定即状态 1 为基差的低波动状态，状态 2 即对应为高波动状态。

3.4.5 结论与建议

本文将利用两状态 MS – AR（1）模型考察分析 CSI300、FTSE A50 基差的波动率状态变化，以及相对应的现货、期货收益率波动性对基差的影响，

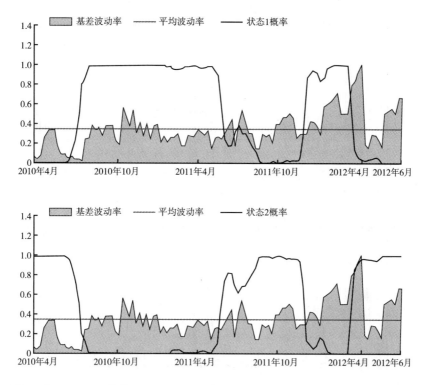

图 2　与 CSI300 同期的 FTSE A50 – I 基差波动率与状态 1 及状态 2 对应的概率

实证研究发现，CSI300 和 FTSE A50 指数基差均存在高、低波动状态的两状态马可夫过程，其基差行为具有均值回归特性。其中，沪深 300 的基差大部分概率处于低波动状态，FTSE A50 基差也较多概率出现低波动状态，FTSE A50 – I 则出现高低波动状态的概率差不多，高波动概率稍微偏大；沪深 300 的基差在高低波动状态时多为负基差，FTSE A50 则两状态基本都多为正基差，而 FTSE A50 – I 则在高波动状态时多为负基差，而在低波动状态时多正负基差。沪深 300 和 FTSE A50 – I 基差低波动状态持续概率都相当高，即上期为低波动状态而当期仍为低波动状态的概率相当高，但是，沪深 300 基差高波动状态持续概率则一般，且低于 FTSE A50 – I，而 FTSE A50 两种状态下的持续概率则较高，且两种状态差别也不大。在收益波动率和基差的关系方面，CSI300、FTSE A50 – I 和 FTSE A50 指数市场中收益率对基差影响的方向都一样，其中，期货收益率波动性对基差的影响都为正，现货收益率波动性对基差的影响都为负；不过，三个指数收益率对基差的影响程度有差异，在期货收益率的影响上，FTSE A50 – I 的期货收益率对基差的影响最

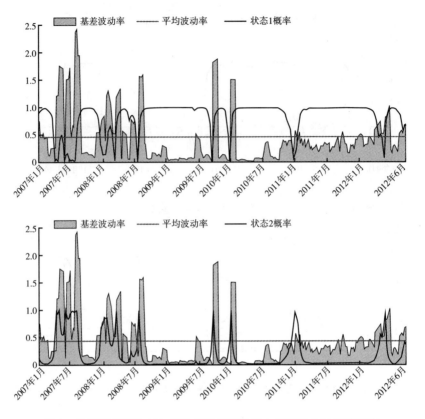

图 3　长周期 FTSE A50 基差波动率与状态 1 及状态 2 对应的概率

大，分别是 FTSE A50 的 4 倍，CSI300 的 10 倍左右；在现货收益率的影响上，FTSE A50 - I 的现货收益率对基差的影响分别是 FTSE A50 的 5 倍，CSI300 的 30 倍。

以上结果表明，无论是与 CSI300 指数基差同期的 FTSE A50 - I 还是较长期的 FTSE A50，均表现出与 CSI300 指数基差不同的特性。这些差别一方面是源于不同的交易所、合约规格、存续时间和成分股；另一方面则可能是因为交易者的差异性以及合格境外机构投资者在 A 股现货、期货上的交易选择或偏好。基差不同特性也意味着套利空间的存在，随着 A 股市场在全球中扮演越来越重要的作用，沪深 300 股指期货作为避险与套利工具的需求也越来越多，本文的实证结果对于这类投资需求具有一定指导意义，有利于相关投资者得出更好的投资绩效。

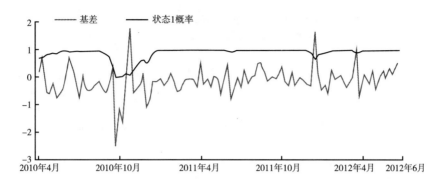

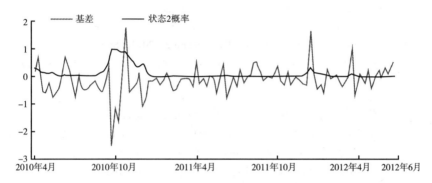

图 4　FTSE A50 – I 基差与状态 1 及状态 2 对应的概率

参考文献

［1］管玉亚．2004．基差的特性分析及其对套期保值和投机的影响．南京审计学院学报，3.

［2］石玉洲．2006．刍议基差在期货交易中的运用与地位．特区经济，1.

［3］易蓉，周学军，张松，陆凤彬．2008．沪铜期货基差之非线性动态调整特性研究．管理评论，20.

［4］张龙斌，王春峰，房振明．2010．考虑基差对高阶矩影响的市场风险度量研究．系统工程学报，25.

［5］Alizadeh Amir，Nomikos Nikos．2004．A Markov regime switching approach for hedging stock indices. Journal of Futures Markets.

［6］Bollen NP，Gray SF，Whaley RE．2000．Regime switching in foreign exchange rates：Evidence from currency options. Journal of Econometrics.

［7］Cai J．1994．A Markov model of unconditional variance in ARCH. Journal of Business and Economic Statistics.

［8］Engel Charles，Hamilton James．1989．Long Swings in the exchange rate：Are they in the data and do markets know it? NBER Working Paper.

[9] Fama Eugene F. 1984. Forward and spot exchange rates. Journal of Monetary Economics.

[10] Fama Eugene F, French Kenneth R. 1987. Commodity futures prices: Some evidence on forecast power, premiums, and the theory of storage, Journal of Business.

[11] Figlewski Stephen. 1984. Margins and market integrity: Margin setting for stock index futures and options. Journal of Futures Markets.

[12] Hamilton James. 2005. Regime switching models. Palgrave Dictionary of Economics.

[13] Hamilton James. 1989. A new approach to the economic analysis of nonstationary time series and the business cycle. Econometrica.

[14] Liu Xinyi, Margaritis Dimitris, Wang Peiming. 2012. Stock market volatility and equity returns: Evidence from a two-state Markov-switching model with regressors. Journal of Empirical Finance.

[15] Marcucci Juri. 2005. Forecasting stock market volatility with regime-switching GRARCH models. Studies in Nonlinear Dynamics & Econometrics.

[16] Monoyios Michael, Sarno Lucio. 2002. Mean reversion in stock index futures markets: A nonlinear analysis. Journal of Futures Markets.

[17] Perlin Marcelo MS. 2010. Regress—The MATLAB package for Markov regime switching models.

[18] Sarno Lucio, Valente Giorgio. 2000. The cost of carry model and regime shifts in stock index futures markets: An empirical investigation. Journal of Futures Markets.

[19] Smith Daniel R, Layton Allan. 2007. Comparing probability forecasts in Markov regime switching business cycle models. Journal of Business Cycle Measurement and Analysis,

3.5　基于带解释变量杠杆 SV 模型上证指数收益率周内效应及特征分析

朱喜安　　马兴祥①

摘　要：本文在国内外学者研究的 SV 模型基础上，推导出了带有解释变量的杠杆 SV 模型并给出了模型的理论分析。文章以上海证券综合指数（代码：000001）为研究对象，选取 2010 年 4 月 16 日至 2012 年 2 月 17 日数据，从描述、统计检验以及实证分析三个方面研究这段时间内上证综合指数收益率的统计特征以及周内效应的表现。结论表明：在样本区间内，周一、周二和周五存在日效应。其中，周一表现为较低收益和较高的风险，周二表现出低收益和较高的风险，周五是较高的收益和较低的风险。

关键词：周内效应　Gibbs 抽样算法　DIC　带解释变量杠杆 SV 模型

3.5.1　引言

　　股票市场收益率的周内效应（周末效应、日历效应、一月效应）历来都是金融学术界研究的热点。如果股票市场一周内的某一天或者某几天的收益率明显高于或低于其他交易日，或者收益率波动性明显异于其他交易日，

---

①　朱喜安，1961.8，男，教授，中南财经政法大学统计学博士生导师，中国数量经济学会会员；马兴祥，1986.8，男，中南财经政法大学统计学 2009 级硕士，中国数量经济学会会员。

则说明该股票市场具有周内效应，即各个交易日的收益率的特征应该明显不同。这一现象最早由 Fields 在 1931 年提出[①]。国际上绝大多数工业化国家股票市场和某些新兴股票市场普遍存在周内效应，一般表现为周一的收益率最低，而周五收益率最高。中国作为发展中国家，其市场经济体制以及股票市场到目前为止尽管已经取得了长足发展，但是与世界发达国家经济发展以及股票市场监管还存在一定差距。那么目前中国股票市场是否具有与工业化国家类似的周内效应呢？这是值得我们去研究的。

奉立成（2000）利用最小二乘和加权最小二乘法对 1992 年 6 月 1 日到 1998 年 6 月 30 中国股票市场的周内效应进行了研究，研究发现中国股市存在日平均收益为负的星期二效应和为正的星期五效应，并且周一标准差最大意味着周一波动相对最剧烈。李学等（2001）以 1991.1.2 ~ 1999.8.19 的上证 A 股、上证 B 股、深成 A 股和深成 B 股指数为研究对象（作为中国股市代表），利用 GARCH 模型研究中国股市的周内效应。研究发现中国股市在周一和周二收益率较低，而在周五收益率最高。文中分析产生这种情况的原因主要在于结算制度和信息揭示。其中前者可以部分解释周五高收益，后者可以解释周一和周二的低收益率。石柱鲜等（2005）认为沪深两市日收益率存在显著的周内效应，并且与沪市不同，深市日收益的方差变化也存在一定的周内效应。而也有学者得出不同结论，陈超等（2002）按中国股票市场的涨停板制度推出前后对中国股票市场的周内效应进行了分段检验，发现上海市场 A 股存在负的"星期二效应"和正的"星期五效应"。但是对数据进行每一年检验时，发现只有 1996 年的沪市存在"周内效应"，据此文章作者怀疑中国股票市场存在"周内效应。"

已有文献主要是利用一些基本检验和 ARCH 族模型来描述周内效应的特征。但事实上，这些方法可能不足以说明复杂的金融市场。这些研究时间相对较早，那时中国股票市场尚不健全，市场运行也相对不规范，在那种情况下得出的结论可能不再适宜现在实际情况。尤其是中国股市经受了 2008 年的金融海啸的重创，以及中国于 2010 年 4 月 16 日正式推出了以沪深 300 指数为标的的股指期货，再加上由希腊债务危机引起的欧洲债务危机等国内外形势的变化，这种情况下对我国股票市场周日效应进行研究是有实际意义的。

[①] 参见奉立成，2000，中国股票市场的"周内效应"。

本文研究特点如下：

（1）研究方法较新颖。本文采用 SV 模型研究收益率周内效应，与以前研究方法不同。之前研究方法主要是利用 ARCH 族模型来研究股市的周内效应。国内外大量研究表明，用 SV 模型来刻画股市收益率波动性的效果要优于 ARCH 族模型。

（2）推导出新 SV 模型。本文推导了研究股市波动性更具一般性的 SV 模型，并给出了理论推导。本文将带有解释变量的 SV 模型与杠杆 SV 模型相结合，构建了研究股市波动的更具一般性的 SV 模型，为以后的相关研究提供借鉴意义。

（3）估计方法比较新。本文采用 MCMC 方法研究带有解释变量的 SV 模型。这与以前的相关研究有所不同，并且估计方法相对比较准确。Watanabe（1999）提出了非线性滤波极大似然估计（NFML）。文中研究结果表明，用 NFML 估计参数要比 QML 和 GMM 估计的要好，而非常接近基于模拟算法（SML 和 MCMC）得出的结果。

3.5.2 带解释变量杠杆 SV 模型的构建

3.5.2.1 模型的构造分析

金融资产收益率的波动情况很可能既存在杠杆效应，又受到外生变量的影响。那么单纯用一种情况的模型来研究问题，得出的结论可能是有偏颇的。因此，本文借鉴杠杆随机波动模型以及带有解释变量的随机波动模型，推导出了带有解释变量的杠杆随机波动模型，称为基准模型。由于我们事先不知道收益率序列是否存在周内效应，因此，设定的基准模型认为指数收益率不存在周内效应，是作为对比分析的模型。

模型具体形式如下：

$$y_t \mid \theta_t, \rho = a y_{t-1} + b \exp(\theta_t) + \exp(\theta_t/2) \varepsilon_t, \varepsilon_t, i.i.d\ N(0,1) \tag{1}$$

$$\theta_t \mid \theta_{t-1}, \mu, \varphi, \tau^2, \rho = \mu + \varphi(\theta_{t-1} - \mu) + \eta_t, \eta_t \sim i.i.d\ N(0, \tau^2) \tag{2}$$

$$\left(\begin{array}{c} \varepsilon_t \\ \eta_t \end{array} \right) \sim i.i.d\ N\left\{ \left(\begin{array}{c} 0 \\ 0 \end{array} \right), \left(\begin{array}{cc} 1 & \rho \\ \rho & 1 \end{array} \right) \right\}, t = 2, \cdots, n \tag{3}$$

其中，$b \exp(\theta_t)$ 为风险补偿，b 是指测量均值波动效应的回归系数；此时 ε_t

与 η_t 有相关性，而 ρ 是度量其相关程度及是否存在杠杆效应，即当 ρ 为负值时，说明存在杠杆效应，反之不存在。

为了研究股票市场是否存在日效应，特在模型中增加虚拟变量 D_t，称为改进模型具体形式如下：

$$y_t \mid \theta_t, \rho, D_t = a y_{t-1} + b \exp(\theta_t) + c D_t + \exp(\theta_t/2)\varepsilon_t, \varepsilon_t, i.i.d\ N(0,1) \qquad (4)$$

$$\theta_t \mid \theta_{t-1}, \mu, \varphi, \tau^2, \rho, D_t = \mu + \varphi(\theta_{t-1} - \mu) + \delta D_t + \eta_t, \eta_t \sim i.i.d\ N(0,\tau^2) \qquad (5)$$

$$\begin{pmatrix} \varepsilon_t \\ \eta_t \end{pmatrix} \sim i.i.d\ N\left\{ \begin{pmatrix} 0 \\ 0 \end{pmatrix}, \begin{pmatrix} 1 & \rho \\ \rho & 1 \end{pmatrix} \right\}, t = 2, \cdots, n \qquad (6)$$

其中，$b\exp(\theta_t)$ 为风险补偿，b 是指测量均值波动效应的回归系数；cD_t 为日效应，是一个虚拟变量，模型拟合时取 1 或 0；其余可参见基准模型（1）～（2）的解释。

如果观察周一是否存在日效应，那么将分别拟合基准模型和改进模型，其中改进模型中 D_t 取值规则是 $D_t = \begin{cases} 1, & Monday \\ 0, & Others \end{cases}$。利用贝叶斯模型中的 DIC 准则[①]选择最优模型，DIC 的值越小越好。如果改进模型的 DIC 小于基准模型的，那么认为周一存在日效应，反之不存在日效应。其余依次类推。

3.5.2.2 模型的推断分析

本文利用 Gibbs 抽样算法估计这一模型，需借助参数的完全条件分布（the full conditional distribution）[②]。国内外学者的大量的研究发现，可以设定参数的先验分布：

$$\varphi \sim Be(20,1.5), \tau \sim Ga(2.5,0.025), \mu \sim N(0,100), \theta_0 \sim N(\mu,\sigma^2),$$
$$a \sim N(0,1), b \sim N(0,1), \delta \sim N(0,1), \rho \sim U(-1,1)$$

（1）基准模型推断分析。

根据（1）～（3）式，可知 $y_t \mid \theta_t$，ρ 和 $\theta_t \mid \theta_{t-1}$，$\mu$，$\varphi$，$\tau^2$，$\rho$ 的联合分布是二元正态分布。由此，可以分别写出 $y_t \mid \theta_t$ 和 $\theta_t \mid \theta_{t-1}$，$\mu$，$\varphi$，$\tau^2$ 边

---

① 稍后将介绍 DIC 准则相关理论。

② 完全条件分布（the full conditional distribution）指对给定的一个联合分布函数，一个随机变量在其余随机变量都给定的情况下的条件分布。如联合分布函数为 $f(y, x_1, \cdots, x_p)$，随机变量 y 的完全条件分布是 $f(y \mid x_1, \cdots, x_p)$。

缘条件分布概率：

$$\theta_t \mid \theta_{t-1}, \mu, \varphi, \tau^2 \sim N(\mu + \varphi(\theta_{t-1} - \mu), \tau^2)$$
$$y_t \mid \theta_t, \theta_{t-1}, \mu, \varphi, \tau^2, \rho \sim N(\mu_{yt}, \exp(\theta_t)(1 - \rho^2))$$

其中，$\mu_{yt} = ay_{t-1} + b\exp(\theta_t) + \dfrac{\rho}{\tau}\exp(\theta_t/2)(\theta_t - \mu - \varphi(\theta_{t-1} - \mu) - \delta D_t)$

（2）改进模型推断分析。

根据（4）～（6）式，可知 $y_t \mid \theta_t$，ρ 和 $\theta_t \mid \theta_{t-1}$，$\mu$，$\varphi$，$\tau^2$，$\rho$ 的联合分布是二元正态分布。由此，可以分别写出 $y_t \mid \theta_t$ 和 $\theta_t \mid \theta_{t-1}$，$\mu$，$\varphi$，$\tau^2$ 边缘条件分布概率：

$$\theta_t \mid \theta_{t-1}, \mu, \varphi, \tau^2 \sim N(\mu + \varphi(\theta_{t-1} - \mu) + \delta D_t, \tau^2),$$
$$y_t \mid \theta_t, \theta_{t-1}, \mu, \varphi, \tau^2, \rho \sim N(\mu_{yt}, \exp(\theta_t)(1 - \rho^2)),$$

其中，$\mu_{yt} = ay_{t-1} + b\exp(\theta_t) + cD_t + \dfrac{\rho}{\tau}\exp(\theta_t/2)(\theta_t - \mu - \varphi(\theta_{t-1} - \mu) - \delta D_t)$

3.5.2.3　模型估计方法

SV 模型估计方法一直是学界研究的热点，常用的估计方法主要有伪极大似然估计（QML）、广义矩估计（GMM）、非线性滤波极大似然估计（NFML）和 MCMC 等算法。其中，MCMC 方法是相对比较准确的估计方法。本文选取的 Gibbs 抽样算法[①]是 MCMC 算法中的一种。Gibbs 抽样算法是直接从完全条件分布抽取随机数，而不需要计算精确分布密度。Besag（1974）指出如果联合概率密度存在且是正确设定的，那么随机变量的完全条件分布可以唯一确定联合概率密度。Scollnik（1996）论述了当剔出足够多的数据时，这种算法所的随机变量数据近似来自于相应的后验边缘分布。因此，利用 Gibbs 抽样算法模拟得到的结果是相对比较准确的。

Gibbs 抽样算法是从完全条件分布中抽取数值，并且随着数据的更新，完全条件分布也在依次更新。这样即构成了一个马尔科夫链，基于此的抽样

[①] Gibbs 算法的详细介绍可以参见 George Casella 等，1992，Explaining the Gibbs Sampler；David P. M. Scollnik，1996，An introduction to Markov Chain Monte Carlo methods and their actuarial applications。

分布（序列）也将是一个马尔科夫链（Tierney 等（1994））。由此，我们可以利用模拟得到的数据来进行参数的推断，如果计算随机变量函数 $f(x)$ 的期望，则 $E[f(x)]_m = \frac{1}{m}\sum_{i=1}^{m}f(x_i)$，当 m 趋向无穷大时，$E[f(x)]_m \to E[f(x)]$。如果 n 个随机变量的任意一个函数的期望，则 $E[f(x_1,\cdots,x_n)]_m = \frac{1}{m}\sum_{i=1}^{m}f(x_1,\cdots,x_n)$ [①]。

3.5.2.4　链收敛判断

利用 MCMC 进行参数估计时，关键的是最终模拟结果是否收敛，即构造的马尔科夫链是否达到平稳状态。如果没有达到平稳状态而进行推断，那么最终结果将会产生严重的错误结果。本文选择 G－R 方法对链收敛性进行判断。其基本思想是：根据不同初始值模拟出不同的马尔科夫链，当达到稳定状态时，链内方差与目标分布的方差应该近似。利用方差分析的思想，两者比值应该接近 1。G－R 统计量的值趋向于 1 时，近似达到收敛状态。

3.5.2.5　最优模型判断准则

随着马尔科夫链蒙特卡洛模拟的提出，可估计很多复杂且有效的计量模型。自然地，我们想通过一个判断准则来寻求更能拟合实际问题的或者充分提取数据包含信息的计量模型。Spiegelhalter 等（2002）提出了一种可以直接测量模型复杂度和拟合程度的贝叶斯准则——DIC（deviance information criterion）。DIC 准则由两部分构成，一是描述模型拟合程度的 $\overline{D}$，后验均值的离差；二是描述模型复杂程度的 p_D，描述模型参数个数效果程度。即

$$DIC = \overline{D} + p_D,$$

其中，$\overline{D} = E_{\theta|y}(-2\ln(y|\theta))$，$p_D = E_{\theta|y}(-\ln(y|\theta))$ [②]。在选取最优

---

① 只利用一次模拟的值来刻画一个随机变量的边缘分布是不准确的。这时可以利用条件分布来进行计算。设随机变量 x 和 y 的联合概率密度为 $p(x,y)$，随机变量 x 的边缘概率密度为 $p(x) = \int p(x|y)p(y)dy = E_y[|p(x|y)]$，则可以利用 $p_m(x) = \frac{1}{m}\sum_{i=1}^{m}p(x|y=y_i)$ 来刻画。

② 详细见 Spiegelhalter DJ，Best NG，Carlin BP，Van der Linde A. 2002. Bayesian Measures of Model Complexity and Fit（with Discussion）. Journal of the Royal Statistical Society，Series B，64（4）：583–616。

模型时，同时考虑了模型的拟合优度以及复杂程度，*DIC* 值越小，模型相对越好。

3.5.3 数据及其特征研究

本文以上证综合指数（代码：000001）为研究对象，选取 2010 年 4 月 16 日至 2012 年 2 月 17 日数据，共 446 个数据，数据来源于国泰安数据库。上证综合指数收益率用 r_t 来表示，$r_t = (y_t - y_{t-1})/y_{t-1}$，其中 y_t 表示第 t 天收盘价。

3.5.3.1 数据的特征

金融资产收益率一般都有某些共同性质，比如尖峰厚尾性、波动集群性、均值回复性和收益波动的不对称性等。上证综合指数收益率序列是否也存在这样的现象，下面本文将从以下几个方面对上证收益率序列进行基本统计分析。

（1）尖峰厚尾性。

尖峰厚尾性是说明金融资产收益率已不是正态分布，其峰度要高于正态分布，尾部概率要大于正态分布。我们可以利用 JB 统计量[①]从统计上检验收益率序列是否为正态分布，原假设为收益率序列是正态分布。检验结果如表 1 所示。

表 1　收益率序列（2010.4.16 ~ 2012.2.17）正态性检验

均值	标准差	偏度	峰度	JB 统计量	p 值	n
- 0.00057	0.013302	- 0.30531	4.336479	40.12182	0	446

据表中 JB 统计量的值以及检验的 p 值可以得出拒绝收益率序列为正态分布的假设。表中峰度值为 4.34 大于 3，即意味着比正态分布的峰度要高，即上证综合指数收益率的尖峰厚尾性。

（2）波动集聚效应。

条件异方差在金融资产收益率表现出在一段时间内收益率波动较大，而在另一段时间内收益率波动较小，反映在金融资产收益率波动性的方差（或标准差）是发生变化的，这就是波动集聚效应。收益率是否存在波动集聚效应是能否建立条件异方差模型（ARCH 类模型）和 SV 模型关键。如果不存在波动集

---

① 高铁梅等，计量经济分析方法与建模，清华大学出版社，2009，第二版，p14。

聚效应，那么建立 SV 模型（或者 ARCH 类模型）是没有任何意义的。图 1 表示了上证综合指数在 2010.4.16～2012.2.17 这段时间内收益率波动情形。

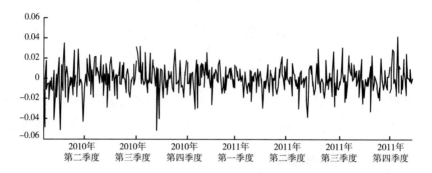

图 1　上证综合指数收益率时序图（2010.4.16～2012.2.17）

从图 1 中可以看出，上证综合指数收益率时间序列存在明显的波动集聚现象。进一步利用 ARCH LM 检验[①]，检验统计量值为 10.49972，服从分布为 F（3，445），检验 p 值为 0.0000，据此可以认为上证综合指数收益率序列存在条件异方差，即可以建立 SV 模型。

（3）均值回复性。

均值回复性是指收益率序列会围绕一个固定的值上下波动，一个高的收益率经过一段时间后会有一个低的收益率，即收益价格波动会向均值回复的趋势。收益序列的均值回复现象要求收益率必须是平稳的，即在受到一个外界干扰后，经过一段时间收益序列仍然能回到原来的平均值。表 2 列出了上证综合指数收益率序列 ADF 检验结果，原假设是收益率序列是非平稳的。

表 2　收益率序列（2010.4.16～2012.2.17）平稳性检验

变量	检验形式 （C,T,K）	ADF 统计量	临界值 （1%）	临界值 （5%）	临界值 （10%）	p 值[*]	结论
上证综指收益率 r_t	（C,0,0）	- 21.41195	- 3.44482	- 2.86782	- 2.57018	0.0000	平稳

＊ MacKinnon（1996）one-sided p-values.

经检验计算，收益率序列是在 1%、5% 和 10% 的显著收益率性水平下都是平稳的。即上证综合指数收益率经受一个外界信息干扰后，经过一段时

---

① 高铁梅等，计量经济分析方法与建模，清华大学出版社，2009，第二版，p195。

间的运行，可以回复到原来的均值水平。

（4）收益波动的不对称性。

在利用杠杆效应 SV 模型进行估计时，必须保证收益率序列波动是不对称的，否则估计的结果是没有意义的。按正负收益率不同将收益率序列分成两部分，正收益率 $\{r_t^+\}$ 和负收益率 $\{r_t^-\}$，然后分别计算正负收益率序列的标准差 std（+）和 std（-）。如果计算正负收益率序列的标准差 std（+）和 std（-）不相等，则认为存在收益率波动不对称性，则可以用杠杆 SV 模型来拟合收益率序列，并可以进一步分析上证收益率序列的周内效应。计算结果如表 3 所示。

表 3　上证收益率序列波动不对称性检验

	std	std（+）	std（-）	m	k	n
2010.4.16～2011.2.17	0.013302	0.0083525	0.0094988	218	228	446

注：std 表示整个序列的标准差。

通过表 3 数据可以看出，两段时间内正负收益率标准差均不相同，因此可以利用文中构建模型分别拟合两段数据并分析上证收益率周内效应。

3.5.3.2　收益率周内统计分析

表 4 列示了这段收益率的具体分布特征见。结果显示，峰度均大于 3，其中星期五峰度达到最大 7.065。这段时间内星期五的收益率为 0.000833，是最高收益率，最低收益率在星期二为 -0.00209。周一收益率为 -0.00022，是一周中第三位，而标准差是最大的。股市收益率序列基本统计分析结果表明星期五收益率最高，而这段时间的整个市场收益率为负值。一周中平均收益率最低出现在周二，而周一标准差是最大的。

表 4　收益率序列（2010.4.16～2012.2.17）统计分析

	星期一	星期二	星期三	星期四	星期五	合并序列
均值	-0.00022	-0.00209	0.000618	-0.002	0.000833	-0.00057
标准差	0.01703	0.013581	0.011469	0.012327	0.011649	0.013302
极大值	0.034798	0.041784	0.030438	0.029188	0.031783	0.041784
极小值	-0.05069	-0.04269	-0.03274	-0.04111	-0.05156	-0.05156
偏度	-0.435	-0.149	0.078	-0.13	-0.626	-0.306
峰度	3.579	4.357	3.677	3.433	7.065	4.365
有效数据	84	89	90	91	92	446

3.5.4 上证指数周内效应及特征分析

数据描述分析 的结果表明选取的样本数据是可以用来拟合本文构建的模型。在拟合基准模型和改进模型时，收益率利用 $100r_t$ 代替 r_t。本部分首先拟合基准模型，使基准模型作为对比的基准。如果拟合的改进模型的 DIC 的值小于基准模型，那么就具体分析周内效应。

3.5.4.1 基准模型的拟合分析

正如前面所述，基准模型认为上证指数收益率不存在周内效应，是用来对比分析的模型。首先运行 6 万次除去初始值影响并使模型达到收敛状态。图 2 是利用模拟 3 万次以后的数据计算的 G－R 统计量的值，从图中可以看出各个参数的 G－R 统计量值均已接近于 1，即认为模型已经达到收敛状态，利用 3 万次之后模拟数据对参数进行统计推断是有效的。模型的 DIC 值如表 5 中所示。

表 5 基准模型 DIC 计算结果

时间段	$\overline{D}$(D－bar)	p_D	DIC
2010. 4. 16 ~ 2012. 2. 17	1439. 98	38. 71	1478. 69

蒙特卡洛误差[①]（Monte Carlo erroer，MC 误差）是用来衡量模拟参数结果的稳定性的一个重要指标。如果一个参数的 MC 误差小于其估计值的标准差，那么这个参数估计值的准确性相对比较高。模型参数的后验估计结果如表 6 所示。

表 6 基准模型参数估计结果（2010. 4. 16 ~ 2012. 2. 17）

参数	均值	标准差	MC 误差	2.50%	中位数	97.50%	起始	样本数
a	0.07822	0.04832	6. 01E－04	－ 0.01727	0.07742	0.17822	30001	30000
b	0.0507	0.03634	4. 98E－04	－ 0.02089	0.05013	0.1306	30001	30000
μ	0.5234	0.1964	0.004628	0.1894	0.5215	0.876	30001	30000
φ	0.9462	0.03802	0.002045	0.8498	0.9548	0.9905	30001	30000
ρ	－ 0.3643	0.1907	0.01034	－ 0.7073	－ 0.3801	0.07168	30001	30000
τ	0.1168	0.03355	0.001962	0.0718	0.1112	0.1983	30001	30000

---

① 中国科学技术大学教师张伟平的 2009 年《实用统计软件》授课笔记。

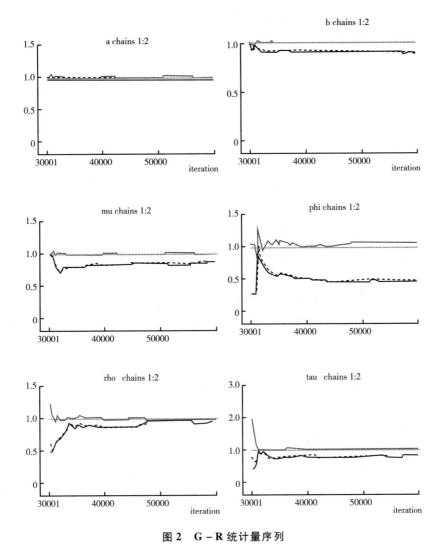

图 2　G－R 统计量序列

注：由于篇幅限制，后面模型拟合的 G－R 收敛图以及后验概率密度均不再列出，如需查看请联系作者。

据表 6 中数据知，各个参数估计的 MC 误差均小于后验参数的标准差，这说明估计值是相对有效的。参数 b 体现了风险对收益的补偿，模拟估计值为 0.0507，说明收益与风险相关性较低。参数 φ 反映波动率持续性，估计值为 0.9462，说明波动的持续性比较强，即前一天收益率波动水平对当前波动影响比较大。参数 ρ 用来反映收益率波动的非均衡性，即杠杆效应，估

计值为 -0.3643，说明股市收益率存在杠杆效应。

根据这段数据估计模型形式（4 - 1）~（4 - 3）所示：

$$y_t \mid \theta_t, \rho = 0.07822 y_{t-1} + 0.0507 \exp(\theta_t) + \exp(\theta_t/2) \varepsilon_t, \varepsilon_t \sim i.i.d\ N(0,1)$$

$$(4 - 1)$$

$$\theta_t \mid \theta_{t-1}, \mu, \varphi, \tau^2, \rho = 0.5234 + 0.9462(\theta_{t-1} - 0.5234) + \eta_t, \eta_t \sim i.i.d\ N(0, 0.1168^2)$$

$$(4 - 2)$$

$$\begin{pmatrix} \varepsilon_t \\ \eta_t \end{pmatrix} \sim i.i.d\ N \left\{ \begin{pmatrix} 0 \\ 0 \end{pmatrix}, \begin{pmatrix} 1 & -0.3643 \\ -0.3643 & 1 \end{pmatrix} \right\}, \ t = 2, \cdots, n \qquad (4 - 3)$$

参数后验概率密度核估计如图 3 所示。

3.5.4.2　周内效应分析

本部分利用改进模型对周内数据进行拟合，以观察股市收益率是否存在周内效应。并计算相应的 DIC 与基准模型比较，如果改进模型的 DIC 比基准模型的小，则认为存在日效应。

表 7 是利用 2010.4.16 ~ 2012.2.17 这段数据拟合基准模型与改进模型的在达到收敛状态时计算的 DIC 值。以此为准则判断在这段时间内周内效应存在性以及表现形式。

表 7　DIC 计算结果（2010.4.16 ~ 2012.2.17）

时间段		$\overline{D}$ (D - bar)	p^D	DIC
基准模型		1439.980	38.713	1478.690
改进模型	周一	1417.440	31.864	1449.314
改进模型	周二	1388.32	54.283	1442.603
改进模型	周三	1483.25	19.323	1502.573
改进模型	周四	1440.24	61.208	1501.448
改进模型	周五	1331.1	15.696	1346.796

周一、周二和周五的作为虚拟变量拟合改进模型计算的 DIC 要小于这段时间数据拟合的基准模型。其中，周一的拟合优度和参数的有效性均优于基准模型。周二的改进模型 D - bar 的值小于基准模型的，即得出改进模型的拟合效果要优于基准模型，而改进模型衡量参数有效性的 p^D 值却大于基准模型相应的值。尽管如此，参数增加引起的有效性的减少带来的后果，小于参数

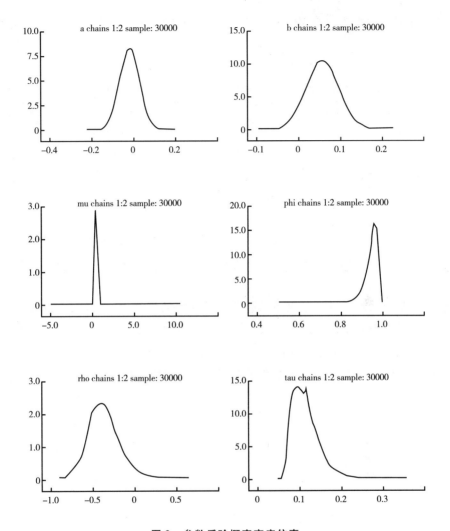

图 3　参数后验概率密度仿真

的增加提高的模型的拟合优度，故改进模型在整体上优于基准模型。周五作为虚拟变量拟合模型，衡量参数个数有效性统计量 p^D 的值降低，说明增加虚拟变量是有效的。D－bar 反映模型拟合程度的统计量的值减少，说明模型的拟合优度提高了。故在 2010.4.16～2012.2.17 这段时间内，周一、周二和周五存在日效应，而周三和周四的收益率及波动性利用基准模型来描述。

（1）周一周内效应分析

表 8 是周一作为虚拟变量，即 $D_t = \begin{cases} 1, & Monday \\ 0, & the\ others \end{cases}$ 建立的改进模型的参

数估计值。参数估计的 MC 误差均小于相应的标准差，说明模拟估计的值是
有效的。

表 8　改进模型参数估计结果 （周一，2010. 4. 16 ~ 2012. 2. 17）

参数	均值	标准差	MC 误差	2.50%	中位数	97.50%	起始	样本数
a	-0.02968	0.04715	5.02E - 04	-0.1222	-0.02992	0.06332	30001	50000
b	0.05571	0.04354	5.93E - 04	-0.01996	0.05513	0.1312	30001	50000
c	0.0193	0.6544	0.02901	0.4665	0.0227	-0.9308	30001	50000
δ	0.5068	0.2528	0.0134	0.04227	0.5022	1.01	30001	50000
μ	-0.00735	0.2588	0.01159	-0.5898	0.01985	0.4212	30001	50000
φ	0.7759	0.129	0.006732	0.4661	0.8002	0.9553	30001	50000
ρ	-0.2668	0.1948	0.009817	-0.6544	-0.2531	0.06797	30001	50000
τ	0.2001	0.0727	0.003896	0.1037	0.1842	0.4105	30001	50000

　　参数 b 反映了风险对收益的补偿，估计值的符号为正，符合预期结果。
但是估计的值较小，因此可以认为收益与波动之间存在较弱相关性，即对风
险的补偿较小。ρ 的后验均值估计为 -0.2668，这说明存在杠杆效应。参数
φ 后验估计值为 0.7759，用来衡量上证指数波动的持续性，波动具有较强的
持续性。参数 δ 的后验均值估计为 0.5068，反映日期对波动性的影响，符
号为正号，说明 2010. 4. 16 ~ 2012. 2. 17 这段时间内周一的波动性可能会比
较大，这与描述结果相符。

　　模型的具体形式为：

$$y_t \mid \theta_t, \rho, D_t = -0.02968 y_{t-1} + 0.05971 \exp(\theta_t) + 0.0193 D_t + \exp(\theta_t/2) \varepsilon_t$$
$$(4-4)$$

$$\theta_t \mid \theta_{t-1}, \mu, \varphi, \tau^2, \rho, D_t = -0.00735 + 0.7759(\theta_{t-1} + 0.00735) + 0.5068 D_t + \eta_t$$
$$(4-5)$$

$$\begin{pmatrix} \varepsilon_t \\ \eta_t \end{pmatrix} \sim i.i.d \, N \left\{ \begin{pmatrix} 0 \\ 0 \end{pmatrix}, \begin{pmatrix} 1 & -0.2668 \\ -0.2668 & 1 \end{pmatrix} \right\}, \eta_t \sim N(0, 0.2001^2), \, t = 2, \cdots, n$$
$$(4-6)$$

（2）周二周内效应分析

　　表 9 是周二作为虚拟变量，即 $D_t = \begin{cases} 1, & Tuesday \\ 0, & the\ others \end{cases}$ 建立的改进模型的参数估

计值。参数估计的 MC 误差均小于相应的标准差，说明模拟估计的值是有效的。

表 9　改进模型参数估计结果（周二，2010.4.16 ~ 2012.2.17）

参数	均值	标准差	MC 误差	2.50%	中位数	97.50%	起始	样本数
a	-0.01269	$4.86E-02$	0.001298	-0.107	-0.01263	0.08222	50001	10000
b	$6.52E-04$	$4.06E-02$	0.001072	-0.007868	$6.78E-04$	0.008146	50001	10000
c	-0.6291	0.4651	0.03515	-1.721	-0.5635	0.1486	50001	10000
δ	0.1522	0.1451	0.01165	0.0891	0.1218	0.5327	50001	10000
μ	1.098	0.5316	0.03864	0.08486	1.058	2.206	50001	10000
φ	0.9473	0.03622	0.002833	0.8332	0.9573	0.9846	50001	10000
ρ	-0.3634	0.2046	0.01617	-0.6789	-0.3837	0.0346	50001	10000
τ	0.1271	0.03971	0.003272	0.08149	0.1166	0.234	50001	10000

2010 年 4 月 16 日到 2012 年 2 月 17 日这段时间内周二收益率描述分析结果表明，周二平均收益率为 -0.00209，是一周中最低值，而收益率的标准差是仅次于周一处于第二位。从模拟结果看，周二收益率也存在对风险的补偿，反映在 b 的值为正数，但是 b 绝对数值很小，仅为 6.52×10^{-4}，这说明收益率和风险的相关性比较小。由于 ρ 的估计值为负数，因此收益率波动具有杠杆效应。参数 φ 反映波动率的持续性，估计值为 0.9473 说明波动持续性比较强。参数 μ 是指波动率均值，其估计值为 1.098 说明波动性较强。

将周二作为虚拟变量引入模型，拟合的改进模型优于基准模型，因此认为周二的收益率的均值与波动基准模型衡量的收益率的均值与波动存在明显不同。具体来看，参数 c 是均值方程中虚拟变量的系数，其估计值为 -0.6291，表明周二收益率均值总体来看将有所降低。参数 δ 是波动率方程中虚拟变量的系数，其估计值为 0.1522，表明周二收益率波动总体上将会增加。

模型的具体形式如（4-7）-（4-9）所示：

$$y_t \mid \theta_t, \rho, D_t = -0.01269 y_{t-1} + 6.52 \times 10^{-4} \times \exp(\theta_t) - 0.6291 D_t + \exp(\theta_t/2) \varepsilon_t$$
$$(4-7)$$

$$\theta_t \mid \theta_{t-1}, \mu, \varphi, \tau^2, \rho, D_t = 1.098 + 0.9473(\theta_{t-1} - 1.098) + 0.1522 D_t + \eta_t$$
$$(4-8)$$

$$\begin{pmatrix} \varepsilon_t \\ \eta_t \end{pmatrix} \sim i.i.d\ N \left\{ \begin{pmatrix} 0 \\ 0 \end{pmatrix}, \begin{pmatrix} 1 & -0.3634 \\ -0.3634 & 1 \end{pmatrix} \right\}, \eta_t \sim N(0, 0.1271^2), t = 2, \cdots, n \quad (4-9)$$

（3）周五周内效应分析

表 10 是周五作为虚拟变量，即 $D_t = \begin{cases} 1, & Friday \\ 0, & the\ others \end{cases}$ 建立的改进模型的参

数估计值。参数估计的 MC 误差均小于相应的标准差，说明模拟估计的值是有效的。

参数 b 反映了风险对收益的补偿，其估计值为 0.0788，符号符合预期。但数值较小，认为风险和收益的相关性不强。参数 μ 是波动率的均值，估计值为 0.9287，说明波动较强。参数 φ 是指波动率的持续性，也即前一天波动率对当天波动的贡献程度，其估计值为 0.9392，说明波动持续性比较强。参数 ρ 反映了收益率的杠杆效应，估计值为 -0.2524，即认为存在杠杆效应，但由于数值较小，可认为杠杆效应不强。

表 10　改进模型参数估计结果（周五，2010. 4. 16 ~ 2012. 2. 17）

参数	均值	标准差	MC 误差	2.50%	中位数	97.50%	起始	样本数
a	-0.00929	0.04867	6.06E-04	-0.1051	-0.00943	0.0864	50001	10000
b	0.0788	0.04092	6.89E-04	0.01063	0.0787	0.1479	50001	10000
c	0.8793	0.6544	0.02901	-0.4297	0.8688	2.19	50001	10000
δ	-0.1122	0.1094	0.005513	-0.3526	-0.09835	0.07794	50001	10000
μ	0.9287	0.4602	0.02056	0.08071	0.8958	1.889	50001	10000
φ	0.9392	0.04663	0.002406	0.7997	0.951	0.9862	50001	10000
ρ	-0.2524	0.2531	0.01322	-0.7566	-0.2618	0.2826	50001	10000
τ	0.1202	0.03775	0.002029	0.06698	0.1135	0.2145	50001	10000

参数 c 和参数 δ 分别是收益率均值方程和方差方程中的虚拟变量 Dt 的系数。具体来看，参数 c 估计值为 0.8793，体现为收益率均值总体上将会高于一周其余交易日，第 3 章描述结果表明周五的收益率是 2010 年 4 月 16 日到 2012 年 2 月 17 日这段时间中周内各个交易日均值最高的，而这段时间整体收益率均值却为负值。参数 δ 的估计值为 -0.1122，体现为周五波动率将总体上可能会低于一周其余交易日，从描述结果看周五收益率的标准差也比较小，仅比最小值高 1.8×10^{-4}。

模型的具体形式如（4 - 10）-（4 - 12）所示：

$$y_t \mid \theta_t, \rho, D_t = -0.00929 y_{t-1} + 0.0788 \times \exp(\theta_t) + 0.8793 D_t + \exp(\theta_t/2)\varepsilon_t$$

$$(4 - 10)$$

$$\theta_t \mid \theta_{t-1}, \mu, \varphi, \tau^2, \rho, D_t = 0.9287 + 0.9392(\theta_{t-1} - 0.9287) - 0.1122 D_t + \eta_t$$

$$(4 - 11)$$

$$\begin{pmatrix} \varepsilon_t \\ \eta_t \end{pmatrix} \sim i.i.d\ N\left\{ \begin{pmatrix} 0 \\ 0 \end{pmatrix}, \begin{pmatrix} 1 & -0.2524 \\ -0.2524 & 1 \end{pmatrix} \right\}, \eta_t \sim N(0, 0.1202^2), t = 2, \cdots, n$$

$$(4-12)$$

综上所述，周一、周二和周五存在日效应，周三和周四没有表现出日效应。为描述周内效应，本部分共建立了 4 个模型，表 16 是各个模型中参数的估计值。

表 16　周内效应模型参数

	a	b	c	δ	μ	φ	ρ	τ
整段	0.07822	0.0507	—	—	0.5234	0.9462	-0.3643	0.1168
周一	-0.02968	0.05571	0.0193	0.5068	-0.00735	0.7759	-0.2668	0.2001
周二	-0.01269	6.52×10^{-4}	-0.6291	0.1522	1.098	0.9473	-0.3634	0.1271
周五	-0.00929	0.0788	0.8793	-0.1122	0.9287	0.9392	-0.2524	0.1202

表中参数 b 表示风险对收益的补偿系数，估计值均为正数，但绝对数值并不大，这说明收益与风险的相关性不强。参数 ρ 反映了收益率波动的杠杆效应，从模拟结果看，上证综合指数收益率是存在杠杆效应的，即利差的消息会引起股市更大的波动。

周一收益率较低，反映在参数 c 的值较小，而波动率较大反映在参数 δ 值较大。周二的收益率最低，反映在参数 c 的估计值为 -0.6291，而波动性较大，反映在 δ 估计值较大。周五的收益率是最高的，并且波动性几乎是最小，反映在参数 c 的值为 0.8793，而参数 δ 的估计值为负数，这说明周五具有较高收益和较低的波动。

3.5.5　结论与建议

3.5.5.1　结论分析

本文描述了 2010 年 4 月 16 日到 2012 年 2 月 17 日上证综合指数收益率数据基本金融资产特性，并实证分析了周内效应的存在及其表现，得出了如下结论：

（1）利用文中基准模型和改进模型研究了上证收益率序列的周内效应。结果表明，周一、周二和周五存在日效应，周三和周四没有表现出日效应。其中，周一表现为较低收益和较高的风险，周二表现出低收益和较高的风险，周五是较高的收益和较低的风险。

（2）实证研究表明上证综合指数收益率序列存在对风险的补偿以及杠杆效应。风险补偿性在拟合模型中体现并不非常明显，这可由系数估计值表现（最大为 0.0788，最小为 6.52×10^{-4}）。同时，上证指数收益率存在杠杆效应，即利差消息可以引起比利好消息更大的波动。

（3）收益率波动的持续比较强。模型中参数 φ 的意义在于分析波动的持续性，实证分析中参数 φ 的估计值相对比较大（最大 0.9473，最小为 0.7759）。

3.5.5.2 政策建议

自上海证券交易所和深圳证券交易所成立以来，随着市场交易体系的发展、法律法规的进一步完善以及上市公司信息披露制度的建立，中国股票市场已经有了长足的发展。但是，实证分析表明，上证综合指数收益率序列仍然存在较明显的周内效应，这说明我国股票市场有待进一步的发展。针对这些问题，本文提出以下一般性的政策建议：

首先，进一步加强市场监督并完善监管体系，及时披露和发布信息。上证指数收益率存在较明显的周内效应，这说明中国的股票市场是弱势有效市场或半强势有效市场。从这两方面，中国证券市场应该加大政府监管力度，建立健全上市公司信息披露制度，并做好信息发布工作。

其次，应该增加对投资者教育机会，并提高对投资者的教育水平。切实让参与市场交易投资者了解风险与收益的并存性，使投资者能够理性地进行证券投资，而不是参与投机交易。有关监管部门应该继续严厉打击和惩治内幕交易行为，尽可能防止危害广大投资者利益的事情发生。

最后，应该积极借鉴国外先进发达国家监管和发展证券市场的经验，并结合中国证券市场发展情况积极探索适合自身发展的道路。中国已于 2010年 4月 16日推出了首个以股票指数为标的的股指期货——沪深 300 股票指数期货（代码：IF）。尽管与发达国家有一定差距，但股指期货的推出确实也说明中国证券市场正在逐步成熟化。

参考文献

[1] Brooks S. Markov chain Monte Carlo method and its application. 1998. Journal of the Royal Statistical Society: Series D (The Statistician). 47 (1): 69 – 100.

[2] Cappuccio N, D Lubian, D Raggi. 2004. MCMC Bayesian estimation of a skew – GED stochastic volatility model. Studies in Nonlinear Dynamics & Econometrics, 8 (2): 6.

[3] Carlin BP, S Chib. 1995. Bayesian model choice via Markov chain Monte Carlo methods. Journal of the Royal Statistical Society. Series B (Methodological), 57 (3): 473 – 484.

[4] Casella G, EI George. 1992. Explaining the Gibbs sampler. The American Statistician, 46 (3): 167 – 174.

[5] Chib S, E Greenberg. 1996. Markov chain Monte Carlo simulation methods in econometrics. Econometric Theory, 12 (3): 409 – 431.

[6] Chib S E Greenberg. 1995. Understanding the Metropolis-Hastings algorithm. The American Statistician, 49 (4): 327 – 335.

[7] Chib S F Nardari, N Shephard. 2002. Markov chain Monte Carlo methods for stochastic volatility models [J]. Journal of Econometrics, 108 (2): 281 – 316.

[8] Danielsson J. 1994. Comment on Bayesian analysis of stochastic volatility models. Journal of Business and Economic Statistics, 12 (4): 393 – 395.

[9] Gongmeng Chen, Chuck C Y Kwok, Oliver M Rui. 2001. The day-of-the-week regularity in the stock markets of China. Journal of Multinational Financial Management, 11: 139 – 163.

[10] Ghysels E, et al. 1995. Stochastic volatility. CIRANO.

[11] Hakan Berument, Hail Kiymaz. 2001. The Day of the week Effect on stock Market Volatility. Journal of Economics and Finance, 25 (2): 181 – 193.

[12] Han C, BP Carlin. 2001. Markov chain Monte Carlo methods for computing Bayes factors [J]. Journal of the American Statistical Association, 96 (455): 1122 – 1132.

[13] Hanson KM. 2000. Tutorial on Markov Chain Monte Carlo. Workshop for Maximum Entropy and Bayesian Methods.

[14] Jackman S. 2000. Estimation and inference via Bayesian simulation: An introduction to Markov chain Monte Carlo. American Journal of Political Science, 44 (2): 375 – 404.

[15] Jacquier E, NG Polson, PE Rossi. 2002. Bayesian analysis of stochastic volatility models. Journal of business and Economic Statistics, 20 (1): 69 – 87.

[16] Jacquier E, NG Polson, PE Rossi. 2004. Bayesian analysis of stochastic volatility models with fat-tails and correlated errors. Journal of Econometrics, 122 (1): 185 – 212.

[17] Rogalski R J. 1984. New Findings regarding day-of-the-week Returns over trading and non-trading periods: A note. Journal of Finance, 39: 1603 – 1614.

[18] Kim S, N Shephard, S Chib. 1998. Stochastic volatility: Likelihood inference and comparison with ARCH models. The Review of Economic Studies, 65 (3): 361.

[19] Lakonishok J, Levi M. 1982. Weekend effects in stock returns: A note. Journal of Finance, 37: 883 – 889.

[20] Lakonishok J, Marberly E. 1990. The weekend effect: Trading patterns of individual and institutional investors. Journal of Finance, 45: 231 – 243.

[21] Meyer R RB Millar. 1999. BUGS in Bayesian stock assessments. Canadian Journal of Fisheries and Aquatic Sciences, 56 6: 1078 – 1087.

[22] Meyer R, J Yu. 2000. BUGS for a Bayesian analysis of stochastic volatility models [J]. Econometrics Journal, 32: 198 – 215.

[23] Ntzoufras I. Bayesian modeling using WinBUGS. 2009. John Wiley & Sons Inc.

[24] Michael R Gibbons, Patrick Hess. 1984. Day of the week effects and asset returns. The Journal of Business, 544: 579 – 596

[25] Rachev ST, JSJ Hsu BS Bagasheva. 2008. Bayesian methods in finance. John Wiley & Sons Inc.

[26] Sandmann G SJ Koopman. 1998. Estimation of stochastic volatility models via Monte Carlo maximum likelihood. Journal of Econometrics, 87 (2): 271 – 301.

[27] Scollnik DPM. 1996. An introduction to Markov Chain Monte Carlo methods and their actuarial applications in Proceedings of the Casualty Actuarial Society. Citeseer.

[28] Spiegelhalter D, et al. 2003. Bayesian inference Using Gibbs Sampling. WinBUGS version, 1.

[29] Watanabe T. 1999. A non-linear filtering approach to stochastic volatility models with an application to daily stock returns. Journal of Applied Econometrics, 14 (2): 101 – 121.

[30] 陈超, 钱苹. 2002. 中国股票市场 "周内效应" 再检验. 经济科学, 1: 85 ~ 91.

[31] 奉立城. 2000. 中国股票市场的 "周内效应". 经济研究, 11: 50 ~ 57.

[32] 高铁梅. 2009. 计量经济分析方法与建模. 清华大学出版社, 12.

[33] 顾锋娟, 岑仲迪. 2011. 基于 GARCH 类模型和 SV 类模型的沪深两市波动性研究. 数学的实践与认识, 41 (1): 14 ~ 22.

[34] 蒋祥林, 王春峰. 2005. 基于贝叶斯原理的随机波动率模型分析及其应用. 系统工程, 23 (1): 22 ~ 28.

[35] 李凌波, 吴启芳, 汪寿阳. 2004. 周内效应和月度效应: 中国证券投资基金市场的实证研究. 管理学报, 1: 41 ~ 46.

[36] 李学, 欧阳俊, 秦宛顺. 2001. 中国股市的周内效应研究. 统计研究, 8.

[37] 刘凤芹. 2004. 基于 DIC 准则的 SV 族模型的比较. 统计与决策, 9: 24 ~ 25.

[38] 刘凤芹, 吴喜之. 2006. 随机波动模型参数估计的新算法及其在上海股市的实证. 系统工程理论与实践, 4: 27 ~ 31.

[39] 刘乐平, 彭萍, 艾涛. 2004. 诺贝尔经济学奖, 计量经济学与现代贝叶斯方法. 东华理工学院学报 (社会科学版), 23 (1).

[40] 刘乐平, 张美英, 李姣娇. 2007. 基于 WinBUGS 软件的贝叶斯计量经济学. 东华理工学院学报: 社会科学版, 26 (2): 101 ~ 107.

[41] 毛明来, 陈通, 徐正国. 2006. SV 类模型体系探讨. 西北农林科技大学学报 (社会科学版), 6 (4).

[42] 孟利锋, 张世英, 何信. 2003. 厚尾 SV 模型的贝叶斯分析及其应用研究. 西北农林科技大学学报 (社会科学版), 3 (6).

[43] 邱冬阳, 王涛, 许雄奇. 2009. 金融市场随机波动: 基于文献综述的视角. 西南农业大学学报: 社会科学版, 7 (4): 4 ~ 10.

[44] 史代敏. 2003. 上海股票市场波动的周内效应. 数量经济技术经济研究, 6: 154 ~ 157.

[45] 石柱鲜, 吴泰岳. 2005. 中国股票市场 "周内效应" 再研究. 数理统计与管理, 24 (3).

[46] 宋逢明, 江婕. 2003. 中国股票市场波动性特性的实证研究. 金融研究, 4: 13 ~ 22.

[47] 苏卫东, 张世英. 2001. 随机波动模型分析及其在上海股市的应用. 系统工程理论方法应用, 10 (3): 202 ~ 205.

[48] 田华, 陆庆春. 2003. 上海股市周日效应 GARCH 模型族的实证研究. 系统工程理论与实践, 23 (7): 75 ~ 79.

[49] 王春峰, 蒋祥林, 李刚. 2003. 基于随机波动性模型的中国股市波动性估计. 管理科学学报, 6 (4): 63 ~ 72.

[50] 王春峰, 蒋祥林, 吴晓霖. 2005. 随机波动性模型的比较分析. 系统工程学报, 20 (2): 216 ~ 219.

[51] 王宇新. 2007. GARCH 模型 SV 模型对深圳股市的比较. 合肥工业大学学报 (自然科学版), 30 (6).

[52] 余素红, 张世英. 2002. SV 与 GARCH 模型对金融时间序列刻画能力的比较研究 [J]. 系统工程, 20 (5): 28 ~ 33.

[53] 余素红, 张世英, 宋军. 2004. 基于 GARCH 模型和 SV 模型的 VaR 比较. 管理科学学报, 7 (5): 61 ~ 66.

[54] 张世英, 樊智. 2004. 协整理论与波动模型: 金融时间序列分析及应用. 清华大学出版社.

[55] 张跃宏, 严广乐. 2009. 基于 Gibbs 抽样的随机波动模型族的贝叶斯研究. 统计与决策, 12: 14 ~ 16.

[56] 周少甫, 陈千里. 2004. 上海股市波动的周日效应检验. 数理统计与管理, 23 (3): 57 ~ 60.

[57] 朱慧明, 李峰, 杨锦明. 2007. 基于 MCMC 模拟的贝叶斯厚尾金融随机波动模型分析. 运筹与管理, 16 (4).

[58] 朱慧明, 林静. 2009. 贝叶斯计量经济模型. 科学出版社.

4. 企业　产业经济

4.1 "十二五"时期我国节能潜力与节能降耗目标分析

郭国峰　王彦彭①

摘　要："十二五"规划纲要提出单位 GDP 能耗下降 16% 的目标。在进行描述性统计分析分析的基础上，首先利用 1978 ~ 2010 年中国万元 GDP 能耗数据建立回归分析与 ARMA 组合模型对 2011 ~ 2015 年万元 GDP 能耗进行初步预测；然后以产业结构调整力度、能源消费结构、技术进步和经济社会发展水平作为的影响因素，建立回归分析模型分析万元 GDP 能耗与各影响因素的关系，并对其进行进一步预测；接下来，对 2010 年经济发达省份万元 GDP 能耗进行分析，对国际社会万元 GDP 能耗变化进行比较。最终，得到不同情景下我国万元 GDP 能耗即节能潜力状况，并对节能降耗目标进行评估。

关键词："十二五"时期　万元 GDP 能耗　节能潜力　节能降耗目标

4.1.1 引言

"十一五"时期，国家第一次将能源消耗强度和主要污染物排放总

---

① 郭国峰（1963.5 ~ ），男，博士，郑州大学 MBA/EMBA 教育中心主任，教授，硕士研究生导师，工作单位——郑州大学商学院；王彦彭（1981.12 ~ ），男，博士，郑州大学西亚斯国际学院现代经济研究所所长，讲师。

量减少作为国民经济和社会发展的约束性指标。按2005年可比价格计算，2010年我国万元GDP能耗为1.034吨标准煤，与2005年相比分别降低19.1%，基本实现了"十一五"规划纲要确定的约束性目标。《国民经济和社会发展第十二个五年规划纲要》提出单位GDP能耗降低16%的目标，"十二五"期间实现节约能源6.7亿吨标准煤。在工业领域，工信部提出了比"十二五"规划纲要更高的约束性指标，"十二五"期间预计实现节能量6.7亿吨标准煤。上述目标之间存在的差异，使得我们不得不认真思考："十二五"时期我国节能潜力究竟如何，实现上述目标是经济发展过程中实施节能减排的正常结果还是超出了当前经济发展承受能力对统计数据进行刻意扭曲而为之。因此，就"十二五"我国节能潜力进行深入的数量分析，对于评估节能目标的合理性与可行性具有重要意义。

4.1.2　我国万元GDP能耗的描述性统计分析

4.1.2.1　变量选取与数据来源

一般用能源效率来表征能源利用效果即节能水平。能源效率的衡量指标分为经济能源效率和物理能源效率两类。经济能源效率可分为单位产值能耗和能源成本效率；物理能源效率可分为物理能源效率（热效率）和单位产品或服务能耗。单位产值能耗又称为"能源强度"，通常用单位国内生产总值能耗来表示。根据国家规划纲要中提出的约束性指标，我们选择万元GDP能耗（吨标准煤；Y_t）作为节能潜力分析的代表性变量。2005~2009年中国2005年不变价格的GDP在《中国统计年鉴2011》中已公布，其他年份GDP则根据《中国统计年鉴2011》公布的国内生产总值指数将其折合为2005年可比价格。2005~2010年中国万元GDP能耗数据在《中国统计年鉴2006》~《中国统计年鉴2011》中已公布，其余年份的万元GDP能耗数据利用除以2005年不变价格GDP除以对应的能源消费总量得到。其中，历年能源消费总量数据来源于《中国统计年鉴2011》。

4.1.2.2　我国万元GDP能耗与万元GDP能耗的变动分析

1978~2010年中国万元GDP能耗变动趋势如图1所示。由图1可知，1978～2010 年中国万元 GDP 能耗总体上呈下降的态势。2010 年万元 GDP 能耗为 1.034 吨标准煤，与 1978 年相比降低 72.35%。根据其降低的速度，可以分为以下四个时期：一是 1978～1988 年的明显下降时期，万元 GDP 能耗从 1978 年的 3.74 吨标准煤下降到 1988 年的 2.3346 吨标准煤，累计降低 37.58%；二是 1988～2002 年的快速下降时期，万元 GDP 能耗在 1989 和 1990 年有所上升后开始持续下降，2002 年降低至 1.1623 吨标准煤，与 1988 年相比降低 50.21%；三是 2002～2004 年的快速上升时期，万元 GDP 能耗持续上升，达到 1.2847 吨标准煤，与 2002 年相比上升 10.53%；四是 2004～2010 年的缓慢下降时期，万元 GDP 能耗持续下降，累计下降 19.51%，但是 2004～2006 年万元 GDP 能耗水平依然高于 2002 年水平。

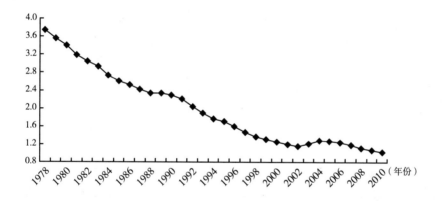

图 1　1978～2010 年中国万元 GDP 能耗变动趋势

从不同时期变动情况来看，改革开放初期我国能耗水平较高，20 世纪 80 和 90 年代我国万元 GDP 能耗降幅较大，下降速度明显。进入 21 世纪后，随着 2003 年年底以来经济开始复苏和"煤电油运"的紧张，尽管面临着国际市场上大宗商品和能源价格的不断攀升，但是由于我国粗放式经济增长方式依然没有得到改变，最终导致万元 GDP 能耗没有下降反而连续 4 年在高位运行。进入"十一五"后，随着国务院的高度重视以及节能减排政策方案与考核体系的实施，我国万元 GDP 能耗从 2007 年才在开始下降，到 2010 年基本完成"十一五"规划纲要提出的目标。

4.1.3　万元 GDP 能耗预测：　基于回归与 ARMA 组合模型

4.1.3.1　模型估计结果

由图 1 可知，我国万元 GDP 能耗随时间近似呈对数变动关系。因此，我们首先建立半对数线性模型；然后观察残差序列的自相关图和偏相关图可知应在上述模型中分别加入 AR（1）、AR（2）项，建立回归与 ARMA 组合模型。模型参数估计结果如表 1 所示。

表 1　回归与 ARMA 组合模型参数估计结果

变量	半对数线性模型	回归与时间序列组合模型
C	4. 3652 （39. 2793）***	5. 1533 （7. 3265）***
$\log(t)$	− 0. 9232 （− 22. 5345）***	− 1. 1868 （− 5. 3903）***
AR（1）	—	1. 2777 （9. 5406）***
AR（2）	—	− 0. 3854 （− 4. 2713）***
$adj - R^2$	0. 9461	0. 9967
$D \cdot W$	0. 2778	1. 5019

注：括号内数值为分别为变量估计系数的 t 统计量，*** 、** 、* 分别表示 1% 、5% 、10% 的显著性水平。

由表 1 可知，模型的参数估计量都是统计显著的，回归与时间序列模型调整后的可决系数和 $D \cdot W$ 统计量均有明显提高，并且其残差序列不存在自相关和异方差，为白噪声过程。这说明，回归与时间序列模型拟合程度较好，模型形式合理，参数估计通过了显著性检验，能较好用于对我国"十二五"时期预测。其中，$\log(t)$ 的参数估计量分别是 − 1. 1868，这说明 1978 年以来万元 GDP 能耗的降速较高。由 AR（1）和 AR（2）项的参数估计量可知，滞后一期的万元 GDP 能耗与本期正相关，滞后二期的万元 GDP 能耗与本期负相关，滞后期越长对本期的影响越小。对上述模型中 AR（1）和 AR（2）项的参数估计量进行比较发现，滞后一期与滞后二期的万元 GDP 能耗变量对本期的影响大小接近。这说明，能源消耗强度的历史水平越高，对当前的影响就越大，节能降耗是一项长期持续的工作，节能减排进程中要防止能源消耗强度的反弹和回升。

4.1.3.2 预测结果分析

2011～2015年我国万元GDP能耗（单位：万吨标准煤）如表2所示。2011年的预测结果采用静态预测的方法，其余年份采用动态预测的方法。

表2 2011～2015年我国万元GDP能耗预测结果

年份	2011	2012	2013	2014	2015
万元GDP能耗	0.9930	0.9538	0.9163	0.8805	0.8463

表2的预测结果表明，按照以前的下降趋势，2011年我国万元GDP能耗为0.9930吨标准煤，与2010年相比下降3.87%；2015年我国万元GDP能耗将达到0.8463吨标准煤，与2010年相比下降18.07%，降低幅度与"十一五"时期接近。国家统计局2月22日发布的公告称，2011年全国万元国内生产总值能耗下降2.01%，未能实现国家发改委所设立的3.5%的目标。这一方面在于，在告别了"十一五"末年节能减排的"紧箍咒"之后，中国不少地区和行业能源消耗量增长，能耗强度有所反弹，这与"十五"和"十一五"初期能耗的情况类似。国家统计局2月份发布的公告称，2011年，我国煤炭消费量增长9.7%，原油消费量增长2.7%，天然气消费量增长12.0%，电力消费量增长11.7%。另一方面，"十二五"及其以后时期，随着工业化、城镇化进程加快和消费结构持续升级，我国能源需求呈刚性增长，节能减排的难度会不断加大，过去使用哪些简单技术和较少投资就能解决的问题会越来越少，节能减排的难度和对资金的需求程度都会发生明显的变化，节能减排的成本不断加大。此外，考虑到节能减排新增指标和指标细化、能源结构与产业结构以及节能减排整体技术水平不高等因素的影响，达到上述预测结果是有很大难度的。

因此，表2中的预测结果可以作为我国能源消耗强度的理想情景，即"十二五"时期节能所达到的理想目标。也就是说，在节能减排资金需求普遍不足和节能减排技术短期内不能取得突破的前提下，"十二五"时期我国能源消耗强度会进入一个缓慢下降的阶段，2015年我国万元GDP能耗水平肯定高于上述预测值。

4.1.4 节能潜力与产业结构调整、技术
进步和能源结构的关系

从"十一五"时期我国节能减排的实践可知，产业结构调整力度和技术进步是影响节能减排的关键因素，优化能源结构是区域节能长效之路。我国各省市节能减排目标的制定，综合考虑了经济发展水平、产业结构、节能潜力、环境容量及国家产业布局等因素。结合《"十二五"节能减排综合性工作方案》的要求，我们以万元 GDP 能耗（吨标准煤；Y_t）作为被解释变量，以产业结构调整力度、能源消费结构、技术进步和经济社会发展水平作为能源消耗强度的影响因素，建立回归分析模型，分析我国万元 GDP 能耗与各影响因素之间的关系，并据以分析和预测"十二五"时期我国节能潜力。

4.1.4.1 变量选取与数据来源

（1）变量选取

调整优化产业结构是实现节能的重要手段。"十二五"时期将继续严格控制高耗能、高排放行业过快增长，加快淘汰落后产能，推动传统产业改造升级，提高服务业和战略性新兴产业在国民经济中的比重。我们选择第三产业增加值占 GDP 的比重来（X_{1t}）、工业占 GDP 的比重（X_{2t}）来表征产业结构调整力度。

"富煤、少气、缺油"的资源条件，决定了中国能源结构以煤为主，低碳能源资源的选择有限。将来在相当长的时间内，以煤为主的能源结构也很难改变。由于无烟煤在我国煤炭生产消耗中所占比例不足四分之一，煤炭燃烧造成了严重的大气污染。因此，我们以煤炭在能源消费中所占比重表征能源消费结构，用 X_{3t} 表示。

与欧美等发达国家相比，我国当前的能源生产利用水平、生产技术水平、技术开发能力和关键设备制造能力等总体比较落后，给我国发展节能减排产业带来了巨大的技术挑战。从"十一五"时期我国各省市节能减排的实践来看，节能减排技术的开发和项目的实施对于节能减排目标完成具有重要的作用。不少学者采用研究与试验发展（R&D）经费内部支出、国内专利申请受理数来表征技术进步状况，但是由于缺乏 1978 ~ 1995 年的统计数据。我们选择科学研究支出占 GDP 的比例来表征技术进步状况，用 X_{4t}

表示。

比较我国各省市可以发现，经济发展水平较高的北京、广东、上海、浙江、江苏和天津等省市，能源消耗强度较低，节能水平相对较高。节能减排技术的创新和开发，主要决定因素还是地区经济发展水平。我们选用人均GDP（元；X_{5t}）来表征经济社会发展水平。

（2）数据来源

本文样本区间为 1978~2010 年。其中，万元 GDP 能耗（Y_t）的数据来源如上述；历年第三产业增加值占 GDP 的比重（X_{1t}）、工业增加值占GDP 的比重（X_{2t}）煤炭在能源消费中所占比重（X_{3t}）、人均 GDP（X_{5t}）的数据，均来源于《中国统计年鉴 2011》。科学研究支出（X_{4t}）数据来源于《中国财政年鉴 2011》。

4.1.4.2 相关性分析

采用 Pearson 相关系数的公式，分别计算得到我国的万元 GDP 能耗（Y_t）与第三产业增加值占 GDP 的比重（X_{1t}）、工业增加值占 GDP 的比重（X_{2t}）、煤炭在能源消费中所占比重（X_{3t}）、科学研究支出占 GDP 的比例（X_{4t}）和人均 GDP（X_{5t}）之间的相关关系，结果如表 3 所示。

表 3　变量 Y_t 与 X_{1t}、X_{2t}、X_{3t}、X_{4t}、X_{5t} 的相关系数

		Y_t	X_{1t}	X_{2t}	X_{3t}	X_{4t}	X_{5t}
Y_t	Pearson Correlation	1	-.959**	.145	.502**	.787**	-.869**
	Sig. (2-tailed)		.000	.422	.003	.000	.000
X_{1t}	Pearson Correlation	-.959**	1	-.129	-.549**	-.694**	.862**
	Sig. (2-tailed)	.000		.474	.001	.000	.000
X_{2t}	Pearson Correlation	.145	-.129	1	-.530**	.292	.138
	Sig. (2-tailed)	.422	.474		.002	.099	.443
X_{3t}	Pearson Correlation	.502**	-.549**	-.530**	1	.062	-.659**
	Sig. (2-tailed)	.003	.001	.002		.731	.000
X_{4t}	Pearson Correlation	.787**	-.694**	.292	.062	1	-.348*
	Sig. (2-tailed)	.000	.000	.099	.731		.047
X_{5t}	Pearson Correlation	-.869**	.862**	.138	-.659**	-.348*	1
	Sig. (2-tailed)	.000	.000	.443	.000	.047	

** Correlation is significant at the 0.01 level (2-tailed).

由表 3 中的数据可以看出，万元 GDP 能耗（Y_t）与第三产业增加值占 GDP 的比重（X_{1t}）、人均 GDP（X_{5t}）之间存在高度的相关关系，与科学研究支出（X_{4t}）存在显著的相关关系，与煤炭占能源消费总量的比重（X_{3t}）低度相关，与工业增加值占 GDP 的比重（X_{2t}）则不存在相关关系。此外，工业增加值占 GDP 的比重与煤炭占能源消费总量的比重存在弱相关关系，与其他几个变量则不存在相关关系。

Pearson 相关系数是对变量之间线性相关关系的测度。上述变量之间存在低度的线性相关关系，有可能是因为变量之间存在非线性相关关系，所以在建立模型时是否剔除该变量还应该结合相关的理论分析。以万元 GDP 能耗为被解释变量建立模型时，工业增加值占 GDP 的比重（X_{2t}）不但与被解释变量而且与其他解释变量则不存在线性相关关系，考虑到节能减排进程的实际，所以在进行分析时不将 X_{2t} 作为解释变量。

4.1.4.3 模型估计结果

通过观察解释变量与被解释变量的散点图发现，万元 GDP 能耗与第三产业增加值占 GDP 的比重呈对数或双曲线函数变动关系，与煤炭占能源消费的比重呈二次函数的变动关系，与人均 GDP 呈对数或双曲线函数的变动关系，与科学研究支出占 GDP 的比重近似呈对数变动关系。模型参数估计结果分别如表 4 和表 5 所示。

由表 4 可知，解释变量 X_{1t} 和 X_{5t} 采取不同的形式对模型估计结果尤其是解释变量 X_{2t}、X_{3t} 参数估计量的影响较大。结合上述相关分析的结果以及各解释变量与万元 GDP 能耗关系的理论分析，我们不将 X_{2t} 作为解释变量。对模型 1 - 2 中剔除了解释变量 X_{2t} 后进行估计得到模型 1 - 5（结果如表 5 所示）。对模型 1 - 5 的残差序列进行自相关 LM 检验和 White 异方差检验，发现其不存在异方差但是存在自相关，通过观察残差序列的自相关图和偏相关图可知，应在模型中加入 AR（1）、AR（2）项。由表 5 可知，与模型 1 - 5 相比，模型 1 - 6 调整后的可决系数明显提高，残差序列经检验为白噪声过程，解释变量 X_{4t} 参数估计量在 10% 的显著性水平下不为零，其余两个解释变量的参数估计量都通过了显著性检验。这说明，模型 1 - 6 是合适的，能较好说明万元 GDP 能耗与产业结构调整、技术进步、经济社会发展水平之间的关系。

表4　模型参数估计结果1：万元 GDP 能耗为被解释变量

	模型1-1	模型1-2	模型1-3	模型1-4
C	-7.7136 (-7.4596)***	9.0236 (4.0265)***	-4.2889 (-7.6765)***	7.2067 (2.7549)**
$\log(x_1)$	0.6707 (3.6988)***	-0.7369 (-1.7506)**	—	—
$\dfrac{1}{x_1}$	—	—	-17.1220 (-3.4594)***	15.5688 (2.8413)**
$\sqrt{x_3}$	0.7216 (10.0690)***	0.1051 (0.4679)	0.6632 (9.9425)***	0.0304 (0.1448)
$\log(x_4)$	-0.0075 (-0.1459)	0.6334 (5.2271)**	0.0434 (0.9592)	0.6097 (5.5967)***
$\dfrac{1}{x_5}$	5166.40 (19.9978)***	—	4990.72 (21.4773)***	—
$\log(x_5)$	—	-0.6073 (-5.1968)***	—	-0.6760 (-6.7928)***
$adj-R^2$	0.9965	0.9727	0.9964	0.9763
$D \cdot W$	1.0089	0.3736	0.9085	0.3767

表5　模型参数估计结果2：万元 GDP 能耗为被解释变量

	模型1-5	模型1-6
C	9.8199 (15.6743)***	7.5907 (3.9617)***
$\log(x_1)$	-0.6875 (-1.8377)**	-0.5201 (-2.7810)**
$\log(x_4)$	0.6242 (6.2696)**	0.4570 (2.5023)*
$\log(x_5)$	-0.6543 (-6.8725)***	-0.5967 (-2.9520)***
AR(1)	—	1.4953 (9.1594)***
AR(2)	—	-0.5596 (-3.7161)***
$adj-R^2$	0.9727	0.9976
$D \cdot W$	0.3736	2.0139

注：括号内数值为分别为变量估计系数的 t 统计量和残差序列检验相应的统计量，***、**、* 分别表示1%、5%、10%的显著性水平。

从各解释变量估计量的结果来看，随着抑制高耗能与高排放行业过快增长、加快淘汰落后产能和推动传统产业升级等调整优化产业结构力度的加大，第三产业增加值占 GDP 的比重的越来越高，万元 GDP 能耗水平则会降低。同时，随着科学研究支出投入的快速增加，技术研发与创新的广度和深度不断加大，技术进步的步伐加快，尤其是随着近几年节能减排技术取得不断进步，万元 GDP 能耗水平则会持续降低。此外，随着经济社会发展水平的提高，我国所处经济发展阶段和全社会整体技术水平也随之提升，万元 GDP 能耗则会下降，能源利用效率得到提高。

从解释变量的影响大小来看，人均 GDP 对万元 GDP 的影响最大，第三产业增加值占 GDP 比重次之，科学研究支出占 GDP 的比例则相对较小。这说明，当前我国产业结构不合理尤其是第二产业在 GDP 中所占比例过高，对万元 GDP 能耗的影响较大，提高节能潜力的关键首先在于在不但要加快经济社会发展同时应加大调整优化产业结构的力度，促进产业结构的优化升级。此外，加大科学研究支出的投入，加快技术创新和技术进步尤其是加大节能减排技术的应用和创新，对于万元 GDP 能耗的下降也有很重要的意义。

4.1.4.4 万元 GDP 能耗的预测

《国民经济和社会发展第十二个五年规划纲要》提出，"十二五"时期国内生产总值年均增长 7%，按 2010 年价格计算到 2015 年预计达到 55.8 万亿元；全国人口年均增长不超过 7.2‰，到 2015 年总人口控制在 13.9 亿以内；服务业增加值占国内生产总值比重提高 4 个百分点，预计达到 47%；研究与试验发展经费支出年均增长 9.9%，到 2015 年研究与试验发展经费支出占国内生产总值比重达到 2.2%。

初步核算，2011 年我国国内生产总值比 2010 年增长 9.2%，明显高于"十二五"规划纲要提出的目标。但是，2012 年《政府工作报告》中提出的预期目标为，国内生产总值增长 7.5%。结合当前国内外经济形势的判断，我们有足够的理由相信，2012 年以后若干年份中国的经济增速会放缓，所以"十二五"时期国内生产总值年均增长 7% 的目标是合理和可行的。按照该目标，到 2015 年我国人均 GDP 将达到 31742 元（2005 年不变价格），第三产业增加值占 GDP 的比例达到 47%。此外，按照研究与试验发展经费支出的增长速度，2015 年科学研究支出将达到 6595 亿元（按 2010 年价格计算），占当年 GDP 的比例达到 1.182%。

　　就能源消费结构的而言,《国民经济和社会发展第十二个五年规划纲要》只是"提出非化石能源占一次能源消费比重达到 11.4%"的目标。中国政府提出,合理控制能源消费总量,控制化石能源,特别是碳排放较高的煤炭消费,鼓励新能源的发展,支持天然气的消费。虽然市场对"十二五"各行业、各地区的增长目标,早有乐观预期,但最终的规划可能在今年明确。中金公司(CICC)估计,能源消费总量的最终目标,有可能低于原来普遍预期的 42 亿吨标准煤,控制煤炭和石油消费的增长速度。政府可能加大力度解决存量问题,通过压总量、缓增速、调结构,确保实现节能减排。预计到 2015 年,新能源在一次能源消费中的占比提高 2.8 个百分点至 11.4%,天然气在一次能源消费中的占比提高 3 个百分点到 7.5%。2015 年,煤炭和石油占一次能源消费的比重可能分别达到 65% 和 16% 或者 63% 和 18.1%。由于国际市场能源价格的上涨和波动,根据我国能源禀赋状况,结合 2000 年以来我国能源生产与消费结构(如表 6 所示)的变动特征,我们认为 2015 年煤炭占能源消费的比重达到 65% ~ 68% 是可行的。

表 6　主要年份中国能源消费结构

单位：%

消费结构	2000 年	2005 年	2010 年	2011 年
煤　炭	69.2	70.8	68.0	69.7
石　油	22.2	19.8	19.0	18.2
天然气	2.2	2.6	4.4	4.6
非化石能源	6.4	6.8	8.6	7.5
合　计	100.0	100.0	100.0	100.0

　　如果"十二五"时期我国产业结构调整、R&D 经费支出和能源消费结构改善的目标顺利实现,并且节能减排技术取得相应的进步和提高,2015 年我国万元 GDP 能耗将达到 0.8568 吨标准煤,与 2010 年相比分别下降 17.05%。但是,如果产业结构调整没有实现,能源消费结构没有改善,节能减排技术也没有取得相应的进步和提高,则 2015 年我国万元 GDP 能耗将达到 0.9104 吨标准煤,与 2010 年相比分别下降 11.8%。该预测值考虑到了产业结构的优化调整、社会技术进步和经济社会发展水平等因素的影响,所以与上述预测值相比更为合理。

4.1.5 万元 GDP 能耗的中外比较

4.1.5.1 我国经济发达省市万元 GDP 能耗状况

由上述分析可知，2015 年我国人均 GDP 将达到 31742 元（2005 年不变价格），第三产业增加值占 GDP 的比例将达到 47%，研究与试验发展经费支出占国内生产总值比重将达到 2.2%。因此，可以参考 2010 年我国人均 GDP 超过 31742 元（2005 年不变价格）的省市单位 GDP 能耗的水平（其相应资料如表 7 所示，其中地区生产总值按 2005 年价格计算），来确定 2015 年我国能源消耗强度将达到的水平，从而更加客观分析我国的节能潜力。

表 7　2010 年我国人均 GDP 超过 31742 元的省市单位 GDP 能耗等指标数据

地区	人均 GDP（元）	第三产业增加值占 GDP 比重（%）	R&D 经费支出占 GDP 的比重（%）	万元 GDP 能耗	
				（吨标准煤）	比 2005 年降低（%）
北　京	60224.8	69.1	5.50	0.582	26.59
天　津	60073.3	41.5	2.37	0.826	21.00
内蒙古	35427.0	39.4	0.53	1.915	22.62
辽　宁	35214.1	39.6	1.53	1.380	20.01
上　海	67573.3	50.5	2.81	0.712	20.00
江　苏	43843.1	35.4	2.04	0.734	20.45
浙　江	43245.8	40.0	1.73	0.717	20.01
福　建	34001.0	38.5	1.11	0.783	16.45
山　东	35699.8	32.0	1.53	1.025	22.09
广　东	38464.7	42.9	1.65	0.664	16.42

注：数据来源于《中国统计年鉴 2011》。但是《中国统计年鉴 2011》中公布的"各地区总人口"数据，是根据 2010 年第六次全国人口普查数据推算的。各地区统计年鉴 2011 也没有公布第六次全国人口普查的数据。为保证统计口径的一致，本表中人均 GDP 计算时用到的人口统计数据为《中国统计年鉴 2010》中公布的"2009 年各地区人口总数"。

由表 7 可知，2010 年人均 GDP 超过 31742 元（2005 年不变价格）的省市共计有 10 个。该 10 个省市，人均 GDP、第三产业增加值占 GDP 比重、R&D 经费支出占 GDP 的比重和万元 GDP 能耗的平均水平分别为 45376 元、42.89%、2.08% 和 0.9338 吨标准煤。内蒙古自治区是一个资源大省区，由于近年来资源（能源）类产品价格的不断上涨，近年来内蒙古人均 GDP 在全国排名不断前移，其经济发展和万元 GDP 能耗水平具有一定的特殊性。剔除内蒙古对其余 9 个省市进行分析可以发现，人均 GDP、第三产业增加值占 GDP 比重、R&D 经费支出占 GDP 的比重和万元 GDP 能耗的平均水平分别为 46482 元、43.28%、2.25% 和 0.8248 吨标准煤。其中，万元 GDP 能耗的平均水平的变化较大。

进一步分析可知，北京、天津、上海三个地区人均 GDP 超过了 60000 元，远远高于 2015 年全国水平。此外，北京、上海两地区第三产业增加值占 GDP 比重明显高于 47%，R&D 经费支出占 GDP 的比重也明显高于 2.2%，天津尽管第三产业增加值占 GDP 比重低于 47%，但是其人均 GDP 和 R&D 经费支出占 GDP 的比重明显高于 2015 年全国水平。所以我们可以考虑将北京、天津、上海三省市剔除，可以发现其余 6 个省区市人均 GDP、第三产业增加值占 GDP 比重、R&D 经费支出占 GDP 的比重和万元 GDP 能耗的平均水平分别为 38411 元、38.07%、1.60% 和 0.8838 吨标准煤。

由于江苏、浙江人均 GDP 超过了 40000 元，辽宁、福建、山东、广东的人均 GDP 在 34000~38500 元之间，除山东外第三产业增加值占 GDP 的比重在 40% 左右，R&D 经费支出占 GDP 的比重则普遍低于 2.2%。我们可以选择辽宁、福建、山东、广东四省进行分析，可以发现该四个省市人均 GDP、第三产业增加值占 GDP 比重、R&D 经费支出占 GDP 的比重和万元 GDP 能耗的平均水平分别为 35844.9 元、38.25%、1.46% 和 0.963 吨标准煤。

从人均 GDP、第三产业增加值占 GDP 的比重和 R&D 经费支出占 GDP 的比重三项指标来看，除内蒙古外其余 9 个省份的平均水平均高于"十二五"规划纲要提出的目标；除内蒙古、北京、上海、天津四省区市外的其余六省，尽管第三产业增加值占 GDP 比重、R&D 经费支出占 GDP 的比重两项指标低于"十二五"规划纲要提出的目标，但是人均 GDP 则高于上述目标，所以万元 GDP 能耗的平均水平 0.8838 吨标准煤则可以作为 2015 年我国万元 GDP 能耗的重要参考。由辽宁、福建、山东、广东四省市不但第三产业增加值占 GDP 比重、R&D 经费支出占 GDP 的比重两项指标低于"十二五"规划纲要提出的目标和上述省市，而且人均 GDP 则与上述目标较为接近，所以由此计算出的万元 GDP 的平均水平 0.963 吨标准煤，则可以作为"十二五"中期我国万元 GDP 能耗达到的水平。

4.1.5.2 世界主要国家和地区万元 GDP 能耗状况

表 8 列出了 2000 年、2005 年和 2007 年世界部分国家和不同类型收入国家万美元国内生产总值能耗的水平以及相应的变动情况。由表 9 可知，2007年中国万美元国内生产总值能耗为 7.96 吨标准油，相当于世界中等偏下收入国家的能耗水平，与世界高收入国家和平均水平相差甚远。与 2000 年相比，2007 年世界高收入国家和中等收入国家万美元国内生产总值能耗分别下降 9.71% 和 9.95%，世界低收入国家则下降 15.79%，降幅明显较高。从高收入国家内部的表现来看，美国、日本、法国、德国、英国万美元国内生产总值能耗则分别下降 12.82%、10.81%、8.38%、10.11%、21.05%。而同为发展中国家的印度、巴西、南非、巴基斯坦、印度尼西亚，2007 年中国万美元国内生产总值能耗分别为 7.69、2.89、7.52、7.86 和 8.17 吨标准油，与 2000 年相比分别下降 22.64%、1.37%、9.40%、7.96%、10.71%。尽管上述国家经济社会发展水平不同、产业结构和科技发展水平等存在差异，但是万美元国内生产总值能耗一般为 10% 左右。从《国际统计年鉴2011》公布的 42 个国家地区万美元国内生产总值能耗数据进行计算后发现，有 21 个国家地区降幅在 12% 以下。

表 8　万美元国内生产总值能耗的国际比较

单位：吨标准油/万美元，%

国家和地区	2000	2005	2007	2005 年比 2000 年比变动	2007 年比 2000 年比变动
世界	3.04	3.02	2.94	−0.66	−3.29
高收入国家	2.06	1.95	1.86	−5.34	−9.71
中等收入国家	7.34	7.05	6.61	−3.95	−9.95
低收入国家	12.16	11.27	10.24	−7.32	−15.79
中国	9.11	8.85	7.96	−2.85	−12.62
马来西亚	5.30	5.52	5.46	4.15	3.02
菲律宾	5.40	4.20	3.75	−22.22	−30.56
斯里兰卡	5.10	4.54	4.07	−10.98	−20.20
泰国	5.89	6.18	5.99	4.92	1.70
委内瑞拉	4.82	4.48	4.04	−7.05	−16.18
捷克	7.10	6.59	5.92	−7.18	−16.62
波兰	5.20	4.63	4.29	−10.96	−17.50

数据来源：《国际统计年鉴 2011》。

根据《中国统计年鉴 2011》公布的有关数据，2010 年中国万元 GDP 能耗与 2007 年相比下降 12.40%。按照这一下降速度，结合表 9 中的数据，2010 年中国万美元国内生产总值能耗为 6.97 吨标准油，考虑到人民币升值等因素的影响，该指标大致为 5.97～6.27 吨标准油。由于《国际统计年鉴 2011》没有公布 2000 年万元 GDP 美元能耗为 5.97～6.27 吨标准油之间的国家，所以我们选择 2000 年万元 GDP 美元能耗在 5 吨标准油左右的国家进行分析。可以发现，该 8 个国家万美元国内生产总值能耗降幅存在很大差异。但是，菲律宾和斯里兰卡的经济社会结构和特征与中国存在很大差异，其结果不具有可借鉴性；马来西亚和泰国的万美元国内生产总值能耗则略有上涨，委内瑞拉、捷克、波兰万美元国内生产总值能耗则为 17% 左右。

4.1.6 结论与政策建议

对上述不同分析结果进行综合分析后，我们可以得出如下结论：

要实现"十二五"时期的单位 GDP 能耗的降低目标，首先应加大调整优化产业结构的力度，淘汰落后产能，促进产业结构的优化升级。此外，由于我国当前节能减排技术基础薄弱，加大科学研究支出的投入，加快节能减排技术的应用和创新。

我国节能潜力的理想情景为，2015 年我国万元 GDP 能耗将达到 0.8463 吨标准煤，与 2010 年相比下降 18.07%，降低幅度与"十一五"时期接近，超额完成"十二五"规划纲要提出的目标。我国节能潜力的乐观情景为，"十二五"时期我国产业结构调整、R&D 经费支出和能源消费结构改善的目标顺利实现，并且节能减排技术取得相应的进步和提高，2015 年我国万元 GDP 能耗将达到 0.8568 吨标准煤，与 2010 年相比下降 17.05%。如果 2012 年我国能耗消耗量持续增长，能源消耗强度反弹的势头得不到遏制，节能减排技术也没有取得相应的进步和提高，"十二五"时期万元 GDP 能耗继续呈现出前期缓慢降低、后期明显下降的特征，则 2013 年我国万元 GDP 能耗预计达到 0.963 吨标准煤左右，与 2010 年相比下降 6.77%。如果人均 GDP 的目标得以实现，但是产业结构调整的目标没有顺利实现，节能减排技术也没有取得相应的进步和提高，则 2015 年我国万元 GDP 能耗将达到 0.9104 吨标准煤，与 2010 年相比下降 11.8%；如果仅有产业结构调整的目标得以实现，则 2015 年我国万元 GDP 能耗预计达到 0.8838 吨标准煤，与 2010 年相比下降 14.43%。对世界上万元 GDP 能耗略低于与中国的国家的降耗历程进行综合分析后，可以预计 2015 年中国万元 GDP 能耗与 2010 年相比降幅估计在 12%～17% 之间。

我们认为，"十二五"时期单位 GDP 能耗下降 16% 是能达到的理想目标，高于该目标则反而会限制经济社会发展的速度，从而也会导致最终目标不能实现。因此，我们有理由相信，工信部提出了比"十二五"规划纲要更高的约束性指标，是超出了经济社会发展所能承受的能力，是不能实现的。如果刻意从最终统计数字方面实现了该目标，也违背了节能减排的初衷。

参考文献

[1] 杨红亮，史丹，肖洁. 2009. 自然环境因素对能源效率的影响——中国各地区的理论节能潜力和实际节能潜力分析. 中国工业经济，4：73～84.

[2] 肖凤萍，储阳华，王仲智. 2009. 基于 IPEA 方程思想的江苏省节能潜力分析. 国土与自然资源研究，3：53～55.

[3] 夏炎，杨翠红. 2010. 基于投入产出优化方法的行业节能潜力和节能目标分析. 管理评论，6：93～99.

[4] 朱彤. 2010. 我国石化工业能源效率与节能潜力. 经济管理，10：27～35.

[5] 汪克亮，杨宝臣，杨力. 2010. 中国能源利用的经济效益、环境绩效与节能减排潜力. 经济管理，10：1～9.

[6] 金培振，张亚斌，李激扬. 2011. 能源效率与节能潜力的国际比较——以中国与 OECD 国家为例. 世界经济研究，1：21～28.

[7] 廖华，魏一鸣. 2011. 中国中长期宏观节能潜力分析：国际比较与国际经验. 中国软科学，3：23～32.

[8] 余泳泽. 2011. 我国节能减排潜力、治理效率与实施路径研究. 中国工业经济，5：58～68.

[9] 韩一杰，刘秀丽. 2011. 基于超效率 DEA 模型的中国各地区钢铁行业能源效率及节能减排潜力分析. 系统科学与数学，31 (3)：287～298.

[10] 李建武，王安建. 2010. 王高尚. 中国能源效率及节能潜力分析. 地球学报，31 (5)：733～740.

[11] 屈小娥. 2011. 中国省际工业能源效率与节潜力：能基于 DEA 的实证和模拟. 经济管理，(7)：16～24.

[12] 何晓萍. 2011. 中国工业的节能潜力及影响因素. 金融研究，(10)：34～46.

［13］孙广生，杨先明，黄伟．2011．中国工业行业的能源效率（1987~2005）——
　　　变化趋势、节能潜力与影响因素研究．中国软科学，11：29~39．

［14］郑明慧，王亚飞．2012．能源消费省区配置及节能潜力分析以河北省为例．技
　　　术经济与管理研究，4：112~116．

［15］廖华，魏一鸣．2012．中国能源经济发展阶段及中长期节能潜力．中国科学院
　　　院刊，27（2）：214~218．

4.2 "新农合"的再分配效应：基于中国农村微观调查数据的分析[①]

白重恩　董丽霞　赵文哲[②]

摘　要： 本文使用非条件分位处理模型，利用农村固定观察点数据和新农合入户调查数据，全面考察了中国新型农村合作医疗政策的分布效应。结果表明，新农合对于不同分位人群收入的影响方向和大小有显著异质性。最低收入和少数最高收入人群在参合后收入水平受损，中高收入人群则从参合中获益。因而当前的新农合政策对低收入群体是不利的，没有起到很好地调节收入分配的作用。为充分发挥新农合的再分配效应，有必要对其缴费和报销政策等各项制度设计进行完善。

关键词： 收入分配　新型农村合作医疗　分位处理效应　政策评估

4.2.1　引言

近年来，我国的经济保持了较长时间的持续快速增长，但收入差距却在

① 感谢国家社科基金重大项目（10zd&007）、教育部人文社科青年基金项目（12YJC790033、11YJC790296）和中国博士后科学基金（2012M510014）的资助。

② 白重恩，清华大学经济管理学院副院长、弗里曼讲席教授，清华大学中国财政税收研究所所长，中国数量经济学会会员。研究方向：公共财政、税收；董丽霞，女，1982 年 9 月出生，中国人民大学经济学博士毕业，现为清华大学经济管理学院和清华大学中国财政税收研究所博士后、助理研究员，中国数量经济学会会员。研究方向：公共财政和社会保障；赵文哲，中央财经大学经济学院讲师，中国数量经济学会会员。研究方向：公共财政。

不断扩大，广大人民群众未能公平地分享经济改革和发展的成果。据程永宏
（2007）的测算方法，我国 1981 年居民收入的基尼系数约为 0.29，到 1992
年时基尼系数约为 0.4，而到 2010 年，基尼系数已经高达 0.5，远远超出了
国际警戒线 0.4 的水平。并且农村基尼系数始终比城镇基尼系数高 0.1，农
村收入差距更大。农村"因病致贫、因病返贫"现象更为普遍，庞大的医
疗开支直接影响到低收入农民的生活，恶化了农村内部收入差距。中共中央
十七大报告提出了"深化收入分配制度改革"的目标，温家宝总理在 2012
年 3 月 14 日答记者问时强调"将建立健全社会保障制度作为缓解收入分配
差距的一个办法"。近年来，政府采取了一系列措施调节收入分配，特别是
社会保障政策，其中重要的是建立覆盖城乡居民的医疗保障体系。农村医疗
保障体系即新型农村合作医疗制度（简称"新农合"）在 2003 年正式启动，
覆盖率迅猛扩张。据《中国卫生统计年鉴》统计，2009 年，新农合已基本
覆盖全国农村居民，参合率超过 94%。因此，我国农村医疗保障体系的普
惠性目标已经基本实现，但普惠性只是缩小收入差距的起点，保证医疗资源
利用的公平性才能真正实现这个目标。我国目前的新农合制度离公平性目标
还有一定差距，还没有很好地发挥其调节收入分配作用（申曙光，2011）。

已有文献对居民收入分配的研究非常丰富。这些文献对收入分配的测
算、影响因素、地区差异、城乡差异，以及与经济增长之间的关系等方面都
有涉及（Gustafsson 等，2008；Sicular 等，2007；李实和罗楚亮，2007）。近
年来，很多学者开始关注新农合等再分配政策调节收入分配的效果，分别采
用多种方法评估其政策效果（封进和宋铮，2007；Yip 和 Hsiao，2009）。从
研究方法上看，一支文献使用基尼系数、集中指数、洛伦茨曲线和 Kakwani
指数等方法从整体上考察新农合实施前后农民收入分配状况的变化。例如，
谭晓婷和钟甫宁（2010）运用基尼系数和洛伦茨曲线考察了基于农民人均
纯收入计算的基尼系数在新农合补偿前后的变化，以评估新农合不同补偿模
式的再分配效应。结果表明，新农合补偿后基尼系数降低，因而得出新农合
会改善农村收入分配差距的结论。但这种简单使用基尼系数进行政策前后对
比的方法有较大局限，它只能显示所有影响收入分配变量作用的共同结果，
而不能将新农合的影响从其他各类因素中分离出来，无法单独考察新农合的
再分配效应。因此，即使基尼系数变小也不能得出新农合改善收入分配的结
论。另一支文献使用双重差分（difference-in-difference，简称 DID）方法、
倾向得分匹配（propensity score matching，简称 PSM）方法，以及倾向得分

匹配基础上的双重差分（PSM－DID）等方法，将参合人群归入实验组，未参合人群归入对照组，考察实施新农合这个"实验"对人们收入的影响。如，程令国和张晔（2012）使用 PSM－DID 方法分析了新农合对农民医疗支出和健康等的影响，结论为，新农合没有明显降低人们的医疗负担，但显著改善了参合者的健康水平。齐良书（2011）同时使用了基尼系数和双重差分方法分析了新农合对贫困程度以及收入分配的影响。她认为，新农合会缩小村庄内部农民的收入分配差距，但会扩大村庄之间农民的收入分配差距，而对省区范围内农民收入差距没有显著影响。比之单纯比较基尼系数等指标的方法，双重差分等方法可以有效地分离出新农合这个因素对于收入等目标变量的影响。但是这类方法有其缺陷，它只能评估新农合对于整个群体收入的平均效果，对于不同收入群体影响的分布效应则无能为力。如果在研究收入分配的问题中使用这类方法，只考察政策的平均效果，势必会掩盖新农合对不同收入群体影响的异质性，而这才是我们真正需要关注的问题。

为了评估政策对不同收入群体的影响，近年来，分位处理效应（quantile treatment effect，简称 QTE）方法被国外学者广泛应用（Bitler 等，2006，2008；Ananat 和 Michaels，2008）。该方法可以将不同群体按收入分组，从而评估各项福利改革的政策对于低收入和高收入等不同收入群体的影响。本文将使用这种方法探讨新农合对不同收入群体的影响，用 QTE 方法量化分析其分布效应，以更好地考察其再分配效应。本文使用了农业部调研的农村固定观察点数据，以及清华大学经管学院委托农业部于 2007 年 5 月开展的新农合入户调查两套数据。在 QTE 方法和微观数据研究的基础上，本文得出如下结论：第一，总体上看，新农合对不同收入群体的影响不同，考察平均效应会掩盖这种分布效应；第二，具体地说，新农合对于较低收入组和最高收入组的人群是不利的，但对中高收入组的人群有利；第三，新农合对于整体收入分配的改善没有起到调节作用。

本文的结构安排如下：4.2.2 节对"新农合"的政策背景进行简单地描述，并简单指出政策设计的经济含义，为后文政策建议的提出做好铺垫；4.2.3 节阐述本文的实证策略和研究方法，介绍 QTE 方法及其应用原理；4.2.4 节对数据来源、变量等情况作了说明，并给出对变量匹配结果的检验；4.2.5 节是实证分析结果及讨论，将新农合的平均处理效应和分布效应进行比较；4.2.6 节是本文的结论及政策含义。

4.2.2　"新农合"的典型事实

4.2.2.1　政策背景

新型农村合作医疗是以大病统筹为主的农民医疗互助共济制度。我国在2003年，启动了新型农村合作医疗制度试点。2010年，新型农村合作医疗制度已基本覆盖全国农村居民。

由于新农合实行属地管理，且统筹层次较低，不同地区不同省市的具体规定差异较大，我们无法一一顾及。下文仅从全国意义上归纳新型农村合作医疗政策的具体规定。第一，缴费方面：实行个人缴费、集体扶持和政府资助相结合的筹资机制。根据2009年《关于巩固和发展新型农村合作医疗制度的意见》新方案，全国新农合筹资水平要达到每人每年100元，其中，中央财政对中西部地区参合农民按40元标准补助，对东部省份按照中西部地区的一定比例给予补助；地方财政补助标准要不低于40元，农民个人缴费增加到不低于20元。东部地区的人均筹资水平应不低于中西部地区。2010年开始，全国新农合筹资水平提高到每人每年150元，其中，中央财政对中西部地区参合农民按60元的标准补助，对东部省份按照中西部地区一定比例给予补助；地方财政补助标准相应提高到60元，确有困难的地区可分两年到位。地方增加的资金，应以省级财政承担为主，尽量减少困难县（市、区）的负担。农民个人缴费由每人每年20元增加到30元，困难地区可以分两年到位。

第二，补偿方面，2009年新方案规定如下：开展住院统筹加门诊统筹的地区，要适当提高基层医疗机构的门诊补偿比例，门诊补偿比例和封顶线要与住院补偿起付线和补偿比例有效衔接。开展大病统筹加门诊家庭账户的地区，要提高家庭账户基金的使用率，有条件的地区要逐步转为住院统筹加门诊统筹模式。要扩大对慢性病等特殊病种大额门诊医药费用纳入统筹基金进行补偿的病种范围。要结合门诊补偿政策，合理调整住院补偿起付线，适当提高补偿比例和封顶线，扩大补偿范围。统筹补偿方案要重点提高在县、乡、村级医疗机构医药费用和使用中医药有关费用的补偿比例，引导农民在基层就医和应用中医药适宜技术。县内难以医治的疑难杂症按规定转外就医的，可适当提高补偿比例，扩大补偿范围，进一步缓解农民患大病的医药费用负担。年底基金结余较多的地区，可以开展二次补偿或健康体检工作，使农民充分受益。同时，结合实际适当调整下年度统筹补偿方案，但不应将二次补偿作为常规性补偿模式。

总体来看，尽管 2009 年新方案做了不少改进，但筹资方式、报销的起付线、封顶线和报销比例等在同一属地范围（如同一省市）都是统一的标准，补偿模式虽然加上了门诊统筹，但住院和大病统筹依然占绝大部分。这些规定没有充分考虑到弱势群体的利益和实际情况。

4.2.2.2 新农合的参合情况和公平性探讨

我国的新型农村合作医疗制度目前取得的成就有目共睹，自 2003 年推行以来，覆盖面迅速扩大。表 1 显示了我国新型农村合作以来自 2004 ~ 2010 年的参合和受益情况。由表 1 可知，2010 年的参合人数比 2004 年的 10 倍还多，2010 年的参合率高达 96%，人均筹资也是 2004 年的 3 倍还多，补偿受益人次更是 2004 年的近 15 倍。这说明，新农合的普惠性目标已经基本实现。

表 1　新型农村合作医疗的参合和受益情况

指标	单位	2004 年	2005 年	2006 年	2007 年	2008 年	2009 年	2010 年
开展新农合县(区、市)数	个	333	678	1451	2451	2729	2716	2678
参加新农合人数	亿人	0.8	1.79	4.1	7.26	8.15	8.33	8.36
参合率	%	75.2	75.7	80.7	86.2	91.5	94.2	96.0
人均筹资	元	50.4	42.1	52.1	58.9	96.3	113.4	156.6
当年基金支出	亿元	26.4	61.8	155.8	346.6	662.0	922.9	1187.8
补偿受益人次	亿人次	0.76	1.22	2.72	4.53	5.85	7.59	10.87

数据来源：《2011 年中国统计年鉴》。

然而，新农合的"高速"扩张伴随着的是制度发展的瓶颈。由于统筹层次过低，制度设计过于单一、粗略，对贫困地区和弱势群体缺乏足够的保护和重视，这些因素使得新农合在普惠性和效率目标实现的同时，公平性却相对滞后。如表 2 所示，收入较低的组，参合率较低，只有高收入组的二分之一甚至三分之一；健康状况较差，婴儿死亡率高，死亡人口平均年龄偏低；但他们所在村庄的医疗机构数量却偏少。低收入的村庄村民平均健康状况较差，医疗机构较少，但参合率较低，能受惠于新农合政策的比例较低。

因而，农村居民"看病难、看病贵"问题依然存在，"因病致贫、因病返贫"问题依然没有得到很好解决。这使得农村医疗保障制度的再分配功能有限，农村贫富差距较大的局面没有得到很大扭转。在此背景下，本文深入探讨我国新农合的分布效应具有重要意义。

表 2　按收入五分位组划分的村庄参合、医疗机构和村民健康情况

收入组 （由低到高）	新农合参合率 （％）	婴儿死亡率 （‰）	死亡人口平均年龄 （岁）	村庄医务室和诊所 平均数量（个）
1	10.7	23.3	62.2	2.03
2	9.1	27.2	65.3	1.86
3	4.8	11.5	65.4	1.97
4	20.7	7.9	68.1	2.09
5	30.5	9.9	67.7	2.96

数据来源：农村固定观察点村综合调查 2005 年数据。收入五分位组按照全村人均纯收入划分。新农合参合率是参加新型合作医疗的户数占全村年末总户数的比例。

4.2.3　经验分析策略

已有文献中对于新农合政策效果的讨论大都使用实证方法分析其平均效应。但这种方法对于研究新农合对于不同收入分布的影响无济于事。本文将使用 Abadie 等（2002）、Frölich 和 Melly（2008，2010）等在分位回归（quantile regression，简称 QR）方法基础上提出的分位处理效应（QTE）方法来探讨新农合的分布效应。

评估政策效果的学者常常使用一种"反事实"的分析框架来考察政策的平均处理效应（average treatment effect，简称 ATE）。它将政策的实施看做一次"实验（treat）"，假定结果变量为 Y，接受实验（$D=1$）的结果为 Y_1，未接受实验（$D=0$）的结果为 Y_0。因此，平均处理效应可表示为：$ATE = E(Y_1) - E(Y_0)$。一般来说，我们更关心接受实验的人群的平均处理效应（ATT），它可以表示为：$ATT = E(Y_1 \mid D=1) - E(Y_0 \mid D=1)$。但问题是，所有的个体要么选择接受实验，要么选择不接受实验。对于接受实验的组（treated）来说，我们只能观察到 Y_1，观察不到 Y_0。因此，我们需要使用其他方法来寻找缺失的 Y_0。最常用的方法是倾向得分匹配方法

（Dehejia 和 Wahba（2002）；Wagstaff 和 Pradhan（2005）；Trujillo 等（2005））。假设实验组和对照组不存在不可观察到的变量差异，我们基于可观察到的变量，从对照组中寻找和实验组相匹配的个体。由于匹配的变量可能较多，研究中常用给定其他控制变量后接受实验的概率作为单一的匹配标准，这一概率也被称为倾向得分值，即 $P（X）= prob（D = 1 | X）$。这种非参方法不需事先对解释变量和被解释变量之间的关系进行人为设定，因此估计结果更为可靠。但这种方法只能评估平均效应，不能分析分布效应。

分位回归方法（Koenker 和 Hallock（2001））可以分析解释变量对于不同分位组被解释变量的影响。但这种方法不能解决参与实验选择可能的内生性问题，也不能很好地分离参与实验和未参与实验两类群体的不同效应。

QTE 方法是 ATE 方法和 QR 方法较好的融合，取之长避之短，既利用了 ATE 的反事实框架，又可以分析分布效应。因此，可以很好地分析本文所关心的新农合这一"实验"对收入分布的影响。这一方法的核心是计算每个分位上 Y_1 和 Y_0 的差。它比 QR 等简单的分位回归方法更胜一筹。分析框架如下：如果个体接受实验，记为 $D_i = 1$；如未接受实验，则记为 $D_i = 0$。对于个体 i 来说，只能观察到结果 Y_1 和 Y_0 之一。对于 q 分位组来说，分位处理效应为 Y_1 和 Y_0 两个分布的差。即 $QTE_q = y_q（1）- y_q（0）$。其中，分布函数 F_t 的 q 分位定义为：$y_q（1）\equiv \inf \{y: F_t \geq q\}$。$F_t（t）$ 是我们熟悉的分布函数，$F_t（t）= Pr [Y_i（t）\leq y]$。我们使用这种方法可以很好地评估政策的分布效应，可以识别由于制度设计或执行策略等方面的原因，同样的政策对于低收入群体和高收入群体分别有什么影响。这种分析对于政府调整和完善政策，对于缩小当前的收入分配差距都有相当大的意义。QTE 方法的主要优势在于，它是一种非参数估计方法，无需对函数形式事先做出假定。

QTE 方法分条件 QTE（conditional QTE）和无条件 QTE（unconditional QTE）两类，每类又有外生和内生之分。条件 QTE 方法主要考察政策对于不同分位上不同子群的影响。如 Abadie 等（2002）使用这种方法考察了美国职业培训计划分别对于男性和女性两个群体收入分布的影响。无条件 QTE 方法（Firpo（2007））则考察政策对整个样本的分布效应，这对于政策制定和完善更有价值。若参与实验是外生决定的，则用外生方法；若参与实验是个体自身选择的结果，则需使用内生方法，选取适当的工具变量进行分析。在本文的研究中，我们考察新农合对于不同分位组收入的影响，并主要使用 2006 年数据展开研究。由于 2006 年的参合率已经超过 80%。且中国新农合的推广和普及大都是依靠行政命令进行，农户参保具有很强的外生性。因此，我们将是否参合视为外生选择的结果，选用外生的无条件 QTE 方法进行分析。

第五部分的实证，在进行 QTE 分析时，同时给出了平均处理效应的结果，将其与分布效应结果进行对比。平均处理效应的分析有多种方法和执行命令。本文采用 Abadie 等（2004）给出的 nnmatch 命令。这个命令的优点：一是在匹配时，对照组的样本可以重复使用（with replacement）。由于我们选择的时期是 2006 年，80% 的家庭都已参合，因此实验组的样本量较大，对照组的样本量偏小，且远远小于实验组。这样，允许对照组样本重复利用，对于匹配的准确性特别重要；二是这个方法给出了稳健的方差估计，使得估计结果更为可靠；三是增加了误差修正匹配估计程序，这调整了由于样本量有限、匹配精确度不高造成的可能偏误。

4.2.4　数据来源及匹配结果检验

4.2.4.1　数据和变量说明

本文主要使用了两套数据：一是农业部调研的农村固定观察点数据；二是清华大学经管学院委托农业部于 2007 年 8 月完成的新农合入户调查。农村固定观察点数据包括农户调查和村庄调查两个板块，数据采用日记账方式进行收集，覆盖全国 31 个省级行政区 346 个市级行政区 360 多个村庄 24000 多个农户 78000 多人。在村庄特征，如是否城市郊区，在家庭特征，如家庭全年纯收入、家庭全年总收入、是否干部户、是否党员户和是否少数民族户等方面，在户主的个体特征，如性别、年龄、教育年限、职业、健康状况，以及是否有技能等方面都有详细的记录。清华大学经管学院委托调研的数据主要关注家庭参与新农合的情况、健康、就医行为以及医疗支出等信息。这次调查在农村固定观察点的两万多户数据中，通过分层随机抽样方法，获得有效样本覆盖全国 22 个省 142 个县 5492 户 22034 人。更详细的数据说明可参考齐良书（2011）和白重恩等（2012）等文献。

本文的研究将这两套数据全部横向合并（merge）在一起，以家庭为单位进行分析。这样做，主要是考虑到农村家庭的参合、收入与支出都是以家庭为单位的活动，在数据调查时也是以家庭为单位进行。为了排除其他医疗保险的影响，专注于分析新农合的政策效果，在正式分析之前，我们剔除了参加商业医疗保险或参加政府部门主办的社会医疗保险的个人。将实验组定义为：参加了新农合的家庭（只参加新农合的家庭），将对照组定义为没有参加新农合的家庭（没有参加任何医疗保险的家庭）。由于委托调研的数据只有 2006 年是否参加新农合、是否参加商业医疗保险和是否参加政府部门主办的社会医疗保险信息，我们的研究锁定在 2006 这一年。另外，我们选择户主作为家庭的代表性个体，剔除了户主为学生或年龄小于 16 岁或大于 84 岁的样本。这样，我们最终的样本包括 1838 个，其中实验组 1713 个，对照组 125 个。总体来说，控制组的样本量偏小，但由于我们在分析中采用了允许对照组样本重复利用和匹配误差修正程序，这不会从根本上影响我们的结论。

本文的被解释变量，即结果变量为收入，包括家庭纯收入和家庭总收入，以及家庭纯收入的对数值。实验变量为二元变量"是否参合"，参合的样本在实验组，赋值为 1；未参合的样本在控制组[①]，赋值为 0。我们的其他解释变量，即控制变量主要有三类：包括村庄特征、家庭特征和户主个人特征三个维度上的变量。描述村庄特征的变量，我们选取了"是否城市郊区"这一变量。村庄在城市郊区，赋值为 1；否则，赋值为 0。描述家庭特征的变量，选取了"是否干部户、是否党员户和是否少数民族户"变量。其中，回答"是"的赋值为 1，否则赋值为 0。描述户主个人特征的变量，选取了"性别、是否有技能、年龄、教育年限、职业和健康状况"变量。其中，男性赋值为 1，女性赋值为 0；有技能，包括有专业技术职称、受过职业教育或培训、受过农业技术教育或培训中的一种，则赋值为 1，否则赋值为 0；职业分为 8 种，家庭经营农业劳动者，赋值为 1；家庭经营非农业劳动者，赋值为 2；受雇劳动者，赋值为 3；个体合伙工商劳动经营者，赋值为 4；私营企业经营者，赋值为 5；乡村及国家干部，赋值为 6；教育科技医疗卫生和文化艺术工作者，赋值为 7；其他，赋值为 8。健康状况分五类，丧失劳动能力，赋值为 0；健康状况差的，赋值为 1；健康状况一般，赋值为 2；健康状况良好，赋值为 3；健康状况为优，赋值为 4。此外，控

---

① 注意，本文的实验组和处理组意义相同，即 treatment group；对照组和控制组意义相同，即 control group。

制变量中还增加了东部地区和中部地区两个虚拟变量，以控制地区间发展水平的差异对于家庭收入的影响。

4.2.4.2　匹配结果检验

表 3 给出了 2006 年参合组、控制组及其差额各变量的均值，并给出了均值等同性的 T 检验结果。可以看出，从收入变量来看，控制组的收入要高于实验组。但是在统计水平上没有显著差异。从控制变量来看，除了中部地区虚拟变量显示对照组是中部地区的可能性略大、性别变量显示实验组是男性户主的概率略大、年龄变量显示实验组的户主年龄略大以及教育年限变量显示实验组的户主教育年限更长以外，其余各控制变量实验组和控制组的值在统计上都没有显著差异。这说明，我们的样本在实验组和控制组之间匹配结果较好。

表 3　匹配结果检验

变量	变量名	实验组	控制组	差额
第一类:收入变量				
家庭全年纯收入	netinc	17832.31	20065.79	-2233.48
家庭全年纯收入的对数值	lnnetinc	9.507679	9.591467	-.0837888
家庭全年总收入	tinc	26499.28	33835.61	-.7336.328
家庭全年总收入的对数值	lntinc	9.862898	9.869075	-.006177
第二类:控制变量				
是否位于东部地区(否 =0)	east	.290718	.224	.066718
是否位于中部地区(否 =0)	middle	.012078	.0424173	-.1479463 ***
性别(女性 =0)	gender	.9392878	.88	.0592878 ***
是否有技能(否 =0)	skill	.150613	.096	.054613
是否是干部户(否 =0)	leader	.0858144	.048	.0378144
是否是党员户(否 =0)	party	.0687427	.016129	.0526136
是否是少数民族户(否 =0)	min	.1103327	.08	.0303327
是否住在城市郊区(否 =0)	suburban	.1295972	.208	-.0784028
年龄	age	51.84647	48.896	2.950468 ***
教育年限	edu	6.735552	5.808	.9275517 ***
职业	occ	1.985428	2.136752	-.1513241
健康状况	health	3.200702	3.312	-.1112978
样本量		1713	125	

注：这里"均值等同性的 T 检验"，其零假设为：实验组和控制组的均值无差异。

4.2.5　实证分析结果

4.2.5.1　实证分析

下面我们将应用无条件分位处理方法来估计新农合的再分配效应。由于农村居民纯收入水平比总收入水平更能反映其收入状况，我们考察以全家纯收入作为被解释变量的分位处理效应。为了避免收入数据中可能存在的较大变异，我们先分析全家纯收入的对数值。控制变量包括两个连续变量，两个定性变量，八个虚拟变量。由于控制变量中离散变量的个数较多，我们遵从Racine 和 Li（2004）的方法，对虚拟变量进行平滑处理，以增加估计的准确性。置信区间使用 bootstrap 方法重复计算 1000 次通过估计 QTE 的样本分布而求得。

图 1 显示了全家纯收入对数值的分位处理效应。图中，实曲线即为分位处理效应，虚曲线表示置信区间。为了比较新农合的平均效应和分布效应，我们还将平均效应画出，图中水平虚线即是。图中的水平实线为 0 刻度线。如图所示，从平均效应来看，新农合略微降低了人们的收入，但影响不大，对收入分配没有起到明显的调节效果；但从分布效应来看，第一分位至第四分位的低收入家庭，不仅没有享受到新农合的好处，反而补贴了高收入群体，参加新农合使他们的收入受损；第五分位到第七分位的中高收入家庭，实验组比控制组的收入更高，分位处理效应为正，说明他们充分享受到新农合的好处，加入新农合增加了他们的收入；第八分位和第九分位的最高收入家庭，他们的收入也在其参合后降低，分位处理效应为负。

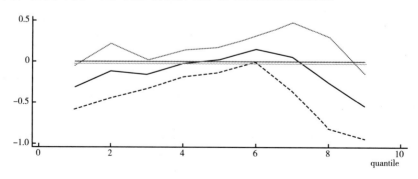

图 1　全家纯收入的对数

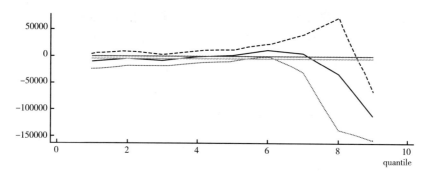

图 2   全家纯收入

总体上，从图 1 中我们可以发现，由于新农合政策在缴费、报销比例和补偿模式等方面的设计不尽完善，低收入群体未能从参合中受益，反而是中高收入群体充分享受到参合的好处，最高收入组的收入也降低了。我们可以得出结论：新农合没有起到改善收入分配的作用，最低收入群体和最高收入群体补贴了中高收入群体。衡量平均效应的实证方法无法捕捉到这些信息。

图 2 显示了全家纯收入绝对水平值的分位处理效应。从图中的平均效应线来看，各收入组人群参合后的收入都有所减少，减少幅度约为 959 元。但从分布效应曲线看，我们会发现不同的信息。对于第一分位至第四分位的低收入家庭，分位处理效应为负，最低的第一分位组收入降低幅度最大，近2000 元；第五分位到第七分位的中高收入家庭，分位处理效应为正，增加幅度最大的第六分位组，收入增加了 2288 元；第八分位和第九分位的高收入家庭，分位处理效应为负，第九分位组收入减少幅度最大，超过两万元。因此，最低收入和最高收入的人群补贴了中高收入人群，这些信息与图 1 中的趋势完全一致。

4.2.5.2   稳健性检验

为了检验模型的稳健性，我们又使用全家总收入来考察新农合的分位处理效应。图 3 显示了全家总收入绝对水平值的分位处理效应。图中的平均效应反映出，各收入组人群参合后的收入都有所减少，减少幅度为 6000 多元。分布效应曲线显示出，第一分位和第二分位的最低收入人群，分位处理效应为负，减少幅度约为 1000 元；第八分位和第九分位的最高收入人群，分位处理效应也为负，减少幅度高达 10 万元；而位于中间收入组的人群，分位处理效应为正，不同收入组的人群受益不同，收入增加幅度最大的组，增加幅度为 3696 元。同样证实，最低收入和最高收入的人群补贴了中高收入人群。这样的趋势与图 1 和图 2 中反映出的趋势完全一致，因此进一步加强了我们的结论。

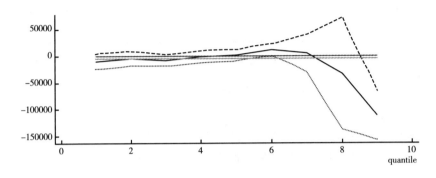

图 3　全家总收入

4.2.5.3　结果讨论

根据分位处理效应方法得出的结果，我们可以认为，新农合使得低收入者和高收入者受损，而使得中等收入者受益，并且，高收入者参与新农合后其收入下降幅度更大。这意味着新农合更有利于中等收入群体，而对低收入者和高收入者则会产生不利的影响。产生上述现象的原因可以从缴费（Henriet 和 Rochet，2006；Honekamp 和 Possenriede，2008）和医疗服务利用（Gertler 等，1997；Waters，2000；Yip 和 Berman，2001；Liu 等，2002；Grignon 等，2008；Leung 等，2009）两个角度进行分析。

首先，从筹资角度看，当前我国新农合政策采用的是统一的缴费标准。这种筹资方式没有再分配作用，只是将收入从健康人转移给病人。但缴费具有累退性，低收入家庭支付的医保费占其收入的比例更高，中等收入家庭支付的医保费用比例较低，高收入家庭支付的医保费用比例最低。从这个角度来看，新农合的缴费制度设计使得低收入家庭受损，中等收入家庭受益，但由于缴费支出占高收入家庭比例更低，使得缴费对高收入家庭的影响比较小。

其次，从医疗服务利用的角度看，新农合可能造成医疗服务利用的横向不平等和纵向不平等。所谓横向不平等（horizontal inequality）是指同等需求的人获得医疗服务的机会不平等，纵向不平等（vertical inequality）是指医疗需求最大的人没有获得最多的医疗服务（Smaje 和 Le Grand，1997；Gerdtham，1997）。医疗服务的利用包括及时就医、获得的医疗质量和私人医疗支出等。由于经济条件、社会身份、教育水平和健康状况等的不同，不同收入群体的医疗资源利用率也会存在差异。由于患病人群和低收入人群不重合，一般说来较高收入者会比低收入者更多地利用医疗服务，这会从两个方面产生收入再分配效应：一方面，统一的缴费标准可能造成低收入者补贴中等收入者的情况，从而恶化收入分配（朱玲，2000）；另一方面，医疗服务的利用可以通过人力资本质量的提高增加收入，但是，由于新农合医疗保险不利于低收入群体医疗服务利用，他们有病后没有足够的医疗费用来医治，可能从家庭的其他开支中来抽调，比如牺牲子女的教育投资。这就造成低收入群体的未来人力资本水平下降，使他们的收入水平也下降。但是，对于收入分位最高的群体来说，他们对基本医疗服务的利用率也比较低，这是因为这部分人的健康状况较好，患病概率低，因而医疗服务的利用率可能也比较低。因此，高收入者的缴费也会补贴中等收入者。

由于医疗服务利用本身存在不平等，因而新农合医疗保障报销的起付线、封顶线、自付比例和补偿模式等方式会影响不同收入阶层参与新农合获得的收益，进而对收入分配产生作用。由于我国新型农村合作医疗保险的报销起付线在一个属地范围是固定的数额，因而对中等收入者来说，起付线相对较低，而对于低收入者来说，起付线反而相对较高。这容易造成医疗服务利用的横向不平等。而我国新农合政策的封顶线和报销比例在同一属地范围内采用的也是统一的标准。对于低收入者来说，一旦身患大病，即便享受报销，自己承担的医疗支出和比例仍然较高，需要自付的医疗费用仍然承担不起。因此，很可能无力享受医疗服务，选择放弃就医。而中等收入群体由于可以更多地利用医疗资源，因而更可能从这种补偿模式中受益，报销补偿就主要惠及看得起病、医疗服务利用率高的中等收入群体，产生低收入者补贴较高收入者的"逆向转移"现象。这意味着医疗保障不能有效缓解医疗服务利用的纵向不平等。而且我国大部分医保主要补偿住院或大病医疗支出，且报销比例随医疗机构级别提高而下降（封进和李珍珍，2009）。这样的规定不能满足那些因患慢性病需要长期到门诊复诊开药的人群，以及大病患者的需求。因此从缴费方式、报销比例和补偿模式等来看，我国新农合政策的制度设计不利于低收入群体医疗服务利用和新农合补偿受益的公平性。但对于高收入者来说，即使个人患了重病，会倾向于选择那些质量更好医术更高的医疗机构就诊，但这些机构往往报销比例很低。因此，那些收入特别高的群体，从新农合中的获益也较少。

4.2.6　结论和政策含义

以往研究新农合政策效果的文献中，往往考察的是政策的平均效应。本文使用分位处理效应方法，利用农村固定观察点数据和 2007 年新农合入户调查数据，全面考察了新农合政策的分布效应。结果表明，最低收入和少数最高收入人群在参合后收入水平受损，中高收入人群则从参合中获益。因而当前的新农合政策对低收入群体是不利的，没有起到很好地调节收入分配的作用。

本文的研究结论具有重要的理论意义和现实意义。首先，本文的研究对于评估政策的收入分配文献是个重要的补充。目前，大多数已有文献主要使用基尼系数等指标，以及只能分析平均效应的实证方法进行研究。这些方法都存在缺陷，不能很好地评价政策的分布效应。其次，深入探讨新农合的分布效应，有助于我们充分认识和理解新农合作为我国农村唯一的医疗保障制度对收入分配的调节作用，为调整和完善新农合以致我国医疗保障制度的各项政策提供参考性框架。尽管新农合在改善农民健康状况等方面取得了很大成就，但在改善居民收入分配方面收效甚微，新农合在筹资方式、报销的起付线、封顶线、报销比例和补偿模式等各项制度设计上都有待完善。今后的政策修正应更多关注公平性，对弱势群体应该给予更大的财政支持。

需要说明的是，受数据限制，本文在实证分析中的样本量偏少，且选用了外生的无条件分位处理效应方法。如果将来取得了最新的大样本信息，可以从这些方面进行改进，以进一步验证本文的结论。此外，本文只探讨了农村医疗保障制度——新农合的再分配效应。城镇医疗保障制度，特别是城镇职工医疗保险实施的更早，效果更持久，并且城镇居民的行为和农村居民的行为差异较大。城镇医疗保障制度的再分配效应值得今后进一步研究。

参考文献

[1] 白重恩，李宏彬，吴斌珍. 2012. 医疗保险与消费：来自新型农村合作医疗的

证据，经济研究，2.

[2] 程令国，张晔. 2012. 新农合：经济绩效还是健康绩效？经济研究，1.

[3] 程永宏. 2007. 改革以来全国总体基尼系数的演变及其城乡分解. 中国社会科学，4.

[4] 封进，李珍珍. 2009. 中国农村医疗保障制度的补偿模式研究. 经济研究，4.

[5] 封进，宋铮. 2007. 中国农村医疗保障制度：一项基于异质性个体决策行为的理论研究. 经济学（季刊），6：3.

[6] 李实，罗楚亮. 2007. 中国城乡居民收入差距的重新估计. 北京大学学报（哲学社会科学版），2.

[7] 齐良书. 2011. 新型农村合作医疗的减贫、增收和再分配效果研究. 数量经济技术经济研究，8.

[8] 申曙光. 2011. 中国社会医疗保险制度发展中的公平与效率研究. 中国社会保障改革与发展战略（医疗保障卷），第四篇，郑功成主编，人民出版社。

[9] 谭晓婷，钟甫宁. 2010. 新型农村合作医疗不同补偿模式的收入分配效应——基于江苏、安徽两省 30 县 1500 个农户的实证分析. 中国农村经济，3.

[10] 朱玲. 2000. 政府与农村基本医疗保健保障制度选择. 中国社会科学，4.

[11] Abadie Alberto, Joshua Angrist, Guido Imbens. 2002. Instrumental Variables Estimates of the Effect of Subsidized Training on the Quantiles of Training Earnings. Econometrica, 70, (1): 91 – 117;

[12] Abadie Alberto, David Drukker, Jane L Herr Guido W Imbens. 2004. Implementing matching estimators for average treatment effects in Stata. The Stata Journal, 4 (3): 290 – 311.

[13] Ananat E O G Michaels. 2008, The effect of marital breakup on the income distribution of women with children . Journal of Human Resources, 43 (3): 611 – 629.

[14] Bilter Marianne P, Jonah B Gelbach, Hilary W Hoynes. 2006. What Mean Impacts Miss: Distributional Effects of Welfare Reform Experiments. The American Economic Review, 96 (4): 988 – 1012

[15] Bilter Marianne P, Jonah B Gelbach, Hilary W Hoynes . 2008. Distributional impacts of the Self-Sufficiency Project. Journal of Public Economics, 92: 748 – 765

[16] Dehejia Rajeev H, Sadek Wahba. 2002. Propensity Score Matching methods for nonexperimental causal studies. The Review of Economics and Statistics, 84, (1): 151 – 161

[17] Firpo Sergio. 2007. Efficient Semiparametric Estimation of Quantile Treatment Effects. Econometrica, 75 (1): 259 – 276

[18] Frelich Markus , Blaise Melly. 2008. Unconditional Quantile Treatment Effects under Endogeneity. IZA DP 3288.

[19] Frelich Markus , Blaise Melly. 2010. Estimation of quantile treatment effects with Stata, The Stata Journal, 10, (3): 423 – 457.

[20] Gertler P, R Sturm. 1997. Private health insurance and public expenditures in

Jamaica. Journal of Econometrics, 77: 237 – 257.

[21] Grignon Michel, Marc Perronnin , John N Lavis. 2008. Does free complementary health insurance help the poor to access health care? *Health Economics*, 17: 203 – 219.

[22] Gustafsson B, S Li, T Sicular. 2008. *Inequality and Public Policy*. New York: Cambridge University Press

[23] Henriet Dominique , J Rochet, 2006. Is public health insurance an appropriate instrument for redistribution? *Annals of Economics and Statistics*, 83/84: 61 – 88

[24] Honekamp Ivonne , Daniel Possenriede. 2008. Redistributive effects in public health care financing. *Eur J Health Econ*, 9: 405 – 416.

[25] Koenker Roger , Kevin F Hallock. 2001. Quantile regression. Journal of Economic Perspectives, 15 (4): 143 – 156.

[26] Leung Gabriel M, Keith Y KTin , Owen O' Donnell. 2009. Redistribution or horizontal equity in Hong Kong's mixed public-private health system: a policy conundrum. Health Economics, 18: 37 – 54.

[27] Liu. Gordon G, Zhongyun Zhao, Renhua Cai, Tetsuji Yamada, Tadashi Yamada. 2002. Equity in health care access to: assessing the urban health insurance reform in China. Social Science & Medicine, 55: 1779 – 1794.

[28] Racine J, Q Li. 2004. Nonparametric Estimation of Regression Functions with Both Categorical and Continuous Data. Journal of Econometrics, 119: 99 – 130.

[29] Sicular T, XM Yue, B Gustafsson , S Li. 2007. The urban-rural income gap and inequality in China. Review of Income Wealth, 53 (1): 93 – 126.

[30] Smaje C, Le Grand J, Ethnicity. 1997. Equity and the use of health services in the British NHS. Social Sciences and Medicine, 45 (3): 485 – 496.

[31] Trujillo Antonio, Jorge Portillo , John Vernon. 2005. The impact of subsidized health insurance for the poor: evaluating the Colombian experience using Propensity Score Matching. International Journal of Health Care Finance and Economics, 5 (3): 211 – 239.

[32] Wagstaff Adam , Menno Pradhan. 2005. Health insurance impacts on health and nonmedical consumption in a developing country. World Bank Policy Research Working Paper.

[33] Waters Hugh R. 2000. Measuring equity in access to health care. Social Science & Medicine. 51 (2000) : 599 – 612.

[34] Yip Winnie , Peter Berman. 2001. Targeted health insurance in a low income country and its impact on access and equity in access: Egypt's school health insurance. *Health Economics*, 10: 207 – 220.

[35] Yip Winnie, William C Hsiao. 2009. Non-evidence-based policy: How effective is China's new cooperative medical scheme in reducing medical impoverishment? Social Science & Medicine, 68: 201 – 209.

4.3 中国农业全要素生产率及其收敛性分析[①]

——基于 DEA-Malmquist 指数的实证研究

韩 中[②]

摘 要：本文运用 DEA-Malmquist 指数方法，测算了 1978～2008 年间中国农业全要素生产率的时序演进和空间分布，并对其进行了收敛性检验。结果表明，1978～2008 年，中国农业全要素生产率以年均 4.3% 的速度增长，其中技术进步年均增长 4.7%，而技术效率年均下降 0.4%，可见农业技术进步和创新是促使中国农业全要素生产率稳步增长的主要源泉动力。同时，中国农业全要素生产率呈现出明显的地区差异，东部地区的农业全要素生产率增长率和技术进步增长率明显地高于中西部地区，在技术效率上，中、西部地区均有不同程度的恶化。农业全要素生产率收敛性检验表明，中国及东、中、西部地区均存在明显的 σ 收敛和 β 收敛，东、中、西部地区均存在明显的"俱乐部收敛"，并朝着各自的稳定状态发展。

关键词：DEA-Malmquist 指数 全要素生产率 收敛性

① 项目来源：本文获国家社科基金青年项目"中国住户生产核算体系设计与方法研究"（12CTJ016）、教育部人文社会科学研究青年基金项目"中国住户部门生产核算范式研究"（项目编号：12YJC910001）和江苏高校优势学科建设工程资助项目（APD）资助。

② 韩中，男，1984 年 12 月 22 日出生，江苏盐城人，现为南京财经大学经济学院讲师，2011 年毕业于中国社会科学院数量经济与技术经济研究所，获博士学位，复旦大学应用经济学博士后在读。研究方向：国民经济核算，数量经济学。

4.3.1 引言

农业是人类历史上最古老的产业，农业的发展和进步奠定了人类社会经济存在和发展的基础。自 1978 年农村经济改革以来，中国的农业生产获得了前所未有的发展，1978～2008 年，中国农业生产以年均 5.37% 的速度增长。农业生产发展的主要源泉来源于投入的增加和全要素生产率的提高，而全要素生产率的提高又来源于农业技术进步和技术效率的提高。中国农业生产人均资源相当匮乏，传统地依靠增加农业投入来扩大生产的粗放型增长已不能保证农业生产的可持续增长，发展现代农业的关键在于转变增长方式，努力提高农业生产的全要素生产率。为此，客观地分析和评价中国改革开放以来不同时期的农业全要素生产率水平及其变化具有重要的意义。

改革开放以来，中国农业生产率的变化引起了许多经济学家的关注。对于农业自 1978 年以来的迅速发展，国内外很多学者试图通过解释我国农业全要素生产率的变化，探讨我国农业生产增长的根源。McMillan 等（1989）发现，1978～1984 年中国农业生产率增长的 78% 可以用家庭联产承包责任制的采用来解释，22% 归因于农产品价格的上升。林毅夫（1992）采用 Griliches（1963）提出的生产函数方法评价和验证了中国农业各项改革对农业增长的影响。结果表明，1978～1984 年，家庭联产承包责任制极大地提高了农业生产率，农业生产率对产出增长的贡献度为 48.64%。Fan（1991）研究发现，1965～1985 年中国农业产出年均增长率为 5.04%，增长部分的 57.7% 能够用投入要素的增长来解释，而剩下的 42.3% 则归因于农业全要素生产率的提高。黄少安等（2005）研究表明，在不同的土地产权制度下，所激励的生产要素投入量不同，从而农业总产出有较大不同；在投入相同的生产要素和政策要素下，农业的产出也有所不同。相比之下，"所有权农民私有、合作或适度统一经营"是比较好的制度，因为在这种制度下，能较大程度地激励各生产要素的投入，土地和劳动要素的利用率也较高，从而使农业总产值高速而稳定增长。Rozelle 和黄季焜（2005）使用标准的狄威西亚指数（Divisia Index）计算中国农业的全要素生产率，结果发现中国主要粮食的全要素生产率以每年 2% 的速度增长。他们认为，虽然投入增长是过去 20 多年里中国农业产出增长的重要原因，但未来中国农业的发展不能再依赖于投入，由于肥料和农药的大量使用意味着产出的增长不可能得以持续，而且其他要素，如环境意识和资源的约束也要求减少投入。因此，未来中国农业的发展出路在于农业全要素生产率的增长及其对产出贡献的增加。李静和孟令杰（2006）利用非参数的 HMB 生产率指数方法，考察了中国改革开放以来 1978～2004 年农业全要素生产率的变化趋势。研究发现，中国农业全要素生产率总体上保持了健康的增长速度，年均增长 2.2% 左右。从生产率增长变化的分解来看，技术进步是唯一促使中国农业全要素生产率保持增长的决定力量，年均增长 3.3%，技术效率的下滑则使得农业全要素生产率年均下降 1.4% 左右，规模效应和投入产出混合效应几乎没有什么影响。陈卫平（2006）运用非参数的 Malmqusit 指数法，研究了 1990～2003 年期间中国农业全要素生产率及其构成的时序成长和空间分布特征。结果表明，1990～2003 年期间中国农业全要素生产率年均增长 2.59%。从构成上看，农业生产率的增长主要是由于技术进步导致的，而不是来自农业技术效率的改善。在此期间，中国农业技术进步指数年均增长 5.48%，而农业效率变化指数反而年均下降 2.78%。周端明（2009）运用非参数的曼奎斯特生产率指数方法，测算了中国 1978～2005 年间农业全要素生产率的时序演进和空间分布的基本特征。1978～2005 年，中国农业全要素生产率保持了快速和健康的增长，年均增长率为 3.3%，其中农业技术进步年均增长率为 1.7%，农业技术效率增进年均增长率为 1.6%。

现有的文献研究认为家庭联产承包责任制是促使 1978～1984 年中国农业高速增长的重要因素，极大地鼓舞了农民生产的积极性，提高了农业生产的技术效率。但从整个时期来看，技术进步是中国农业全要素生产率稳步增长的源泉动力，而不是农业技术效率。同时，现有文献都认为中国农业全要素生产率呈现出明显的地区差异，东部地区的农业生产率要高于中西部地区。但是，对于中国地区间的农业全要素生产率的差异，现有文献很少进行更进一步的收敛性研究，即地区间农业全要素生产率增长速度和增长水平的差异是否会随着时间的推移而呈现出缩小的趋势？这种趋势是必然的还是有条件的？

为此，本文将使用 1978～2008 年间中国大陆 29 个省份的农业生产面板数据，利用 DEA – Malmquist 指数方法分析中国农业全要素生产率在不同发展时期的水平及其影响因素，并借助于经典的收敛理论和方法，来对中国及东、中、西部地区①的农业全要素生产水平进行 σ 收敛、绝对 β 收敛和条件 β 检验，以检验地区间的农业全要素生产率增长水平和增长速度差异是否会随着时间的推移而变小。

4.3.2 研究方法与数据处理

4.3.2.1 研究方法

理论上的生产率计算方法，常用的包括参数和非参数两种。参数方法是指通过测算出生产函数的具体形式再计算生产率，常用的有"索洛余值法"等，其优点是能够识别随机因素的影响，缺点是要求样本容量较大，且对于模型的设定可能会不准确而导致估计结果的偏差；非参数方法的估计过程不需要设定具体的生产函数形式，是一种确定性方法，常用的有如数据包络分析方法（DEA），DEA 方法是一种数据驱使的方法，其优点是对于样本容量要求低，可以避免模型设定的错误，从而在大样本中被广泛应用。Malmquist 生产率指数即是在 DEA 方法的基础上构建而成的。

DEA 方法是衡量技术进步的常见方法，其中，Malmquist 生产率指数由 Malmquist 于 1953 年首先提出，后由 Caves 等作为生产率指数予以使用。本文把我国 29 个省际区域（除去西藏，为保证数据的一致性，将重庆和四川合并成一个省份②）看做基本决策单元。假设在每一个时期 $t = 1, \cdots, T$，第 $k = 1, \cdots, K$ 地区在生产经济活动中投入 $n = 1, \cdots, N$ 种要素 $x_{k,n}^t$，得到 $m = 1, \cdots, M$ 中产出 $y_{k,m}^t$，则第 k 个 DMU 在 t 期的投入产出组合为 (X^t, Y^t)，其中 $X^t = (x_1^t, x_2^t, \cdots, x_N^t) \in \mathbf{R}_+^N$，$Y^t = (y_1^t, y_2^t, \cdots, y_M^t) \in \mathbf{R}_+^M$，由此可得第 t 期的生产可能集为：

$$S^t = \left\{ (X^t, Y^t) \in \mathbf{R}_+^2 : x_n^t \geq \sum_{k=1}^K \lambda_k^t x_{k,n}^t, n = 1, \cdots, n ; y_m^t \leq \sum_{k=1}^K \lambda_k^t y_{k,m}^t, m = 1, \cdots, M, \lambda_k^t \geq 0 \right\}$$

---

① 按照传统的划分方法，中国东部地区包括：北京、天津、河北、辽宁、上海、江苏、浙江、福建、山东、广东、海南；中部地区包括：山西、吉林、黑龙江、安徽、江西、河南、湖北、湖南；西部地区包括：内蒙古、广西、四川、重庆、贵州、云南、西藏、陕西、甘肃、青海、宁夏、新疆。

② 考虑到重庆直辖市于 1997 年 6 月 18 日正式挂牌成立，为了保持数据的一致性，笔者将重庆市的相关数据汇总到四川省中，作为基本决策单元。

其中，λ_k^t 表示 DMU 评价技术效率时的权重，也是衡量技术结构的参数。位于包络表面的决策单位被视为有效的，也即相应于生产可能集而言，以最小的投入得到最大的产出为目标的 Pareto 最优，而其他的则被认为是非有效的。

Farrell（1957）指出在给定技术结构特征和要素投入的情况下，DMU的实际产出 $Y^t(X^t)$ 与同样投入情况下的最大产出 $\bar{Y}^t(X^t)$ 之比为该期的技术效率，从而可以定义技术效率为：

$$e^t = Y^t(X^t)/\bar{Y}^t(X^t) \tag{1}$$

相对于参考技术 S^t，θ 为达到生产前沿面时产出要素的增加比率，则定义产出距离函数：

$$D_0^t(X^t, Y^t) = \inf\{\theta: (X^t, Y^t/\theta) \in S^t\} = (\sup\{\theta: (X^t, \theta Y^t) \in S^t\})^{-1} \tag{2}$$

产出距离函数可以看做某一生产点 (x^t, y^t) 向理想的最大产出点扩大的比例。从中可知，距离函数恰好是 DEA 理论中 BC^2 模型最优值的倒数。

假设 $\bar{y}^t(x^t)$、$\bar{y}^{t+1}(x^{t+1})$、$\bar{y}^{t+1}(x^t)$、$\bar{y}^t(x^{t+1})$ 分别代表在 t、$t+1$、t、$t+1$ 期生产活动中投入要素 x^t、x^{t+1}、x^t、x^{t+1} 于生产前沿面 S^t、S^{t+1}、S^{t+1}、S^t 为参考集的技术前提下的潜在最大产出。根据（1）和（2）式有 $e^t = y^t(x^t)/\bar{y}^t(x^t) = D_0^t(x^t, y^t)$，从而得出：$y^t(x^t) = \bar{y}^t(x^t) * D_0^t(x^t, y^t)$，则 t 期到 $t+1$ 期生产增长率为：

$$\frac{y^{t+1}(x^{t+1})}{y^t(x^t)} = \frac{D_0^{t+1}(x^{t+1}, y^{t+1})}{D_0^t(x^t, y^t)} \times \frac{\bar{y}^{t+1}(x^{t+1})}{\bar{y}^t(x^t)} \tag{3}$$

$D_0^{t+1}(x^{t+1}, y^{t+1})$ 表示以 $t+1$ 期生产前沿面为参考集的当期技术效率水平，$D_0^t(x^t, y^t)$ 表示以 t 期生产前沿面为参考集的当期技术效率水平，从而 $\dfrac{D_0^{t+1}(x^{t+1}, y^{t+1})}{D_0^t(x^t, y^t)}$ 表示 t 期到 $t+1$ 期整体技术效率的变动。$\dfrac{\bar{y}^{t+1}(x^{t+1})}{\bar{y}^t(x^t)}$ 为 $t+1$ 期生产前沿面下要素投入的最大产出与 t 期生产前沿面下要素投入的最大产出的比值，用来衡量技术进步的变动。由于（3）式并没有建立在基准技术之上，为反映前沿面技术移动对生产要素利用率的影响，在（3）中引入跨期产出水平 $y^{t+1}(x^t)$ 和 $y^t(x^{t+1})$，分别表示 t 期的投入在 $t+1$ 期前沿技术水平下的实际产出和 $t+1$ 期的投入在 t 期前沿技术水平下的实际产出，转换得到：

$$\frac{y^{t+1}(x^{t+1})/\bar{y}^{t+1}(x^{t+1})}{y^{t+1}(x^t)/\bar{y}^{t+1}(x^t)} \times \frac{y^t(x^{t+1})/\bar{y}^t(x^{t+1})}{y^t(x^t)/\bar{y}^t(x^t)}$$

$$= \frac{D_0^{t+1}(x^{t+1},y^{t+1})}{D_0^t(x^t,y^t)} \times \frac{\bar{y}^{t+1}(x^t)}{\bar{y}^t(x^{t+1})} \times \frac{y^t(x^{t+1})}{y^{t+1}(x^t)}$$

$$= \frac{D_0^{t+1}(x^{t+1},y^{t+1})}{D_0^{t+1}(x^t,y^t)} \times \frac{D_0^t(x^{t+1},y^{t+1})}{D_0^t(x^t,y^t)} \tag{4}$$

等式的左边是基于 t 期和 $t+1$ 期参考技术的产出变化率，它们的几何平均值实质上就是全要素生产率变动的 Malmquist 指数（TFPC），即可将（4）式转化为

$$M_0^{t+1}(x^{t+1},y^{t+1},x^t,y^t) = TFPC = \sqrt{\frac{D_0^t(x^{t+1},y^{t+1})}{D_0^t(x^t,y^t)} \times \frac{D_0^{t+1}(x^{t+1},y^{t+1})}{D_0^{t+1}(x^t,y^t)}} \tag{5}$$

根据 Ray 和 Desli（1997）等的研究，全要素增长率可分解为不变规模报酬假定下技术效率变化与技术变动的乘积，且技术效率变化部分可进一步得分解为可变规模报酬假定下的纯技术效率变化和规模效率变化的乘积，因此，Malmquist 指数的进一步分解形式为：

$$M_0^{t+1}(x^{t+1},y^{t+1},x^t,y^t) = \frac{D_0^{t+1}(x^{t+1},y^{t+1})}{D_0^t(x^t,y^t)} \sqrt{\frac{D_0^t(x^{t+1},y^{t+1})}{D_0^{t+1}(x^{t+1},y^{t+1})} \times \frac{D_0^t(x^t,y^t)}{D_0^{t+1}(x^t,y^t)}}$$

$$= \frac{D_0^{t+1}(x^{t+1},y^{t+1}\mid V)}{D_0^t(x^t,y^t\mid V)} \times \left[\frac{D_0^t(x^{t+1},y^{t+1}\mid C)/D_0^t(x^{t+1},y^{t+1}\mid V)}{D_0^t(x^t,y^t\mid C)/D_0^t(x^t,y^t\mid V)} \times \right.$$

$$\left. \frac{D_0^{t+1}(x^{t+1},y^{t+1}\mid C)/D_0^{t+1}(x^{t+1},y^{t+1}\mid V)}{D_0^{t+1}(x^t,y^t\mid C)/D_0^{t+1}(x^t,y^t\mid V)}\right]^{1/2} \times \left[\frac{D_0^t(x^t,y^t\mid V)}{D_0^{t+1}(x^t,y^t\mid V)} \times \right.$$

$$\left. \frac{D_0^t(x^{t+1},y^{t+1}\mid V)}{D_0^{t+1}(x^{t+1},y^{t+1}\mid V)}\right]^{1/2}$$

$$= PTEC \times SEC \times TC \tag{6}$$

其中，第一项纯技术效率变化（PTEC）通过比较变动规模报酬下决策单元相对于生产前沿的距离反映了纯技术效率的变化，PTEC > 1 表明效率改善，反之则效率退步；第二项（SEC）表示不同时期投入在同一生产前沿上的规模效率变动，SEC > 1 说明规模报酬呈现递增性质，反之，规模报酬递减。PTEC 与 SEC 的乘积表示不变规模报酬下技术效率的变动（TEC）；第三项技术变动（TC）表示生产前沿面的变动，TC > 1 说明技术进步，反之，则技术退步。

4.3.2.2 数据来源及处理

本文数据均来自于《新中国五十年统计资料汇编》[①] 和历年《中国统计年鉴》[②]。本文选取了 1978～2008 年间中国大陆 31 个省份的农业生产数据，在实际测算过程中，考虑到数据的可得性和一致性，将西藏自治区排除在样本范围之外并把重庆并入四川进行计算，实际是 29 个省、自治区和直辖市的数据。本文研究所选取的农业产出和投入变量及其处理如下：

（1）农业产出变量：农业产出是以 1978 年不变价格计算的 GDP 中第一产业产值。根据《中国统计年鉴》统计指标解释，这里第一产业是指农、林、牧、渔业。为了消除价格因素的影响，本文利用每年各省份的消费价格指数将以当年价格测算的第一产业产值换算成以 1978 年不变价格计算的产值。

（2）农业投入变量：农业投入包括劳动力、机械动力、土地和化肥四种投入。①劳动力投入：以年底第一产业从业人数来计算。对于各省劳动力投入变量的缺失数据，本文作如下处理：天津 1978～1984 年第一产业从业人数空缺，在实际计算中，笔者按照 1985 年天津第一产业从业人数占总从业人数的比重分别乘以 1978～1984 年总从业人数作为天津这几年的第一产业从业人数。广西 1978 年和 1979 年数据缺失，笔者按照 1980 年广西第一产业从业人数占总人数的比重分别乘以这两年的从业总人数得到广西 1978 年和 1979 年的第一产业从业人数。山东 1979 年数据缺失，笔者根据 1978 年山东第一产业从业人数占总从业人数的比重乘以 1979 年总从业人数作为山东 1979 年农业劳动投入。②机械动力：以农业机械总动力来表示用于农、林、牧、渔业的各种动力机械的动力综合。包括耕作机械、排灌机械、收获机械、农用运输机械、植物保护机械、牧业机械、林业机械、渔业机械和其他农业机械（内燃机按引擎马力折成瓦计算、电动机按功率折成瓦计算）。不包括专门用于乡、镇、村、组办工业、基本建设、非农业运输、科学实验和教学等非农业生产方面用的动力机械与作业机械。青海 1979 年数据缺失，参照周端明（2009）的方法，笔者将青海 1978 年和 1980 年农业机械总动力

---

① 国家统计局国民经济综合统计司（编）：《新中国五十年统计资料汇编》，中国统计出版社，1999 年。

② 中华人民共和国国家统计局（编）：《中国统计年鉴》（2001～2006 年），中国统计出版社。

的均值作为青海 1979 年农业机械总动力。③土地投入：以农作物总播种面积而不是可耕地面积计算，不论是种植在可耕地上还是非可耕地上的均包括在农作物总播种面积中。这样能够比较真实地反映出用于农业生产的土地投入，避免了农业生产率的夸大。④化肥投入：依据《中国统计年鉴》指标解释，农用化肥施用量就是指本年内实际用于农业生产的化肥数量，包括氮肥、磷肥、钾肥和复合肥。化肥施用量要求按折纯量计算数量。折纯量是指把氮肥、磷肥、钾肥分别按含氮、含五氧化二磷、含氧化钾的百分之百成分进行折算后的数量。复合肥按其所含主要成分折算。公式为：

$$折纯量 = 实物量 \times 某种化肥有效成分含量的百分比$$

其中，辽宁 1978 年和 1979 年数据缺失，在实际计算中，笔者将 1980 年的值乘以 2 再减去 1981 年的值作为 1979 年的值。利用同样的方法，将计算得到的 1979 的值乘以 2 再减去 1980 的值作为辽宁 1978 年的值。广东 1979 年的数据缺失，笔者将 1980 年和 1978 年的均值作为广东 1979 年的值。广西、湖北 1978 年数据缺失，笔者分别将两省 1979 年数据乘以 2 再减去 1980 年的值作为广西、湖北 1978 年的数据。新疆 1978 年数据缺失，用 1979 年的值乘以 2 再减去 1980 年的值表示新疆 1978 年的值。

4.3.3　实证结果与分析

4.3.3.1　中国整体农业全要素生产指数及其构成变化

为反映出全国总体层次上的农业全要素生产率的增长及其构成的变化，我们运用几何平均法对各年度全国所有省、自治区、直辖市的农业曼奎斯特指数值、农业技术进步指数值、农业技术效率增进指数值、纯技术效率增进指数值和规模效率增进指数值分别进行处理，得到各年度全国相应的值。如果是分析跨时期的情况，我们首先计算出该时期各省、自治区、直辖市的农业全要素生产率及其构成的指数值，然后再进行几何平均。

从表 1 可以看出，在 1978 ~ 2008 年期间，中国农业全要素生产率的年均增长率为 4.3%。而同期中国农业年均增长率为 5.37%，表明中国农业年均增长率的 80.1% 是由中国农业全要素生产率增长贡献的。由此可见，中国农业发展的主要推动力来源于全要素生产率的进步。从构成上看，农业全要素生产率的进步主要得益于农业技术的进步,属于技术诱导型增长,而不是得益于农业技术效率的提高。1978～2008 年期间,农业技术进步指数年均增长 4.7%,而农业技术效率增进指数年均下降 0.4%。而在农业技术效率增进中,纯技术效率指数年均下降 0.5%,而规模效率指数年均增长 0.1%,说明中国农业适度规模生产正在缓慢进行。

表 1　中国农业全要素生产率指数及其构成变化

时期	EC	TC	TFPC	时期	EC	TC	TFPC
1978/1979	0.989	1.109	1.097	1994/1995	1.012	1.042	1.055
1979/1980	1.049	0.925	0.970	1989/1995	0.995	1.042	1.037
1980/1981	1.023	1.072	1.097	1995/1996	1.001	1.056	1.057
1981/1982	0.971	1.138	1.104	1996/1997	0.970	1.036	1.004
1982/1983	1.018	1.056	1.075	1997/1998	0.960	1.078	1.035
1983/1984	1.025	1.069	1.096	1998/1999	0.932	1.109	1.034
1978/1984	1.012	1.059	1.072	1999/2000	0.998	1.025	1.023
1984/1985	1.010	0.991	1.001	1995/2000	0.972	1.060	1.030
1985/1986	1.000	0.995	0.995	2000/2001	0.993	1.053	1.045
1986/1987	0.985	1.045	1.029	2001/2002	0.976	1.086	1.060
1987/1988	0.937	1.051	0.985	2002/2003	1.033	1.033	1.067
1988/1989	1.027	0.860	0.883	2003/2004	1.045	1.087	1.136
1984/1989	0.991	0.986	0.977	2004/2005	1.021	1.035	1.057
1989/1990	1.027	1.079	1.108	2005/2007	0.966	1.179	1.139
1990/1991	0.955	1.008	0.963	2007/2008	1.003	1.084	1.087
1991/1992	1.011	0.993	1.004	2000/2008	1.005	1.079	1.084
1992/1993	0.945	1.066	1.007	1978/2008	0.996	1.047	1.043
1993/1994	1.022	1.067	1.090				

注:EC 表示技术效率增进指数;TC 表示技术进步指数;TFPC 表示全要素生产率指数,即曼奎斯特指数。

从中国农业全要素生产率指数及其构成分解来看(见图 1),中国农业全要素生产率指数的变化趋势与农业技术进步指数的变化趋势基本是一致的,说明农业生产率的增长源泉主要来自于农业生产技术的进步和创新,而并非农业技术效率的提高。1978～2008 年期间,中国农业技术进步指数只有在少数几个年份中低于农业技术效率增进指数,且其变化趋势与技术效率增进指数的变化趋势几乎是相反的,除了在 1983～1985 年和 1993～1995 年期间,农业技术进步指数与技术效率增进指数的变动趋势相同。由此可见,从整个时期来看，中国农业全要素生产率增长的主要动力来自于农业技术进步指数的增长，农业技术进步对于生产率正的效应弥补了技术效率下降所引起的生产率下降，而且，在绝大多数年份里，中国农业技术进步与农业技术效率退化现象并存。

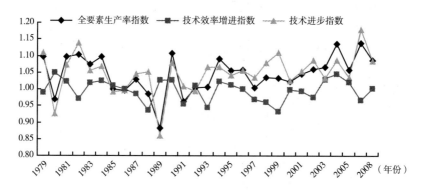

图 1　中国农业全要素生产率指数及其分解变化趋势

然而，中国农业全要素生产率增长具有明显的波动性。1978～1984 年，经济改革首先在农村地区开展，以农村家庭联产承包责任制（HRS）为标志开始的经济体制改革掀开了中国经济发展新的篇章。家庭联产承包责任制的实行极大地提高了农民进行农业生产的积极性，催使农民乐于采用新的生产技术以获得更多的经济利益，使得农业生产增长迅速，全要素生产率年均增长 7.2%。家庭联产承包责任制在全国全面推广以后，其对农业生产率的作用由早期的"喷发性"阶段，进入了"整固性"阶段，再加上中国经济改革的重点由农村转向城市，农用生产资料价格的上升，极大地压缩了农民生产获利的空间，农民生产积极性受挫，导致了中国农业全要素生产率在1984～1989 期间迅速下降，出现了负增长，年均下降 2.3%。1989 年之后，以取消农产品统购销制度为标志的农村第二阶段改革拉开了帷幕。减少基本农产品订购数量、提高订购价格、放开其他农产品价格、取消城市居民口粮统销制度、培育和发展农产品市场等一系列惠农政策的颁布和实施，再次激励了农民生产的积极性，因此，1989～1995 年的中国农业全要素生产率保持了 3.7% 的年均增长率。而 1990 年代后半期，中国农业前半期的粮食丰收导致的"卖粮难"及农业结构性矛盾致使农民增产不增收问题严重，影响了农民生产的积极性，并妨碍了农民对农业的投资和农业新技术的采用，导致这一阶段农业全要素生产率有所下降，1995～2000年中国农业全要素生产率年均增长3%，相比1989～1995年下降了0.3个百分点。进入新世纪以来，农民增产不增收的问题日益严重，"三农"问题引起了中国政府的高度重视，随之中央政府作出了全面改革农村税费制度的重大决策，并增加了国家对农业生产的财政支出，这些政策的实施重新提高了农民生产的积极性，促进了中国农业的生产，中国农业全要素生产率迅速上升，2000～2008年中国农业全要素生产率年均增长8.4%。

在不同的阶段，中国农业全要素生产率增长的源泉不同。1978～1984年，中国农业全要素生产率的增长来源于农业技术进步与技术效率的共同作用，在此期间，农业技术进步年均增长5.9%，而技术效率年均增长1.2%。可能原因在于，家庭联产承包责任制的推广极大地提高了农民生产的积极性，促使其积极采用农业生产新技术。1984～1989年，中国农业全要生产率以年均2.3%的速度负增长，同期间的农业技术进步年均下降1.4%，技术效率年均下降0.9%。1989～1995年中国农业全要素生产率增长的主要动力在于技术创新带来的效率提高，农业技术进步指数年均增长4.2%，而技术效率增进指数年均降低0.5%，中国农业技术进步和农业技术效率退化现象并存，表明中国对现有农业技术的推广和扩散是不成功的。新世纪以来，由于减免农业税、增加农业补贴等系列惠农政策的颁布和实施，农业技术进步指数和技术效率增进指数均获得了正增长，共同促使农业全要素生产率的提高。从整个时期来看，1978～2008年期间，中国农业全要素生产率的增长来源于农业技术的进步，农业技术进步指数年均增长4.7%，而农业技术效率变化指数年均下降0.4%，农业技术的进步弥补了技术效率下降对于农业全要素生产率的负面影响，农业技术进步是农业生产率增长的主要动力（见图2）。

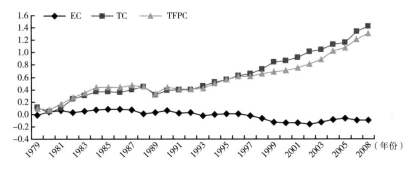

图2　中国农业全要素生产率、技术效率和技术进步的累积增长率

4.3.3.2 中国地区农业全要素生产率指数及其构成变化

表2给出了1978～2008年期间中国东部、中部、西部地区农业全要素生产率指数、农业技术进步指数、农业技术效率增进指数，可以看出中国农业全要素生产率指数及其构成变化呈现出明显的地区性特征。1978～2008年期间，东部地区全要素生产率年均增长6.2%，西部地区次之（3.7%），中部地区生产率增长最慢，年均增速为2.9%，东部地区农业全要素生产率增长的持续性较强，东部地区农业生产率在29年里有27个年份在增长，只有1980年和1989年出现了负增长，而中西部地区各有8个下降年份；从构成来看，农业技术进步指数呈现了明显的梯级差异，东部地区技术进步指数年均增长5.9%，中部地区和西部地区分别为4.2%和3.9%，而相比于农业技术的不断进步和创新，中部地区和西部地区的农业技术效率均出现了不同程度的退化，年均退化速度分别为1.3%和0.2%，只有东部地区的技术效率以年均0.3%的速度增长，可见东部地区在农业技术研发和应用方面具有中部地区和西部地区无法比拟的优势，这与其经济发展、科研水平、农业政策是密切联系的。

表2 中国地区农业全要素生产率指数及其构成变化

时间	东部地区			中部地区			西部地区		
	EC	TC	TFPC	EC	TC	TFPC	EC	TC	TFPC
1978/1979	0.970	1.176	1.141	1.008	1.078	1.087	0.994	1.063	1.057
1979/1980	1.050	0.933	0.980	1.045	0.875	0.915	1.050	0.958	1.006
1980/1981	0.978	1.072	1.049	1.049	1.088	1.142	1.054	1.060	1.116
1981/1982	1.018	1.175	1.196	0.939	1.081	1.015	0.946	1.144	1.082
1982/1983	1.005	1.068	1.074	1.013	1.050	1.063	1.037	1.047	1.087
1983/1984	1.052	1.097	1.153	1.002	1.042	1.044	1.015	1.061	1.077
1978/1984	1.012	1.084	1.097	1.009	1.033	1.042	1.015	1.054	1.070
1984/1985	0.984	1.030	1.013	0.983	0.968	0.952	1.062	0.968	1.027
1985/1986	1.014	1.005	1.019	0.965	1.001	0.967	1.013	0.980	0.992
1986/1987	0.991	1.063	1.054	0.983	1.027	1.010	0.980	1.039	1.019
1987/1988	0.963	1.072	1.032	0.876	1.030	0.903	0.960	1.043	1.002
1988/1989	1.028	0.859	0.883	1.015	0.867	0.880	1.036	0.855	0.885
1984/1989	0.996	1.003	0.998	0.963	0.977	0.941	1.009	0.974	0.984
1989/1990	0.992	1.077	1.069	1.111	1.086	1.206	1.003	1.074	1.078
1990/1991	0.997	1.019	1.016	0.892	0.995	0.888	0.963	1.007	0.970
1991/1992	1.002	1.006	1.008	1.037	0.994	1.031	1.000	0.979	0.979

续表

时间	东部地区			中部地区			西部地区		
	EC	TC	TFPC	EC	TC	TFPC	EC	TC	TFPC
1992/1993	0.959	1.081	1.036	0.953	1.056	1.007	0.923	1.057	0.975
1993/1994	1.025	1.070	1.097	1.029	1.081	1.113	1.012	1.052	1.065
1994/1995	1.025	1.055	1.081	1.048	1.044	1.095	0.970	1.027	0.996
1989/1995	1.000	1.051	1.051	1.009	1.042	1.052	0.978	1.032	1.009
1995/1996	1.003	1.048	1.052	0.996	1.062	1.058	1.002	1.059	1.061
1996/1997	1.007	1.029	1.036	0.966	1.043	1.007	0.934	1.036	0.968
1997/1998	0.987	1.097	1.083	0.920	1.065	0.979	0.963	1.069	1.029
1998/1999	0.984	1.050	1.033	0.861	1.120	0.964	0.936	1.169	1.094
1999/2000	0.987	1.059	1.045	0.991	1.034	1.025	1.016	0.983	0.998
1995/2000	0.994	1.056	1.050	0.945	1.064	1.006	0.970	1.062	1.029
2000/2001	0.996	1.069	1.065	0.991	1.047	1.038	0.990	1.039	1.029
2001/2002	0.984	1.097	1.080	0.973	1.093	1.063	0.970	1.068	1.036
2002/2003	1.012	1.064	1.076	1.010	1.029	1.039	1.076	1.004	1.080
2003/2004	1.033	1.102	1.139	1.047	1.097	1.149	1.056	1.063	1.122
2004/2005	1.026	1.036	1.063	1.011	1.032	1.043	1.023	1.037	1.062
2005/2007	0.989	1.171	1.158	0.933	1.210	1.129	0.969	1.162	1.125
2007/2008	0.981	1.084	1.063	1.030	1.087	1.119	1.006	1.083	1.090
2000/2008	1.010	1.089	1.099	0.998	1.084	1.082	1.012	1.064	1.077
1978/2008	1.003	1.059	1.062	0.987	1.042	1.029	0.998	1.039	1.037

注：EC 表示技术效率增进指数；TC 表示技术进步指数；TFPC 表示全要素生产率指数，即曼奎斯特指数。

若将整个时期划分为 1978~1984 年、1984~1989 年、1989~1995 年、1995~2000 年、2000~2008 年五个时间段，不难看出，相比于其他时间区段来看，在 1978~1984 年和 2000~2008 年期间，中国各地区的农业生产率的增长速度较快，东部地区的年均增速分别为 9.7% 和 9.9%，中西地区分别为 4.2% 和 8.2%、7.0% 和 7.7%，关键原因在于家庭联产承包责任制的推广和农业税的取缔极大地提高了农民生产的积极性，增加了农民从农业生产中所得利益的空间，促使农民应用新的农业技术和农业生产资料，导致了农业生产率的迅速提高。与全国的情况类似，东、中、西部地区的农业全要素生产率增长也呈现出明显的波动性，东、中部地区的农业生产率增长呈现出"W"字形状，而西部地区则呈现出"U"字形。

最后，从构成来看，1978~2008 年期间，东、中、西部地区绝大多数年份呈现出农业技术进步与技术效率退化并存的局面，技术进步增长抵消了技术效率退化对于农业生产率的负面影响，农业技术进步构成了农业全要素生产率增长的主要源泉。

4.3.4　收敛性分析

改革开放以来，伴随着农村土地制度和财税制度的改革，中国农业生产取得了惊人的成就。中国各地区农业全要素生产率水平取得了长足的发展，但由于地区间的区位差异、经济基础、农业政策等原因，地区间的农业生产率水平仍存在相当的差距，那么中国地区间农业全要素生产率增长速度是否会随着时间的推移而缩小呢？各地区内部自身的农业生产率增长速度的收敛模式又有什么特点？为此，本文将对中国及其东、中、西部地区农业全要素生产率增长进行收敛性检验。

按照新古典经济增长理论，发展过程中存在这样一种情形：即经济比较发达的地区或说比较发达的经济体，其资本的投入比不发达的经济体要大，而资本报酬递减规律的存在，使发达经济体的资本报酬的增长速度要小于经济不发达的经济体，经济体之间的增速差距随着时间的推移存在着缩小的趋势，经济理论把这种可能的现象称为经济增长的收敛（Barro，1998）。

现有国内外经济文献中常用的收敛分析有三种类型：σ 收敛、绝对 β 收敛和条件 β 收敛。对于本文将要进行的农业全要素生产率增长水平的收敛分析而言，σ 收敛是通过分析经济体农业全要素生产率增长水平的标准差或变异系数随时间推移的变动情况来判断是否收敛，若标准差或变异系数随时间推移而区域下降则表明存在 σ 收敛；绝对 β 收敛是指每一个经济体的农业全要素生产率增长随着时间的推移会达到完全相同的稳态增长速度和增长水平，经济体之间差距不再存在；条件 β 收敛考虑了不同经济体各自的特征和发展条件，表明每个经济体都朝着各自的稳态水平趋近，经济体之间的差距仍然存在。两种形式的 β 收敛都是朝着稳态水平的收敛，不同的是绝对 β 收敛中所有经济体的稳态水平相同，而条件 β 收敛中不同经济体具有不同的稳态水平。

借鉴 Barro 和 Sala－i－Martin（1992）的研究，本文设置的绝对 β 收敛和条件 β 收敛的检验方式形式分别为：

$$\ln(TFP_{i,t+T}/TFP_{i,t})/T = \alpha + \beta \ln TFP_{i,t} + \varepsilon_{i,t} \tag{7}$$

$$\ln(TFP_{i,t+1}/TFP_{i,t}) = \alpha + \beta\ln TFP_{i,t} + BX + \varepsilon_{i,t} \qquad (8)$$

式中，$TFP_{i,t}$、$TFP_{i,t+T}$、$TFP_{i,t+1}$ 分别表示各省区在 t 期、$t+T$ 期和 $t+1$ 期的农业全要素生产率增长率，T 为观察期时间跨度，α 为常数项，β 为收敛系数，$\varepsilon_{i,t}$ 为随机扰动项，X 为条件控制变量，B 为控制变量的系数。式（7）中如果 β 为负值则表明存在绝对 β 收敛，即农业全要素生产率增长与初始生产率水平呈反比，落后地区的农业全要素生产率增长水平和增长速度最终会赶上发达地区。式（8）中如果 β 为负值则表明存在条件 β 收敛，即各地区存在向自身稳定状态发展的趋势。对于条件 β 收敛的检验，现有研究一般均采用 Panel Data 固定效应模型来检验，它能够设定界面和时间固定效应，因此考虑了不同个体有不同稳态值，也考虑了自身稳态值能随时间的变化而变化。不同于传统的加入控制变量的检验方法，由于 Panel Data 的固定效应项对应着不同经济体各自不同的稳态条件，因此加入额外的控制变量是多余的（Miller 和 Upadhyay，2002），本文在进行条件 β 收敛检验时未添加任何控制变量。

4.3.4.1　σ 收敛检验

图 3 给出了中国及其东、中、西部地区农业全要素生产率的 σ 收敛情况。从整个时期来看，全国范围内农业全要素生产率增长率呈现出明显的 σ 收敛趋势，虽然期间个别年份存在小幅波动。分地区来看，东部地区、中部地区、西部地区的农业全要素生产率增长率均呈现出波动下降的趋势，长期来看东、中、西地区均存在 σ 收敛，各省份的农业生产率差异不断缩小，尤其是进入新世纪以来，但中、西部地区的波动幅度较大，而东部地区全要素生差率增长率的波动幅度较小，具有良好的持续性。

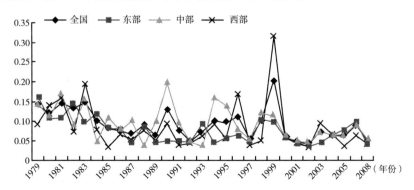

图 3　中国地区农业全要素生产率增长率的标准差

4.3.4.2 β 收敛检验

从表 3 可以看出,无论是全国范围还是东、中、西部地区均存在显著的绝对 β 收敛,回归系数均在 1% 水平下显著。由于东部地区、中部地区和西部地区绝对 β 收敛检验均显示收敛,故可认为东、中、西部地区存在明显的俱乐部收敛现象。

表 3 农业 TFP 绝对 β 收敛检验（OLS 回归）

	全国	东部地区	中部地区	西部地区
常数项	0.002 * (2.980)	0.0003 (0.377)	0.002 (1.873)	0.002 * (3.996)
$\ln TFP_{i,t}$	0.032 * (9.284)	0.023 * (4.438)	0.043 * (5.950)	0.032 * (6.642)
调整后的 R^2	0.753	0.652	0.831	0.827
F 统计量	86.194 *	19.699 *	35.399 *	44.114 *

注:表 3 是式 (7) 的回归结果, * 表示在 1% 水平下显著, ** 表示在 5% 水平下显著, *** 表示在 10% 水平下显著,括号内数字为 t 统计量。

表 4 则显示,全国及东、中、西部地区的收敛系数均为负数且在 1% 水平下显著,显示了各地区条件收敛的存在,说明对于农业生产率增长比较缓慢的中、西部地区,只要能够提供趋同所需要的条件,落后地区的生产率增长就会在追赶先进地区的过程中速度加快,就有可能在增长速度上赶上先进地区,从而拥有从根本上扭转地区农业生产差异不断扩大趋势的机会,实现全局的平衡同步发展。

表 4 农业 TFP 条件 β 收敛检验（Panel Data 固定效应回归）

	全国	东部地区	中部地区	西部地区
常数项	0.041 * (10.392)	0.055 * (8.933)	0.024 * (2.945)	0.034 * (5.278)
$\ln TFP_{i,t}$	1.143 * (31.840)	1.061 * (18.309)	1.214 * (17.934)	1.138 * (18.362)
固定效应	略	略	略	略
调整后的 R^2	0.567	0.533	0.603	0.558
F 统计量	35.006 *	30.516 *	40.265 *	33.738 *

注:表 4 是式 (8) 的回归结果,时间跨度 T 为 1 年, * 表示在 1% 水平下显著, ** 表示在 5% 水平下显著, *** 表示在 10% 水平下显著,括号内数字为 t 统计量;由于篇幅限制,Panel Data 固定效应回归所得不同省份的截距项回归效应并没有在表中给出。

4.3.5　主要结论

本文利用 DEA – Malmquist 指数方法，测算了中国 1978～2005 年间农业全要素生产率的时序演进和空间分布的基本特征，并对农业全要素生产率的收敛性进行检验，得出以下主要结论：

第一、自 1978 年农村经济改革以来，中国农业始终保持着快速健康地发展。1978～2005 年间，中国农业全要素生产率的年均增长率为 3.8%，对同期农业生产增长的贡献率达到 7.7%，可以看出改革开放以来中国农业的快速发展主要得益于农业全要素生产率的提高。从构成来看，1978～2005年，中国农业技术进步以年均 4.2% 的速度增长和创新，而技术效率则以年均 0.4% 的速度下降，可见中国农业全要素生产率增长的源泉动力主要来自于农业技术的创新和发展，属于技术诱导型增长。

第二、中国农业全要素生产率存在着明显的区域差异。1978～2005 年期间，东部地区全要素生产率年均增速最快，以年均 5.7% 的速度增长，西部地区次之（2.2%），中部地区生产率增长最慢，年均增速为 2.2%，东部地区农业全要素生产率增长的持续性较强，东部地区农业生产率在 27 年里有 25 个年份在增长，只有 1980 年和 1989 年出现了负增长，而中西部地区各有 8 个下降年份。从构成来看，1978～2005 年间，只有东部地区的技术效率出现了正增长，年均增速为 0.2%，而中西部地区均出现了不同程度的下降，可见东部地区农业技术的扩散与应用相对是比较成功的。总体来看，若将整个时间跨度分为五个时间区域，东、中部地区的农业全要素生产率变化呈 “W” 字形状，而西部地区呈 “U” 字形状。

第三、全要素生产率的收敛性检验表明中国农业全要素生产率增长存在着明显的收敛趋势。中国及东、中、西部地区农业全要素生产率增产率的标准差均随着时间的推移而呈现出下降的趋势，存在着 σ 收敛。绝对 β 收敛和条件 β 收敛检验的回归系数均在 1% 显著性水平下显著，表明东、中、西部地区的农业全要素生产率增产存在着明显的 “俱乐部收敛”，且各自朝着自身的稳定状态发展。

参考文献

[1] McMillan John, John Whalley, Lijing Zhu. 1989. The Impact of China's Economic

Reforms on Agricultural Productivity Growth . Journal of Political Economy, 97: 781 – 807.

[2] Fan Shenggen. 1991. Effects of Technological and Institutional Reform on Production Growth in Chinese Agriculture. American Journal of Agricultural Economics, 73: 266 – 275.

[3] Coelli T, Rao P, Battese. G E. , 1998. An introduction to efficiency and productivity analysis. Boston: Kluwer Academic Publishers.

[4] Fare R, Grosskopf S, Norris M, Zhang Z. 1994b. Productivity growth , technical progress, and efficiency change in industrialized countries. American Economic Review, 84: 66 – 83.

[5] Fare R, Grosskopf S, Norris M. 1997. Productivity growth, technical progress, and efficiency change in industrialized countries: Reply. American Economic Review. 87: 1040 – 1043.

[6] Fare R, Grosskopf S, Russell R. 1998. Index Numbers: Essays in Honor of Steen Malmquist. Boston: Kluwer Academic Publishers.

[7] Farrell M J. 1957. The measurement of production efficiency. Journal of the Royal Statistical Society, 120: 253 – 281.

[8] Ray S C, Desli E. 1997. Productivity growth, technical progress, and efficiency change in industrialized countries: Comment. American Economic Review, 87: 1033 – 1039.

[9] Miller SM, Upadhyay. MP. 2002. Total factor Productivity and the manufacturing sectors in industrialized and developing countries. Energy Policy, 29: 769 – 775.

[10] Barro RJ, Sala – I – Martin XX. 1992. Public finance in models of economic growth. Review of Economic Studies, 4: 645 – 661.

[11] Sala – I – Martin XX. 1996. The classical approach to convergence analysis. Economic Journal, 106: 1019 – 1036.

[12] 林毅夫. 1994. 制度、技术与中国农业发展. 上海三联书店。

[13] 黄少安, 孙圣明, 宫明波. 2005. 中国土地产权制度对农业经济增长的影响. 中国社会科学, 3。

[14] Rozelle, Scott, 黄季焜. 2005. 中国的农村经济与通向现代工业国之路. 经济学（季刊）, 4。

[15] 李静, 孟令杰. 2006. 中国农业生产率的变动与分解分析: 1978～2004 年. 数量经济技术经济研究, 5。

[16] 陈卫平. 2006. 中国农业生产率增长、技术进步与效率变化: 1990～2003. 中国农村观察, 1。

[17] 周端明. 2009. 技术进步、技术效率与中国农业生产率增长. 数量经济技术经济研究, 12。

4.4 环境规制影响了中国工业行业的利润水平吗?[①]

李小平 卢现祥 陶小琴[②]

摘　要: 环境规制是影响产业利润进而影响其国际竞争力的重要原因。无论是在"污染天堂假说"还是在"波特假说"中,环境规制对产业国际竞争力的影响,都会通过影响到产业的生产成本或者收益,进而影响到其利润水平而发生作用的。本文构建了一国环境规制政策影响其产业利润的机理模型,发现在不完全信息且满足激励相容约束的情况下,一国政府的最优政策是实施严格的环境规制;严格的环境规制能够提升干净类产业的利润水平,降低污染类产业的利润水平。本文采用 3 种利润水平的衡量指标,就环境规制等因素对中国 30 个工业行业 1998~2008 年利润水平的影响进行

① 本研究得到了 2010 年度教育部新世纪优秀人才计划 (NCET‐10‐0825.)、国家社科基金重点项目 (编号:10AJL007)、国家基本科研业务费青年教师资助重点项目 (编号:2010001)、霍英东教育基金青年教师资助项目 (编号:111088)、2012 年度教育部人文社科学基金课题"外贸发展与碳排放强度下降的互动机理及其政策选择:基于区域和产业的比较研究"(12YJC790104) 资助;本文修改稿是李小平在 NEW YORK UNIVERSITY 经济系做高级访问学者完成的,感谢朱钟棣教授、纽约大学的徐易老师、闻俊博士等的建议。

② 李小平 (1974~),男,教授、博士生导师,中国社会科学院博士后,中南财经政法大学国际经济学系主任,中国数量经济学会会员,研究方向为国际贸易理论与实践。曾以第一作者或者独作在《经济研究》(2010/1、2006/2)《世界经济》(2012/4、2007/5、2005/10)《数量经济技术经济研究》(2007/7)《管理世界》(2005/4、2006/10)《统计研究》(2007/7、2004/10)《经济学季刊》(2008/1)、《财贸经济》(2008/5、2010/5) 等权威刊物发表过文章;卢现祥 (1960~),男,教授、博士生导师,现为中南财经政法大学学科办主任,财政部跨世纪学科带头人,中国数量经济学会会员,研究方向为制度经济学和转轨经济学,曾在《经济研究》《世界经济》《管理世界》《财贸经济》《数量经济技术经济研究》《中国工业经济》《光明日报》等权威刊物发表文章;陶小琴 (1986~),女,世界经济专业硕士研究生,中国数量经济学会会员,研究方向为国际贸易理论与实践。

了实证分析，发现严格的环境规制能够提升工业行业的利润水平；但对于行业分类的回归结果表明，环境规制对我国干净类和污染类产业利润水平的影响没有显著差异。本文的结论为中国实施严格的环境规制政策提供了理论支持。

关键词： 环境规制　利润　国际竞争力

4.4.1　导言

近十年来，随着全球对环境问题的重视和全球经济一体化程度的深化，环境规制对产业国际竞争力的影响引起了经济学者的充分关注。许多文献研究一国是否可以通过降低环境标准从而提高其产业的国际竞争力（Levinson 和 Taylor（2004）；Ederington et al.（2005）；Quiroga et al.（2009）；Derek（2009））。关于环境规制与国际竞争力的关系存在两种截然不同的观点。一种观点就是所谓的"污染天堂假说"（pollution haven hypothesis）。这种观点认为实施严格的环境规制将加重产业的生产成本而不利于其国际竞争力的提升；发展中国家在"污染类"产品生产上具有国际竞争力，发达国家在"干净类"产品生产上具有国际竞争力[①]；在投资和贸易自由化的情况下，发展中国家将成为污染类产业转移的天堂。另外一种观点就是所谓"波特假说"（Porter hypothesis）。Porter 和 Linde（1995）认为环境规制与国际竞争力之间存在互补的而不是互相排斥的关系；严格的环境规制所导致的生产要素价格和成本的增加可以激发产业的技术创新，并获得两种创新补偿：一种是工艺创新补偿，即通过与环境更兼容的生产工艺创新来提高资源利用效率，以减少污染、降低成本；另一种是产品创新补偿，即生产出更环保、成本更低的创新产品；这两种创新补偿所带来的成本减少或收益增加能够补偿环境规制所带来的成本增加，从而导致其国际竞争力的提升。

因此，无论是在"污染天堂假说"还是在"波特假说"中，环境规制对产业国际竞争力的影响，最终会通过影响到产业的生产成本或者收益，进而影响到产业的利润水平而发生作用的；只是前者假设环境规制会加重产业

[①]　Dasgupta et al.（1995）发现一国的人均收入和环境规则呈正相关关系。

的生产成本而降低其国际竞争力，而后者假设环境规制会使得产业获得额外的创新收益，并且这种收益能够抵消其额外增加的成本。同时，利润水平本身也是产业国际竞争力的一个重要衡量指标①，所以，分析环境规制影响产业利润水平的机理，以及实证分析环境规制对中国工业行业利润水平的影响等问题具有较强的理论和现实意义。

　　已有的研究环境规制影响产业国际竞争力的国外文献主要分为两类：一类是研究环境规制对技术创新或生产率水平的影响（Telle 和 Larsson（2004）），另一类是研究环境规制对出口竞争力等的影响（Cole et al.，2005）② 等。国内相关的文献也可以分为相似的两类：一类是张成等（2011）、李强等（2010）、解垩（2008）关于环境规制对技术创新或生产率水平等影响的文献。另一类是关于环境规制和产业贸易竞争力关系的文献。如赵细康（2003）较早地发现环境保护的高低并没有与中国产业贸易竞争力的大小呈有规律性的变化；傅京燕（2006）和陆旸（2009）运用世界多国的样本就环境规制对贸易比较优势的影响进行了分析，他们都发现一国通过降低环境规制水平以获得污染密集型商品的比较优势是不可取的。同时，国内有关对产业利润影响因素的文献也不是很多。具有代表性的有如下一些文献：张军（1998，2001）较早地对中国国有企业利润率的变动模式及其原因进行了分析；曲玥（2008）对中国工业行业利润差距的状况及其原因进行了实证分析；张杰等（2011）使用中国微观制造业企业面板数据，从外部因素和内部因素等多个方面对中国制造业企业利润来源及差异进行了实证分析。尽管上述文献对产业利润的影响因素做了许多深入的研究，但是很少有文献将环境规制因素纳入到影响中国产业利润的分析中来。

　　本文试图在已有研究基础上做以下贡献：第一，本文构建了一国环境规制影响产业利润水平的机理模型；该模型发现当存在不完全信息且满足激励相容约束的情况下，一国政府会实施严格的环境规制；当产业的污染程度比较低时，严格的环境规制能够提升产业的利润水平，而当产业的污染程度比较高时，严格的环境规制会降低产业的利润水平。第二，采用 3 种利润水平的衡量指标，就环境规制等因素对中国 30 个工业行业 1998～2008 年利润水

---

① 陈立敏（2010）总结了国际竞争力的四种评判方法：多因素综合评价、生产率指标、进出口指标和利润指标等。

② 此时，出口竞争力通常表现为贸易比较优势。

平的影响进行了实证分析。我们发现环境规制提升了工业行业的利润水平；对工业行业的分类结果发现，环境规制既提升了干净类产业的利润水平，也提升了污染类产业的利润水平。本文结构安排如下：第一部分为导言；第二部分为环境规制对产业利润影响的机理模型；第三部分为实证分析；第四部分为结论。

4.4.2　理论模型

4.4.2.1　基本假设

以 Brander 和 Spencer（1985）等的模型框架为基础[①]。本文构建一个只有两个国家、两个企业的两阶段博弈模型（2×2×2），为了简化，假定两国生产的商品全部出口到第三国市场，不考虑国内消费。博弈的第一阶段是两个非合作的政府根据各国厂商报告的边际成本函数制定环境规制的标准，第二阶段是两国厂商根据政府的环境规制标准决定生产产量，并在第三国市场进行数量竞争。本文的创新是在分析最优环境规制策略时引入更贴近现实的不完全信息，并在此基础上检验环境规制对产业利润的影响机理。模型假定：

（1）第三国的间接需求函数表示为：$p\,(q^h,\,q^f) = A - q^h - q^f$，其中 h，f 分别表示本国和外国，p、q 分别表示价格与产量；A 是一个常数，$A > 0$。

（2）两国厂商是对称的，具有相同的边际生产成本 c，在区间 $[\,c,\,\underline{c}\,]$ 上服从均匀分布，并且满足 $A - \underline{c} > 0$。在完全信息情况下，c 的大小是政策制定者和厂商的共同知识；不完全信息指的是厂商清楚知道实际的 c 的大小，而政府只知道 c 的分布函数。

---

① 本文采纳了 Brander 和 Spencer（1985）模型的基本框架：两个国家、两个企业的两阶段博弈模型（2×2×2），假定两国生产的商品全部出口到第三国市场，不考虑国内消费。但是我们的模型和 Brander 和 Spencer（1985）模型也有不同，两阶段博弈中的内容不同：在第一阶段博弈中，我们模型中政府是根据厂商的污染排放等信息确定是否采取严格的环境规制；而 Brander 和 Spencer（1985）模型中政府首先确定给国内企业的补助；而且，我们在分析最优环境规制策略时还引入更贴近现实的不完全信息的情形。在第二阶段中，我们的模型是企业根据政府的环境规制标准决定生产产量，并在第三国市场进行数量竞争。而 Brander 和 Spencer（1985）模型企业根据政府的补助进行数量竞争。感谢匿名审稿人的建议，我们指出了本文与 Brander 和 Spencer（1985）的差异。

（3）政府的环境规制政策为污染排放标准 e，即允许厂商生产活动的污染排放量为 e，在环境标准规制下超出的部分污染企业必须进行处理或进行污染减排，用 a^i 表示减排量，则 $e^i = q^i - a^i, i = h, f$；减排成本以减排的平方形式表示：$\frac{1}{2}(a^i)^2$；进一步假定污染损害是局部的，且 $D^i(e^i) = \frac{1}{2}m(e^i)^2$，其中，$m > 0$，为污染损害系数。

运用倒推法进行分析，在博弈的第二阶段，已知本国和外国政府制定的环境标准后，本国厂商的目标是在成本 c 和对手产量给定的情况下，选择最优的产出水平实现利润最大化。其目标函数表示为：

$$\pi^h(q^h, q^f, e^h, c) = [A - q^h - q^f - c]q^h - \frac{1}{2}(q^h - e^h)^2 \tag{1}$$

数量竞争的纳什均衡由上式的一阶条件推出：

$$A - 3q^h - q^f - c + e^h = 0 \tag{2}$$

类似的可以求出外国厂商的纳什均衡的一阶条件，整理得出本国厂商的均衡产量为：

$$q^h(e^h, e^f, c) = \frac{2(A - c) + 3e^h - e^f}{8} \tag{3}$$

（3）式表明国内排放标准 e 的提高将使得国内厂商的产量增加，国外厂商的生产量降低。

在博弈的第一阶段，由于不考虑国内消费，本国政府的目标是设定最优的排放标准以最大化国内福利水平：

$$\underset{e^{h(c)}}{Max W^h} = \underset{e^{h(c)}}{Max \pi^h}(q^h, q^f, e^h, c) - 1/2m(e^h(c))^2 \tag{4}$$

在分析规制问题时，通常假设政府有完全的剩余控制权，因此，解（4）式给出的最大化问题只需要满足零利润的参与约束，即 $\pi^h(q^h, q^f, e^h, c) \geq 0$。

4.4.2.2　政府的最优环境规制

首先分析完全信息情况下政府的最优环境规制策略，以此作为不完全信息条件下的比较基准。两国政府都采取策略性行为，相应的排放标准为 e^{hS}，e^{fs}，这意味着政府在制定规制标准时不仅会考虑对本国产量的影响，也会考虑标准的变化对外国产量的影响，结合式（1）和式（4），可推导出本国最优排放标准的一阶条件为：

$$\frac{\partial W^h}{\partial e^h} = \frac{\partial W^h}{\partial q^h}\frac{\partial q^h}{\partial e^h} + \frac{\partial W^h}{\partial q^f}\frac{\partial q^f}{\partial e^h} - me^h(c)$$

$$= (A - 3q^h - q^f - c + e^h)\frac{\partial q^h}{\partial e^h} + q^h - e^h - q^h\frac{\partial q^f}{\partial e^h} - me^h = 0 \tag{5}$$

根据包络定理，从（3）式可知 $\frac{\partial q^f}{\partial e^h} = -\frac{1}{8}$，根据（2）式，（5）式第一项括号里为零，则（5）式可进一步简化为 $\frac{9}{8}q^h - (1 + m)e^h = 0$，把（3）式 q^h 的表达式代入并利用对称性整理可得，e^{hS} 的均衡值为：

$$e^{*hS} = \frac{9(A - c)}{32m + 23} \tag{6}$$

当政府在不完全信息情况下，其最优策略需要满足激励相容约束从而促使企业报告其真实的成本。仍以国内企业为分析对象，设定国内企业实际成本为 c，报告的成本为 $\hat{c}$ 时的利润函数值表示为：

$$U^h(c, \hat{c}) = \pi^h(q^h(e^h(\hat{c}), e^f, e^h(\hat{c}), c)) \tag{7}$$

满足激励相容约束意味着：$c \in \text{argmax}_{\hat{c}}U^h(c, \hat{c})$。$U^h(c) = U^h(c, c)$，表示的是当激励相容约束满足时企业得到的信息租金。在这种情况下，实际的成本参数 c 必须满足企业最优报告参数的一阶条件：

$$\frac{\partial \pi^h}{\partial q^h}\frac{\partial q^h}{\partial e^h}\frac{de^h}{dc} + \frac{\partial \pi^h}{\partial e^h}\frac{de^h}{dc} = 0 \tag{8}$$

运用包络定理可得：

$$\frac{dU^h(c)}{dc} = -q^h(e^h, e^f, c) \tag{9}$$

至此，不完全信息条件下政府环境规制的最优策略转换为最优控制理论，两国政府最优化问题的均衡解即是两个参与者的微分策略。U^h 和 U^f 是状态变量，e^h 和 e^f 是控制方程，（9）式给出了均衡路径，下面运用汉密尔顿方程求解该动态优化问题。本国政府的汉密尔顿方程为：

$$H^h = \left\{U^h(q^h, q^f, e^h, c) - \frac{1}{2}m(e^h(c))^2\right\}f(c) - \lambda_1^h q^h - \lambda_2^h q^f \tag{10}$$

其中，λ_1^h 和 λ_2^h 分别是 U^h 和 U^f 带来的成本变量。该方程的解满足 Euler 方程：

$$\frac{d\lambda_1^h(c)}{dc} = -\frac{\partial H^h}{\partial U^h} = f(c) \quad 和 \quad \frac{d\lambda_2^h(c)}{dc} = -\frac{\partial H^h}{\partial U^f} = 0 \tag{11}$$

效率最低类型企业的参与约束满足 $U^h(\underline{c}) = 0$，而 $U^h(\bar{c})$ 则没有限制，暗含着 $\lambda_1^h(\bar{c}) = \lambda_2^h(\bar{c}) = 0$。$f(c)$ 是均匀分布的密度函数，于是有：

$$\lambda_1^h(c) = \int_{\bar{c}}^{c} f(c)dc = \frac{c - \bar{c}}{\bar{c} - \underline{c}}, \lambda_2^h(c) = 0 \tag{12}$$

当双边政府都采取策略性行为时，需要考虑国内环境标准对外国产量的影响，则本国环境标准的均衡解满足下列表达式：

$$\left[q^h - e^{hS} - q^h \frac{\partial q^f}{\partial e^h} - me^{hS} \right] f(c) - \lambda_1^h \frac{\partial q^h}{\partial e^h} - \lambda_2^h \frac{\partial q^f}{\partial e^h} = 0 \tag{13}$$

通过运用包络定理，并将式（3），（11）和（12）代入式（13）整理可得：

$$\left[\frac{9}{8} q^h - e^{hS} - me^{hS} \right] \frac{1}{\bar{c} - \underline{c}} - \frac{3}{8} \frac{c - \bar{c}}{\bar{c} - \underline{c}} = 0 \tag{14}$$

将产量的表达式代入，可求出在不完全信息情况下两国政府均采取策略性行为时对称性的均衡环境规制标准：

$$e^s = e^{*S} - \frac{12(c - \bar{c})}{32m + 23} \tag{15}$$

其中，$\frac{12(c - \bar{c})}{32m + 23} > 0$，$e^{*S}$ 由（6）式给出，表示完全信息条件下的最优环境规制策略[①]。式（15）表明 $e^s < e^{*S}$，即不完全信息导致政府采取相对更严格的环境规制标准。

4.4.2.3　环境规制对企业利润的影响

厂商的利润函数由销售收入和减排成本共同决定，根据厂商均衡量的表达式有，国内排放标准 e 的降低，将减少国内厂商的产量，同时第三国市场上的均衡价格将上升，销售收入的变化具有不确定性；另一方面，更严格的环境规制政策将会给企业带来更高的减排成本。严格的环境规制会减少还

---

① 此处省略了国家标识。

是增加厂商的利润，有待于分别将不完全信息与完全信息情况下的均衡解 e^s, e^{*s} 回代入厂商的利润函数进行比较检验。

假定完全信息条件下厂商的利润为 π^1，不完全信息下为 π^2。分别将两种情况下的均衡排放标准 $e^{*S} = \dfrac{9(A-c)}{32m+23}$ 和 $e^S = e^{*S} - \dfrac{12(c-\underline{c})}{32m+23}$ 以及均衡产量的表达式（3）代入利润函数 $\pi^h(q^h, q^f, e^h, c) = [A - q^h - q^f - c]q^h - \dfrac{1}{2}(q^h - e^h)^2$，整理得到：

$$\pi = \frac{3}{32}(A - c + e)^2 - \frac{1}{2}e^2 \tag{16}$$

$$\pi^2 - \pi^1 = \frac{351}{4}\frac{(A-c)(c-\underline{c})}{(32m+23)^2} - \frac{9}{4}\frac{(A-c)(c-\underline{c})}{32m+23} - \frac{234}{4}\frac{(c-\underline{c})^2}{(32m+23)^2}$$

$$= \frac{(c-\underline{c})}{4(32m+23)^2}[(144-228m)(A-c) - 234(c-\underline{c})] \tag{17}$$

根据前面相关变量的设定，$(c-\underline{c})$，$(A-c)$ 均为非负，于是有第一项 $\dfrac{(c-\underline{c})}{4(32m+23)^2}$ 非负，式（17）的符号由第二项 $[(144-228m)(A-c) - 234(c-\underline{c})]$ 决定。为了表述的简化，我们令式（17）第二项整体表达式为 k，分情况讨论如下：当 $0 \leqslant m < \dfrac{12}{19}$ 时，不同环境规制策略下企业的利润大小取决于 $A-c$ 与 $c-\underline{c}$ 的相对大小；当满足 $\dfrac{A-c}{c-\underline{c}} > \dfrac{234}{144-228m}$ 时，严格的环境规制会增加企业利润，提高企业的竞争力。当 $m \geqslant \dfrac{12}{19}$ 时，k 的符号为负，于是有 $\pi^2 - \pi^1 \leqslant 0$，即表明严格的环境规制会减少国内企业的利润，降低其竞争力。由于污染排放量是 m 的增函数，较小的 m 值对应的是较低的污染排放量，而较高的 m 值对应的是较高的污染排放量。因此，理论模型的结论可以表述如下：

定理：当存在不完全信息，且满足激励相容约束的情况下，开放型经济的最优环境策略是实行严格的环境规制；当产业的污染程度比较低时，严格的环境规制能够提升产业的利润水平，而当产业的污染程度比较高时，严格的环境规制会降低产业的利润水平。

4.4.3 环境规制影响中国工业行业利润的实证分析

4.4.3.1 实证模型

为了全面实证分析环境规制对产业利润的影响，我们还考虑了影响产业利润的其他一些因素，并构建如下的计量模型：

$$LR_{it} = \gamma_i + \tau_t + \beta_1 GZ_{it} + \beta_2 ZB_{it} + \beta_3 RL_{it} + \beta_4 GY_{it} + \beta_5 P_{it} + \beta_6 GM_{it} + \beta_7 RD_{it} + \beta_8 MY_{it} + \varepsilon_{it}$$

(18)

其中，i 表示行业，t 表示年度；LR 指利润水平；GZ 指环境规制；ZB 指物质资本强度；RL 指人力资本；GY 指国有企业比重；P 指价格水平；GM 指企业规模；RD 指研发强度；MY 指贸易开放度；γ_i、τ_t、ε_{it} 分别表示不可观测的反映行业之间差异的行业效应、随年度而变化的年度效应、其他干扰项。

（1）利润水平（LR）。为了全面分析环境规制对产业利润的影响及保证结论的可靠性，本文首先采用总利润（ZLR）作为因变量，接着分别采用资本利润率（ZBLR）（总利润/资本存量，即单位资本所产生的利润）和人均利润率（RJLR）（总利润/职工人数，即单个职工所产生的利润）作为因变量，以做比较分析。

（2）环境规制（GZ）。环境规制对产业利润的影响有两个方面：一方面，严格的环境规制要求产业更多地投资于污染治理等，这会增加产业的生产成本从而降低其利润水平，即"污染产业天堂假说"所认为的这种情况；另一方面，由环境规制导致的生产要素价格和成本的增加可以激发产业的技术创新，并能够弥补这额外增加的成本，即所谓的"波特假说"效应。因此，环境规制对产业利润的最终影响还不能确定。

环境规制的衡量有多种方法，一种方法采用单位产出的"污染治理和控制支出"（pollution abatement and control expenditure，PACE）；由于欧美国家各个产业都有详细的该类数据，因此以欧美国家为样本的文献基本上采用该方法（Cole et al.，2005）。另一种方法采用单位产出的污染排放量来表示。这种方法的好处是能够具体衡量经济个体遵守环境规制的程度，国内学者一般采用该种方法（赵细康，2003；傅京燕，2006）。此外，由于一国的收入水平与环境规制程度具有很强的相关性，也有一些文献采用人均收入水平作为环境规制的替代变量（陆旸，2009）。不同于地区或国家的环境规制，工业行业的环境规制一方面依赖于所处国家或地区环境规制的强度，但更依赖于产业实施环境规制的意愿程度和其技术水平等实际情况；处在环境规制强度相同的地区或国家，不同行业实施的环境规制强度会存在差异。因此，对行业环境规制的衡量更多地以各行业对环境保护的过程及结果等情况而定。借鉴已有文献，我们以各行业的实际污染强度来构建其环境规制综合指数（GZ）；所采用的原始指标包括各行业废水、废气和废物等三种代表性污染物的排放量指标：单位产出的二氧化硫排放量（行业二氧化硫排放量/行业不变价增加值）、废水排放达标率（行业废水达标排放量/行业废水排放量）、单位产出的固体废物排放量（行业固体废物排放量/行业不变价增加值）等。由于三种代表性污染物的排放指标存在度量单位等的差异，我们有必要对这些指标进行处理以消除其不可公度性。首先，我们对三个变量分别进行标准化处理，以消除量纲的差异。单位产出的二氧化硫排放量和单位产出的废物排放量采用的标准化公式为：$BZ = (X_{max} - X_j) / (X_{max} - X_{min})$，废水排放达标率采用的标准化公式为：$BZ = (X_j - X_{min}) / (X_{max} - X_{min})$，其中，$X_j$ 为指标原始值，X_{max} 为所有行业最大的指标原始值，X_{min} 为所有行业最小的指标原始值。我们分别得到单位产出的二氧化硫排放量标准值（SO_2BZ）和单位产出的废物排放量标准值（FWBZ）和废水排放达标率标准值（FSBZ）。其次，由于上述排放量标准值是一个无量纲的变量，因此对它们加总平均是有意义的；环境规制综合指数（GZ）＝（FWBZ ＋ SO_2BZ ＋ FSBZ）/3。该值越大，表示该行业越严格遵守环境规制，环境规制水平越高。

（3）物质资本强度（ZB）。我们采用人均物质资本存量表示物质资本禀赋。一个行业人均物质资本存量相对越大就称为资本密集型，反之，则为劳动密集型。一般来说，资本密集型产业拥有更多的机器设备和更先进的技术水平等。但是资本密集型产业的盈利能力一定高吗？林毅夫等（2006）提出了适宜技术的问题，认为一个国家最适宜（优）的技术结构内生决定于这个国家的要素禀赋结构。如果一个发展中国家选择与其要素禀赋结构相一致的技术结构，那么这个发展中国家和发达国家之间在全要素生产率以及每个劳动力的人均产出上的差异就会变得最小。因此，由于发展中国家的最丰富资源禀赋是劳动而不是资本，资本密集型产业可能并没有采用发展中国家的最适宜技术，并不能为发展中国家带来更高的利润水平。我们以不变价资本存量与职工人数的比值表示物质资本强度。

（4）人力资本（RL）。人力资本是指劳动者的知识水平、个人能力和基本技能等。一般认为人力资本是经济增长的动力之一；一个企业的人力资本水平越高，意味着该企业的效率越高，其竞争力越强。因此，人力资本和产业利润可能呈正相关关系。但是人力资本的估算却比较困难（朱平芳等（2007））。对人力资本的估算可以从两个角度来进行：一个是基于人力资本积累的考虑，认为人力资本与物质资本一样，也是由积累形成的；另一角度是基于人力资本贡献的考虑，即高人力资本意味着高工资收入，不同的工资收入水平意味着不同的人力资本，工资的相对差异反映了人力资本的相对差异。我们采用 Cole et al.（2005）的做法，用行业的职工工资水平与各行业的平均工资之比来表示人力资本。

（5）价格水平（P）。产品价格直接影响到其利润水平。我们以不变价工业品出厂价格指数的对数表示各行业的价格水平。

（6）国有企业比重（GY）。不同所有制企业的效率和利润水平可能不同；一般认为非国有企业的管理机制更灵活，其适应市场变化的能力更强，其盈利能力应该更强。因此，行业中的国有企业比重越大，其利润水平可能越低。刘小玄（2000）发现中国工业行业的所有制结构对其效率有明显的影响：私营个体企业的效率最高，三资企业、股份和集体企业次之，国有企业效率最低；姚洋等（2001）、张军等（2009）也发现非国有企业比国有企业的技术效率更高。我们以国有及国有控股工业总产值占国有及规模以上非国有工业总产值之比表示国有企业比重。

（7）企业规模（GM）。新贸易理论认为，规模经济是经济增长的重要动力。企业的规模越大，其越可能获得规模经济的好处，以至于获得更少的单位产出的生产成本，从而增强其盈利能力。姚洋等（2001）发现大企业比中小企业的效率更高；不同区域对企业的技术效率有显著的影响。我们以行业的不变增加值与行业的企业个数之比表示企业规模。

（8）研发强度（RD）。内生增长理论认为 R&D 投资是生产率增长最重要的源泉：R&D 投资能够创造和积累技术知识；能够促进其技术创新和技术水平的提高，从而提升企业盈利水平。我们以各行业每年的 R&D 支出占当年的增加值之比表示研发强度。各行业每年的 R&D 支出包括技术开发经费内部支出和其他技术活动经费支出（技术开发经费、技术改造经费、技术引进经费、消化吸收经费和购买国内技术经费等）。

（9）贸易开放度（MY）。自从中国成为贸易大国之后，国际贸易是否给中国产业带来了更高的利润水平得到了国内学者的关注。刘志彪等（2007）认为，中国大多数的本土企业从事加工贸易或者代工贴牌，处在全球产品或产业价值链的低端环节，面临掌控品牌和营销渠道的跨国公司和掌握核心创新技术的关键零部件供应企业的双重压榨，因此，中国的出口企业特别是本土企业有着更低的企业利润。张杰等（2011）对中国制造业企业利润率的实证结果显示：有出口的企业其利润率相对越低，出口并没有提高企业利润率，相反，出口还抑制了企业利润率提升。因此，贸易开放度可能是影响产业利润水平的一个因素。我们以产业的出口和进口之和与其增加值之比表示贸易开放度。

为了保证检验结论的稳健性，我们除了对计量模型采用不同的方法回归并进行比较，还考虑了计量模型的内生性问题。即计量模型中的一些自变量与因变量可能由于存在相互的因果关系而导致内生性问题，从而使得回归结果不可靠。例如：环境规制等变量不仅仅影响产业利润水平等变量，反过来，产业利润水平等变量也可能会反过来影响环境规制等变量。Ederington and Minier（2005）等就发现存在环境规制的内生性问题。我们采用传统的做法以内生变量的滞后项等作为工具变量（连玉君等，2008）[1]，并分别以Cragg - Donald Wald F 统计值来检验工具变量是否为弱工具变量、Anderson canon LM 统计值来检验工具变量识别不足问题、Sargan Chi - sq 统计值来检验工具变量的过度识别问题。

4.4.3.2　数据来源及其处理

我们采取陈勇，李小平（2006）的方法对中国工业行业的职工人数、资本存量、工业增加值、工业总产值等数据进行处理[2]，这些数据以及工业行业企业个数等来源于《中国统计年鉴》《中国工业经济统计年鉴》等各

---

[1]　工具变量的选取根据各检验值的大小来确定。

[2]　具体计算见陈勇，李小平（2006）。本文增加了后续几年的数据。各行业 2004 年的增加值是根据该年的总产值以及 2003 年、2005 年的增加值占总产值的比重推算而来的；2004 年各行业的企业个数是 2003、2005 年的平均数；2008 年的增加值根据 2007 年度增加值与总产值比例及 2008 年度的生产总值推算而来；1998 年国有企业比重的数据取 1997 年和 1999 年的数据平均得到。

年。各行业的进出口数据来源于各年的联合国国际贸易统计年鉴（international trade statistics yearbook）。国内各行业 R&D 支出数据来自《中国科技统计年鉴》各年。各行业的二氧化硫排放量、固体废物排放量、废水排放达标量和废水排放量等原始数据来源于《中国环境统计年鉴》各年[①]。各行业的职工工资来源于《中国劳动统计年鉴》各年。总利润数据来源于《中国统计年鉴》各年。本文按照每年的固定资产投资价格指数将总利润折算成不变价（基期为 1990 年）。《中国统计年鉴》上对中国工业行业的分类标准（CICC）和联合国对国际贸易的分类标准（SITC，第三版）不统一，我们要对这两类标准进行统一分类。我们参照盛斌（2002）、李小平和朱钟棣（2006）的分类，并选取 1998～2008 年的 30 个工业行业作为样本[②]。

表 1　各行业的利润变量均值

行业	ZLR 均值	ZBLR 均值	RJLR 均值	行业	ZLR 均值	ZBLR 均值	RJLR 均值
H1	200.624	0.065	4329.748	H16	−25.479	−0.009	−2246.098
H2	865.775	0.297	103544.866	H17	319.713	0.079	8853.268
H3	58.205	0.236	12177.860	H18	135.512	0.166	10925.164
H4	67.873	0.211	14108.426	H19	26.111	0.035	6218.438
H5	21.093	0.072	4363.418	H20	32.728	0.076	4170.763
H6	223.103	0.101	6096.084	H21	82.866	0.099	4692.395
H7	94.867	0.105	9626.266	H22	185.136	0.061	4193.994
H8	149.183	0.360	71974.363	H23	343.111	0.073	11991.336

[①]　为了数据的连续性，我们假定 1998、1999、2000 年，煤炭采选业、石油开采业、黑金采选业、有金采选业、非金属矿采选业等五个行业的单位产出的固体废物排放、废水排放达标率相同；这五个行业 1998、1999、2000 年度的 SO_2 排放量之比与 2001 年各行业 SO_2 排放量之比相同。饮料制造业和烟草加工业等两个行业的环境规制指标相同，机械制造业、交通设备制造业、电气机械制造业、电子制造业、仪器机械等行业的环境规制指标相同；由于缺失数据，我们假定木材加工业、家具制造业 1998、1999、2000 年的环境规制数据和 2001 年相同。

[②]　我们将电力蒸气热水生产供应业、煤气生产和供应业、自来水生产和供应业三个政府垄断性行业去掉；由于木材及竹材采运业缺少相关年度数据，我们也去掉了该行业；为了行业标准和贸易数据的统一，我们将食品制造业和食品加工业合并为食品制造和加工业、纺织业和服装及其他纤维制品业合并为纺织、服装业；普通机械制造业和专用设备制造业合并为机械制造业。

行业	ZLR 均值	ZBLR 均值	RJLR 均值	行业	ZLR 均值	ZBLR 均值	RJLR 均值
H9	230.854	0.070	2493.420	H24	159.893	0.104	11270.599
H10	51.102	0.163	2492.116	H25	112.198	0.124	4824.157
H11	33.551	0.091	3676.658	H26	350.066	0.105	5627.187
H12	21.816	0.121	3542.035	H27	333.742	0.136	9037.339
H13	73.272	0.063	5583.702	H28	255.056	0.173	7061.631
H14	39.082	0.094	5910.261	H29	347.742	0.184	10018.374
H15	19.111	0.122	2048.018	H30	53.233	0.161	6028.265

注：H1：煤炭采选业；H2：石油开采业；H3：黑金采选业；H4：有金采选业；H5：非金属矿采选业；H6：食品加工业；H7：饮料制造业；H8：烟草加工业；H9：纺织、服装业；H10：皮革制品业；H11：木材加工业；H12：家具制造业；H13：造纸业；H14：印刷业；H15：文体制造业；H16：石油加工业；H17：化学原料制造业；H18：医药制造业；H19：化学纤维制造业；H20：橡胶制品业；H21：塑料制品业；H22：非金制品业；H23：黑色金属冶炼业；H24：有金冶炼业；H25：金属制品业；H26：机械制造业；H27：交通设备制造业；H28：电气机械制造业；H29：电子制造业；H30：仪器机制制造业。

从表 2 中可以看出，各行业的利润水平变量都逐年增加。总利润的均值由 1998 年的 18.864 亿元增加到 2008 年的 392.996 亿元。资本利润率均值从 1998 年的 0.033 增加到 2008 年的 0.233。人均利润率从 1998 年 1953.841 元/人增加到 2008 年的 21089.694 元/人。环境规制（GZ）变量除了在 1999、2005、2006 和 2008 年有一定的波动外，其在整个研究期间呈上升趋势，从 1998 年的 0.793 上升到 2008 年的 0.824，即从平均水平来说，整个工业行业具有越来越严格的环境规制水平。国有企业比重变量由 1998 年的 0.399 上升到 1999 年的 0.436，此后该比重逐年减少，2008 年为 0.231，这反映了工业行业国退民进的趋势。物质资本强度基本上呈上升趋势，由 1998 年的 5.796 万元/人，到 2008 年的 9.111 万元/人，期间略有一些波动。这说明从平均水平来看，资本存量增长的速度要大于劳动力增加的数据，各行业有资本深化的趋势。企业规模变量增长比较快，从 1998 年的 0.224 亿元/个上升到 2008 年的 0.587 亿元/个。研发强度变量基本上呈下降趋势，由 1998 年的 3.881% 减少到 2008 年的 2.453%，这反映了平均来看，各行业研发投资增长的速度要小于增加值增长的速度。价格水平变量经历了先下降再上升的变动，反映了工业品出厂价格指数的波动情况。贸易开放度在 1998～2004 年期间基本上呈上升趋势，除了在 2001 和 2003 年略微波动了一下，在 2004 年达到研究期间的最大值 2.107；此后贸易开放度呈下降趋势，到 2008 年下降为 1.474；这反映了中国经济增长由外需拉动逐步向内需拉动的转型趋势。按照各行业环境规制的均值与所有行业环境规制均值的大小比较，我们将各行业分为 18 个相对干净类行业和 12 个相对污染类行业，前者的环境规制均值高于所有行业的平均值；后者的环境规制均值低于所有行业的均值①。从表 3 中干净类行业和污染类行业的变量均值变化来看，干净类行业的总利润、资本利润率均值要高于相对污染类行业的，但是后者的人均利润率要高于前者。相对干净类行业具有较高的环境规制指标、人力资本和贸易开放度指标；而相对污染类行业具有较大的企业规模、较高的国有企业比重、物质资本强度、研发强度和价格指数指标等。

表 2 各变量的均值

年度	ZLR	ZBLR	RJLR	GZ	GY	RL	ZB	GM	RD	P	MY
1998	18.864	0.033	1953.841	0.793	0.399	1	5.796	0.224	3.881	5.199	1.653
1999	33.292	0.045	3059.623	0.752	0.436	1	6.493	0.250	3.262	5.174	1.706
2000	65.626	0.068	7097.609	0.774	0.414	1	7.675	0.263	3.825	5.197	1.879
2001	69.541	0.073	6979.444	0.792	0.393	1	8.111	0.261	3.228	5.183	1.870
2002	85.968	0.084	8187.548	0.809	0.364	1	8.550	0.306	3.263	5.160	1.962
2003	123.713	0.111	10400.436	0.842	0.331	1	8.314	0.326	2.774	5.180	1.938
2004	163.239	0.138	13647.276	0.843	0.268	1	8.398	0.350	2.781	5.238	2.107
2005	205.831	0.163	15686.492	0.824	0.275	1	8.268	0.398	2.318	5.290	1.945
2006	264.152	0.188	18548.742	0.805	0.260	1	8.724	0.457	3.061	5.329	1.772
2007	359.195	0.234	23381.781	0.841	0.245	1	9.112	0.581	2.539	5.361	1.690
2008	392.996	0.233	21089.694	0.824	0.231	1	9.111	0.587	2.453	5.418	1.474
平均	162.038	0.1246	11821.14	0.809	0.329	1.000	8.050	0.364	3.035	5.248	1.818
最大	1830.465	0.7767	175958.5	1.00	0.998	2.485	43.145	11.239	21.948	7.337	13.41
最小	-399.069	-0.1877	-46392.69	0.305	0.005	0.582	1.331	0.030	0.113	4.705	0.008
标准误	252.957	0.1185	25531.61	0.156	0.271	0.331	6.935	1.119	2.524	0.493	2.266
样本	330	330	330	330	330	330	330	330	330	330	330
单位	亿元	—	元/人	—	—	—	万元/人	亿元/个	%	—	—

① 18 个相对干净类行业分别为：H29：电子制造业；H30：仪器机械制造业；H12：家具制造业；H20：橡胶制品业；H27：交通设备制造业；H28：电气机械制造业；H26：机械制造业；H25：金属制品业；H14：印刷业；H9：纺织、服装业；H21：塑料制品业；H18：医药制造业；H15：文体制造业；H19：化学纤维制造业；H23：黑金属冶炼业；H17：化学原料制造业；H2：石油开采业；H10：皮革制品业。12 个相对污染类行业：H8：烟草加工业；H11：木材加工业；H7：饮料制造业；H5：非金属矿采选业；H6：食品加工业；H13：造纸业；H22：非金制品业；H24：有色金属冶炼业；H16：石油加工业；H1：煤炭采选业；H3：黑金采选业；H4：有金采选业。

表3　干净类和污染类行业的变量均值比较

变量	干净类行业			污染类行业		
	均值（标准误）	最小值	最大值	均值（标准误）	最小值	最大值
ZLR	201.101（294.393）	0.857	1830.465	103.443（156.856）	-399.070	934.262
ZBLR	0.126（0.090）	0.001	0.523	0.122（0.152）	-0.187	0.777
RJLR	11637.62（26461.46）	60.536	175958.5	12096.25（24166.28）	-46392.69	143471
GZ	0.901（0.083）	0.481	1.000	0.671（0.139）	0.305	0.963
GY	0.271（0.247）	0.005	0.998	0.415（0.284）	0.029	0.995
RL	1.007（0.259）	0.676	1.793	0.989（0416）	0.582	2.485
ZB	7.534（7.622）	1.331	43.145	8.823（5.694）	3.639	25.737
GM	0.301（0.674）	0.031	3.961	0.457（1.564）	0.030	11.239
RD	2.101（1.656）	0.113	8.239	4.436（2.928）	0.314	21.948
P	5.108（0.436）	4.705	7.337	5.458（0.501）	4.900	7.337
MY	2.380（2.668）	0.201	13.410	0.974（1.001）	0.008	5.297

注：18个相对干净类行业和12个污染类行业。

4.4.3.3　回归结果分析

为了检验结论的稳健性，我们分别以总利润（ZLR）、资本利润率（ZBLR）和人均利润率（RJLR）为被解释变量，采用模型（18）做计量回归，表（4）分别列出了固定效应和随机效应以及采用工具变量的固定效应模型结果[①]。VIF项列出了各自变量VIF的检验值范围，我们发现各模型中自变量VIF值最低的为1.41，最高的为5.45，都小于10，不存在共线性问题。从模型（3）、（6）、（9）中的Cragg - Donald Wald F统计值、Anderson canon LM统计值和Sargan统计值来看，各模型对应的工具变量选取是合适的。从以总利润（ZLR）为被解释变量的回归结果模型（1）、（2）、（3）的结果来看，环境规制变量与总利润正相关。在我们的回归模型中，由于环境规制变量是由工业行业实际污染排放的结果决定的，工业行业的污染程度比较低，就意味着严格的环境规制；当

---

①　我们也进行了混合面板数据回归（pooled），但是发现其结果和列出来的其他方法回归结果差异比较大，根据各FE模型中F检验值，采用混合面板数据回归结果存在偏误，因此，我们没有列出这些结论。同样的，各变量之间的相关系数也没有列出。

环境规制的回归系数为正时，意味着环境规制能够提升污染程度低的干净类产业的利润水平，这部分论证了我们理论模型的结论。从模型（1）、（2）和（3）中我们还发现，国有企业比重变量与总利润显著负相关，这表明行业中国有企业比重越大，该行业的盈利能力越弱。这和刘小玄（2000）、姚洋等（2001）、张军等（2009）的结论一致：非国有企业比国有企业具有更高的效率。人力资本变量和总利润正相关。高人力资本水平能够提升产业的管理效率、生产效率和创新能力，从而提升产业的利润水平。同时，高利润水平的产业为了防止高素质人力资源的流失，也采用较高的"效率工资"水平（张杰等，2011）。因此，人力资本水平越高的企业其利润越高。

在不考虑内生性的模型（1）和模型（2）中，资本强度变量的系数为正，但是在考虑内生性的模型（3）中，资本强度变量的系数显著为负，结果表明资本强度变量和资本利润变量负相关。因此，在考虑内生性的情况下，回归结果表明劳动密集型产业的利润水平相对较高，资本密集型产业的利润水平却相对较低。这符合林毅夫等（2006）的研究结论：作为一个劳动力丰富的发展中大国，中国劳动力要素价格相对比较便宜，中国采用劳动密集型生产方式符合劳动力禀赋的比较优势，因此能更有效地发挥企业自身盈利能力，相反，采用资本密集型生产方式企业由于并不符合劳动力禀赋的这个比较优势，因此，越是劳动密集型的产业，其盈利能力越高。在模型（1）到（3）中，工业品出厂价格指数与总利润变量显著正相关，这表明高的产品价格能够增加其利润水平。尤其是在非完全竞争市场状况下，产业掌握一定的定价权利，其产品价格在一定范围内的提升，能够获得更多的利润。在不考虑内生性的模型（1）和模型（2）中，企业规模变量和总利润显著负相关；在考虑内生性的模型（3）中，企业规模变量和总利润正相关，但是在统计上不显著。在模型（1）、（2）中，研发强度（RD）变量的系数为负，但是统计上不显著；模型（3）中研发强度（RD）变量的系数尽管为正，但是统计上不显著，表明产业研发对其总利润的提升作用并不显著。贸易开放度变量的回归系数在模型（1）、（2）、（3）中都为负，尽管在模型（1）、（3）中其回归系数在统计上不显著，但这至少表明开放度越高的产业其获得的利润水平并不一定越高。这个结论和刘志彪等（2007）、张杰等（2011）等的结果相似。尽管如此，但是我们不能因为产业贸易开放度的提升没有为产业带来更高的利润水平就否认国际贸易对中国的贡献。正如裴长洪等（2011）认为，我国在未来一个时期内，几亿件衬衫换一架飞机这种事不仅要继续做下去，而且意义仍然重大。因为中国大量的出口能够让更多农民从农业部门转向二、三产业，获得更高的要素报酬，这是比提高厂商利润更重要的目标，也是外贸部门增进国民福利的更重要目标。模型（4）到模型（9）分别是以资本利润率（ZBLR）和人均利润率（RJLR）为被解释变量的回归结果。当我们考虑内生性的情况下，模型（3）、（6）和（9）中各变量的回归结果系数的符合都基本相似①，这表示上述结论具有较强的可靠性。

接着，我们将30个工业行业按照环境规制的大小分为18个相对干净类行业和12个相对污染类行业，分别对这两类行业的环境规制等变量对利润水平的影响进行了分析。图1和图2分别是18个干净类行业和12个污染类行业的利润水平和环境规制的散点图。我们从这些散点图上可以发现，无论是干净类行业还是污染类行业，工业行业的各利润水平变量和环境规制变量都呈正相关关系，即具有较高环境规制水平的行业也具有相对较高的利润水平。我们分别对不同类别行业的环境规制等变量对利润水平的影响进行了回归分析，其结果见表（5）。从表（5）中的模型（1）～（6）的结果中我们可以看出，不论是污染类行业还是干净类行业，环境规制变量的系数都显著为正。从模型（7）～（10）的回归结果中，我们可以看到其他各变量的回归结果在污染类和干净类行业中没有显著差异，并且其结果也和表（5）中的结果基本相似。因此，总的来看，我们没有发现环境规制对干净类和污染类产业利润水平的影响有显著差异。根据Altman（2001）的研究结论，如果企业存在X低效率现象，并且防治污染的成本在总成本中的比例很小，那么严格环境规制所导致的技术效率提升可以带来较大的收益，其可以抵消环境规制所带来的额外成本增加。在近几年期间，中国工业企业的污染治理投资有所增长，但是其占总成本（以工业企业主营业务成本衡量）的比例还是很小；以2005～2008年的数据为例，2005年的全国工业污染治理投资总额为458.1909亿元，其占工业行业主营业务成本的比例为0.218%；

---

① 只有模型（3）和模型（9）中RD变量回归系数的符合相反，但是两种在统计上都不显著；模型（9）中的MY变量回归系数的符号与模型（3）、（6）中的符号相反，也在统计上不显著。

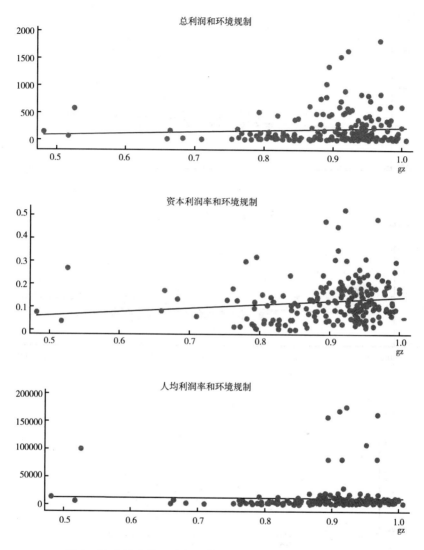

图1　18 个干净类工业行业的利润水平与环境规制的散点

2008 年全国工业污染治理投资总额为上升为 542.6404 亿元，其占工业行业主营业务成本的比例却下降为 0.128%[①]。因此，尽管总体上来说中国正在实施越来越严格的环境规制，工业行业单位产出的各种污染排放量也在逐步下降，但是污染治理等成本在工业行业中总成本的比例还是很

[①]　原始数据来源于《中国统计年鉴》各年。

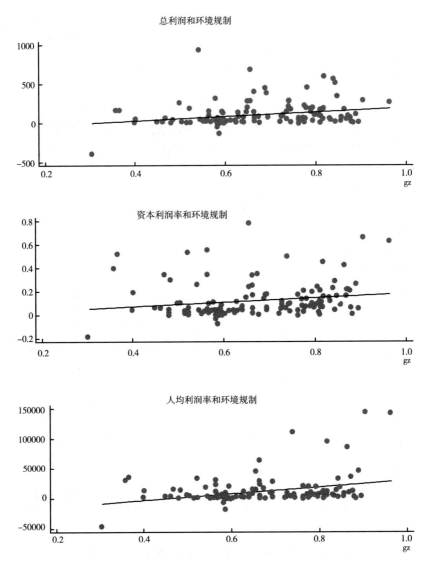

图2　12个污染类工业行业的利润水平与环境规制的散点

少。而且在现实中，严格环境规制所额外增加的成本可以通过一定的途径所抵消；比如通过提高价格等手段向国内消费者转移成本；尤其是对于具有一定垄断性质的产业，由于其价格需求弹性比较低，其提高产品价格能够增加其利润。企业也可以通过环境规制对管理和技术创新的促进作用来抵消环境规制成本，即获得"波特效应"来提高生产效率、降低成本

表4 30个行业的回归结果

解释变量	(1) ZLR	(2) ZLR	(3) ZLR	(4) ZBLR	(5) ZBLR	(6) ZBLR	(7) RJLR	(8) RJLR	(9) RJLR
GZ	3316.59**** (2.75)	342.46**** (3.20)	216.31 (1.11)	0.16**** (3.18)	0.09*** (2.06)	0.06* (1.46)	46152.84**** (6.14)	46131.68**** (6.32)	27687.79*** (2.40)
GY	-820.15**** (-7.02)	-706.32**** (-7.43)	-995.46**** (-5.01)	-0.39**** (-7.86)	-0.38**** (-9.66)	-0.40**** (-6.21)	12586.09* (1.65)	-8896.09 (-1.41)	-8272.79 (-0.70)
RL	377.84**** (2.93)	396.95**** (3.82)	364.29*** (2.43)	0.19**** (3.42)	0.24**** (6.25)	0.24**** (4.09)	10751.09 (1.30)	2837.38 (0.43)	18332.81*** (2.06)
ZB	8.42* (1.61)	10.07*** (2.37)	-30.07*** (-2.71)	-0.004** (-1.72)	-0.005*** (-2.99)	-0.02**** (-4.89)	2043.37**** (5.98)	1230.91**** (4.48)	-1889.73**** (-2.87)
P	283.92**** (4.33)	261.15**** (4.95)	355.32**** (4.61)	0.24**** (8.47)	0.15**** (7.91)	0.24**** (8.24)	34529.14**** (8.05)	22431.06**** (6.75)	36756.61**** (8.05)
GM	-32.63*** (-2.06)	-29.81*** (-1.97)	4.45 (0.25)	0.04**** (5.18)	0.04**** (6.34)	0.05**** (6.76)	7902.94**** (7.63)	9641.86**** (9.25)	10712.93**** (10.22)
RD	-4.31 (-0.94)	-6.20 (-1.37)	1.94 (0.06)	-0.0007 (-0.34)	-0.004** (-1.85)		3.93 (0.01)	-233.71 (-0.74)	-359.08 (-0.20)
MY	-10.47 (-0.60)	-18.96** (-1.70)	-29.89* (-1.31)	-0.003* (-0.38)	-0.005 (-1.38)	-0.04**** (-4.33)	2555.15*** (2.25)	893.72 (1.40)	804.72 (0.60)
F或Wald chi2	11.87 (0.000)	215.74 (0.000)	18.47 (0.000)	8.99 (0.000)	320.21 (0.000)	54.83 (0.000)	11.48 (0.000)	488.74 (0.000)	35.93 (0.000)

续表

解释变量	(1) ZLR	(2) ZLR	(3) ZLR	(4) ZBLR	(5) ZBLR	(6) ZBLR	(7) RJLR	(8) RJLR	(9) RJLR
Within 或 Centered R^2	0.4265	0.4232	0.3879	0.5622	0.5286	0.6213	0.6030	0.5608	0.5530
hausman	15.38 (0.0521)			152.76 (0.00)			−94.54 (−)		
VIF 范围	1.41−5.45	1.41−5.45	1.41−5.45	1.41−5.45	1.41−5.45	1.41−5.45	1.41−5.45	1.41−5.45	1.41−5.45
Cragg-Donald Wald F 值			3.026 (19.93)			13.739 (24.58)			3.026 (19.93)
Anderson canon LM 值			6.127 (0.0467)			46.286**** (0.00)			6.127 (0.0467)
Sargan			1.044 (0.3068)			4.312 (0.2297)			0.773 (0.3793)
模型	FE	RE	FE−IV	FE	RE	FE−IV	FE	RE	FE−IV
样本	330	330	270	330	330	270	330	330	270

注：模型（3）的内生变量为 RD，工具变量为 RD 的 1、2 阶滞后项；模型（6）的内生变量为 GZ，工具变量为 GZ 的 1、2 阶滞后项和 RD 变量的 1、2 阶滞后项；模型（9）的内生变量为 RD，工具变量为 RD 的 1、2 阶滞后项。Hausman 括号里的值为 Prob > chi2 的值；各变量系数值括号里为 t 值或 z 值；RJLR 变量的 1、2 阶滞后项面是 Prob > F 或 chi2 的值；Cragg - Donald Wald F 统计值括号里的值为弱工具变量检验的 10% 水平临界值；Sargan 括号里的值为 Chi - sq P - val；****、***、**、* 分别为在 1%、5%、10% 和 15% 水平上显著。FE - IV 为采用工具变量的 FE 模型。

表 5 干净类和污染类行业的回归结果比较

行业类别 解释变量	干净类 (1) ZLR	污染类 (2) ZLR	干净类 (3) ZBLR	污染类 (4) ZBLR	干净类 (5) RJLR	污染类 (6) RJLR	污染类 (7) ZLR	干净类 (8) ZBLR	污染类 (9) ZBLR	干净类 (10) RJLR
GZ	1122.992**** (5.10)	415.802**** (3.72)	0.278**** (3.88)	0.372**** (3.63)	97375.25**** (7.12)	57308.91**** (4.19)	261.22 (0.50)	0.15 (0.80)	0.12 (0.37)	29869.5 (1.10)
GY	—	—	—	—	—	—	-567.26*** (-2.05)	-0.41**** (-5.54)	-0.28 (-1.59)	-18480.42* (-1.65)
RL	—	—	—	—	—	—	463.33**** (3.10)	0.17*** (2.55)	0.32**** (3.34)	7724.51 (0.76)
ZB	—	—	—	—	—	—	15.29 (1.01)	-0.03**** (-5.37)	-0.005 (-0.48)	-2602.14**** (-3.15)
P	—	—	—	—	—	—	75.19 (0.66)	0.35**** (4.68)	0.19**** (2.63)	81512.43**** (7.26)
GM	—	—	—	—	—	—	-16.42 (-1.04)	0.12** (1.73)	0.03**** (3.23)	4744.84 (0.46)
RD	—	—	—	—	—	—	-5.48 (-1.20)	0.003 (0.94)	-0.0002 (-0.06)	611.31 (1.27)
MY	—	—	—	—	—	—	-35.79 (-0.55)	-0.02**** (-3.02)	-0.10** (-2.45)	2064.62** (1.79)

续表

行业类别	干净类	污染类	干净类	污染类	干净类	污染类	污染类	干净类	污染类	干净类
	(1)	(2)	(3)	(4)	(5)	(6)	(7)	(8)	(9)	(10)
解释变量	ZLR	ZLR	ZBLR	ZBLR	RJLR	RJLR	ZLR	ZBLR	ZBLR	RJLR
F 或 Wald chi2	13.04 (0.000)	4.28 (0.000)	15.04 (0.0001)	13.15 (0.0003)	50.75 (0.000)	17.56 (0.000)	10.40 (0.000)	20.95 (0.000)	23.25 (0.000)	30.27 (0.000)
Within 或 Centered R^2	0.1271	0.1221	0.0860	0.1128	0.2418	0.1215	0.4877	0.5422	0.6503	0.6313
Hausman	10.65 (0.0011)	2.79 (0.0951)	2.00 (0.1577)	2.00 (0.1574)	-7.67 (-)	0.00 (0.9533)	-	-	-	-
Cragg-Donald Wald F 值	-		-	-	-	-	3.196 (19.93)	11.778 (19.93)	3.196 (19.93)	11.778 (19.93)
Anderson canon LM 值	-		-	-	-	-	6.571*** (0.0374)	21.394**** (0.00)	6.571*** (0.0374)	21.394**** (0.00)
Sargan	-		-	-	-	-	0.251 (0.6165)	0.242 (0.6227)	0.835 (0.3607)	1.075 (0.2999)
模型	FE	FE	RE	RE	RE	RE	FE-IV	FE-IV	FE-IV	FE-IV
样本	198	132	198	132	198	132	108	162	108	162

注：(7)、(8)、(9)、(10) 的内生变量为 GZ，工具变量为 GZ 变量的 1、2 阶滞后项；其他符合的含义又同表（4）。

或创新产品等来补偿①。因此，当通过这些途径所带来的收益大于环境规制所增加的成本时，产业的利润水平依然会提高。根据我们的理论模型，在一定的条件下，环境规制对干净类行业和污染类行业的利润水平的影响会存在差异，但是我们的实证结果没有发现显著差异的存在。这可以有多种原因，一种可能的原因是这些相对污染类产业的污染损害系数还不够大，没有达到理论模型中的"阀门值"，即还称不上所谓的"污染类"产业。但是另一种更为可能的原因是和环境规制没有严格实施有关。正如周黎安（2007）的研究结论表明，我国地方政府正在围绕 GDP 增长而进行着一场"晋升锦标赛"模式；由于高污染行业产能增长往往与地方经济增长存在利益上的一致性，各地区为了地方经济增长可能不会对这些污染类产业实施严格的环境规制；即污染产业的污染成本没有内生化为该产业的成本，使得污染类产业不需要在污染预防等方面消耗较大的成本，从而其利润水平不降低反而提升。

4.4.4 结论

本文在构建环境规制影响产业利润的理论模型基础上，运用中国 30 个工业行业 1998 - 2008 年的数据对环境规制影响工业行业的利润水平进行了实证分析。我们得到了几个主要的结论。第一，我们的理论模型表明，在不完全信息条件下，一国政府会采取严格的环境规制。严格的环境规制能够提升相对干净类产业的利润水平，而会降低相对污染类产业的利润水平。第二，我们的实证结果发现严格的环境规制提升了工业行业的利润水平；对于行业分类的回归结果表明，严格的环境规制对干净类行业和污染类行业利润水平的影响没有显著差异。第三，人力资本、价格和规模效应等因素提升了工业行业的利润水平；非国有企业比重高的产业具有更高的利润水平；劳动密集型产业比资本密集型产业具有更高的利润水平；贸易开放度高的产业其利润水平并不一定高；研发没有显著提升工业行业的利润水平。

我们的研究结论具有较强的政策含义，其为中国实施严格的环境规制政策提供了理论支持。实施严格的环境规制是中国建设环境友好型、资源节约型社会的需要；中国也正在实施越来越严格的环境规制。环境规制的目的就

---

① 张成等（2010）的研究发现环境规制在长期能够激发企业创新，产生创新补偿效应。

是要求环境保护成本内生化，而其前提条件是必须有科学的环境规制以及严格实施环境规制。按照 Porter and Linde（1995）的研究，一个适当的环境规制标准非常重要，其至少具备以下功能：发挥企业潜在的技术改进空间；降低不确定性；刺激企业创新与发展；适当的过渡时期等。因此，一个适当的环境规制对于建设两型社会至关重要。从理论上看，严格的环境规制可以提升那些注重环保、对环境污染损害小的企业利润，而会降低那些不注重环保、对环境污染损害大的企业利润，使得中国产业的比较优势更为集中在干净类行业。从中国现实情况来看，中国工业行业在环境保护等方面实施的成本依然很小，环境规制对干净类产业和污染类产业利润水平的影响没有显著差异，这说明中国政府还需要更严格地实施环境规制；要让所有企业尤其是污染类产业为其污染行为买单，付出应该付出的代价。这需要中国政府及整个社会转变过分注重经济增长而忽视人、社会与自然和谐发展的观念。另外，中国工业行业的利润水平应该从依赖于低工资、低价格等因素逐步向依赖于技术创新等方面转变。只有在依赖于技术创新基础上的生产成本的降低、新产品的开发等才能为企业带来持续的利润水平。我国贸易开放度高的产业并没有具有高的利润水平，尽管我们并不能仅仅从产业利润的角度来评价贸易对我国的贡献，但是产业技术创新能力的提升仍然是我国产业发展的基本方向。随着人口红利式微和刘易斯转折点的到来（蔡昉，2010），通过技术创新以提高资源配置效率、降低污染、降低成本、创新产品等，以促进"波特效应"的出现显得更为紧迫。

参考文献

［1］蔡昉. 2010. 人口转变、人口红利与刘易斯转折点. 经济研究，4：4－13。

［2］陈勇，李小平. 2006. 中国工业行业的面板数据构造与资本深化评估. 数量经济技术经济研究，10：57－68。

［3］陈立敏. 2010. 国际竞争力就等于出口竞争力吗. 世界经济研究，12。

［4］傅京燕. 2006. 环境规制对贸易模式的影响及其政策协调. 广州，暨南大学博士论文。

［5］解垩. 2008. 环境规制与中国工业生产率增长. 产业经济研究，1：19~25。

［6］李强等. 2010. 环境规制与中国大中型企业工业生产率. 中国地质大学学报，7：55~59。

［7］李小平，朱钟棣. 2006. 国际贸易、R&D 溢出和生产率增长. 经济研究，2：31~43。

［8］ 连玉君等. 2008. 现金 – 现金流敏感性能检验融资约束假说吗？统计研究，
10：92～99。

［9］ 刘小玄. 2000. 中国工业企业的所有制结构对效率差异的影响. 经济研究，2：
17～25。

［10］刘志彪，张杰. 2007. 全球代工体系下发展中国家俘获型网络形成、突破与对
策. 中国工业经济，5。

［11］陆旸. 2009. 环境规则影响了污染密集型商品的贸易比较优势吗？经济研
究，4：28～40。

［12］林毅夫，张鹏飞. 2006. 适宜技术、技术选择和发展中国家的经济增长. 经济
学季刊，3。

［13］裴长洪等. 2011. 转变外贸发展方式的经验与理论分析. 中国社会科学，1。

［14］曲玥. 2008. 中国工业产业利润差异及其决定因素. 山西财经大学学报，12。

［15］盛斌. 2002. 中国对外贸易政策的政治经济分析. 上海：上海人民出版社.
2002。

［16］姚洋等. 2001. 中国工业企业技术效率分析. 经济研究，10：13～28。

［17］周黎安. 2007. 中国地方官员的晋升锦标赛模式研究. 经济研究，7：36～50。

［18］赵细康. 2003. 环境保护与产业国际竞争力. 北京：中国社会科学出版社。

［19］朱平芳等. 2007. 中国城市人力资本的估算. 经济研究，9：84～95。

［20］张成等. 2011. 环境规制强度和生产技术进步. 经济研究，2：113～124。

［21］张成等. 2010. 环境规制影响了中国工业的生产率吗. 经济理论与经济管
理，3：11～17。

［22］张杰等. 2011. 中国企业利润来源与差异的决定机制研究. 中国工业经济，1。

［23］张军等. 2009. 结构改革与中国工业增长. 经济研究，7：4～20。

［24］张军. 2001. 中国国有部门的利润率变动模式：1978～1997. 经济研究，3。

［25］张军. 1998. 需求、规模效应与中国国有工业的亏损模式：一个产业组织的
分析. 经济研究，8。

［26］Altman Morris, When Green. 2001. Isn't Mean：Economic Theory and the
Heuristics of the Impact of Environmental Regulations on Competitiveness and
Opportunity Cost. Journal of Ecologic Economics，（36）：31 – 44.

［27］Brander J, Spencer B. 1985. Export subsidies and international market share
rivalry. Journal of International Economics，18：83 – 100.

［28］Cole et al. 2005. Why the grass is not always greener：The competing effects of
environmental regulations and factor intensities on US specialization. Ecological
Economics，54 ：95 – 109.

［29］Derek K Kellenberg. 2009. An empirical investigation of the pollution haven effect
with strategic environment and trade policy. Journal of International Economics，
78：242 – 255.

［30］Dasgupta S, A Mody, S Roy, D Wheeler. 1995. Environmental Regulation and
Development：A Cross-Country Empirical Analysis. World Bank，Policy Research
Department，Working Paper，1448.

[31] Ederington J, A Levinson , J Minier. 2005. Footloose and Pollution-Free. Review of Economics and Statistics, 87 (1): 92 - 99.

[32] Levinson A, S Taylor. 2004. Unmasking the Pollution Haven Effect. NBER Working Paper Series, 10629.

[33] Porter M E, Linde C. 1995. Toward a new conception of the environment competitiveness relationship. Journal of Economic Perspectives9 (4): 97 - 118.

[34] Quiroga. Miguel, Sterner Thomas, Person Martin. 2009. Have Countries with Lax Environmental Regulations a Comparative Advantage in Polluting Industries? Working Papers in Economics 412, Göteborg University, Department of Economics.

[35] Telle , Larsson. 2004 . Do environmental regulations hamper productivity growth? How accounting for improvements for firms environmental performance can change the conclusion. Statistics Norway, Research Department, Discussion Papers , 374.

4.5　中国装备制造业全要素生产率的变动分析[①]

刘　艳[②]

摘　要：本文在回顾有关全要素生产率研究成果的基础上，采用超越对数形式的随机前沿生产函数模型和 1992～2010 年装备制造业的省际面板数据测算了中国装备制造业的全要素身产率增长率。并将其分解为技术进步、技术效率变化、规模效率变化和要素配置效率变化四个组成部分对中国装备制造业全要素生产率变化的特点进行了分析。结果表明：中国装备制造业基本上呈现出集约化的增长模式。对全要素生产率分解发现，技术进步是装备制造业全要素生产率变化的主要来源。配置效率和规模效率阻碍了装备制造业全要素生产率水平的提高。

关键词：装备制造业　全要素生产率　技术进步　技术效率规模效率　配置效率

装备制造业是制造业的核心组成部分和竞争力之所在，是国民经济发

---

①　作者感谢国家自然科学基金：中国战略性新兴产业的空间布局与发展路径（项目号：71273276）、中国社会科学院 A 类重大课题（项目号：YZB2011）。

②　刘艳，（1982～　）女，河南许昌人，中国社会科学院研究生院数量经济与技术经济系博士研究生，数量经济学会会员，电子邮箱：acliuyan@126.com，电话：18710169088。

展的支柱产业，其增长状况直接关系到整个国民经济运行的质量和效益。改革开放以来，我国装备制造业取得了长足的发展，逐步形成了门类齐全，具有一定综合实力的工业体系（李星光，于成学，2009①）。进入 21 世纪后，中国装备制造业摆脱了前 10 年徘徊不前的状态，装备制造业总量迅速增长，对整个工业体系的贡献度逐步增大（肖云志，2011②）。如图 1 所示，总体上看，中国装备制造业的增加值在 GDP 中占有很大比重，大致在 27.4% 到 44.0% 之间。中国装备制造业的增加值占 GDP 的份额从 2002 年的 27.4% 一直持续上升到 2007 年的 44.0%，2008 年和 2009 年连续下降，分别为 41.1% 和 39.5%，而在 2010 年又有所回升，比重为 39.9%。但中国工业的发展往往伴随着量大质弱、高投入、体产出、生产率低下、资源低效使用、环境污染严重，要素市场发展滞后，无法有效配置重要资源等亟待解决的问题。中国本世纪的情形印证了其他国家的发展经验：转型经济体的人均 GDP 达到 1000 美元左右时，社会矛盾会加重，以致尖锐。

为保障中国经济的持续健康发展，推进产业结构升级，实现经济增长方式的转变，中共十六大首次提出走中国特色新型工业化道路和可持续发展的战略；中共十七大正式提出科学发展观的思想和促进国民经济又好又快发展的要求；2006 年国家出台了《关于振兴装备制造业的若干意见》；2008 年末为了应对日趋严峻的全球金融危机，中央又出台了十大产业振兴规划，其中也包括了装备制造业；2010 年 9 月 8 日，国务院常务会议审议并通过了《国务院关于加快培育和发展战略性新兴产业的决定》，大力发展战略性新兴产业已被纳入《国民经济和社会发展第十二个五年规划纲要》，高端装备制造业是七大战略性新兴产业之一。

4.5.1 相关理论和文献回顾

转变经济增长方式就是从依靠投入增长推动的粗放型增长模式转变为依靠全要素生产率提高来推动的集约型增长模式（牛泽东，张倩肖，

---

① 李星光，于成学. 2009. 基于 Malmquist 指数的我国装备制造业全要素生产率测度分析. 科技与管理，5.

② 肖云志. 2011. 装过战略性新兴产业研究，北京：科学出版社。

王文，2012[①]）。测度并研究中国装备制造业全要素生产率（TFP）显得尤为重要。

全要素生产率是一种包括所有生产要素的生产率测量（Timothy J. Coelli 等，2008[②]）。其他传统的生产率测量（单要素生产率测量或部分生产率测量），孤立地考察部分生产率，有可能会对总成产率质变产生误导，而 TFP 增长率能更好地度量要素使用效率的提高和技术进步的程度，能更好地反映生产率的综合水平及变动情况。TFP 研究方法主要有基于经济计量生产模型的"索罗余值法"（SRA）、Malmquist 指数法、数据包络分析法（DEA）和随机前沿分析法（SFA）。SRA 假设经济主体的生产效率处在最佳水平，从而将产出增长中要素投入贡献意外的部分全部归结为技术进步的结果。但是在中国，由于在管理和市场中存在明显的不完善、信息不对称以及源于猪肚等费价格因素的生产效率损失，经济主题并不总处于最佳前沿技术水平上（周晓艳等，2009[③]）。Malmquist 指数法需要计算四个距离函数，该方法常与 DEA 方法一起被用来进行 TFP 变动的分解。张海洋（2005）[④]，陈勇和唐朱昌（2006）[⑤]、徐雷（2011）[⑥] 等学者采用 DEA – Malmquist 指数方法分析了中国工业的增长并将增长分解为技术进步、技术效率变化两部分。同样基于指数方法，李丹和胡小娟（2008）[⑦]，李春顶（2009）[⑧] 等研究了中国制造业的问题，并在分解时考虑了规模效率变化对增长的贡献；严兵（2008）[⑨] 采用 SFA 方法研究了中国制造业 TFP 的变动，并将 TFP 增长分解为技术进步和效率增进两部分。涂正革

① 牛泽东，张倩肖，王文. 2012. 中国装备制造业全要素生产率增长的分解：1998～2009. 上海经济研究，3。

② Timothy J Coelli，D S Prasada Tao，Christopher JO，Donnell George E Battese 著. 王忠玉译. 效率与生产率分析引论（第二版）. 北京：中国人民大学出版社。

③ 周晓艳，韩朝华. 2009. 中国各地区生产率如全要素生产率增占率分解（1990～2006）. 南开经济研究，5：26～48。

④ 张海洋. 2005. R&D 两面性外资活动与中国工业生产率增长. 经济研究，5：107～117。

⑤ 陈勇，唐朱昌. 2006. 中国工业的技术选择与技术进步：1985～2003. 经济研究，9：50～61。

⑥ 徐雷. 2011. 中国装备制造业全要素生产率动态实证分析. 渤海大学学报，1：119～122。

⑦ 李丹，胡小娟. 2008. 中国制造业企业相对效率和全要素生产率增长研究——基于 1998～2007 年行业数据的实证分析. 数量经济与技术经济研究，7：31～41。

⑧ 李春顶. 2009. 中国制造业行业生产率的变动及影响因素——基于 DEA 技术的 1998～2007 年行业面板数据分析. 数量经济与技术经济研究，12：58～68。

⑨ 严兵. 2008. 效率增进、技术进步与全要素生产率增长——制造业内外资企业生产率比较. 数量经济与技术经济研究，11：16～27。

和肖耿 (2005)[①]，王争等 (2006)[②]，张军等 (2009)[③]，牛泽东等 (2012)[④] 在分析中国工业 TFP 变动时采用了 SFA 方法，并采用了 Kumbhakar (2000)[⑤] 的分解公式将 TFP 增长分解为技术进步、技术效率改进、规模效率变化和要素配置改进四个部分。

目前国内与装备制造业全要素生产率的研究有关的文献还比较有限。王永保 (2007)[⑥]、李星光和于成学 (2009)[⑦]、薛万东 (2010)[⑧]、王欣和庞玉兰 (2010)[20]、徐雷 (2011)、牛泽东等 (2012)，是仅有的几篇评估中国装备制造业全要素生产率绩效的文章。王永保运用 1992～2004 年的时间序列数据采用 C－D 函数形式的随机前沿生产函数对我国装备制造业的变动趋势及其影响因素进行了分析。结果表明，在 1992～2004 年间，我国装备制造业的全要素生产率在呈现先降后升、逐年提高的态势；进一步对装备制造业的全要素生产率增长因素分析发现，研究期间内，技术进步是全要素生产率提高的主要来源，技术效率水平 (34%) 还有待进一步提高，我国装备制造业的增长方式属于粗放型。对效率函数的估计结果表明，提高技术进步水平、推进所有制结构改革、提高人力资源素质和提高对外开放水平，有利于提高我国装备制造业的全要素生产率水平。薛万东采用和王永保相同的数据和 SFA 函数形式，进一步研究表明：在我国装备制造业工业增长诸因素的贡献率由高到低依次为：资本投入 (53%)、全要素生产率 (49%)、劳动投入 (－2%)，全要素生产率增长对产出增长的平均贡献率在逐步提高，

① 涂正革，肖耿. 2005. 中国的工业生产力革命——用随机前沿生产模型对中国大中型工业企业全要素生产率增长的分解及分析. 经济研究，3：4～15。

② 王争，郑京海，史晋川. 2009. 中国地区工业生产绩效：结构差异制度冲击及动态表现. 经济研究，7：4～20。

③ 张军，陈诗一. 2009. 结构改革与中国工业增长. 经济研究，7：4～20。

④ 牛泽东，张倩肖，王文. 2012. 中国装备制造业全要素生产率增长的分解：1998～2009. 上海经济研究，3：56～73。

⑤ Kumbhakar S C Denny M，Fuss M. 2000. Estimation and decomposition of productivity change when production is not efficient：A panel data approach. Econometric Reviews，19 (4)：312－320.

⑥ Battese G E Coelli T J. 1992. Frontier production function technical efficiency and panel date = a：with application to paddy farmers in India . Journal of Productivity Analysis，3：153－169.

⑦ Jondrow J，Lovell C A. K，Materov I S.，Schmidt P. 1982. On estimation of technical inefficiency in the stochastic frontier production function model. Journal of Econometrics，19：233－238.

⑧ Battese G E，Coelli T J. 1988. Prediction of firm－level technical efficiencies with a generalized frontier production function and panel data . Journal of Econometrics，38：387－399.

表明中国装备制造业正处于由粗放型向集约型转变的过程中。然而王永保和薛万东的研究采用的 SFA 方法存在一定的缺陷（牛泽东等，2012）：第一，前沿生产函数采用 C－D 形式，常替代弹性、中性技术进步等假设过于苛刻，很可能会引起模型误设；第二，他们采用时序数据估计随机前沿模型，无法反映装备制造业生产率的地区或行业差异，且容易产生序列相关技术效率估计不一致等计量问题；第三，他们对于 TFP 增长的分解仅考虑了技术进步和技术效率变化两方面，而在中国这样的转型经济体中，由于要素市场的不完善，中国工业通过要素重置提高生产率的空间比成熟经济体要大得多，因此，在分析 TFP 变动的来源时有必要将要素配置效应考虑进去。李星光、于成学运用 1995～2006 年的行业面板数据，采用 DEA－Malmquist 指数法对中国装备制造业的 TFP 增长情况进行了测算，并把 TFP 的增长构成分解为技术进步和技术效率变化两个部分，结果显示，样本期间内，我国装备制造业全要素生产率平均增长 5.7% 且在不同时期技术效率和技术进步的贡献存在一定的差异，分行业看，TFP 增长最快的是通信设备、计算机及其他电子设备制造业。徐雷运用 1995～2008 年的分行业面板数据，采用 DEA－Malmquist 指数法对我国装备制造业的 TFP 动态变动进行了实证分析，结果显示我国装备制造业全要素生产率年均提高 6.4%，主要原因是技术变化水平的提高。王欣和庞玉兰运用 1999～2007 年的省际面板数据，采用三阶段 DEA 模型对从时间和空间两个维度测算 TFP。结果发现，在样本期间内，全国平均 TFP 仅为 0.432，进一步根据 Malmquist 指数分析还发现全要素生产率保持了 11.8% 的年均增长速度，且主要来源于技术进步。三阶段 DEA 方法是确定性边界的 DEA 方法的改进，尽管如此，却也不能完全剥离环境因素和随机误差对效率值的影响。中国属于转型经济，受体制转轨和国际市场环境等不完全可控因素的影响大，所以，DEA 方法不适合中国装备制造业的 TFP 测算。牛泽民等运用 1998～2009 年的省际面板数据，采用超越对数形式的随机前沿模型研究中国装备制造业 TFP 的区域及动态变化特征，并根据 Kumbhakar 的方法将 TFP 增长分解为技术进步、技术效率改进、规模效率变化和配置效率变化四个部分。结果表明，在样本期间内，TFP 增长对全国装备制造业产出增长的贡献率仅为 0.117。对 TFP 增长的分解发现，技术进步已经成为中国装备制造业 TFP 增长的主要源泉，资本产出弹性在全要素总产出弹性中的份额相对较小，因而资本投入的迅速增加导致装备制造业的要素配置效率迅速下降。同时，规模报酬呈现明显的递减趋势，利用配置效率和规模效率的改进来提升中国装备制造业的 TFP 水平还有很大余地。

这些研究运用不同的方法分析了中国装备制造业的 TFP，得出了一些有意义的研究结果。然而中国经济在转型过程中持续的结构改革和要素重置与 TFP 的增长变化密切相关，有必要对 TFP 变化的影响因素进行深入的讨论。鉴于以上的分析，本文运用 2003 年~2011 年的中国装备制造业投入产出面板数据采用非中性技术进步的超越对数形式的随机前沿模型研究中国装备制造业 TFP 的变动特征，并从技术进步、技术效率改进、规模效率变化和配置效率变化四个方面探讨中国装备制造业 TFP 的变化模式。本文结构安排如下：第二节介绍随机前沿模型及 TFP 增长的分解；第三节为描述数据和选择变量；第四分析所估计的 TFP 增长和技术进步、技术效率改进、规模效率变化和配置效率变化在不同时期的变化模式；最后为本文的主要结论与政策建议。

4.5.2 模型

4.5.2.1 随机前沿生产函数模型

随机前沿生产函数设定如下：

$$Y_{it} = f(x_{it}, t; \beta) \exp(v_{it} - u_{it}) \tag{1}$$

其中，$i = 1, 2, \cdots, 30$ 代表 30 个省（市、自治区）；$t = 1, 2, \cdots, 9$ 代表 2002 ~ 2010 年，Y_{it} 代表工业增加值；投入要素 x_{it} 包括资本存量和劳动；β 为待估参数向量。$f(x_{it}, t; \beta)$ 为随机前沿生产函数中的确定性前沿产出部分；随机扰动项由两部分组成：v_{it} 是一般意义上的随机干扰项，假定服从白噪声的正态分布，u_{it} 是非负的技术无效率，假定服从非负截尾的正态分布 $N^+(\mu, \sigma_u^2)$。$\exp(-u_{it})$ 刻画了技术效率（TE），表示由生产无效率造成的实际产出与最大可能产出之间的距离。

4.5.2.2 TFP 增长率的分解

在多要素投入单产出的条件下，按照 Kumbhakar（2000）的方法，可以将 TFP 的变化分解为四个部分：技术进步（TC）、技术效率变化（TEC）、规模小绿改进（SEC）和配置效率改进（AEC）。具体做法如下：

首先对 (1) 式两边取对数，对时间 t 取一阶导数，两边同除以 Y，得到

$$\frac{\partial \ln Y_{it}}{\partial t} = \frac{\partial \ln f[x_{it}, t; \beta]}{\partial t} + \sum_{j=1}^{2} \frac{\partial \ln f(x_{it}, t; \beta)}{\partial \ln x_{itj}} \frac{\partial \ln x_{itj}}{\partial t} - \frac{\partial u_{it}}{\partial t} \qquad (2)$$

其中，$j = 1$，2 对应资本与劳动，$\partial \ln f[x_{it}, t; \beta] / \partial \ln x_{itj}$ 为第 j 种要素的产出弹性 ε_{itj}，$\partial \ln Y_{it} / \partial t$ 为产出变化率 $\dot{Y}_{it}$，$\partial \ln x_{itj} / \partial t$ 为第 j 种要素的变化率 $\dot{X}_{itj}$，定义技术改变为 $TC_{it} = \partial \ln f(x_{it}, t; \beta) / \partial t$，表示投入要素保持不变的条件下产出随时间的变化率，技术效率变化为 $TEC_{it} = \partial \ln TE_{it} / \partial t = -\partial u_{it} / \partial t$，表示在特定技术和要素投入规模下，实际产业与最大可能产出之间的距离变化。则 (2) 式改写成如下：

$$\dot{Y}_{it} = TC_{it} + \sum_{j=1}^{2} \varepsilon_{itj} \dot{X}_{itj} + TEC_{it} \qquad (3)$$

按照增长核算法，TFP 增长率被定义为

$$\dot{TFP}_{it} = \dot{Y}_{it} - \sum_{j=1}^{2} s_{itj} \dot{X}_{itj} \qquad (4)$$

其中，$s_{itj} = w_{itj} x_{itj} / \sum\limits_{j=1}^{2} w_{itj} x_{itj}$，$w_{itj}$ 表示 t 时刻 i 地区内要素 j 的价格，因此，s_{itj} 表示 t 时刻要素 j 的实际成本占 i 地区该要素总成本的份额，$\sum\limits_{j=1}^{2} s_{itj} = 1$，将 (3) 带入 (4) 后得到 TFP 增长率分解等式：

$$TFP_{IT} = TC_{it} + TEC_{it} + (RTS_{it} - 1)$$
$$\sum_{j=1}^{2} \lambda_{itj} \dot{X}_{itj} + \sum_{j=1}^{2} (\lambda_{itj} - s_{itj}) \dot{X}_{itj} \qquad (5)$$

其中，$RTS_{it} = \sum\limits_{j=1}^{2} \varepsilon_{itj}$ 为投入规模弹性，即所有要素产出弹性之和。$\lambda_{itj} = \varepsilon_{itj} / RTS_{it}$ 表示第 j 种要素在前沿生产函数中的相对产出弹性，在规模报酬不变的假定下，就等于产出弹性。在规模报酬可变的假定下，公式 (5) 右边第三项能够捕捉由于行业规模经济导致的生产率改进，即规模效率变化 (SEC)。公式 (5) 右边的第四项刻画了要素投入结构变化所带来的生产率增长，即要素配置效率变化 (AEC)。

于是，RFP 增长率最终被分解为以下四部分，即技术进步、技术效率变

化、规模效率变化和要素配置效率变化:

$$TFP_{it} = TC_{it} + TEC_{it} + SEC_{it} + AEC_{it} \tag{6}$$

4.5.2.3 超越对数形式的随机前沿生产函数模型及参数估计

本文采用了更为灵活的超越对数形式的随机前沿生产函数,(1)式取对数后有如下形式:

$$\ln Y_{it} = \alpha_0 + \sum_{j=1}^{2} \alpha_j \ln x_{itj} + \frac{1}{2} \sum_{j=1}^{2} \sum_{l=1}^{30} \alpha_{jl} \ln x_{itj} \ln x_{itl} +$$

$$\beta_1 t + \frac{1}{2} \beta_2 t^2 + \sum_{j=1}^{2} \rho_j t \ln x_{itj} + v_{it} - u_{it} \tag{7}$$

其中,j, l 表示投入要素($j, l = 1, 2$)本文使用资本和劳动两种投入,x_{itj} 和 x_{itl} 分别表示 i 地区在第 t 年的第 j, l 种投入要素,t 为时间趋势变量,表示技术变化,要素投入与时间趋势的交叉项 $t \ln x_{itj}$ 表示非中性的技术进步。

本文按照 Battese 和 Coelli(1992)设定的时变无效性随机前沿模型,假定 u_{it} 服从:

$$u_{it} = u_i \eta_{it} = u_i \exp[-\eta(t - T)] \tag{8}$$

η_{it} 是决定技术无效率随时间变化的函数,η 表示技术效率指数的变化率,η 的符号决定了技术效率相对于时间是非递减的还是非递增的,$\eta > 0$ 表示随着时间的推移,相对前沿的技术效率不断改善,$\eta < 0$ 表示技术效率不断恶化,$\eta = 0$ 则表示技术效率不随时间变化。

式(7)和(8)确定了随机前沿模型,可以采用极大似然法(ML)估计其中的参数①。似然函数按照 $\sigma^2 = \sigma_v^2 + \sigma_u^2$,$\lambda^2 = \sigma_u^2 / \sigma^2$ 进行参数化。如果 $\lambda = 0$,则不存在技术无效效应,并且所有相对于前沿的偏离都是由噪声引起的。

进一步,按照 Jondrow et al.(1982)等人的方法求出 u_i 的预测式:

---

① 对数似然函数的最大化通常要求出未知参数的一阶导数,并设他们为 0,然而,对数似然函数的这些一次条件都是高度非线性的,而且不能从解析形式上解出待估计的参数。因而,必须通过迭代优化程序使得似然函数最大化。

$$\hat{u}_{it} = \left[\mu_i^* + \sigma_i^* \frac{\varphi(-\mu_i^*/\sigma_i^*)}{\varphi(\mu_i^*/\sigma_i^*)} \right] \exp(-\eta(t-T)) \tag{9}$$

$$u_i^* = \frac{\mu\sigma_v^2 - \sigma_u^2 \sum\limits_{t=1}^{T} \eta_{it} e_i^t}{\sigma_v^2 + \sigma_u^2 \sum\limits_{t=1}^{T} \eta_{it}^2} = \frac{\mu(1-\gamma) - \gamma \sum\limits_{t=1}^{T} \eta_{it} e_i^t}{(1-\gamma) + \gamma \sum\limits_{t=1}^{T} \eta_{it}^2} \tag{10}$$

$$\sigma_i^{*2} = \frac{\sigma_v^2 \sigma_u^2}{\sigma_v^2 + \sigma_u^2 \sum\limits_{t=1}^{T} \eta_{it}^2} = \frac{(1-\gamma)\gamma\sigma^2}{(1-\gamma) + \gamma \sum\limits_{t=1}^{T} \eta_{it}^2} \tag{11}$$

Battese 和 Coelli（1988）利用概率密度函数得到了在均方预测误差最小的意义下的技术效率的预测值：

$$TE_{it} = E[\exp(-u_{it})/e_{it}] = \frac{\varphi(\mu_i^*/\sigma_i^* - \eta_{it}\sigma_i^*)}{\varphi(\mu_i^*/\sigma_i^*)} \exp\left(-\eta_{it}u_i^* + \frac{1}{2}\eta_{it}^2\sigma_i^{*2}\right) \tag{12}$$

根据所得的参数估计量，技术进步（TC）、技术效率变化（TEC）、规模效率变化（SEC）和配置效率变化（AEC）的计算公式分别为：

$$TC_{it} = \partial \ln f(x_{it}, t; \beta)/\partial t = \beta_1 + \beta_2 t + \sum_{j=1}^{2} \rho_{tj} \ln x_{itj} \tag{13}$$

$$TEC_{it} = -du_{it}/dt = \eta u_{it} \tag{14}$$

$$SEC_{it} = (RTS_{it} - 1) \sum_{j=1}^{2} \lambda_{itj} x_{itj}$$

$$= \left[\sum_{j=1}^{2} \left(\alpha_j + \sum_{l=1}^{2} \alpha_{lt} \ln x_{itl} + \rho_j t \right) - 1 \right] \sum_{j=1}^{2} \left[\frac{\alpha_j + \sum\limits_{l=1}^{2} \alpha_{jl} \ln x_{itl} + \rho_j t}{\sum\limits_{j=1}^{2} \left(\alpha_j + \sum\limits_{l=1}^{2} \alpha_{jl} \ln x_{itl} + \rho_j t \right)} x_{itj} \right] \tag{15}$$

$$AEC_{it} = \sum_{j=1}^{2} (\lambda_{itj} - s_{itj}) x_{itj} = \sum_{j=1}^{2} \left[\left(\frac{\alpha_j + \sum\limits_{l=1}^{2} \alpha_{jl} \ln x_{itl} + \rho_j t}{\sum\limits_{j=1}^{2} \left(\alpha_j + \sum\limits_{l=1}^{2} \alpha_{jl} \ln x_{itj} + \rho_j t \right)} - s_{itj} \right) x_{itj} \right] \tag{16}$$

4.5.3　数据

本文以分省的两位数装备制造业 1992～2010 年投入产出面板数据为样

本进行分析。采取与牛泽民（2012）相同的行业归并、数据调整和工业统计口径调整原则，本文构造的 7 个两位数装备制造业包括：金属制品业（34）、通用设备制造业（35）、专用设备制造业（36）、交通运输设备制造业（37）、电器机械及器材制造业（39）、计算机、电子与通信设备制造业（40）和仪器仪表及文化办公设备制造业（41）。

由于本文仅仅考虑了资本（K）和劳动（L）两种典型的投入要素，所以工业分行业产出应该使用工业增加值（Y）指标。为了保证数据的可比性，剔除通货膨胀的影响，研究所需的投入产出数据需要按适当的价格指数进行平减。各指标和核算调整方法分别简介如下：

4.5.3.1 工业增加值 *Y*

查阅《中国统计年鉴》对我国装备制造业工业产出增加值数据全部折算为 1992 年的不变价格表示，使用的折扣系数是以 1992 年不变价格及现价计算的总产值计算得出的隐含的折扣系数。

4.5.3.2 资本存量 *K*

薛万东（2010）、李星光（2009）、王欣（2011）在研究装备制造业全要素生产率时均选取固定资产净值年均余额和流动资产年均余额之和的平均数作为度量资本存量的指标。本文借鉴张军（2009）和牛泽民（2012）遵循的永序盘存法估算资本存量。集体步骤如下：

（1）折旧率 δ_{it}

折旧率 δ_{it} 由下式计算得出：

$$\delta_{it} = CD_{it}/ovfa_{i(t-1)} \tag{17}$$

其中，δ_{it} 代表各省每年装备制造业的资本折旧率，CD_{it} 代表各省每年装备制造业折旧额，$ovfa_{i(t-1)}$ 为各省上一年装备制造业的固定资产原价。即采用年鉴中提供的各省装备制造业 1992~2010 年的"本年折旧"数据除以上一年的"固定资产原价"后得到的 1992~2010 年各省装备制造业的资本折旧率。

（2）新增投资 *I*ᵢₜ

新增投资 I_{it} 由以下公式计算得出：

$$inv_{it} = ovfa_{it} - ovfa_{i(t-1)}; I_{it} = inv_{it}/P_t \tag{18}$$

其中，inv_{it} 代表各省装备制造业当年价新增投资，$ovfa_{it}$ 为各省装备制造业当年固定资产原价，$ovfa_{i(t-1)}$ 为各省上一年装备制造业的固定资产原价，I_{it} 代表各省各年平减后的 1992 年价格水平的可比价装备制造业新增投资。即对样本期间内各省装备制造业的"固定资产原价"进行差分后再采用投资价格指数平减，即可得到每年的实际投资额。各年的固定资产投资价格指数 P_t 由《中国统计年鉴》提供。

（3）确定 1992 年初始资本存量 K_{i0}

1992 年的初始资本存量由下式计算得出：

$$K_{i0} = I_{i0}(g_{iy} + \delta_i) \tag{19}$$

其中，I_{i0} 为各省装备制造业基年的实际投资额，g_{iy} 为各省装备制造业实际产出的年均增长率，δ_i 为各省装备制造业基年（1992 年）的资本折旧率。

（4）按照永序盘存法估算资本存量

永序盘存法计算公式：

$$K_{it} = I_{it} + (1 - \delta_{it})K_{i(t-1)} \tag{20}$$

其中，K_{it}、I_{it}、δ_{it}、$K_{i(t-1)}$ 代表的含义如前文所述。

4.5.3.3 劳动投入 L

大量学者在研究制造业生产率的时候都采用"全部从业人员年平均人数"来衡量劳动投入。虽然劳动投入量可选择的指标比较多，如：职工人数、劳动者人数、总工时数、工资总额等。考虑统计集料的可获得性，本文同样选用"全部从业人员年平均人数"来衡量劳动投入。

采用增长和算法计算 TFP 式，需要有各个投入要素的价格来衡量各投入要素的成本份额。参照张军等（2009）的做法，采用各省装备制造业的固定资产折旧和利息支出作为资本投入的成本，采用劳动报酬总额作为劳动投入入成本。

鉴于中国经济结构改革政策时间跨度的连续性和空间布局的完整性，本文选择 1996～2010 年间的中国 30 个省级核算单位（不包括数据缺失的西藏自治区）的有关数据进行研究。本文的数据基础是历年的《中国统计年鉴》《中国工业经济统计年鉴》《中国劳动统计年鉴》。经过处理，有关数据如表 1 所示：

表1　计算全要素生产率所需数据

年份 \ 项目	增加值(1992年价,亿元)Y	资本(1992年价,亿元)K	劳动(万人)	资本投入成本(1992年价,亿元)w_1	劳动投入成本(1992年价,亿元)w_2
1992	2572.5	6212.6	2253.4	8276.3	537.1
1993	2833.5	7083.3	2395.5	8417.7	501.2
1994	3216.3	8214.1	2408.3	8832.6	474.0
1995	3687.5	9994.9	2474.2	9971.3	484.4
1996	4399.9	13729.6	2498.4	8100.1	476.1
1997	4932.5	15320.7	2423.5	8098.4	457.3
1998	5706.9	17092.6	2357.8	8033.0	458.7
1999	6276.4	18915.3	2021.2	8834.8	404.2
2000	7151.6	23021.7	1957.9	8856.6	456.7
2001	8602.1	28088.7	1735.1	8514.3	417.8
2002	10692.8	32946.4	1656.4	8518.3	450.1
2003	12848.1	38662.5	1582.4	8769.3	450.4
2004	16188.6	46707.0	1608.2	8769.3	479.2
2005	20397.6	56426.3	1634.4	7258.9	471.5
2006	24509.1	66216.1	1561.4	8769.3	450.4
2007	30465.9	79994.3	1490.6	8769.4	450.1
2008	36606.8	96639.6	1321.0	8856.6	417.8
2009	46124.5	117909.6	1262.0	8514.3	450.4
2010	57334.9	138301.1	1282.5	8276.3	479.1

备注：各项数据来源于历年《中国统计年鉴》《中国工业经济统计年鉴》和《中国劳动统计年鉴》的装备制造业各行业加总，并经作者整理，用于计算全要素生产率。

4.5.4　估计结果及分析

4.5.4.1　随机前沿生产函数估计

随机前沿生产函数（公式1）的估计是利用前沿规划的极大似然法进行的，包括三个步骤：首先，进行普通最小二乘估计，得到一组无偏的产出弹性系数，但是截距是有偏的。然后，由于OLS得到的方差通常比 v 和 u 的方差有所低估，所以，利用对 μ 和 δ 进行格点搜索，对截距和方差进行调整。最后，用格点搜索的估计作为进行最大似然估计近似迭代的起始值，利用"Frontier 4.1"软件对（7）式和（8）式的随机前沿模型进行估计，回归结果见表 2。

表 2　分行业随机前沿函数超越对数生产函数估计结果

解释变量	系数	
	模型 1	模型 2
常数项	0.8745(4.47) ***	0.7698(3.63) ***
$\ln K_{it}$	0.5642(3.24) ***	0.5439(2.79) ***
$\ln L_{it}$	0.6423(6.90) ***	0.7134(7.83) ***
$(1/2)(\ln K_{it})^2$	0.0988(2.34) ***	0.0986(3.41) ***
$(1/2)(\ln L_{it})^2$	0.1416(3.16) ***	0.1357(3.09) ***
$\ln K_{it} * \ln L_{it}$	−0.1989(−4.02) ***	−0.1897(−4.58) ***
t	0.0097(10.75) ***	0.0105(13.06) ***
$(1/2)*t^2$	0.0095(1.79)	0
$t*\ln K_{it}$	−0.0243(−2.26) **	−0.0236(−5.67) ***
$t*\ln L_{it}$	0.0179(−0.309)	0
σ^2	0.2647(3.04) ***	0.2234(2.87) ***
γ	0.9765(76.32) ***	0.9697(126.76)
μ	0	0
η	−0.0285(−6.07) ***	−0.0214(−4.34) ***
对数似然值	376.76	378.83
LR 值	604.27	609.43

注：括号内为 t 统计量，***、** 分别表示在 1% 和 5% 的水平上显著。

表 2 中模型为假设 $\mu=0$，即 u_i 服从半正态分布 $N^+(0, \sigma_u^2)$，对于该假设（$H_0: \mu=0$），表 3 给出了检验结果。模型 2 为将模型 1 中系数不显著的项 t^2 以及交叉项 $t\ln L_{it}$ 的系数假定为 0 的回归结果。对于模型 2 的假定（$H_0: \beta_2=\rho_2$），表 3 同样给出了检验结果。所有假设都使用广义似然比（LR）统计量来进行检验：

$$LR = -2[L(H_0) - L(H_1)] \quad (21)$$

其中，$L(H_0)$、$L(H_1)$ 分别为受约束模型和无约束模型的对数似然值。当原假设 H_0 成立时，LR 统计量服从混合 X^2 分布，自由度为受约束变量的数目。检验结果如下：

表 3　超越对数模型假设检验结果

原假设 H_0	对数似然值 $L(H_0)$	对数似然值 $L(H_1)$	LR 统计量	临界值	检验结果
$H_0: \mu = 0$	355.9	355.9	0.19	2.71	接受 H_0
$H_0: \beta_2 = \rho_2$	389.3	390.5	2.5	4.61	接受 H_0

由表 3 的检验结果显示，在 10% 的显著水平下，两个假设都被接受，于是可以得到如下结论：

（1）u_i 服从半正态分布，在估计随机前沿成产函数模型时应假定 $\mu = 0$。

（2）在随机前沿生产函数中应剔除掉 t^2 以及交叉项 $t\ln L_{it}$，即中国装备制造业的技术进步随时间变化的趋势是线性的并且是固着在资本投入上的。

由表 2 的估计结果可以得到以下结论：

（1）模型 2 的所有估计系数都在 1% 的水平上显著，表明模型的回归的整体效果非常好。同时对数似然函数值以及 LR 检验结果也表明模型具有很强的解释力。

（2）衡量复合误差项的方差中技术无效率项的方差所占比重的 γ 值为 0.9765，表明在控制了投入要素之后，技术无效率可以解释几乎所有的生产波动。

（3）时间趋势变量 t 系数为 0.0105，交叉项 $t\ln K_{it}$ 的系数为 -0.0236，表明存在仅附着在资本投入当中的显著的非中性的技术进步。

（4）技术效率的时变参数 η 系数显著为负，表明在样本期间内，装备制造业的技术效率在不断恶化。

表 4　中国装备制造业 1992～2010 年技术效率

年份	技术效率	年份	技术效率
1992	0.4212	2002	0.5643
1993	0.4302	2003	0.5867
1994	0.4432	2004	0.6124
1995	0.4610	2005	0.6256
1996	0.4896	2006	0.6463
1997	0.4935	2007	0.6465
1998	0.4989	2008	0.6501
1999	0.5134	2009	0.6531
2000	0.5324	2010	0.6573
2001	0.5478	平均	0.5451

由表 4 可以看出，中国装备制造业的技术效率呈现出逐年提高的趋势，在 2010 年达到了最大值 0.6573。技术效率在研究期间内的平均值为 0.5451，说明我国装备制造业的生产潜力还没有得到有效的发挥，只能达到生产可能性水平的 1/2 左右。生产技术的应用存在着一定的低效率。

4.5.4.2 装备制造业增长核算和全要素生产率的分解

通过估计结果，可以测算各要素对我国装备制造业增长的贡献。根据公式（13）～（16）将装备制造业的 TFP 增长率分解为技术进步（TC）、技术效率变化（TEC）、规模效率变化（SEC）和配置效率变化（AEC）。表 5 显示了 1992～2010 期间增长核算基于所有行业的平均结果，包括工业增加值、资本存量、劳动、TFP 及四个分解部分的增长率以及各自的贡献份额。图 1 绘制了 TFP 增长率变化趋势，图 2～图 5 绘制了 TFP 四个组成部分的变化趋势。

表 5 1992～2010 年装备制造业增长核算和 TFP 增长分解

时间	产出增长	资本	劳动	TFP 增长	TFP 增长分解			
					TC	TEC	SEC	AEC
1992～1993	0.1013 100	0.0637 63	0.0057 6	0.0308 30	0.0077 25	0.0213 69	-0.0021 -7	0.0039 13
1993～1994	0.1349 100	0.0726 54	0.0047 3	0.0611 45	0.0177 29	0.0302 49	-0.0042 -7	0.0174 28
1994～1995	0.1443 100	0.0978 68	0.0023 2	0.0439 30	0.0091 30	0.0402 79	-0.0032 -7	-0.0022 -2
1995～1996	0.1909 100	0.1716 90	0.0086 5	0.0217 11	0.0079 36	0.0620 96	-0.0016 -8	-0.0466 -24
1996～1997	0.1327 100	0.0534 40	-0.0027 -2	0.0736 55	0.0032 43	0.0080 11	-0.0049 -7	0.0673 53
1997～1998	0.1534 100	0.0533 35	-0.0025 -2	0.1059 69	0.0529 50	0.0109 10	-0.0067 -6	0.0488 46
1998～1999	0.0987 100	0.0489 50	-0.0136 -14	0.0642 65	0.0340 53	0.0291 45	-0.0044 -7	0.0055 9
1999～2000	0.1367 100	0.0959 70	-0.0028 -2	0.0417 31	0.0242 58	0.0370 88	0.0012 3	-0.0207 -16
2000～2001	0.2147 100	0.1016 47	-0.0104 -5	0.1121 52	0.0732 65	0.0289 26	0.0036 3	0.0064 6

续表

时间	产出增长	资本	劳动	TFP 增长	TFP 增长分解			
					TC	TEC	SEC	AEC
2001～2002	0.2379 100	0.0796 33	−0.0043 −2	0.1674 70	0.1105 66	0.0301 18	0.0040 2	0.0228 14
2002～2003	0.2009 100	0.0798 40	−0.0039 −2	0.1254 62	0.0840 67	0.0397 32	0.0006 0.5	0.0011 0.5
2003～2004	0.2598 100	0.0956 37	0.0014 0.5	0.1637 63	0.1038 68	0.0438 27	−0.0026 −2	0.0187 7
2004～2005	0.2674 100	0.1029 38	0.0017 0.6	0.1563 58	0.1109 71	0.0216 14	−0.0093 −6	0.0331 21
2005～2006	0.2667 100	0.1175 44	0.0019 0.7	0.1561 59	0.1203 77	0.0331 21	−0.0242 −16	0.0269 18
2006～2007	0.2749 100	0.1231 45	0.0023 0.8	0.1561 57	0.1232 79	0.0156 10	−0.0165 −11	0.0338 22
2007～2008	0.2761 100	0.1187 43	0.0021 0.8	0.1519 55	0.1247 82	0.0030 2	−0.0386 −25	0.0628 41
2008～2009	0.2673 100	0.0974 36	0.0016 0.6	0.0781 29	0..068 87	0.0140 18	0.0671 86	−0.071 −91
2009～2010	0.2537 100	0.1084 43	0.0019 0.7	0.1559 61	0.1407 90	0.0219 14	−0.0779 −50	0.0712 46
平均	0.1775 100	0.0861 49	0.0058 3	0.0933 53	0.0742 42	0.0216 12	−0.04 −23	0.0375 21

注：每个时期第一行代表各自的增长率，第二行代表各自的贡献份额（单位%）。其中，TFP 增长等于其余四个分解成分的数值加总，而资本、劳动和 TFP 增长的加总不等于产出增长，原因是这里的 TFP 增长时由四个部分加总而得，而不是根据传统索罗余值计算得到的。

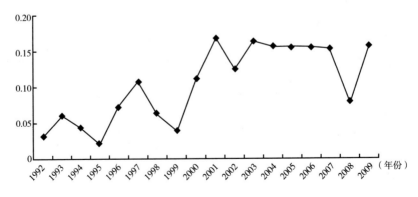

图 1　TFP 变化趋势

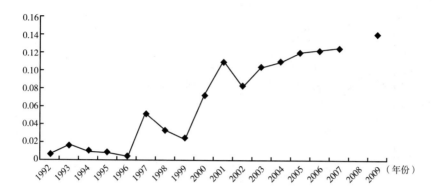

图 2 TC 变化趋势

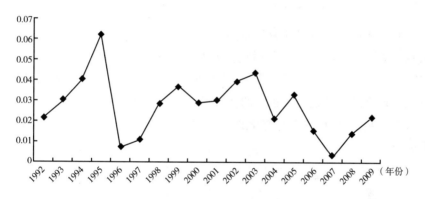

图 3 TEC 变化趋势

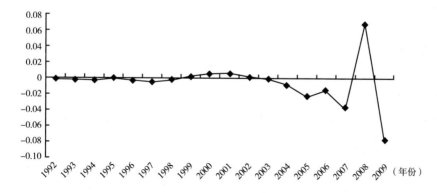

图 4 SEC 变化趋势

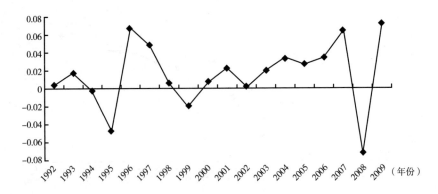

图 5   AEC 变化趋势

由表 5 和图 1~图 5 得出如下结论：

（1）1992 年~2010 年我国市场经济改革发展过程中，装备制造业的增加值和 TFP 年均增占率分别达到了 17.75％ 和 9.33％。TFP 对产出的贡献为 53％。其余的 47％ 是由要素投入贡献的，其中，资本和劳动各占 49％ 和 3％。生产率的增长超过了投入的增长。

（2）从图 1TFP 增长的变化趋势看出，1992 年~2010 年间，我国装备制造业的全要素生产率基本上处于上升趋势，在 2008 年~2009 年间有所降低，在 2009 年~2010 年又基本恢复到了 2007 的水平。这是由于受到了 2008 年金融危机的影响，使得装备制造业的 TFP 有所回落，经过 2009 年我国的调结构保增长的经济措施，到 2010 年装备制造业的 TFP 增长率又恢复到了 14％。

（3）从图 2 看出，装备制造业的技术进步率（TC）在 1992~2010 年间基本维持在 7.42％ 左右，变化过程总体上呈现上升的趋势，其中 1992~2002 年装备制造业 TC 有所波动，但总体上还是上升的。2002~2010 年间装备制造业的 TC 呈现出了稳定上升的趋势。这是由于近年来，国家高度重视技术创新和技术进步在促进经济增长中的重要作用，通过制定和实施国家中长期科技发展规划，创新型国家战略等措施，对装备制造业的科研活动给予大力支持。此外，伴随着中国市场化进程的不断推进，产权结构改革进一步深化，企业的创新主体地位得到进一步确立，同时由于市场竞争的加剧，激发了企业技术创新的内在动力，有效推动了装备制造业的技术进步。

（4）图 3 装备制造业技术效率不高且变化波动较大，但随着时间的推移,波动幅度逐渐缩小。表明实际生产点离生产前沿面的距离变化不稳定。样本期间内,装备制造业的技术效率变化基本维持在 2.16% 左右。其中在 1995~1996 年达到了 6.2% 的最高值,在 2007~2008 年达到 0.3% 的最低点。

(5)图 4 显示,1992~2010 年间,装备制造业的规模经济效应并不理想。并且今年来有持续恶化的现象。在 2008~2010 年出现了异常波动。在 2008~2009 年间上升到 3.86% 的最高点后,立刻回落到 2009~2010 年的 −7.79%。2008~2009 年暂时出现的规模效率变化异常提高可能是由于受金融危机的影响,出现了劳动力的负增长,而不是递增的规模效率造成的。2009~2010 年的迅速回落,并降到历史最低点,可能是由于投资的大规模扩大,造成了规模效率大幅下降。

(6)图 5 配置效率的动态演变趋势和图 1TFP 增长率的变动趋势在形状上非常相像。配置效率是结构改革和要素重置所带来的结构红利。样本期间内大部分年份装备制造业的配置效率都小于零,表明装备制造业的配置效率出现了衰退。配置效率的最大波动同样出现在 2008~2010 年,原因还是宏观经济冲击和国家宏观调控影响。

4.5.5　结论与启示

本文运用 1992~2010 年 7 个两位数装备制造业的面板数据测算了装备制造业的生产率。运用随机前沿生产函数模型及其分解方法度量了中国装备制造业全要素生产率的增长及其四个组成备份的变化。得到如下结论:

(1)要素投入从直接和间接两个渠道影响工业增长。直接渠道指通过资本积累等要素投入对产出造成影响;间接渠道则是通过全要素生产率的提高来影响产出。样本期间内,我国装备制造业全要素生产率变动对产出增长的贡献为 53%,说明我国装备制造业的全要素生产率贡献份额较高,基本上呈现集约式增长。

(2)全要素生产率的变动时多要素共同作用的结果。全要素生产率是技术进步率、技术效率变化、规模效率变化和要素配置效率变化共同作用的结果。技术进步是中国装备制造业全要素增长的主要来源,但是规模效率和配置效率的恶化则阻碍了装备制造业全要素的提高,通过改善要素配置效率和规模效率来提升装备制造业的全要素还有很大余地。

（3）为了实现装备制造业的长期持续增长，推进其增长模式由粗放型向集约型转变仍是首要的政策选择。选择关键在于全要素生产率的提高。

（4）虽然装备制造业的资本密集程度很高，但是在资本深化过程中，更要提高对生产率的重视。

（5）通过改善要素配置效率来提升装备制造业生产率的潜力非常巨大，如何优化资源配置应是政府制定政策时应关注的重点。

4.6 生产补贴会促进企业出口吗?[①]

——来自中国制造业企业的证据

陈勇兵 盛月 周世民[②]

摘 要: 本文采用 1999~2007 年中国制造业企业数据, 运用倾向评分匹配和倍差法相结合的方法研究生产补贴对企业出口行为的因果效应。结果表明, 生产补贴会有效激励非出口企业进入出口市场, 但不会对出口企业的出口强度产生影响。分企业性质类型的实证结果进一步揭示, 民营企业对生产补贴的利用效率显著高于国有企业和外资企业: 生产补贴对非出口企业的出口促进作用只体现在其对民营企业的行为激励上, 生产补贴并不能提高非出口企业中国有企业和外资企业的出口倾向; 然而, 仍然没有结果能够有力证明生产补贴会对国有企业、民营企业或外资企业的出口强度发生显

① 本文得到国家社会科学基金重大项目 (09&ZD033)、国家自然科学基金青年项目 (71203239)、教育部人文社科青年基金项目 (10YJC790029) 和中南财经政法大学中央高校基本科研业务费 (31541110819) 的资助, 特此致谢。我们在写作这篇文章的过程中, 得到了中国人民大学谷克鉴教授的悉心指导, 在此表示由衷的感谢。

② 陈勇兵, 1978 年生, 男, 湖南耒阳人, 中南财经政法大学工商管理学院讲师, 经济学博士, 主要研究方向为国际贸易与产业组织。已在《经济研究》《世界经济》《经济学 (季刊)》发表论文多篇, 主持国家自然科学基金青年项目和教育部人文社会科学青年基金项目各 1 项, 荣获第十七届安子介国际贸易研究奖。联系电话: 15072374479。电子邮箱: yongbingchen@163.com。通信地址: 湖北省武汉市东湖高新技术开发区南湖大道 182 号 (430073); 盛月, 中南财经政法大学工商管理学院, 电子邮箱: sy59yichen@gmail.com; 周世民, 中央财经大学国际经贸学院, 电子邮箱: zhoushimin@ruc.edu.cn。

著影响，生产补贴在帮助企业改善生产、扩大出口方面缺乏效率。

关键词： 生产补贴　出口　倾向评分匹配　倍差法

4.6.1　问题提出

由于 2008 年全球金融危机的后续影响以及欧债危机的进一步恶化，美、欧、日等主要经济体的经济增速下滑导致出口市场日益萎缩，致使 2011 年中国货物和服务净出口对 GDP 增长的贡献率为 −5.8%，其中货物出口增速从 2011 年 9 月开始逐月递减，到 2012 年 1 月甚至出现负增长。虽然货物出口在 2012 年 2 月重新恢复同比增长，但其出口规模却较 1 月份减少了354.68 亿美元，环比下降 23.6%。与此同时，人民币升值和国内生产成本的持续上涨又不断削弱企业出口竞争力。这一系列数据和迹象均勾勒出中国出口减速甚至存在下行风险的现实困境①。为此，政府决策部门已经把"多举措、稳出口"作为 2012 年中国外贸领域的首要目标。在政府承诺出台的诸多新措施中，由于传统的直接出口补贴被 WTO 明文禁止，转向生产补贴无疑是稳定出口的重要政策措施之一②。然而，这些对企业生产活动的补贴究竟能否有助于实现政府"稳出口"的宏观政策目标？这些措施是鼓励非出口企业进入出口市场还是激励现有出口企业扩大出口份额？这些至关重要的问题都需要结合中国的经验证据给予回答，并最终为政策操作提供切实有效的参考。

异质企业贸易理论表明，企业出口活动需要克服初期进入的沉没成本，只有生产率较高的企业才会通过"自我选择"效应进入出口市场，生产率较低的企业仅供应国内市场（Clerides et al.，1998；Melitz，2003；Wagner，2007；Chaney，2008）。从这一理论角度而言，生产补贴可以视为政府给予企业的一种出口鼓励，通过帮助企业改善生产、提高效率，从而激励非出口企业开始出口或出口企业出口更多（Görg et al.，2008；Girma et al.，

---

① 国际货币基金组织（IMF）在其 2012 年 2 月 6 日最新发布的《中国经济展望报告》中预计，2012 年中国经济增长 8.25%，较去年 9 月的预测下调 0.75 个百分点，并指出在全球环境不确定背景下中国出口面临下滑风险。

② 据《广州日报》（2012 年 2 月 14 日，AII4 版）报道，尽管具体的政策措施还未出台，部分企业已经表现出对政府补贴的极大"奢望"。

2009b）。然而，生产补贴能否促进中国企业出口的微观经验证据却明显不足。零星几篇对补贴与中国企业出口行为的研究也主要围绕出口商品的价格和数量从宏观层面探讨政府补贴对出口贸易及国民福利的积极影响（马捷，2002；陈林，朱卫平，2008）。虽然 Girma et al.（2009b）运用广义矩估计法考察了生产补贴对中国企业出口行为的因果影响，但是该文存在明显的缺陷，即广义矩估计法未能有效解决生产补贴内生性问题带来的结果偏误。首先，生产补贴与企业出口活动之间可能存在高度相关性。一方面，政府发放给特定企业的生产补贴会有助于企业克服相关出口成本，从而激励企业开始出口或出口更多；另一方面，政府总是依据一定的企业标准选择补贴对象，出口活动或者出口绩效又能在一定程度上帮助企业获得来自政府的生产补贴。其次，还存在一些生产补贴和出口行为之外的企业特征，如企业研发投入、人力资本和实收资本等，既能促进企业出口又会增加企业获得生产补贴的可能性。因此，准确测算生产补贴对企业出口行为的因果效应，必须有效处理生产补贴的内生性问题，即剔除企业出口行为和其他企业特征可能产生的干扰。我们尝试通过比较企业在某一时期得到与未得到生产补贴两种情形下的出口行为差异来估算这一因果效应，可是实证研究的难点在于，对于该期获得生产补贴的某一企业而言，其在该期未得到生产补贴这一虚拟情形下的出口表现无法观测而得，因此我们也无从得到估计结果。对于这一类非实验数据的估计，Blundell 和 Costa Dias（2000）指出，倾向评分匹配和倍差法相结合的方法（propensity score matching with difference in differences method，PSM – DID）是所有方法中的最佳方法。

考虑到生产补贴可能会对非出口企业是否出口和现有出口企业的出口份额产生影响，为了便于表述，们将这两方面的影响效应分别称为企业出口倾向和出口强度。运用 1999 ~ 2007 年中国制造业企业数据，本文研究结果表明：生产补贴会有效激励非出口企业进入出口市场，但这一积极作用只体现在其对民营非出口企业的出口激励上，生产补贴并不能显著提高国有企业和外资企业的出口倾向。同时，生产补贴不会对现有出口企业的出口强度产生影响，无论是对国有企业、民营企业或者外资企业而言，均没有证据能够表明生产补贴在帮助企业扩大出口方面是行之有效的。

本文主要贡献可能在于：第一，基于新新贸易理论框架，运用倾向评分匹配和倍差法相结合的方法处理了生产补贴的内生性问题，从企业层面测算生产补贴对中国制造业企业出口倾向和出口强度的因果效应，从而考察中国现行生产补贴政策鼓励出口的实际效果，是对国内贸易政策文献的有益补充。第二，使用 OP 方法测算全要素生产率以克服传统 OLS 估计的同步偏误（simultaneity bias）和选择偏误（selectionbias），从而尽可能保证倾向评分匹配结果的精确性。第三，基于生产补贴在中国不同性质企业之间分配不均的现实情况，文章进一步测算了生产补贴对不同性质企业出口行为的单独影响，进而横向比较国有企业、民营企业和外资企业对生产补贴利用效率的差异表现。

文章其余结构安排如下：第二部分为模型与方法，第三部分为数据处理和实证结果，最后为结论和政策含义。

4.6.2 模型与方法

本文试图从企业层面考察生产补贴对企业出口倾向和出口强度的影响效应。由于企业生产补贴是一个内生变量，简单比较得到和未得到生产补贴的两组企业在出口行为上的差异无法揭示生产补贴对企业出口行为的净影响。假设一个获得生产补贴的企业有更高的出口倾向或者出口强度更高，由于无法观测该企业在同一时期没有得到生产补贴情形下的出口表现，因而我们不能判断该企业的出口行为是否是由补贴引起的，进而如何估算获得生产补贴企业在同期反设事实（counterfactual experiments）情形下的出口行为就成为我们构建模型的关键。本文借鉴 Silva（2010）等人的方法，结合倾向评分匹配和倍差法处理这一问题，基本思路如下：

第一步，分组。我们定义虚拟变量 $PS_{k,t} = \{0, 1\}$，$PS_{k,t} = 1$ 表示企业 k 在 t 期获得了来自政府的生产补贴，$PS_{k,t} = 0$ 表示企业 k 在 t 期没有得到生产补贴；定义 $Y_{k,t}$ 表示企业 k 于 t 期获得生产补贴后同期出口行为。我们想要比较企业 k 在得到与未得到生产补贴两种情形下的同期出口行为差异，即生产补贴对企业出口行为的影响效应：

$$ATT^{PSM} = E(Y_{k,t} \mid PS_{k,t} = 1) - E(Y_{k,t} \mid PS_{k,t} = 0) \tag{1}$$

但是事实上我们无从观测于 t 期得到生产补贴的企业 i 在 t 期未得到生产补贴情形下的同期出口行为，即 $E(Y_{i,t} \mid PS_{i,t} = 0)$ 无法获得，于是我们利用匹配的方法，尝试寻找企业特征与企业 i 最为相似但在 t 期没有获得生产补贴的另一企业 j，并用该企业的同期出口行为 $E(Y_{j,t} \mid PS_{j,t} = 0)$ 替代 $E(Y_{i,t} \mid PS_{i,t} = 0)$。基于 $PS_{k,t} = \{0, 1\}$，我们将每一年份的样本企业分为处理组企业和对照组企业，设定 i 表示处理组企业，即企业 i 在 t 期获得了生产补贴收入；j 表示对照组企业，即企业 j 在 t 期无生产补贴收入。根据 Heckman et al.（1997）研究，生产补贴对企业出口行为的影响效应可以表示为：

$$ATT^{PSM} = E(Y_{i,t} \mid PS_{it} = 1) - E(Y_{i,t} \mid PS_{i,t} = 0) =$$
$$E(Y_{i,t} \mid PS_{i,t} = 1) - E(Y_{j,t} \mid PS_{j,t} = 0) \tag{2}$$

第二步，匹配。如前文所述，一些企业层面的特定因素如企业规模、销售额、所属行业类型等会同时影响企业获得生产补贴和企业出口行为。我们将这些共同影响企业得到生产补贴收入和出口行为的企业因素设定为共同支持条件（common support condition）或者说匹配变量。寻找与处理组企业 i 最为相似的对照组企业 j，即要使配对企业 i 和 j 在共同支持条件方面尽可能一致，从而控制这些因素可能对企业出口行为产生的干扰。借鉴 Bernard 和 Jensen（2004）、Görg et al.（2008）、Girma et al.（2009a）、Silva（2010）等人的经验研究结果，本文先选定企业资产、销售收入、全要素生产率、雇员人数、雇员平均工资、所属行业类型以及是否含有外资 7 个变量为匹配变量，然后依据匹配平衡性检验的约束对于具体年份的样本企业取以不同的匹配变量，并考虑匹配变量的平方项形式①。这里特别指出，对于企业全要素生产率（TFP），本文采用方法进行测算（Olley 和 Pakes，1992；Yasar 和 Raciborski，2008）的。OP 方法与传统 OLS 估计方法相比具有两大优势：一是 OP 方法采用企业投资作为代理变量，克服了 OLS 方法下产量和资本存量的同步影响偏误；二是 OP 方法充分考虑了只有生产率较高的企业才能够继续存活的实际情况，设置企业退出虚拟变量以克服面板数据中的样本选择偏误。在模型具体设定上，除了企业退出变量（1 表示企业退出，0 表示企业继续留在市场）和代理变量企业投资（I），本文设定劳动（L）、中间品投入（M）为自由变量，资本存量（K）为状态变量。另外，借鉴近几年对中国本土制造业生产率的研究发现，出口和吸收外资有助于促进企业生产率提高（余淼杰（2010）；刘巳洋，路江涌，陶志刚（2008）等），本文中我们也加入出口和外资两个虚拟变量作为控制变量。

接着，本文构建一个基于虚拟变量 $PS_{k,t} = \{0, 1\}$ 的 probit 回归模型 $P_k = P_k(PS_{k,t} = 1) = \mu(X)$，$P_k$ 表示倾向评分，即对企业 k 出口行为的预测

---

① 匹配平衡性检验即检验样本匹配质量的检验，若某一匹配变量不能顺利通过匹配平衡性检验，则表示匹配质量不好，需将该匹配变量舍弃。后文中将对匹配平衡性检验作详细阐述。

值，X 表示共同支持条件；然后依据倾向评分 P_i、P_j 的相似度对两组企业进行匹配。具体的匹配技术有最近邻匹配、半径匹配、区间匹配和核匹配等。由于运用最近邻匹配、半径匹配或区间匹配技术进行匹配时，对照组企业中只会有一部分样本满足共同支持条件成为匹配企业，从而造成大量其余样本的废弃。而核匹配法作为一种非参数匹配方法，可以有效避免这一问题，其主要思想是，对所有对照组企业加权平均从而生成每一个处理组企业的配对企业。因此，本文也将采用核匹配法进行匹配，核匹配函数的具体形式为：

$$
g(P_i, P_j) = \frac{K\left[\dfrac{(P_i - P_j)}{h}\right]}{\sum_{j \in (PS_{j,t=0})} K\left[\dfrac{(P_i - P_j)}{h}\right]} \tag{3}
$$

其中，$g(P_{i,j})$ 为 Gaussian 正态分布函数，h 为带宽参数。

需要重视的是，倾向评分匹配估计的可靠性取决于"条件独立性"是否满足，即当我们控制了共同支持条件 X 以后，企业 k 获得生产补贴可能性及其金额大小与企业出口行为是否相互独立。我们通过以下两个处理来保证这一条件得到满足：（1）删除处理组企业倾向评分高于对照组企业倾向评分最大值或小于其最小值的企业样本，以保证每一个处理组企业都能找到与之匹配的对照组企业。（2）运用匹配平衡性检验考察两组企业样本在匹配变量上是否存在显著偏差，若存在显著偏差则表示匹配效果不好（邵敏、包群，2011）。依据 Smith 和 Todd（2005a）的方法，处理组企业与对照组企业在某一匹配变量（这里以企业资产为例）上的标准偏差为：

$$
Bias(\text{lnasst}) = \frac{100 * \dfrac{1}{n} \sum_{i \in (PS_{i,t=1})} \left[\, \text{lnassti} - \sum_{j \in (PS_{j,t=0})} g(pi, pj) * \text{lnasstj}\right]}{\sqrt{\dfrac{Var_{i \in (PS_{i,t=1})}(\text{lnassti}) + Var_{j \in (PS_{j,t=1})}(\text{lnasstj})}{2}}} \tag{4}
$$

第三步，估计。基于异质企业贸易理论，生产补贴收入可能会鼓励企业提高出口倾向或出口强度。为了区分生产补贴对企业出口行为的影响途径，本文定义 *Prob*、*Share* 分别表示企业出口倾向和出口强度，由（2）式可得：

$$
ATT_{prob}^{PSM} = \frac{1}{n} * \sum_{i \in (PS_{i,t=1})} \left[\, Prob_{i,t} - \sum_{j \in (PS_{j,t=0})} g(P_i, P_j) * Prob_{j,t}\right] \tag{5}
$$

$$
ATT_{share}^{PSM} = \frac{1}{n} * \sum_{i \in (PS_{i,t=1})} \left[\, Share_{i,t} - \sum_{j \in (PS_{j,t=0})} g(P_i, P_j) * Share_{j,t}\right] \tag{6}
$$

　　考虑到企业出口行为还可能受到如外部需求、汇率等外部因素的影响，以及不随时间变化却又无法观测的企业个体效应的影响，我们同时融入倍差法的思想，进一步比较企业在获得生产补贴前后的出口倾向或出口强度变化。为了便于研究，本文中我们只考察企业在获得生产补贴后其较前一年的出口行为变化。依据 Smith 和 Todd（2005a）对（2）的拓展，倾向评分匹配与倍差法相结合估计的平均影响效应为：

$$ATT^{PSM-DID} = E(\,Y_{i,t} - Y_{i,t-1} \mid PS_{i,t} = 1\,) - E(\,Y_{i,t} - Y_{i,t-1} \mid PS_{i,t} = 0\,)$$
$$= E(\,Y_{i,t} - Y_{i,t-1} \mid PS_{i,t} = 1\,) - E(\,Y_{j,t} - Y_{j,t-1} \mid PS_{j,t} = 0\,) \tag{7}$$

　　代入核匹配函数，我们分别得到生产补贴对企业出口倾向和出口强度的因果效应：

$$ATT^{PSM-DID}_{prob} = \frac{1}{n} * \sum_{i \in (\,PS_{i,t}=1)} \Big[\,(Prob_{i,t} - Prob_{i,t-1}) - \sum_{j \in (\,PS_{j,t}=0)} g(P_i,P_j) * (Prob_{j,t} - Prob_{j,t-1}) \,\Big]$$
$$\tag{8}$$

$$ATT^{PSM-DID}_{share} = \frac{1}{n} * \sum_{i \in (\,PS_{i,t}=1)} \Big[\,(Share_{i,t} - Share_{i,t-1}) - \sum_{j \in (\,PS_{j,t}=0)} g(P_i,P_j) * (Share_{j,t} - Share_{j,t-1}) \,\Big]$$
$$\tag{9}$$

　　由于倍差法控制了随时间变化的外部因素以及不随时间变化却又无法观测的企业个体效应的影响，基于倍差法的倾向评分匹配估计比单一的倾向评分匹配估计更能揭示生产补贴对企业出口行为的净影响效应。

4.6.3　数据处理与实证结果

4.6.3.1　数据处理说明和主要变量统计描述

　　本文采用 1999～2007 年中国制造业企业数据[①]研究生产补贴对企业出口行为的因果效应，使用数据主要来源于中国工业企业数据库。由于中国工业企业数据库中 2004 年的"出口交货值"数据缺失，我们采用 2004 年海关

---

① 本文选取 1999～2007 年的中国制造业企业数据进行研究，这一方面是为了主要考察中国加入 WTO 以后生产补贴政策对企业出口行为的因果作用，另一方面忽略 2008 年及以后年份的数据以排除金融危机对实证结果的干扰。

数据库中的数据进行匹配①。在数据收集过程中,本文删除了 1999～2007
任意年份中企业名称为空、营业状态不为"1"("1"表示该企业正常营
业)或者职工人数小于 8 的企业样本,接着删除了任意年份中"补贴收
入"、"出口交货值"、"固定资产合计"、"资产总计"、"产品销售收入"、
"本年应付工资总额"等数值缺失或者小于零的企业样本,最后得到
1494988 家样本企业。

由于 1999 年和 2000 年数据只用作判别条件,为了与后文实证结果相
统一,我们这里只展示 2001～2007 年中国制造业企业出口和政府补贴情
况。如表 1 和表 2 所示,在本文研究的 1494988 家制造业企业中,只有
28% 左右的企业参与出口市场,绝大多数企业选择供应国内市场,出口企
业的出口强度约为 41%。无论从出口企业比重还是从单位企业平均出口
额来看,外资企业最积极参与出口行为,大部分民营企业和国有企业只盯
住国内市场,尤其是国有企业,其出口倾向和单位企业平均出口额均列最
低(如表 3 和表 4 所示),这与三者在制造业企业中所占比例极不一致
(如表 1 所示)。从生产补贴来看,2001～2007 年,中国政府共向制造业
企业发放了总计约 455.57 亿元的生产补贴,受补贴企业比例约为制造业
企业的 13.20%,其中单位企业得到的补贴金额约为 161.6 万元。尽管政
府补贴金额逐年增加,但是补贴企业比例和单位企业平均补贴金额分别从
2005 年和 2006 年开始逐年下降,这也从侧面说明,面对粗放式增长方式
难以为继的现实窘境,中国政府尝试通过产业政策调整促进经济结构转型
升级。然而,政府对国有企业仍然实施"特殊"的补贴待遇:国有企业
得到生产补贴的平均比例为 18.69%,显著高于民营企业(12.43%)和
外资企业(14.30%);同时,政府对国有企业的单位企业补贴金额约为
409.5 万元,比民营企业或者外资企业的单位企业平均补贴金额(分别为
150.8 万元和 105.1 万元)的两倍还多。根据 Girma et al. (2009a)的调
查,中国财政年鉴所列政府预算支出中,有三种形式的政府资金流向了企
业层面,分别为鼓励创新和高新技术产品支出、企业流动资金额外拨款和
国有企业亏损支出,其中后两种支出形式专门流向国有企业。更为重要的

---

① 处理方式是对中国工业企业数据库和海关统计数据库中 2004 年数据按企业名称进行匹配,
再从完成匹配的样本企业中进行筛选,"出口交货值"大于 0 表明该企业存在出口,其余
则表明企业没有从事出口活动,以尽量减少样本损失。

是，尽管 2004 年以后政府对民营企业和外资企业的补贴比例不断下降，对国有企业的生产补贴比例不降反增，从 2004 年的 18.33% 增加至 24.69%。

表 1　2001～2007 年中国制造业企业性质构成

年份	企业总数（家）	国有企业（%）	民营企业（%）	外资企业（%）
2001	140036	14.79	64.55	20.66
2002	149657	11.65	67.49	20.86
2003	171318	8.30	70.35	21.34
2004	239678	5.15	72.80	22.05
2005	232055	3.88	73.17	22.95
2006	258954	2.97	74.86	22.17
2007	303290	2.02	76.78	21.20
合计	1494988	5.86	72.44	21.71
均值	213570	5.86	72.44	21.71

注：在我们研究的所有样本企业中，与国有企业比重逐年下降一致，国有企业的样本总数也是逐年下降；尽管外资企业比重时有波动，但是外资企业样本总数逐年增加。

表 2　2001～2007 年中国制造业企业整体出口和补贴情况

年份	非出口企业（%）	出口企业（%）	单位企业出口额（千元）	未补贴企业（%）	受补贴企业（%）	单位企业补贴金额（千元）
2001	72.34	27.66	39839	88.61	11.39	1555
2002	71.36	28.64	44615	87.27	12.73	1422
2003	71.24	28.76	53135	86.54	13.46	1518
2004	69.51	30.49	52965	85.18	14.82	1193
2005	71.35	28.65	69394	86.25	13.75	1902
2006	72.55	27.45	82877	86.74	13.26	1855
2007	74.53	25.47	93624	87.63	12.37	1738
合计	71.99	28.01	81054	86.80	13.20	1615
均值	71.99	28.01	66102	86.80	13.20	1616

注：单位企业出口额＝出口企业工业销售产值/出口企业总数；单位企业补贴金额＝补贴金额总额/补贴企业总数。

表3　2001~2007年中国制造业企业中出口组成和单位企业平均出口额

年份	出口企业组成（%）			单位企业出口额（千元）		
	国有企业	民营企业	外资企业	国有企业	民营企业	外资企业
2001	13.90	19.70	62.38	4029	24711	54694
2002	13.66	20.75	62.51	4870	26047	64063
2003	13.88	20.14	62.97	6684	29911	76442
2004	12.78	20.29	68.33	7668	27403	76987
2005	14.60	18.56	63.20	12490	37444	97139
2006	15.40	17.55	62.50	19477	44676	115410
2007	17.88	15.83	61.12	25753	49653	130300
合计	14.17	18.54	63.33	9365	35911	93942
均值	14.17	18.54	63.33	9365	35911	93942

注：单位企业出口额 = 出口企业工业销售产值/出口企业总数。

表4　2001~2007年中国制造业受补贴企业构成和单位企业平均补贴额

年份	受补贴企业组成（%）			单位企业补贴金额（千元）		
	国有企业	民营企业	外资企业	国有企业	民营企业	外资企业
2001	16.44	10.72	9.88	2730	1414	630
2002	17.29	11.88	12.95	3251	1225	643
2003	17.97	12.52	14.82	4264	1345	701
2004	18.33	13.58	18.12	3756	1119	762
2005	21.01	13.30	13.98	6296	1723	1329
2006	22.32	12.55	14.44	5410	1775	1351
2007	24.69	11.69	13.67	4828	1679	1388
合计	18.69	12.43	14.30	4101	1508	1051
均值	18.69	12.43	14.30	4095	1508	1051

注：单位企业补贴金额 = 补贴金额总额/补贴企业总数。

4.6.3.2　样本筛选及匹配

我们依据 $PS_{kt} = \{0, 1\}$ 筛选处理组企业和对照组企业。为了排除生产补贴对企业出口行为可能存在的滞后影响，本文同时设定企业在处理年份前两年的生产补贴和出口情况为筛选条件。以 2001 年为例，为了测算生产补贴对企业出口倾向的因果效应，我们对所有非出口企业作如下筛选：若某一企业在 1999 年和 2000 年均没有生产补贴收入或出口行为，但在 2001 年得到了政府发放的生产补贴，我们将其设定为处理组企业；若某一企业在 1999 年和 2000 年均无出口行为，且该企业在 1999 ~ 2001 年 3 年内都没有获得生产补贴收入，我们将其纳入对照组企业。依此类推，我们得到 2002 ~ 2006 年非出口企业的处理组和对照组企业样本。类似地，为了测算生产补贴对企业出口强度的因果效应，以 2001 年为例，若某一企业在 1999 年和 2000 年均有出口且都未得到生产补贴收入，但在 2001 年获得了生产补贴，我们将其设置为处理组企业；若某一企业在 1999 年和 2000 年均有出口，且该企业在 1999 ~ 2001 年 3 年内均无生产补贴收入，我们就将其纳入对照组企业。依此类推，我们得到 2002 ~ 2006 年出口企业的处理组和对照组企业样本。各年份处理组企业和对照组企业的筛选结果如表 5 所示。

如前文所述，我们一共设定了企业资产、销售收入、全要素生产率、雇员人数、雇员平均工资、所属行业类型以及是否含有外资 7 个变量为匹配变量（如表 6 所示）。我们对企业资产、销售收入、雇员人数、雇员平均工资等变量取以对数形式，前三个变量数据可直接从中国工业企业数据库获得，雇员平均工资由年平均雇员人数除以本年度支付工资总额而得。对于全要素生产率的 OP 方法测算，由于直接的企业投资数据无法获得，我们通过计算企业固定资产年增加值和本年折旧之和得到企业投资，并分别运用当年的固定资产投资价格指数和工业品出厂价格指数[①]对企业投资、资本存量和企业产出、中间投入进行平减。表 7 为 OP 方法和 OLS 方法对企业全要素生产率的估算结果。如表 7 所示，OP 方法估算的资本（K）回归系数较 OLS 估计值偏高，而劳动（L）、中间投入（M）的回归系数比 OLS 估计值略低，这一结果与绝大多数经验研究的结果一致。对于行业类别变量，我们依照两位制造业代码 13 ~ 43（行业代码 38 不存在），设定 Dum_ industry1 ~ Dum_ industry29 共 29 个虚拟变量，若企业 k 属于 A_m（$m \in (1, 29)$）取 1，其余则取 0。同时，我们将实收资本中含有外商资本和港澳台资本的企业视为含有外资企业，设立虚拟变量。

[①] 2001 ~ 2007 年的固定资产投资价格指数和工业品出厂价格指数均来源于各年的《中国统计年鉴》。

表5 处理组企业和对照组企业数目

年份	非出口企业		出口企业	
	处理组	对照组	处理组	对照组
2001	1294	26197	1005	10348
2002	1413	27716	1183	11536
2003	1758	35353	1632	13919
2004	2151	30196	1993	12807
2005	1955	36240	1395	15766
2006	3110	63552	2078	24396
2007	3736	74508	2181	27354

表6 匹配变量

变量名称	变量定义	数据格式	说明
lnasst	企业资产	对数	按当年价格
lnsale	销售收入	对数	按当年价格
TFP	全要素生产率	原形	使用 OP 方法测算
lnlabor	雇员人数	对数	年平均雇员人数
lnwage	雇员平均工资	对数	雇员人数/年付工资总额
Dum_industry	行业类型	虚拟变量	一共设定 29 个虚拟变量
Dum_foreign	是否含有外资	虚拟变量	外资包含外商资本和港澳台资本

表7 全要素生产率估算结果

	OP	OLS
$\ln L$	0.174 *** (109.51)	0.178 *** (185.94)
$\ln K$	0.131 *** (28.49)	0.0988 *** (150.84)
$\ln M$	0.691 *** (382.16)	0.709 *** (932.03)

注：（1）圆括号内表示 t 统计量。

（2）***、**、*分别表示在0.1%、1%、5%的显著性水平下通过 t 检验。

匹配质量的优劣依赖于匹配平衡性检验的结果。如表8所示，匹配之前，处理组企业和对照组企业在匹配变量上存在较大差异，而经过匹配以后，两组企业样本在匹配变量上的标准偏差几乎都减少了80%以上，且匹配后标准偏差绝对值均控制在4%以内。

表 8　各年份匹配变量及平衡性检验结果

年份	匹配变量列表(bias unmatched , bias matched , the reduction of ｜bias｜)	
	出口倾向	出口强度
2001	TFP(0.8% ,0.1% ,93.7%) lnsale^2(30.9% ,2.9% ,90.5%) lnlabor(28.3% ,2.1% ,92.5%) lnwage(20.2% ,1.4% ,93.1%) Dum_foreign(−1.1% , −0.2% ,83.1%)	TFP(−0.8% ,0.0% ,99.3%) lnsale(28.7% ,2.7% ,90.7%) lnlabor(16.3% ,2.5% ,84.9%) lnwage(23.0% ,2.7% ,90.7%) Dum_industry(6.9% ,1.1% ,84.7%)
2002	TFP(2.8% ,0.7% ,74.4%) lnasst^2(54.7% ,2.3% ,95.8%) lnsale(36.5% ,2.0% ,94.4%) lnlabor(39.3% ,1.9% ,95.2%) lnwage(26.3% ,1.0% ,96.4%)	TFP(2.2% ,0.6% ,71.6%) lnsale(23.2% ,2.4% ,89.7%) lnlabor(13.7% ,1.1% ,91.8%) lnwage^2(26.0% ,2.2% ,91.6%)
2003	TFP(−5.5% , −0.1% ,98.9%) lnsale(31.2% ,1.9% ,93.8%) lnlabor(30.8% ,1.9% ,93.8%) Dum_foreign(9.5% ,0.8% ,91.4%)	TFP(2.6% ,0.8% ,67.9%) lnasst(29.4% ,2.8% ,90.5%) lnsale(22.3% ,2.5% ,88.7%) lnlabor(12.5% ,1.3% ,89.6%) lnwage(22.1% ,2.1% ,90.4%) Dum_foreign(17.7% ,1.2% ,93.2%)
2004	TFP(0.5% ,0.5% ,14.4%) lnasst^2(44.3% ,3.1% ,92.9%) lnsale(27.8% ,2.3% ,91.8%) lnlabor(26.5% ,2.3% ,91.5%) lnwage(20.5% ,0.4% ,97.9%) Dum_foreign(12.0% ,0.6% 94.7%)	lnsale(23.5% ,2.6% ,89.0%) lnlabor(13.4% ,1.8% ,86.7%) lnwage(20.0% ,1.9% ,90.5%) Dum_foreign(11.3% ,1.0% ,91.1%)
2005	TFP(−6.3% ,0.3% ,94.5%) lnasst^2(50.6% ,4.1% ,92.0%) lnsale(32.5% ,3.5% ,89.3%) lnwage(15.2% ,0.9% ,94.1%) Dum_foreign(7.5% ,0.7% ,91.2%)	lnasst(34.2% ,3.7% ,89.1%) lnsale(28.9% ,3.7% ,87.4%) lnlabor(18.8% ,2.8% ,85.2%) lnwage(13.1% ,1.1% ,91.4%)
2006	TFP(−4.4% ,0.3% ,92.3%) lnasst^2(58.7% ,2.9% ,95.0%) lnlabor(38.0% ,2.1% ,94.4%) lnwage(20.1% ,0.4% ,98.1%) Dum_foreign(8.9% ,0.4% ,95.7%)	TFP(−8.8% , −0.1% ,98.4%) lnasst(32.8% ,2.6% ,92.1%) lnsale(26.2% ,2.5% ,90.4%) lnlabor(20.1% ,1.9% ,90.5%) lnwage(8.1% ,0.2% ,97.0%)
2007	TFP(−6.6% , −0.1% ,98.1%) lnasst(59.9% ,2.9% ,95.1%) lnsale(31.9% ,2.2% ,93.1%) lnlabor(36.7% ,2.1% ,94.2%) Dum_foreign(10.0% ,0.2% ,98.2%)	TFP(−7.7% ,0.0% ,99.9%) lnasst(32.5% ,1.9% ,94.2%) lnsale(23.5% ,1.6% ,93.2%) lnlabor(16.1% ,1.3% ,91.8%) lnwage(5.0% , −0.2% ,96.1%)

　　注：(1) bias unmatched 指匹配前的标准偏差，bias matched 指匹配后的标准偏差，the reduction of｜bias｜指匹配后的标准偏差较匹配前减少的百分比。

　　(2) "^"表示该变量取平方形式。

　　(3) 行业类别变量所列出的为标准偏差最大值。

4.6.3.3 估计结果

为了分别测算生产补贴对企业出口倾向和出口强度的因果影响，我们定义虚拟变量 prob（1 表示非出口企业在该年进入出口市场，0 表示该企业仍然没有出口）表示非出口企业的出口倾向，定义 share（企业出口交货值与其工业销售产值的对数比值）表示出口企业的出口强度。本文先从整体上测算 2001~2007 年生产补贴对所有制造业企业出口倾向和出口强度的因果效应，然后对企业性质类型进行区分，分别测算生产补贴对国有企业、民营企业和外资企业出口倾向和出口强度的因果影响。依据中国工业企业数据库的分类方式，本文将国有经济下国有企业（110）、国有联营企业（141）、国有独资公司（151）统一视为国有企业，将外商投资企业（300~340）和港澳台投资企业（200~240）统一视为外资企业，其余则视为民营企业。各年份的倾向评分匹配估计结果及其倍差估计结果分别如表 9~表 12 所示[①]。

（1）生产补贴对制造业企业的整体影响

如表 9 所示，倾向评分核匹配估计结果显示，生产补贴对制造业企业出口倾向的刺激作用非常显著。生产补贴确实有效激励了非出口企业进入出口市场，且这一激励作用大致介于 0.027 与 0.071 之间。当结合倍差法剔除掉不随时间变化却又无法观测的企业个体因素影响及随时间变动的外部因素影响后，估计结果几乎没有发生改变，仅有系数的标准差发生微小变动，导致在 2001 年、2003 年和 2005 年，其估计系数的显著性有所减弱。同时，实证结果显示，不存在生产补贴对企业出口强度的刺激作用。除了 2004 年的倾向评分匹配的倍差估计结果呈现出较弱的显著性，其余年份的两种估计结果均不能支持生产补贴促进现有出口企业出口更多的理论假设。总体而言，生产补贴对企业出口行为的因果影响与企业获得生产补贴之前的出口状态有关：对于非出口企业，若企业在某一年获得了来自政府的生产补贴，则该企业平均出口倾向高于同等条件下未得到补贴的非出口企业；对于出口企业，企业出口强度在企业得到生产补贴后未有显著提高，生产补贴在刺激企业出口更多方面相对缺乏效率。

---

① 这里需要指出，2004 年以前，《中国工业企业数据库》的统计范围仅包括年年销售额 500 万元以上的大中型制造业企业，而 2004 年以后，所有工业企业数据均被纳入《中国工业企业数据库》的统计范围。这会导致大量年销售额不足 500 万元的中小企业突然出现在本文 2004 年以后的样本之中，从而给 2004 年的估计结果带来一定偏差。

表 9　生产补贴对中国制造业企业出口行为的平均影响效应

年份	出口倾向		出口强度	
	ATT^{PSM}_{prob}	$ATT^{PSM-DID}_{prob}$	ATT^{PSM}_{share}	$ATT^{PSM-DID}_{share}$
2001	0.041 ***	0.041 **	− 0.009	0.010
	(0.014)	(0.020)	(0.019)	(0.026)
2002	0.040 ***	0.040 ***	0.007	0.024
	(0.011)	(0.015)	(0.020)	(0.028)
2003	0.041 ***	0.041 **	0.009	0.020
	(0.012)	(0.017)	(0.014)	(0.020)
2004	0.071 ***	0.071 ***	0.024	0.041 *
	(0.014)	(0.019)	(0.015)	(0.021)
2005	0.027 ***	0.027 **	− 0.005	0.023
	(0.009)	(0.013)	(0.019)	(0.027)
2006	0.035 ***	0.035 ***	0.009	0.030
	(0.007)	(0.010)	(0.016)	(0.022)
2007	0.033 ***	0.033 ***	− 0.002	0.019
	(0.006)	(0.009)	(0.014)	(0.020)

注：（1）圆括号内数值表示估计结果的标准差。

（2）*** 、** 、* 分别表示在 0.1% 、1% 、5% 的显著性水平下通过 t 检验。

这一结果支持了 Girma et al. （2009b）对中国制造业企业部分研究结论，但与 Bernard 和 Jensen （2004）、Görg et al. （2008）、Girma et al. （2009a）等对发达国家的研究发现有较大差异。几个可能的解释是：（1）初始进入成本是影响中国企业出口行为的主要因素之一。受融资约束影响，出口固定成本会制约中国企业的出口能力（易靖韬，2009；于洪霞等，2011），而政府发放给企业的生产补贴相当于帮助企业克服了部分出口固定成本，因此会起到鼓励非出口企业开始出口的积极作用。（2）出口强度是出口企业出口竞争力的重要体现之一。无论是政府鼓励创新补贴还是专门流向国有企业的额外生产补贴，均不会显著提高出口企业的出口强度，这很可能说明，企业对生产补贴的利用缺乏效率，生产补贴并没有达到其帮助企业改善生产、提高质量或降低成本的直接目的，因此不能显著提升出口企业的出口竞争力（Girma et al.，2009a）。陈林和朱卫平（2008）也通过研究发现，政府补贴对企业创新产出增长的激励效应不明显，这样，即便企业将生产补贴收入用于该年的技术研发，也很难在短期内实现生产率提高或产品技术升级从而提升出口竞争力、扩大企业出口。（3）生产补贴的政策效果可能与中国制造业的总体发展水平相关。由于中国本土企业的出口竞争优势目前主要来源于低成本的劳动力禀赋与处于全球价值链低端环节的国际代工因素的结合（刘志彪、张杰，2009），产品标准化程度高，企业进行技术升级，降低可变成本的空间相对狭小。

（2）生产补贴对不同性质企业出口行为的影响

基于生产补贴在不同性质企业之间分配不均的现实特点，国有企业、民营企业和外资企业在对生产补贴的利用效率上是不是也会有所差异？表10～12的结果肯定了我们的这一猜想。

表 10　生产补贴对中国制造业国有企业出口行为的平均影响效应

年份	出口倾向		出口强度	
	ATT^{PSM}_{prob}	$ATT^{PSM-DID}_{prob}$	ATT^{PSM}_{share}	$ATT^{PSM-DID}_{share}$
2001	0.034 **	0.034	0.056	0.043
	(0.015)	(0.022)	(0.043)	(0.060)
2002	0.023	0.023	−0.025	0.016
	(0.014)	(0.020)	(0.064)	(0.090)
2003	0.022	0.022	0.043	0.048
	(0.015)	(0.021)	(0.067)	(0.094)
2004	0.013	0.013	0.027	0.030
	(0.022)	(0.031)	(0.062)	(0.087)
2005	0.009	0.009	0.049	0.044
	(0.020)	(0.028)	(0.061)	(0.087)
2006	0.046 **	0.046	0.046	0.090
	(0.021)	(0.029)	(0.084)	(0.118)
2007	0.019	0.019	−0.001	0.004
	(0.023)	(0.033)	(0.082)	(0.115)

注：（1）圆括号内数值表示估计结果的标准差。

（2）*** 、** 、* 分别表示在0.1% 、1% 、5% 的显著性水平下通过 *t* 检验。

首先，尽管国有企业的受补贴比例和平均企业补贴金额都明显高于民营企业和外资企业，但是大量流向国有企业的生产补贴似乎并没有起到鼓励出口的作用。如表 11 所示，在我们考察的 7 个年份中，只有 2001 年和 2006 年的倾向评分匹配估计结果较为显著，我们无法得出生产补贴激励国有企业开始出口的肯定结论。同样，实证结果也无法证明大量流向国有企业的生产补贴在提高企业出口强度方面行之有效。

其次，民营企业对生产补贴的利用效率高于国有企业，至少核匹配估计结果和倍差估计结果一致表明，生产补贴会鼓励民营企业进入出口市场

（如表 11 所示）。对于得到生产补贴收入的民营非出口企业来说，其出口倾向要比没有得到生产补贴情形下高出 0.025～0.05 左右，接近于全样本情形下生产补贴对非出口企业的出口激励效应。张杰等（2011）也指出，如果政府对要素市场的干预和控制较多，那么获得政府补贴的本土企业的出口边际倾向会显著高于没有获得政府补贴的本土企业。然而，对于民营出口企业而言，也不存在生产补贴对企业出口强度的刺激作用，或者说，政府不能通过补贴民营出口企业生产经营活动实现其扩大出口的政策目标。

第三，与国有企业情形类似，生产补贴不能通过提高外资企业出口倾向或出口强度的途径促进外资企业出口。尽管个别年份的估计结果呈现出一定的显著性（如表 12 所示），但是整体而言，不存在生产补贴外资非出口企业的出口激励作用。同样，没有实证结果能够表明，生产补贴鼓励外资企业出口更多。这可能是因为，外资企业面临的出口融资约束压力相对较小，在制度上"置身度外"的外资企业不仅资金雄厚、技术先进，还能凭借与政府引资政策相配套的信贷条款甚至隐性担保获得较为便利的贷款（黄玖立、冼国明，2010）。因此外资企业有实力支付出口活动的双重成本，其出口倾向和出口强度本来就很高（如表 5 所示），生产补贴对外资企业出口行为的因果影响因而有限。

表 11　生产补贴对中国制造业民营企业出口行为的平均影响效应

年份	出口倾向		出口强度	
	ATT_{prob}^{PSM}	$ATT_{prob}^{PSM-DID}$	ATT_{share}^{PSM}	$ATT_{share}^{PSM-DID}$
2001	0.037***	0.037*	0.019	0.036
	(0.014)	(0.020)	(0.026)	(0.037)
2002	0.040***	0.040**	0.019	0.032
	(0.011)	(0.016)	(0.030)	(0.042)
2003	0.041***	0.041**	0.007	0.027
	(0.014)	(0.020)	(0.022)	(0.031)
2004	0.050***	0.050**	0.024	0.047
	(0.014)	(0.020)	(0.022)	(0.032)
2005	0.028***	0.028**	−0.013	0.027
	(0.009)	(0.013)	(0.023)	(0.033)
2006	0.030***	0.030***	0.010	0.043
	(0.008)	(0.011)	(0.021)	(0.030)
2007	0.025***	0.025***	−0.004	0.025
	(0.006)	(0.009)	(0.018)	(0.025)

注：圆括号内数值表示估计结果的标准差；***、**、*分别表示在 0.1%、1%、5% 的显著性水平下通过 t 检验。

表 12 生产补贴对中国制造业外资企业出口行为的平均影响效应

年份	出口倾向		出口强度	
	ATT_{prob}^{PSM}	$ATT_{prob}^{PSM-DID}$	ATT_{share}^{PSM}	$ATT_{share}^{PSM-DID}$
2001	0.098 (0.099)	0.098 (0.140)	-0.025 (0.024)	-0.012 (0.034)
2002	0.048 (0.041)	0.048 (0.058)	-0.003 (0.027)	0.017 (0.038)
2003	0.048 (0.050)	0.048 (0.070)	-0.003 (0.019)	0.009 (0.027)
2004	0.144 *** (0.044)	0.144 ** (0.063)	0.006 (0.027)	0.025 (0.024)
2005	0.015 (0.036)	0.015 (0.050)	0.003 (0.035)	0.019 (0.049)
2006	0.048 * (0.029)	0.048 (0.040)	0.005 (0.023)	0.017 (0.032)
2007	0.060 ** (0.028)	0.060 (0.040)	0.006 (0.025)	0.018 (0.036)

注：（1）圆括号内数值表示估计结果的标准差。
（2） *** 、 ** 、 * 分别表示在 0.1%、1%、5% 的显著性水平下通过 t 检验。

综上所述，生产补贴会有效激励中国制造业企业中的非出口企业进入出口市场，但这一激励作用仅体现在其对民营非出口企业的行为激励上，不存在生产补贴对国有企业、外资企业出口倾向的因果效应。此外，生产补贴不能鼓励现有出口企业出口更多，且这一结论不会因企业性质不同而有所差异。

4.6.4 结论与政策含义

本文结合倾向评分匹配法和倍差法研究生产补贴对中国制造业企业出口行为的因果效应。基于 1999~2007 年中国制造业企业数据的研究发现，生产补贴有效激励了非出口企业的出口行为，但不会对企业出口强度产生影响。这一结果支持了 Girma et al. （2009b） 对中国制造业企业部分研究结论，但与 Bernard 和 Jensen（2004）、Görg et al.（2008）、Girma et al.（2009a）等对发达国家的研究发现有较大差异。基于生产补贴在不同性质企业之间分配不均的现实情况，本文分企业性质类型进一步考察发现，生产补贴只会显著提高民营企业的开始出口倾向，不存在其对非出口企业中国有企业和外资企业的积极影响；同时，没有证据能够表明生产补贴在提高国有企业、民营企业或者外资企业的出口强度方面行之有效，这也与生产补贴对中国制造业企业的全样本估计结果一致。

由此可知，生产补贴能够通过鼓励非出口企业进入出口市场促进中国制造业出口，但这一积极作用只体现在对民营非出口企业的出口行为激励上，生产补贴并不能显著提高国有企业和外资企业的出口倾向。这一结果差异很可能是因为中国民营制造业企业面临的融资环境相对较差。从资源优化配置角度而言，政府应反思现行的生产补贴政策，给予民营企业更多的资金支持，以促进更多的企业参与出口活动。更为重要的是，生产补贴的政策效果仅仅停留在促进出口企业数量扩张的层次上，不存在生产补贴对企业出口竞争力的积极影响。在加快经济发展方式转变的"十二五"期间，如何提高现有出口企业的出口竞争力，促进中国出口由数量扩张向结构升级转变，是中国政府必须审慎思考的又一难题。

参考文献

［1］ Bernard A B, J B Jensen. 2004. Why some firms export. Review of Economics and Statistics, 86.（2）.

［2］ Blundell R, M Costa Dias. 2000. Evaluation Methods for Non-experimental Data. Fiscal studies, 21（4）.

［3］ Chaney T. 2008. Distorted gravity：The intensive and extensive margins of international trade. The American Economic Review, 98（4）.

［4］ Clerides S K, SLach, et al. 1998. Is learning by exporting important？Micro-dynamic evidence from Colombia, Mexico and Morocco. The Quarterly Journal of Economics, 113（3）.

［5］ Girma S, Y Gong, et al. 2009. Can production subsidies explain China's export performance？Evidence from firm level data. Scandinavian Journal of Economics, 111（4）.

［6］ Girma S, H. Görg, et al. 2009. Subsidies and exports in Germany：first evidence from enterprise panel data. IZA Discussion Paper, 4076.

[7] Görg, H. M Henry, et al. 2008. Grant support and exporting activity. The Review of Economics and Statistics, 90（1）.

[8] Heckman J J H Ichimura, et al. 1997. Matching as an econometric evaluation estimator：Evidence from evaluating a job training programme. The Review of Economic Studies, 64（4）.

[9] Melitz M J. 2003. The impact of trade on intra-industry reallocations and aggregate industry productivity. Econometrica, 71（6）.

[10] Olley G S, A Pakes. 1992. The dynamics of productivity in the telecommunications equipment industry. National Bureau of Economic Research.

[11] Silva A. 2010. The role of subsidies for exports：Evidence for portuguese manufacturing Firms. FEP Working Papers.

[12] Smith A J, Todd P E. 2005. Does matching overcome LaLonde's critique of nonexperimental estimators? . Journal of econometrics, 125（1－2）.

[13] Wagner J. 2007. Exports and productivity：A survey of the evidence from firm level data. The World Economy, 30（1）.

[14] Yasar. M, R, Raciborski, et al. 2008. Production function estimation in stata using the Olley and Pakes method. Stata Journal, 8（2）.

[15] 白重恩，王鑫，钟笑寒．2011．出口退税政策调整对中国出口影响的实证分析．经济学（季刊），10。

[16] 陈林，朱卫平．2008．出口退税和创新补贴政策效应研究．经济研究，11。

[17] 黄玖立，冼国明．2010．金融发展、FDI 与中国地区的制造业出口．管理世界，7。

[18] 邵敏，包群．2011．出口企业转型对中国劳动力就业与工资的影响——基于倾向评分匹配估计的经验分析．世界经济，6。

[19] 余淼杰．2010．中国的贸易自由化与制造业企业生产率．经济研究，12。

[20] 刘巳洋，路江涌，陶志刚．2008．外商直接投资对内资制造业企业的溢出效应：基于地理距离的研究．经济学（季刊），10。

[21] 刘志彪，张杰．2009．我国本土制造业企业出口决定因素的实证分析．经济研究，8。

[22] 马捷．2002．国际多市场寡头条件下的贸易政策和产业政策．经济研究，5。

[23] 马捷，李飞．2008．出口退税是一项稳健的贸易政策吗？经济研究，4。

[24] 王孝松，李坤望，包群，谢申祥．2010．出口退税的政策效果评估：来自中国纺织品对美出口的经验证据．世界经济，4。

[25] 易靖韬．2009．企业异质性、市场进入成本、技术溢出效应与出口参与决定．经济研究，9。

[26] 于洪霞，龚六堂，陈玉宇．2011．出口固定成本融资约束与企业出口行为．经济研究，4。

[27] 张杰，周晓艳，郑文平，芦哲．2011．要素市场扭曲是否激发了中国企业出口．世界经济，8。

4.7 异质性企业空间选择与地区生产率差距：基于中国工业企业数据的实证研究

李晓萍①

摘　要：基于异质性企业理论视角的新经济地理学的前沿研究指出，异质性企业的空间选择行为是异于集聚效应之外影响地区生产率差距的另一微观机制。本文运用 1998～2007 年中国工业企业数据库微观企业数据，构建分位数回归模型，检验异质性企业空间定位选择行为与集聚效应对于中国地区生产率差距所带来的重要影响。结果表明：（1）异质性企业的定位选择行为在中国显著存在，并且是影响导致地区企业生产率差异以及地区生产率差异的重要机制。（2）高生产率企业和低效率企业在空间分布上都呈现集中于东部发达地区的特征，这表明现阶段接近需求市场较之逃避竞争成为影响企业空间选择行为的更加重要的决定性因素。此外，本文实证结果并不支持集聚效应有利于提高当地企业生产率的假说。

关键词：企业异质性　产业集聚　生产率差距

---

① 李晓萍（女，1978～　），河南洛阳人，中山大学管理学院，中山大学产业与区域发展研究中心，博士；地址：广东省广州市海珠区新港西路 135 号中山大学管理学院；邮编：510275；电话：13560082320；邮箱：littlexp@ 126. com。

4.7.1 引言

近十余年来，随着市场一体化程度的提高，产品市场的分割程度明显降低，资本与劳动的流动性显著增强。随着资本和劳动跨地区流动加剧，地区之间生产率差距亦发生显著变化。对此，学界的主流观点认为，市场一体化程度的提高强化了产业集聚效应，从而对地区生产率差异产生重要影响。然而，基于产业集聚机制的解释似乎不得不面对这样一个问题：既然制造业在东部沿海地区的持续集聚，是导致东部成为制造业中心而中西部处于制造业外围，由于理论上认为集聚效应与企业生产率之间存在正相关作用，并且集聚中心区的平均生产率高于外围区的平均生产率，那么，随着集聚过程中离心力作用的逐渐显现，以及东部地区近几年出现的产业转移现象，必然会使得东、中西部地区生产率差距应呈现同时缩小的趋势，这就难以解释近年来中国地区差距缩小与地区生产率差距持续扩大同时并存的现象。

从国外近期研究地区生产率差异的文章来看，其研究重点转向（以生产率差异为基本特征的）异质性企业理论与新经济地理理论的融合，并由此提出了另外一种解释地区生产率差距的重要影响机制，即：异质性企业的空间定位选择行为，引致地区间内生的地区生产率差异及地区发展不平衡。该理论重点关注国际贸易成本不断下降过程中异质性企业定位选择行为的变化，以及由此带来的对于经济空间分布的重要影响。当前，中国正处于市场一体化进程中，地区之间的贸易成本不断下降，企业空间定位选择的自由度亦显著提高。纳入企业异质性的新经济地理理论符合中国现阶段的这一经济现实，为探讨中国地区生产率差异变化的内在机制提供了全新的思路。基于产业集聚机制的解释与基于异质性企业空间定位选择的思考逻辑，得出的政策含义并不一致。因而，深入考察异质性企业理论所阐述的机制是否在中国的市场一体化进程中同样存在；如果两种机制均存在，那么哪种机制才是影响中国地区差距或者地区生产率差异的主要原因；中国地区差距在多大程度上来源于产业集聚，多大程度上又来源于异质性企业的定位选择行为。切实探究两种机制对于中国地区生产率差异的影响，对于制定和实施切合中国实际的协调区域发展政策具有重要的现实意义。

本文尝试以异质性企业视角的经济地理理论分析框架为基础，将集聚效应等纳入其中，采用中国工业企业数据对上述问题进行实证检验。本文内容安排如下：4.7.2 是对相关研究文献的回顾与评述；4.7.3 通过对不同生产率企业跨地区的分布予以描述性分析；4.7.4 构建同时纳入企业异质性与集聚效应的实证分析框架，并就相应数据进行说明；4.7.5 采用中国工业企业普查数据进行实证检验，给出实证分析的关键性结论，并进行简短的说明；4.7.6 是结论与政策讨论，就实证结果展开讨论，并给出相应结论和政策建议。

4.7.2 理论分析框架

从国内近期关于中国地区生产率差异与地区经济差距的经验研究来看，现有的文献大多认为各产业省际间劳动生产率的差异、企业关系产权广度缩小和资源配置市场化程度加大、东中西部的技术差距等是导致地区间生产率差异的主要原因。20 世纪 90 年代中期以后，伴随着企业关系产权广度缩小、资源配置市场化程度加大，东部与中西部地区之间的 TFP 差距扩大（顾乃华，朱卫平，2011）。从 20 世纪 90 年代开始，产业间的生产率差别随时间呈现出扩大趋势；各产业地区间的生产率收敛不存在，发散是基本的趋势，各产业省际间劳动生产率的差异是造成现时中国地区间收入差异不断扩大的直接原因（刘黄金，2006）。对 TFP 的分析是我们更好地理解省区经济收入差距的必要条件，全要素生产率对地区经济发展差距的作用持续提高，将成为今后地区经济发展差距的关键性决定因素（傅晓霞，吴利学等，2009）。从以往研究来看，对于地区生产率差距的解释主要基于新经济地理理论集聚效应的解释展开，集聚中心区（如大城市）的企业生产率更高（Rosenthal，Strange，2004；Melo et al. 2009；Combes et al. 2010；Okubo，Tomiura. 2011）。近年来，融合企业异质性的新经济地理理论的提出，对于地区间生产率差距方面的实证研究，开始从集聚层面的探索转向辨识产业集聚与异质性企业定位选择行为对于地区生产率差异影响及其程度。

4.7.2.1 地区生产率差距：集聚效应抑或异质性企业空间选择

（1）地区生产率差距：基于产业集聚的视角

对于中国地区生产率差异及其变化趋势的解释，主流观点沿着新经济地理理论的逻辑思路展开。从新经济地理理论中集聚效应的解释逻辑来看，规模报酬递增与循环累积效应的共同作用而导致的地区差异。由于制造业存在规模经济、收益递增、不完全竞争、关联效应等特性，在贸易成本、要素流动和要素集中条件下，由于运输成本、规模经济等的变化，循环累积效应的自我实现机制会推动经济的空间集聚，促使生产要素向具有初始优势的地区集中，该地区集聚优势的被进一步放大，导致了地区间出现集聚中心与外围边缘的非均衡发展（梁琦，2004；梁琦，2006；张文武，梁琦，2011）。处于集聚中心区的企业普遍具有更高生产率、提供更高工资、占据更大市场份额，能够应对中心区大量的企业之间存在的激烈竞争。

结合中国经济发展的实际来看，中国工业化进程的持续不断加快，由于制造业存在规模报酬递增的特征，在循环累积效应的作用下，东部沿海地区的市场优势不断得以放大，优势制造业的集聚程度明显提高并主要集中在东部，从而提高该地区的要素生产率，而中西部地区有沦为容纳低效率的农业与采掘业的外围区域的危险（范剑勇，2008）。沿此产业集聚、劳动生产率、地区差距相互的紧密联系的逻辑出发，范剑勇（2006）利用中国2004年地级城市和副省级城市的数据对劳动生产率和经济密度的关系进行了实证检验，验证了集聚经济效应的存在，并且指出在非农产业已经分布极不平衡的情况下，多数省份、特别是沿海地区的劳动生产率对就业密度正弹性系数，才导致非农产业存在着空间上的规模报酬递增特征，通过累积循环机制使地区间的经济发展发生极化，导致地区间劳动生产率和平均收入不断差异化。而陈良文等（2008）采用北京市2004年经济普查数据，从经济集聚密度的视角对北京市内的劳动生产率差异进行解释，其研究结果发现劳动生产率与经济密度之间存在显著的正向关系，验证了集聚经济效应的存在。

从上述基于集聚经济视角的解释来看，经济集聚通过劳动力池效应、专业化投入品效应和知识外溢效应影响地区经济的运行效率，地区间生产率差距的主要影响因素在于经济集聚程度的差异。但是随着大量制造业向东部沿海地区集聚，东部地区在劳动力成本急剧上升和土地资源日趋紧张的双重压力下，2005年后制造业在东部地区的平均集聚率有所下降；虽然总体而言，这种扩散程度有限，仅是少数制造业呈现由东部地区向其他地区转移和扩散的态势（吴三忙，李善同，2010）。在新经济地理的分析框架下，随着产业扩散和转移效应的显现，东部沿海地区和中西部地区的生产率差距势必逐渐缩小。可见，由此逻辑出发得到的结论，难以解释近年来中国地区生产率差距持续扩大现象。

（2）地区生产率差距研究：基于企业异质性的视角

近年来，一些研究开始关注企业异质性带来的区域内生不均衡，并指出异质性企业定位选择效应是影响空间经济发展不均衡的另一重要途径。这类研究中最具代表性的是 Baldwin 和 Okubo（2006）和 Okubo et al.（2010），他们对贸易成本下降过程中异质性企业分布与地区间生产率关系的探讨。这两篇文献均把企业生产率作为外生给定的，强调贸易自由化会导致异质性企业在不同地区之间重新分布，从而对地区生产率和地区发展差距产生重要影响。异质性企业理论以企业生产率差异为特征，由于低成本企业定位于大市场能获得更大的市场份额，避免了空间距离带来的运输成本，同时也能够应对大市场更加激烈的竞争，因而大市场总是倾向于吸引低成本企业的迁入，成本越低的企业迁移至大市场的意愿越强烈，即选择效应（selection effect）；而随着低成本企业迁移至中心区，中心地产品市场和要素市场上的竞争都不断加剧，中心区高成本企业将不得不向小市场转移以逃避激烈的竞争，从而形成低成本企业定位于大市场和高成本企业定位于小市场的格局，即分类效应（sorting effect）。市场一体化过程中企业定位选择行为、进入（退出）市场与出口与否等方面的决策，引致内生的区域不平衡。两类企业的完全分类可能并非最终均衡结果，随着贸易成本的进一步下降，使得市场的分割不再能够为高成本企业提供足够的保护以逃避外部竞争时，高成本企业也倾向于选择定位于靠近大市场，从而导致国际生产率之间的差距随市场融合程度的加深而呈先升后降的趋势（Okubo et al.，2010）。Okubo 和 Forslid（2010）也指出，分类效应是中心区域生产率提升的一个重要机制，中心区生产率高的另一个重要来源是中心区具有更显著的选择效应，大市场的激烈竞争导致效率低的企业关闭，而增加了平均生产率。

　　基于企业异质性视角的新经济地理的实证研究中，Combes et al.（2010）尝试通过把企业选择模型嵌入标准的集聚模型，并采用法国微观企业层面的数据和分位数方法对集聚和企业选择效应的相对重要性进行估计，结果发现，引起法国地区之间的生产率差异的主要原因是集聚经济，企业生产率对劳动者集聚度的弹性更加显著。这种情况在所有部门和两位数部门同样存在，针对不同区域进行的分析也得出相同结果。其后，Combes et al.（2010）又通过引入工具变量和构建工人固定效应的方法，处理由内生的劳动者数量和劳动者质量带来的偏差，其研究发现当剔除这些内生性带来的估计偏差，生产率与就业密度之间的弹性系数降幅达到 1/5，也就是说由于劳动者与企业生产率的选择效应存在，集聚经济的倾向实际上被高估了。而 Behrens et al.（2010）采用 2000 年美国 276个大都市的统计数据，对分类、选择和集聚三者之间的相互影响进行实证检验，研究也发现：生产率引起的事前分类效应和事后选择效应，与标准模型的集聚经济效应共同作用，是导致大城市具有更高效工人、更高才能的企业家，更高工资和更高生活成本，以及大城市的企业比小城市的企业的平均生产率更高的原因。也就是说，地区生产率差距不仅仅取决于地区间集聚效应的差别，而且与生产率异质性的存在导致的选择效应和分类效应相关。Okubo 和 Tomiura（2011）进一步采用日本制造业企业的普查数据，对不同区域企业生产率分布及其差异进行实证考察，以深入探讨地理要素如何影响企业生产率跨地区的分布。其研究结果证实中心区域具有更高的平均生产率，同时发现由于市场势力、集聚效应的存在，导致企业生产率偏离正态分布。该文进一步的研究表明，当集聚效应和马歇尔外部性较之竞争效应居于主导地位时，集聚区能够容纳生产率较低的企业在集聚区存活，从而导致企业生产率在更大的范围内分布。该文也佐证了地区生产率差距的来源，即集聚效应、分类效应和选择效应的共同作用。

从上述实证研究来看，异质性的存在导致的选择效应与分类效应，是除集聚效应之外另一提升中心区域生产率提升的重要机制。也就是说，异质性企业出现的空间分类效应，能够提升中心区域的生产率水平，而中心区的激烈竞争对于进入企业存在更显著的选择效应，导致成本高的企业关闭或者远离该区域，从而增加了本区域的平均生产率。但是当市场的分割不足以隔离外部竞争时，高成本企业也开始倾向于将生产选址靠近大市场。由此可见，异质性企业的定位选择行为与经济的空间分布存在复杂的互动影响。因此，异质性企业理论引入经济活动空间分布的分析框架，为分析存在成本差异的企业在空间上的流动与分布，以及由此产生的对于地区生产率差异的重要影响，提供了不同于新经济地理学的另一种微观解释机制（梁琦等，2012；李晓萍，江飞涛，2011）。

4.7.2.2　简要评述

对于中国地区生产率差异及其变化，现有研究主要从产业集聚机制出发来阐述其微观机制。这些研究固然有其解释力，然而这些研究忽视了市场一体化过程中异质性企业定位选择行为可能带来的重要影响。对于中国地区生产率差距究竟是由于市场规模差异引起的不同生产率企业空间选择所致，还是产业集聚的作用，抑或二者的共同作用，当前缺乏相应的严谨实证研究。已有的实证研究大多是基于省际宏观数据的分析，缺乏关于地区生产率差异相应微观机制实证研究，识别产业集聚效应与异质性企业空间定位选择行为各自影响的研究更是处于空白。对于地区生产率差异的解析，不能仅仅囿于产业层面的产业集聚思考框架，还应该同时考虑异质性企业定位选择的重要影响。这一机制对于解释中国地区生产率差异及企业生产率与地理要素特征之间的关系，甚或解析区域协调发展政策效果都具有非常重要的作用。鉴于此，本文尝试借鉴和发展新新经济地理学的相应实证研究，基于中国工业企业微观数据，考察异质性企业定位选择行为的存在性，解析经济集聚效应与异质性企业定位选择行为各自对于中国地区生产率差异产生的重要影响。

4.7.3　数据来源、测算与描述性分析

为了能够对于中国地区间不同生产率企业的分布情况及其变化有个直观的了解，本文基于 1998~2007 年间中国国有及规模以上工业企业的大规模微观数据集，采用半参数方法测算了 1998~2007 年企业层面的全要素生产率，并就 1998 年和 2007 年生产率分布于上、下四分位上的企业在各省份经济活动的分布作一简单的描述性分析。

4.7.3.1　相关变量及其处理

对于原始数据，1998~2007 年间的中国工业企业数据库涵盖的企业数量及信息量，能够比较全面地反映中国工业部门各个产业的产业组织概况，并且每个企业除非发生合并或重组，其所属代码是唯一的且是固定不变的，为方便地识别和追踪每一个企业跨时间的变化情况提供了可能，因而是较为合意的数据集来源。该数据库提供了 1998~2007 年间每一个年份工业部门的全部四位数产业中规模以上工业法人企业（主营业务收入 500 万元以上的全部国有和非国有工业法人企业）的重要信息，涵盖企业的基本情况、财务状况和盈利状况方面的信息，主要的经济指标包括企业代码、企业所在地、企业所属行业类型（四位数）、企业的资本构成及资产负债情况、主营业务收入、中间投入费用和利润分配等。

对于该数据集的处理采用了李玉红等（2008）的方法，对不符合基本逻辑关系的错误记录予以了剔除。并且为了保证 2003 年前后的统计口径一致，本文依据 Brandt 等（2009）提供的 2003 年前后工业部门全部四位数产

业的统计口径及产业调整目录，对 2003 年前后中国工业部门全部四位数产业的统计口径进行了统一。按照企业的代码和年份，最后构建了一个大规模非平衡微观面板数据集，该数据集包括：时间跨度在 1998 ~ 2007 年之间、作为截面单元的 598640 个制造业企业，共计 1862132 个观察值，每个观察值涵盖的信息量包括企业基本情况、财务状况和盈利情况等方面的 50 个变量。

（1）企业生产率的测算

本文采用 Syverson（2011）的测度方法（简泽，2011），假定企业的生产函数具有柯布 - 道格拉斯函数的形式：

$$Y_{it} = A_{it} K_{it}^{\alpha_K} L_{it}^{\alpha_L} \tag{1}$$

其中，Y_{it} 表示企业 i 在时期 t 的净产出水平，K_{it} 和 L_{it} 表示资本和劳动投入，α_K 和 α_L 表示资本和劳动产出弹性，那么，企业 i 在时期 t 的全要素生产率可以定义为：

$$TFP_{it} = A_{it} = \frac{Y_{it}}{K_{it}^{\alpha_K} L_{it}^{\alpha_L}} \tag{2}$$

将方程式（1）的两边取对数可以得到：

$$y_{it} = \alpha_0 + \alpha_K k_{it} + \alpha_L l_{it} + u_{it} \tag{3}$$

上式中，y_{it}、k_{it} 和 l_{it} 分别表示 Y_{it}、K_{it} 和 L_{it} 的对数形式。由（2）式可知，企业 i 在时期 t 的全要素生产率 TFP_{it} 需要从误差项 u_{it} 的估计量——生产率冲击中计算出来。

由于企业异质性的存在，普通最小二乘法会引起生产函数估计的内生性问题。不失一般性，将（3）式的生产率冲击分解为两个部分：一个部分是纯粹的随机冲击 η_{it}；另一个部分是企业异质性因素 ω_{it}，对企业本身而言，ω_{it} 至少是部分已知的，但是，对其他人而言，ω_{it} 是完全未知的，于是，模型（3）可以写成：

$$y_{it} = \alpha_0 + \alpha_K k_{it} + \alpha_L l_{it} + \omega_{it} + \eta_{it} \tag{4}$$

在利润最大化的假定下，因为 ω_{it} 是部分已知的，所以，企业应该对 ω_{it} 的变化做出反应，特别是其易于调整的劳动投入 l_{it} 通常与 ω_{it} 正相关，因而模型（4）中劳动产出弹性的普通最小二乘估计量可能出现向上的偏误。进一步，由于劳动使用量与资本存量是正相关的，所以，资本产出弹性的估计量可能出现负偏的倾向。这意味着，基于普通最小二乘法估计出来的全要素生产率是有偏的。进一步，因为 ω_{it} 可能随时间的变化而变化，所以，模型（4）的固定效应估计也不能完全消除生产率估计的内生性问题。

为了解决全要素生产率估计中的内生性问题，本文采用 Levinshohn 和 Petrin（2003）在 Olley 和 Pakes（1996）的基础上发展起来的半参数方法。我们假定，企业的中间投入 m_{it} 单调递增地依赖于 k_{it} 和 ω_{it}，即

$$m_{it} = m_{it}(k_{it}, \omega_{it}) \tag{5}$$

这样，利用（5）式的反函数，我们可以把 ω_{it} 表示为资本和中间投入 m_{it} 的函数，即

$$\omega_{it} = \omega_{it}(k_{it}, m_{it}) \tag{6}$$

进一步，假定 ω_{it} 遵循一阶马尔可夫过程：

$$\omega_{it} = E(\omega_{it} \mid \omega_{i,t-1}) + \xi_{it} \tag{7}$$

这里，ξ_{it} 与资本 k_{it} 是不相关的，但可能与 l_{it} 存在相关关系。于是，在（7）式的基础上，（4）式可以表达成

$$y_{it} = \alpha_L l_{it} + \Psi_{it}(k_{it}, m_{it}) + \eta_{it} \tag{8}$$

其中，非参数函数

$$\Psi_{it}(k_{it}, m_{it}) = \alpha_0 + \alpha_K k_{it} + \omega_{it}(k_{it}, m_{it}) \tag{9}$$

用 k_{it} 和 m_{it} 的三阶多项式替代（8）式的 ψ，可以得到

$$y_{it} = \delta_0 + \alpha_L l_{it} + \sum_{i=0}^{3} \sum_{j=0}^{3} \delta_{ij} k_{it}^i m_{it}^j + \eta_{it} \tag{10}$$

这样，运用普通最小二乘法估计（10）式就可以得到劳动产出弹性 α_L 的一致估计，不过，在式（10）的估计中，α_K 无法识别出来。

为了识别资本产出弹性 α_K，可以把 ψ 的估计量表示为

$$\widehat{\Psi_{it}} = \widehat{\delta_0} + \sum_{i=0}^{3} \sum_{j=0}^{3} \widehat{\delta_{ij}} k_{it}^i m_{it}^j - \widehat{\alpha_L} l_{it} \tag{11}$$

对于任何一个可能的资本产出弹性 α_K^*，ω_{it} 的估计量可以写为：

$$\widehat{\omega_{it}} = \widehat{\Psi_{it}} - \alpha_K^* k_{it} \tag{12}$$

于是，E $(\omega_{it} \mid \omega_{i,t-1})$ 的非参数一致估计量可以表示为：

$$\widehat{E(\omega_{it} \mid \omega_{i,t-1})} = \widehat{\omega}_{it} = \gamma_0 + \gamma_1 \omega_{i,t-1} + \gamma_2 \omega_{i,t-1}^2 + \gamma_3 \omega_{i,t-1}^3 + \varepsilon_{it} \tag{13}$$

给定 α_L 和 E $(\omega_{it} \mid \omega_{i,t-1})$ 的一致估计量以及 α_K^*，样本生产函数的残差表示如下：

$$\widehat{\eta_{it} + \xi_{it}} = y_{it} - \widehat{\alpha}_L l_{it} - \alpha_{\widehat{K}} k_{it} - \widehat{E(\omega_{it} \mid \omega_{i,t-1})} \tag{14}$$

于是，α_K^* 的估计量可以通过对如下式的最小化问题的解中估计出来：

$$\min_{\alpha_{\widehat{K}}} \sum_{it} (y_{it} - \widehat{\alpha}_L l_{it} - \alpha_{\widehat{K}} k_{it} - \widehat{E(\omega_{it} \mid \omega_{i,t-1})}))^2 \tag{15}$$

采用黄金分割搜寻方法最小化（15）式，就可以得到资本产出弹性 α_K 的一致估计量，进而，企业层面全要素生产率的无偏估计量可以用式（16）估计出来：

$$\widehat{TFP}_{it} = \exp(y_{it} - \widehat{\alpha}_L l_{it} - \widehat{\alpha}_K k_{it}) = \frac{Y_{it}}{K_{it}^{\widehat{\alpha}_K} L_{it}^{\widehat{\alpha}_L}} \tag{16}$$

（2）企业的净产出水平

本文按照中国工业企业数据库所提供的每个企业的总产出水平、销售收入和工业增加值，各个企业净产出水平 Y_{it} 采用以 1998 年为 1 的各地区工业品出厂价格指数平减的工业增加值进行测度。

（3）企业的资本存量

企业的资本存量指标的测算，本文采用惯常使用的永续盘存法予以核算企业的资本存量，也就是实际投入到生产中的固定资本存量 K_{it} 的计算方法如下：

$$K_{it} = K_{it-1} + I_{it} - D_{it} \tag{17}$$

永续盘存法的采用，其关键在于如何确定每个企业的初始资本存量和各个年份固定资产的实际投资额 I_{it}，以及折旧额 D_{it}。本文中用各个企业 1998 年的固定资产净值或者首次出现在数据库的年份对应的固定资产净值，再按照各地区固定资产投资价格指数进行折算为 1998 年的实际值，作为企业的初始资本存量；依据中国工业企业数据库所提供的每个企业各个年份的固定资产原值，采用相邻两年固定资产原值的差额计算得出企业层面各个年份的名义投资额的计算，再按照各地区固定资产投资价格指数把名义投资额折算成 1998 年的实际值；折旧额的确定是采用中国工业企业数据库提供的各个企业的当年折旧额，对其按照固定资产投资价格指数进行折算为 1998 年的实际值。如此处理之后，即得上述公式里所需各指标，进行推算得出各个企业在各个年份的实际资本存量。

（4）劳动投入和中间投入

劳动投入直接采用中国工业企业数据库中提供的各个企业年平均就业人数；中间投入采用该数据库所提供的企业的中间投入量，并按照各地区工业品出厂价格指数对其进行调整，折算为 1998 年的不变价格值，作为各个企业中间投入的度量。

4.7.3.2 统计描述

为了考察不同生产率企业跨区域的分布情况，本文选择 1998 年和 2007 年两个横截面，统计和描述生产率处于上端、下端企业在不同地区的分布情况。1998 年的数据样本共 13 万余家工业企业，而 2007 年的数据样本高达 30 余万家工业企业，本文编写 Statics 程序，先通过排序将处于这两年全要素生产率上四分位、下四分位企业挑选出来，再根据企业所属省（自治区、直辖市）区位码确定其所属地区，再统计各地区上四位分、下四分位企业数量及占比。表 1 和表 2 为本文统计结果。从这些结果中能够清晰地观察到 1998 年和 2007 年来中国制造业部门企业生产率跨地区分布及其变化的主要特征。

（1）从东、中、西部三大地区来看。1998 年，东、中、西部地区生产率上四分位数企业数量分别为 22955、7036 和 2504 家，分别占据上四分位企业数量的 70.64%、21.65% 和 7.71%，这表明高效率的企业在空间分布上呈现出集中于（东部地区）大市场的特征；东、中、西部地区生产率下四分位企业数目分别为 18785 家、8736 家和 4974 家，分别占下四分企业数目的 57.81%、26.88% 和 15.31%，这表明低效率企业在空间分布上也呈现集中于大市场的特征。

2007 年，东、中、西部地区上四分位企业数目分别为 56167、15530 和 5829 家，占上四分位企业数比重分别为 72.45%、20.03% 和 7.52%，总体分布特征基本与 1998 年相同，高效率企业在空间分布上呈现出集中于大市场的显著特征，并且这种集聚程度进一步提高；东、中、西部地区下四分位企业数目分别为 60121、11722、5682 家，占下四分位企业数目的比值为

77.55%、15.12%和 7.33%，低效率企业在空间分布上集中于大市场的特征更为显著。

对比 1998 年和 2007 年三大地区间上、下四分位上企业分布情况可清楚发现：与 1998 年相比，2007 年东部沿海地区的高、低效率企业在全国上四分位、下四分位的效率企业总数中的占比均出现上升，而中西部地区无论是高效率企业抑或是低效率企业的占比均出现下降。也就是说，随着市场一体化程度的不断提高，东部沿海地区不仅聚集了更多高效率的企业，而且也聚集了更多低效率的企业（如图 1）。

表 1　1998 年各省/地区高、低效率企业数及其占比（上、下四分位企业数）

	1998 年各省/地区低生产率企业的个数	1998 年各省/地区低生产率企业数占全国低效率企业总数百分比(%)	1998 年各省/地区高生产率企业的个数	1998 年各省/地区高生产率企业数占全国高效率企业总数百分比(%)
北　京	1442	4.44	711	2.19
天　津	1167	3.59	616	1.90
河　北	1481	4.56	1598	4.92
辽　宁	1481	4.56	976	3.00
上　海	1687	5.19	2159	6.64
江　苏	2823	8.69	4494	13.83
浙　江	2115	6.51	2422	7.45
福　建	984	3.03	1439	4.43
山　东	1504	4.63	3673	11.30
广　东	3051	9.39	4343	13.37
广　西	872	2.68	455	1.40
海　南	178	0.55	69	0.21
东　部	**18785**	**57.81**	**22955**	**70.64**
山　西	697	2.14	471	1.45
内蒙古	316	0.97	220	0.68
吉　林	858	2.64	286	0.88
黑龙江	951	2.93	418	1.29
安　徽	783	2.41	731	2.25
江　西	1034	3.18	415	1.28
河　南	1713	5.27	2024	6.23

续表

	1998 年各省/地区低生产率企业的个数	1998 年各省/地区低生产率企业数占全国低效率企业总数百分比（%）	1998 年各省/地区高生产率企业的个数	1998 年各省/地区高生产率企业数占全国高效率企业总数百分比（%）
湖　北	1347	4.15	1796	5.53
湖　南	1037	3.19	675	2.08
中　部	**8736**	**26.88**	**7036**	**21.65**
重　庆	410	1.26	337	1.04
四　川	1065	3.28	792	2.44
贵　州	624	1.92	204	0.63
云　南	654	2.01	346	1.06
西　藏	84	0.26	12	0.04
陕　西	701	2.16	337	1.04
甘　肃	551	1.70	199	0.61
青　海	145	0.45	43	0.13
宁　夏	128	0.39	77	0.24
新　疆	612	1.88	157	0.48
西　部	**4974**	**15.31**	**2504**	**7.71**

表 2　2007 年各省/地区高、低效率企业数及其占比（上、下四分位企业数）

	2007 年各省/地区低生产率企业的个数	2007 年各省/地区低生产率企业数占全国低效率企业总数百分比（%）	2007 年各省/地区高生产率企业的个数	2007 年各省/地区高生产率企业数占全国高效率企业总数百分比（%）
北　京	2377	3.07	1021	1.32
天　津	2004	2.59	1117	1.44
河　北	2688	3.47	2614	3.37
辽　宁	810	5.95	3160	4.08
上　海	410	4.11	3876	5.00
江　苏	4614	9.27	11447	14.77
浙　江	932	23.54	5994	7.73
福　建	1400	3.22	3828	4.94
山　东	3183	7.75	11756	15.16
广　东	7188	13.36	10116	13.05
广　西	18249	1.08	1115	1.44
海　南	1986	0.15	123	0.16
东　部	**2493**	**77.55**	**56167**	**72.45**
山　西	1039	1.05	538	0.69

续表

	2007 年各省/地区低生产率企业的个数	2007 年各省/地区低生产率企业数占全国低效率企业总数百分比(%)	2007 年各省/地区高生产率企业的个数	2007 年各省/地区高生产率企业数占全国高效率企业总数百分比(%)
内蒙古	6009	0.53	1071	1.38
吉 林	1559	1.20	902	1.16
黑龙江	2037	1.81	317	0.41
安 徽	1549	2.56	1776	2.29
江 西	10356	1.34	1491	1.92
河 南	840	2.01	4959	6.40
湖 北	120	2.63	1994	2.57
湖 南	821	2.00	2482	3.20
中 部	**1494**	**15.12**	**15530**	**20.03**
重 庆	531	1.06	792	1.02
四 川	679	1.93	3044	3.93
贵 州	13	0.69	313	0.40
云 南	767	0.88	449	0.58
西 藏	483	0.02	12	0.02
陕 西	98	0.99	604	0.78
甘 肃	141	0.62	247	0.32
青 海	655	0.13	81	0.10
宁 夏	2377	0.18	168	0.22
新 疆	2004	0.85	119	0.15
西 部	**2688**	**7.33**	**5829**	**7.52**

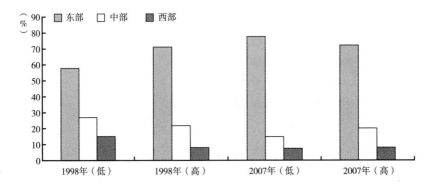

图 1 三大地区在 1998 年和 2007 年高、低效率企业在全国上、下四分位上占比变化

（2）从省份之间的情况来看（图 2 和图 3）。1998 年，生产率上四分位企业跨地区分布中，东部地区江苏、山东、广东、浙江、上海的比值最高，五省（市）合计占到上四分位企业数的 52.64%；中部省份中，河南、湖北占比值较高，分别为 6.23% 和 5.53%，其他各省份占比值显著小于这两个省；西部地区中四川略高，为 2.44%，其他省份占比值显著小于四川省；从上四分位企业跨省分布的情况，高效率企业在空间分布上更集中于大市场区域。下四分位企业的分布中，东部地区中广东、江苏、浙江、上海、山东的比值最高，五省（市）合计占下四分位企业数的 34.41%；中部地区河南、湖北、湖南、江西的占比值较高，其他省份相对较低；西部省份中，四川、陕西、贵州、甘肃等占比值略高，其他省份相对较低；从下四分位企业跨省分布情况来看，低效率的企业在空间上也倾向于分布于发达的东部省份，但这种集中分布程度远低于高效率企业在这些省份的集中程度。

2007 年，生产率上四分位企业跨地区分布中，山东、江苏、广东、浙江、上海的占比值最高，五省（市）合计占到上四分位企业数的 55.71%，比 1998 年上升了 3 个百分点，其中山东上升了近 4 个百分点、江苏上升了近一个百分点，浙江、广东变化不大，而上海下降了近 1.6 个百分点；中部省份中，除河南省占比值较高（6.4%）外，显著高于中部地区其他省份，湖北省占比值有显著下降，下降了近 3 个百分点；西部地区省份中，仍然是四川省（3.93%）远高于其他地区，远高于其他西部省份，且较 1998 年上升了 1.5 个百分点；从上四分位企业跨省分布来看，高效率企业仍集中分布于东部发达省份，并且集中程度有了进一步的提高。从下四分位企业跨地区分布来看，浙江、广东、江苏、山东、辽宁占比值最高，前五省合计占 59.87%，比 1998 年上升了近 25 个百分点，其中浙江省从 1998 年的 6.51% 上升至 23.54%，增加了 17 个百分点；中部地区，除安徽以外，各省份下四分位企业占比与 1998 年值相比均有显著下降；西部地区，各省份下四分位企业占比均明显下降；从下四分位企业分布来看，低效率企业空间上分布上集中于东部发达地区的特征明显，而且集中程度较 1998 年有了很大幅度的提高。

（3）从整体情况来看。上四分位（高生产率）企业在空间分布集中于东部发达地区的特征非常明显，2007 年较 1998 年相比这种空间分布上的集中进一步被强化；1998~2007 年，下四分位（低生产率）企业在空间分布上发生剧烈的变动，向东部发达地区集中的程度显著提高。这表明，随着中国市场一体化程度的提高，高效率企业、低效率企业都向东部发达地区（大市场）集中，选择效应显著，并未出现分类效应的特征。

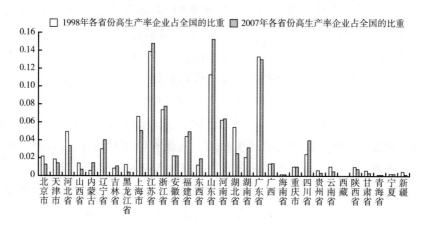

图 2   各省份在 1998 年和 2007 年高效率企业在
全国上、下四分位上占比变化

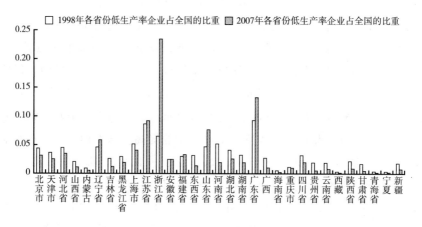

图 3   各省份在 1998 年和 2007 年低效率企业在
全国上、下四分位上占比变化

4.7.4   实证模型与方法

从统计描述分析来看，高效率企业在空间上集中于东部发达地区（大市场）的特征非常显著，但是统计描述并不能区分这种集中特征是源于产业集聚效应还是源于异质性企业定位选择行为的影响；而低效率企业在空间上分布上亦呈现出集中于大市场的特征，需要进一步解析其成因。为了进一步准确揭示地区因素对企业生产率分布的影响，本文采用分位数回归方法对位于不同分位数上的企业受地理要素的影响程度进行估计，并对估算结果予以说明和分析。

4.7.4.1　基本思路与方法选择

（1）基本思路

从理论上看，一个地区市场规模（本文用市场潜能来反映）能从两个方面影响定位于本地企业的生产效率。其一，从新经济地理学的观点来看，大市场所带来的集聚效应是提高本地企业生产率的重要原因，并且大市场能够使得定位于本地的企业有较大的规模，在规模递增的情况下，可以提高本地企业的效率。其二，不同市场规模的地区，对于生产率不同的企业具有不同的吸引力，即生产率异质性企业在不同市场规模地区的定位选择行为，导致市场规模对于定位该地区的企业生产率产生重要影响。因而，本实证设计中设置了测度集聚效应的变量和企业规模变量，这将分离市场规模通过集聚效应和规模递增效应对于企业生产效率产生的影响。如果本文的实证中企业生产率分布与市场规模仍呈现出显著的统计相关性，那么这种相关性所反映的是不同生产率企业在空间定位选择中对于不同市场规模地区的偏好。

（2）方法选择

中国转轨过程中，由于市场扭曲、地方保护、政策性进入壁垒等原因，产业内不同企业间以及不同产业间的全要素生产率差距存在巨大差距。简泽（2011）对四个代表性产业全部企业的全要素生产率的估计也发现，同一产业内不同企业之间的全要素生产率表现出很大的差异，上四分位数企业的全要素生产率至少是下四分位数企业的 3 倍以上。简泽（2012）的研究进一步表明，资本密集、技术密集型行业的全要素生产率远高于劳动密集型行业。如果单纯的分析平均生产率会存在很多问题，会掩盖生产率分布的不同位置上地区生产率差距不对称的现象，即生产率分布末端地区企业生产率差别小，而生产率分布顶端的地区企业生产率差别大。本文进而对工业企业全要素生产率的分布形式进行了检验，表 6-3 的检验结果表明，全要素生产率是非正态分布的，所以，与最小二乘法比较起来，分位数回归方法能够提供更加稳健的结果。

表 3 中国工业全要素生产率（对数形式）和跨企业分布

年份	均值	方差	偏度	峰度	正态分布检验（P 值）	
					偏度检验	峰度检验
1998	5.3241	1.9717	−0.7813	4.9492	0.0000	0.0000
1999	5.4424	1.9410	−0.7999	5.2120	0.0000	0.0000
2000	5.5274	1.8296	−0.7405	5.2181	0.0000	0.0000
2001	5.6353	1.6710	−0.6760	5.3436	0.0000	0.0000
2002	5.7608	1.5982	−0.6225	5.4591	0.0000	0.0000
2003	5.8886	1.5032	−0.6058	5.9231	0.0000	0.0000
2004	5.8071	1.4550	−0.3295	5.8883	0.0000	0.0000
2005	6.0229	1.3665	−0.1970	4.8147	0.0000	0.0000
2006	6.1331	1.3468	−0.0993	4.8147	0.0000	0.0000
2007	6.2623	1.3289	−0.0074	4.2025	0.1044	0.0000

事实上，经济学家们在如今的实证研究，特别是基于微观数据的研究中青睐分位数回归方法，并不仅仅在于它的稳健特性，而是可以借此方法进一步了解解释变量对于被解释变量在扰动项的不同分位点上的异质性影响（朱平芳，张征宇，2012）。采用分位数回归方法存在两个明显的优点：其一，分位数回归方法能够满足不同分位数下解释变量系数随着分位数的变化而变化，因此对于企业生产率分布的实证结果会更加准确；其二，分位数回归方法能够研究实证方程中解释变量的系数变化对企业生产率差距的影响，而传统的最小二乘回归方法只能研究解释变量平均值对企业生产率差距的影响。也就是说，采用分位数回归方法能够获取地理因素对位于特征分布不同位置上（分布末端或顶端）企业生产率的异质性影响。

4.7.4.2　分位数回归模型

根据理论模型的分析和讨论，以及企业异质性对地区生产率差距的作用机制分析，本文的实证部分将着重分析市场规模对于异质性企业定位选择行为的影响，以及异质性企业定位选择行为、产业集聚效应对于地区生产率差异产生的重要影响。本文建立计量模型如下：

$$\lg TFP_{it} = x_{it}^{l}\beta_{q} + u_{qit}, Quant_{q}(u_{qit} \mid x_{it}) = 0 (i = 1, 2, \cdots, n) \tag{18}$$

其中，β 是由截距和回归系数组成的向量，u 是随机扰动项，x_i 由三个方面的解释变量构成：第一方面的变量是一些企业层面的因素，它包括企业的基本特征，比如企业的年龄 $\ln Age_{it}$，企业规模 $\ln Asset_{it}$，企业的人力资本质量 $\ln RLaborPayPer_{it}$，企业的资本密度 $\ln capitalper_{it}$，国有资本股权占比 $StateCapitRatio_{it}$ 以及资产负债率 $leverage_{it}$ 等变量，在这些变量中，除了固定资产比重和资产负债率外，其余变量都采用了对数形式；第二方面的变量是我们关注的经济地理的变量，它包括当地经济活动的集聚程度 G_{jt} 和和市场潜能 MP_{jt}；第三个方面的变量是 9 个年份虚拟变量，它用来控制经济周期性波动可能产生的影响。

模型（1）表明，给定 x_i，$\ln TFP_i$ 的条件分位数函数。这个模型的一个重要特征是，用表示的解释变量对被解释变量的边际效应可以随着被解释变量在其分布中位置的变化而变化，因此，它可以很好地描述地理因素对生产率水平不同的企业可能产生的不同影响，进而帮助我们识别地理因素在制造业部门跨企业生产率分布演变中的作用。这里，β_q 可以通过最小化下面的目标函数估计出来：

$$\overset{min}{\beta} \Sigma^n i = 1\big[\, q - \text{I}(\ln TFP_{it} \leqslant x'_{it}\beta)\,\big](\ln TFP_{it} - x^l_{it}\beta) \tag{19}$$

这里，$\text{I}(.)$ 是指示函数，因而，目标函数是不可微的，但是，它可以转化为一个线性规划问题，进而利用单纯型方法来求解。在大样本条件下，这样得到的 β_q 的估计量渐近地服从正态分布，不过，因为在随机扰动项存在异方差的情况下，依据同方差假定估计出来的渐近标准误是不一致的，所以，我们很难得到其方差的优良估计量。在这种情况下，我们可以采用两种方法来估计回归系数估计量的渐近标准误：第一种方法是以核密度为基础的估计方法（Powell，1986）；第二种方法是基于自举法的估计方法（Bunchinsky，1995）。为了避免核密度方法的带宽选择问题，我们采用自举法来估计回归系数估计量的渐近标准误。在这个过程中，由于我们的样本容量是超大规模的，重复抽样 500 次以上在计算上几乎是不可能的，所以，我们重复抽样 200 次，然后，在每一个自举样本下联立估计 $q = 0.05$，0.25，0.50，0.75，0.95 时的分位数回归模型，进而得到五个方程全部回归系数估计量的方差－协方差矩阵。这个方差－协方差矩阵不仅提供了每一个分位数下各个解释变量回归系数估计量的方差和协方差，而且提供了同一解释变量在不同分位数下回归系数估计量的协方差。

本文选用分位数回归模型，可以分析不同分位数下地理因素对企业生产率的影响机制，以及不同生产率企业对地区生产率的影响。较之 Okubo and Tomiura（2011）等研究，上述分位数回归模型对于企业生产率跨地区分布的实证检验，其不同之处主要包括以下四个方面：

（1）本文尝试采用分位数回归方法对企业生产率分布进行分析，目的是区分具有不同生产率的企业跨地区的分布，探讨异质性企业的存在对地区生产率会产生什么样的影响。分位数回归方法相对于最小二乘回归的优点在于其挖掘的信息更丰富，它不仅可以度量回归变量在分布中心的影响，而且还可以度量回归变量在分布上尾和下尾的影响，即捕捉整个条件分布的特征（关静，2008）。另外，最小二乘法估计式是自变量对因变量的平均边际效果，而分位数回归估计式则是自变量对因变量的某个特定分位数的边际效果。最小二乘法只能提供一个平均数，而分位数回归却能提供许多不同分位数的估计结果（孙文杰，沈坤荣，2007）。采用分位数回归的方法能够更加清晰的说明不同分位效率企业在选择定位于不同规模市场时的敏感性。

（2）对于回归方程中被解释变量指标的选取，本文采用企业层面全要素生产率的无偏估计量，而 Okubo 和 Tomiura（2011）中采用劳均产出作为衡量企业效率的指标。用劳均产出作为企业生产率的替代指标存在的问题，这是因为劳均产出增加可以分解为物质资本密度、人力资本和全要素生产率三个方面的影响，直接采用劳均产出作为企业全要素生产率的替代指标，会过高估计全要素增长率。另外，考虑到中国扭曲的资本市场价格，使得企业过度使用资本替代劳动，一方面对会使得劳均收入增加，一方面会对全要素生产率产生负面影响，因而劳均收入作为全要素生产率的替代变量，会存在更为严重的高估倾向。因而，本文直接采用企业层面全要素生产率的无偏估计值作为被解释变量。

（3）此外，考虑到中国制造业部门存在明显的规模扭曲和资本扭曲，一些企业特征和行为选择比如所有制、企业年龄、企业规模等，这些扭曲约束和限制了高效率企业的生产规模，阻碍了经济资源跨企业的流动和生产的集中，导致了企业生产率间存在持久差异（简泽，2011）。因此，本文进一步引入企业的基本特征（年龄、企业规模、人力资本质量、企业的资本密度、国有资本股权比和资本负债率）作为控制变量，剔除了由于企业基本特征对实证结果估算带来的偏差，能够更为准确的估算集聚效应与市场潜能对企业生产率的影响。

4.7.4.3　数据来源

本文采用的数据来源于国家统计局 1998～2007 年间的中国工业企业数据库，各省历年统计年鉴、中宏网产业数据库和《中国工业经济统计年鉴》，以及来自于历年《中国统计年鉴》和《中国劳动统计年鉴》《新中国六十年统计资料汇编》的 1985～2008 年间省级面板数据。由于某些省份数据存在缺失情况，因此本文将重庆、青海、西藏排除在外。

4.7.4.4　相关变量的处理与测算

（1）市场潜能

由于中国区域之间双边贸易流量数据的缺失，本文市场潜能的测算方法采用 Harris（1954）构造的市场潜力函数，用以度量地区 j 对地区 i 的商品的需求，表明产业集聚现象和企业选址不仅与供给而且与需求有关，其表达式如下：

$$MPi = \sum_{j=1}^{j=n} \frac{GDPj}{dij} \qquad (20)$$

其中，GDPj 为地区 j 的国内生产总值，dij 是第 i,j 两地区之间的距离，用省会城市之间的欧氏距离来测度，在进行具体的距离测算时，根据国家测绘局公布的国家基础地理信息系统中 1：400 万中国地形数据库，利用 Arcview3.0 软件测量即可得到。对于省内的距离计算，依据国际通行的计算公式计算得到，如下式：

$$distrr = \frac{2}{3} \sqrt{\frac{areai}{\pi}} \qquad (21)$$

其中，$areai$ 代表区域 i 的土地面积，数据源自《中国区域间投入产出表》。

（2）地区基尼系数

$$G = \frac{1}{2n^2 \bar{s}_k} \sum_{i=1}^{n} \sum_{j=1}^{n} | s_{ki} - s_{kj} | \qquad (22)$$

理想的空间集聚指标体系至今仍然没有得以建立（Combes et al.，2008），从已有关于产业集聚测度指标来看，主要包括基尼系数、赫芬达尔指数和区位熵等测度方法。本文采用最常用的集聚水平的测度指标之一——基尼系数，作为衡量地区产业集聚程度的指标。当 G 表示省内基尼系数，s_{ki} 和 s_{kj} 是产业 i、j 在 k 省工业销售收入中所占的份额，n 是 k 省的产业个数，$\bar{s}_k$ 是各产业在 k 省工业销售收入中所占份额的均值，由于 $\bar{s}_k = 1/n$，所以分母就等于 $2n$。如果该省每个产业份额相等，则省内基尼系数为零；如果该省只有一个产业，则省内基尼系数接近于 1（n 趋于 ∞ 时，G 趋于 1）。

4.7.5　相关检验与实证结果

4.7.5.1　相关检验

基于上面所述半参数方法，本文估计了 1998～2007 年间的 426 个四位数产业微观企业层面的全要素生产率，并进行了分位数回归。首先，我们检验不同分位数下系数是否相等，当系数不随分位数改变时，用最小二乘法回归得到的结果是最优的，本文根据 Koenker 和 Bassett 2002 提出的检验方法在分位数 $\{0.05, 0.25, 0.5, 0.75, 0.95\}$ 下检验结果得到 P 值远远小于 5%，因此拒绝原假设，即系数随分位数变化而改变，这说明不同分位数下的系数显著不相同，因此从统计推断上上来看我们选择分位数回归是最优的。

接着，我们对不同分位数进行回归，从表 6 - 3 到 6 - 7 发现不同分位数回归方程的基尼系数的回归系数值、市场潜能的回归系数值都通过了显著性检验。因此，中国的企业生产率差距存在不对称现象，并且产业集聚与市场潜能这两个变量与企业生产率之间存在显著的影响关系。这表明，从企业生产率分布的层面研究地区生产率差距问题，无论从横截面数据还是时序数据来看，仅仅对平均生产率进行研究会存在很大缺陷，掩盖了很多有意义的研究发现（分位数回归方程显著性检验的结果如表 4 到表 8）。

表 4　5th企业生产率的回归结果被解释变量：LnTFP$_{it}$

解释变量	回归系数 Coef.	标准差 Std. Err.	T 值	P 值 $P > \|t\|$	置信区间[95% Conf. Interval]	
$\ln Age_{it}$	-0.0665	0.0018	-36.47	0	-0.0700	-0.0629
StateCapitRatio	-1.4521	0.01069	-135.83	0	-1.4730	-1.4312
leverage	-0.4857	0.0067	-72.28	0	-0.4978	-0.4715
lnRealSAsset	0.3244	0.0021	160.01	0	0.3204	0.3284

解释变量	回归系数 Coef.	标准差 Std. Err.	T 值	P 值 P > |t|	置信区间 [95% Conf. Interval]	
lnRLaborPayPer	0.4155	0.0048	86.17	0	0.4060	0.4249
lncapitalper	−0.2414	0.0019	−124.62	0	−0.2452	−0.2376
G	−1.5826	0.0199	−79.31	0	−1.6217	−1.5435
MP	0.0011	0.0000	54.31	0	0.0010	0.0011
D1999	0.0286	0.0095	3.02	0.002	0.0100	0.0472
D2000	0.0453	0.0086	5.17	0	0.0281	0.0624
D2001	0.0838	0.0120	7.01	0	0.0604	0.1072
D2002	0.1507	0.0080	18.84	0	0.1350	0.1664
D2003	0.2288	0.0101	22.75	0	0.2091	0.2485
D2004	−0.0679	0.0111	−6.14	0	−0.0895	−0.0462
D2005	0.0811	0.0103	7.86	0	0.0609	0.1014
D2006	0.0958	0.0110	8.74	0	0.0736	0.1173
D2007	0.0625	0.013	4.96	0	0.0380	0.0871
常数项	3.4430	0.0195	176.59	0	3.4049	3.4812

表5 25th企业生产率的回归结果被解释变量：LnTFPit

解释变量	回归系数 Coef.	标准差 Std. Err.	T 值	P 值 P > |t|	置信区间 [95% Conf. Interval]	
lnAgeit	−(0.0593)	0.0011	−52.34	0	−0.0616	−0.0571
StateCapitRatio	−(0.9020)	0.0035	−255.02	0	−0.9089	−0.8951
leverage	−(0.3987)	0.0032	−126.01	0	−0.4049	−0.3925
lnRealSAsset	0.3923	0.0009	415.5	0	0.3905	0.3942
lnRLaborPayPer	0.3105	0.0017	184.45	0	0.3072	0.3138
lncapitalper	−(0.1907)	0.0008	−228.3	0	−0.1923	−0.1891
G	−(1.1925)	0.0140	−85.35	0	−1.2198	−1.1651
MP	0.0005	0.0000	67.56	0	0.0005	0.0005
D1999	0.0462	0.0062	7.42	0	0.0340	0.0584
D2000	0.0593	0.0081	7.36	0	0.0435	0.0751
D2001	0.0867	0.0068	12.68	0	0.0733	0.1000
D2002	0.1664	0.0050	33.25	0	0.1566	0.1762
D2003	0.2210	0.0059	37.52	0	0.2095	0.2326
D2004	0.0615	0.0050	12.34	0	0.0517	0.0712
D2005	0.1447	0.0056	25.92	0	0.1338	0.1557
D2006	0.1659	0.0057	28.95	0	0.1547	0.1772
D2007	0.1851	0.0055	33.5	0	0.1743	0.1959
常数项	4.0614	0.0115	354.24	0	4.0390	4.0839

表 6   50th企业生产率的回归结果被解释变量：LnTFPit

解释变量	回归系数 Coef.	标准差 Std. Err.	T 值	P 值 $P > |t|$	置信区间［95% Conf. Interval］	
lnAgeit	−（0.0578）	0.0012	−46.28	0	−（0.0603）	−（0.0554）
StateCapitRatio	−（0.6641）	0.0029	−227.16	0	−（0.6698）	−（0.6583）
leverage	−（0.3836）	0.0026	−147.66	0	−（0.3887）	−（0.3785）
lnRealSAsset	0.4205	0.0007	573.23	0	0.4191	0.4220
lnRLaborPayPer	0.2184	0.0015	148.3	0	0.2155	0.2213
lncapitalper	−（0.1616）	0.0009	−174.83	0	−（0.1634）	−（0.1598）
G	−（1.0987）	0.0122	−90.28	0	−（1.1226）	−（1.0749）
MP	0.0002	0.0000	22.12	0	0.0002	0.0002
D1999	0.0524	0.0050	10.58	0	0.0427	0.0621
D2000	0.0717	0.0044	16.28	0	0.0630	0.0803
D2001	0.1004	0.0046	21.99	0	0.0914	0.1093
D2002	0.1849	0.0033	55.4	0	0.1784	0.1915
D2003	0.2473	0.0043	57.61	0	0.2389	0.2557
D2004	0.1383	0.0041	34.14	0	0.1304	0.1463
D2005	0.2429	0.0033	74.37	0	0.2365	0.2493
D2006	0.2832	0.0047	60.18	0	0.2739	0.2924
D2007	0.3485	0.0048	72.73	0	0.3392	0.3579
常数项	4.6229	0.0084	551.52	0	4.6065	4.6393

表 7   75th企业生产率的回归结果被解释变量：LnTFPit

解释变量	回归系数 Coef.	标准差 Std. Err.	T 值	P 值 $P > |t|$	置信区间［95% Conf. Interval］	
lnAgeit	−（0.0542）	0.0012	−43.76	0	−（0.0566）	−（0.0518）
StateCapitRatio	−（0.4821）	0.0040	−121.79	0	−（0.4898）	−（0.4743）
leverage	−（0.3554）	0.0044	−80.8	0	−（0.3640）	−（0.3468）
lnRealSAsset	0.4305	0.0011	381.33	0	0.4283	0.4327
lnRLaborPayPer	0.1414	0.0014	103.98	0	0.1387	0.1440
lncapitalper	−（0.1346）	0.0011	−124.17	0	−（0.1368）	−（0.1325）
G	−（1.1854）	0.0127	−93.49	0	−（1.2103）	−（1.1606）
MP	2.54E−06	9.47E−06	0.27	0.789	0.000016	0.0000211
D1999	0.0584	0.0070	8.36	0	0.0447	0.0721
D2000	0.0797	0.0047	16.92	0	0.0705	0.0890
D2001	0.1170	0.0054	21.62	0	0.1064	0.1276
D2002	0.2085	0.0049	42.97	0	0.1990	0.2180
D2003	0.2881	0.0038	75.96	0	0.2807	0.2956
D2004	0.2212	0.0046	48.07	0	0.2122	0.2302
D2005	0.3576	0.0043	83.79	0	0.3492	0.3660
D2006	0.4275	0.0041	103.83	0	0.4194	0.4356
D2007	0.5361	0.0056	95.17	0	0.5251	0.5472
常数项	5.2952	0.0097	545.74	0	5.2762	5.3142

表 8 95th 企业生产率的回归结果被解释变量：**LnTFPit**

解释变量	回归系数 Coef.	标准差 Std. Err.	T 值	P 值 $P > |t|$	置信区间 [95% Conf. Interval]	
lnAgeit	– (0.0306)	0.0021	– 14.63	0	– (0.0347)	– (0.0265)
StateCapitRatio	– (0.2275)	0.0086	– 26.4	0	– (0.2444)	– (0.2106)
leverage	– (0.2589)	0.0108	– 23.95	0	– (0.2801)	– (0.2377)
lnRealSAsset	0.4220	0.0019	217.79	0	0.4182	0.4258
lnRLaborPayPer	0.0712	0.0033	21.36	0	0.0646	0.0777
lncapitalper	– (0.1027)	0.0016	– 62.42	0	– (0.1060)	– (0.0995)
G	– (1.5611)	0.0209	– 74.72	0	– (1.6020)	– (1.5201)
MP	– (0.0002)	0.0000	– 8.4	0	– (0.0002)	– (0.0001)
D1999	0.0517	0.0088	5.9	0	0.0345	0.0689
D2000	0.0855	0.0086	9.96	0	0.0687	0.1023
D2001	0.1246	0.0073	17.08	0	0.1103	0.1389
D2002	0.2271	0.0094	24.08	0	0.2086	0.2456
D2003	0.3238	0.0088	36.75	0	0.3065	0.3411
D2004	0.3241	0.0089	36.36	0	0.3066	0.3415
D2005	0.4951	0.0070	70.65	0	0.4814	0.5089
D2006	0.5996	0.0091	65.64	0	0.5817	0.6175
D2007	0.7428	0.0084	88.8	0	0.7264	0.7592
常数项	6.4394	0.0112	575.28	0	6.4175	6.4614

4.7.5.2 实证结果

从本文分位数模型的回归结果来看（如表9）：

（1）实证方程在下 5% 分位、下四分位、中分位、上四分位和上 5% 分位，都在 95% 置信区间通过了检验。市场潜能系数在 5%、25%、50%、75% 和 95% 的分位数回归中，都在 95% 的置信区间内通过检验，表明市场潜能对于企业效率分布的影响是显著的。市场潜能回归系数值为正，这表明市场潜能与企业生产率之间存在正相关，市场潜能越大，处于该市场中的企业生产率越高。也就是说市场潜能越大的地区，高效率企业越多，即市场规模越大的地区，对于高效率企业的吸引力越大。从市场潜能回归系数的大小来看，下四分位、中分位和上四分位的系数呈现下降的趋势。也就是说，低效率企业在空间定位选择上对于市场规模差异更为敏感；另一方面，定位于相对大规模的市场意味着更为激烈的竞争，必然促使低效率的企业致力于提高生产率以抵御大规模市场的激烈竞争。同时，由于高效率企业能够抵御激烈的竞争，具有更大的生存空间，其在空间定位选择时，对于市场规模大小及由此带来的竞争程度的敏感程度会有所降低。

（2）地区基尼系数在 5%、25%、50%、75% 和 95% 的分位数回归中，都在 95% 的置信区间内通过检验，表明地区基尼系数对于企业生产率的影响显著，回归系数值均显著且为负值。在研究过程中，亦采用就业密度、赫芬达尔指数作为集聚程度的衡量指标。但得出的结果大致相同，回归系数均显著为负值。这表明，产业集聚对于企业生产率不仅不存在理论上普遍认为的正向促进作用，反而存在显著的负向作用，这个结果部分印证了范剑勇（2006）的结论。得到这样的结果，可能的原因有两个：其一，由于地理区位差异和历史因素，东部沿海地区与国外市场接近程度远高于其他省份，导致大量生产效率迥异的制造业企业（尤其是出口导向的企业）在东部地区集中。其二，本文的实证模型中把企业人力资本作为控制变量后，集聚效应对于企业生产率的影响被削弱。从不同分位数回归方程情况来看，基尼系数回归系数值随生产效率的提高先上升，在中分位数达到最大值然后下降。

（3）从企业规模、人力资本质量和资本密度的回归系数的检验来看，在 5%、25%、50%、75% 和 95% 的分位数回归中各系数值均通过了检验，表明这些变量对于企业效率的影响显著，回归系数的大小依次递增，这表明企业规模、人力资本质量和资本密度对于具有不同生产率水平的企业而言，处于条件分布高端的企业，企业规模和人力资本质量对于企业生产率的促进效应要高于平均水平，而对于处于条件分布低端的企业，企业规模和人力资本质量对生产率较低的企业的影响程度相对较低。这说明对于具有不同生产率水平的企业而言，生产率水平处于高端的企业，其人力资本质量的边际贡献较大，企业规模对企业生产率的影响也较大。而企业的资本密度与企业生产率负相关，这表明中国企业存在过度资本化的问题，并对企业的生产率产生显著负面影响。

表9　各分位数回归系数的比较解释变量：**LnTFPit**

解释变量	回归系数 Coef.				
	5th	25th	50th	75th	95th
lnAgeit	−0.0665	−0.0593	−0.0578	−0.0542	−0.0306
	(−36.47)	(−52.34)	(−46.28)	(−43.76)	(−14.63)
StateCapitRatio	(−1.4521)	−0.9020	−0.6641	−0.4821	−0.2275
	(−135.83)	(−255.02)	(−227.16)	(−121.79)	(−26.4)
leverage	(−0.4857)	−0.3987	−0.3836	−0.3554	−0.2589
	(−72.28)	(−126.01)	(−147.66)	(−80.8)	(−23.95)
lnRealSAsset	(0.3244)	0.3923	0.4205	0.4305	0.4220
	(160.01)	(415.5)	(573.23)	(381.33)	(217.79)
lnRLaborPayPer	(0.4155)	0.3105	0.2184	0.1414	0.0712
	(86.17)	(184.45)	(148.3)	(103.98)	(21.36)
lncapitalper	(−0.2414)	−0.1907	−0.1616	−0.1346	−0.1027
	(−124.62)	(−228.3)	(−174.83)	(−124.17)	(−62.42)
G	(−1.5826)	−1.1925	−1.0987	−1.1854	−1.5611
	(−79.31)	(−85.35)	(−90.28)	(−93.49)	(−74.72)
MP	(0.0011)	0.0005	0.0002	2.54E−06	−0.0002
	(54.31)	(67.56)	(22.12)	(0.27)	(−8.4)
D1999	(0.0286)	0.0462	0.0524	0.0584	0.0517
	(3.02)	(7.42)	(10.58)	(8.36)	(5.9)
D2000	(0.0453)	0.0593	0.0717	0.0797	0.0855
	(5.17)	(7.36)	(16.28)	(16.92)	(9.96)
D2001	(0.0838)	0.0867	0.1004	0.1170	0.1246
	(7.01)	(12.68)	(21.99)	(21.62)	(17.08)
D2002	(0.1507)	0.1664	0.1849	0.2085	0.2271
	(18.84)	(33.25)	(55.4)	(42.97)	(24.08)
D2003	(0.2288)	0.2210	0.2473	0.2881	0.3238
	(22.75)	(37.52)	(57.61)	(75.96)	(36.75)
D2004	(−0.0679)	0.0615	0.1383	0.2212	0.3241
	(−6.14)	(12.34)	(34.14)	(48.07)	(36.36)
D2005	0.0811	0.1447	0.2429	0.3576	0.4951
	(7.86)	(25.92)	(74.37)	(83.79)	(70.65)
D2006	0.0958	0.1659	0.2832	0.4275	0.5996
	(8.74)	(28.95)	(60.18)	(103.83)	(65.64)
D2007	0.0625	0.1851	0.3485	0.5361	0.7428
	(4.96)	(33.5)	(72.73)	(95.17)	(88.8)
常数项	3.4430	4.0614	4.6229	5.2952	6.4394
	(176.59)	(354.24)	(551.52)	(545.74)	(575.28)

4.7.6　结论分析与政策建议

本文首先使用 1998～2007 年间中国规模以上工业企业数据，测算了 426 个四位数行业的企业全要素生产率，并对于不同生产率企业的跨地区分布进行统计描述分析。在此基础上，本文进一步对地理因素影响企业生产率的机制进行了实证分析。为了分析和比较集聚经济、市场潜能对不同生产率分位数企业的相对作用方向和程度，文章引入地区基尼系数、地区市场潜等指标，并运用分位数回归模型估计方法。采用分位数回归的方法，能有效分析被解释变量存在较大差异并且回归变量在分布上尾和下尾的影响，实现了对整个条件分布的特征的捕捉。本文基于微观层面企业数据的实证研究证明了异质性企业的定位选择行为在中国确实显著存在，是导致地区企业效率分布差异的重要原因：

（1）异质性企业定位选择行为在中国显著存在

本文的实证研究表明，市场规模（市场潜能）的大小对于（生产率）异质性企业定位选择行为及分布具有显著的影响

第一，无论从下四分位、中分位还是上四分位的企业效率都与市场潜能呈显著正相关关系，这表明不同分位组中的高效率企业都倾向选择定位于大市场，从而体现出比较强的选择效应。第二，从统计分布来看，高效率的企业集中分布于东部发达地区（大市场），而生产率下四分位企业组中的相对高效率企业亦集中分布于东部地区（大市场），从而体现出比较强的选择效应，而分类效应并不显著。第三，中分位、下四分位企业组中，企业效率对于所在地区的市场潜能更为敏感，这也表明中分位、下四分位企业组中，相对高效率的企业更倾向于选择定位于大市场。从分位数回归的情况来看，生产率下四分位数企业组中市场潜能变量的系数要明显大于中分位和上四分位，这表明下生产率下四分位组中，企业在定位选择中对于市场规模大小（及其带来的竞争强弱）更为敏感，越是低效率的企业会选择定位于市场规模越小的地区。结合（不同生产率企业）地区分布统计信息，可以看出，生产率下四分位企业组中的相对高效率企业更倾于向东部发达地区（大市场）集中，并且随着市场一体化程度的提高，下四分位企业中的相对高效率企业进一步向东部沿海地区集中，而更低效率的企业则分布于中、西部地区。中分位企业组中，市场潜能变量的系数值有

一定程度的下降，但企业生产率与所在地区市场潜能之间仍呈显著正相关关系，表明中分位组中，效率相对较高的企业选择定位于大市场，而效率相对较低的企业选择定位小市场区域。而从上四分位企业组的实证结果来看，市场潜能变量系数仍为正值，统计检验也很显著，表明企业生产效率分布仍然受市场规模的影响，并且总体趋势上是高效率企业更接近于大市场。但是与下四分位和中分位企业组比较，上四分位企业组市场潜能系数值有显著下降，这表明高效率企业定位选择时对于市场规模的敏感性有所下降。结合分布统计来看，上四分位企业在空间分布上集中于东部发达地区的趋势尤为显著，这种情况的出现，可能与中国地区之间的补贴性竞争有密切关系，市场潜能相近或差异程度不太大的地区（例如东部各发达地区）之间对于企业定位和企业投资的补贴性竞争，会使得相对小规模地区提供的定位补贴或投资补贴，以及土地等不流动生产要素的相对低成本所带来的收益，能够弥补选择不定位于大规模市场所带来的机会成本。

（2）异质性企业定位选择行为对于地区生产率差异产生重要影响

将（生产率）异质性企业空间分布的统计分析和分位数回归的计量研究紧密结合起来看，异质性企业定位选择行为是导致地区生产率差距的重要原因，也是导致近年来地区生产率差距扩大的重要原因。第一，东部地区更大的市场规模吸引大量高效率的企业定位于其中，这是导致高效率（上四分位）企业集中分布于东部地区的重要原因，并在很大程度上导致东部地区与中、西部地区在生产效率上的差距。从统计分布来看，上四分位企业集中分布于东部地区，且上四分位企业的效率与市场规模呈显著正相关关系，这表明高效率企业倾向选择定位于大市场，是高效率企业在分布上集中于东部地区的重要原因。高效率企业向东部地区集中，进一步导致东部地区与中、西部地区的效率差距加剧。第二，中等效率（中分位）企业组、低效率（下四分位）企业组中相对高效率的企业更多选择定位于东部地区（大市场），其中相对低效率的企业则选择定位于中、西部地区（小市场），这进一步扩大东部地区与中、西部地区生产率差距。由于资本密集、技术密集型产业全要素生产率整体上大大高于劳动密集型行业，劳动密集型行业的多数企业比较集中分布在中分位和下四分位企业组中，这意味着劳动密集型产业中的高效率企业也倾向选择定位于东部地区（大市场），这在一定程度上会对提高中、西部地区效率与持续缩小与发达地区的差距带来不利影响。

（3）生产率企业和低效率企业在空间分布上都呈现集中于东部发达地区的特征，这一结论也从微观层面验证了 Okubo et al.（2010）和梁琦等（2012）的结论，即当区域之间市场规模差距显著（抑或市场一体化程度较高）时，会出现高效率企业和低效率企业在大市场的协同集聚，出现此现象的原因在于：市场规模的巨大差异（如东部沿海地区和西部地区），对于企业的空间定位选择存在两种作用机制——靠近大市场以获取更大市场份额抑或选择小市场以逃避激烈的竞争。由本文的实证结果可以得出：中国当前市场一体化背景下，企业（高、低效率企业）在决定企业空间定位选择的两种作用因素（选择市场临近抑或逃避竞争）之间进行权衡时，接近需求市场的迫切需求成为决定企业空间选择行为的决定性因素。

（4）本文的实证没有发现产业集聚对于企业效率有正向的影响。本文以地区基尼系数衡量产业集聚，根据实证检验的结果我们发现：无论是下四分位、中分位还是上四分位企业组，基尼系数的回归系数均为负值，这似乎表明产业集聚程度对于企业生产效率呈现负相关，产业集聚效应不但没有提高企业生产效率反而降低了企业生产效率。其可能原因在于：地区基尼系数并不能准确衡量产业集聚的情况，特别是不能准确衡量省级行政区的产业集聚情况，这是因为我国省级行政区国土面积（除直辖市）都比较广阔，往往能够容纳多个产业集聚，这会使得这些地区基尼系数可能低估其产业集聚水平；而对于新疆、内蒙古等省份而言，其工业产业相对单一，相对集中在资源和资源初加工领域，从而使得其基尼系数相对比较高，从而又可能高估了其产业集聚程度。因而，对于省级行政区而言，基尼系数更多反映的是该地区的专业化程度。现有衡量产业集聚程度的变量不能准确衡量省级行政区的产业集聚程度，对于集聚程度的衡量当前仍然没有理想的测度指标。本论文在研究过程中，也尝试采用就业密度、赫芬达尔指数作为衡量产业集聚的指标，所得到的相关系数值亦为负值，并且对于企业生产率的影响统计上显著。

基于上述结论，本文引出的政策含义是：地方政府在吸引新企业进入以促进本地经济发展时，制定的区域经济发展政策应因势利导，不仅要充分考虑集聚经济因素，能够促进和提高具有本地区特色的专业化水平，更需要趁着扩大内需的政策作用，打破贸易壁垒、降低市场分割，改善本地区进入外部市场的条件，加强本地区与外部区域的贸易联系、经济交流与技术合作，促进贸易融合，提升本地区的市场潜能，从而更加有效地吸引新生企业进入本地区、促进本地区企业生产率的提高。其实现措施包括加强中西部地区的交通基础设施建设，加快中西部地区的城镇化进程，促进东中西部地区间的贸易联系，有效提高中西部地区的市场潜能。通过进一步降低东中西三大区域之间的贸易壁垒，尤其对于中西部地区而言，在扩大内需的大背景下，要加强与国内市场贸易联系和经济交流与合作，有效促进本地区市场潜能的提高，从而不仅实现吸引企业进驻的政策目标，并且能够促进本地企业生产率的提高，从而促进中西部地区与东部地区市场规模差异、企业生产率差距和经济发展差距的缩小，最终实现中国区域经济协调发展。

参考文献

[1] Chad Syverson. 2011. What determines productivity? Journal of Economic Literature, 49 (2): 326 – 365.

[2] Gilles Duranton. 2010. Urban labor economics. Journal of Economic Geography, 10 (6): 944 – 946.

[3] Kristian Behrens, Gilles Duranton, Frédéric Robert-Nicoud. 2010. Productive cities: sorting, selection and agglomeration. CEPR Discussion Paper, 7922.

[4] Loren Brandt, Johannes Van Biesebroeck, Yifan Zhang. 2009. Creative accounting or creative destruction? Firm-level productivity growth in Chinese manufacturing. National Bureau of Economic Research, NBER Working Papers, 15152.

[5] Patricia C Melo, Daniel J Graham, Robert B Noland. 2009. A meta-analysis of estimates of urban agglomeration economies. Regional Science and Urban Economics, 39: 332 – 342.

[6] Pierre-Philippe Combes, Gilles Duranton, Laurent Gobillon, Sébastien Roux. 2010. Estimating agglomeration economies with history, geology, and worker effects Edward L Glaeser ed. Agglomeration Economics, Cambridge, MA: National Bureau of Economic Research, 15 – 65.

[7] Pierre-Philippe Combes, Gilles Duranton, Laurent Gobillon, Diego Puga, Sébastien Roux. 2010. The Productivity Advantages of Large Cities-Distinguishing Agglomeration from Firm Selection. CEPR Discussion Papers 7191.

[8] Pierre-Philippe Combes, Thierry Mayer, Jacques-Fran? ois. 2008, Economic Geography: The Integration of Regions and Nations. Princeton: Princeton University Press.

[9] Richard E Baldwin, Toshihiro Okubo. 2006. Heterogeneous firms, agglomeration and economic geography: Spatial selection and sorting. Journal of Economic

Geography，6：323－346.

[10] Stuart S Rosenthal，William C Strange. 2004. Evidence on the Nature and Sources of Agglomeration Economies"，Chapter 49. J Henderson，J Thisse Eds. Handbook of Urban and Regional Economics，4：2119－2171.

[11] Toshihiro Okubo，Eiichi Tomiura. 2011. Productivity distribution，firm heterogeneity，and agglomeration：Evidence from firm-level data. RIETI Discussion Paper Series DP2011－06，Research Institute for Economics & Business Administration.

[12] Toshihiro Okubo，Pierre M Picard. Jacques-François Thisse. 2010. The spatial selection of heterogeneous firms. *Journal of International Economics*，82：230－237.

[13] Toshihiro Okubo，Rikard Forslid. 2010. Spatial Relocation with heterogeneous firms and heterogeneous sectors. RIETI Discussion Paper Series10－E－056.

[14] 陈良文，杨开忠，沈体雁，王伟. 2008. 经济集聚密度与劳动生产率差异——基于北京市微观数据的实证研究. 经济学（季刊），8。

[15] 李玉红，王皓，郑玉歆. 2008. 企业演化：中国工业生产率增长的重要途径. 经济研究，6。

[16] 范剑勇. 2006. 产业集聚与地区间劳动生产率差异. 经济研究，11。

[17] 范剑勇. 2008. 产业结构失衡、空间集聚与中国地区差距变化. 上海经济研究，2。

[18] 傅晓霞，吴利学. 2009. 中国地区差异的动态演进及其决定机制：基于随机前沿模型和反事实收入分布方法的分析. 世界经济，5。

[19] 顾乃华，朱卫平. 2011. 府际关系、关系产权与经济效益——一个解释我国全要素生产率演进的新视角. 中国工业经济，2。

[20] 关静. 2008. 分位数回归理论及其应用. 天津大学博士论文。

[21] 简泽. 2011. 市场扭曲跨企业的资源配置与制造业部门的生产率. 中国工业经济，11。

[22] 梁琦. 2006. 分工、专业化与集聚. 管理科学学报，6。

[23] 梁琦. 2004. 产业集聚论. 商务印书馆。

[24] 梁琦，李晓萍，吕大国. 2012. 市场一体化、企业异质性与地区补贴——一个解释中国地区差距的新视角. 中国工业经济，2。

[25] 李晓萍，江飞涛. 2011. 企业异质性与经济地理研究新进展. 经济学动态，10。

[26] 刘黄金. 2006. 地区间生产率差异与收敛——基于中国各产业的分析. 数量经济技术经济研究，11。

[27] 孙文杰，沈坤荣. 2007. 技术引进与中国企业的自主创新：基于分位数回归模型的经验研究. 世界经济，11。

[28] 吴三忙，李善同. 2010. 中国制造业地理集聚的时空演变特征分析：1980～2008. 财经研究，10。

[29] 张文武，梁琦. 2011. 劳动地理集中、产业空间与地区收入差距. 经济学（季刊），10。

4.8 中国制造业产业集聚与地区专业化存在空间溢出效应吗？[①]

——来自空间杜宾模型的经验证据

金春雨　程浩[②]

摘　要： 本文利用制造业两位数行业数据测定了我国制造业平均集中率和地区相对专业化指数，识别和分析我国制造业产业分布状态变化与各区域产业专业化分工的变化趋势。在此基础上，我们将制造业集聚和地区专业化引入空间面板模型，并通过空间自相关性检验、Wald 统计量检验和 LR 统计量检验选定空间杜宾模型实证检验制造业集聚和地区专业化对我国制造业产出的影响。实证分析结果表明，资本要素投入、劳动要素投入、制造业集聚和地区专业化对我国制造业产出的直接影响和空间溢出效应的方向和显著性水平存在差异。资本要素投入存在显著为正的直接效应和显著为负的溢出效应。劳动要素存在显著为正的直接效应和溢出效应。制造业集聚存在显著为正的直接效应，而溢出效应不显著。地区专业化存在显著为正的溢出效应，而直接效应不显著。从总效应看，产业集聚和地区专业化对制造业产出存在显著的正向影响，是制造业产出增长的重要驱动力。

---

① 本文获得国家社科基金项目资助（项目编号：10BJL041）；教育部人文社会科学研究规划基金项目资助（项目编号：08JA790054）。

② 金春雨（1965～　），女，吉林梨树人，应用经济学博士后，吉林大学商学院教授，数量经济专业博士生导师。主要研究领域：产业经济计量与金融计量；程浩（1987～　），男，河南汝南人，吉林大学商学院博士研究生。

关键词：产业集聚　地区专业化　空间溢出效应　空间杜宾模型

4.8.1　引言

目前，中国制造业大国地位日益巩固，制造业在我国各省区市分布并非均质，而是呈现出巨大的差异性。其中，沿海地区各省区市凭借优越的区位条件和有利的政策条件已经迅速成为世界制造基地，中西部地区制造业发展则相对迟缓。与此同时，随着世界经济一体化发展，以及各省区市参与国内、国际制造业分工的深入，各省区市制造业专业化程度和制造业集聚水平对制造业的产出产生越来越重要的影响。既有的关于制造业的实证研究将生产要素投入、技术革新和制度变迁等因素作为考察我国地区制造业产出的主要影响变量，而产业分布状态和产业结构对制造业的影响常常被忽视。然而，产业分布状态和产业结构一旦形成，在规模报酬递增、经济外部性、知识溢出、分工协作等作用机制下势必对制造业产出产生巨大的影响，因此，应将产业集聚和地区专业化引入制造业产出的实证研究。产业集聚和地区专业化是市场一体化的两个方面，产业集聚主要表现为某些产业在少数地区范围的空间集中，反映的是产业的空间分布特点。地区专业化是生产地域分工的表现，是指各地区根据比较优势进行专门化产品生产，它用于衡量区域产业结构的差异性程度。若每一个经济单元只存在一个产业且其他经济单元均无该产业的分布，产业集聚和地区专业化完全等同，但这种情况不可能发生，因此产业集聚是地区专业化的必要条件但不是充分条件。

国内外学者在产业集聚和地区专业化方面已经取得了众多的研究成果。传统贸易理论利用外生的技术差异和要素禀赋差异解释比较优势对地区专业化分工的作用。Krugman（1991）贸易理论和区位理论相结合创立了新地理经济学的理论分析框架，新地理经济学认为地区专业化是经济空间集聚的结果，强调规模报酬递增、市场规模、产业关联效应对产业集聚和地区专业化的影响效应。关于产业集聚和地区专业化的经验研究较早起步于欧美等发达国家。Brulhart 和 Torstensson（1996）对欧盟 11 国专业化模式演化的研究发现区域一体化和空间集聚之间能够拟合出倒"U"型关系曲线。Kim（1998）对美国制造业的研究证实，在一体化前期美国地区专业化处于较高水平，随着一体化的推进美国制造业向东部地区和南部地区扩散，产业集中率下降。Amiti（1999）利用27个制造业部门数据对欧洲产业集聚和地区专业化的研究发现，在1968～1990年间比利时、丹麦、德国、希腊、意大利和荷兰地区专业化程度明显提高，在27个制造业部门中有17个制造业部门产业地理集中度上升而仅有6个部门集中度下降。近年来对中国产业集聚和地区专业化的研究成果不断涌现，Young（2000）的研究认为中国自改革开放以来，越来越严重的地方保护造成市场分割，致使地区专业化水平下降。罗勇、曹丽莉（2005）利用EG指数对中国20个制造行业集中度进行测算，发现中国制造业集聚程度主要呈现上升的变动趋势。范剑勇（2004a）利用两位数水平制造业数据测算了1980年和2001年地区专业化和产业集中率，发现中国地区专业化水平已有明显提高，产业布局状态也发生根本改变。黄玖立和李坤望（2006）的研究认为地方保护主义导致了市场分割和地区产业结构趋同，不利于地区专业化水平的提高。王业强、魏后凯和蒋媛媛（2009）采用空间偏离份额模型将中国地区制造业增长分解为结构效应和空间效应，用于反映中国地区专业化和产业地理集聚，阐述了在中国经济市场化过程中制造业区位变迁的内在规律。

产业集聚和专业化已经成为各地区经济获取竞争优势的主要源泉，制造业价值链空间分布的离散化和网络化，促使产业集群的重新组合和地区专业分工的加强，因此，各区域制造业发展不仅受本地区要素投入、资源禀赋、产业集聚程度、专业化程度的影响，而且还受相邻区域制造业发展状况的影响，即制造业发展具有较强的空间依赖性。尤其是多地区间协同生产新的分工形式加快了要素流动和信息传递的速度，更加有利于技术和资本外部性的充分利用。因此，研究制造业产业集聚和地区专业化对制造业产出的影响效应，不仅要考查产业集聚和地区专业化对本区域的直接影响效应，也应考虑其区域外的空间溢出效应。近年来空间面板模型的发展，恰好为我们进一步的分析提供了有用的工具。空间计量经济模型用于处理经济单元间的空间依赖性，自Cliff和Ord（1973）针对截面数据提出空间滞后模型以来，空间计量模型在学术界受到广泛的关注。Anselin（1988）和Elhorst（2003）将截面形式下的空间计量模型扩展为空间面板模型。Elhorst（2010a）对空间相关性检验、固定和随机效应下空间滞后模型和空间误差模型的参数估计、固定效应与随机效应的选择、模型预测等做出系统研究。Elhorst（2010b）针对Lee和Yu（2010）提出的空间面板模型在固定效应影响下参数极大似然估计（MLE）存在偏误的问题进行纠偏，改进了空间面板模型的极大似然估计方法，将 LeSage 和 Pace（2009）提出的直接效应和溢出效应估计扩展至空间滞后模型、空间误差模型和空间杜宾模型，并给出空间滞后模型、空间误差模型和空间杜宾模型间选择的方法。下面运用空间面板模型对制造业要素投入、产业集聚和地区专业化对制造业产出的影响效应进行实证分析。

4.8.2　模型原理

面板数据既包含空间单元也包含时间序列，它能反映出更多样本信息，使得变量拥有更多的变异性和更少的共线性，并提供空间计量模型扩展的可能性，其模型设定和估计越来越引发学者们的关注。Hsiao（2005）认为面板数据允许更多复杂行为假设的模型设定，这是单纯的截面数据或时间序列数据所不能处理的。Elhorst（2010a）指出空间面板相对截面形式的空间模型拥有更多自由度，能够提高估计的有效性。因此，空间滞后模型（SAR 模型）、空间误差模型（SEM 模型）和空间杜宾模型（SDM 模型）越来越广泛地应用于实证研究中。

4.8.2.1　空间面板模型设定及选择

空间滞后模型的基本形式为

$$y_{it} = \delta \sum_{j=1}^{N} W_{ij} y_{jt} + c + X_{it}\beta + \mu_i + \lambda_t + \varepsilon_{it} \tag{1}$$

公式（1）中 y_{it} 为空间单元 i 在时刻 t 的被解释变量；$\sum_j W_{ij} y_{jt}$ 为被解释变量的空间交互效应；W_{ij} 为 $N \times N$ 维标准化的非负空间权重矩阵 W 的 i 行 j 列元素，初始空间权重矩阵依据地区间是否相邻确定；δ 为空间自回归系数，反映被解释变量空间交互效应对被解释变量的影响强度，其取值范围被假定限制在（$1/r_{\min}$，1），其中 $r_{\min}$ 为标准化空间权重矩阵 W 的最小负特征实根；c 为常数项参数；X_{it} 为 $1 \times K$ 维外生变量，β 为外生变量相对应的 $K \times 1$ 维系数向量；ε_{it} 是服从经典假设的残差项，其均值为 0，方差为 σ^2；μ_i 和 λ_t 分别为空间特定效应和时间特定效应。Elhorst（2010b）认为空间特定效应和时间特定效应是可选而非必需的，若空间效应 μ_i 和时间效应 λ_t 均被视为固定效应而不是随机效应，截距项 c 仅在 $\sum_i \mu_i = 0$ 且 $\sum_t \lambda_t = 0$ 的约束条件下方可被估计出。另一种等价的方程是去掉截距项，并放弃对空间和时间固定效应所施加的约束（Hsaio，2003）。

空间误差模型基本形式为

$$y_{it} = c + X_{it}\beta + \mu_i + \lambda_t + \varphi_{it}, \varphi_{it} = \rho \sum_{j=1}^{N} W_{ij}\varphi_{jt} + \varepsilon_{it} \qquad (2)$$

空间误差模型假定残差项具有空间相关性，如公式（2）所示，空间单元 i 的 φ_{it} 残差被假定依赖于空间相邻单元的残差 φ_{jt} 和一个白噪声过程 ε_{it}；ρ 为残差项的空间自回归系数，其取值范围与 δ 相同。Anselin 等（2006）认为空间误差模型并未要求一个空间相互影响的理论模型，而是非球形残差协方差矩阵的一个特例。

为检验空间面板模型与非空间面板模型相比是否更适合于数据的建模，需要进行基于非空间面板模型残差的 LM（Lagrange Multiplier）检验，LM 统计量服从 $\chi^2(1)$ 分布。Anselin（1996）发展了基于横截面数据的空间滞后模型和空间误差模型的 LM 检验及稳健（Robust）LM 检验；Anselin（2006）进一步将 LM 检验扩展至空间面板模型框架下，Elhorst（2010a）给出的空间滞后模型和空间误差模型 LM 检验统计量为

$$LM_{\delta} = \frac{[e^T(I_T \otimes W)y\hat{\sigma}^{-2}]^2}{J}, \quad LM_{\rho} = \frac{[e^T(I_T \otimes W)e\hat{\sigma}^{-2}]^2}{TT_W}$$

其中 y 为 $NT \times 1$ 维被解释变量向量；I_T 为 T 阶单位矩阵，$e = y - X\hat{\beta}$ 为非空间面板模型的 $NT \times 1$ 维残差向量，X 为 $NT \times K$ 维解释变量矩阵。$\hat{\sigma}^2 = e^Te/NT$ 表示非空间面板残差项方差估计值；空间和时间特定效应不同组合下非空间面板模型 LM 检验统计量形式一致，仅存数值差别。LM 统计量中 J 和 T_W 的形式为

$$J = \frac{1}{\hat{\sigma}^2}\{((I_T \otimes W)X\hat{\beta})^T[I_{NT} - X(X^TX)^{-1}X^T](I_T \otimes W)X\hat{\beta} + TT_W\hat{\sigma}^2\}$$

$$T_W = \text{trace}(WW + W^TW)$$

其中，trace 表示矩阵的迹。Elhorst（2010a）进一步列出空间滞后模型和空间误差模型的稳健（Robust）LM 检验统计量：

$$\text{Robust } LM_{\delta} = \frac{[e^T(I_T \otimes W)y\hat{\sigma}^{-2} - e^T(I_T \otimes W)e\hat{\sigma}^{-2}]^2}{J - TT_W}$$

$$\text{Robust } LM_{\rho} = \frac{[e^T(I_T \otimes W)e\hat{\sigma}^{-2} - [TT_W/J]e^T(I_T \otimes W)y\hat{\sigma}^{-2}]^2}{TT_W[1 - TT_W/J]^{-1}}$$

空间杜宾模型同时考虑空间滞后被解释变量和空间滞后解释变量对被解释变量的影响，是空间滞后模型和空间误差模型的一般形式。LeSage 和 Pace（2009）指出空间杜宾模型能够很好地捕捉不同的来源所产生的外部性和溢出效应，空间杜宾模型基本形式为

$$y_{it} = \delta \sum_{j=1}^{N} W_{ij} y_{jt} + c + X_{it}\beta + \sum_{j=1}^{N} W_{ij} X_{jt}\theta + \mu_i + \lambda_t + \varepsilon_{it} \tag{3}$$

其中 θ 与 β 类似，是一个 $K \times 1$ 维固定但未知的参数向量。空间滞后模型和空间误差模型是空间杜宾模型的特殊形式，对空间杜宾模型施加一定假设条件约束可将空间杜宾模型简化为空间滞后模型或空间误差模型。考虑两个假设条件：$H_0^1 : \theta = 0$ 和 $H_0^2 : \theta + \delta\beta = 0$，在前一个假设条件下，空间杜宾模型可简化为空间滞后模型，在后一个假设下，空间杜宾模型可简化为空间误差模型。

空间相关性检验及三种形式空间面板模型选择过程为：首先，利用非空间面板模型构建 LM 和稳健 LM 统计量，进行空间自相关性检验。若空间自相关性存在，支持空间滞后模型和空间误差模型二者之一成立，或二者均成立，那么应进一步建立空间杜宾模型并通过构建 Wald 统计量和 LR 统计量检验空间杜宾模型是否能简化为空间滞后模型或空间误差模型。Wald 统计量和 LR 统计量均服从自由度为 K 的 χ^2 分布。若原假设 $H_0^1 : \theta = 0$ 和 $H_0^1 : \theta + \delta\beta = 0$ 均被拒绝，则应选择空间杜宾模型；若原假设 $H_0^1 : \theta = 0$ 不能被拒绝，且稳健 LM 检验统计量更为支持空间滞后模型，则应选择空间滞后模型；若原假设 $H_0^1 : \theta + \delta\beta = 0$ 不能被拒绝，且稳健 LM 检验更为支持空间误差模型，则应选择空间误差模型；若 LM 统计量和 Wald 或 LR 统计量指向的模型不一致，则应选择空间杜宾模型，因为空间杜宾模型是空间滞后模型和空间误差模型的一般形式。

4.8.2.2 空间面板模型的估计

空间面板的估计基于原始数据中心化（Demeaning）处理（Baltagi（2005）），Elhorst（2010a）详细阐述了固定效应和随机效应情形下空间滞后模型和空间误差模型的极大似然法估计步骤。值得注意的是，空间杜宾模型可变形为空间滞后模型，可采用空间滞后模型的估计方法对空间杜宾模型进行参数估计（LeSage 和 Pace（2009））。Lee 和 Yu（2010）将基于原始数据中心化的极大似然估计法称为直接估计方式，并通过直接估计方式与转换估计方式比较发现直接估计方式存在估计偏误。Elhorst（2010b）将转换估

计的纠偏思想成功引入空间面板模型极大似然估计，改进了估计程序。模型参数纠偏方式与模型特定效应处理方式密切相关，空间滞后模型、空间误差模型和空间杜宾模型的纠偏形式不尽相同。

首先，仅包含空间固定效应而不包含时间固定效应的空间滞后模型、空间误差模型和空间杜宾模型，残差项方差 σ^2 的直接估计 $\hat{\sigma}^2$ 有偏，其纠偏估计形式为

$$\hat{\sigma}^2_{BC} = \frac{T}{T-1}\hat{\sigma}^2$$

若 T 足够大时，纠偏无明显效果，但多数空间面板模型难以满足 T 足够大的要求。从数学角度看，空间面板三种模型纠偏前后参数渐进协方差矩阵形式并未发生改变，但由于利用 $\hat{\sigma}^2_{BC}$ 替换了纠偏前残差项方差 $\hat{\sigma}^2$，因此参数的标准差和 t 统计量发生改变。

反过来，若空间滞后模型、空间误差模型和空间杜宾模型仅包含时间固定效应，参数 σ^2 的直接估计 $\hat{\sigma}^2$ 也存在偏误，纠偏估计形式为

$$\hat{\sigma}^2_{BC} = \frac{N}{N-1}\hat{\sigma}^2$$

容易看出若空间单元数量 N 足够大，纠偏则无明显效果。

若空间滞后模型、空间误差模型和空间杜宾模型同时包含空间固定效应和时间固定效应，除 σ^2 以外的其他参数的直接估计值也均存偏误，模型参数纠偏形式各异。空间滞后模型参数纠偏形式为

$$\begin{bmatrix} \hat{\beta} \\ \hat{\delta} \\ \hat{\sigma}^2 \end{bmatrix}_{BC} = \begin{bmatrix} 1_K \\ 1 \\ \frac{T}{T-1} \end{bmatrix} \circ \begin{bmatrix} \begin{bmatrix} \hat{\beta} \\ \hat{\delta} \\ \hat{\sigma}^2 \end{bmatrix} - \frac{1}{N}\left[-\sum(\hat{\beta},\hat{\delta},\hat{\sigma}^2)\right]^{-1}\begin{bmatrix} 0_K \\ \frac{1}{1-\hat{\delta}} \\ \frac{1}{2\hat{\sigma}^2} \end{bmatrix} \end{bmatrix}$$

其中 $\sum(\hat{\beta},\hat{\delta},\hat{\sigma}^2)$ 表示对数似然函数乘以 $\frac{-1}{NT}$ 的二阶导数的期望，符号。表示两个向量或矩阵元素与元素的乘积。类似地，空间误差模型的参数纠偏形式为

$$\begin{bmatrix} \hat{\beta} \\ \hat{\rho} \\ \hat{\sigma}^2 \end{bmatrix}_{BC} = \begin{bmatrix} 1_K \\ 1 \\ \frac{T}{T-1} \end{bmatrix} \circ \begin{bmatrix} \begin{bmatrix} \hat{\beta} \\ \hat{\rho} \\ \hat{\sigma}^2 \end{bmatrix} - \frac{1}{N}\left[-\sum(\hat{\beta},\hat{\rho},\hat{\sigma}^2)\right]^{-1}\begin{bmatrix} 0_K \\ \frac{1}{1-\hat{\rho}} \\ \frac{1}{2\hat{\sigma}^2} \end{bmatrix} \end{bmatrix}$$

空间杜宾模型的参数纠偏形式为

$$
\begin{bmatrix} \hat{\beta} \\ \hat{\theta} \\ \hat{\delta} \\ \hat{\sigma}^2 \end{bmatrix}_{BC} = \begin{bmatrix} 1_K \\ 1_K \\ 1 \\ \dfrac{T}{T-1} \end{bmatrix} \circ \begin{bmatrix} \hat{\beta} \\ \hat{\theta} \\ \hat{\delta} \\ \hat{\sigma}^2 \end{bmatrix} - \frac{1}{N} \left[-\sum (\hat{\beta}, \hat{\theta}, \hat{\delta}, \hat{\sigma}^2) \right]^{-1} \begin{bmatrix} 0_K \\ 0_K \\ \dfrac{1}{1-\hat{\delta}} \\ \dfrac{1}{2\hat{\sigma}^2} \end{bmatrix}
$$

从数学角度看，空间滞后、空间误差和空间模型纠偏前后参数渐进协方差矩阵形式并未发生改变，然而纠偏过程修正了直接方式参数估计值，因此参数的标准差和 t 统计量发生改变。

4.8.2.3 固定效应和随机效应的 Hausman 检验

Elhorst（2010a）列出了空间面板固定效应和随机效应选择的 Hausman 检验统计量，非空间面板模型 Hausman 检验的原假设为 $H_0: h = 0$，其中 $h = d^T [var(d)]^{-1} d$，$d = \hat{\beta}_{FE} - \hat{\beta}_{RE}$。$\hat{\beta}_{FE}$ 和 $\hat{\beta}_{RE}$ 分别为固定效应和随机效应下模型的解释变量的参数估计值（不含常数项），d 为固定效应与随机效应模型解释变量参数估计值之差，统计量 h 服从 $\chi^2(K)$ 分布，K 为解释变量个数。空间误差模型中解释变量未发生改变，Hausman 统计量形式与非空间面板完全相同。空间滞后模型增加被解释变量的空间滞后项作为解释变量，因此，d 变形为 $[\hat{\beta}^T, \delta]_{FE}^T - [\hat{\beta}^T, \delta]_{RE}^T$，统计量 h 服从自由度为 $K+1$ 的 χ^2 分布。空间杜宾模型同时包含解释变量和被解释变量的空间滞后项作为新的解释变量，此时 $d = [\hat{\beta}^T, \hat{\theta}^T, \hat{\delta}]_{FE}^T - [\hat{\beta}^T, \hat{\theta}^T, \hat{\delta}]_{RE}^T$，统计量 h 服从自由度为 $2K+1$ 的 χ^2 分布。$var(d)$ 可由固定效应渐进方差矩阵减去随机效应渐进方差矩阵获得。

4.8.2.4 直接效应和溢出效应的估计

单个空间观测单元相联系的任意给定解释变量的一个改变对该地区（被解释变量）本身的影响可称为直接效应（direct impact），任意给定解释变量的改变亦可通过空间交互作用潜在地影响所有其他地区（被解释变量），此间间接形式的影响可称为间接效应或溢出效应（spillover effects）。LeSage 和 Pace（2009）指出利用一个或多个空间回归模型的点估计对空间溢出效应的存在性检验存在偏误，并基于横截面空间计量模型提出求解偏微分方法检验解释变量的溢出效应，Elhorst（2010b）将这种方法扩展至空间面板模型的分析中。

空间杜宾模型是三种空间面板模型的一般形式，因此更适于直接效应和溢出效应分析，其向量形式为

$$Y_t = (I - \delta W)^{-1} c \iota_N + (I - \delta W)^{-1}(X_t \beta + W X_t \beta) + (I - \delta W)^{-1} \varepsilon_t^* \quad (4)$$

其中 Y_t 为 t 时刻 $N \times 1$ 维被解释变量向量；ι_N 为所有元素均为 1 的 $N \times 1$ 维向量；X_t 为 t 时刻 $N \times K$ 维的解释变量矩阵；ε_t^* 为残差项，是白噪声向量 ε_t、空间特定效应和时间特定效应的组合。被解释变量 Y 对解释变量中第 k 个变量（$x_{ik}, i = 1, \cdots, N$）在特定时刻 t 的偏微分矩阵为：

$$\left[\frac{\partial Y}{\partial x_{1k}} \cdots \frac{\partial Y}{\partial x_{Nk}} \right]_t = \begin{bmatrix} \frac{\partial y_1}{\partial x_{1k}} & \cdots & \frac{\partial y_1}{\partial x_{Nk}} \\ \vdots & \ddots & \vdots \\ \frac{\partial y_N}{\partial x_{1k}} & \cdots & \frac{\partial y_N}{\partial x_{Nk}} \end{bmatrix}_t = (I - \delta W)^{-1} \begin{bmatrix} \beta_k & W_{12}\theta_k & \cdots & W_{1N}\theta_k \\ W_{21}\theta_k & \beta_k & \cdots & W_{2N}\theta_k \\ \vdots & \vdots & \ddots & \vdots \\ W_{N1}\theta_k & W_{N2}\theta_k & \cdots & \beta_k \end{bmatrix}_t \quad (5)$$

LeSage 和 Pace 定义式（5）右侧矩阵对角线上元素的均值为直接效应，溢出效应为式（5）右侧矩阵非对角线元素行或列之和的均值。由于式（5）右侧矩阵与时刻 t 不相关，因此可采用与 LeSage 和 Pace（2009）相同的计算方式。空间误差模型参数存在约束条件 $\theta_k + \delta\beta_k = 0$，式（5）右侧矩阵退化为主对角线元素均为 β_k 的对角矩阵。因此，空间误差模型第 k 个解释变量的直接效应为 β_k，溢出效应为 0。空间滞后模型存在约束条件 $\theta_k = 0$，尽管式（5）右侧矩阵的第二个矩阵非对角线元素均变为 0，直接效应和溢出效应并不像空间误差模型那样分别退化为单个系数和 0，空间滞后模型的直接效应和溢出效应估计仍十分必要。

直接效应和溢出效应直接易得，直接效应和溢出效应的估计值所对应的标准差或 t 统计量却不能在直接估计过程中获得。其原因为，直接效应和溢出效应由复杂的数学公式计算得出的不同系数估计值组合而成，其离散程度依赖于所有涉及系数估计值的离散程度。为推断解释变量变化直接效应和溢出效应的统计显著性，须综合测度直接效应和溢出效应的分布状态。LeSage 和 Pace（2009）建议利用数值模拟的方法，使用极大似然估计隐含的方差协方差矩阵模拟直接效应和溢出效应的分布。考虑空间杜宾模型一个特定的参数向量 δ, β, θ 和 σ^2 的方差协方差矩阵联合抽样：

$$[\delta_d \quad \beta_d^T \quad \theta_d^T \quad \sigma_d^2]^T = P^T \vartheta + [\delta \quad \hat{\beta}^T \quad \hat{\theta}^T \quad \hat{\sigma}^2]^T$$

P 为渐进方差矩阵 $var(\hat{\delta}, \hat{\beta}, \hat{\theta}, \hat{\sigma}^2)$ 的 Cholesky 分解的上三角矩阵；ϑ 为 $(2 + 2K) \times 1$ 维的随机向量，其元素由从均值为 0 方差为 1 的正态分布中抽样得到。若进行 D 次参数联合抽样，并且特定解释变量的直接（溢出）效应由每一次参数联合抽样决定，那么所有的直接（溢出）效应可由 D 次抽样的均值近似，判断显著性水平的 t 统计量则可由均值除以相应的标准差获得。

直接效应和溢出效应的有两种计算方式：第一种在直接效应和溢出效应计算前的每一次抽样均确定公式（5）右侧的矩阵。然而，重复计算 $(I - \delta W)^{-1}$ 使得这种计算方式十分耗时且有可能因空间单元 N 过大引起计算过程中断。为此 LeSage 和 Pace（2009）提出分解矩阵 $(I - \delta W)^{-1}$ 近似地计算直接效应和溢出效应：

$$(I - \delta W)^{-1} = I + \delta W^1 + \delta^2 W^2 +, \cdots,$$

由于 $1/r_{\min} < \delta < 1$，δW 的高次幂将越来越趋近于 0。Ehlost（2010b）的将 I 至 $\delta^{100} W^{100}$ 之和结果存储起来作为 $(I - \delta W)^{-1}$ 的替代，简化了直接效应和溢出效应的计算。

4.8.3　我国制造业集中率与地区专业化指数测算

范剑勇（2004a，2004b）放弃了完全竞争市场结构和无运输成本的假设，基于新地理经济学的分析框架论述了一体化的发展阶段。他认为一体化可分为三个阶段，在一体化由低级向中级水平提高的第一阶段，制造业中心和农业外围分离开来，产业集聚发生，地区专业化水平也得到提高；在一体化由中级向高级提升的第二阶段，制造业发生有序扩散，地区间制造业结构差异性增强，地区专业化水平提高；第三阶段地区专业化水平和单个产业的集中率均处于较高水平，地区一体化程度很强，但原有制造业中心产业平均集中率可能会下降。由于中国各省区制造业发展差异明显，各省制造业一体化进程并非完全同步。然而，产业集聚是制造业产生外部性利用的体现，有利于实现规模经济；地区专业化是产业间分工的体现，有利于比较优势的充分发挥，并且产业集聚和地区专业化均是市场优化配置资源的结果。因此，应将产业集聚和地区专业化纳入影响制造业产出的因素中。我们分别利用产业平均集中率和地区相对专业指数刻画各省区产业集聚水平和地区专业化水平，并对中国八大经济区和各省区产业集聚水平和地区专业化水平及变化趋势进行分析。

4.8.3.1　产业平均集中率

地区产业平均集中率是产业空间分布和地区差距的直观反映，我们利用中国 30 个省区市（由于数据所限，不包含西藏）20 个制造业细分行业的总产值测算产业平均集中率，数据来源于 2000~2011 年中国工业经济统计年鉴。产业平均集中率计算公式为

$$v_i = \frac{\sum_r (v_i^r)}{R}, \quad v_i^r = \frac{E_i^r}{\sum_i E_i^r}, \quad r = 1, \cdots, R, \quad i = 1, \cdots, N$$

其中 R 为细分产业部门的数量，N 为省区市数量，E_i^r 表示第 i 省 r 产业部门制造业总产值，v_i^r 表示第 i 省 r 产业部门制造业总产值在全国该产业部门制造业总产值的份额。利用该计算公式可测算出 1999~2010 年我国八大区与各省区制造业平均集中率，如表 1 所示。

表 1　中国各省区市制造业平均集中率

区　域	1999	2002	2005	2008	2010	区　域	1999	2002	2005	2008	2010
东部沿海	0.2825	0.2966	0.2998	0.2854	0.2749	云　南	0.0214	0.0199	0.0181	0.0169	0.0156
上　海	0.0810	0.0701	0.0617	0.0486	0.0427	南部沿海	0.1632	0.1628	0.1600	0.1498	0.1451
江　苏	0.1273	0.1336	0.1349	0.1423	0.1448	广　东	0.1332	0.1305	0.1273	0.1178	0.1117
浙　江	0.0742	0.0930	0.1032	0.0944	0.0873	福　建	0.0267	0.0294	0.0302	0.0292	0.0309
北部沿海	0.1943	0.2011	0.2158	0.2049	0.1962	海　南	0.0032	0.0029	0.0025	0.0027	0.0025
北　京	0.0281	0.0286	0.0262	0.0191	0.0166	长江中游	0.0983	0.0877	0.0810	0.0945	0.1102
天　津	0.0285	0.0260	0.0223	0.0211	0.0205	安　徽	0.0218	0.0196	0.0187	0.0211	0.0251
河　北	0.0405	0.0398	0.0383	0.0371	0.0375	江　西	0.0126	0.0115	0.0131	0.0179	0.0204
山　东	0.0972	0.1066	0.1290	0.1276	0.1216	湖　北	0.0409	0.0337	0.0253	0.0274	0.0317
黄河中游	0.0783	0.0749	0.0820	0.0945	0.0931	湖　南	0.0230	0.0229	0.0239	0.0282	0.0329
山　西	0.0120	0.0119	0.0126	0.0116	0.0099	西北地区	0.0195	0.0201	0.0171	0.0165	0.0174
内蒙古	0.0073	0.0081	0.0114	0.0139	0.0151	甘　肃	0.0093	0.0093	0.0081	0.0071	0.0069
河　南	0.0447	0.0420	0.0456	0.0557	0.0540	青　海	0.0019	0.0016	0.0012	0.0013	0.0014
陕　西	0.0143	0.0128	0.0124	0.0132	0.0140	宁　夏	0.0028	0.0029	0.0026	0.0024	0.0025
西南地区	0.0839	0.0803	0.0759	0.0799	0.0846	新　疆	0.0056	0.0063	0.0052	0.0056	0.0067
广　西	0.0137	0.0120	0.0110	0.0119	0.0134	东北地区	0.0800	0.0766	0.0684	0.0745	0.0786
重　庆	0.0117	0.0116	0.0110	0.0115	0.0126	辽　宁	0.0443	0.0409	0.0391	0.0454	0.0481
四　川	0.0280	0.0282	0.0283	0.0331	0.0366	吉　林	0.0173	0.0185	0.0147	0.0169	0.0184
贵　州	0.0091	0.0086	0.0074	0.0066	0.0064	黑龙江	0.0183	0.0173	0.0146	0.0122	0.0121

表 1 的计算结果显示，1999~2010 年间东部沿海地区制造业集聚优势最为突出，其次为北部沿海地区和南部沿海地区；西北地区制造业平均集中率最低；东北地区和西南地区制造业平均集中率比较接近，明显高于西北地区；黄河中游地区和长江中游地区制造业平均集中率在八大经济区中处于中

游水平，略高于西南地区和东北地区，明显高于西北地区。制造业集聚水平由沿海向内陆呈阶梯状分布。从各区域集聚水平变化看，东部沿海地区、南部沿海地区和北部沿海地区制造业平均集中率呈先上升后下降的倒"U"型变化趋势，2005 年后下降趋势尤为明显；长江中游地区、黄河中游地区、西南地区和东北地区制造业平均集中率均呈"U"变化趋势，2005 年后这些区域的制造业平均集中率明显上升；西北地区由于区位条件、自然环境和产业基础的劣势，制造业平均集中率在样本期间小幅下降。

从各省的集聚水平看，江苏、山东、广东、浙江、河南、辽宁、上海和河北 8 省市的制造业平均集中率明显高于全国平均水平，海南、青海和宁夏 3 省区制造业平均集中率最低，制造业产值占全国的比重不足 1%。在中国制造业集聚水平较高的 8 个省份中制造业平均集中率变化呈现出以下趋势，江苏省制造业平均集中率在样本期间逐年上升，特别地，近年来江苏省制造业总产值和制造业平均集中率已经超越广东，成为中国制造业第一大省；山东省制造业平均集中率上升幅度较大，2010 年山东省制造业平均产业集中率为 0.1216，仅次于江苏省，已成为中国制造业第二大省；广东省和上海市制造业集聚水平在样本期间呈逐年下降趋势；浙江省制造业平均集中率呈先上升后下降的倒"U"型变化趋势；河南和辽宁 2 省制造业平均集中率在 2005 年后有明显的上升趋势。

从上述的变化趋势可以得出：近年来尤其在 2005 年以后，制造业扩散趋势逐步显现，制造业空间格局发生新变化。沿海地区制造业中心向北迁移，江苏和山东制造业集聚水平超越了广东省，成为新的制造业中心，广东、浙江和上海制造业集聚水平有不同幅度的下降。沿海地区制造业向内地扩散，长江中游地区和黄河中游地区因承接沿海制造业转移提高了制造业集聚水平。振兴东北老工业基地和西部大开发战略促使东北和西南两个地区制造业集聚水平不断提高。

4.8.3.2 地区专业化

本文利用 Krugman（1991）提出的行业分工指数度量地区间产业结构的差异程度，地区间相对专业化指数公式为

$$SK_i = \sum_r | s_i^r - s_i^{\bar{r}} |, \quad s_i^{\bar{r}} = \frac{\sum_{j \neq i} E_i^r}{\sum_r \sum_{j \neq i} E_i^r}, \quad s_i^r = \frac{E_i^r}{\sum_r E_i^r}, \quad r = 1, \cdots, R, \quad i, j = 1, \cdots, N$$

式中 E_i^r 表示第 i 省 r 产业部门制造业总产值；s_i^r 为第 i 省 r 产业制造业总产值在该省制造业总产值中的份额，是该地区制造业的专业化系数；s_i^r 表示全国其余地区制造业专业化系数；SK_i 为地区 i 制造业专业化系数与全国其他地区制造业专业化系数之差的绝对值，测度的是 i 地区与其他地区产业结构的差异性，即为地区间相对专业化指数。地区间相对专业化指数的取值范围为 0～2，取值越低，该地区产业结构与全国其他地区产业结构的差异程度越低；取值越高，该地区产业结构与全国其他地区产业结构的差异越大。我们利用地区间相对专业化指数公式测算我国八大区与各省区市专业化指数，如表 2 所示。

表 2　中国各省区市地区间相对专业化指数

区　域	1999	2002	2005	2008	2010	区　域	1999	2002	2005	2008	2010
东部沿海	0.3905	0.3826	0.4297	0.4664	0.4474	南部沿海	0.5858	0.6556	0.6812	0.6072	0.5739
上　海	0.4462	0.3664	0.4047	0.4808	0.5045	广　东	0.6237	0.7121	0.7531	0.6927	0.6653
江　苏	0.4056	0.3812	0.3909	0.4177	0.4260	福　建	0.4361	0.4146	0.4254	0.4028	0.3906
浙　江	0.4504	0.5356	0.5621	0.5049	0.4903	海　南	0.9501	0.9171	0.9473	1.0050	0.9634
北部沿海	0.2085	0.2390	0.2789	0.2945	0.2767	长江中游	0.3497	0.3874	0.3966	0.3696	0.3273
北　京	0.6154	0.5988	0.6032	0.6428	0.6319	安　徽	0.3294	0.3507	0.4087	0.3702	0.3372
天　津	0.4530	0.4789	0.4967	0.4819	0.4716	江　西	0.4676	0.5503	0.5228	0.5198	0.5155
河　北	0.5167	0.5479	0.6845	0.7046	0.6384	湖　北	0.3675	0.4091	0.4280	0.4393	0.4164
山　东	0.4508	0.4600	0.4590	0.4289	0.4008	湖　南	0.4729	0.4525	0.4991	0.4627	0.4818
黄河中游	0.3706	0.4591	0.5789	0.5599	0.5238	西北地区	0.6480	0.7887	0.8421	0.8376	0.7760
山　西	0.7526	0.8376	0.9511	0.9721	0.8700	甘　肃	0.7974	0.8400	1.0011	1.0028	0.8971
内蒙古	0.7656	0.7928	0.7695	0.7218	0.6664	青　海	1.0281	1.1239	1.1012	1.0627	1.0291
河　南	0.4616	0.5236	0.5740	0.5585	0.5485	宁　夏	0.8191	0.8639	0.7781	0.7500	0.7180
陕　西	0.3938	0.3802	0.5253	0.5885	0.5669	新　疆	0.7422	0.9164	0.9262	0.8558	0.8331
西南地区	0.5700	0.6082	0.6283	0.4815	0.4187	东北地区	0.5032	0.5933	0.5938	0.5244	0.5017
广　西	0.6253	0.6505	0.7157	0.6164	0.5585	辽　宁	0.4796	0.5230	0.5636	0.5081	0.4669
重　庆	0.6821	0.7903	0.7462	0.6816	0.5827	吉　林	0.8852	0.9938	1.0252	0.8871	0.8803
四　川	0.4297	0.4249	0.4381	0.3576	0.3765	黑龙江	0.6588	0.7952	0.8823	0.8232	0.8407
贵　州	0.8605	0.8324	0.8557	0.7852	0.8019	全国均值	0.6132	0.6518	0.6817	0.6557	0.6294
云　南	1.0291	1.0889	1.0137	0.9462	0.9122						

表 2 的计算结果显示，在八大经济区中，西北地区地区间相对专业指数最高，其次是南部沿海地区；黄河中游地区、东北地区和新南地区的地

区间相对专业化指数在八大经济区中居于中游水平；东部沿海地区和长江中游地区的地区间专业化指数较低，北部沿海地区地区专业指数最低。从变化趋势看，八大经济区和全国地区相对专业化指数均值都呈现先上升后下降的倒"U"形变化轨迹，2005年以后地区间相对专业化均值下降趋势明显。

从各省区角度看，北京、河北和上海3省市与其他地区产业结构实现了高度差异化，实现了高水平产业分工，形成"你中有我、我中有你"的分工格局，在一部分制造业向周边省份转移、制造业集聚水平下降的过程中，优势制造业部门实力增强、实现了产业升级，与其他省份的分工合作更加密切，地区相对专业水平较高。黑龙江、吉林和四川3省作为中国传统的制造业基地，制造业结构较为单一，存在一个或几个极其强势的制造业部门，而其他制造业部门发展滞后，优势制造业在该地区的高度集聚造成"人无我有"的分布格局，地区相对专业化指数业处于较高水平。海南、贵州、甘肃、青海、宁夏等省份，制造业极不发达，几乎成为中国制造业的"白地"，相对其他地区制造业的集聚使得这些省份形成"人有我无"的制造业分布状态，地区相对专业化指数较高。从制造业空间扩散的主要涉及区域看，浙江和广东两省作为沿海地区主要的制造业迁出地，制造业产业升级缓慢，在劳动力成本和人民币升值压力加大的背景下，地区专业化水平的下降必将导致该地区制造业竞争力的下降。江苏和河南承接制造业转移具有一定的选择性，制造业的比较优势得到发挥，地区专业化程度呈现小幅上升；山东省承接制造业转移并未实现比较优势，承接制造业转移对产业分工的促进作用较弱，若不及时调整，将面临着同构问题。

4.8.4 空间面板模型的实证分析

依据空间面板模型选择的一般过程，在建立空间面板模型之前，应建立非空间面板模型检验空间自相关性是否存在。若LM或稳健LM检验接受空间自相关性存在的原假设，确定空间依赖关系存在，则可进一步通过Wald检验和LR检验确定适用于数据特征研究的合适空间面板模型形式。

考虑一个基本的柯布—道格拉斯生产函数 $y_{it} = AK_{it}^{\alpha}L_{it}^{\beta}$，其中 y_{it} 表示制造

业产出，具体指标为制造业生产总值；A 表示制度和技术水平，K_{it} 表示资本投入，具体指标为制造业固定资产净值；L_{it} 表示劳动投入，具体指标为制造业从业人员数；α 和 β 分别为资本和劳动的产出弹性。将该式两边分别取对数变形为

$$\ln y_{it} = \ln A + \alpha \ln K_{it} + \beta \ln L_{it}$$

将制造业平均集中率记为 $aggl$，将地区专业化指数记为 $spec$，并将 $aggl$ 和 $spec$ 引入该模型中，可建立如下非空间面板数据模型：

$$\ln y_{it} = c + \alpha \ln K_{it} + \beta \ln L_{it} + \varphi aggl_{it} + \gamma spec_{it} + \mu_i + \lambda_t + \varepsilon_{it}$$

首先，需要进行空间自相关性 LM 检验，非空间面板模型参数估计及空间自相关性检验结果如表 3 所示。

表3　非空间面板模型估计及空间自相关性检验

	混合回归模型	空间固定效应模型	时间固定效应模型	空间和时间固定效应模型
α	1.5675 *** (31.8165)	1.6645 *** (35.9973)	0.9389 *** (19.2056)	0.2326 *** (5.3058)
β	−0.3187 *** (−6.0420)	0.0294 (0.3245)	0.0842 ** (1.9810)	0.4916 *** (13.0636)
φ	1.3160 * (1.7158)	−8.9215 *** (−3.6109)	4.3997 *** (7.9883)	6.8743 *** (6.2958)
γ	−0.3502 *** (−3.2421)	0.9424 *** (4.1791)	−0.5303 *** (−7.2029)	−0.0661 (−0.7237)
c	−1.3875 *** (−6.0924)			
σ^2	0.1014	0.0446	0.0463	0.0067
R^2	0.9447	0.9756	0.9747	0.9964
LogL	−96.3012	51.0345	44.3339	393.4349
LM_δ	105.9423 ***	228.6473 ***	41.9257 ***	5.3866 **
LM_ρ	52.6125 ***	128.2507 ***	32.8038 ***	0.2667
Robust LM_δ	121.0352 ***	101.2939 ***	16.2405 ***	7.7980 ***
Robust LM_ρ	67.7054 ***	0.8972	7.1186 *	2.6780

注：（ ）内为 t 统计量，*、** 和 *** 分别表示在 10%、5% 和 1% 水平通过显著性检验。

　　从表 3 中 LM 检验结果可以看出，无特定效应混合回归模型的 LM 检验统计量和稳健 LM 统计量均在 1% 的显著性水平拒绝不存在被解释变量空间滞后项和不存在空间滞后残差项的原假设。仅包含空间固定效应和仅包含时间固定效应非空间面板模型的 LM 检验统计量和在 1% 的显著性水平既拒绝不存在被解释变量空间滞后项的原假设，也拒绝不存在空间滞后残差项原假设，稳健 LM 检验统计量在 1% 显著性水平拒绝不存在被解释变量空间滞后项的原假设。同时包含时间效应和空间效应非空间面板模型 LM 检验在 5% 显著性水平拒绝不存在被解释变量空间滞后项且在 1% 显著性水平拒绝不存在空间滞后残差项原假设，稳健 LM 检验则接受空间相关性不存在的原假设。因此，模型设定中空间固定效应或时间固定效应确定成为一个重要的问题。为检验固定效应联合显著性，可进行似然比（LR）检验。检验结果如表 4 所示，空间固定效应和时间固定效应均呈现联合显著，可建立双向固定效应模型。

表 4　空间固定效应和时间固定效应联合显著性检验

	LR 统计量	自由度	Prob
空间固定效应	698. 2020	30	0. 0000
时间固定效应	684. 8007	12	0. 0000

　　LM 检验显示空间自相关性存在，尽管 LM 和 Robust LM 检验统计量确认双向固定效应空间滞后模型优于双向固定效应空间误差模型，我们仍需进一步建立空间杜宾模型，并通过 Wald 检验和 LR 检验选择合适模型形式。制造业产出空间杜宾模型形式为

$$\ln y_{it} = c + \delta \sum_{j=1}^{30} W_{ij} \ln y_{jt} + \alpha_1 \ln K_{it} + \beta_1 \ln L_{it} + \varphi_1 aggl_{it} + \gamma_1 spec_{it} + \alpha_2 \sum_{j=1}^{30} W_{ij} \ln K_{jt} +$$

$$\beta_2 \sum_{j=1}^{30} W_{ij} \ln L_{jt} + \varphi_2 \sum_{j=1}^{30} W_{ij} aggl_{jt} + \gamma_2 \sum_{j=1}^{30} W_{ij} spec_{jt} + \mu_i + \lambda_t + \varepsilon_{it}$$

　　Wald 检验和 LR 检验两个原假设具体形式分别为 $H_0^1: \theta = 0$ 和 $H_0^1: \theta + \delta\beta = 0$，其中参数向量 $\beta = [\alpha_1, \beta_1, \varphi_1, \gamma_1]^T$，参数向量 $\theta = [\alpha_2, \beta_2, \varphi_2, \gamma_2]^T$。不同特定效应形式下空间杜宾模型的估计结果如表 5 所示。

表 5　包含空间和时间特定效应的空间杜宾模型估计

	空间和时间固定效应模型	空间和时间固定效应模型纠偏估计	空间随机和时间固定效应模型纠偏估计
δ	$-0.2346^{***}(-3.1777)$	$-0.2315^{***}(-3.1315)$	$-0.0786(-1.1016)$
α_1	$0.1934^{***}(4.4243)$	$0.1936^{***}(4.2421)$	$0.2468^{***}(5.4642)$
β_1	$0.4736^{***}(11.8951)$	$0.4735^{***}(11.3877)$	$0.4772^{***}(11.8527)$
φ_1	$7.9479^{***}(7.1926)$	$7.9430^{***}(6.8807)$	$8.0423^{***}(7.5453)$
γ_1	$-0.0200(-0.2098)$	$-0.0204(-0.2048)$	$-0.1291(-1.3235)$
α_2	$-0.2250^{***}(-2.2899)$	$-0.2254^{***}(-2.1970)$	$-0.1402(-1.4013)$
β_2	$0.2591^{***}(3.7920)$	$0.2579^{***}(3.6539)$	$0.1942^{***}(2.8453)$
φ_2	$0.8994(0.4187)$	$0.8686(0.3883)$	$0.7811(0.4090)$
γ_2	$0.5941^{***}(3.1579)$	$0.5937^{***}(3.0207)$	$0.3253^{*}(1.7383)$
σ^2	0.0060	0.0065	0.0068
R^2	0.9967	0.9967	0.9951
$Corr^2$	0.6667	0.6667	0.9422
LogL	408.5326	408.5492	-42090.212
Wald test (SAR)	24.4710^{***}	22.4645^{***}	10.5573^{**}
LR test(SAR)	23.5533^{***}	23.5679^{***}	NA
Wald(SEM)	23.4689^{***}	21.5080^{***}	9.3904^{**}
LR test(SEM)	21.5148^{***}	21.5483^{***}	NA

注：( ) 内为 t 统计量，*、** 和 *** 分别表示在 10% 、5% 和 1% 水平通过显著性检验。

表 5 中第一列为基于原始数据中心化的极大似然估计的空间杜宾模型估计结果，第二列为依据 Lee 和 Yu（2010）的转换估计法纠偏后的估计结果。比较两种方法的估计结果可以发现，纠偏后双向固定效应空间杜宾模型的估计系数仅有微弱改变，但对被解释变量的影响方向和显著性水平变化不大。表 5 中第三列为空间随机效应和时间固定效应空间杜宾模型的估计结果，利用该模型与双向固定效应空间杜宾模型的参数估计值及渐近协方差矩阵可构建 Hausman 检验统计量，实现固定效应和随机效应的选择。Hausman 检验统计量为 49.8121，服从自由度为 9 的 χ^2 分布，在 1% 的显著性水平拒绝了空间随机效应的原假设，说明双向固定模型更适于数据特征的刻画。空间杜宾模型简化为空间滞后模型的 Wald 统计量和 LR 统计量值分别为 22.4645 和 23.5679，均在 1% 显著水平拒绝原假设。空间杜宾模型简化为空间误差模型 Wald 统计量和 LR 统计量值为 21.5080 和 21.5483，也都拒绝原假设。因此，我们选择空间杜宾模型进行实证分析。

双向固定效应空间杜宾模型的纠偏估计结果显示，某一空间单元的制造业产出不仅受本空间单元解释变量如资本投入、劳动投入、制造业集聚水平和地区专业化程度的影响，也受到相邻空间单元制造业产出和解释变量的影响。制造业空间滞后项对空间单元制造产出的影响系数为 -0.2315，且在 1% 水平通过显著性检验。这表明各省制造业之间空间竞争性较强，各区域制造业未能有机整合以实现协同发展。本空间单元资本投入对自身制造业产出影响为 0.1936 且在 1% 水平通过显著性检验，相邻空间单元资本投入对本空间单元制造业产出的影响为 -0.2254 且在 1% 水平通过显著性检验，这表明中国各省之间制造业资本投入竞争较强，各省份制造业存在着"此消彼长"的关系，投资项目同质性制约了相邻省份间制造业分工，不利于制造业的区域协调发展。本空间单元劳动力投入对自身制造业产出的影响为 0.4735 且在 1% 水平通过显著性检验，相邻空间单元劳动力投入对制造业产出的影响为 0.2579 且在 1% 水平通过显著性检验，这是因为在劳动力跨区流动的作用机制下，相邻空间单元制造业能为本区制造业提供熟练工人，促进区域劳动要素市场的形成，有利于制造生产率的提高。相邻空间单元资本投入和劳动投入对制造产出影响方向的不同，表明资本投入要素在中国制造业发展过程中仍属于较为稀缺的资源，而劳动力供给相对充足，资本投入不足是限制区域制造业发展的障碍性因素。尤其是在沿海地区制造业正处于产业升级的关键阶段，资本不足将限制中国产业结构的优化和调整。制造业集聚水平对制造产出的影响系数为 7.9430 且在 1% 水平通过显著性检验，相邻单元制造业集聚水平对制造业产出影响呈现为不显著，这表明产业集聚具有规模报酬递增、知识溢出、经济外部性，对本空间单元制造业产出具有显著的正向影响效应。空间单元地区相对专业化对制造业产出的影响为 -0.0204 且未能通过显著性检验，相邻空间单元的地区专业化对制造业产出具有显著的正向影响效应，影响系数为 0.5937，这表明在现阶段各省产业结构与全国其他地区差异化程度对制造业产出影响不明显，相邻省份制造业结构的差异性则为该省份制造业专业化分工提供有利契机，各省份制造业在相邻的几个省份的区域经济范围内实现了专业化分工，有利于制造业竞争力的提高。

表 6 给出各因素对我国制造业影响的直接效应、间接效益和总效应。直接效应是单个空间观测单元相联系的任意给定解释变量的一个改变对该地区（被解释变量）本身的影响，空间杜宾模型的直接效应与非空间面板模型解释变量参数估计值等价，二者均反映解释变量的变化对被解释变量的边际影响。

表6　双向固定效应空间杜宾模型直接效应和溢出效应

	未纠偏估计			纠偏估计		
	直接效应	溢出效应	总效应	直接效应	溢出效应	总效应
ln$K$	0.2088***	− 0.2331***	− 0.0243	0.2085***	− 0.2347***	− 0.0263
	(4.8104)	(− 2.8085)	(− 0.2884)	(4.6153)	(− 2.7648)	(− 0.2874)
ln$L$	0.4643***	0.1281***	0.5924***	0.4648***	0.1296***	0.5944***
	(11.2948)	(2.4958)	(13.0479)	(10.6216)	(2.3613)	(11.9050)
aggl	8.0528***	− 0.9003	7.1524***	7.9450***	− 0.7913	7.1537***
	(7.5554)	(− 0.5150)	(3.4882)	(7.0116)	(− 0.4448)	(3.3427)
spec	− 0.0494	0.5186***	0.4692***	− 0.0504	0.5125***	0.4621***
	(− 0.5015)	(3.1770)	(2.7787)	(− 0.4980)	(2.9286)	(2.6094)

注：( ) 内为 t 统计量，*、** 和 *** 分别表示在10%、5% 和1% 水平通过显著性检验。

　　从表6的估计结果可以看出，模型中解释变量的直接效应、溢出效应和总效应纠偏前后正负方向相同，且显著性水平相一致，仅在数值上存在较小的差异。资本投入对制造业产出存在显著为正的直接影响效应，但其空间溢出效应显著为负，二者正负相抵致使总效应不显著。劳动投入对制造业产出的直接效应和溢出效应均为正且通过显著性检验，因此，对制造业投入的总效应显著为正。资本投入的总效应不显著，劳动投入的总效应显著为正，这体现了我国制造业以劳动密集型产业为主的结构特点。制造业集聚的直接效应显著为正，溢出效应未通过显著性检验，表明本区域制造业产出受本区域制造业集聚的正向影响较强，受相邻地区制造业集聚水平的影响不明显。地区专业化直接效应不显著，地区专业化溢出效应对制造业产出的影响远高于直接效应。产业集聚和地区专业化对制造业产出影响的总效应均显著为正，这表明产业地理集中和产业分工能够有力推进制造业产出的增长。非空间面板的参数估计不存在溢出效应，在空间杜宾模型中，各解释变量的溢出效应对制造业产出具有十分重要的影响作用，资本投入溢出效应显著为负，其绝对值超过了直接效应，劳动投入溢出效应对制造业产出的正向影响作用显著，地区专业化程度的溢出效应绝对值远高于直接效应，地区专业化的溢出效应对制造业产出的影响尤为突出。

　　空间杜宾模型估计的直接效应与非空间面板模型估计系数对比，可发现非空间面板模型参数存在着高估或低估。直接效应与空间杜宾模型系数估计值方向及显著性水平相同，二者间数值之差为反馈效应（feedback effects）

从未纠偏的估计结果看，资本投入对制造业产出直接影响系数为0.2088，而非空间面板资本投入弹性为0.2326，高估了11.40%，空间杜宾模型资本投入的产出弹性系数为0.1934，因此，资本投入的反馈效应为0.0154，占直接效应的7.38%；劳动投入对制造业产出的直接影响为0.4643，非空间面板模型劳动投入弹性为0.4916，高估了5.88%，空间杜宾模型劳动投入系数为0.4736，劳动投入的反馈效应为−0.0093，占直接效应的−2.00%；制造业集聚对制造业产出的直接效应为8.0528，非空间面板制造业集聚影响系数为6.8743，低估了14.63%，空间杜宾模型制造业集聚的影响系数为7.9479，因此制造业集聚的反馈效应为0.1049，占直接效应的1.30%。从纠偏估计结果看，资本投入对制造业产出直接影响系数为0.2085，而非空间面板资本投入系数高估11.55%，空间杜宾模型资本投入的产出弹性系数为0.1936，因此，资本投入的反馈效应为0.0149，占直接效应的7.41%；劳动投入对制造业产出的直接影响为0.4648，非空间面板模型劳动投入系数高估了5.77%，空间杜宾模型劳动投入系数为0.4735，劳动投入的反馈效应为−0.0087，占直接效应的−1.87%；制造业集聚对制造业产出的直接效应为7.9450，非空间面板制造业集聚影响系数低估了14.48%；空间杜宾模型制造业集聚的影响系数为7.9430，制造业集聚的反馈效应为0.0020，占直接效应的0.03%。比较直接效应和非空间面板模型的系数发现，制造业集聚对制造业产出的直接影响在非空间面板模型下低估幅度较大，空间杜宾模型直接效应的估计得纠正了这种偏误。从反馈效应看，资本投入对各省制造业产出具有正向反馈，劳动投入对各省制造业具有负向反馈。

4.8.5 结论

随着我国市场化改革的不断加深，在以市场为资源配置的机制下，中国制造业分布格局和各地区制造业结构呈现出鲜明的区域特征，我国制造业分布格局和各地区制造业结构发生新的变化。产业集聚和地区专业化作为经济一体化的两个方面作用于制造业产出，并对区域经济发展产生重大影响。我们利用制造业平均集中率和地区相对专业化指数，测度中国八大经济区各省区产业集聚水平和地区专业化程度。产业集聚变动表明，我国制造业扩散呈现出新的特点，2005年以后制造业由沿海地区向内地扩散、沿海地区制造中心向北逐步转移，东部沿海、南部沿海和北部沿海地区制造业集聚水平显著下降，除西北地区外的其他非沿海地区制造业集聚水平逐步恢复和提升，广东、浙江和上海 3 省市制造业集聚水平下降明显，江苏和山东两省制造业集聚水平显著提高，已经成为沿海地区新的制造业中心。劳动力成本的上升、人民币升值压力及制造业产业升级是中国制造业集聚状况发生新变化的重要原因。在 1999～2010 年期间，中国八大经济区和全国 30 个省的地区相对专业化指数均值均呈倒 "U" 型变化特点，且在 2005 年后地区专业化下降趋势明显，这表明近些年中国制造业的迁移和扩散并非是产业分工深化的结果，而是为寻求生产成本的降低，这也暴露出我国制造业迁出地产业升级进程缓慢和承接产业转移地区将面临产业结构趋同等问题。因此，需要进一步加强沿海地区制造业升级，推动沿海地区制造业跨入高端价值链条，促进国内制造业产业分工和协调发展。

在此基础上，我们构建影响制造业产出的空间杜宾模型，深入探究产业集聚和地区专业化对制造业产出的影响。实证结果表明，中国各省间制造业资本投入存在一定程度的过度竞争，资本仍属于稀缺要素，资本投入的正向直接效应和负向溢出效应相抵消，对制造业产出的总的影响不显著。而各地区劳动投入由于劳动力要素的流动性有利于从业人员素质的提高和区域性劳动力要素市场的形成，其直接效应和溢出效应均显著为正，有利于制造产出的增长。产业集聚的直接效应和溢出效应均显著为正，产业集聚是促进制造业增长及获取区域竞争优势的源泉。地区相对专业化的直接效应不显著，其溢出效应显著为正，相邻空间单元的地区专业化程度对该省制造业产出具有显著的正向作用，这表明中国各省之间产业分工属于相邻省份间区域性分工，与全国其他地区产业结构的同质性并不会抑制该地区制造业产出的增长。这也表明，中国经济一体化程度仍处于较低水平，可以通过一定区域内经济的一体化实现产业比较优势。

参考文献

[1] Krugman P. 1911a. Geography and Trade. Massachusetts：MIT Press.

[2] Brulhart M, Tortensson J. 1996. Regional integration, scale economics and industry location. Centre for Economic Policy Research, Discussion Paper No. 1435.

［3］Kim S. 1998. Economic Integration and convergence：U. S. regions，1840 – 1987. The Journal of Economic History，58（3）：659 – 683.

［4］Amiti M. 1999. New Trade Theories and Industrial Location in the EU：A Survey of Evidence. Oxford Review of Economic Policy，14（2）：45 – 53.

［5］Young A. 2000. The Razor's edge：Distortions and incremental reform in The People's Republic of China. Quarterly Journal of economics，115（4）：1091 – 1135.

［6］罗勇，曹丽莉. 2005. 中国制造业集聚程度变动趋势实证研究. 经济研究，8：106 ~ 115。

［7］范剑勇. 2004a. 市场一体化、地区专业化与产业集聚趋势——兼谈对地区差距的影响. 中国社会科学，6：39 ~ 51。

［8］范剑勇. 2004b. 长三角一体化、地区专业化与制造业空间转移. 管理世界，11：77 ~ 96。

［9］黄玖立，李坤望. 2006. 对外贸易、地方保护和中国的产业布局. 经济学季刊，3：734 ~ 759。

［10］王业强，魏后凯，蒋媛媛. 2009. 中国制造业区位变迁：结构效应与空间效应——对"克鲁格曼假说"的检验. 中国工业经济，9：44 ~ 55。

［11］Cliff A D，Ord J K. 1973. Spatial Autocorrelation. London：Pion.

［12］Anselin L . 1988. Spatial Econometrics：Methods and Models. Dordrecht：Kluwer Academic Publishers.

［13］Elhorst J P. 2003. Specification and Estimation of Spatial Panel Data Models International Regional Science Review. 26（3）：244 – 268.

［14］Elhorst J P. 2010a. Spatial panel data models . In Handbook of applied spatial analysis. M M Fischer，A Getis. 377 – 407. Berlin：Springer.

［15］Elhorst J P. 2010. Matlab Software for Spatial Panels. Presented at the IVth World Conference of the Spatial Econometrics Association（SEA），Chicago，June 9 – 12 .

［16］Lee L F，Yu J. 2010. Estimation of spatial autoregressive panel data models with fixed effects. Journal of Econometrics，154（2）：165 – 185.

［17］LeSage J P，Pace R K. 2009. Introduction to Spatial Econometrics. Boca Raton，US：CRC Press Taylor & Francis Group.

［18］Hsiao C. 2005. Why panel data?，IEPR Working Paper，05. 33.

［19］Baltagi B H. 2005. Econometric analysis of panel data（3rd edition）. New York：Wiley.

［20］Anselin L，Le Gallo J，Jayet H. 2006. Spatial Panel Econometrics. In Matyas L，Sevestre P.（eds）The econometrics of panel data，fundamentals and recent developments in theory and practice（3rd edition），Dordrecht：Kluwer.

［21］Anselin L，Bera A K，Florax R，Yoon M J. 1996. Simple Diagnostic Tests for Spatial Dependence. Regional Science and Urban Economics，26（1）：77 – 104.

4.9 风险投资对企业公司治理结构的影响：基于内生性视角的研究①

许承明　孙　杨　夏　锐②

摘　要： 本文以深圳中小企业板的 2004～2009 年的上市公司为样本，在理论分析的基础上，运用描述性统计、均值差异检验、回归分析等方法，实证研究了风险投资对企业公司治理结构的影响。研究发现风险投资的参与提高了风险企业董事会的独立性，扩大了董事会的规模，减少了管理层的持股水平并扩大了企业的债务融资能力。

关键词： 风险投资　委托代理　公司治理

4.9.1 引言

理论和实践表明，风险投资是中小高科技企业发展的主要融资来源。由于风险投资家与风险企业家作为两个独立的经济当事人，因此他们具有不同

---

① 本文是国家自然科学基金面上项目"民间资本参与与我国风险投资业的发展：理论与实证"（批准号：70873056）和江苏高校优势学科建设工程资助项目的阶段性成果。
② 许承明（1960.1～），男，安徽广德人，南京财经大学副校长、博士、教授、博士生导师；孙杨（1967.11～），男，上海市人，南京财经大学金融学院副院长、博士、教授、硕士生导师；夏锐（1987.10～），男，安徽舒城人，南京财经大学金融学院 08 级研究生。以上均为中国数量经济学会会员。

的效用函数。通常风险企业家作为代理人比委托人（风险投资家）更加了解企业的发展状况与前景，而由于信息不对称的存在导致代理人道德风险的产生，代理人往往会以牺牲对委托人及企业的整体收益为代价，来强化个人的私有收益。

目前对风险投资过程中监管与激励关系的研究主要从两个方向展开。一方面研究激励机制下的监管结构；另一方面研究监管机制下的激励合同。国外的研究主要是运用契约理论，通过设计有效的契约机制建立合理的公司治理结构，克服信息不对称带来的风险，有效地解决了投资过程中的道德风险问题。Baker 和 Gompers（1999a）通过对 CEO 的薪酬水平以及影响因素做了深入的分析，他们认为在有风险投资支持的企业中，CEO 的基本薪酬通常更低，但是他们薪酬的敏感度却非常高。Kaplan & Strömberg（2003）系统研究了经理人所持有的公司股份的变化情况，研究发现经理人所持有股权比例的大小主要依赖于企业的经营状况，当企业经营状况良好时，经理人所持有的股份也显著增加。在研究风险企业董事会的组成情况时，他们将企业董事会成员可以分为三类：风险投资家、创业家以及外部投资者。研究表明风险企业通常有 6 名董事，在 25% 的案例中，风险投资机构拥有董事会的多数席位，企业董事会的相关条款是依附于企业的经营状态，特别是在企业经营状况不理想时，风险投资家会拥有董事会的多数席位，通过对董事会的控制来控制企业的运行。Gompers 和 Baker（1999b）的研究表明在董事会中，风险投资家会明显减少内部董事的比例，而且风险投资家的经验越高，内部董事的比例也越低。

而关于国内风险投资与企业公司治理的研究还主要是侧重于理论阐述和政策研究。在实证研究方面，Tan et al.（2008）调查的 35 家风险投资机构在中国进行风险投资过程中的风险监管与激励机制安排的相关数据，我们发现本土的风险投资机构并不热衷于通过获得更多的董事会控制权来监督企业的运行。他们更多的是依靠频繁的召开董事会来获取相关的信息，公司治理的手段十分单一。

根据 Shleifer 和 Vishny（1997），所谓的公司治理即如何建立合理的机制使投资者能收回投资并获得合理的回报。而 Jensen（1993）和 Denis（2001）认为，公司治理机制可以区分为内部治理与外部治理。内部治理机制通常指机制的实施在公司内，包括股权集中度、董事会、监事会、高管薪酬等。外部治理机制是指机制的实施在公司外，但是仍可以影响公司治理目标的各种机制，如法律、产品市场竞争、公司控制权市场等。虽然国外已经对风险投资与风险企业的公司治理做了深入的研究，然而如董事会结构、CEO 薪酬、高管持股等，但国内目前却很少有这方面的研究。然而作为转型经济的中国，相比发达国家，我国的市场经济微观主体还不成熟，市场行为还不规范，各种公司治理机制还不是很完善，风险投资事业也还处于起步阶段，因而西方学者针对风险投资方面的研究成果是否适合于中国的实际还需要进一步验证。

为此，针对国内风险投资事业的发展状况，本文利用中小企业板上市公司上市前的公司治理数据，从公司治理的不同维度研究风险企业的运行，特别是研究存在内生性影响下风险投资的参与如何改变了企业的公司治理结构。这不仅可以为如何改善我国风险企业的管理水平，提高企业经营绩效提供相关的理论指导与建议，同时也会让我们对我国风险投资事业的发展产生新的思考。

4.9.2　理论分析与研究假设

风险投资与成熟产业的常规投资存在显著的差异，风险投资通常是提供权益资本，其所投企业有形资产较少，它的风险更高。在不确定环境下，不能确保作为代理人的风险企业家将信息充分地反映给风险投资家，而在投资后由于双方本身的行为难以约束，或者对未来的情况不能通过第三方公正裁决，因而在不确定性和信息不对称存在的情况下，委托代理问题伴随了风险投资家从投资到退出的全过程。

委托代理理论是制度经济学契约理论的主要内容之一，是随着"专业化"的产生而发展起来的。该理论最早可追溯到 Berie 和 Means（1932）的《现代公司与私人产权》，他们认为现代公司的发展是从所有者控制到经营者控制的过程，从而提出了所有权和控制权分离的命题，开创了从激励角度研究企业的先河。为了解决由于信息不对称而存在的道德风险等问题，委托代理理论提出了两种观点。一方面，如果使委托人的预期效用最大化，则在满足参与约束与激励相容约束的情况下，代理人必须要承担部分风险；另一方面，如果代理人是风险中性的，则通过代理人完全承担风险可以使委托人预期效用最大化。Fama 和 Miller（1972）认为由于信息不对称、契约的不完备性等情况存在，企业就是契约关系的结合体，企业各利益主体之间的利益往往不一致，更多时候还表现为相互之间的利益冲突。

在风险投资过程中，风险投资家作为委托人，企业家作为代理人，风险投资家凭借其自身经营与洞察力，在众多的项目中选择投资目标，尽量将逆向选择降低到最低程度。而由于风险投资家和企业家之间信息不对称性，以及契约的不完备性，在未来收益等因素不确定的情况下，风险企业家的努力程度与风险企业的发展程度等因素很难衡量。由于经济主体的利己性的普遍存在，这必然导致了代理人会利用自身的信息优势，采用各种利己主义行为来达到自身效用的最大满足，从而最终损害了委托人的利益。因此解决委托代理问题的核心便是如何运用契约理论，设计合理的监管与激励机制，规避风险企业家的道德风险，让双方有效地分摊风险以实现收益的最大化。

金融契约理论实际上是契约理论的延伸，它着重研究的是如何设计合理的融资契约，从而使契约双方满足激励相容的约束条件。在实际运行中，金融契约理论的应用主要体现在对现金流收益以及相机控制权等方面的安排。风险投资家不仅仅会通过相机控制权与现金流来监管企业运行，薪酬管理、高管持股、管理层改造也是常用的手段，即风险投资家会通过完善公司的治理结构来监管企业的运行，防止经理人以及风险企业采取诸如关联交易等活动损害风险投资家的利益。区别于以 MM 理论为代表的传统的资本结构理论，制度经济学则认为资本结构决定了融资企业的治理机制。由于风险资本的引入，为了降低代理成本，风险投资家势必对融资契约进行设计。风险投资家与创业企业家的博弈产生了风险企业独特的公司治理机制。

Aghion 和 Bolton（1992）从不完全合约的角度分析了控制权的分配问题。他们指出，一旦某些重要的变量很难或不可能事先在合约里说明时，控制权的分配就至关重要。由于董事会通常是用来决定、控制公司战略的，因此风险投资家只有控制了董事会，才能真正控制企业的经营。而不同于普通的资金提供者，风险投资家扮演了一个更加重要的角色，即监督风险企业家的过度投资、在职消费等行为损害委托人的利益。

管理层激励作为激励理论的重要组成部分，合理的激励机制，保证管理层能努力工作，在追求自身效用最大化的同时，实现委托人的目标。管理层持股作为管理层激励的重要手段，可以有效地降低管理者追求私人利益的动机，提高企业的经营绩效。因为根据产权理论的观点，企业剩余索取权的界定是产权理论的核心。所谓剩余索取权是指企业的总收益在除去各种按照固定合约支付后的剩余，由于企业的所有者提供了资金并承担了企业经营失败的风险，因此全体股东成为剩余索取权的拥有者。然而在现代企业的运行中，所有权与经营权分离，如果将经营者的人力资本也看做企业的生产要素的话，那么作为经营者也应当享受部分剩余价值，分享剩余索取权，因为这样会将企业经营者的收入与企业的利益相联系，从而促使经营者努力工作，提高企业的经营绩效，追求更大的剩余价值。但是在风险企业中，由于信息的不对称性，风险投资家通常不会赋予风险企业家更多的股份，而是设定股票期权等计划，通过对风险企业家的考核以决定期权执行与否。而债务约束作为公司治理机制的重要补充，通过税盾作用和破产清算威胁，可以有效地约束风险企业家的在职消费，防止他们在追求私人利益的过程中损害了风险投资家的利益。

基于以上因素的分析，本文提出如下假设：

假设1：风险企业拥有更多的内部董事，更少的外部董事；

假设2：风险企业上市前管理层持股比例更低；

假设3：风险企业的债务融资能力更强。

4.9.3 样本选择与变量设置

4.9.3.1 样本选择

本文选取了2004~2009年在深圳中小企业板上市的公司作为研究样本，着重研究在IPO时风险企业的公司治理机制。[1] 文中最初选取的样本为327家上市公司，考虑到数据的可得性与精确性，我们根据以下原则对样本进行筛选：（1）剔除了房地产、金融类的上市公司；（2）剔除了数据缺失、产权不明的上市公司；（3）剔除了原先是地方国有企业，后经过改制成上市，且国有股处于绝对控股地位的企业；（4）剔除了上市前风险投资已退出的上市公司；（5）剔除最终风险投资机构与所投企业相互控制的上市公司[2]。最终本文的研究样本确定为202个，其中有风险投资背景的上市公司93家，没有风险投资背景的上市公司109家。所有财务数据、公司治理数据均来源于深圳国泰安CSMAR数据库与中小企业板上市公司的招股说明书。

---

[1] Gompers（2003）的研究发现，在IPO时的董事会结构等公司治理机制将是最优的，而通常对赌条约的存在也会让风险企业选择最优的治理结构。

[2] 在数据整理过程中，我们发现有些风险投资机构的实际控制人即为上市公司的创始人。

4.9.3.2 变量设置

在本文的研究过程中，我们并没有选择控制权市场、产品市场竞争等变量，一方面是因为我国目前的外部治理机制还不完善，职业经理人相当匮乏，没有行之有效的接管、收购等外部治理机制来对风险企业进行约束；另一方面，Daines 和 Klausner（2001）与 Karpoff et al.（2002）的研究表明，尽管反接管等条款在 IPO 章程中普遍存在，但是风险投资对其却没有显著影响，风险投资家更热衷于用内部治理机制，如董事会、所有权结构等措施取代外部治理机制，这也是为什么风险投资家普遍愿意改造董事会结构的原因所在。

根据 Denis（2001）的观点，以及 Karpoff et al.（2005），Gompers（2003），Baker（1999）等相关学者的研究①，结合国内风险投资发展状况，本文选自了以下指标反映公司治理机制。

（1）董事会

董事会特征主要包括董事会规模、董事会的组成以及董事会的领导结构。根据 Gompers 和 Baker（2003）的研究，本文将董事会成员区分为内部董事与外部董事。内部董事一般是指公司的正式员工、公司或公司的子公司以及关联公司的上层经理和高级管理人员。外部董事一般包括非关联的外部董事和关联的外部董事。前者又称为灰色董事，指那些虽然不是公司的全日制雇员但又通过某种方式与公司发生关联关系的董事，例如商业银行、投资银行、律师、咨询顾问以及客户。而非关联的外部董事又称为独立董事，他们独立于公司的管理层、不存在与公司有任何可能严重影响其做出独立判断的交易和关系的非全日制工作的董事。

董事会领导结构通常是指董事长与总经理两职合一状态。代理理论认为，两职合一导致权力过于集中，从而产生较高的代理成本，而管家理论却认为两职合一有利于企业对外界变化快速做出反应，从而节省运营成本。

（2）债务融资

债务融资为现代公司治理的重要工具，债务融资不仅可以利用债务的税盾（tax shield）作用，同时可以约束经理人谋求私人利益的行为，因为债务融资不仅降低了经理人挥霍自由现金流的问题，而且债务的偿还压力也迫使

---

① Denis（2001）认为公司治理机制包括约束机制、监督机制以及激励机制。而在实际的研究中，Gompers 等只选择了个别指标进行研究，如董事会组成、高管薪酬等。

经理人努力工作。因此债务融资作为一种公司治理手段，本文采用企业的资产负债率来衡量。

（3）管理层激励

激励理论作为现代公司治理理论的核心之一，由于所有权与经营权的分离，合理的激励机制可以促使高管采取适当的行动，最大限度降低代理成本，实现委托人效用最大化。通常，管理层不仅包括公司中高管，同时也包括核心技术人员等公司发展的关键人物。在风险投资中，风险投资家为了所投企业管理团队的稳定，常常会让管理层分享一定比例的股份，同时利用期权激励管理层尽职工作。

综上所述，本章相关变量的选择如表 1 所示：

表 1　各变量的名称及定义

	变量符号	变量说明
董事会	BDS	董事会规模
	CEOD	董事会主席与 CEO 两职合一
	IND	内部董事规模
	AFD	关联外部董事规模
	UNAFD	独立董事规模
债务融资	DFL	资产负债率
管理层激励	PAY	管理层货币报酬
	LNMA	管理层持股比例

4.9.3　内生性问题研究

在实证研究中，我们必须注意到风险投资机构与风险企业之间的因果效应（causal effect）关系，即风险投资机构投资的内生性而导致的自我选择（self-selection）问题[①]，因为风险投资家选择投资哪家企业并非随机的，而是与企业的相关特征有关系，这一问题在很多文献中都已经进行了说明，最早的如 Heckman（1974，1979）和 Lee（1978）等。因此，本文在实证分析前，必须确定在获得风险投资支持前，企业就已经拥有了良好的治理结构，

---

① 自我选择（self-selection）问题，即所观测的结果可能并非是由风险投资的改造而引起的，而是所投资的企业本身具有该属性。

还是在风险投资进入后，风险投资机构对所投企业的公司治理结构进行了良好的改造。同时，变量遗漏问题也需要引起关注，因为在实际的研究中，我们无法观测到所有的变量，而遗漏的变量或许会导致我们在研究时对风险投资的影响产生了错误的估计。尽管 Kaplan & Stromberg（2003，2004）认为绝大多数的企业在获得风险投资之前并没有很好的管理机制，在风险投资进入后，风险投资家会对企业的公司治理结构进行改造。

为了计量结果的准确性，根据 Hochberg（2008）的方法，本文首先采用选择模型（selection framework）处理二元变量 VC 的内生性问题①，在第一阶段建立 porbit 模型，二元变量 VC 作为因变量，外生变量风险企业注册地（LOC）与风险企业所处行业（IDS）（类似于工具变量）作为自变量，该变量仅与能否获得 VC 融资高度相关，而与第二阶段的公司治理变量无关，模型形式如下所示：

$$VC = C + a_0 LOC + a_1 IDS + \alpha \tag{1}$$

在模型的第二阶段，本文拟分别运用董事会规模变量（BDS）、管理层持股比例（LNMA）、债务水平（DFL）、董事会独立性指标（IDP②）作为因变量，以风险投资支持（VC）、固定资产规模（SIZE）、管理费用（MAF）、现金流（CASH）、风险投资机构经验（VER）、风险投资机构持股比例 VEC 作为自变量，模型形式如下：

$$dependent\ variable = C + \sum \beta\ independent\ variable + \mu \tag{2}$$

其中 $\rho = corr(\mu, \varepsilon)$，运用 Stata10.1 软件，选择模型回归结果表 2 所示：

表 2　选择模型回归结果

stage2				
	BDS	IDP	DFL	LNMA
VC	0.592 *	0.007	20.589 ***	− 40.024 ***
ln(SIZE)	0.602 *	− 0.008	3.33 ***	− 1.448
ln(MAF)	− 0.009 ***	− 0.0006 *	0.002	0.601 ***

---

① 该方法类似于 Heckman（1979）的两步法，唯一的区别即选择模型在第二阶段的运算选择总样本，具体介绍详见 Green（1997）。

② 董事会独立性 IDP = 外部董事规模/董事会规模。

stage2				
	BDS	IDP	DFL	LNMA
ln(CASH)	− 0. 239	− 0. 002	− 1. 941 *	1. 904 *
VC * VER	0. 018	− 0. 00002	− 0. 021	0. 028
VC * VEC	− 0. 004	0. 0036 ***	0. 189	0. 108
C	1. 202 ***	0. 706 ***	38. 311 ***	12. 01 ***
	$\rho = 0.11$	$\rho = 0.114$	$\rho = 0.368$ ***	$\rho = 0.017$
stage 1	probit model			
LOC	0. 152			
IDS	2. 01 ***			
C	− 1. 623 ***			

注：＊＊＊，＊＊，＊ 分别代表显著性水平为 1% ，5% 和 10% 。

从 probit 模型的回归结果，我们可以发现行业变量与企业能否获得风险投资关系密切，即在样本研究区间内，我国的风险投资更加偏好于对高科技企业进行投资，相关机构的调研数据也表明，在 2006 年所有获得风险投资支持的企业中，高新技术企业占了 78.3% ，而这一比例在前几年甚至更高。通常，这些企业不仅具有良好的盈利性与发展前景，而且更易获得各种国家政策的支持。而处于经济发达地区通常金融业也比较发达，风险投资事业发展迅猛，企业更有可能获得风险资本的支持。

而从第二阶段的回归结果来看，我们可以发现在董事会独立性和管理层持股方面，风险投资机构投资前的筛选作用并不明显，在投资后董事会独立性的提高以及管理层持股的减少更可能是事后监督的效果。而在对企业债务融资能力的考察中，相关系数 ρ 的 Walt 统计量在 1% 的水平上是显著的，显著的相关系数暗示了风险投资对投资对象的选择不是随机的，事前的筛选会起到一定的作用，然而，事后公司治理的效果也并不仅仅是事前筛选的结果，风险投资机构也扮演了一个重要的角色。对于这一观点一个可能的解释就是风险投资对于投资对象的选择过程中，更多的是关注公司的行业与公司的资产、负债等因素，而在投资后，风险投资机构完全可以通过投资条款对董事会结构与管理层持股等方面进行改造。这也与 Hochberg （2008）、Chemmanur et al. （2008）的研究结论一致。

另外从回归系数中，我们可以发现风险投资的参与以及公司的规模与董事会规模具有正相关关系，而风险投资机构的持股比例越高，董事会的独立性越高。这是因为一方面风险投资机构持股比例越高,其拥有的控制权越大,从而可以通过引入外部董事等方式提高董事会的独立性;其次,风险投资机构持股比例越高,其投资额也越大,从而更有激励去提高董事会的独立性,从而使风险企业的决策层与执行层的分离度更高。同时,风险投资与公司管理层持股存在明显的负相关关系,而风险投资与公司固定资产的规模均与公司的债务水平存在正相关关系,这既说明了固定资产越高,破产时的企业清算价值越大,从而更便于获得贷款,而风险投资的引入也减少了管理层持股。

4.9.4 实证结果与分析

表 3 是样本企业根据是否有风险投资背景分组后,相关变量的均值 T 统计参数检验和中位数 Mann-Whitney U 非参数检验,数据处理过程使用 Stata10.1 软件。

表 3   公司治理结构数据的统计分析

变量	有风险投资		没有风险投资		T 统计量	Z 统计值
	中位数	平均数	中位数	平均数		
		Panel A	董事会			
董事会规模	9	9.39	9	8.39	4.6768 ***	4.338 ***
内部董事人数	4	4.1	4	4.3	- 1.253	- 1.467
关联外部董事人数	2	1.94	1	1.06	5.436 ***	5.561 ***
独立董事人数	3	3.31	3	3.04	3.0205 ***	2.785 ***
两职一状况	0	0.37	0	0.45	- 0.866	- 0.897
		Panel B	债务融资			
资产负债率	0.557	0.553	0.497	0.506	1.9936 ***	1.962 ***
		Panel C	管理层激励			
管理层货币报酬(元)	1764000	266609.5	1249000	1822816	2.1243 ***	3.481 ***
管理层持股比例(%)	20.674	32.208	45.425	45.791	- 2.949 ***	- 3.000 ***

注: *** 表示在 1% 的水平上显著。

从表 3 中的统计分析,我们可以发现,在有风险投资支持的样本组中,董事会的平均人数约 9 人,而 Gompers 和 Bakers(2003)研究的样本中,董事会大约由 6 人组成,两者之间的差别很可能是因为我国风险投资所投资的企业一般处于成长期，此时企业已经初具规模，因此董事会人数往往更多。而关联外部董事人数、独立董事人数在 1% 的水平上均显著大于无风险投资支持的样本组。因此风险投资的引入扩大了董事会的规模，这与 Gompers 和 Bakers（2003）的观点相一致。

进一步考察我们可以发现，有无风险投资支持的公司在内部董事的规模的差异上是不显著的，但是平均而言，有风险投资支持的公司拥有更少的内部董事。而对于外部董事的考察上，无论是从独立董事的角度，还是从关联外部董事的角度，有风险投资支持的公司在 1% 的水平上显著地大于无风险投资支持的公司，这一研究结果与假设 1 相一致，也验证了 Gompers 等的观点。结合上面关于董事会规模的分析，我们可以发现，董事会规模的扩大是因为引入了更多的外部董事，而非限制内部董事的数量。风险投资的引入导致了一个更大规模的公司产生，从而需要较大规模的董事会去协调，这也验证了 Bacon（1973）和于东智（2003）的观点。而根据 Gompers et al.（2003）的研究，美国的风险投资进入企业后会通过减少内部董事、引入外部董事两种方法来提高董事会的独立性。同时，外部董事（包括关联外部董事和独立董事）的增加有助于减少内部董事在董事会中的寻租空间，防止由于代理人利用信息不对称损害风险投资家及其他股东的利益。

关于董事会独立性考察的另一个重要指标就是董事会的领导权结构即董事长与总经理两职是否合一。支持两职合一者认为董事长与总经理两职合一可以提高决策效率，而反对者则认为两职合一会导致决策层与执行层的重合，进而降低了监督效率，产生监督成本。在 Panel A 中，两样本组关于两职合一的差别并不显著，但是在有风险投资支持的样本组中，两职合一的企业仍较少。这说了明有风险投资支持的企业董事会独立性更加完善，风险投资家希望积极发挥董事会的监督作用，监管企业的运行。

考虑到企业的财务杠杆，表 3 中的数据说明了有风险投资支持的企业通常具有更多的负债，无论从中位数还是平均数上来看，在 1% 的水平上均显著大于无风险投资支持的企业，这一研究结果与前文的假设 2 一致。企业负债率的增加一方面是由于风险投资家作为资本市场的一员，风险投资家可以利用其在行业中的影响力和资源为企业的进一步发展筹集资金，降低了企业的融资门槛。另一方面，考虑到风险投资的示范效应，获得风险投资支持的企业通常被外界认为发展前景良好，因而银行的贷款风险更低。同时，风险投资进入企业是以权益资本的形式，在面临贷款偿还的压力下，风险投资家也更愿意监督企业的运行，这也降低了银行的监督成本。而根据国外的风险投资契约，破产与风险投资家的优先清算权是紧密联系的，破产时的优先清算权既是对风险企业的惩罚，也是对风险投资家保护的有效机制。

在管理层激励的分析中，本节考察了管理层的货币报酬与持股比例。从统计分析中可以发现，在有风险投资支持的样本组中，管理层的货币报酬在1%的水平上显著高于无风险投资支持的样本组，管理层的持股水平在1%的水平上显著低于无风险投资支持的样本组，这一研究结果验证了假设3，这也与 Baker（1999）的研究结论一致。Baker（1999）研究了1011家新上市的公司，他发现有风险投资支持的公司，管理层持股比例比没有风险投资支持的公司管理层持股比例低16%，然而前者的固定报酬却比后者多。对于这种现象，作者认为最主要的原因是风险投资家一方面降低管理层对公司的控制权，防止他们谋取私人利益，另一方面，风险投资家会提高股权的激励效应，例如在投资过程中会大量的使用股票期权计划，同时在投资条款中，风险投资家会承诺减少上市时股票的发行量，从而减少在上市时管理层持股的稀释程度，导致在上市后，管理层持股比例的差异在两样本组之间已经明显缩小了。此外，有风险投资支持的企业管理层持股更少可以有效地降低管理层在上市后选择辞职套现的行为，从而保持了公司经营的稳定。

为了验证 Baker（1999）的观点，我们对上市后样本企业管理层持股比例进行了统计分析（分析结果见表4），结果表明在上市后，两样本组企业的管理层持股比例差距明显缩小了，由上市前的13.583%缩小到上市后的10.751%。进一步在样本组内对比分析上市前后的变化情况，我们可以发现在有风险投资支持的企业中，上市后管理层持股约被稀释了7.006%，而没有风险投资支持的企业上市后管理层持股约被稀释了9.838%，这一结果也间接证明了 Baker 的观点。然而考虑到我国的实际情况，很多在中小板上市的公司在风险投资进入前已经具有一定的规模了，有的甚至本身就是由国有企业改制的，因而通常这些企业的外部股东很多，风险投资家进入并不是扮演天使投资的角色，管理层持股比例明显低于由自然人控股[①]的企业（见表5）。

---

① 这里自然人控股的企业不仅包括自然人是创业者，还包括企业改制后自然人占绝大部分股份的企业。非自然人控股的企业是指含有多个外部大股东，或者改制后仍有政府控股的企业。在本文选取的样本中，自然人控股的企业占118家，非自然人控股的企业占84家。

表 4　上市前后管理层持股比例变化情况

变量	有风险投资		没有风险投资		T 统计量	Z 统计值
	中位数	平均数	中位数	平均数		
上市前管理层持股比例（%）	20.674	32.208	45.425	45.791	-2.949 ***	-3.000 ***
上市后管理层持股比例（%）	16.538	27.202	34.971	35.953	-2.9507 ***	-2.993 ***

注：以上数据根据 Stata10.1 计算得到，*** 表示在 1% 的水平上显著。

表 5　上市前管理层持股比例变化情况

变量	自然人控股		非自然人控股		T 统计量	Z 统计值
	中位数	平均数	中位数	平均数		
上市前管理层持股比例（%）	58.595	53.502	9.356	19.643	8.310 ***	7.349 ***

注：以上数据根据 Stata10.1 计算得到，*** 表示在 1% 的水平上显著。

4.9.5　结论与政策建议

本文首先就风险投资对公司治理结构的影响进行了理论阐述，委托代理理论仅仅回答了为什么要加强公司治理，而金融契约理论却是告诉我们如何进行公司治理。本文将风险企业的公司治理机制分为董事会独立性、管理层持股、负债，这一方面是考虑了经典的公司治理理论，另一方面也是结合了具体的风险投资实践。同时，本文结合中国中小企业板上市公司的数据，系统研究了有无风险投资机构的参与下，企业公司治理机制的区别。结论表明，在考虑了内生性问题的情况下，有风险投资参与的企业，其董事会规模更大、独立性更好、管理层持股更少，而负债会更多。分析的结论部分吻合了西方经典的研究成果，然而有些结论也体现了中国风险投资发展的现实状况。

以上的研究结论不仅具有学术意义，同时也对风险投资机构的投资具有一定的启示意义。在投资过程中，投资方早已意识到提供所投企业公司治理水平对改进公司业绩、保护投资者利益的重要性。而为了进一步发挥风险投资对企业成长的促进作用，我们认为风险投资机构必须注重监管手段的多样化。风险投资机构应该综合运用董事会、期权等措施来对风险企业进行监管，注重风险企业的管理层激励，使用固定薪酬与管理层持股等方式促使管理人员努力工作，降低代理成本。同时风险投资机构应该根据自身的特征，如资本规模、行业经验等，制定适合自身实际的监管手段，进而实现在投资过程中的双赢。

参考文献

[1] 唐运舒，谈毅. 2008. 风险投资、IPO 时机与经营绩效——来自香港创业板的经验证据. 系统工程理论与实践，7。

[2] 于东智. 2003. 董事会、公司治理与绩效——对中国上市公司的经验分析. 中国社会科学 3。

[3] 于东智，王化成. 2003. 独立董事与公司治理：理论、经验与实践. 会计研究，8.

[4] Baker M, P A Gompers. 1999. The Determinants of Board Structure and Function in Entrepreneurial Firms. Working Paper. Harvard Business School.

[5] Baker M. P Gompers. 2003. The Determinants of Board Structure at the Initial Public Offering. Journal of Law & Economics. 46：569 – 598.

[6] Bacon J. 1973. Corporate Directorship Practice：Member and Committees of the Board. New York：the conference board.

[7] Chemmanur T, K Krishnan, D Nandy. 2007. How Does Venture Capital Financing Improve Efficiency in Private Firms? A Look Beneath the Surface. Working Paper. Boston College.

[8] Denis D. 2001. Twenty-five Years of Corporate Governance Research and Counting. *Review of Financial Economics*, 10：191 – 212.

[9] Daines R. M Klausner. 2001. Do IPO Charters Maximize Firm Value? Antitakeover Protection in IPOs. *Journal of Law*, 17：83 – 120.

[10] Field L C, J M Karpoff . 2002. Takeover Defenses of IPO Firms. Journal of Finance , 57：1857 – 1889.

[11] Hochberg Y. Alexander Ljungqvist, Lu Yang. 2008. Networking as a barrier to entry and the competitive supply of venture capital. Working Paper.

[12] Jensen M. 1993. The Model Industrial Revolution：Exit, and Failure of Internal Control System. Journal of Finance, 48：831 – 879.

[13] Kaplan S, P. Strömberg. 2003. Financial Contracting Theory Meets the Real World：Evidence From Venture Capital Contracts. Review of Economic Studies, 70：281 – 315.

[14] Sahlman W A. 1990. The Structure and Governance of Venture Capital Organizations. *Journal of Financial Economics*, 27（3）：473 – 524.

[15] Shleifer A, R Vishny. 1997. A Survey of Corporate Governance. Journal of Finance ,52：737 – 783.

[16] Tan Justin, Zhang Wei, Xia Jun. 2008. Managing Risk in a Transitional Environment：An Exploratory Study of Control and Incentive Mechanisms of Venture Capital Firms in China. Journal of Small Business Management, 46（2）：263 – 285.

5. 区域经济　协调发展

5.1 中国经济低碳转型绩效的历史变迁与地区差异

朱承亮　岳宏志[①]

　　摘　要： 低碳转型是我国可持续发展的内在要求，是实践科学发展观，建设"两型"社会的必由之路。本文构建了一个能同时包含"稳增长"、"低能耗"、"低排放"多元目标的可持续发展分析框架，基于1985～2010年全国27个省份投入产出面板数据，运用基于DDF的ML生产率指数和增长核算法，对我国经济低碳转型绩效进行了评估。研究发现：不考虑环境因素会高估生产率及其对经济增长的贡献，从而对我国低碳转型绩效做出较为乐观判断；绿色全要素生产率（GTFP）增长主要来源于技术进步，且受制度因素水平效应影响，考察期内GTFP增长率呈现"先升后降再平稳"的时间趋势特征；GTFP是经济增长重要驱动力之一，考察期内我国经济低碳转型绩效明显，受边际转型成本影响近年来有趋缓回落趋势，我国仍属于资本和能源双重驱动的粗放型经济增长方式；我国经济低碳转型绩效地区差异明显，部分欠发达省份也表现出了较高的转型绩效，但这种地区差距具有相对稳定性，仅在两次危机期间表现出了较大波动。暂且撇开关于低碳模式"阴谋论"

---

① 朱承亮（1985～　），男，安徽太湖人，西北大学经济管理学院博士研究生，研究方向：技术经济及管理，联系方式：13325464122，zhuchengliang100@yahoo.com.cn；岳宏志（1963～　），男，陕西西安人，西北大学经济管理学院教授，博士生导师，主要从事理论经济学研究，hzyue2001@yahoo.com.cn。

还是"双赢论"争论对错不说，在本文中我们确实捕捉到了我国低碳转型绩效明显的信息，综合来看，我国经济低碳转型任重而道远，但艰难与希望并存。

关键词： 低碳转型　绿色全要素生产率　经济发展方式　历史变迁　地区差异

5.1.1　引言

自 1978 年改革开放以来，中国经济进入高速发展的快车道，GDP 增长率以年均 10% 左右的速度保持了 30 多年的强劲增长，且 2011 年中国 GDP 总量超日本正式成为世界第二大经济体。这种"增长奇迹"使得中国经济成为国内外学者研究的热点，其中关于中国经济增长动力来源、可持续性、经济增长方式等的争论也从未停止过。这些研究基本上都达成了一个共识：中国经济增长并不是完全建立在科学增长方式基础上的，这种增长方式在推动中国经济高速增长的同时，也带来了诸多的经济与社会问题，因此，经济增长方式转变已经是大势所趋，到了非转变不可的时候了（魏杰，2011）。学术界关于中国经济增长方式的研究引起了政府高度重视，使得转变经济增长方式成为近几十年来我国政府设定的主要任务之一。早在 20 世纪 80 年代初，我国就对经济增长方式转变问题给予了高度重视，把转变经济增长方式写入了报告之中，"九五"期间提出经济增长方式由粗放型向集约型转变，十七大报告将"转变经济增长方式"改为"转变经济发展方式"，指出"加快经济发展方式转变，这是关系国民经济全局紧迫而重大的战略任务。"一直以来，学术界和政府关于实现经济增长方式转变的探索与实践从未停止过。

随着全球环境问题的日益凸显和严重，尽管关于人类生产活动对气候的影响以及全球气候变暖的程度、机理等问题仍存在重大争议，但进入 21 世纪，气候变化已成为人类经济和社会发展面临的共同挑战。伴随着全球环境保护的制度化发展，低碳转型理念受到国际社会的广泛关注，全球范围内的低碳转型成为大势所趋，目前，低碳经济已成为各国应对气候变化、转变增长方式的共识。作为一个负责任的大国，低碳转型已经成为我国当前政策规划和实施中的重要导向，近年来，我国在践行低碳转型道路上做出了不少尝试和贡献，我国在调整经济结构、发展循环经济、节约能源、提高能效、淘汰落后产能、发展可再生能源、优化能源结构等方面采取了一系列政策措施，取得了显著的成果，我国在"十一五"规划中提出了节能减排目标，在"十二五"规划中继续延续了低碳经济发展理念。十七大报告指出要建设生态文明、基本形成节约能源资源和保护生态环境的产业结构、增长方式、消费模式。可见，低碳发展模式是我国可持续发展的内在要求，是深入实践科学发展观，努力建设资源节约型、环境友好型社会的必由之路。十七届五中全会进一步指出，加快经济发展方式转变，既是一场攻坚战，也是一场持久战。

那么，在这场全球性的低碳转型过程中，中国经济低碳转型绩效如何？中国经济增长方式是否发生了转变？中国经济增长是否具有稳定性和可持续性？中国各地区经济增长方式是否平衡？笔者试图在本文中对上述问题进行解答。正确评估经济发展方式转变可以使人们掌握经济发展方式所处的状态、明确转变的动力与阻碍，确定经济发展方式转变的方向（李玲玲，张耀辉，2011），可见，本文研究具有十分重要的理论意义和现实意义。

本文将经济增长、资源节约与环境保护纳入到一个统一框架，评估分析了我国经济低碳转型绩效的历史变迁与地区差异，与类似研究相比，本文主要做了以下工作：一是对研究时间段进行了拓展，受数据、技术等因素限制，类似研究的起始时间一般都限定于1998年，本文将研究时间段扩展到了1985年，对"七五"到"十一五"五个五年计（规）划期间（1985～2010年）的低碳转型绩效进行评估，在更长时间内研究我国经济低碳转型的历史变迁与地区差异；二是从可持续发展视角出发，在测度转型绩效时不仅仅考虑增长目标，还考虑到了增长的资源环境约束，即将经济增长、资源节约与环境保护纳入到一个统一框架进行综合分析，并与传统分析框架相比较，阐述了两种分析框架实证结果的差别；三是进行增长核算分析，通过考察绿色全要素生产率（Green Total Factor Productivity，GTFP）对产出增长的相对贡献，评估全国及各地区的低碳转型绩效及进程，分析我国经济低碳转型绩效的时序变化与地区差异。基于1985～2010年全国27个省份投入产出面板数据，运用基于方向性距离函数的 Malmquist-Luenberger 生产率指数法和增长核算法，本文对我国经济低碳转型绩效进行了测度评估并发现：（1）不考虑环境因素会高估生产率及其对经济增长的贡献，从而对我国低碳转型绩效做出较为乐观的判断；（2）GTFP增长主要来源于技术进步，且受制度因素水平效应影响，考察期内 GTFP 增长率呈现 "先升后降再平稳" 的时间趋势特征；（3）GTFP 是经济增长重要驱动力之一，考察期内我国经济低碳转型绩效明显，受边际转型成本影响近年来有趋缓回落趋势，我国仍属于资本和能源双重驱动的粗放型经济增长方式；（4）我国经济低碳转型绩效的地区差异明显，部分欠发达省份也表现出了较高的转型绩效，但这种地区差距具有相对稳定性，仅在两次危机期间表现出了较大波动。

本文接下来的结构安排如下：第一节对相关文献进行了述评；第二节阐述了研究框架，简要介绍了研究方法；第三节对数据来源和变量设定进行了说明；第四节是具体的实证研究结果及分析；最后是本文的结论。

5.1.2　相关文献述评

自改革开放以来，学术界针对经济增长方式转变问题展开了热烈讨论，按照林毅夫和苏剑（2007）的总结，这些研究主要围绕以下两个问题展开：一是我国经济增长方式的现状及目标增长方式是什么？二是如何实现我国经济增长方式的转变？对于第一个问题，学术界普遍认为我国经济增长方式属于资本驱动型的粗放型增长方式（Chow，1993；Chow 和 Lin，2002；郭庆旺，贾俊雪，2005；邱晓华等，2006），认为经济增长方式转变的目标就是实现经济增长方式从粗放型到集约型的转变。对于第二个问题，学术界从不同角度提出了各种各样的政策建议，如经济体制改革（刘国光，李京文，2001）、产业结构转换（吴敬琏，2005）、扩大内需（刘世锦，2006）、政府职能转换（张卓元，2005）、科技创新（卫兴华，侯为民，2007）、城镇化（王国刚，2010）等等。这些研究得出了很多有价值的结论，具有重要意义，在一定程度上有助于我国经济增长方式的转变。通过对上述文献的梳理发现，目前关于我国经济增长方式转型方面的研究以定性研究为主，定量研究相对较少。本文侧重于经济增长方式转型绩效的分析，因此，接下来本文着重对此方面的文献进行梳理和述评。

通过对现有文献的掌握和梳理，发现我国学术界关于经济增长方式转型绩效的研究主要从以下两个路径展开：第一种路径是通过对经济增长方式内涵的界定，构建一套反映其内涵的评价指标体系，进而进行定量分析，如顾海兵，沈继楼（2006）通过指标体系设计对四种不同类型（集约型与粗放型、投资拉动型与消费拉动型、政府主导型与市场主导型、发展性与欠发展性）的经济增长方式进行了定量分析，发现 1996～2005 年间我国转变经济增长方式有了一定进展，但从总体上看还未实现根本上转变，仍是粗放型、政府主导和投资推动为主的经济增长，发展效应也并不令人满意。朱启荣（2011）从经济发展速度与质量、资源消耗与环境保护、民生状况等三大方面构建了一套指标体系，采用主成分分析法对我国经济发展方式水平进行了评价，发现自 20 世纪 90 年代以来，我国经济发展方式水平总体处于不断上升趋势；沈露莹（2010）构建了一套由经济增长、服务经济、城市功能、自主创新、资源集约、以人为本等六大部分构成的指标体系，对 2000～2008 年间上海转变经济发展方式的成效进行了评估，评估结果显示，上海经济发展方式转变总体呈现趋于良好的态势，尤其在经济增长、城市功能、资源集约等领域发展方式转变取得明显成效，但在自主创新、以人为本等领域发展方式转变则相对滞后，服务经济领域发展方式转变甚至出现倒退。李玲玲，张耀辉（2011）构建了一套以经济增长、发展动力、资源环境支持、发展成果为基本框架的评价指标体系，对 2000～2009 年间我国经济发展方式的变化进行了测评，得出我国经济发展方式已发生转变的结论。综上，这些研究得出了很多有意义的但并非一致的结论，且该种分析路径存在诸如指标选取随意性大、指标权重主观性强、指标内生性差等问题。

第二种路径是从全要素生产率（TFP）理论出发进行经济增长方式转型绩效评价，认为只要我们对一个经济的增长中生产率提高的相对贡献能够进行定量测定，则我们至少可以对一个经济不同时期的增长方式或同一时期不同经济的增长方式的集约化程度进行比较。TFP 是宏观经济学的重要概念，是分析经济增长源泉的重要工具，尤其是政府制定长期可持续增长政策的重要依据（郭庆旺，贾俊雪，2005）。虽然 TFP 理论存在一定局限性，一些学者对此也有过评论（郑玉歆，1999；易纲等，2003；林毅夫，任若恩，2007；郑玉歆，2007），但如果能恰当地运用和解释，增长核算是一种很有价值的工具（Bosworth 和 Collins，2003），正如张军等（2003）指出，尽管 TFP 理论存在局限性，但对经济学家来说，没有比研究经济增长和 TFP 变动更让人着迷的了，测度 TFP 水平及其变动模式始终是当代经济学家认真思考和认识经济增长的主要内容。随着研究方法的日渐成熟以及研究数据的日趋丰富，这类研究成果剖丰，比如，郭庆旺，贾俊雪（2005）利用索洛残差法、隐性变量法和潜在产出法对我国 1979～2004 年 TFP 增长率进行了估算，发现考察期内我国 TFP 平均增长率为 0.891%，对经济增长平均贡献率为 9.46%，这一测算结果低于 Wu（2003）的 13.5% 和 Young（2003）的 23%，更低于 World Bank（1997）的 43%。吴延瑞（2008）基于随机前沿生产函数对 1992~2004 年间中国 TFP 进行了估计，发现 TFP 以年均 2.94% 的增长速度平均解释了中国经济增长的 27%，远小于对日本（50%）和德国（58%）的类似估计值，傅勇，白龙（2009）采用 Malmquist 指数法对 1978~2006 年间 TFP 进行了测度也得出了类似结论。张学良，孙海鸣（2009）采用 DEA 方法对长三角地区经济增长的真正源泉进行研究，发现长三角地区实际经济增长主要依赖于物质资本贡献，从分省份来看，仅上海市的 TFP 主导着其经济增长。王小鲁等（2009）在扩展卢卡斯模型基础上，采用 1952~2007 年间的全国时间序列数据测算发现，TFP 的作用正在变得越来越重要，在 1999~2007 年期间对经济增长贡献了 3.6%。马强文，任保平（2010）采用 Malmquist 指数法对 1978~2008 年间全国 28 个省份的 TFP 进行了测度，并测算了经济发展方式的转变绩效，发现改革以来我国经济发展方式的转变绩效出现逐渐下降趋势，但每一轮改革都能够带来提高发展方式转变绩效的水平效应。综上可见，这些研究结论差异也较大，其可能原因在于研究工具、参数设定、研究时间等差异，但这些研究得出了很多有价值的结论，对我们后续研究具有重大参考价值。

在领会到第二种研究路径研究意义基础上，我们还注意到，这些研究均在不同程度上忽略了资源环境因素对中国经济经济增长方式转变绩效的影响。中国经济在取得举世瞩目成就的同时也使中国付出了巨大的资源环境代价，这是无需争辩的事实。随着中国经济增长中环境污染问题的出现并日益严重，类似研究也开始尝试性的将资源环境因素内生到 TFP 测算框架，如田银华等（2011）采用基于序列 DEA 的 SML 指数法对 1998~2008 年中国各省份环境约束下的 TFP 指数进行估算，发现考虑环境约束之后，TFP 增长对我国经济增长的贡献不足 10%。此外，孙传旺等（2010）运用环境技术和方向性距离函数对碳强度约束下 2000~2007 年 TFP 进行了测算，王兵等（2010）运用 SBM 方向性距离函数和卢恩伯格生产率指标测度了考虑资源环境因素下中国 30 个省份 1998~2007 年的环境全要素生产率。但遗憾的是，这些研究仅对 TFP 及其分解、影响因素以及收敛性等进行了分析，并没有在此基础上对经济增长方式转型绩效展开更为深入的研究。此外，最新研究成果陈诗一（2012）基于 SBM - DDF - AAM 低碳经济分析理论机制，构建了低碳转型评估的动态指数体系，并对改革以来中国各地区的低碳转型进程进行了评估和预测，根据他的研究成果可以发现，"七五"至"十一五"期间有半数以上省份的低碳经济转型评估指数超过了 0.5，这意味着我国基本上已经步入了集约型经济增长方式阶段，但这似乎与现阶段我国经济发展方式的"阶段性"规律相悖。经验研究表明，TFP 或要素投入作为增长来源的相对重要性是随发展阶段变化的，在发达国家，TFP 是增长的主要来源，而在发展中国家，TFP 对增长的贡献较小，发达国家在其工业化时期也曾经历过经济增长主要依靠要素积累的阶段，只是在资本积累到一定程度之后，这种增长方式才发生了改变，也就是说，TFP 提高是和经济发展阶段相联系的，超越发展阶段是不符合规律的，TFP 对经济增长的高贡献率一般只有在进入经济增长减速的成熟期才会出现（郑玉歆（1999））。与陈诗一（2012）研究相区别，本文首先构建了一个能够将经济增长、资源节约与环境保护纳入到统一内生框架的分析框架，然后基于 1985～2010 年全国 27 个省份投入产出面板数据，运用基于方向性距离函数的 Malmquist-Luenberger 生产率指数法和增长核算法，对我国经济低碳转型绩效进行了测度评估，本文的分析框架能够敏锐地捕捉到中国经济低碳转型绩效的显著变动。

5.1.3 分析框架与研究方法

5.1.3.1 分析框架

转变经济增长方式的关键，在于不断提高由 TFP 为核心的经济增长质量在经济增长中的贡献份额，而类似分析框架大多仅从劳动和资本要素的角度进行分析，与类似分析框架不同，本文所构建的分析框架从可持续发展视角出发，考虑经济发展过程中的资源环境约束，从而深层次剖析中国经济低碳转型绩效的经济学机理。

按照西方宏观经济学的经济增长核算方法，一个经济在某一时期的增长主要有两大来源：一是要素投入贡献，二是生产率增长贡献，其中要素投入不仅仅包括传统的劳动和资本要素，还包括能源要素，生产率增长又可以分解为效率改善和技术进步两个增长路径。与传统分析框架最大的区别在于，本文分析框架指出，一个经济在某一时期的产出不仅仅包括经济增长

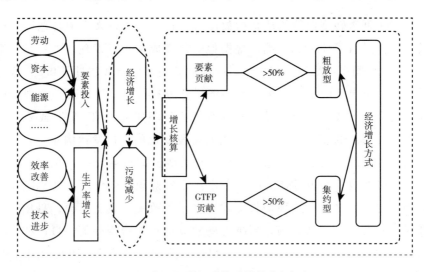

图 1 中国经济低碳转型绩效分析框架

（GDP）等期望产出，还包括"三废"污染等非期望产出。而我们的期望是，期望产出在不断增长的同时，非期望产出也在不断减少，也就是说，该分析框架的目标是多元化的，不仅仅要"稳增长"，还需要"低能耗"和"低排放"。本文在测算 TFP 时，不仅将能源要素作为重要的要素投入指标，并且将具有负外部性的以"工业三废"为代表的非期望产出作为产出指标，为了与传统全要素生产率（TTFP）相区别，本文将这种考虑资源环境约束的全要素生产率定义为绿色全要素生产率（GTFP）。

所谓"经济增长方式"指的就是一个经济在实现经济增长时生产率提高和要素积累的贡献的相对大小（林毅夫，苏剑，2007）。中国此次转变经济增长方式的内容包括：从出口导向型转向内需拉动型，从投资拉动型转向消费支撑型，从粗放型转向节能环保型，从以成本优势为特征转向以技术创新为特征，从政府主导型转向市场经济为基础（魏杰，2011）。本文依据生产要素的利用方式来界定经济增长方式，本文的经济增长方式转变指的是从粗放型转向节能环保型（又称集约型）。根据增长核算法，参照吴延瑞（2008）测算 TFP 贡献份额的方法，测算出 GTFP 贡献份额的相对大小，然后与 50% 相比较，若 GTFP 贡献份额大于 50%，则称为"GTFP 增进型"增长方式，即集约型经济增长方式；反之，若 GTFP 贡献份额小于 50%，此时要素贡献份额大于 50%，则称为"要素积累型"增长方式，即粗放型经济增长方式。

5.1.3.2 研究方法

相比不考虑环境污染的情形，衡量环境污染对产出的影响有两种思路（涂正革，2008）：一种是将环境污染的治理费用作为要素投入来考虑，污染减少就必须增加用于污染治理的资源投入。但问题是，这种方法很难厘清要素资源投入中哪些用于污染治理、哪些用于期望产出的生产，因此在实证研究中较少采用此类方法。另一种思路是将环境污染作为一种不受欢迎的副产品，减少这种副产品必须将一部分资源用于污染治理，其结果必将导致好产品的减产。下文的分析中，笔者将采用第二种思路衡量环境污染对产出的影响。

（1）基于方向性距离函数的 Malmquist-Luenberger 生产率指数。

ML 生产率指数的计算基本思路为：首先通过 DEA 技术构造出某经济体的生产可能性边界，再利用方向性距离函数计算出经济体中每个决策单元（DMU）与生产可能性边界的距离，最后基于两个时期的方向性距离函数计算出此期间的 ML 指数。

①考虑非期望产出的生产可能集。

为简便起见，此处考虑存在一种非期望产出与一种期望产出时的情形。如图 2 所示，x 轴表示非期望产出，y 轴表示期望产出。假设有 C、D、E 三个生产单位，对于第 i 个生产单位，x^i、y^i、b^i 分别表示投入要素、期望产出和非期望产出，则第 i 个生产单位的生产技术可以表示为生产可能集：$P = \{(x^i,$ $y^i, -b^i): x^i$ 能够生产 $(y^i, b^i)\}$。其中，E 的期望产出最大，过 E 点的、与 x 轴平行的直线与 y 轴相交于点 B。

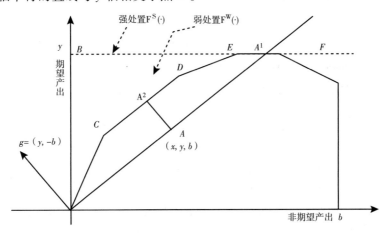

图 2 方向性环境产出距离函数示意

　　假设企业在生产时不考虑非期望产出，即非期望产出是"强处置"或者"可自由处置"的，那么，非期望产出对企业产出并不形成约束，企业可以生产无限量的非期望产出，此时最有效的生产单位即是 E，生产可能性前沿即是几个生产单位中的最大产出 y^E，生产可能性集即为 $\{0, y^E\}$，在图中表示为第一象限中 BF 与 x 轴之间的部分。

　　假设考虑非期望产出不能随意处置，即非期望产出是"弱处置"或"非自由处置"的。与 E 相比，C 与 D 的期望产出较低，但其非期望产出也更低，这是因为，C 与 D 需要投入一部分资源处置非期望产出，从而导致其期望产出的降低，因此，综合考虑期望产出与非期望产出时，C 与 D 的生产效率未必低于 E。根据生产可能性集的单调性、凸性以及期望产出与非期望产出的"零联合"处置等假设，此时的生产可能性集为包络线 $OCDEF$ 与 x 轴之间的部分，而包络线 $OCDEF$ 即为生产可能性前沿面。

　　②环境技术。

　　经济活动特别是工业经济活动往往会带来诸如废水、废气、固体废弃物等非期望产出的产生，而环境技术反映了这样一种同时包括期望产出和非期望产出的特殊投入产出技术结构。它可以表示为以下产出集合的形式（Fare et al.，2007）：

$$P(x) = \left\{ (y,b):x \text{ 能生产出}(y,b) \right\}, x \in \mathrm{R}_+^N \tag{1}$$

　　式（1）中，$P(x)$ 为投入 $x \in \mathrm{R}_+^N$ 所能生产的期望产出 $y \in \mathrm{R}_+^M$ 和非期望产出 $b \in \mathrm{R}_+^I$ 的所有可能性集合。

　　③方向性距离函数。

　　在生产可能性边界的基础上，我们就可以通过方向性距离函数（directional distance functions，DDF）来计算出每个 MDU 离生产可能性边界的距离即相对效率。DDF 的具体形式为：

$$\vec{D}_0(x,y,b;g) = \sup \left\{ \beta:(y,b) + \beta g \in p(x) \right\} \tag{2}$$

　　式（2）中，$g = (g_y, -g_b)$ 为产出扩张的方向向量。方向向量 g 的选取反映了人们对期望产出和非期望产出进行取舍的不用效用偏好，本文假定 $g = (y, -b)$，即期望产出和非期望产出在其原有存量基础上成比例增减。DDF 表示在既定投入向量 x 下，沿着方向向量 g，产出向量 (y,b) 所能扩张的最

大倍数 β。DDF 值越小表明生产越接近生产可能性边界，生产效率就越高，DDF 值等于 0 时表明 DMU 已处于生产可能性边界之上，生产是完全有效率的。

④Malmquist-Luenberger 生产率指数。

根据 Chung et al（1997），在 DDF 基础上定义的 t 期和（$t+1$）期之间的基于产出的 ML 生产率指数为：

$$ML_t^{t+1} = \left\{ \frac{[\,1 + \vec{D}_0^t(x^t, y^t, b^t; g^t)\,]}{[\,1 + \vec{D}_0^t(x^{t+1}, y^{t+1}, b^{t+1}; g^{t+1})\,]} \times \frac{[\,1 + \vec{D}_0^{t+1}(x^t, y^t, b^t; g^t)\,]}{[\,1 + \vec{D}_0^{t+1}(x^{t+1}, y^{t+1}, b^{t+1}; g^{t+1})\,]} \right\}^{1/2} \quad (3)$$

ML 生产率指数也可以分解为技术效率变化（EFFCH）和技术进步指数（TECH）

$$ML = EFFCH \times TECH \quad (4)$$

$$EFFCH_t^{t+1} = \frac{1 + \vec{D}_0^t(x^t, y^t, b^t; g^t)}{1 + \vec{D}_0^{t+1}(x^{t+1}, y^{t+1}, b^{t+1}; g^{t+1})} \quad (5)$$

$$TECH_t^{t+1} = \left\{ \frac{[\,1 + \vec{D}_0^{t+1}(x^t, y^t, b^t; g^t)\,]}{[\,1 + \vec{D}_0^t(x^t, y^t, b^t; g^t)\,]} \times \frac{[\,1 + \vec{D}_0^{t+1}(x^{t+1}, y^{t+1}, b^{t+1}; g^{t+1})\,]}{[\,1 + \vec{D}_0^t(x^{t+1}, y^{t+1}, b^{t+1}; g^{t+1})\,]} \right\} \quad (6)$$

（2）基于 DEA 的 Malmquist 生产率指数。

Malmquist 生产率指数运用距离函数（distance function）来定义，用来描述不需要说明具体行为标准的多输入、多输出生产技术。Malmquist 生产率指数具有四个方面的优点：不需要相关的价格信息；适用于面板数据分析；可以进一步分解为技术效率变化指数和技术进步变化指数；不需要特定的生产函数和生产无效率项的分布假设。从 t 时期到（$t+1$）时期，基于产出的度量 TFP 增长的 Malmquist 生产率指数可以表示为：

$$M_i(x_{t+1}, y_{t+1}; x_t, y_t) = \left[\frac{D_i^t(x_{t+1}, y_{t+1})}{D_i^t(x_t, y_t)} \times \frac{D_i^{t+1}(x_{t+1}, y_{t+1})}{D_i^{t+1}(x_t, y_t)} \right]^{1/2} \quad (7)$$

在式（7）中，（x_{t+1}, y_{t+1}）和（x_t, y_t）分别表示（$t+1$）时期和 t 时期的投入和产出向量；D_0^t 和 D_0^{t+1} 分别表示以 t 时期的技术 T^t 为参照，时期 t 和时期（$t+1$）的距离函数。

Malmquist 生产率指数可以被分解为不变规模报酬假定下的技术效率变化指数（EC）和技术进步指数（TP）：

$$M_i(x_{t+1}, y_{t+1}; x_t, y_t) = EC(x_{t+1}, y_{t+1}; x_t, y_t) \times TP(x_{t+1}, y_{t+1}; x_t, y_t) \quad (8)$$

在 (8) 中，技术效率 (EC) 测度了从 t 时期到 $(t+1)$ 时期每个观察对象到最佳生产前沿边界的追赶程度。技术进步 (TP) 测度了技术边界从 t 时期到 $(t+1)$ 时期的移动。

5.1.4　数据与变量说明

本文构造了 1985 ~ 2010 年全国 27 个省份投入产出面板数据库对我国生产率进行测算（四川、重庆、海南以及西藏由于数据缺失过多，故将此四省区市进行了剔除）。按照传统区域划分，并结合"西部大开发"、"振兴东北老工业基地"、"中部崛起"等国家重大发展战略，本文将 27 个省份划分为东部沿海，东北老工业基地，中部地区和西部地区四个区域，在更大范围内考察低碳转型绩效的区域差异。其中，东部地区包括北京、天津、河北、上海、江苏、浙江、福建、山东和广东 9 个省市；东北老工业基地包括辽宁、吉林和黑龙江 3 个省；中部地区包括山西、安徽、江西、河南、湖北、湖南 6 个省；西部地区包括贵州、云南、陕西、甘肃、青海、宁夏、新疆、广西和内蒙古 9 个省区。基础数据来源于《中国统计年鉴》《中国能源统计年鉴》《中国环境统计年鉴》《新中国 55 年统计资料汇编》以及部分省市的统计年鉴。在对生产率进行测算时，本文所涉及的所有投入和产出数据如下：

5.1.4.1　投入指标

（1）劳动投入

采用年均从业人员（万人）指标表示。

（2）资本投入

采用年均资本存量（亿元）指标表示。一般的，均采用"永续盘存法"估算资本存量，在众多类似研究中，单豪杰（2008）的成果比较具有代表性，数据也比较全面，单豪杰（2008）测算了以 1952 年为基期的 1952 ~ 2006 年期间的全国 30 个省份及全国总量的资本存量。因此，本文所使用的 1985 ~ 2006 年的资本存量数据直接采用其测算结果，此外，2007 ~ 2010 年资本存量数据依据其估算方法推算而来。

（3）能源投入

一般的，类似文献对生产率的测算仅仅考虑劳动和资本投入要素，本文考虑三投入要素：劳动、资本和能源。之所以加入能源投入是因为本文对生产率的测算考虑了非期望产出，而能源投入是非期望产出的主要来源。本文采用能源消费量（万吨标准煤）表示能源投入指标。

5.1.4.2　产出指标

与类似研究不同，本文的产出指标包括两大类，一类为诸如 GDP 的期望产出，另一类为诸如工业"三废"的非期望产出。

（1）期望产出

由于投入要素中包含了具有中间投入品性质的能源要素，因此，期望产出采用 GDP（亿元）指标表示。由于资本存量数据是以 1952 年为基期的，此处将 GDP 指标按照 1952 年为基期的商品零售价格指数进行了折算。

（2）非期望产出

现有文献关于非期望产出指标的选择问题没有统一标准，如胡鞍钢等（2008）选取了废水、工业固体废弃物排放总量、COD、SO_2、CO_2 排放总量五个指标作为非期望产出，但涂正革（2008）、王兵等（2008）、陈诗一（2009，2010）选择了 CO_2 排放量指标表示非期望产出，此外，王兵等（2010）依据我国"十一五"规划中规定的主要污染排放物主要指 SO_2 和 COD，因此选择 SO_2 排放量和 COD 排放量作为非期望产出指标。由于本文基于省域面板数据的研究时间起点为 1985 年，类似研究时间起点一般为 1998 年，受数据可得性限制，本文选择工业废水排放量（万吨）、工业废气排放量（亿标立方米）以及工业固体废弃物排放量（万吨）作为非期望产出指标。改革开放期间，只占全国 40.1% 的工业 GDP 的取得却消耗了全国 67.9% 的能源，排放出全国二氧化碳的 83.1%（陈诗一，2009），可见，经济活动中的污染源绝大部分来源于工业经济部门，选择工业"三废"排放量作为非期望产出指标具有代表性，也是合理的。

5.1.5　实证结果及分析

我们分别运用 Malmquist 生产率指数和基于 DDF 的 ML 生产率指数对不考虑和考虑环境污染两种情形下的生产率指数进行了测度。表 1 报告了年度 TFP 增长率及其分解与贡献份额测算结果。表 2 报告了"七五"至"十一

五"期间中国 27 个省份及 4 大区域的 GTFP 指数情况。表 3 报告了 1985 ~
2010 年间中国各地区（区域）的绿色增长绩效核算情况。

表 1　年度 TFP 增长率及其分解与贡献份额测算结果

单位：%

年份	GEF	GTE	GTFP	TTFP	GTFP 贡献	TTFP 贡献
1986	0.3	4.6	3.1	0.5	42.6	6.9
1987	-0.4	13.7	7.7	10.9	39.6	56.0
1988	0.1	18.5	9.2	17.8	35.7	69.0
1989	-0.8	14.5	12.1	8.4	93.2	64.7
1990	0.6	14.1	9.0	8.9	64.1	63.4
1991	-0.2	12.2	9.4	10.5	63.0	70.3
1992	1.8	16.9	7.9	14.9	37.7	71.2
1993	-0.2	13.5	7.8	29.6	19.9	75.6
1994	-0.8	17.6	5.2	14.7	22.3	63.1
1995	0.0	6.0	4.0	9.7	21.9	53.2
1996	1.2	28.8	4.8	20.8	17.9	77.4
1997	0.1	11.7	2.8	2.2	43.0	33.8
1998	-3.9	10.4	0.8	12.9	5.6	90.7
年份	GEF	GTE	GTFP	TTFP	GTFP 贡献	TTFP 贡献
1999	2.2	3.6	4.1	1.7	73.6	30.5
2000	0.6	5.1	2.7	5.1	23.1	43.7
2001	0.9	-2.9	2.1	5.6	19.6	52.3
2002	-0.3	2.6	1.2	1.1	11.5	10.5
2003	0.4	0.5	2.5	6.0	15.4	36.9
2004	-0.4	1.8	2.3	8.0	11.7	40.7
2005	1.6	0.3	1.8	8.5	9.0	42.5
2006	-1.0	5.5	1.6	10.9	8.0	54.4
2007	0.6	1.6	2.3	2.9	9.9	12.5
2008	1.3	0.6	2.3	12.5	11.1	60.5
2009	-1.0	0.1	0.7	-0.8	33.5	-40.2
2010	0.3	5.6	3.8	20.6	12.5	67.5
平均	0.1	8.3	4.4	9.8	29.8	48.3

注：GEF 和 GTE 分别表示 GTFP 分解的技术效率增长率和技术进步增长率。

表 2 中国各地区 GTFP 比较

省份	七五时期	八五时期	九五时期	十五时期	十一五时期	全周期	排名
安 徽	10.4	9.4	0.3	0.4	0.2	4.2	12
北 京	6.2	13.3	11.0	2.8	-0.5	6.5	5
福 建	11.6	2.6	0.4	0.1	1.9	3.3	18
甘 肃	5.6	2.8	0.5	0.4	0.2	1.9	26
广 东	30.9	5.6	0.5	1.3	1.5	8.0	2
广 西	5.9	7.5	0.2	0.2	2.8	3.3	19
贵 州	8.0	6.3	5.9	6.4	7.2	6.8	4
河 北	6.7	6.1	-0.1	0.3	2.0	3.0	21
河 南	8.5	6.8	1.9	1.2	5.7	4.8	10
黑龙江	7.8	9.4	-1.2	2.5	-0.1	3.7	16
湖 北	7.7	9.0	5.9	1.5	3.6	5.5	9
湖 南	4.8	6.6	2.6	0.4	6.6	4.2	13
吉 林	6.4	4.3	0.0	-0.5	3.6	2.8	22
江 苏	12.2	14.2	3.4	2.0	0.7	6.5	6
江 西	6.6	3.7	2.5	-0.3	0.2	2.5	24
辽 宁	8.3	6.8	3.0	-0.2	2.0	4.0	15
内蒙古	5.3	5.6	0.9	0.7	1.8	2.8	23
宁 夏	1.0	8.4	-1.7	-0.2	-0.2	1.4	27
青 海	2.4	4.5	1.3	2.3	0.4	2.2	25
山 东	9.1	5.1	3.8	0.7	-0.6	3.6	17
山 西	5.2	6.7	2.3	6.0	0.9	4.2	14
陕 西	9.3	5.9	0.2	0.5	0.1	3.2	20
上 海	10.5	3.8	9.5	5.3	5.3	6.9	3
天 津	16.2	7.1	7.2	4.3	6.2	8.2	1
新 疆	8.6	9.0	6.6	5.4	0.3	6.0	7
云 南	3.0	11.7	7.7	5.7	1.9	6.0	8
浙 江	3.7	3.1	7.3	4.4	4.2	4.5	11

表 3 中国各地区绿色增长绩效核算

单位：%

省份	产出	劳动	资本	能源	GEF	GTF	GTFP	TTFP	TTFP 贡献	GTFP 贡献	排名
安　徽	16.2	-2.1	10.1	5.3	0.0	6.2	4.2	8.9	54.9	25.9	11
北　京	18.0	1.0	13.3	3.1	0.0	23.3	6.5	13.1	72.8	36.1	5
福　建	19.5	-0.5	12.6	8.9	0.0	6.7	3.3	8.9	45.6	16.9	21
甘　肃	15.6	-4.4	10.6	3.4	1.1	0.8	1.9	10.0	64.1	12.2	26
广　东	19.8	0.4	14.5	9.9	0.0	8.0	8.0	12.4	62.6	40.3	4
广　西	17.9	-2.0	10.9	8.0	-0.1	7.5	3.3	5.2	29.1	18.5	18
贵　州	16.0	-0.9	8.9	7.1	1.2	9.1	6.8	7.4	46.3	42.5	3
河　北	17.6	-2.9	12.4	6.6	-0.1	22.3	3.0	10.9	61.9	17.0	20
河　南	17.6	-1.3	11.9	5.3	0.1	5.1	4.8	10.0	56.8	27.2	10
黑龙江	15.0	-4.1	7.6	1.5	0.0	2.8	3.7	11.5	76.7	24.7	14
湖　北	16.5	-3.7	11.7	5.6	0.0	9.5	5.5	9.4	57.0	33.3	9
湖　南	17.1	-3.0	9.6	5.4	0.6	4.3	4.2	10.9	63.7	24.6	15
吉　林	16.8	-4.2	11.5	3.1	0.4	5.1	2.8	10.9	64.9	16.6	22
江　苏	18.7	-3.1	15.5	6.9	0.1	11.6	6.5	14.1	75.4	34.7	7
江　西	17.0	-3.1	12.6	5.4	0.4	1.6	2.5	8.8	51.8	14.7	23
辽　宁	15.9	-5.2	10.2	3.4	0.0	19.6	4.0	10.7	67.3	25.1	12
内蒙古	19.3	-3.8	15.2	8.7	-0.6	3.5	2.8	12.8	66.3	14.5	24
宁　夏	18.0	-0.7	9.6	8.5	0.2	6.7	1.4	-2.3	-12.8	7.8	27
青　海	16.5	-2.0	10.2	7.7	0.0	3.8	2.2	2.1	12.7	13.3	25
山　东	18.1	-2.1	13.1	7.7	0.0	6.5	3.6	14.0	77.3	19.9	17
山　西	16.9	-3.2	9.1	4.8	0.3	4.3	4.2	12.3	72.8	24.9	13
陕　西	18.0	-3.4	10.9	5.7	0.2	3.0	3.2	9.5	52.8	17.8	19
上　海	16.2	-6.4	13.7	5.3	0.0	1.1	6.9	12.4	76.5	42.6	2
天　津	17.7	-7.5	10.3	4.9	0.0	1.0	8.2	11.9	67.2	46.3	1
新　疆	17.4	-2.7	11.8	6.5	-0.6	17.5	6.0	11.0	63.2	34.5	8
云　南	16.9	-1.5	10.8	7.2	0.0	9.2	6.0	6.4	37.9	35.5	6
浙　江	18.8	-1.3	15.0	9.2	0.0	20.0	4.5	9.2	48.9	23.9	16
东　部	18.3	-2.5	13.4	6.9	0.0	11.2	5.6	11.9	65.4	30.9	—
中　部	16.9	-2.7	10.8	5.3	0.2	5.2	4.2	10.1	59.5	25.1	—
西　部	17.3	-2.4	11.0	7.0	0.2	6.8	3.7	6.9	40.0	21.8	—
东　北	15.9	-4.5	9.8	2.7	0.1	9.2	3.5	11.0	69.6	22.1	—

5.1.5.1 低碳转型绩效的历史变迁

（1）不考虑环境因素会高估 TFP 及其对经济增长的贡献，从而对我国经济增长方式做出较为乐观的判断。

图 3 给出了两种生产率指数及其增长核算结果的时间趋势图。整体而言，考虑环境污染因素的 GTFP 指数要明显低于不考虑环境污染因素的 TTFP 指数，1985～2010 年 GTFP 年均增长率为 4.4%，而 TTFP 年均增长率为 9.8%，仅个别年份的测算结果显示 GTFP 指数要高于 TTFP 指数，比如 1986 年的 GTFP 指数比 TTFP 指数高出 2.6%，1989 年高出 3.7%，1997 年高出 0.6%，1999 年高出 2.4%，2009 年高出 1.5%，而 1990 年和 2002 年仅高出 0.1%。由于 GTFP 指数要低于 TTFP 指数，通过生产率对经济增长贡献的估算发现，GTFP 对经济增长的贡献也要明显的低于 TTFP 对经济增长的贡献，1985～2010 年 GTFP 对经济增长的贡献为 29.8%，而 TTFP 对经济增长的贡献为 48.3%，也仅相应年份的贡献率出现了例外。可见，不考虑环境因素会高估 TFP 及其对经济增长的贡献，就对我国经济增长方式做出较为乐观的判断，会导致政策的偏误。

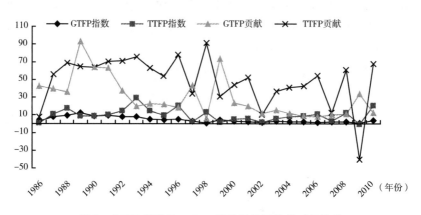

图 3　GTFP 指数和 TTFP 指数及其贡献的时间趋势

（2）受政策及制度因素水平效应的影响，考察期内 GTFP 增长率呈现"先升后降再平稳"时间趋势特征。

从时间趋势来看，1985～2010 年我国 GTFP 增长率呈现"先升后降再平稳"趋势，GTFP 增长率从 1985～1986 年间的 3.1% 上升至 1988～1989 年间的 12.1%，后快速下降至 1997～1998 年间的 0.8%，之后的 1999～2010 年间，特别是进入 21 世纪以来（以 2001 年加入 WTO 为标志），GTFP 增长率呈现升降互现的态势，但是相比 20 世纪 80 年代中后期和整个 90 年代，GTFP 在 21 世纪的头 10 年保持着相对稳定的增长，年均增长率为 2% 左右。值得注意的是，在整个考察期内，我国 GTFP 增长率始终保持正增长，仅在两次金融危机期间出现较大回落，一次是受 1997 年亚洲金融危机影响使得 1997～1998 年的 GTFP 增长率下降至 0.8%，相比 1997 年亚洲金融危机，2008 年的全球金融危机对我国影响更大，使得 2008～2009 年的 GTFP 增长率下降至 0.7%。考察期内我国 GTFP 增长率之所以呈现"先升后降再平稳"的趋势，主要原因在于受改革期间我国政策和制度因素的影响。"入市"之前，我国 TFP 变动主要受制于国内制度改革的影响，随着政策措施的变化而大起大落，且每一轮改革都能够带来提高 TFP 的水平效应，"入市"之后，随着我国改革开放力度的进一步加大，外部因素对我国 TFP 增长的冲击较大，同时使得我国 TFP 变动日趋平稳，这在某种程度上也表明了我国市场经济发育在趋向于成熟。

（3）考察期内我国 GTFP 增长主要来源于技术进步，技术效率改善进程缓慢。

图 4 给出了累积 GTFP 增长率及其分解变迁示意图，从图中我们可以清楚看出，1985～2010 年间我国 GTFP 增长主要来源于技术进步，两者的 Pearson 相关系数为 0.659，Spearman 相关系数为 0.778，且都在 1% 水平下显著，此期间技术进步年均增长率为 8.3%。而考察期内我国技术效率改善进程缓慢，年均增长率为仅 0.1%，GTFP 与技术效率之间的 Pearson 相关系数为 0.098，Spearman 相关系数为 0.127，且均未能通过任何显著性检验。从图中我们还能看到，类似于前文的发现和分析，累积 GTFP 增长率与累积

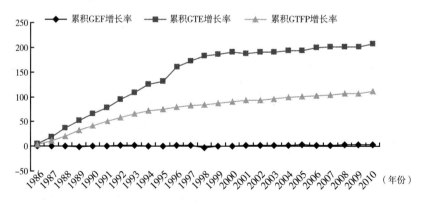

图 4　累积 GTFP 增长率及其分解变迁示意（1986～2010 年）

GTE 增长率在 21 世纪之前保持着一定速率的快速增长，而到 2000 年附近，两者增长速度趋于稳定。

（4）我国仍属于资本和能源双重驱动的粗放型增长方式，但 GTFP 已经成为我国经济增长的重要驱动力之一，劳动要素对我国经济增长的贡献为负。

以 1952 年为基期，考察期内我国 GDP 年均增长率为 17.1%，劳动增长率为 -3.0%，资本增长率为 11.2%，能源增长率为 5.5%，GTFP 增长率为 4.4%，通过增长核算我们发现，资本、能源和 GTFP 对我国 GDP 增长起到了重要作用，其中资本是第一驱动力，对经济增长的贡献率达 66%，能源要素超过 GTFP 是第二驱动力，对经济增长的贡献率为 32%，可见，考察期内我国经济增长方式仍属于资本和能源双重驱动的粗放型增长方式，但是，GTFP 已经成为了我国经济增长的重要驱动力之一，GTFP 对经济增长的贡献率接近 30%。此外，值得注意的是，考察期内劳动增长率为负值，劳动要素对我国经济增长的贡献为负，这可能与本文的劳动指标未考虑人力资本因素有关。

（5）考察期内我国低碳转型绩效明显，为我国经济可持续增长提供了新的证据，但受边际转型成本影响近年来有趋缓回落趋势。

从 GTFP 对经济增长的贡献来看，20 世纪 80 年代中后期以及整个 90 年代我国经济增长方式转变绩效波动较大，稳定性较差，最低是 1997～1998 年的 5.6%，最高的是 1988～1989 年的 93.2%。进入 21 世纪以来，我国低碳转型绩效进程表现得较为平稳，特别是 2008～2009 年间转型绩效有所提升，这可能与中国政府为应对金融危机严峻形势而采取的一系列经济刺激计划以及节能减排政策有关。从整个考察期来看，GTFP 对经济增长的贡献为正，这也为我国经济增长能够保持可持续性提供了新的证据。但是，我们注意到，进入 21 世纪以来，GTFP 对经济增长的贡献逐渐减弱，也即我国经济增长方式转变速度有趋缓回落迹象，这可能与当经济转型到一定阶段之后，边际转型成本逐渐加大等因素有关。可见，在未来相当一段时间内，我国经济低碳转型是促进增长方式转变、实现可持续发展的必由之路，这是一个充满艰辛的摸索过程，任重而道远。

5.1.5.2　低碳转型绩效的地区差异

（1）GTFP 增长率及其对经济增长贡献的地区差异明显，但部分欠发达省份也表现出了较高的低碳转型绩效。

从表 2 和表 3 可以看出，GTFP 增长率及其对经济增长贡献显示出较大的地区差异。GTFP 增长率排名前五位的省份分别是天津、广东、上海、贵州和北京，排名后五位的省份分别是内蒙古、江西、青海、甘肃和宁夏。GTFP 对经济增长的贡献排名前五位的省份分别是天津、上海、贵州、广东和北京，排名后五位的省份分别是江西、内蒙古、青海、甘肃和宁夏。从 GTFP 增长率及其对经济增长贡献的地区排名来看，两者显示出较为明显的一致性，两者之间的 Pearson 相关系数为 0.992，Spearman 相关系数为 0.999，且都在 1% 水平下显著。此外，我们发现，GTFP 增长率及其对经济增长贡献排名靠后的省份均分布在中西部地区，但是，与 TTFP 增长率及其对经济增长的贡献排名不同的是，GTFP 增长率及其对经济增长贡献排名靠前的省份除绝大部分分布于东部地区之外，还有个别省份分布于西部地区，比如贵州和云南。这与胡鞍钢等（2008）、朱承亮等（2012）在估算环境约束下经济增长效率最佳实践省份的结论相类似，胡鞍钢等（2008）发现 1999~2005 年间的考虑 COD 和 SO_2 排放约束的最佳实践省份除了上海、江苏、辽宁、安徽、湖北、海南外，还包括贵州、云南和西藏三个省份；朱承亮等（2012）发现环境约束下的最佳实践省份除了包括传统意义的处于东部地区的天津、上海以外，还包括处于西部地区的云南、青海等省份，这主要是因为：与传统分析框架仅考虑经济增长目标相比，本文的分析框架基于可持续发展视角，考虑到了经济发展的"稳增长"、"低能效"和"低排放"等多元目标，并且将三者纳入到一个统一分析框架进行研究。贵州、云南等西部经济欠发达省份虽经济发展速度较慢，但其消耗的能源和排放的污染也相对较少，因此，在本文分析框架下，这些西部经济欠发达省份也表现出了较高的低碳转型绩效。

（2）我国经济低碳转型绩效存在显著区域差异性，且经济增长方式转型释放空间巨大，其中西部释放空间最大，其次为东北，再次为中部，最后为东部。

图 5 报告了 1985~2010 年间产出（GDP）、劳动、资本、能源、GTFP 年均增长率以及 GTFP 年均贡献率的区域差异状况。从产出增长率来看，排序从高到低依次为东部（18.3%）、西部（17.3%）、中部（16.9%）和东北（15.9%）；从劳动增长率来看，排序从高到低依次为西部（-2.4%）、东部（-2.5%）、中部（-2.7%）和东北（-4.5%）；从资本增长率来看，排序从高到低依次为东部（13.4%）、西部（11.0%）、中部（10.8%）和东北（9.8%）；从能源增长率来看，排序从高到低依次为西部（7.0%）、

东部（6.9%）、中部（7.0%）和东北（2.7%）；从 GTFP 增长率来看，排序从高到低依次为东部（5.6%）、中部（4.2%）、西部（3.7%）和东北（3.5%）；从 GTFP 贡献率来看，排序从高到低依次为东部（30.9%）、中部（425.1%）、东北（22.1%）和西部（21.8%）。可见，西部地区虽然拥有丰富的劳动和能源要素，在四大区域中两要素均排名第一，但 GTFP 贡献率却最低；东部地区虽在劳动和能源要素方面排名第二，但其资本、产出和 GTFP 增长率以及 GTFP 贡献率在四大区域中均独占鳌头。总体而言，我国经济增长方式转型释放空间巨大，其中西部地区释放空间最大，其次为东北地区，再次为中部地区，最后为东部地区。

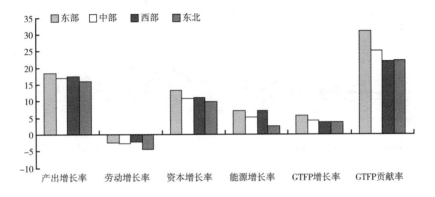

图 5　各指标的区域差异比较（1985～2010 年）

（3）中国经济低碳转型绩效的地区差距具有相对稳定性，变异系数和基尼系数显示出较为明显的收敛特征，但在两次危机期间表现出了较大波动。

为进一步考察中国经济低碳转型绩效的地区差异及其收敛性，我们分别计算出了 1987～2010 年 27 个省份经济低碳转型绩效的变异系数和基尼系数。图 6 显示了中国经济低碳转型绩效地区差异的收敛趋势。由图 6 可以看出，用变异系数和基尼系数表示的中国 1987～2010 年 27 个省份经济低碳转型绩效差距的变化趋势是相似的。整个考察期内，中国经济低碳转型绩效的地区差距具有相对稳定性，变异系数和基尼系数显示出较为明显的收敛特征，但是，在两个特殊时间段内中国经济低碳转型绩效的地区差距出现了异常波动状态：第一次是受 1997 年亚洲金融危机影响，使得变异系数和基尼系数分别从 1997 年的 1.79 和 0.95 迅速上升到 1998 年的 8.29 和 1.71，至 1999 年又迅速下降至 1.56 和 -1.15；第二次是受 2008 年全球金融危机影响，使得变异系数从 2008

年的 2.15 迅速上升至 2009 年的 6.96，至 1999 年又迅速下降至 1.04，而基尼系数从 2008 年的 1.46 迅速下降至 2009 年的 -0.78，至 1999 年继续迅速下降至 -2.86。可见，金融（经济）危机对我国经济低碳转型绩效地区差异的冲击较大，一些地区，特别是以出口导向为主的地区，在两次危机中受到的冲击较大，从而给这些地区的经济增长及转型带来了压力和挑战。但每次危机到来之时，危险和机遇伴生，一些地区抓住机遇，勇于创新和改革，反而在颓势背景下有助于经济增长及低碳转型，以至于在危机期间我国经济低碳转型绩效地区差异会出现较大的波动。

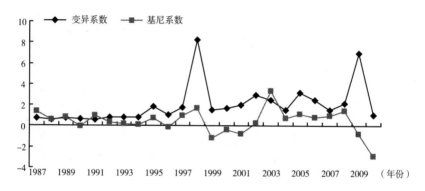

图 6　中国经济低碳转型绩效地区差异的收敛性

5.1.7　结论

在低碳经济背景下，低碳发展模式是我国可持续发展的内在要求，是深入实践科学发展观，努力建设"两型"社会的必由之路。一直以来，学术界和政府关于实现经济增长方式转变的探索与实践从未停止过。现有研究在不同程度上忽略了资源环境因素对中国经济经济增长方式转变绩效的影响。本文基于可持续发展视角，构建了一个能够将经济增长、资源节约与环境保护纳入到统一内生框架的分析框架，然后基于 1985~2010 年全国 27 个省份投入产出面板数据，运用基于方向性距离函数的 Malmquist-Luenberger 生产率指数法和增长核算法，对我国经济低碳转型绩效进行了测度评估，本文分析框架同时充分考虑"稳增长"、"低能耗"、"低排放"的多元目标，能够敏锐地捕捉到中国经济低碳转型绩效的显著变动。本文研究发现：不考虑环境因素会高估生产率及其对经济增长的贡献，从而对我国经济增长方式做出较为乐观的判断；1985～2010 年间我国 GTFP 增长主要来源于技术进步，技术效率改善进程缓慢；受制度因素水平效应影响，考察期内 GTFP 增长率呈现"先升后降再平稳"的时间趋势特征；我国经济增长方式仍属于资本和能源双重驱动的粗放型增长方式，但 GTFP 已经成为了我国经济增长的重要驱动力之一，劳动要素对我国经济增长的贡献为负；我国低碳转型绩效明显，为我国经济可持续增长提供了新的证据，但受边际转型成本影响近年来有趋缓回落趋势；GTFP 增长率及其对经济增长贡献的地区差异明显，但部分欠发达省份也表现出了较高的转型绩效。我国经济低碳转型绩效存在显著的区域差异性，且经济增长方式转型释放空间巨大，其中西部释放空间最大，其次为东北，再次为中部，最后为东部；中国经济低碳转型绩效的地区差距具有相对稳定性，变异系数和基尼系数显示出较为明显的收敛特征，但在两次危机期间表现出了较大波动。

　　面对这场全球性的低碳经济模式转型，无论是欧美发达国家借环保之名扼制发展中国家的一种政治手段的"阴谋论"，还是环境治理可导致环境和经济双赢发展的"双赢论"（陈诗一，2010），但是，在本文中我们确实捕捉到了我国低碳转型绩效明显的信息，但在低碳经济背景下，我国经济低碳转型速度受边际转型成本影响近年来有趋缓回落趋势，可见，在未来相当一段时间内，我国经济低碳转型是促进增长方式转变、实现可持续发展的必由之路，这是一个充满艰辛的摸索过程，任重而道远。但是，中国政府有着转变经济增长方式的决心和勇气，提出"十二五"期间以加快转变经济发展方式为主线，并且指出了明确的实现路径，即经济结构战略性调整为主攻方向、科技进步和创新为重要支撑、保障和改善民生为根本出发点和落脚点、建设"两型"社会为重要着力点、改革开放为强大动力，提高发展的全面性、协调性、可持续性，实现经济社会又好又快发展。因此，综合来看，我国经济低碳转型是艰难与希望并存。

参考文献

[1] Bosworth B, Collins S. 2003. The Empirics of growth: An update. Brookings Papers on Economic Activity, 2: 113 – 179.

［2］ Chung Y, Fare R, Grosskopf S. 1997. Productivity and undesirable outputs: A directional distance function approach. Journal of Environmental Management, 51: 229 - 240.

［3］ Chow G. 1993. Capital formation and economic growth in China. Quarterly Journal of Economic, 108: 809 - 842.

［4］ Chow G, Lin A. 2002. Accounting for economic growth in Taiwan and Mainland China: A comparative analysis. Journal of Comparative Economics, 3: 507 - 530.

［5］ Fare R, Grosskopf S, PasurkaC. 2007. Environmental production functions and environmental directional distance Functions. Energy, 32: 1055 - 1066.

［6］ The World Bank. 1997. China 2020: Development Challenges in the New Century. Washington D. C. : The World Bank.

［7］ Wu Y. 2003. Has productivity contributed to China's growth? Pacific Economic Review, 1: 15 - 30.

［8］ Young A. 2003. Gold into base metals: Productivity growth in the People's Republic of China during the reform period. Journal of Political Economy, 6: 1220 - 1261.

［9］ 陈诗一. 2012. 中国低碳经济转型进程评估与预测：地区视角. 经济研究，工作论文，WP195。

［10］ 陈诗一. 2009. 能源消耗、二氧化碳排放与中国工业的可持续发展. 经济研究，4。

［11］ 陈诗一. 2010. 节能减排与中国工业的双赢发展. 经济研究，3。

［12］ 傅勇，白龙. 2009. 中国改革开放以来的全要素生产率变动及其分解. 金融研究，7。

［13］ 顾海兵，沈继楼. 2006. 近十年我国经济增长方式转变的定性与量化研究. 经济学动态，12。

［14］ 郭庆旺，贾俊雪. 2005. 中国全要素生产率的估算. 经济研究，6。

［15］ 胡鞍钢等. 2008. 考虑环境因素的省级技术效率排名. 经济学季刊，3。

［16］ 林毅夫，苏剑. 2007. 论我国经济增长方式的转换. 管理世界，11。

［17］ 林毅夫，任若恩. 2007. 东亚经济增长模式相关争论的再探讨. 经济研究，8。

［18］ 刘国光，李京文. 2001. 中国经济大转变：经济增长方式转变的综合研究. 广东人民出版社。

［19］ 刘世锦. 2006. 关于我国增长模式转型的若干问题. 管理世界，2。

［20］ 李玲玲，张耀辉. 2011. 我国经济发展方式转变测评指标体系构建及初步测评. 中国工业经济，4。

［21］ 马强文，任保平. 2010. 中国经济发展方式转变的绩效评价及影响因素研究. 经济学家，11。

［22］ 邱晓华等. 2006. 中国经济增长动力及前景分析. 经济研究，5。

［23］ 沈露莹. 2010. 上海转变经济发展方式的评价指标体系与阶段评估. 上海经济研究，6。

［24］ 单豪杰. 2008. 中国资本存量K的再估算. 数量经济技术经济研究，10。

［25］ 孙传旺等. 2010. 碳强度约束下中国全要素生产率测算与收敛性研究. 金融

研究，6。

[26] 涂正革．2008．环境、资源与工业增长的协调性．经济研究，2。

[27] 田银华等．2011．环境约束下地区全要素生产率增长的再估算．中国工业经济，1。

[28] 吴延瑞．2008．生产率对中国经济增长的贡献：新的估计．经济学季刊，3。

[29] 王国刚．2010．城镇化：中国经济发展方式转变的重心所在．经济研究，12。

[30] 吴敬琏．2005．中国增长模式抉择．上海远东出版社。

[31] 卫兴华，侯为民．2007．中国经济增长方式的选择与转换途径．经济研究，7。

[32] 王兵等．2008．环境管制与全要生产率增长．经济研究，5。

[33] 王兵等．2010．中国区域环境效率与环境全要素生产率增长．经济研究，5。

[34] 王小鲁等．2009．中国经济增长方式转换和增长可持续性．经济研究，1。

[35] 易纲等．2003．关于中国经济增长与全要素生产率的理论思考．经济研究，8。

[36] 郑玉歆．1999．全要素生产率的测度及经济增长方式的"阶段性"规律．经济研究，5。

[37] 郑玉歆．2007．全要素生产率的再认识．数量经济技术经济研究，9。

[38] 张军等．2003．中国的工业改革与效率变化．经济学季刊，1。

[39] 张卓元．2005．深化改革，推进粗放型经济增长方式转变．经济研究，11。

[40] 朱启荣．2011．对外贸易对中国经济发展方式变化影响的实证研究．世界经济研究，6。

[41] 朱承亮等．2012．节能减排约束下我国经济增长效率及其影响因素．中国软科学，4。

[42] 张学良，孙海鸣．2009．探寻长三角地区经济增长的真正源泉：资本积累、效率改善抑或 TFP 贡献．中国工业经济，5。

5.2 中国对吉尔吉斯斯坦农产品出口增长：基于 CMS 模型的实证分析[①]

李道军[②]

摘 要： 文章先分析中国对吉尔吉斯斯坦农产品出口增长的总量和结构特征，进而利用 CMS 模型分析中国对吉农产品出口增长的因素。研究结果显示，中国对吉农产品出口扩大是进口需求推动的，中国农产品竞争力不足则是主要制约因素。稳定和扩大中国对吉农产品出口的路径，一是提高中国农产品竞争力；二是通过双方政府层面有效沟通、推进农产品贸易投资便利化，提升综合竞争力；三是大力开展境外农产品加工业，以对外直接投资促出口。

关键词： 农产品出口 吉尔吉斯斯坦 CMS 模型

5.2.1 引言

近年来，中国对中亚国家的边贸发展很快，特别是与中亚国家的农产品贸易。在中亚五国中，中国对吉尔吉斯斯坦的农产品出口增长速度最快，但

---

① 本文为教育部人文社会科学研究新疆项目《中国与哈萨克斯坦农产品贸易研究—基于新疆视角》（批准号 10XJJCGJW001）阶段性成果。

② 李道军，男，（1976~ ），新疆财经大学统计与信息学院数量经济教研室主任，中国人民大学在读博士。

金融危机以来，也出现增长乏力的现象，因此了解中国对吉农产品出口增长的因素，对于进一步促进中国农产品对中亚国家出口、对于中国农业"走出去"战略和农产品贸易市场多元化战略的实施具有迫切的重要意义。本文依据 CMS 模型对中国与吉尔吉斯斯坦农产品贸易增长影响因素进行分析，并以此为据提出相应政策建议。

5.2.2　中国对吉尔吉斯斯坦农产品出口贸易现状

5.2.2.1　中国对吉尔吉斯斯坦农产品出口快速增长

2004 年以来中国对吉尔吉斯斯坦农产品出口呈现快速增长态势。据统计，2004 年中国对吉尔吉斯斯坦农产品出口额为 568.5 万美元，而 2010 年则提高到 5261.9 万美元，7 年间年均增长 44.9%，远远超过同期中国对中亚其他国家农产品出口的年均增长率。

同时，中国农产品占吉尔吉斯斯坦其农产品进口总额的比重不断提高。2004 年来自中国的农产品占吉尔吉斯进口的比重为 4.9%，2006 年这一比重达到 11.96%，随后虽然出口的绝对数额增加，但比重有所回落，2010 年这一比重为 9.65%。

尽管中国对吉尔吉斯斯坦农产品出口规模不断扩大，但应该看到，2008 年以来对其农产品出口增长速度下降，同时中国农产品占吉尔吉斯农产品进口比重规模仍然偏小。中吉双方在农产品贸易方面具有较强的互补性。吉尔吉斯斯坦主要出口牛奶、烟草及其制品，进口谷物、动植物油脂、糖及糖类食品、食用水果；而中国主要出口水果、蔬菜、水产品和肉及肉杂，进口棉花、动物毛皮、粮食等。两国农产品贸易潜力很大。

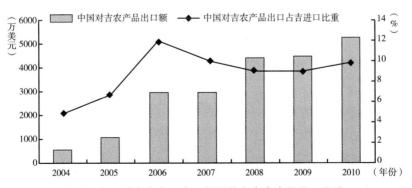

图 1　中国对吉农产品出口额及其占吉农产品进口比重

5.2.2.2　中国对吉尔吉斯斯坦农产品出口产品集中度高、波动性较大

中国对吉尔吉斯斯坦农产品出口商品结构比较简单，产品集中度很高。如表1所示，2004年中国对吉尔吉斯农产品主要集中在食用水果及坚果、烟草及其制品两大类上，两者之和为76.6%。2010年，中国对吉尔吉斯农产品出口则主要集中在肉及食用肉杂、食用水果及坚果两大类上，两类农产品就占到了出口总额的73.9%。

表1　中国对吉尔吉斯农产品出口结构

单位：%

	2004	2005	2006	2007	2008	2009	2010
肉及食用杂碎	0.7	5.7	20.6	33.1	27.4	15.0	44.4
水产品	0.4	0.3	0.4	0.4	0.3	0.1	0.0
乳、蛋、蜂蜜	0.0	0.1	0.1	0.7	0.0	0.2	0.7
食用蔬菜	4.1	2.0	2.7	3.7	2.6	2.2	1.9
食用水果及坚果	49.8	53.7	36.6	32.0	24.1	26.9	29.5
谷物	0.0	10.2	29.6	0.0	27.8	44.8	11.0
淀粉类产品	3.6	2.5	3.3	15.8	5.5	1.7	0.7
糖及糖类食品	0.4	2.1	0.2	0.6	0.5	0.4	1.1
蔬菜水果坚果制品	1.1	1.6	0.7	2.4	3.0	1.7	2.3
杂项食品	2.3	2.9	1.2	2.3	1.7	2.3	2.2
烟草及其制品	26.8	12.7	1.9	4.6	3.2	2.0	3.5

资料来源：根据 UNCOMTRADE 数据，计算得到。

此外，中国对吉尔吉斯农产品出口的波动性也比较大，以谷物出口为例，2004～2010年七年间，谷物出口占中国对其农产品出口总额的比重犹如过山车一般剧烈波动，占比最高为44.8%，最低为0。肉及食用肉杂类产品出口也是一样。食用水果及坚果是七年来最稳定的出口产品，但应该注意到其占农产品出口总额的比重逐年下降。

从出口结构来看，中国向吉尔吉斯出口农产品以初级产品为主，乳蛋蜂蜜产品、蔬菜水果坚果制品以及杂项制品等加工程度高的农产品在中国对吉尔吉斯农产品出口中的比重还非常低。

5.2.3　影响中国对哈国农产品出口增长的因素分析

为探究中国对吉尔吉斯农产品出口增长的原因，本文采用 CMS 模型进行实证分析。

5.2.3.1　CMS 模型

CMS 模型 1951 年由泰森斯基（Tyszynski）首先提出并应用，是用于评价一国出口竞争力的重要统计分析工具，后来经过勒纳和斯蒂恩（Leaner 和 Stern，1970）、詹帕（Jepma，1988）等人完善，使其成为研究出口贸易增长因素分析的重要模型。根据 CMS 模型，一国对另外一个国家出口贸易的变化可以分解整合为"进口需求效应"、"出口竞争力效应"和"产品结构效应"等三个因素：即：

$$\Delta Q = \sum_i p_i(0)\Delta q_i + \sum_i \Delta p_i q_i(0) + \sum_i \Delta p_i q_i \tag{1}$$

其中，ΔQ 表示 t 期出口国对进口国的出口总额变化，$q_i(0)$ 表示基期进口国 i 类产品的进口额，Δq_i 表示 t 期进口国 i 类产品的进口变化，$p_i(0)$ 表示基期出口国在进口国 i 类产品进口总额中所占的份额，Δp_i 表示，t 期出口国在进口国 i 类产品进口总额中所占份额的变化。式（1）中，$\sum_i p_i(0)\Delta q_i$ 称为"进口需求效应"，即因进口国产品进口规模及结构变化而导致的出口国的出口变化；$\sum_i \Delta p_i q_i(0)$ 称为"出口竞争力效应"，它反映了出口国产品出口结构变化而导致的出口变化；$\sum_i \Delta p_i \Delta q_i$ 称为"交叉结构效应"，它反映论出口国出口结构与进口国进口效应的交互变化而导致的出口国出口变化。根据詹帕（Jempa，1988）的 CMS 模型扩展形式，式（1）可以转换为：

$$\Delta Q = p(0)\Delta q + \left[\sum_i p_i(0)\Delta q_i - p(0)\Delta q\right] + q(0)\Delta p + \left[\sum_i \Delta p_i q_i(0) - q(0)\Delta p_i\right] + \left[q(t)/q(0) - 1\right]\sum_i \Delta p_i q(0) + \left[\sum_i \Delta p_i \Delta q_i - (q(t)/q(0) - 1)\sum_i \Delta p_i q_i(0)\right] \tag{2}$$

其中，$q(0)$ 表示基期进口国的进口总额，$p(0)$ 表示基期出口国在进口国进口总额中所占的份额，Δq 表示进口在两个时期内进口总额的变化。根据式（2），上述影响出口增长的三种效应进行二次分解。"进口需求效应"分解为"需求规模效应"（$p(0)\Delta q$）和"需求结构效应"（$\sum_i p_i(0)\Delta q_i -$ $p(0)\Delta q$）。"出口竞争力效应"进一步分解为"综合竞争力效应"（$q(0)\Delta p$）和"具体产品竞争力效应"（$\sum_i \Delta p_i q_i(0) - q(0)\Delta p$）。"结构交叉效应"可以进一步分解为"净结构交叉效应"（$[q(t)/q(0)-1]\sum_i \Delta p_i q_i(0)$）和"动态结构交叉效应"（$\sum_i \Delta p_i \Delta q_i - [q(t)/q(0)-1]\sum_i \Delta p_i q_i(0)$）。

5.2.3.2　数据来源

模型所采用的数据是按照 HS 分类后的产品数据。该数据主要来源于联合国统计署创立的贸易数据库（COMTRADE）。HS 编码自 1988 年实施以来也有了第四次修订本——HS2007 的商品分类方法，它与 HS2002 商品分类方法并行使用。为了研究在此以前年份的贸易，并为了能够使前后分类的数据保持一致，本研究所用的农产品贸易数据是 HS2002 商品分类方法得出的数据。农产品数据为 HS 编码 01 章至 24 章，样本时期为 2004 ~ 2010 年。

5.2.3.3　模型分析结果

表 2　中国吉尔吉斯斯坦农产品出口贸易增长分析

指标	2004 ~ 2010	
	绝对额（万美元）	比重（%）
实际贸易增长	4116.6	100.00
进口需求效应	2111.5	51.28
需求规模效应	2106.8	51.18
需求结构效应	4.28	0.10
出口竞争力效应	57.15	1.39
综合竞争力效应	549.61	13.35
产品竞争力效应	-492.46	-11.96
结构交叉效应	1948.39	47.33
净交叉效应	211.82	5.15
动态交叉效应	1736.57	42.18

资料来源：UNCOMTRADE，经计算得到。

模型结果表明，2004～2010 年，"进口需求效应"、"出口竞争力效应"和"结构交叉效应"对中国农产品出口增长都有正向的影响，但影响程度不同。具体如下：

（1）"需求效应"是中国对吉尔吉斯农产品出口增长的首要原因。2004～2010 年，中国对吉尔吉斯斯坦农产品出口增长 4117 万美元，其中"进口需求效应"占 51.28%，即，由于吉尔吉斯斯坦进口需求扩大导致的中国农产品出口增长的绝对数额为 2111 万美元，占总增长额的 51.28%，是中国对吉尔吉斯农产品出口增长的最主要原因。进一步细分，吉尔吉斯进口需求规模的扩大是中国农产品出口增长的最主要原因，其贡献达到 51.18%，而吉尔吉斯农产品进口结构的变化对中国农产品出口增长的影响仅占 0.1%。

吉尔吉斯刚独立时，农业生产一度急剧下滑，1996 年以后，经过改革农业生产逐渐得到恢复，主要农畜产品的产量和农业产值逐年增长。近些年来由于小麦播种面积大幅下降以及作物品种的退化，吉尔吉斯斯坦的粮食安全已面临威胁。同时由于畜牧业严重倒退，牲畜存栏头数下降，导致吉尔吉斯肉蛋奶生产供给不足。农业生产供给不足，致使吉尔吉斯农产品进口持续增加，2004～2010 年 7 年间农产品平均进口增长率达到 29%。这种进口需求规模的扩大，是中国对其农产品出口持续快速增长的主要动力源。

（2）"产品结构效应"是影响中国对吉尔吉斯斯坦农产品出口增长的次重要因素。由于中国对吉尔吉斯斯坦出口农产品的结构变化与吉尔吉斯斯坦农产品进口结构变化交互作用导致中国农产品出口增长 1948.3 万美元，占 47.33%。其中，"净交叉效应"为 5.15%，而"动态交叉效应为" 42.18%，表明中国农产品出口结构的变化能较好地适应吉尔吉斯斯坦农产品进口结构的变动。

（3）"竞争力效应"是中国农产品对吉尔吉斯斯坦出口增长的另一个影响因素，但它对出口增长的贡献仅为 1.39%。农产品竞争力对中国农产品出口的影响较小。进一步分析表明，中国农产品的综合竞争力的提高对出口增长的影响达到 13.35%。中国农产品竞争力却不高，并对中国农产品出口增长产生负面影响，负面影响程度达到 11.96%。

5.2.4 结论

（1）CMS 模型分析结果表明，吉尔吉斯斯坦农产品进口需求的持续快速增长是中国对其出口增长的最重要因素；中吉两国在农业资源禀赋和农产品贸易方面存在较强的互补性，中国能够较好地根据吉尔吉斯农产品进口结构的变动，来调整自己的出口结构，双方进出口结构的契合是促进中国对其农产品出口增长的次重要因素。

（2）中国农产品对吉尔吉斯斯坦出口主要依赖其进口需求的快速增长，然而过分依赖市场需求扩大的出口，终究会因进口国市场需求的波动给出口的稳定带来很大的不确定性，这已经从中国对吉尔吉斯斯坦谷物、肉及肉杂产品的出口反复波动中得到印证。近年来，吉尔吉斯农业部门产出增长占GDP 的比重已经达到 40% 左右，吉政府也把促进农业发展、提升农产品加工能力作为经济发展的重点。食品和农产品加工业则是吉尔吉斯最重要的工业生产部门之一，其中肉制品加工业、果蔬加工业都有着良好的基础条件。吉尔吉斯发展农产品加工业的潜力一旦实现，将会大幅度减少进口。

（3）竞争力因素对促进中国向吉尔吉斯斯坦农产品出口的作用很小，具体农产品出口竞争力偏低甚至对出口产生了负面影响。事实上，近两年来中国对吉尔吉斯农产品出口的增长速度已经减缓，2004～2008 年中国对吉农产品年均出口增长速度为年均 66.7%，2009 至 2010 年这一数字则为17.4%。这表明中国对吉农产品出口达到了一个新的阶段，必须通过提高产品竞争力来稳定和扩大对其农产品出口。而竞争力的提高具体应包括市场竞争力和产品竞争力两个层面。

吉尔吉斯斯坦政局动荡、社会发展面临的不稳定因素很多。农业产出连年下降，畜产品和肉制品的产出供不应求，这意味着短期内吉尔吉斯斯坦的进口需求仍然很大，但我们应未雨绸缪，建立中国对吉尔吉斯农产品出口的长效机制。

5.2.5　稳定和扩大对吉尔吉斯农产品出口的政策建议

5.2.5.1　努力提升中国新疆农产品竞争力

中国新疆是农业资源丰富，毗邻吉尔吉斯斯坦，具有对吉农产品贸易的资源优势和区位优势。首先，加快建设面向中亚及周边国家的农产品出口商品基地建设，实现产业化、规模化。以公司加农户模式或者是探索多种合作模式，建立农产品原料供给额长效机制。可在新疆伊犁州、塔城地区重点建设反季节蔬菜及瓜果生产商品基地和畜产品生产加工基地，大力发展蔬菜瓜果保鲜加工业和畜产品加工业；在新疆喀什、阿克苏地区重点建设果品生产商品基地，主要发展苹果、香梨等鲜果生产和保鲜加工业。其次，加强对农产品加工业的政策支持，提升农产品竞争力。加强财税政策支持力度，通过设立财政专项资金、提供优惠税收政策、给予信贷支持等措施，重点扶持农产品加工业基地、科研开发、技术服务等体系的建设。构建现代化的农产品及其加工品的质量安全控制体系。以从生产、加工、流通和消费四个环节，全面提升新疆农产品的国际竞争力。第三，加快农产品质量监督检测体系建设，大力推行标准化、优质化生产。加强农产品市场信息体系和安全监督体系的建立和应用。

5.2.5.2 努力提升中国新疆对吉农产品的综合竞争力

首先，建立和完善中吉两国政府层面的交流机制，签订农业合作协定。通过签订中吉《农业合作、贸易与投资框架协议》，建立农业直接投资和农产品贸易的两国高层对话机制，形成规范有序稳定的贸易环境，最大程度降低农产品跨境交易成本，提高我国农产品在吉尔吉斯斯坦市场上的竞争力。其次，促进中吉农产品贸易投资便利化合作。通过加强中吉两国间过境运输、海关通关以及卫生检验检疫等部门的合作。通过协商，要求吉尔吉斯政府按照国际惯例，在农产品通关方面简化手续，缩短查验时间，提高查验效率，建立农产品进口绿色通道。同时，为提高中吉农业及农产品加工领域的合作，中吉双方须在劳务许可、海关事务方面给予支持。第三，加强中吉伊尔克什坦、吐尔尕特口岸的基础设施建设，密切中吉口岸查验机构的交流与协作，改善口岸通关软硬环境，提高通关能力和效率。

5.2.5.3 拓宽中吉农业领域合作的形式，扩大对吉尔吉斯斯坦农业领域投资，开展境外加工，以投资带动出口

吉尔吉斯斯坦拥有良好的农产品加工业基础，具备基本满足国内需求的生产加工潜能，但是多数企业生产设备和工艺落后、产品缺乏竞争力，其潜能无法转化为现实优势。中国企业应抓住目前吉尔吉斯缺资金、技术、管理经验，以及积极吸引外资企业投资其农产品加工业的有利时机，发挥中国企业在资金、技术、人才等方面的优势，积极与吉尔吉斯开展农业生产领域合作，发展种植业、养殖业，兴办农产品加工业，生产适合当地市场需求的农

产品及加工制成品。通过农业产业项目合作，优势互补，进而带动国内农业生产原料、农机产品的出口，以项目换市场。由于吉尔吉斯斯坦是中亚国家中唯一的世界贸易组织成员，相较其他中亚国家而言，其总体贸易环境较为自由宽松，农产品贸易壁垒和投资壁垒相对较低。充分利用这一有利条件，扩大对吉尔吉斯农业领域投资、开展境外加工，以此作为稳定和扩大对吉尔吉斯斯坦、对中亚国家农产品出口的重要路径。

参考文献

［1］课题组. 2008. 哈萨克斯坦、吉尔吉斯斯坦农产品市场考察报告，农业经济问题. 4：101～105。

［2］王海燕. 2008. 吉尔吉斯斯坦经济发展模式选择与策略，俄罗斯中亚东欧市场. 4：29～36。

［3］朱新鑫，李豫新. 2011. 中国与中亚五国农产品贸易竞争性和互补性分析，国际经贸探索. 3：17～22。

［4］Hiroya Ichikawa. 2002. Constant-market share analysis and open regionalism. in The View of Economic and Technology Cooperation in APEC. Edited by Keiji Omura, IDE-JETRO, World Bank.

［5］Jepma CJ. 1988. Extensions of the constant market shares analysis with an application to long-term export data of developing countries. The Balance Between Industry and Agriculture in Economic Development. Williamson J G, Panchamukhi V R . eds. St Martin's Press, New York, 64－75.

5.3 基于主成分分析的西部12省区市对外开放竞争力研究[①]

戴 磊 孙 慧 任 巍[②]

摘 要：本文主要运用主成分分析方法，首先建立了西部12省区市对外开放竞争力评价指标体系，依据2010年西部12省区市对外开放相关统计数据，利用12个评价指标对西部12省区市对外开放竞争力进行比较分析和排名，并对结果做了简要分析，为西部地区对外开放制定相关决策提供参考依据。

关键词：对外开放 竞争力 主成分分析 西部12省区市

5.3.1 引言

中国西部地区包括重庆、四川、贵州、云南、西藏自治区、陕西、甘肃、青海、宁夏回族自治区、新疆维吾尔自治区、内蒙古自治区、广

① 教育部人文社科重点研究基地重大项目（NO.11JJD850005）；新疆高校人文社科重点研究基地重大招标项目（NO.010112A03）"新疆向西开放中的产业开放体系研究"。

② 孙慧（1963～），女（汉），江苏泗阳人，新疆大学经济与管理学院教授，博士研究生导师，研究方向：战略管理；戴磊（1986～），男（汉），新疆乌鲁木齐人，新疆大学经济与管理学院硕士研究生，研究方向：战略管理；任巍（1987～），男（汉），陕西西安人，新疆大学经济与管理学院硕士研究生，研究方向：战略管理。

西壮族自治区等 12 个省、自治区、直辖市，面积 685 万平方公里，占全国国土面积的 71.4%[①]。西部地区幅员辽阔，有着丰富的自然资源、旅游资源、地质资源和廉价劳动力资源，但受制于地理因素的影响，加之改革开放以来，我国对外开放重点放在东部沿海地区，造成了西部地区对外开放水平普遍不高的现实状况，进而使东西部地区之间发展极度不平衡。

近年来我国加快了融入世界经济的步伐，其中对外开放战略对我国经济迅速发展中的资金、技术、市场和管理等问题的解决发挥了不容忽视的作用。2002 年我国开始实施西部大开发战略，对外开放也成了西部地区快速发展的必由之路。而对外开放竞争力正是衡量一个国家或者地区在全球大区域中的市场竞争力，也能够体现出这个国家或地区更顺利和快速发展的潜力以及在今后对外开放进程中的吸引力。通过对西部地区对外开放竞争力的研究，更好地把握西部各省市自治区的态势，抓住关键因素，提高对外开放竞争力，推动西部各省区市经济发展进程，对于我国东西部经济均衡发展具有重大的理论和现实意义。

5.3.2　方法的选取

竞争力是参与者双方或多方的一种角逐或比较而体现出来的综合能力。它是一种相对指标，必须通过竞争才能表现出来，即参与对象在竞争中显示的能力[②]。而对外开放竞争力的体现是多方面的，不能单凭某一个指标来进行选择，应从多方面进行全面而客观地分析评价。

目前国内对于竞争力的研究，许多学者从不同的角度提出了他们的看法。比如范海君（2011）对中国出口水平综合竞争力的研究[③]，张默含、丁占文、杨宏林（2007）对企业或者其他微观的经济个体竞争力的研究[④]，吴进红（2002）对长江三角洲地区外贸竞争力的现状分析[⑤]，翁钢名、鲁超

[①]　王新红，邓敏，冯鑫，仲伟周. 2010. 西部 12 省市经济发展的综合评价——"西部大开发战略"实施 10 年前后的对比研究. 人文地理，4：97。

[②]　邬义钧，胡立君. 2002. 产业经济学. 北京：中国财政经济出版社，286。

[③]　范海君. 2011. 美国对华直接投资对中国出口竞争力的影响. 科学学与科学技术管理，11：39。

[④]　张默含，丁占文，杨宏林. 2007. 两类企业博弈合作策略选择的演化分析. 统计与决策，3：51。

[⑤]　吴进红. 2002. 长江三角洲地区外贸竞争力的现状分析与提升途径. 国际贸易问题，9：21。

（2009）对西部五省旅游产业竞争力的分析[①]，芮琳琳（2005）对中国外贸竞争力的状况分析[②]，王洪庆（2006）对利用外商直接投资与中国外贸竞争力的研究等[③]。这些研究主要集中于对综合竞争力的研究，对外开放竞争力涉及较少，且多集中在对竞争力的单项指标的分析层面，提出的政策建议针对性相对较窄。有关国际化或者开放程度竞争力的研究主要集中在外贸竞争力、出口竞争力或者吸引 FDI 竞争力等方面，而对于国际贸易和国际投资的综合研究几乎无人涉及，西部对外开放竞争力的研究文献更为鲜见。

鉴于此，本文通过构建西部 12 省区市对外开放竞争力指标体系，运用统计数据对西部 12 省区市的对外开放竞争力进行比较分析，从而弥补西部地区对外开放竞争力研究方面的不足。本文选用主成分方法的主要依据是：首先，该方法是多指标综合评价，能够全面反映各个行业的特征和属性；其次，它使研究对象中的多个变量降维到 2~3 个主成分，从而简化数据结构，给分析问题、研究问题带来方便；第三，该方法得到的 2~3 个主成分指标之间相互独立，避免了信息重叠带来的统计结果不准确；第四、该方法在确定指标权重时，由系统自行生成，可以排除由主观因素的影响。

5.3.3　方法介绍

主成分分析的基本原理是通过数学变换把众多可能相互包含重复信息的指标转化成新的相互独立的综合指标，并选取在方差贡献率比例较大的少数几个综合指标来替代原来众多的指标，对分析对象进行相应的分析、评价。

5.3.3.1　主成分分析

设有 n 个观测对象，每一对象有 m 个指标因子 $x_j(j=1, 2, \cdots, m)$，所得观测值为 $x_{ij}(i=1, 2, \cdots, n)$，构成原始数据矩阵 $X=(x_{ij})_{n \times m}$，每一样本有 m 个指标因子 $x_j(j=1, 2, \cdots, m)$，所得观测值为 $x_{ij}(_i=1, 2, \cdots, n)$，构成原始数据矩阵 $X=(x_{ij})_n \times_m$。

---

① 翁钢民，鲁超. 2009. 基于突变级数法的旅游产业竞争力评价研究——以西北五省为例. 软科学，6：27。

② 芮琳琳. 2011. 我国外贸企业的核心竞争力问题研究. 中国商贸，24：207。

③ 王洪庆. 2006. 外国直接投资对我国外贸竞争力影响途径的计量检验. 国际贸易问题，8：35。

（1）原始数据的标准化处理

为了使综合评价的结果客观、合理，必须消除数量级和量纲不同带来的影响，需要标准化处理（标准化处理后的值为 y_{ij} ）：

$$y_{ij} = \frac{x_{ij} - \overline{x_j}}{S_j}$$

（1）式中：$\overline{x_j}$ 和 S_j 分别为第 j 个指标的样本均值和标准差，且

$$\overline{x_j} = \frac{1}{n} \sum_{i=1}^{n} x_{ij} \qquad S_j = \left[\frac{1}{n-1} \sum_{i=1}^{n} (x_{ij} - \overline{x_j})^2 \right]^{1/2}$$

（2）相关系数矩阵

在标准化数据矩阵 $Y = (y_{ij})$ 的基础上，计算原始指标的相关系数矩阵 $R = (r_{ij}) m \times m$ 。其中，r_{ij} 是 y_i 指标与 y_j 指标之间的相关系数，且

$$r_{ij} = \frac{1}{n-1} \sum_{k=1}^{n} y_{ki} y_{kj} = \frac{\sum\limits_{k=1}^{n} (x_{ki} - \overline{x_i})(x_{kj} - \overline{x_j})}{\sqrt{\sum\limits_{k=1}^{n} (x_{ki} - \overline{x_i})^2 (x_{kj} - \overline{x_j})^2}}$$

其中，$i, j = 1, 2, \cdots, m$

（3）相关矩阵的特征根和特征向量

计算特征方程，求出所有的特征根 $\lambda_1 \geqslant \lambda_2 \geqslant \cdots \geqslant \lambda_n \geqslant 0$ ，相应特征向量 $a_j = (a_{1j}, a_{2j}, \cdots, a_{mj})$ 。

（4）确定主成分

主成分个数提取原则之一，计算每个指标因子的贡献率和累计贡献率，把排在前面的 p 个主成分的贡献率通过公式累计相加，一般累计贡献率达到或超过85%时，就可以把前几个指标因子作为主成分；主成分个数提取原则之二，在某种程度上被看成是表示主成分影响力度大小的，并与主成分相对应的特征值应大于1，如果特征值小于1，说明该主成分的解释力度还不如直接引入一个原变量的平均解释力度大[1]。综合主成分个数提取的两个原则，应在已确定的全部 m 个指标因子中选择前 p 个累计贡献率达到或超过85%，并且前 p 个指标因子相对应的特征值大于1时就可以作为主成分来进行评价分析。

---

[1] 吴进红. 2002. 长江三角洲地区外贸竞争力的现状分析与提升途径. 国际贸易问题，9：21。

（5）求 n 个观测对象在前 p 个主成分上的得分

$$Z_j = \frac{y_j}{SQR(\lambda_j)}, \ j = 1, 2, \cdots, p$$

计算出主成分最终系数，然后再以每个主成分所对应的特征值占所提取主成分总的特征值之和的比例作为权重计算，确定每个省市的最终得分和排序，并进行综合评价。

$$Z = \sum_{i=1}^{p} \frac{\lambda_i}{\lambda_1 + \lambda_2 \cdots + \lambda_p} Z_i$$

5.3.3.2　指标的选取

在评价一个地区的对外开放程度时，评价指标体系的选取非常重要，本文根据系统性、全面性、有效性、可比性和数据的可获得性等原则构建西部12 省区市对外开放竞争力评价指标体系。其中目标层为对外开放竞争力。准则层包含五个指标，A1 为地区总体经济水平；A2 为贸易领域；A3 为投资领域；A4 为服务领域；A5 为基础设施建设。指标层包括十二个指标：X1为地区 GDP 总值；X2 为进出口总额；X3 为外贸依存度；X4 为外商直接投资（即 FDI）；X5 地区居民消费总额；X6 为固定资产投资额；X7 为外商投资企业数量；X8 为外资开放度（利用外商投资金额占 GDP 比重）；X9 为旅游外汇收入；X10 为外入境旅游人数；X11 为国际航线数量；X12 为涉外星级酒店数量。如表 1 所示：

表 1　西部 12 省区市对外开放竞争力评价指标体系

	一级指标（A）	二级指标（X）
	总体经济水平（A1）	地区 GDP 总值（X1）
	贸易领域（A2）	进出口总额（X2）
		外贸依存度（X3）
对外开放竞争力 指标体系	投资领域（A3）	FDI（X4）
		地区居民消费总额（X5）
		固定资产投资额（X6）
		外商投资企业数量（X7）
		外资开放度（X8）
	服务领域（A4）	旅游外汇收入（X9）
		入境旅游人数（X10）
	基础设施建设（A5）	国际航线数量（X11）
		涉外星级酒店数量（X12）

5.3.4 西部 12 省区市对外开放竞争力实证研究

5.3.4.1 数据来源

本文选取的 12 项二级指标的相关统计数据来源于《中国统计年鉴 2011》[①]。

5.3.4.2 主成分分析

本文主要采用 SPSS17.0 软件来对西部 12 省区市对外开放竞争力进行主成分分析。选取的 12 项主要指标作为分析样本（分别用 X1、X2、X3、X4、X5、X6、X7、X8、X9、X10、X11、X12 表示地区 GDP 总值、进出口总额、外贸依存度、FDI、地区居民消费总额、固定资产投资额、外商投资企业数量、外资开放度、旅游外汇收入、入境旅游人数、国际航线数量和涉外星级酒店数量），利用 SPSS 自有数据标准化功能，自动对这 12 项主要指标的原始数据进行标准化处理，并得到各指标之间的相关系数矩阵 R（见表 2）、相关系数的特征值、贡献率、累计贡献率（见表 3）和成分矩阵和旋转成分矩阵（见表 4）。

表 2 相关矩阵

	X_1	X_2	X_3	X_4	X_5	X_6	X_7	X_8	X_9	X_{10}	X_{11}	X_{12}
X_1	1.000	.859	.139	.738	.947	.995	.937	.074	.516	.575	.627	.938
X_2	.859	1.000	.556	.585	.896	.844	.904	−.035	.388	.429	.892	.853
X_3	.139	.556	1.000	−.045	.184	.110	.190	−.167	.093	.114	.708	.198
X_4	.738	.585	−.045	1.000	.693	.759	.754	.647	.318	.327	.394	.605
X_5	.947	.896	.184	.693	1.000	.945	.971	.058	.510	.540	.739	.952
X_6	.995	.844	.110	.759	.945	1.000	.945	.113	.539	.584	.609	.936
X_7	.937	.904	.190	.754	.971	.945	1.000	.151	.429	.449	.701	.920
X_8	.074	−.035	−.167	.647	.058	.113	.151	1.000	.081	.040	−.052	−.021
X_9	.516	.388	.093	.318	.510	.539	.429	.081	1.000	.982	.514	.658
X_{10}	.575	.429	.114	.327	.540	.584	.449	.040	.982	1.000	.531	.678
X_{11}	.627	.892	.708	.394	.739	.609	.701	−.052	.514	.531	1.000	.712
X_{12}	.938	.853	.198	.605	.952	.936	.920	−.021	.658	.678	.712	1.000

[①] 中华人民共和国国家统计局. 2011. 中国统计年鉴 2011. 北京：中国统计出版社.

表 3 解释的总方差

	初始特征值		
	合计	方差%	累积%
1	7.551	62.926	62.926
2	1.774	14.782	77.709
3	1.372	11.432	89.141
4	.985	8.212	97.353
5	.156	1.303	98.656
6	.086	.715	99.371
7	.035	.292	99.662
8	.024	.196	99.858
9	.011	.095	99.954
10	.005	.045	99.999
11	.000	.001	100.000
12	$1.232E-16$	$1.026E-15$	100.000

表 4 旋转成分矩阵

	F_1	F_2	F_3
ZX_1	.126	.066	-.045
ZX_2	.121	-.147	-.214
ZX_3	.039	-.418	-.216
ZX_4	.096	.327	-.174
ZX_5	.128	.021	-.076
ZX_6	.126	.089	-.032
ZX_7	.125	.061	-.160
ZX_8	.016	.418	-.103
ZX_9	.086	-.016	.532
ZX_{10}	.090	-.029	.517
ZX_{11}	.106	-.260	-.076
ZX_{12}	.127	-.016	.068

（1）根据表 2 可知，X_1 与 X_3、X_5、X_6、X_7、X_{12} 的相关性比较大；X_2 与 X_5、X_6、X_7、X_{11}、X_{12} 相关性比较大；X_3 与 X_{11} 的相关性比较大；X_5 与 X_6、X_7、X_{12} 的相关性比较大；X_6 与 X_7、X_{12} 的相关性比较大；X_7 与 X_{12} 的相关性比较大；X_9 与 X_{10} 的相关性比较大。根据上述所知，这 12 个指标中不同指标之间的相关性比较大，每个指标之间所传递的信息有相同的成分，因此需要消除相关性，并通过转换找出主成分指标。

（2）根据表 3 可知，将 12 个相关性比较大的指标转换为 12 个相互独立的指标，并根据各个指标的方差贡献率选取 3 个主成分指标（以下分别用 F_1、F_2、F_3 表示）。X_1、X_2、X_3 三个指标所对应的特征根分别为：7.551、1.774、1.372，均大于 1。其贡献率分别为 62.926%、14.782%、11.432%，累计贡献率为 89.141%。很显然这三个主成分的累计贡献率大于 85%，这三个主成分反映了 12 个指标的信息，其中 F_1 中 X_1、X_2、X_5、X_6、X_7、X_{12} 共 6 个指标的载荷比较高，由于这 6 个指标都表示的是一个地区在主要经济指标上的水平，因此主成分 F_1 主要反映的是地区的总体经济水平；F_2 中 X_3、X_4、X_8、X_{11} 共 4 个指标载荷比较高，这四个指标主要是对一个地区的对外开放度进行分析评价，因此 F_2 主要反映的是地区对外开放度水平；F_3 中 X_9、X_{10} 这两个指标载荷比较高，这两个指标主要是对一个地区的旅游开放程度进行反映，因此 F_3 主要反映的是一个产业的旅游开放度。另外，这三个主因子的各特征值都大于 1，因此原来的 12 个指标能够综合成 3 个因子，作为评价西部 12 省市对外开放竞争力的主成分。

（3）根据 $F = \sum_{i=1}^{p} \dfrac{\lambda_i}{\lambda_1 + \lambda_2 \cdots + \lambda_p} F_i$，可得：

$$F = 0.5457F_1 + 0.2694F_2 + 0.1849F_{34}$$

$$\begin{aligned} F = {} & 0.468481ZX_1 + 0.197595ZX_2 + 0.475205ZX_3 + 0.307879ZX_4 - 0.03719ZX_5 + \\ & 0.070602ZX_6 + 0.240385ZX_7 + 0.29767ZX_8 + 0.464434ZX_9 \\ & + 0.237723ZX_{10} + 0.230888ZX_{11} + 0.469838ZX_{12} \end{aligned}$$

由上，得出西部 12 省区市对外开放综合竞争力排名（见表 5）。

表 5　西部 12 省市对外开放综合竞争力分析

地区	总体经济水平	排名	对外开放度	排名	旅游开放度	排名	综合竞争力	综合排名
四　川	2.04	1	0.42	4	0.34	3	2.80	1
陕　西	1.76	2	0.60	2	0.37	2	2.73	2
广　西	1.35	4	0.91	1	0.23	5	2.49	3
重　庆	1.71	3	0.27	7	0.21	6	2.20	4
云　南	0.85	6	0.34	6	0.44	1	1.63	5
内蒙古	0.87	5	0.44	3	0.19	7	1.50	6
新　疆	-0.07	9	0.37	5	0.25	4	0.55	7
甘　肃	0.33	7	0.23	8	-0.10	12	0.46	8
贵　州	0.03	8	0.19	9	0.08	8	0.30	9
宁　夏	-0.16	10	0.13	10	0.07	9	0.04	10
青　海	-0.28	11	0.09	12	-0.08	11	-0.27	11
西　藏	-0.41	12	0.10	11	0.02	10	-0.29	12

5.3.5 结果分析

根据主成分分析的结果，结合西部 12 省区市具体情况，本文令"F"代表综合竞争力，将西部 12 省区市的对外开放竞争力分为四大类（见表 6）：

（1）F≥2 为具有强对外开放竞争力的地区，从表 6 中可以得出四川、陕西、广西、重庆具有强竞争力。主要是因为这 4 个省区市的总体经济发展水平在西部 12 省区市中相对最高。

（2）1≤F<2，为具有较强对外开放竞争力地区。从表 6 中可以得到具有较强对外开放竞争力的地区共有 2 个地区分别是云南和内蒙古。说明这 4 个省份具有较强的竞争力。

（3）0≤F<1，表明对外竞争力一般的地区。从表 6 中可以得到竞争力一般的地区共有 4 个，分别是新疆、甘肃、贵州和宁夏。

（4）-1≤F<0，表明对外竞争力较弱的地区。从表 6 中可以得到竞争力较弱的地区共有 2 个，分别是青海和西藏。主要是因为这 2 个省区市的总体经济发展水平在西部 12 省区市中相对较低

表 6 西部 12 省区市对外开放竞争力分类

分类	F≥2	1≤F<2	0≤F<1	-1≤F<0
1	四川、陕西、广西、重庆			
2		云南、内蒙古		
3			新疆、甘肃、贵州、宁夏	
4				青海、西藏

从各省的现实对外开放竞争力综合得分排名来看，像四川、广西、陕西和重庆这样 GDP 位居西部前三位的省份，其对外开放总体水平排名和综合排名也都在前几名。这是因为经济总体水平状况是一个省份对外开放水平的现实基础，是对外开放竞争力现实规模的体现，经济发展规模比较大的省份在这个因子的排名都比较靠前。但是这也说明西部各省要提高对外开放竞争力，仅仅注重规模是不够的，还要加深对外开放的程度，提高对外开放质量，从而更好地利用对外开放带来的资源和机遇。

西部地区的对外开放竞争力高低受到自然资源和地理位置的很大影响。像云南省利用自己的旅游资源，抓住建设中国—东盟自由贸易区的机遇，加

快推进澜沧江—湄公河、中印缅孟等国际区域旅游合作，通过构筑国际区域旅游圈，搭建旅游业对内对外开放平台，从而提高对外开放水平，大力发展外向型经济。云南省在综合排名中位居第六，与其旅游开放度排名第一是分不开的。还有新疆独特的地理优势也为新疆的对外开放创造了良好的条件，新疆地处欧亚大陆中心，与印度等国接壤，开放了 16 个边境口岸，与世界 80 多个国家和地区建立了经贸往来关系。

在对外开放竞争力静态指标总和得分排名中靠后的是宁夏、贵州、青海和西藏，且它们分别在对外开放总体水平、旅游开放度和外资开放度方面排在最后一名。这几个省发展起步晚，经济水平比较低，各项指标都比较落后，对外开放程度不高，所以对外开放竞争力也比较弱。

5.3.6 对策与建议

由于西部地区整体开放水平较低，因此对外开放竞争力的排名受 GDP 总值为主的总体经济指标的影响较大。因此，西部各省区市要进一步提高对外开放能力，缩小东西部差距，就要从以下几方面着手：S（1）针对外商投资增速缓慢情况，各省区市要抓住西部大开发的战略机遇，充分利用国家资金和政策上支持，加大基础设施建设、改善投资环境；（2）由于没有海运条件，需要各省区市积极探索内陆地区开放型经济的发展途径，对传统产业进行产业优化和升级，提高产品技术含量，以提升商品进出口贸易；（3）充分利用西部各省区市的地理位置和资源优势，家快建立承接东部及中亚地区的交通物流枢纽地位，加快货物信息的流转速度；（4）加大科技投入，提高自主创新能力，发展创新型产业；（5）提供政策支持，鼓励各省区市支持有实力的企业"走出去"，提升中国西部地区在国际的形象和作用。

5.4 比较优势、后发优势与新疆跨越式发展

孙金山　徐　明　李新英[①]

摘　要：新疆作为一个经济欠发达地区，要与全国同步实现全面建成小康社会的奋斗目标，跨越式发展既是客观压力，又是主观诉求。比较优势、后发优势是新疆两种主要的优势。目前，新疆已经具备了跨越式发展的基本条件，能否实现跨越式发展关键在于是否能利用好自身的比较优势与后发优势，关键在于是否能执行比较优势和后发优势并重的发展战略。

关键词：比较优势　后发优势　跨越式发展　新疆

5.4.1 引论

比较优势是指一个国家或地区与另一个国家或地区在经济发展上相比较而存在的优势，在这两个国家或地区进行贸易时，这种优势使双方能够从中得到不同的比较利益，是一种状态优势。林毅夫等学者根据李嘉图提出的比较优势原理，把日本和亚洲"四小龙"经济成功的核心归结为比较优势战略，该战略是除了立足于赶超的重工业优先发展战略或进口替代战略之外的

① 孙金山（1989～　），男，江苏宿迁人，新疆财经大学经济学院 2010 级政治经济学研究生；徐明（1986～　），男，湖北孝感人，新疆财经大学经济学院 2010 级政治经济学研究生；李新英（1972～　），女，陕西固县人，经济学博士，新疆财经大学经济学院教授，从事经济理论与区域经济可持续发展研究。

一种更为成功的经济发展道路。此观点被称为比较优势战略论。

关于后发优势的内涵，存在各种不同的理解和看法。20世纪60年代，格申克龙探讨了后进国家的经济增长，他指出：相对的经济落后性具有积极作用，即经济上的相对落后，有助于一个国家或地区实现"爆发性"的经济增长。格申克龙（1952）认为后发优势主要体现在两个方面：一是后发国家能够从先发国家学习先进的成果来加快自己的发展，并从错误中吸取教训；二是后发国家的领导人和知识分子均意识到自身落后的现状，从而为国家发起现代化进程提供保证。我国学者郭熙保（2002）给出了一个关于后发优势的一般性定义：所谓后发优势，是指在先进国家和地区与后进国家和地区并存的情况下，后进国家和地区所具有的内在的、客观的有利条件，即从时间的维度来说，后进国家和地区由于在发展水平上比先进国家和地区落后，而产生了一种优势①。

当前，学术界就发展中国家应该执行比较优势战略还是后发优势战略，比较流行的观点有三种：一是林毅夫提出的要坚持比较优势战略。他认为，发展中国家要在其经济发展的每一个阶段上都选择符合自己要素禀赋结构的产业结构和生产技术，唯有这样，才能不断实现经济社会的持续、快速、健康发展，这也是我国经济发展必须长期坚持的发展战略②。二是郭熙保提出的发展中国家应该执行以后发优势为主、比较优势为辅的综合发展战略。他认为比较优势产品特别是劳动密集型产品出口收益不可能长期化，也不能自动、自发地向资本密集型和技术密集型转变，尤其是大国效应的存在，限制了比较优势战略作用的发挥。故而发展中国家特别是发展中的大国，要以执行后发优势战略为主，用后发优势来改造、提升比较优势，通过充分发挥后发优势，缩小与发达国家在资本、技术、结构、制度等方面的差距，加速经济发展③。三是杨小凯提出的对比较优势、后发优势的否定。他从纯学术的角度，运用超边际分析，认定由于要素密集度逆转的存在，比较优势理论是不成立的。他又从制度是经济持续、健康发展的前提这一观点出发，认为落后国家总是倾向于用技术模仿来代替制度模仿，这会给长期发展留下许多隐

---

① 郭熙保. 2002. 后发优势——跨越式发展的重要动力. 光明日报, 3月26日。

② 林毅夫, 蔡昉, 李周. 1999. 中国的奇迹：发展战略与经济改革. 上海：上海三联书店、上海人民出版社, 53~57。

③ 郭熙保, 胡汉昌. 2002. 后发优势战略与比较优势战略. 江汉论坛, 9：73~75。

患，甚至导致长期发展失败[①]。

从现实来看，发展中国家或地区比较优势、后发优势是客观存在的，并已被美国、德国、日本、亚洲"四小龙"等地区的崛起所证明。吉林大学王彩波副教授（1996）认为，东亚地区的现代化超越了西方现代化的经典模式，它不是以新教伦理为文化基因的原发的资本主义现代化，而是新型的后发现代化模式，充分发挥了"后发优势"[②]。后发式现代化中比较典型的是日本，以及亚洲"四小龙"，它们都在短短 20～30 年的时间内实现了现代化，其实现现代化速度之快，是早发式现代化国家所望尘莫及的。这种高速度中确实体现了后发优势。发展中国家的现代化是一个"被压缩了的过程"。

比较优势、后发优势是发展中国家或地区的两种主要优势，比较优势战略在本质上是着眼于在国际、国内经济分工中找到自己的位置，建立起与自己要素禀赋结构相匹配的有竞争优势的产业；后发优势战略的着眼点则在于引进学习，通过模仿和创新来实现追赶，后来居上；两种优势是相互依赖，相互支持，共同作用，成为推动发展中国家工业化进步的重要动力（见图1）。因此，发展中国家或地区基本的发展思路应是按照比较优势原则，建

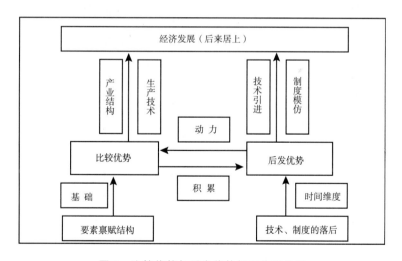

图1　比较优势与后发优势相互作用机制

①　杨小凯. 比较优势为什么会出错. 经济发展中的后发优势和劣势. www. inframarginal. com。
②　王彩波. 1996. 东亚模式与后发优势. 吉林大学社会科学学报，6：72。

立和巩固一批优势产业，形成特色经济，也为后发优势发挥作用积累社会能力。同时实施后发优势战略，缩短在技术、物质资本、人力资本和市场制度等方面与先发地区的差距，以后发优势带动比较优势的提升，摆脱传统比较优势的束缚，造就动态比较优势，使产业结构既具有自己特色，又可以不断地向上升级。这样才能缩短与发达国家或地区差距，达到后来居上的目的。

5.4.2 新疆实现跨越式发展的比较优势与后发优势分析

5.4.2.1 新疆的比较优势分析

（1）资源优势

首先，新疆具有丰富的光、热、水、土资源，为发展农牧业生产提供了重要条件。新疆的棉花、啤酒花、红花年产量分别占到全国总产量的 40%、70%、60%，葡萄产量占全国的三分之一，番茄年产 70 多万吨，占全国总产量的 80%；枸杞产量超过 5000 吨，占全国的 50% 以上；天山南北有 4800公顷天然牧场，具有发展畜牧业的天然条件；新疆的牛奶总产量排在全国的前 5 位；棉花、番茄酱、香梨、哈密瓜、枸杞、啤酒花、肉类、奶制品等农副产品在消费市场上具有突出的优势①。

其次，新疆石油天然气和矿产资源丰富。2006 年新疆石油资源量约占全国陆上石油资源量的 30%，天然气资源量约占全国陆上天然气资源量的 34%，国家已经明确在新疆建设全国重要的石油石化基地。自治区政府出台的"十二五"发展规划表示，将最大限度延伸石油天然气产业链，推动新疆石油化学工业产业结构升级和跨越式发展；煤炭资源十分丰富，预测储量占全国资源总预测储量的 40% 以上，有着巨大的开发潜力，其大规模的储量和煤质完全可以建设国家特大型煤电基地，具体见表1②。

---

① 新疆维吾尔自治区统计局，新疆维吾尔自治区统计协会编. 2006. 发展中的新疆——新疆优势特产业发展实录. 新疆：新疆统计印刷厂，5。
② 新疆维吾尔自治区统计局，新疆维吾尔自治区统计协会编. 2006. 发展中的新疆——新疆优势特产业发展实录. 新疆：新疆统计印刷厂，5。

表1 2006年新疆石油、天然气、煤炭资源的优势度及全国排名次序

优质矿业	地质储量	累计可开采储量(亿吨)	剩余储量(亿吨)	全国排名(位)
天然气	9829.9(亿立方米)	5953.4	5500.5	1
石油	25.7(亿吨)	6.2	3.5	2
煤炭	963.7(亿吨)	—	—	4

资料来源:《发展中的新疆——新疆优势特产业发展实录》。

最后,新疆旅游资源丰富,按照《中国旅游资源普查规范》的资源分类,新疆六大类型资源齐备,在68种基本类型中至少拥有56种,占全国实体旅游资源总量的83%,居全国首位。喀什的民族风情、美丽的喀纳斯湖景区、吐鲁番文化古迹和伊犁草原享誉全国。新疆丰富的旅游资源为旅游业的发展奠定了良好的基础,旅游业迅速成为第三产业中的龙头产业①。

(2)区位与市场需求优势

新疆地处亚欧大陆腹地,从东北到西南与蒙古、俄罗斯、哈萨克斯坦、吉尔吉斯斯坦、塔吉克斯坦、阿富汗、巴基斯坦及印度八国接壤,近邻有乌兹别克斯坦、土库曼斯坦和伊朗,边境线长达5600多公里。新疆拥有周边中亚五国巨大的消费市场,目前,中亚五国共有人口5487万,南亚三国共有人口12.37亿。根据人口发展趋势预计,2030年前后这两地区共有人口约16亿。从消费水平看,这些地区随着经济的进一步恢复,消费水平有了较大提高。一方面中亚国家经济结构比较单一,工业基础薄弱,生产能力严重不足,对生活必需品及交通工具、医疗设备、化工设备、电力机车等商品有着强烈的需求,市场潜力巨大;另一方面中亚、南亚国家自然资源极为丰富,能源资源储量极大,但是其他产业基础比较薄弱,双方在经济各个方面具有极大的互利性和互补性,为新疆地区外向型经济的发展提供了无限空间②。图2中将进出口贸易分为两部分,从1994年开始边境贸易的贸易额一直较高,由于新疆的地缘优势,面临中亚和南亚八国的广大市场,2010年新疆边境出口贸易占总出口贸易的59.17%,边境进口贸易占总进口贸易的56.93%。

---

① 新疆维吾尔自治区统计局,新疆维吾尔自治区统计协会编. 2006. 发展中的新疆——新疆优势特产业发展实录. 新疆:新疆统计印刷厂,5。

② 李新英. 2007. 新疆工业化进程的总体特征及其测度. 生产力研究,3:114~116。

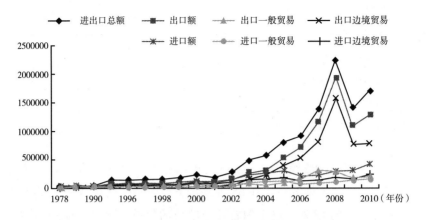

图 2　1978～2010 年新疆进出口贸易总额

5.4.2.2　新疆的后发优势分析

新疆经过新中国成立 60 年来，特别是改革开放 33 年来的快速发展，国民经济的综合实力明显增强。2010 年新疆地区生产总值达 5437.47 亿元人民币，按可比价格计算，比上年增长 10.6%，其中，第一产业增加值 1078.63 亿元，增长 4.5%；第二产业增加值 2592.15 亿元，增长 12.6%；第三产业增加值 1766.69 亿元，增长 10.8%。三次产业比例为 19.8∶47.7∶32.5；人均生产总值 25057 元，按可比价格计算，增长 9.3%，以当年平均汇率折算，人均 3702 美元，首次突破人均 3000 美元大关。全年货物进出口总额 171.28 亿美元，比上年增长 23.9%，其中，出口 129.70 亿美元，增长 19.8%；进口 41.59 亿美元，增长 38.4%。地方财政收入 693.27 亿元，增长 40.6%。地方财政一般预算收入 500.58 亿元，增长 28.8%。地方财政支出 1885.56 亿元，增长 27.9%。地方财政一般预算支出 1698.91 亿元，增长 26.1%[①]。从上述各经济指标来看，经过改革开放 33 年的经济发展，新疆已经具有了一定的基础条件来实现后发优势和跨越式发展。

（1）政策性后发优势

前文提到的日本、亚洲"四小龙"利用后发优势实现了崛起，研究其发展进程，无一不是以政策优势来引领其后发优势，可见政策性后发优势在崛起中的重要性。尽管新疆地区经济发展起步晚，水平低，想要寄希望于中

---

① 《2011 新疆统计年鉴》. 2011. 北京：中国统计出版社。

央政府的大量资金投入来缩小与沿海地区的差距显然是不现实的。但中央政府给予更多的政策倾斜是可能的，也是可行的。例如新疆作为资源税改革的试点单位，这给新疆带来了一系列的影响，从区域发展来看，在新疆试点资源税改革实际上就是支持地方发展的特殊政策，可以大幅增加地方政府财政收入。按照新疆 2009 年产原油 2518 万吨计算，从价计征后，石油资源税将高达 62.95 亿元，可以增收 40 亿到 50 亿元。在经济发展过程中，新疆地方政府也应积极制定经济政策来引导经济的发展，为新疆跨越式发展提供政策支持。

（2）产业结构调整的后发优势

新疆三次产业结构由 1978 年的 35.8∶47.0∶17.2 调整到 2010 年的 19.8∶47.7∶32.5。具体见图 3，1992 年，第二产业比重超过第一产业，成为主导产业，标志着新疆经济增长主要由第一、二产业带动改变为由第二、三产业驱动，产业结构逐步向优化升级方向演进。但从整体上看，新疆第一产业比重过高、第二产业发展滞后、第三产业发展不充分的特点十分明显，产业层次低的特征非常突出。在第二产业中，新疆又是以偏重型的工业结构为主。2010 年新疆轻重工业比例为 8.7∶91.3。规模以上工业增加值增长 13.6%，其中，轻工业增长 14.9%，重工业增长 13.0%。从新疆重工业内部结构看，以采掘工业为主的重工业比重大成为新疆工业结构的一个明显特征。从产业结构的发展历史来看，一般是工业先行，尤其是重工业，来带动整个国民经济的发展。正是由于重工业的比重大，新疆工业经济才会快速增长，形成了以矿产资源开发和农副产品深加工为主导力量，包括石油天然气

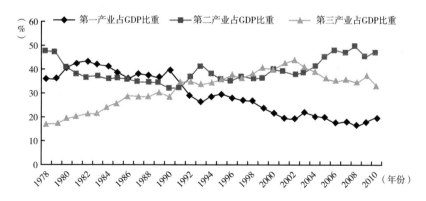

图 3 新疆三次产业占 GDP 之比

开采、钢铁、煤炭、电力、纺织、建材、化工、医药、轻工食品等门类齐全，已经具有一定规模的现代工业体系[①]。

（3）人力资本后发优势

2010年末新疆共有普通高等学校32所。全年研究生教育招生4595人，比上年增长9.7%；在校研究生12675人，增长8.9%；毕业生3360人，增长11.2%。本专科招生7.46万人，增长7.0%；在校生25.12万人，增长3.9%；毕业生6.35万人，增长11.3%。全年地方财政支出1885.56亿元，其中，教育支出313.84亿元，增长30.8%[②]。区域经济发展研究学者奥内尔通过对1967~1985年期间发达国家和发展中国家教育贡献率的研究发现，教育对发展中国家的GDP贡献率更高，为64%左右，对发达国家的GDP增长率贡献率则为58%。近几年新疆不断加大对人力资本的投资，尤其是加大了对劳动力的培训和教育的投资，人力资本在经济增长过程中所发挥的作用也开始越来越明显，充分体现了人力资本对区域经济增长的重要推动作用。

（4）技术改进的后发优势

这种后发优势可以概括为两个方面。第一，通过引进先进技术，可以比经济发达地区以更低的成本获得相同的技术；第二，通过从经济发达地区引进先进技术，可以以更短的时间获得相同的技术，从而可以迅速缩短同发达地区在技术水平方面的差异。从改革开放33年来看，如果没有利用技术后发优势就没有今天的经济繁荣，而且在今后相当长的一段时期内，发挥技术后发优势将是我国技术进步和经济发展的重要渠道。对于一个国家如此，对于一个地区经济发展亦如此。2010年全年新疆安排自治区级科技计划项目1106项，承担国家级科技计划项目（课题）484项。获得省部级以上科技成果229项。拥有县以上部门属研究与技术开发机构106个。重点实验室23个，工程技术研究中心20个，其中国家级4个。自治区级科技成果转化基地45个。截至2010年底，按新办法认定的高新技术企业113个，国家级高新技术产业开发区2个，自治区级高新技术工业园区5个，国家大学科技园1个。受理专利申请3560项，其中，受理发明专利申请914项，占25.7%；获得专利授权2562项，其中，获得发明专利授权189项，占

---

① 2011新疆统计年鉴. 2011. 北京：中国统计出版社。
② 2011新疆统计年鉴. 2011. 北京：中国统计出版社。

7.4%。签订技术合同 1701 项，技术合同成交金额 4.64 亿元，其中，技术交易额 4.31 亿元①。对经济落后的新疆来说，利用技术方面的后发优势是我们可能获得的主要潜在利益。新疆为了长期可持续的发展，应该通过对经济发达地区技术创新经验的研究，选择合适的技术创新模式，在自主性的技术创新中，避免错误的路径选择，从而在更高的起点上更快地进行自主性的技术创新。

（5）资本的后发优势

"十二五"期间，新疆旨在调整产业结构，走新型工业化道路，资本市场发展在调整新疆产业结构方面发挥重要作用，在现阶段，资本市场主要通过支持主导产业部门的发展来促进新疆产业结构的优化，以促进新疆的经济增长。新疆主导产业部门的形成和发展首先需要资本市场的支持，尤其风险投资支持的高新技术产业将是形成主导产业部门的关键性力量。资本市场可以从培育主导产业部门、高新技术产业以及风险投资三个方面支持新疆经济的增长。并且新疆国有企业所占比重大，市场化进程慢，在市场经济的新形势下，国有企业由于设备陈旧、机制僵化等原因导致经济发展缓慢，甚至大面积亏损，从而导致有效投资不足，资本积累少。新疆的矿产资源、土地、石油、劳动力等要素丰富，相对于东部发达地区"相对饱和"的投资市场，新疆将具有更高的投资收益率。这会使得大量资本流入新疆，为新疆经济跨越式发展注入新鲜血液。

综上所述，对于新疆地区而言，其经济发展的战略是多元的，单纯采用比较优势战略是不够的，难以达到预期的目标或者很难获得长远的发展。必须基于比较优势的基础上，充分发挥后发优势。这样才能实现经济的较快增长，缩小同全国平均水平的差距，实现跨越式发展。

5.4.3　政策建议

新疆在发挥其比较优势和后发优势时，要注意处理好两者的关系，即以后发优势为动力来提升比较优势，通过比较优势积累、创造以更好地发挥其后发优势。具体可以选择如下几个切入点：

---

① 2011 新疆统计年鉴. 2011. 北京：中国统计出版社。

5.4.3.1　依靠中央政府的政策支持

改革开放 33 年来，为了支持东部的优先发展，新疆地区做出了巨大的让步。如今，东部地区经济发展起来了，希望东部能够反哺西部，支持新疆经济的发展，同时中央应在政策上给予新疆大力支持。近些年来，中央更加重视新疆的经济发展和长治久安，提出了 19 省市对口支援新疆，对资源税费进行改革等优惠政策。但是与西藏地区相比，新疆得到的中央的政策倾斜是较少的，希望中央能够给予新疆更多的政策支持，使得新疆地方政府有更大的发挥空间来优化经济发展的政策环境，树立跨越式发展的理念，为新疆实现跨越式发展提供政策保障。新疆在其自身的经济发展过程中也应准确预见将来的政策性后发优势，积极争取政策性后发优势得到不断强化，并做好充分准备；而且更不能忽视对现实的政策性后发优势的利用，尽管当前它还很微弱，若能充分利用，也会有力促进经济发展。而且新疆地区存在双重政策性后发优势，应充分利用中央政府和国际经济组织提供的政策倾斜，利用一切资源加快自身的经济发展。

5.4.3.2　调整产业结构，培育扶植主导产业，发挥比较优势

新疆在产业调整中，应充分依托资源优势和产业基础，集中力量重点发展生物、新能源、新材料、电子信息等战略性新兴产业，加快培育新技术龙头企业，大力发展中小型科技企业，构建以乌鲁木齐、昌吉、石河子等为重点的高新技术产业聚集区。重点推进生物技术、信息技术，形成一批具有自主知识产权、技术含量高、有市场竞争力的高新技术产业[①]。并且要从自身的要素资源禀赋、市场开拓能力和现有社会经济基础出发，根据能源、劳动力、旅游资源丰富的比较优势，抓住经济全球化带来的良好机遇，选择重点发展具有比较优势的产品和产业，比如煤炭煤化工、风电、金属新材料。随着工业结构的不断调整和优化，自治区实施优势资源转换战略、做大做强优势支柱产业，以及对口援疆工作中各省市产业援疆项目的开建给新疆的装备制造企业带来了发展机遇。

5.4.3.3　利用区位优势扩大经济外向度

首先，2010 年 5 月，中央新疆工作座谈会将喀什、霍尔果斯口岸定为经

---

① 刘春宇. 科学调整产业结构，促进新疆经济跨越式发展. www.xjdrc.gov.cn。

济特区，今年，这两个特殊经济开发区的建设将正式启动。应加快喀什、霍尔果斯特殊经济开发区建设。以产业聚集发展为基础，以产城协同发展、产城相互融合为目标，加强政策引导，创新体制机制，给予特殊的产业、财税、金融等政策，加快推进喀什、霍尔果斯特殊经济开发区建设，充分发挥其在扩大向西开放中的重要战略带动作用，依托当地的资源和地缘条件，积极发展特色优势产业，畅通物流人流，扩大贸易规模，形成对外开放的新高地。其次，加强向西开放口岸和通道建设。进一步扩大口岸开放，适当增设口岸和扩大现有口岸功能。加快改造陈旧落后的口岸基础设施及生活设施，改善口岸查验设施条件。加大边境口岸铁路、公路、机场的建设力度，积极推进中吉乌铁路等重点开放通道建设。最后，不断完善会展服务平台。抓住"乌洽会"升格为"中国－亚欧经贸博览会"的大好机遇，进一步扩大新疆在中亚、西亚、南亚乃至欧洲的影响力。继续办好中国新疆喀什－中亚南亚商品交易会、中国新疆伊宁－中亚国际进出口商品交易会、新疆塔城进出口商品交易会等各类交易博览会，促进区域经济转型升级，进一步提升新疆在世界的知名度。

5.4.3.4　创新人才培养模式

新疆的高校和科研单位要充分将科研和人才培养与新疆本地经济发展实际相结合，在培养过程中注意创新性、实用性人才的培养，创造优良的人才生态环境，发挥对当地经济发展的溢出效应。创新人才的严重不足是直接制约新疆自主创新能力提高的根本原因。在知识经济和全球化的大背景下，转变经济发展方式，只能靠人才，尤其是创新型人才。为适应自主创新的需要，要着力引进和培养四类人才。一是科技型企业家人才。实施"创新培训工程"，帮助企业家掌握创新思维和创新方法，热心技术创新。二是高层次领军人才。通过引进一个领军人才，发展一个高科技企业，进而带动一个新兴产业成长。三是扶持基层年轻科研人才。继续发挥高新区"创业园"的作用，实施"企业博士创新计划"，资助在生产一线的博士和博士后开展技术创新研究，争取培育一大批年纪轻、素质高、适应未来自主创新发展需要的企业技术带头人。四是高技能人才。要集中疆内高等学校和科研单位，建立高级技能实训基地，每年培训一定数量的高技能人才。

5.4.3.5　通过学习、创新实现技术的后发优势

技术差距的存在是技术后发优势的客观基础，技术后发优势是客观存在

的，技术国际贸易（技术品进口）、外国直接投资、技术购买以及各种非市场方式是发挥技术后发优势的主要渠道。现阶段，首先，新疆应主要承接内地的转移产业和从国外引进先进技术，虽然这一过程需要付出成本，但这种成本与技术研究、创新成本相比大大降低了。新疆必须摆脱传统的"引入—模仿—再引入—再模仿"的恶性循环，将技术进步与创新结合，增强自主知识创新能力，增强区域创新能力，并最终赶上甚至超过全国平均水平。其次，新疆需要把知识产权保护政策、补贴创新与补贴模仿政策放在技术模仿和自主创新之间进行权衡。加强知识产权保护和补贴创新的科技政策会使研发资源更多地配置到自主创新中去，而较弱的知识产权保护和补贴模仿则鼓励以发挥技术后发优势的方式促进技术进步。最后，企业是区域创新的细胞，新疆需要一次根本的思想转变，政府引导支持企业建立技术创新平台，积极构建并创新投融资体系，政府应为广大企业提供便利，真正地转变为服务型政府，让企业成为真正的创新主体，为新疆的经济发展注入无尽的活力。

5.5 经济增长与环境污染关系研究[①]

——以新疆为例

李强谊 马晓钰 郭莹莹[②]

摘 要：基于单一污染物难以说明环境污染整体状况，本文提出了环境污染综合指数来表示环境污染整体状况，并且对相关数据进行严格检验后，建立新疆经济增长与环境污染的联立方程，探讨了经济增长与环境污染之间的相互关系。结果表明：新疆环境污染综合指数不断上升，与经济增长呈现出"U"形的曲线关系并且处于上升阶段，即随着经济的增长环境污染不断地加重。

关键词：经济增长 环境污染 新疆

5.5.1 引言

环境与经济联系紧密，它们之间相互影响、相互制约，良好的环境是经济发展的基础，经济发展对环境的变化起着主导作用。近年来，新疆经济实现了快速的发展，但是与此同时环境也受到了极大的破坏，基于这种背景，能否有效控制环境污染，实现经济增长和环境保护的"双赢"至关重要。

① 基金项目：本文获教育部人文社会科学重点研究基地重大项目（编号：11JJD850005 – 2）、新疆创新管理研究中心基地项目（编号：010112B05）、新疆大学世川良一项目（XJU – SYLLF11010）资助。

② 李强谊，新疆大学经管学院，e-mail：liqiangyi_ 646168@ 126. com；马晓钰，新疆大学经济研究所，e-mail：xjdxmxy@ sina. com；郭莹莹，新疆大学经管学院，e-mail：guoyingying891207 @ 163. com；通讯地址：新疆大学胜利路 14 号，邮编：830046。中国数量经济学会会员。

关于环境污染与经济增长之间的关系的研究，国外起步比较早，Grossman and Krueger 在 1991 年对北美自由贸易区国家进行了研究，选用二氧化硫和燃烧烟雾排放量作为环境污染指标，结果证明了环境污染与经济增长存在着倒 U 形关系。Panayotou（1997）选用二氧化硫作为环境污染指标，也验证了环境污染与经济增长之间存在倒 U 形曲线关系，此外 Selden 和 Song（1994）和 Stokey（1998）都得到了同样的结论。但是也有学者如 Hettige（2000）发现环境污染与经济增长之间并不是简单地呈现出倒 U 形曲线关系，而是表现出正 U 形、N 形、倒 N 形、线性等关系。我国对环境污染与经济增长关系的研究相对而言起步较晚，近十年来很多学者通过选取不同的环境指标、不同的区域来检验环境库兹涅茨曲线是否存在。其中代表性的文献有，蔡昉和都阳（2008）选择人均二氧化硫作为环境污染指标，检验经济增长与环境污染的关系，结果表明东部沿海存在着倒 U 形曲线关系，而在中西部呈线性关系，地区之间差异较大。包群和彭水军（2006）选择了六种环境污染物利用全国面板数据建立环境污染与经济增长联立方程，得出的结论是不同的环境污染指标具有不同的形状，环境倒 U 型曲线取决于环境污染指标的选取，并且环境污染与经济增长之间存在着稳定的反馈作用。张成和朱乾龙（2011）通过对中国 31 个省份按照收入水平和工业化水平进行分组，选用了不同的环境指标，结果表明环境污染与经济增长之间存在着多种表现形态，这主要取决于不同的地区和不同的环境污染指标。另外还有一些学者考察了环境污染与经济增长之间的关系（夏艳清，2011；李娟伟，任保平，2011；吕健，2011；方行明，刘天伦，2011；韩旭，2010）。

基于以上文献，笔者认为存在以下五点不足：第一，很多学者都是采用单一方程，而经济增长与环境污染之间可能存在着反馈作用（包群，彭水军，2006），如果只考虑经济增长与环境污染之间单向关系可能会导致估计结果的有偏。第二，在选择代表环境污染程度指标进行检验时，大多数都是采取单个指标或者多个指标进行检验，这里面存在一些缺陷，其一，单个指标来衡量环境污染程度不够准确，不够全面。其二，有些学者采用了多种指标分别衡量环境污染程度，因为各类环境指标与经济增长的关系不同，这样就得出了不同的结论，可能造成提出政策性建议的偏误。第三，选择污染物指标的重复性，从文献中发现，对污染物的排放量采用了工业废水排放量、工业废气排放量、工业二氧化硫排放量、工业粉尘排放量、工业烟尘排放量、工业固废排放量，这里面有一个问题值得商榷，因为工业废气排放量包括了工业二氧化硫排放量、工业粉尘排放量、工业烟尘排放量。如果一起采用的话就存在指标选择的重复性，这样就会造成检验结果的偏误。第四，各个省区由于经济水平、产业结构、经济增长方式不同，不适合用全国层面来考察。第五，很多文献在做时间序列和面板数据之前没有对变量进行单位根检验，这样得出的结果很有可能造成伪回归，从而导致政策性建议的偏误。基于以上的不足，本文以新疆为例，采用1990～2009年新疆经济增长与环境污染相关的数据，构建了环境污染与经济增长的联立方程组，并通过主成分分析构建了一个能够反映环境污染整体水平的环境污染综合指数。

5.5.2 环境污染综合指数计算

5.5.2.1 环境污染数据的说明

衡量环境污染程度的指标比较多，国际上主要采用污染物的排放量、资源开采量和污染物集中程度，本文采用污染物的排放量来衡量环境污染程度（蔡昉，都阳等，2008），选取了工业三废排放量作为环境污染指标，数据来源于《新疆统计年鉴》（1991～2010年）。相关数据说明见表1。

表1 各类污染物排放名称、单位及其符号说明

污染排放物	单位名称	表示符号
工业废水排放量	万吨	indwater
工业固废排放量	万吨	indsolid
工业废气排放量	亿标立方米	indgas
环境污染综合指数		indexp

5.5.2.2 环境污染综合指数估算

本文选取三个污染物的排放量指标从不同的方面反映了新疆污染程度，为了更进一步研究新疆环境污染的整体水平，本文将这三个污染物指标整合成一个能够代表环境污染整体程度的指数，采用主成分分析法来完成这个过程（钞小静，任保平，2011）。

5.5.2.3 污染综合指数的分析

根据上面的方法，我们通过以下两步来完成信息的提取。第一步，通过均值化方法将原始数据进行无量纲化处理，这里借助了 EXCEL 软件。第二步，采用 SPSS17.0 软件来完成主成分分析，以下是主成分矩阵表（表 2）。

表 2 因子与主成分矩阵

污染物名称	第一公共因子载荷值	第二公共因子载荷值	第一主成分系数	第二主成分系数
工业废水	0.757	− 0.243	0.131	− 0.772
工业废气	0.961	− 0.274	0.166	− 0.871
工业固废	0.953	0.654	0.165	2.079
特征值(%)	2.405	0.561		
方差贡献率(%)	80.157	18.712		
累计贡献率(%)	80.157	98.869		

从表 2 可以看出方差累计贡献率在前两个主成分就达到了 98.869%，基本上保留了原始指标的信息，因此可以用这两个主成分（和）来代表原有三个指标的信息。其中，和是由三个指标与各自主成分系数的乘积加总而来。其计算公式如下：

$$F_1 = 0.131 \times indwater + 0.166 \times indgas + 0.165 \times indsolid \tag{1}$$

$$F_2 = -0.772 \times indwater - 0.871 \times indgas + 2.079 \times indsolid \tag{2}$$

每个主成分所对应的特征值 λ_1 和 λ_2 占两个特征值之和的比分别作为 F_1 和 F_2 的权重，从而可以计算出环境综合指数。公式如下：

$$indexp = \frac{\lambda_1}{\lambda_1 + \lambda_2} \times F_1 + \frac{\lambda_2}{\lambda_1 + \lambda_2} \times F_2 \tag{3}$$

$$indexp = 0.811 \times F_1 + 0.189 \times F_2 \tag{4}$$

根据上面公式，可以计算出新疆 1990～2009 年整体污染水平指数。为了更清晰地看出历年来环境污染整体水平变化趋势，以下绘制了环境污染指数变化趋势图 1。

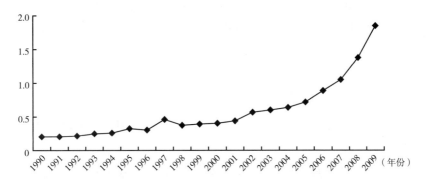

图 1　新疆 1990～2009 环境污染综合指数变化趋势

从图 1 可以看出新疆环境污染综合指数在不断地攀升，年平均增长率约为 8.23%。整体变化趋势可以分为两个阶段，2001 年之前变化不大，基本维持在 0.2～0.4 之间，但是从 2002 年开始，环境污染指数以年均 14.3% 的比例逐步增加。

5.5.3　数据分析

5.5.3.1　数据平稳性检验

为了保证模型建立的准确性和结果估算的可靠性，我们首先必须要对时间序列数据进行平稳性检验，目前用来检验时间序列平稳性的方法比较多，比较常见的是 ADF 单位根检验，其中 $\ln pgdp$ 表示人均 GDP 的对数，检验结果如表 3。

表 3　单位根检验结果

变量	检验形式（C、T、L）	ADF 统计值	1% 临界值	5% 临界值	10% 临界值	结论
$\ln pgdp$	（C、T、0）	-2.286	-4.616	-3.711	-3.298	不平稳
$\ln ind exp$	（C、T、0）	-1.132	-4.533	-3.674	-3.277	不平稳
$d\ln pgdp$	（C、T、0）	-3.586	-3.857	-3.040	-2.661	平稳
$d\ln ind exp$	（C、0、4）	-6.305	-4.572	-3.691	-3.287	平稳

注：检验形式中的（C、T、L）分别表示模型中的常数项、时间趋势项和滞后阶数。其中的滞后阶数是根据 AIC 准则和 SC 准则并考虑整体检验情况确定的。

从表 3 可知，ln*pgdp* 和 ln*indexp* 原序列都不平稳。但是一阶差分序列是平稳的。所以 ln*pgdp* 和 ln*indexp* 都是一阶单整 I（1）序列，可以进一步检验它们之间是否存在长期协整关系。

5.5.3.2　协整检验

因为 ln*pgdp* 和 ln*indexp* 都是一阶单整 I（1）序列，满足协整检验的前提条件，可以采用 E－G 两步法和 JJ 检验法进行协整检验。E－G 两步法更适合两者协整关系的检验，因此本文选用 E－G 两步法来检验经济增长与环境污染之间的协整关系。第一步：用普通最小二乘法（OLS）估计长期均衡关系。协整方程表明经济增长每增加 1%，环境污染程度就加重约 1.44 个百分点。第二步：用 ADF 检验估计残差序列的平稳性，如果残差 ε_t 序列是平稳，那么可以得到 ln*pgdp*$_t$ 与 ln*indexp*$_t$ 之间是协整的，检验结果如表 4。

表 4　残差的 ADF 检验结果

变量	ADF 统计值	1% 临界值	5% 临界值	10% 临界值	结论
Resid（0、0、0）	－2.627	－2.692	－1.960	－1.607	平稳

由表 4 可知 ADF 的统计值在 5% 显著水平下大于临界值，环境污染综合指数与经济增长存在协整关系，因此两者存在长期稳定关系。

5.5.3.3　Granger 因果关系检验

协整检验结果告诉我们变量之间是否存在长期的均衡关系，但这种关系是否构成因果关系还需要进一步验证，这里需要借助 Granger 因果关系检验，Granger 因果关系检验对滞后阶数的选择很敏感，因此我们根据 AIC、SC 等信息最小准则作为判断滞后期的标准，经检验发现，最优滞后期为 1，检验结果如表 5。

表 5　Granger 因果关系检验结果

原假设	滞后阶数	F 统计量	概率	结论
环境污染不是导致经济增长的原因	1	1.089	0.091	拒绝原假设
经济增长不是导致环境污染的原因		4.495	0.048	拒绝原假设

由表 5 可知，在 5% 的置信水平下，检验结果显示：拒绝了"经济增长不是导致环境污染的原因"的原假设，同时，在 10% 显著水平下拒绝了"环境污染不是导致经济增长的原因"的原假设。因此，根据格兰杰因果检验结果显示，我们可以认为新疆在 1990～2009 年环境污染与经济增长之间存在因果关系。

5.5.4　经济增长与环境污染关系分析

经济增长与环境污染之间互为因果关系，它们之间相互影响，相互制约。研究表明，经济增长通过规模效应、结构效应、技术效应等方面对环境造成影响。另一方面，环境变化、污染物的排放通过产出、消费等方面影响经济增长。

5.5.4.1　模型的构建

本文借鉴了包群和彭水军（2006）考察经济增长与环境污染的反馈效应模型，并在此基础上进行了一定的改动，建立如下模型：

$$indexp_t = \alpha_0 + \alpha_1 pgdp_t + \alpha_2 (pgdp_t)^2 + \alpha_3 (pgdp_t)^3 + \alpha_4 X_t + \varepsilon_t \tag{5}$$

$$pgdp_t = \beta_0 + \beta_1 indexp_t + \beta_2 K_t + \beta_3 H_t + \beta_4 L_t + \xi_t \tag{6}$$

为了消除变量之间可能存在异方差，本文将上式进行对数化处理，得到以下模型：

$$\ln indexp_t = \alpha_0 + \alpha_1 \ln pgdp_t + \alpha_2 (\ln pgdp_t)^2 + \alpha_3 (\ln pgdp_t)^3 + \alpha_4 \ln X_t + \varepsilon_t \tag{7}$$

$$\ln pgdp_t = \beta_0 + \beta_1 \ln indexp_t + \beta_2 \ln K_t + \beta_3 \ln H_t + \beta_4 \ln L_t + \xi_t \tag{8}$$

（5）式为环境污染方程，其中 $indexp_t$ 代表第 t 年环境污染综合指数，$pgdp_t$ 代表第 t 年人均收入水平，X_t 代表环境污染程度变化的其他控制变量，ε_t 为随机误差项。（6）式为产出方程，其中 K_t 代表第 t 年物质资本存量，H_t 代表人力资本存量，L_t 为第 t 年劳动力投入量，ξ_t 为随机误差量。

原始数据来源如下：第一，本文采用污染物的排放量来衡量环境污染程度，并且运用主成分分析法把环境污染指标整合成一个环境污染综合指数。第二，本文用新疆人均 GDP 指标来度量收入水平变化，人均 GDP 数据来源于 1991～2010 年《新疆统计年鉴》，为了消除价格变化对 GDP 的影响，本文以 1990 年的价格为基期对人均 GDP 进行了平减。

5.5.4.2 影响污染的控制变量说明

（1）能源结构，本文用煤炭消费占能源消费总量比重来衡量，用 *es* 表示。

（2）贸易水平，通常具有两方面效应：污染天堂假说和技术溢出。用 *fdi* 表示。*fdi* 通过历年平均汇率转化成人民币，再以 1990 年价格为基期进行平减。

（3）环境规制，采用新疆历年环境治理投资总额占 GDP 总额比重来衡量，用符号表示。

（4）产业结构，与第一产业和第三产业相比，第二产业消耗资源更多，对环境造成污染程度更为严重，本文用第一、第二产业与 GDP 比重来衡量产业结构，用符号 *fsru* 和 *ssru* 表示。

5.5.4.3 影响产出的投入要素说明

（1）物质资本存量，当前学者一般采用"永续盘存法"来估计每年的实际资本存量，计算方法为：$K_t = I_t + (1 - \delta_t)K_{t-1}$，其中 K_t 表示第 t 年的资本存量，I_t 表示第 t 年的投资，δ_t 表示第 t 年的固定资产折旧。本文直接采用单豪杰（2008）的相关数据，并根据其方法将时间延长到 2009 年。为了研究的可比性，将历年的资本存量按照 1990 年的可比价格进行了折算。

（2）人力资本存量，用表示，大多数学者都采用的人均受教育年限，用全部就业人口受教育年限总和除以总人口计算求得，本文参考王小鲁（2000）研究成果，将大学毕业教育年限设置为 16 年，高中毕业教育年限为 12 年，初中毕业教育年限为 9 年，小学毕业教育年限为 6 年。

（3）劳动力投入，用表示，劳动力投入应该用劳动力投入时间来衡量，但是由于数据难以获得，统计年鉴中没有劳动力投入时间。因此本文也沿用了大多数学者采用的方法：当年就业人口等于上一年年末就业人口数加上本年年末就业人口数之和除以 2。

5.5.5 结果估算与分析

对联立方程的估计有若干种方法，通常采用二阶段最小二乘法，广义矩估计，因为本文设立的模型外生变量较多，联立方程模型属于过度识别，因此本文采用二阶段最小二乘法。表 6 给出了环境污染与经济增长联立方程估计结果。

表6　污染方程和产出方程估计结果

污染方程				产出方程		
变量	模型1	模型2	模型3	变量	模型4	模型5
$\ln pgdp$	8.491 ** (0.0489)	9.036 ** (0.0954)	6.509 ** (0.0948)	$\ln K$	0.498 *** (2.6410)	0.483 *** (22.440)
$(\ln pgdp)^2$	1.249 *** (0.6901)	1.181 *** (0.9291)	0.518 *** (1.6327)	$\ln L$	0.699 *** (1.5310)	0.626 *** (3.6871)
$(\ln pgdp)^3$	0.605 (0.8143)	0.504 (0.9723)		$\ln H$	0.034 *** (1.2845)	0.029 *** (1.1797)
$\ln fsru$		0.661 (0.9304)		$\ln ind\,\exp$		−0.035 * (−1.2549)
$\ln ssru$		0.372 *** (0.4595)	0.507 *** (1.8228)	c	0.166 *** (2.8230)	0.828 *** (0.7481)
$\ln fdi$		0.024 ** (0.4741)	0.055 *** (1.4887)	R^2	0.962	0.825
$\ln es$		0.259 ** (0.7453)	0.299 ** (2.5079)			
$\ln gz$		−0.083 + (−1.8048)	−0.078 + (−1.5237)			
c		25.136 ** (3.2957)	18.239 *** (3.0185)			
R^2	0.956	0.875	0.946			

注：+ 表示在15%的水平上显著，* 表示在10%的水平上显著，** 表示在5%的水平上显著，*** 表示在1%的水平上显著，括号内表示 t 统计量。

5.5.5.1　污染方程结果分析

首先，我们对基本模型进行估算得到模型1，模型1中不包括其他的控制变量，从模型1可以发现人均GDP的一次项和二次项系数在统计上显著，并且二次项系数为正，这说明环境污染与人均GDP不存在倒"U"形环境库兹涅茨曲线，而是呈"U"形曲线关系，并且正处于上升的阶段，类似于"J"形曲线，即随着经济的增长，环境污染程度进一步加强。但是人均GDP的三次项系数不显著。为了检验模型1的稳健性，在模型1的基础上中加入能源结构、贸易水平、环境规制、产业结构四个变量得到模型2。从模型2的回归结果我们可以发现，除了人均 GDP 的三次项系数和第一产业比重系数不显著外，其他的所有变量在 10% 临界值水平下显著，并且系数符号没有变化，为了使得模型 2 更加稳健，我们剔除了模型 2 中不显著变量从新估算得到模型 3。下面我们对模型 3 进行分析。首先，产业结构方面：第二产业结构在 1% 的水平下显著，并且系数为正，表明当第二产业结构每提高一个百分点，环境污染程度就提高 0.507%。其次，贸易水平：从模型 3 检验结果可以看出，贸易水平在 5% 的水平下显著为正，说明新疆的贸易开放对环境质量的影响是负面的，这也验证了"污染天堂假说"。再次，能源消费结构：能源消费结构加大环境污染程度，能源消费结构每提高一个百分点，环境污染程度就增加 0.299%。最后，环保投资：我们发现随着环保投资的增加环境污染程度会减少，当环保投资每提高 1%，环境污染水平下降 0.078%。然而，环保投资对新疆环境污染水平影响不是很显著，这说明随着环保投资的增加，加大环保技术开发会对环境起到一定的积极作用，但是这种积极作用不明显。这可能是环保投资力度不够，此外环保投资没有很好地落到实处。

5.5.5.2 产出方程结果分析

首先，我们对产出基本模型进行估算得到模型 4，模型 4 中只包含物质资本存量、劳动力人口和人力资本，回归结果显示：物质资本存量、劳动力人口和人力资本在 1% 水平下显著为正，当物质资本存量、劳动力人口和人力资本每提高一个百分点，经济增长将分别提高 0.498%、0.699% 和 0.034%，这些结果和经济理论预期相同。为了使得模型 4 更加稳健，我们在模型 4 的基础上加上环境污染综合指数重新进行估计得到模型 5，在模型 5 中物质资本存量、劳动力和人力资本的系数显著为正，系数大小跟模型 4 相差不大，环境污染综合指数对人均产出水平的影响为负，这说明环境污染在一定程度上会降低人均产出水平。

5.5.6 结论及建议

第一，环境污染综合指数与人均 GDP 呈 U 形曲线，而且正处于上升阶段，随着产出水平的提高，环境污染也在不断恶化。第二，从环境污染方程估计结果可知，环保投资的增加有利于抑制环境污染物的排放，然而政府环保投资对治污效应还不是很明显。第三，能源结构、贸易开放对环境质量有负面作用。第四，在要素投入方面，劳动力的投入、人力资本和物质资本存量的上升对经济增长具有明显推动作用。

本文联立方程估计结果表明，尽管环境库兹涅茨曲线可能反映了环境质量与收入变化关系的一般规律，但是认为治理污染、改善环境质量的关键途径是加速经济增长的观点往往带有误导性。通过加速物质资本、劳动力的投入来加速经济增长，从而快速超越环境倒 U 形曲线临界点的做法并非最优的政策选择。因为在加速经济增长的同时，环境质量将会受到进一步的恶化从而导致治污成本的大幅度提高。此外自然环境具有一定的自净能力和承载能力，一旦超过自然环境的自净能力和承载能力，投入再多的治理成本也很难使环境恢复到原来的状态。所以，经济快速增长并不是改善环境最好的方法，只有在增加物质资本存量、劳动力投入的同时加强污染治理投资力度，优化产业结构，才可以通过环境方程中的外生变量产生正的治污效应来抵消物质资本存量、劳动力投入等要素对产出增加带来的污染问题，从而有效地减轻经济增长带来的环境压力。

参考文献

［1］ Grossman G，Krueger A．1991. Environmental Impacts of the North American Free Trade Agreement. NBER Working Paper，3914.

［2］ Panayotou T．1997. Demystifying the Environmental Kuznets Curve：Turning a Black Box into a Policy Tool. Environment and Development Economics，2：465 – 484.

［3］ Selden T，Song. D．1994. Environmental Quality and Development-Is There a Kuznets Curve for Air Pollution Emissions? *Journal of Environmental Economics and management*，27：147 – 162.

［4］ Stokey N．1998. Are There Limits to Growth. International Economic Review，3：175 – 198.

［5］ Hettige H．2000. Muthukumara M. Industrial Pollution in Economic Development：The Environmental Kuznets Curve Revisited. *Journal of Development Economics*，62：445 – 476.

［6］ 蔡昉，都阳，王美艳．2008. 经济发展方式转变与节能减排内在动力. 经济研究，6：4 – 11。

［7］ 包群，彭水军. 2006. 经济增长与环境污染：基于面板数据的联立方程估计. 世界经济，11：48 – 58。

［8］ 张成，朱乾龙，于同中．2011. 环境污染和经济增长的关系. 统计研究，1：

59 – 67。

[9] 夏艳清．2011．我国环境污染与经济增长的实证研究——基于误差修正模型．软科学，25（05）：77 – 79。

[10] 李娟伟，任保平．2011．协调中国环境污染与经济增长冲突的路径研究——基于环境退化成本的分析．中国人口资源与环境，5：132 – 139。

[11] 吕健．2011．中国经济增长与环境污染关系的空间计量分析．财贸研究，4：1 – 7。

[12] 方行明，刘天伦．2011．中国经济增长与环境污染关系新探．经济学家，2：76 – 82。

[13] 韩旭．2010．中国环境污染与经济增长的实证研究．中国人口·资源与环境，4：85 – 89。

[14] 钞小静，任保平．2011．中国经济增长质量的时序变化与地区差异分析．经济研究，4：26 – 40。

[15] 丁继红，年艳．2010．经济增长与环境污染关系剖析——以江苏省为例．南开经济研究，2：64 – 79。

[16] 单豪杰．2008．中国资本存量 K 的再估算：1952 ~ 2006 年．数量经济技术经济研究，10：17 – 31。

[17] 王小鲁．2000．中国经济增长的可持续性与制度变革．经济研究，7：3 – 15。

[18] 黄菁．2010．外商直接投资与环境污染——基于联立方程的实证检验．世界经济研究，2：80 – 86。

5.6　新疆 R&D 投入的特征分析

侯震梅　周　勇[①]

摘　要：本文基于科技经费投入统计指标，应用基尼系数、主成分回归等方法从差异性、均衡性、相关性等方面分析了地区 R&D 经费投入的区域特征情况，对各地区 R&D 经费投入的水平、规模、优势与不足进行了研究，为各级政府制定科学合理的区域科技发展政策、协调科技与经济和社会的关系提供依据和参考。

关键词：R&D 经费投入强度　区域差异性　基尼系数

5.6.1　引言

研究与发展（R&D）是指在科学技术领域，为增加知识总量，以及运用这些知识去创造新的应用进行的系统的创造性的活动，研究与发展又包括基础研究、应用研究和试验发展三类活动。新经济增长理论的主要创始者保罗·罗莫认为经济增长的重要因素是知识的积累，在知识积累模型（也称研究与开发模型）中强调知识在提高劳动的有效性进而促进经济增长方面具有重大意义。R&D 通过促进知识积累和推动技术创新来驱动经济的增长，它是决定经济增长质量和实现经济增长质的提高的必要的、决定性的关键因素，是推动经济增长方式由粗放型转变为集约

---

①　新疆财经大学统计与信息学院。

型最根本的动力。因此研究与发展（R&D）对国家或地区的经济增长的重要性是显而易见的。诸多的学者都对 R&D 做了大量的研究。总体来讲，这些文献可以分为两类，一类是运用各种统计方法包括多元统计方法、计量模型等对 R&D 的特征分析，影响因素分析；另一类研究主要运用非参数的方法对 R&D 的相对效率进行分析。王宁通过构建度量 R&D 的评价指标体系，对经费支出的绩效进行量化评价；秦洁源、张金隆应用基尼系数分析、区位商等方法对各地区科技经费投入的水平、规模、优势与不足进行了深入研究；吴和成、刘思峰通过 DEA 评价模型对我国各地区 R&D 资源利用效率进行测算；朱强运用脉冲法和面板法实证分析了中国 R&D 投入与经济增长之间的关系。本文对地区 R&D 投入的差异性、均衡性和影响因素进行了多方位、多角度的分析与比较，以准确地把握各地区 R&D 经费投入中的优势与不足，为研究新疆各地区 R&D 的差异性提供翔实的资料，为各级政府和科技管理部门加强科技管理和制定科技政策，提供一份有价值的参考资料。本文考察新疆的 2 个地级市、13 个地区，数据主要来源于 2009 新疆维吾尔自治区全国科学研究与试验发展资源清查主要数据公报与《新疆 2010 统计年鉴》。

5.6.2   地区 R&D 投入的差异特征分析

新疆各地经济发展非常不平衡，区域经济发展差异大。在 2009 年，16 个市、地、区中，地区生产总值最大的乌鲁木齐市为 1087.5 亿元，最小的克孜勒苏柯尔克孜自治州为 32.46 亿元，相差 1055.04 亿元，乌市生产总值为克州生产总值的 32 倍。R&D 经费投入的情况更是如此。

5.6.2.1   R&D 经费支出总额及结构特征

R&D 经费的投入是科技活动的基本要素之一，决定科技实力的战略性投入，其中 R&D 经费的投入总量及其结构特征，反映了科学研究与试验研发活动经费的投入强度和配置情况，已成为衡量一个国家或地区科技水平和创新程度的重要标准。2009 年全区 R&D 经费支出总量为 218043 万元，其中用于试验发展的最多占到 59.6%，其次为应用研究 35.6%，最少的为基础研究 4.8%，各地区又有不同的特点，各地区 R&D 经费的投入情况如图 1 所示。

新疆各地 R&D 经费投入总量的平均水平为 14495.3 万元，中位数为

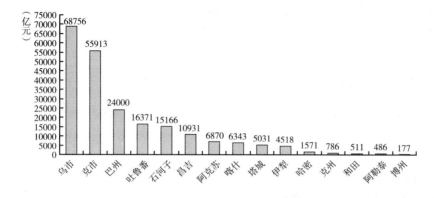

图 1   各地 R&D 经费的投入（亿元）

资料来源：《新疆第二次全国科学研究与试验发展资源清查主要指标数据 2009》。

6343 万元，远小于平均水平。新疆各区域 R&D 经费的投入差异比较大，投入主要集中在乌鲁木齐市、克拉玛依市、巴州、吐鲁番市、石河子市，合计占全区的 75%；北疆地区投入明显好于南疆地区，南疆地区以巴音郭楞蒙古自治州、阿克苏地区的 R&D 经费的投入较多，但南疆 5 地州的 R&D 经费的投入只占全区的 8.5%。按照 R&D 经费投入的总量可将新疆各地分为 4 类。第一类 R&D 经费投入达到 2 亿元，包括乌鲁木齐、克拉玛依、巴音郭楞蒙古自治州；第二类 R&D 经费投入介于 1 亿到 2 亿元之间，包括吐鲁番、昌吉、石河子，这两类地区都是经济比较发达的地区，其中 R&D 经费合计 191137 万元，占全区的 87.7%；第三类 R&D 经费投入介于 1000 万到 10000 万元之间，包括阿克苏、喀什、伊犁州直属县（市）、塔城、哈密；第四类 R&D 经费投入低于 1000 万元，包括克州、和田、阿勒泰、博州，其中 R&D 经费合计 1960 万元，不足全区 1%。经济实力某种程度上影响着该地区可以用于 R&D 经费的投入，新疆各地区经济发展水平有很大的不同，因而 R&D 经费投入也存在着明显的地区差异，乌鲁木齐、克拉玛依、巴音郭楞蒙古自治州的 R&D 经费投入大幅领先于其他地区，主要是因为它们都是经济最有活力的地方，是地方经济发展的中心。

从活动类型来看，新疆各地 R&D 经费的投入也呈现不同的特点。在上述的第一类的地区中，乌鲁木齐市、巴音郭楞蒙古自治州主要以试验研发投入为主，分别为 51.1%、97.7%，克拉玛依主要以应用研究为主，应用研究投入比例达 66.4%，在基础研究方面乌鲁木齐市投入比例最高，超过

10%，进一步分析发现乌鲁木齐市在基础研究方面的总投入占全区 R&D 基础投入的 72.5%。在第二、三类地区中，R&D 经费主要用于试验发展。从经费来源看，主要是政府与企业资金，除乌鲁木齐市、石河子市政府资金占比较大外，分别为 55.8%、49.1%，经济比较发达的地区主要以企业资金为主。

5.6.2.2   地区 R&D 经费强度分析

各地区 R&D 经费强度（R&D 经费/地区生产总值）反映了相对于地区经济实力而言的研发投入力度。2009 年，新疆 R&D 经费强度为 0.51%，各地区 R&D 经费强度情况如图 2 所示。

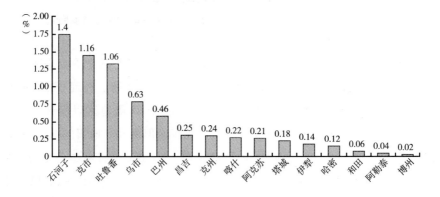

图 2   各地 R&D 经费强度

资料来源：新疆第二次全国科学研究与试验发展资源清查主要指标数据 2009。

总体来讲，R&D 经费强度平均水平为 0.41%，中位数为 0.22，变异系数为 1.08，区域 R&D 经费强度差异显著。石河子市、克拉玛依市、乌鲁木齐市 R&D 经费强度高于全疆平均水平 0.51%，这些地区经济发达，是地区经济的中心。石河子市作为农垦地区的窗口，工业基础雄厚，政府对其科技投入较大，某种程度上提高了石河子市的 R&D 经费投入强度。北疆地区的阿勒泰、博州 R&D 经费投入强度明显偏低。

5.6.3   地区 R&D 投入的均衡性分析

基尼系数是定量测定收入分配"不平均程度"的指标。其数值在 0 和 1 之间，数值越低，表明财富在社会成员之间的分配越均匀；反之亦然。通常把 0.4 作为分配差距的"警戒线",根据黄金分割律,其准确值应为 0.382。本文借鉴文 [1] 的研究方法,利用基尼系数来分析地区 R&D 经费投入分配的不均衡性状况。

　　首先做出 R&D 经费按地区 GDP 分布的洛伦兹曲线。具体方法如下,将 15 个地区按照 R&D 经费强度由低到高排序,横轴为 GDP 累计比率,纵轴为 R&D 强度经费累计比率,得图 3。

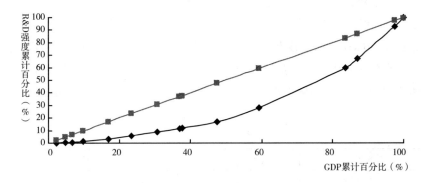

图 3　R&D 经费分配的洛伦兹曲线

　　基尼系数定义为 OAB 的面积,面积越小,基尼系数越小,曲线越靠近对角线 OA,表明资源分配差距越小,分配越平衡。

表 1　基尼系数分类

分类区间	标准	分类标准含义
第一区间	0.0 ≤ 基尼系数 < 0.2	高度均衡
第二区间	0.2 ≤ 基尼系数 < 0.3	基本均衡
第三区间	0.3 ≤ 基尼系数 < 0.4	有些差距
第四区间	0.4 ≤ 基尼系数 < 0.6	差距较大
第五区间	0.6 ≤ 基尼系数	差距很大

　　从各地区的 R&D 经费与其地区生产总值的分布来看,各地区的 R&D 经费与地区生产总值之比的分布存在一定的差异。利用基尼系数综合来看地区生产总值与 R&D 经费投入的均衡性,由基尼系数的计算公式,得到新疆 R&D 经费分配的基尼系数为 0.41,结合上表可以看出,新疆各地区 R&D 经费按地区 GDP 分配差距较大。从总体上看,新疆 R&D 经费主要分布在四大经济中心,即新疆首府乌鲁木齐市、石油工业基地克拉玛依市、垦区经济的

窗口石河子市、南疆经济的代表巴音郭楞蒙古自治州。从另一方面说明，推动落后地区经济的发展，缩小区域经济的差距需要加大科技的投入，以引导产业升级和提高劳动生产率，从而间接影响经济的发展。

5.6.4　地区 R&D 投入的影响因素分析

国际经验表明，一个国家或地区的 R&D 投入与其经济发展水平的阶段密切相关，经济发达的国家或地区 R&D 投入强度相应较高；产业的结构化程度越高，R&D 投入强度相应较大；更多先进的技术水平和更多有效率的研发人员都有可能促进科技研发经费的增加。借鉴相关文献，本文在研究影响 R&D 投入因素的问题上提出以下假设。

表 2　相关系数

		RD	GDP	RY	CY	TR
RD	Pearson Correlation	1	.662 **	.822 **	− .404	− .069
	Sig. (2 − tailed)		.007	.000	.135	.807
GDP	Pearson Correlation	.662 **	1	.897 **	− .624 *	.141
	Sig. (2 − tailed)	.007		.000	.013	.616
RY	Pearson Correlation	.822 **	.897 **	1	− .393	.008
	Sig. (2 − tailed)	.000	.000		.147	.979
CY	Pearson Correlation	− .404	− .624 *	− .393	1	.124
	Sig. (2 − tailed)	.135	.013	.147		.659
TR	Pearson Correlation	− .069	.141	.008	.124	1
	Sig. (2 − tailed)	.807	.616	.979	.659	

第一，地区经济水平的提高有助于 R&D 投入强度的提高。

第二，产业结构对 R&D 投入强度产生影响。

第三，更多的知识及人力资本的积累有助于科技的研发，从而促进 R&D 投入强度。

第四，对外贸易会对 R&D 投入强度产生影响。

在本模型中，选取地区生产总值指标来反映该地区的经济发展水平，记为 GDP；选取第三产业产值占地区 GDP 的比例作为衡量产业结构提升的指标，记为 CY；选择科技研发人员占总就业人员的比例作为人力资本的累计，记为 RY；对外贸易用对外贸易额表示，记为 TR；地区 R&D 的投入强度作为因变量，记为 RD。

首先进行相关性分析，输出的结果如表1、2、3；表2中，地区对外贸易与其 R&D 投入强度相关性非常低，可以得到合理的解释。一般来说，技术含量较高的制造业产品和高技术产品的出口能够更好地提高产品的知识密集度，这种贸易方式出口的地区同其他地区相比，更倾向于投入更多的研发基金。新疆各地区的对外贸易中，主要以边境小额贸易为主，2009 年，新疆的对外贸易中，边境小额贸易占 79.4%，而这种贸易的技术含量比较低，因此，对外贸易与 R&D 投入强度并没有明显的关系。尽管产业结构与 R&D 投入强度的线性关系不显著，考虑到实际情况，在模型中保留此变量。由于人均 GDP 与科技研发人员占总就业人员的比例 CY 的相关性非常高，应用 OLS 估计效果非常差，以下是用主成分回归得到的结果。

表 3 方差解释的比例

成分	特征根			提取的平方和		
	总值	方差比（%）	累计（%）	总值	方差比（%）	累计（%）
1	2.543	84.771	84.771	2.543	84.771	84.8
2	.375	12.513	97.284	.375	12.513	97.3
3	.081	2.716	100.000			

由表 3 知，第一、二特征根的累计方差贡献率为 97%，故提取两个主成分，并建立回归模型。

表 4 主成分回归的结果

模型		无标准化系数		标准化系数	t	Sig.
		B	Std. Error	Beta		
1	（Constant）	.413	.074		5.568	.000
	主成分 1	.309	.077	.694	4.022	.002
	主成分 2	-.178	.077	-.401	-2.326	.038

由表 3 知，两个主成分对 R&D 投入强度的影响是显著的。分别建立主成分关于三个自变量的回归模型得到：

$$主成分 1 = -1.025 + 0.0087GDP + 0.756RY + 0.002CY \qquad (1)$$

主成分 $2 = -0.227 - 0.0048GDP - 1.913RY + 0.009CY$ (2)

$RD = -0.28 + 0.008GDP + 0.57RY - 0.0009CY$ (3)

由方程（3）可见，地区经济水平 GDP 及人力资本的积累都对 R&D 投入强度产生积极的影响，产业结构的差异并未对 R&D 投入强度产生积极的影响。

5.6.5 结语

本文通过对新疆各地区 R&D 经费投入指标进行多角度的差异分析与比较，得出如下结论：

（1）无论从 R&D 经费投入量还是 R&D 经费投入强度看，都可见新疆 R&D 经费投入的区域差异显著，经济实力影响该地区对科技活动的经费投入，地区的经济中心优于其他地区。

（2）新疆各地区 R&D 经费按地区 GDP 分布的基尼系数为 0.41，总体上看差异较大，为了使新疆各地区协调和谐发展，国家制定西部大开发和对口支援战略时考虑科技政策是十分必要的。

（3）新疆各地区经济发展水平、人力资本的累计对 R&D 投入强度有显著的正向影响。地区经济水平的提高导致居民财富的增加和地区综合实力的提高，这是 R&D 经费最终的来源。地区经济的发展同样需要科技进步作为引擎。两者有紧密的联系。因此，为保证地区经济长期、持续的发展，应以技术进步促进经济的发展，在经济发展的同时加大 R&D 经费的投入力度。

参考文献

［1］ Katharine Wakelin. 2001. Productivity Growth and R&D Expenditure in UK Manufacturing Firms. *Research Policy*, 30 (7).

［2］ Wolfgang Becker, Jürgen Dietz. 2004. R&D cooperation and innovation activities of firms – evidence for the German manufacturing industry. Research Policy, 33 (2).

［3］ 秦浩源，张金隆. 2009. 基于统计指标的地区科技经费投入特征分析. 统计研究，9：26。

［4］ 新疆维吾尔自治区统计局，科技厅. 2009 新疆维吾尔自治区全国科学研究与试

验发展资源清查主要数据. 公报，新疆。

[5] 张仁开，杨耀武. 2008. 区域科技与经济协调性评价初探. 科技与经济，21：22－25。

[6] 邹晶，王贤文，姜照华. 2005. 我国区域科技经费配置模型的建模、模拟与分析. 科技管理研究，12：25。

[7] 谢兰云. 2010. 我国 R&D 投入与经济增长关系的计量分析. 东北财经大学出版社。

5.7 欠发达地区制造业出口与发展潜力的影响因素

——基于新疆面板数据的实证研究

龚新蜀　顾成军[①]

摘　要： 本文通过选取 18 个行业的面板数据，从行业视角、生产效率视角和市场视角三个方面对新疆制造业出口和发展潜力的影响因素结合两步法系统广义距估计进行了实证研究。首先，新疆制造业资本投入推动了出口发展和发展潜力提升，但具有短周期性的特点。其次，对外开放度和潜在竞争力是新疆制造业出口和发展潜力提升的有效途径，但是对外开放度的提高推动了新疆制造业出口的水平式动态发展，潜在竞争力没能有效促进新疆制造业出口的垂直式动态发展。再次，新疆制造业外部市场对内部市场具有显著但不强的竞争替代性，开拓外部市场应以内部市场为基础和支撑。最后，基于本文的研究结论提出了相应的政策建议。

关键词： 制造业　发展潜力　潜在竞争力　对外开放度　竞争替代性

5.7.1 引言

2011 年 9 月，首届中国 – 亚欧博览会在新疆维吾尔自治区首府乌鲁木

---

① 龚新蜀（1963.12~　），女，石河子大学经济与管理学院教授，博士生导师；顾成军（1984.02~　），男，石河子大学经济与管理学院在读博士。

齐市成功举办，标志着出口贸易发展将进入快车道，从而也推动新疆经济的快速发展。新疆作为我国的欠发达地区和重要的能源矿产资源储备基地，在新亚欧大陆桥的全线贯通后，将不再是我国发展出口贸易的后方，而是前线，是桥头堡。1999～2010 年，新疆制造业出口贸易 18 个主要行业的资本总额从 580.5162 亿元增长至 2937.4644 亿元，年均增长 15.882%；同期出口从 19.2951 亿元增至 53.0644 亿元，年均增长 9.633%，这表明大力发展新疆出口贸易具有推动经济快速发展的现实基础，也表明新疆的"走出去发展战略"实施后已有初步成效。然而，新疆制造业出口贸易也存在这一些问题值得研究：某些行业的出口贸易在时间区间上存在间断点，在不同年份的出口贸易规模波动较为明显，但是这些从统计数据表面即可发现的特征并不能完全解释新疆制造业出口与发展潜力受到哪些主要因素的影响，新疆制造业出口与发展潜力的内在推动因素和制约因素分别是什么，从哪些角度展开研究较为合适，新疆制造业出口发展与发展潜力提升的进一步的思路是什么，等等。

5.7.2　文献评述

国外直接研究欠发达地区出口与发展潜力的文献尚未发现，但从生产效率提升的角度进行相关分析的研究成果较多。然而，已有文献对这些相关问题研究得出的结论也存在较为明显的差异，甚至同一问题的研究结论完全相冲突。黑寅（Hine）和阮以特（Wright）和格林外易（Greenaway）等人的研究都表明，对外开放度的提升显著地促进了制造业劳动生产效率的提高。[1][2] 毕（Bee）等人通过构建一个决定生产的动态结构模型和利用面板数据研究了台湾电子产业的出口和研发资本投入的问题。研究发现，出口和研发资本投入都有利于企业生产效率的提升；而通过对出口规模的扩张模拟也表明出口和研发资本投入有利于生产效率的渐进提升。[3] 但是，米呐

[1]　Hine Robert, Wright Peter. 1998. Trade with low wage economies, employment and productivity in UK manufacturing. Economic Journal, 108: 450.

[2]　Greenaway David, Hine Robert, Wright Peter. 1999. An empirical assessment of the impact of trade on employment in the United Kingdom. European Journal of Political Economy, 15: 21.

[3]　Bee Yan Aw, Mark J Roberts, Daniel Yi Xu. 2011. R&D investment, exporting, and productivity dynamics. American Economic Review, 101: 4.

（Milner）、阮以特（Wright）和富（Fu）等人对中国和其他发展中国家及转型国家的类似研究却都表明，对外开放度的提升对生产效率提高的影响并不显著。当然，也有学者研究了一些其他相关的问题。[1][2] 艾丽散迪俄（Alessandria）等人认为，美国部分大企业大量资本投入风险极大的次级房贷市场使得次贷危机爆发后各自的出口贸易现金流深受影响，出口贸易按时履约能力受到拖累，从而潜在竞争力被削弱。[3] 黑尤米尤斯（Hummels）和皮特（Peter）界定了 126 个出口国和 59 个进口国，选取了 5000 个类别的产品进行的研究表明，市场规模越大和越富裕的国家，其产品竞争力与价格正相关，也就是说，对于同一种类的产品，某一产品价格越高时产品反而更容易销售。其原因可能是更富裕的国家消费更注重产品质量和品质。[4] 等等。

　　国内从生产效率的角度研究欠发达地区出口与发展潜力的文献也大多为对相关问题的研究，和国外研究成果一样有些问题也没有达成共识。杨全发认为出口贸易对一国（地区）的经济增长有促进作用，通过刺激技术进步，达到提高要素产出效率和促进经济增长的目标。[5] 毛日昇也认为出口和 FDI 资本投入升生产效率有显著影响。[6] 文东伟等人认为 FDI 资本投入和技术进步推动了中国的产业结构升级，并显著提升了中国的出口竞争力；同时，劳动力成本对中国出口竞争力的影响也非常明显。[7] 然而，刘志彪和张杰则认为技术创新没有成为中国本土制造业企业出口的决定因素；两人忧虑地认为，中国本土企业有可能被国际大买家"俘获"或"锁定"于全球价值链分工体系中的低端环节，从而造成中国本土企业出口竞争优势持续提升能力的缺失。[8] 等等。

　　从国内外关于欠发达地区出口与发展潜力的已有研究成果来看，生产效

① Milner Chris, Wright Peter. 1998. Modelling labour market adjustment to trade liberalisation in an lndustrialising economy. Economic Journal, 108：447.

② Fu Xiaolan, Balasubramanyam V N. 2005. Export, foreign direct investment and employment：the case of China. World Economy, 28：18.

③ Alessandria George, Joseph P Kaboski, Virgiliu Midrigan. 2011. US Trade and Inventory Dynamics. American Economic Review, 101：3.

④ Hummels David, Peter J Klenow. 2005. The variety and quality of a nation's exports. American Economic Review, 95：3.

⑤ 杨全发. 1998. 中国地区出口贸易的产出效应分析. 经济研究，7。

⑥ 毛日昇. 2009. 出口、外商直接投资与中国制造业就业. 经济研究. 11。

⑦ 文东伟，洗国明，马静. 2009. FDI、产业结构变迁与中国的出口竞争力. 管理世界，4。

⑧ 刘志彪，张杰. 2009. 我国本土制造业企业出口决定因素的实证分析. 经济研究，8。

率是一个得到广泛认可的较好的研究角度，但是国内外关于资本投入是否提升了生产效率的观点并不一致。本文基于国内外的研究现状也选定生产效率作为研究角度，以分析新疆制造业出口与发展潜力的问题。本文的主要安排是：第二部分是文献评述；第三部分是模型构建；第四部分是数据说明、实证检验与结果分析，其中实证检验的方法主要是两步法系统广义距估计（Sys – GMM2），并对检验结果进行了分析；第五部分是简要阐述本文的研究结论和对策建议。

5.7.3　模型构建

基于对已有相关文献的评述，新疆制造业出口和发展潜力的影响因素可以从行业视角、生产效率视角和市场视角三个方面进行研究。按照已有文献的研究思路，文中通过在柯布 – 道格拉斯（Cobb – Douglas）生产函数模型的基础上构建了与所研究问题所需的经验模型。

$$Y_{it} = A^{\tau} \cdot K_{it}^{\alpha} \cdot L_{it}^{\beta}$$

其中，Y、K、和 L 分别表示总产出、资本和就业人数变量，A 表示影响产出增长效率的变量，τ 表示影响产出增长效率的各变量所占的比重，t 和 i 分别表示 t 时期的 i 出口贸易相关行业。对柯布 – 道格拉斯生产函数模型两边同时取自然对数后，借鉴已有文献的处理方法[①]，可以得到以下模型：

$$\ln K_{it} = \omega_0 + \omega_1 \ln Y_{it} + \omega_2 \ln L_{it} + \omega_3 \ln A + \mu_{it}$$

其中，$\omega_1 = 1/\alpha$；$\omega_2 = -\beta/\alpha$；$\omega_3 = -\tau/\alpha$。由于对新疆制造业出口和发展潜力影响因素的研究通过各行业产品在内部市场和外部市场的表现情况来加以分析较为适宜，并且在市场出清的假设条件下总产出与内外部市场的销售之和也应是相等的，即，总产出应为出口额（E）与内销额（S）之和。

[①] 例如：毛日昇对 C – D 生产函数去自然对数后，将就业变量（L）移到模型左侧，而将总产出变量（Y）移到模型右侧，从而对 C – D 生产函数模型进行了拓展，本文中借鉴了这一研究思路。具体可参见：毛日昇的《出口、外商直接投资与中国制造业就业》一文，《经济研究》期刊 2009 年第 11 期第 107 页。由于新疆作为欠发达地区和全国大多数省区相比而言，其制造业的发展受技术水平和人力资本的约束较为明显，这也使得新疆制造业发展多依赖于资本的投入来推动（如，矿产资源相关产业），从而以资本作为研究新疆制造业出口和发展潜力影响因素的切入点较为符合新疆的实际。

从而，上述模型可以拓展为：

$$\ln K_{it} = v_0 + v_1 \ln E_{it} + v_2 \ln S_{it} + v_3 \ln L_{it} + v_4 \ln A + \mu_{it}$$

由于新疆作为欠发达地区，制造业发展对资本投入的依赖较为突出，从而使得资本投入后是转化为了产出还是转化为了成本就成了一个值得研究的问题，并且对于新疆制造业的发展潜力来说，可以通过其行业的成本水平加以分析。如果其成本水平较高，则会直接制约行业的发展，行业的发展潜力也将不被看好；反之，行业成本水平低时，则利润水平就会相对处于高水平，从而行业的发展潜力将被看好。由于销售额变量不能明显的显示出对新疆制造业发展潜力的影响，并且存在关系式：内部市场的销售额（S）为利润额（R）与成本额（C）之和，从而模型还可以拓展为模型（1）：

$$\ln K_{it} = \delta_0 + \delta_1 \ln E_{it} + \delta_2 \ln C_{it} + \delta_3 \ln R + \delta_4 \ln L_{it} + \delta_5 \ln A + \mu_{it} \qquad (1)$$

首先，在不考虑生产效率的前提下（$\ln A = 0$），由于利润额（R）不是文中研究的关键变量，并且对模型的影响有限。换句话说，通过分析销售额（S）和成本额（C）的比值关系发现，新疆制造业 18 行业 1999~2010 年共 216 个样本的销售额（S）和成本额（C）的比值约为 1.26361∶1，见图 1 所示。于是可以知道，新疆制造业 18 产业 1999~2010 年利润额（R）与成本额（C）之比约为 0.20862∶0.79138，也即，成本额（C）是占有较大比重的。

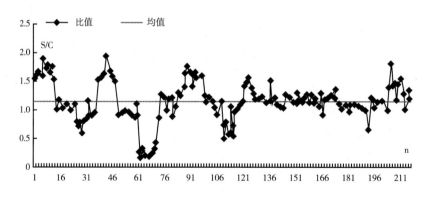

图 1　内部市场销售额与成本额比较

所以，在模型中控制利润额（R）变量后，各变量的显著性水平和回归估计系数可能会受到一些影响，但影响应不至于改变回归估计系数的正负方向或有效性，于是后文模型中均对利润额（R）变量进行了控制。最终，在不考虑生产效率、控制利润额（R）变量和引入了时间变量（T）的前提下，可以得到模型（2）：

$$\ln K_{it} = \pi_0 + \pi_1 \ln E_{it} + \pi_2 \ln C_{it} + \pi_3 \ln L_{it} + \pi_4 T_i + \mu_{it} \tag{2}$$

其次，在考虑生产效率对新疆制造业出口和发展潜力影响的前提下，对外开发度（Es）的提升有利于更多品种的产品出口，也即有利于扩大产品的出口数量，从而对于新疆制造业的发展潜力的水平式动态提升具有积极作用；潜在竞争力（Cs）的提升有利于产品附加值的提高，也即有利于提升产品的出口品质，从而对于新疆制造业的发展潜力的垂直式动态提升也具有积极作用。换句话说，对外开放度和潜在竞争力变量不仅是影响生产效率的重要因素，还是衡量新疆制造业出口和发展潜力的关键变量。按照已有文献的处理思路（毛日昇，2009），有以下等式成立：

$$A^\tau = e^{\delta_0 T_i} Es_{it}^{\delta_1} \cdot Cs_{it}^{\delta_2}$$

其中，$\delta_0, \delta_1, \delta_2 > 0$，并且等式两边同时取自然对数后，代入模型（1），以及控制利润额（R）变量后可以得到模型（3）如下：

$$\ln K_{it} = \theta_0 + \theta_1 \ln E_{it} + \theta_2 C_{it} + \theta_3 Es_{it} + \theta_4 Cs_{it} + \theta_5 L_{it} + \theta_6 T_i + \mu_{it} \tag{3}$$

模型（3）中，对外开放度水平（Es）用出口交货值与该产业全部销售产值的比值表示，其值越大，表明对外开放度水平越高。潜在竞争力水平（Cs）用成本额与该产业全部销售产值的比值表示。需要说明的是，由于成本额与该产业全部销售产值的比值越大，表明资本投入更多的转化为了成本，从而行业的潜在竞争力水平也越小，所以，对 Cs 估计所获得的系数应该为负值。

再次，从市场的角度看，对外开放度水平和潜在竞争力水平的变动也会新疆制造业内外部市场竞争替代性的波动，从而反映市场视角下新疆制造业出口发展和发展潜力波动的情况。换句话说，本文对新疆制造业出口和发展潜力的研究在对外开放度与潜在竞争力的基础上进一步将内外部市场相互的竞争替代弹性引入模型，从而分析新疆制造业出口和发展潜力的提升与内外部市场间的关系，换句话说，新疆制造业实施"走出去发展战略"是否需要以内部市场为基础，进而开拓外部市场。在控制利润额（R）变量后模型（1）还可以被拓展为模型（4）：

$$\begin{aligned} \ln K_{it} = {} & \lambda_0 + \lambda_1 \ln E_{it} + \lambda_2 C_{it} + \lambda_3 Es_{it} + \lambda_4 Cs_{it} + \\ & \lambda_5 Ess_{it} + \lambda_6 Css_{it} + \lambda_7 L_{it} + \lambda_8 T_i + \mu_{it} \end{aligned} \tag{4}$$

其中，新疆制造业外部市场对内部市场的竞争替代弹性变量为 Ess，内部市场对外部市场的竞争替代弹性变量为 Css，且 $\ln Ess = \ln Es \cdot \ln s$，$\ln Css = \ln Cs \cdot \ln s$，即两变量均为交叉变量，$\ln s$ 为销售额的自然对数。

由于模型（2）、模型（3）、和模型（3）是分析 i 产业的经验模型，而对单个行业的分析不能反映整个宏观经济的运行情况，并且由于宏观经济环境中存在资本、出口等因素的动态变化，模型进一步扩展是还应加入被解释变量和其他解释变量的相应滞后变量，以考察它们是否通过改变出口额、成本额、对外开发度水平、潜在竞争力水平或内外部市场的竞争替代性来对资本投入需求产生显著影响。于是，模型（2）、模型（3）、和模型（4）可以进一步扩展成模型（2A）、模型（3A）、和模型（4A）如下：

$$\ln K_{it} = \varphi_0 + \sum_j^n \varphi_{1j}\ln E_{i,t-j} + \sum_j^n \varphi_{2j}\ln C_{i,t-j} + \sum_j^n \varphi_{3j}\ln L_{i,t-j} + \eta_t + \rho_t + \upsilon_{it} \qquad (2A)$$

$$\ln K_{it} = \varphi_0 + \sum_j^n \varphi_{1j}\ln E_{i,t-j} + \sum_j^n \varphi_{2j}\ln C_{i,t-j} + \sum_j^n \varphi_{3j}\ln Es_{i,t-j} + \sum_j^n \varphi_{4j}\ln Cs_{i,t-j}$$
$$+ \sum_j^n \varphi_{5j}L_{i,t-j} + \eta_t + \rho_t + \upsilon_{it} \qquad (3A)$$

$$\ln K_{it} = \psi_0 + \sum_j^n \psi_{1j}\ln E_{i,t-j} + \sum_j^n \psi_{2j}\ln C_{i,t-j} + \sum_j^n \psi_{3j}\ln Es_{i,t-j} + \sum_j^n \psi_{4j}\ln Cs_{i,t-j}$$
$$+ \sum_j^n \psi_{5j}\ln Ess_{i,t-j} + \sum_j^n \psi_{6j}\ln Css_{i,t-j} + \sum_j^n \psi_{7j}\ln L_{i,t-j} + \eta_t + \rho_t + \upsilon_{it} \qquad (4A)$$

其中，η_i 为产业 i 的个体固定效应，ρ_i 为时间虚拟变量，表示衡量宏观经济环境变动的对资本需求变动影响情况。

5.7.4 数据说明、 实证检验与结果分析

5.7.4.1 数据说明

本文数据来源于对历年新疆统计年鉴中相关数据的整理，剔除了数据时间上连续性差和行业分类不一致的数据。分析过程中考虑了物价波动的影响，将所有受物价波动影响的数据按 1978 年不变价进行了"平减处理"；同时为了消除异方差的影响，将实证分析中的变量进行了自然对数化处理。最终，处理后的用于本文实证研究的合适数据为 1999～2010 年

新疆工业全部36行业中18个制造业①的共216个样本观测值。需要说明的是，一方面，资本额（k）变量的统计数据是依据各个行业的企业会计"资产负债表"中"资产总计"项目的期末数据得到的，这样一来，资本额（k）变量的统计数据中便不仅包括企业进行资本折旧处理后的存量资本，还包括企业新的资本投入额，即增量资本；另一方面，样本观测值的数据是各个行业的平均值，且资产值、出口值等指标的单位为：万元；人口值的单位为：人。

表1给出了216个样本观测值的描述性统计分析结果，包括各个指标的均值、标准差、最小值和最大值。各个指标的均值、最小值和最大值等表现出来的特征与基础经济理论并不相矛盾。例如，销售值的均值、最小值和最大值均比成本值略大。资本额、总产值、销售额和成本额的标准差较大，表明了不同行业间统计数据的聚集性较弱，不同行业发展的差异性较大。从资产均值和人数均值来看，两指标均值自然对数的比值约为1.40612，这表明不考虑其他因素的情况下，两者间存在简单的幂函数关系：$k = l^{1.40612}$ 并且该幂函数的一阶和二阶导数均大于零，资本投入随就业人数增长以递增的速率递增。这表明新疆工业从事出口贸易的18行业的资本投入与就业人数增加存在正相关关系，但不存在固定比例关系；资本

表1　主要变量描述性统计分析

指标	均值	标准差	最小值	最大值	观察值样本量
资本额（k）	665676.0	933567.9	1367.8	6450480.0	216
总产值（y）	434155.3	720490.1	525.4	5531477.0	216
销售额（s）	415878.7	693767.4	606.2	5455419.0	216
出口额（e）	20211.2	36841.9	0.0	216182.3	216
成本额（c）	361034.8	624681.2	525.0	5001192.0	216
人数值（l）	13847.5	17144.1	112.0	102231.0	216

---

① 主要有：非金属矿物制品业；黑色金属冶炼及压延加工业；有色金属冶炼及压延加工业；非金属矿采选业；化学原料及化学制品制造业；塑料制品业；通信设备、计算机及其他电子设备制造业；医药制造业；电气机械及器材制造业；通用设备制造业；专用设备制造业；交通运输设备制造业；食品制造业；农副食品加工业；饮料制造业；纺织业；家具制造业；橡胶制品业。

投入扩大一方面创造了就业机会，但是另一方面资本投入也对就业人数需求也存在替代效应。

5.7.4.2 实证检验

由于本文选取的数据时间区间较短，在考虑变量滞后期的影响的条件下采用 OLS 进行固定效应下的估计将会存在较严重的偏差，从而估计结果的可信性较低。为了解决这种偏差，艾瑞拉诺（Arellano）和邦德（Bond）建议针对动态面板数据的估计采用差分广义矩估计法（Dif - GMM）[1]；而布拉待尔（Blundell）和邦德（Bond）认为，艾瑞拉诺（Arellano）和邦德（Bond）两人的方法虽然可以纠正估计结果的偏差，但是仍然无法解决进行差分广义矩估计进行差分处理而使部分数据缺失导致估计结果存在偏差的问题和难以改善数据时间区间短导致的工具变量有效性被削弱的现象，而两人对系统广义距估计（Sys - GMM）的研究表明 Sys - GMM 在理论上比 Dif - GMM 对变量系数估计的有效性更好，也能更好地提升工具变量的有效性。[2] 由此，本文选定系统广义距估计方法（Sys - GMM）进行研究。

考虑到各变量滞后调整变动可能带来的影响，本文将被解释变量和解释变量的滞后变量引入模型进行分析。由于引入各个变量的滞后期将导致样本数据部分缺失影响估计结果的有效性，并且为了降低变量较多可能导致的估计结果偏差，在实证研究过程中对次要变量进行了控制，从而没有报告他们的检验结果。由于面板数据的广义矩估计（GMM）方法分为一步法（GMM）和两步法（GMM2），且怀特麦杰尔（Weidmeijer）认为 GMM2 方法比 GMM 方法能更有效的解决数据差异性导致的估计偏差。[3] 萨甘（Sargan）认为变量系数估计的有效性的一个重要参考是工具变量有效性，换句话说，需要考虑到工具变量的约束及差分误差项可能存在异方差的影响。[4] 本文在实证检验过程中采用 Sargan - P（Probability of Sargan test of

[1] Arellano Manuel, Bond Stephen. 1991. Some test s of specification for panel data: Monte Carlo evidence and an application to employment equations. Review of Economic Studies, 58: 20.

[2] Blundell Richard, Bond Stephen. 1998. Initial conditions and moment restrictions in dynamic panel data models. Journal of Econometrics, 87: 9.

[3] Windmeijer Frank. 2005. A finite sample correction for the variance of linear efficient two - step GMM estimators. Journal of Econometrics, 126: 33.

[4] Sargan J D. 1983. Identification and lack of identification. Econometrica, 51: 6.

overid. restrictions）检验工具变量的有效性。同时，采用 AR（2）－P （probability of Arellano－Bond test for AR（2）in first differences）检验差分误差项是否存在二阶自相关。需要指出的是，为了消除行业固定效应的影响，文中对各变量进行了一阶差分处理；为了区分考虑滞后期和不考虑滞后期的差异，文中针对两种情况分别进行了研究；由于时间虚拟变量的估计系数的实际经济意义有限，文中也没有报告其估计结果。本文从资本投入的行业视角、生产效率视角和市场视角对新疆制造业出口和发展潜力的影响因素进行了实证研究，并将研究结果加以整理，见表2、表3和表4所示。

表2 行业视角下新疆制造业出口与发展潜力的影响因素

解释变量	模型（2）		模型（2Aa）		模型（2Ab）	
	系数	P 值	系数	P 值	系数	P 值
$Dlne$	0.02082 **	0.045	0.01755 **	0.045	0.00314	0.860
$Dlnc$	0.29491 *	0.006	0.47384 ***	0.069	0.35222	0.348
$Dlnl$	1.05244 *	0.000	0.81407 **	0.049	0.75128	0.291
$\_cons$	0.06803 *	0.003	0.00892	0.875	0.05202	0.560
$Dlne(-1)$			− 0.00135	0.767	− 0.01597	0.653
$Dlnc(-1)$			0.12263	0.355	0.09458	0.494
$Dlnl(-1)$			− 0.07112	0.414	− 0.03633	0.894
$Dlne(-2)$					− 0.00331	0.623
$Dlnc(-2)$					− 0.04773	0.711
$Dlnl(-2)$					0.05817	0.816
估计方法	Sys－GMM2	Sys－GMM2	Sys－GMM2			
二阶自相关检验	0.799	0.993	0.569			
工具变量检验	0.458	0.238	0.205			
观察值数	198	180	162			

注：二阶自相关检验以 AR（2）－P 表示对差分误差项是否存在二阶自相关的概率检验结果；工具变量检验以 Sargan－P 表示对工具变量有效性的概率进行检验的结果；*，** 和 *** 分别表示 1%，5% 和 10% 水平条件下通过显著性检验。

说明：由于实证过程中进行了差分处理和引入了滞后期变量，所以各个模型的样本观测值数量并不一致；为了使检验结果具有可比性，实证过程中 xtabond2 命令中 lags 参数数对均为（33）。

表 3　生产效率视角下新疆制造业出口与发展潜力的影响因素

解释变量	模型（3）		模型（3Aa）		模型（3Ab）	
	系数	P 值	系数	P 值	系数	P 值
Dlne	0.00256	0.652	0.00502	0.596	− 0.00047	0.973
Dlnc	0.43958 *	0.000	0.26494 ***	0.057	0.45838 ***	0.052
Dlnes	0.00370	0.692	0.00313	0.535	− 0.01802 ***	0.069
Dlncs	− 0.30766 *	0.007	− 0.36030	0.237	− 0.86624	0.156
Dlnl	0.80798 *	0.000	0.73400 *	0.000	0.21166	0.493
_cons	0.05121 *	0.003	0.06789 **	0.018	0.04719	0.266
Dlnes（−1）			− 0.02203 ***	0.065	− 0.02597 ***	0.067
Dlncs（−1）			− 0.44871 **	0.040	− 0.17555	0.780
Dlnl（−1）			0.05477	0.595	− 0.10025	0.515
Dlnes（−2）					− 0.00252	0.709
Dlncs（−2）					− 0.09027	0.812
Dlnl（−2）					0.14871	0.569
估计方法	Sys − GMM2	Sys − GMM2	Sys − GMM2			
二阶自相关检验	0.749	0.273	0.336			
工具变量检验	0.188	0.107	0.126			
观察值数	198	180	162			

表 4　市场视角下新疆制造业出口与发展潜力的影响因素

解释变量	模型（4）		模型（4Aa）		模型（4Ab）	
	系数	P 值	系数	P 值	系数	P 值
Dlne	− 0.00600	0.228	0.00084	0.878	− 0.00020	0.982
Dlnc	0.41020 *	0.009	0.33798	0.176	0.72012 *	0.007
Dlnes	0.35676 **	0.025	0.12481	0.283	− 0.16028	0.459
Dlncs	− 0.39685 ***	0.082	− 0.27427	0.809	− 1.96194	0.609
Dlness	0.02690 **	0.028	0.00861	0.344	0.01063	0.515
Dlncss	− 0.33817 ***	0.085	− 0.04529	0.556	0.06418	0.816
Dlnl	0.77773 *	0.003	0.23959	0.407	0.07544	0.835
_cons	0.04923	0.229	0.08454 **	0.012	0.00372	0.933
Dlness（−1）			− 0.00165 ***	0.078	− 0.00176	0.145
Dlncss（−1）			− 0.01818	0.102	0.01579	0.665
Dlnl（−1）			− 0.22013	0.127	− 0.09855	0.766
Dlness（−2）					− 0.00047	0.307
Dlncss（−2）					0.02690	0.461
Dlnl（−2）					0.10169	0.619
估计方法	Sys − GMM2	Sys − GMM2	Sys − GMM2			
二阶自相关检验	0.670	0.430	0.745			
工具变量检验	0.564	0.227	0.273			
观察值数	198	180	162			

5.7.4.3　结果分析

表2、表3和表4给出了具体分析模型（2）、模型（3）和模型（4）及其相关模型中主要变量的检验结果，各主要变量当期和滞后期的估计结果与经济理论的预期相一致。将被解释变量和解释变量的滞后期变量（分别考虑了滞后一期和滞后二期两种情况）内生化以后部分变量估计系数的显著性水平明显降低了，并且各个变量估计系数的正负符号也有所波动。新疆制造业18行业出口和发展潜力总体上的周期性相对较短，从而导致各变量估计系数的正负属性长期稳定性不好。

从新疆制造业18行业资本投入与就业人数的关系来看，两者也表现出了需求增长与减少相交替的特征，这与描述性统计分析结果中简单的幂函数关系具有的特征相近似。另外，表2、表3和表4中，AR（2）-P检验结果表明差分误差项不存在二阶自相关；Sargan-P检验结果也表明工具变量的有效性较好。

表2中的检验结果主要从行业的视角考察了基于出口变量 $Dlne$、成本额变量 $Dlnc$ 和就业人数 $Dlnl$ 对新疆制造业18行业出口和发展潜力的分析。这验证了出口扩张和创造就业是新疆制造业资本投入产生的两个积极经济效应，而成本增加是新疆制造业资本投入产生的消极经济效应，并且各变量估计系数的正负在理论上也是合理的。模型（2）的估计结果中，出口变量的估计系数相对较小和成本变量的估计系数相对较大，表明新疆制造业资本投入虽然推动了出口发展和对发展潜力的提升具有积极影响，但由于短期波动性和高成本的影响，导致了发展进程不具有长期稳定性。成本额 $Dlnc$ 变量的回归估计系数为 0.29491，也验证了确实有部分资本投入转化成了成本。模型（2Aa）和模型（2Ab）中对个变量的检验结果表明，出口和成本变量的当期估计系数均为正，但出口额滞后一期 $Dlne$（-1）和滞后二期 $Dlne$（-2）均为负，表明新疆制造业出口和发展潜力的积极影响具有短周期性，其原因可能在于新疆制造业发展模式仍依靠具有较多粗放式发展特征，发展方式转变相对缓慢。这也与各行业相关统计数据具有短期波动性和较大差异性相符合。

表3给出了基于生产效率的视角对新疆制造业18行业出口和发展潜力进行的实证检验结果。不考虑变量滞后期的影响时，模型（3）中对外开放度 $Dlnes$ 变量和潜在竞争力 $Dlncs$ 变量的系数的估计结果均通过显著性检验，

这表明新疆制造业出口和发展潜力的增强有赖于对外开放度的提高和潜在竞争力的提升。*Dlnes* 和 *Dlncs* 变量的估计系数分别为 0.00370 和 -0.30766，这表明新疆制造业对外开放度每提升 1%，则资本投入需求将增加 0.00370%；新疆制造业潜在竞争力每提升 1%，则资本投入需求将下降 -0.30766%。由此可知，对外开放度与资本投入需求间存在正相关关系，验证了对外开放度越高，则新疆制造业出口贸易发展越快；也验证了潜在竞争力与资本投入需求负相关，表明潜在竞争力越强，新疆制造业资本投入中转化为成本的越少，而其发展潜力则越被看好。由于衡量对外开放度水平的 *Dlnes* 变量估计系数的绝对值小于衡量潜在竞争力水平的 *Dlncs* 变量估计系数的绝对值，所以新疆制造业出口具有提升产品附加值的可能，新疆制造业的发展潜力也是被看好的。模型（3）、模型（3Aa）和模型（3Ab）的检验结果表明，对外开放度和潜在竞争力变量滞后期内生化以后，对外开放度及其滞后一期的估计系数均通过显著性检验，但滞后二期不显著；潜在竞争力变量当期和滞后期的估计系数的显著性总体上有较明显的不一致性。新疆制造业资本投入通过影响生产效率的对外开放度和潜在竞争力两个因素对其发展产生了不同的作用。对外开放度的检验结果显著，从而其提升增加了对外部市场的出口，推动了新疆制造业出口的水平式动态发展。潜在竞争力的检验结果的显著性不强且相对不一致，表明其没能有效推动新疆制造业出口提升的垂直式动态发展，其原因可能是受技术创新缓慢和人力资本不足的约束，从而使得新疆制造业出口和发展潜力垂直式动态提升不明显。另外，出口额与成本额变量的检验结果总体上与表 2 中检验结果相一致。

表 4 报告了市场视角下的新疆制造业 18 行业出口与发展潜力的检验结果。在不考虑变量滞后期影响的情况下，模型（4）中对各变量系数的估计总体上通过了显著性检验。外部市场对内部市场的竞争替代弹性 *Dlness* 为 0.02690，表明其每提升 1%，则需要资本投入增加 0.02690%；内部市场对外部市场的竞争替代弹性 *Dlncss* 为 -0.33817，则需要资本投入增加 -0.33817%；同时，前者的绝对值大于后者的绝对值。这表明新疆制造业外部市场对内部市场确实存在竞争替代性，但不强；内部市场对外部市场的竞争替代性为负，是外部市场发展的基础和支撑。换句话说，虽然内外部市场都是新疆制造业出口和发展潜力提升的基础条件，实施"走出去发展战略"需在依靠内部市场的基础上开能开拓外部市场。滞后期变量内生化以后，模型（4Aa）和模型（4Ab）的检验结果表明当期变量和滞后期变量总

体上没有通过显著性检验，但估计系数的正负表明内外部市场的竞争替代性具有潜在的波动性。另外，其他主要变量的检验结果与表2和表3中对应变量的检验结果也基本相同。

5.7.5 研究结论与对策建议

5.7.5.1 研究结论

新疆制造业18行业出口和发展潜力的影响因素实证研究结论包括三个方面：一是行业视角下的研究；二是生产效率视角下的研究；三是市场视角下的研究。首先，从行业的角度来看，新疆制造业出口和发展潜力表现出了较明显倾向于创造就业和具有短周期性的特点。新疆制造业资本投入推动了出口发展和发展潜力的提升，但推动作用有限且不具有长期稳定性。其次，从生产效率的角度来看，对外开放度和潜在竞争力是新疆制造业出口和发展潜力提升的有效途径，但是对外开放度的提高推动了新疆制造业出口的水平式动态发展，潜在竞争力没能有效促进新疆制造业出口的垂直式动态发展。最后，从市场的角度看，新疆制造业外部市场对内部市场具有显著但不强的竞争替代性，开拓外部市场应以内部市场为基础和支撑。

5.7.5.2 对策建议

本文认为新疆制造业18行业出口发展和发展潜力的提升还需要关注以下几个方面。一是转变新疆制造业发展方式。文中研究结果多处表明新疆制造业发展仍具有粗放式发展模式的特征和短周期性的特点。作为欠发达地区，新疆制造业发展需要适当调整重复建设推动的出口水平式快速发展，使注重数量发展向数量和质量并重的方向发展。二是注重新疆制造业发展的技术创新，努力推动新疆制造业出口发展和发展潜力提升的长期动态化。支撑生产工艺和生产技术的研发和改进，从而提高出口贸易产品的科技含量和附加值。三是注重新疆制造业发展内外部市场的重要地位，在巩固内部市场的同时要积极建立长期稳定的经贸往来关系，从而稳步实施"走出去发展战略"。新疆制造业的健康发展需要依托于广阔的外部市场，要不断主动开拓新市场，但也要倍加维护已开拓市场，从而为新疆制造业发展奠定良好的内外部市场基础。

图书在版编目(CIP)数据

21世纪数量经济学. 第13卷/李平，何伦志主编. —北京：
社会科学文献出版社，2013.6
ISBN 978 - 7 - 5097 - 4554 - 0

Ⅰ.① 2… Ⅱ.①李… ②何… Ⅲ.①数量经济学 - 文集
Ⅳ.①F224.0 - 53

中国版本图书馆 CIP 数据核字（2013）第 080337 号

21 世纪数量经济学　第 13 卷

主　　编／李　平　何伦志
副 主 编／李富强　宋香荣

出 版 人／谢寿光
出 版 者／社会科学文献出版社
地　　址／北京市西城区北三环中路甲 29 号院 3 号楼华龙大厦
邮政编码／100029

责任部门／经济与管理出版中心 （010）59367226　　责任编辑／张　扬　王丽平
电子信箱／caijingbu@ ssap. cn　　　　　　　　　责任校对／曹艳浏　李杰明
项目统筹／恽　薇　高　雁　　　　　　　　　　　责任印制／岳　阳
经　　销／社会科学文献出版社市场营销中心 （010） 59367081　59367089
读者服务／读者服务中心 （010） 59367028

印　　装／三河市尚艺印装有限公司
开　　本／787mm×1092mm　1/16　　　　　　　印　　张／40.75
版　　次／2013 年 6 月第 1 版　　　　　　　　　字　　数／698 千字
印　　次／2013 年 6 月第 1 次印刷
书　　号／ISBN 978 - 7 - 5097 - 4554 - 0
定　　价／138.00 元